언어교육·응용언어학 사전

Longman Dictionary of Language Teaching and Applied Linguistics

(Fourth edition)

언어교육·응용언어학 사전

Longman Dictionary of Language Teaching and Applied Linguistics (Fourth edition)

©글로벌콘텐츠, 2016

1판 1쇄 인쇄__2016년 10월 20일
1판 1쇄 발행__2016년 10월 30일

지은이__Jack C. Richards and Richard W. Schmidt
옮긴이__김창구
펴낸이__홍정표
펴낸곳__글로벌콘텐츠
　　　　등록__제25100-2008-24호

공급처__(주)글로벌콘텐츠출판그룹
　　　　이사__양정섭　편집디자인__김미미　기획·마케팅__노경민　경영지원__이종훈
　　　　주소__서울특별시 강동구 천중로 196 정일빌딩 401호
　　　　전화__02) 488-3280　팩스__02) 488-3281
　　　　홈페이지__http://www.gcbook.co.kr

값 32,000원
ISBN 979-11-5852-120-2 91740

언어교육 12

언어교육
응용언어학 사전

Longman Dictionary of Language Teaching and Applied Linguistics

Jack C. Richards and Richard W. Schmidt 지음
김창구 옮김

글로벌콘텐츠

들어가기

누구를 위한 사전인가?

이 사전은 다음과 같은 사람들을 대상으로 한다.

- 언어교육이나 응용언어학을 전공하고 있는 학부생, 대학원생, 특히 제2언어/외국어로서의 영어, 혹은 그 외 외국어 교육 분야의 직업을 찾으려는 학생들
- 현직 어학 교사나, 성인 영어 교육 학위인 UCLES 등의 취득을 목표로 하는 어학 교사 희망자
- 언어학과 관련 분야의 개론 과정을 수강하고 있는 학생
- 언어 연구의 실제적인 응용에 관심이 있는 교사 등

왜 이 사전인가?

언어교육과 응용언어학은 저마다의 핵심 주제를 가지는 동시에, 많은 관련 분야 연구에 의존한다. 핵심 주제 분야는 제2언어 습득, 방법론, 테스트, 교수요목 설계이다. 관련 연구 분야에는 언어학, 사회언어학, 심리언어학 등과 같이 언어에 기반한 학문과, 교육과정 개발, 교사교육, 평가 등의 교육에 기반한 학문이 포함된다. 그 결과, 언어교육과 응용언어학 강좌를 수강하는 학생들은 논문이나 도서, 강의에서 높은 빈도로 출현하는 전문 용어들을 많이 접하게 된다. 이 사전은 이 용어들의 의미와 사용법을 분명히 하는 것을 목적으로 한다.

사전이 다루는 영역

이 사전은 언어교육이나 응용언어학 분야에 관한 지식이 거의, 혹은 전혀 없는 사람들을 위해 편찬된 것이다. 이 사전은 특히 영어에 초점을 두었기 때문에 사전

에서 사용된 대부분의 용례는 영어에서 가져온 것이다. 그러나 다른 언어에 관심이 있는 사용자에게도 도움이 될 것이다. 이 사전이 이미 언어교육과 응용언어학을 전문적으로 배운 바 있는 이들을 주 대상으로 상정하지는 않았으나, 그들에게 익숙하지 않은 분야의 참고서로서도 도움이 될 것이다. 또한 언어교육과 응용언어학 분야에서 출현하는 용어에 대해 보다 상세한 정보가 필요한 일반 독자에게도 유용할 것이다.

언어교육과 응용언어학

이 사전에는 언어교육과 응용언어학의 핵심 어휘들이 수록되어 있다. 언어교육 분야는 언어 프로그램과 언어 코스 개발, 교수법, 교재 개발, 제2언어 습득 이론, 평가, 교사 연수 및 관련 분야를 다룬다. 이 사전에는 언어교육 분야에서 다음 영역의 용어들을 담고 있다.

- 언어교육의 교수법과 접근법
- 교육과정 개발과 교수요목 설계
- 제2언어 습득
- 말하기, 듣기, 읽기, 쓰기 지도
- 컴퓨터 지원 언어 학습
- 언어교육에서 교사교육
- 영어 문법과 발음
- 언어 평가, 연구 방법, 기초 통계학

사전에서는 응용언어학 분야의 용어도 다룬다. 이 사전에서 '응용언어학'은 언어학과 언어 이론의 실제적인 적용, 그리고 다음 연구 분야에서 사용되는 용어를 포함한다는 것을 가리킨다.

- 음운론, 음성학, 통사론, 의미론, 형태론을 포함하는 언어학 개론
- 담화분석
- 언어사회학, 의사소통 능력을 포함하는 사회언어학
- 학습 이론을 포함한 심리언어학

사전이 다루는 항목

사전에서는 위에서 제시한 분야에서 높은 빈도로 출현하는 약 3,500개의 표제어를 가능한 한 간단하고 정확하게 정의하고자 하였다. 각 용어들은 관련 분야에서의 중요성을 기초로 하여 선택하였고, 이 용어들이 해당 분야에서만 사용되는 특유적인 의미, 즉 다른 사전에서는 다루지 않는 의미를 가진다는 점을 반영하였다. 이 용어들 중 상당수는 사전의 제3판에도 실린 것들이지만, 제4판을 준비할 때 더 이상 일반적이지 않은 항목은 제거하였고, 상당수 항목을 수정하였다. 또한 언어교육과 응용언어학 분야의 최신 연구 성과를 반영하여 360개의 항목을 새롭게 추가하였다.

이 사전은 용어가 가진 기본적이고 필수적인 의미를 가능한 한 쉬운 언어로 전달하고, 분명하고 간결한 정의를 사용하려고 노력하였다. 정의는 가능한 한 자립적이 되게 작성하였지만, 상호참조를 통해 다른 용어와 개념들 간의 관련성도 함께 제시하였다.

감사

이 사전의 제4판은 Jack C. Richards와 Richard W. Schmidt가 편집을 담당하였다.

사전의 이전 판 출판에 공헌한 분들, 특히 제1판과 제2판을 담당한 Heidi Kendricks 교수와 작고한 John Platt 교수, 또 이전 판 개발에 귀중한 시사를 제공해 준 Christopher Candlin, John W. Oller (Jr.), Lyle Bachman, Graham Crookes, Ken Hylands, Stephen Jacques 교수, 그리고 평가, 연구 설계, 통계 분야에서 도움을 준 Youngkyu Kim 교수께 감사를 드린다.

제4판에서 새롭게 추가된 항목들에 대해 값진 조언을 해 준 Ms Media Shojaee 교수께도 감사를 드린다.

역자 서문

외국어로서의 한국어교육이라는 학문 영역에 발을 들여놓은 지 올해로 꼭 15년이 되었다. 15년이라고 하지만 처음의 5년 정도는 빼야 할 것이다. 학문을 했다고 말하기에는 아무래도 낯부끄러운 기간이었기 때문이다. 여기저기서 주워들었던 것들, 논문에서 얻은 조각들을 깁고 기워 근근이 지식들을 이어가던 터라, 그 지식이 온전치 못하였다. 변명을 하자면, 참고할 수 있는 번듯한 전문서 하나, 변변한 용어사전 하나 없던 시절이었다. 내가 공부하던 제2언어 습득론 분야는 사정이 특히 더 했다. 용어 하나 이해하는 데도 상당한 시간이 걸렸다. 그럴 때마다 가까이 두고 언제든지, 오랫동안 볼 수 있는 용어사전 하나 있었으면 했다.

얼마 전, 기다리고 기다리던 한국어교육학 사전이 나왔다. 우리 분야의 선구자격인 선생님들이 대거 참여하였고 그동안의 연구 성과들을 집대성한 것이기에 더욱 값지다. 그런데 이번에는 사이즈가 문제다. 무려 1,400페이지가 넘는다. 가까이 두고 오랫동안 볼 수 있게는 되었지만, 언제든지 보기에는 아무래도 무리가 있다.

할 수 없이(?) 외국어교육과 응용언어학, 관련 분야 연구에서 고빈도로 출현하는 표제어를 간단하고 정확하게 정의하고 있는 사전, 너무 크지도 않고 너무 작지도 않은 사전을 찾아 손수 번역하기로 마음을 먹었다.

이 사전은 그 결과물이다. 잘 알려진 『*Longman Dictionary of Language Teaching and Applied Linguistics*』(제4판)를 우리말로 옮긴 것이다. 앞선 페이지 〈들어가기〉에서도 밝히고 있듯이, 이 사전은 제2언어 습득론과 교수 접근법, 교육과정 개발, 교수요목 설계, 평가 등의 핵심 분야뿐만 아니라, 언어학, 사회언어학, 심리언어학, 교육과정 개발, 교사 교육 등의 관련 분야에 이르기까지 3,500개의 항목을 다루고 있다. 그래서 양도 넘치지도 부족하지도 않은 수준이다. 이제 막 이 분야에 입문한 학부생, 대학원생들, 그리고 현직 교사들이 곁에 두고 오래 사용할 수 있는 수준이다.

처음 사전을 번역하겠다고 마음을 먹은 지 2년이라는 시간이 지났다. 어려운 출판 환경에 이 역서가 세상에 나올 수 있게 해주신 글로벌콘텐츠의 홍정표 대표님께 진심으로 감사를 드린다. 그동안 재촉 한 번 없이 믿고 기다려 주신 양정섭 이사님께도 감사를 드린다. 또 그 누구보다 600페이지가 넘는 분량을 정성과 꼼꼼함으로 뜯어 읽고 보기 좋게 꾸며주신 김미미 이사님께도 감사의 마음을 전한다.

2016년 10월
김창구

목차

A

AAAL ⟨**n**⟩

　＝미국응용언어학회AMERICAN ASSOCIATION FOR APPLIED LINGUISTICS

AAE ⟨**n**⟩

　＝미국흑인영어AFRICAN AMERICAN ENGLISH

AAVE ⟨**n**⟩

　＝아프리칸-아메리칸지역영어AFRICAN AMERICAN VERNACULAR ENGLISH

　　☞ AFRICAN AMERICAN ENGLISH

ability grouping ⟨**n**⟩ 능력별 그룹 편성

　교수에서, 학생들을 특정 기능이나 과목의 능력 레벨에 따라 그룹이나 학급으로 나누는 것. 예를 들어, 언어 숙달도에 따른 그룹 편성. 능력 레벨이 다른 학생을 포함하는 그룹을 **혼합능력그룹**(mixed ability groups), 또는 **이질집단**(heterogeneous groups)이라고 하고, 유사한 능력이나 성적에 따라 편성된 그룹은 **동질집단** (homogeneous groups)이라고 부른다.

　　☞ GROUPING

ablaut ⟨**n**⟩ 모음교체

　단어의 어간 모음이 변화되어 굴절형식이 만들어지는 과정. 예를 들어, *sing*의 과거형은 *sang*이고, *goose*의 복수형은 *geese*이다.

aboriginal language ⟨**n**⟩ 토착 언어

　　☞ INDIGENOUS LANGUAGE

absolute ⟨**n**⟩ 절대어

　비교급이나 최상급 형태를 취하지 않는 형용사나 부사. 예를 들어, *perfectly*와 *unique*는 이미 '최대한도까지'의 개념을 나타내기 때문에 **most perfectly*나 **more unique*와 같은 비교급·최상급 형태로는 사용할 수 없다.

absolute clause (phrase, construction) ⟨**n**⟩ 독립절(구, 구문)

　부정부사절이나 통사적으로 주절과 관련이 없는 다른 부사적 구조

　　As far as I can tell, she is not having any problems with the course.

abstract noun ⟨**n**⟩ 추상명사

　　☞ CONCRETE NOUN

ABX discrimination ⟨***n***⟩ ABX 판별(법)

심리언어학PSYCHOLINGUISTICS에서, 한 번의 ABX 시행에 세 가지의 자극이 제시되는 과업. A와 B는 다른 자극이고(예를 들어, *ramp*와 *lamp*), 피험자의 과업은 이중에서 마지막 자극과 일치하는 것을 고르는 것이다.

academic discourse ⟨***n***⟩ 학술 담화

학술 분야의 언어와 담화를 일컫는 용어. 학술 담화 연구는 학술적 장면에서 발생하는 담화와 텍스트의 특징, 문맥, 산출, 해석에 초점을 둔다.

    ☞ ENGLISH FOR ACADEMIC PURPOSES, GENRE, REGISTER

academic language ⟨***n***⟩ 학술어/사고도구어

정규 학교 과정에서 교과 교육에 사용되는 특정 장르와 언어 사용역. 학술어 학습은 정규교육과정의 제2언어 학습자와 학문 목적의 영어 학습자에게 있어 필수적이다.

academic literacy ⟨***n***⟩ 학술적 문식능력

과학이나 법률, 문학 등과 같은 학술 분야의 학문적 담화를 이해하고 그것에 참여할 수 있는 능력뿐만 아니라, 학술 공동체의 사회적 규범들과 담론적 관습을 이해하고, 구어와 문어 텍스트를 이해하고 산출할 수 있는 능력을 말한다. 학문적 목적을 위한 영어ENGLISH FOR ACADEMIC PURPOSE는 학문적 문식능력 스킬의 배양을 목적으로 한다.

academic vocabulary ⟨***n***⟩ 학술어휘

학문적 텍스트에서 가장 높은 빈도로 사용되는 어휘. 영어의 경우, 다양한 학문 분야에 공통하는 핵심 어휘(예를 들어, *evidence*, *estimate*, *feature*, *impact*, *method*, *release*)가 600어 정도가 있으며, 이 어휘들이 학문적 텍스트 어휘의 10% 정도를 점한다. 따라서 학습자들이 교육과정을 성공적으로 마치기 위해서는 이 어휘들을 알아야 할 필요가 있다. 학술어휘의 교수와 학습은 학문적 목적을 위한 영어ENGLISH FOR ACADEMIC PURPOSES 학습에 있어서 중요한 요소이다. 학술어휘는 학술 텍스트 코퍼스 분석을 통해 결정된다. 학술어휘는 특정 화제나 분야, 과목 특유의 단어를 지칭하는 전문어휘(Technical Vocabulary)와 구별되는 경우도 있다.

Academic Word List(AWL) ⟨***n***⟩ 학술어휘 리스트

다수의 학문적 텍스트를 구성하는 핵심 어휘 570개로 구성된 단어군 리스트로, 대규모 학술 텍스트 코퍼스 분석 결과에 기초하되, 영어의 최빈어 2,000개는 제외하고 작성되었다. 이 리스트는 학문적 목적을 위한 영어 교육에 폭넓게 활용되고 있다.

    ☞ ENGLISH FOR SPECIAL PURPOSES

accent[1] ⟨***n***⟩ 악센트/강세

단어에서 한 음절을 다른 음절보다 두드러지게 강조하는 것. 예를 들어, 영어에서 명사 *import*는 첫 번째 음절인 *im-*에 강세가 있지만, 동사 *import*는 두 번째 음절인 *-port*에 강세가 있다.

> *This car is a foreign import.* (이 차는 수입품이다.)
> *We import all our coffee.* (커피는 모두 수입한다.)
> ☞ PROMINENCE, STRESS

accent[2] ⟨*n*⟩ 강세

일부 언어, 특히 프랑스어의 문어 형식에서 모음 위에 놓이는 표지로,

a. 발음의 차이(☞ DIACRITIC)를 보여준다. 예를 들어, 프랑스어 단어 *prés*(목장)에서 *e* 위의 **양음강세**(acute accent)는 **저(低)강세**(grave accent)를 수반하는 *près*(가까이에)의 *e*와는 다른 소리가 나는 모음이라는 것을 가리킨다.

b. 발음 변화는 없지만 의미가 다르다는 것을 나타내기도 한다. 예를 들어, 프랑스어의 *où*(또는)과 *ou*(어디에).

accent[3] ⟨*n*⟩ 억양

청자에게 화자의 배경을 구별할 수 있게 해주는 특별한 말하기 방법. 발음은 다음과 같은 특성을 보여줄 수 있다.

a. 화자의 출생지나 출신국:

예를 들어, *a northern accent*; *an American accent*

b. 화자가 속한 사회 계층:

예를 들어, *a lower middle class accent*

c. 화자가 그 언어의 모어화자인가, 아닌가:

She speaks English with an accent/with a German accent.

> ☞ DIALECT, SOCIOLECT

accent[4] ⟨*n*⟩ 악센트

≒ 강세|STRESS

accent discrimination ⟨*n*⟩ 억양으로 인한 차별

취업이나 법적인 절차 시에 외국인 말투나 지역적 방언, 사회적(계층) 방언을 구사하는 화자에 대해 보이는 차별이나 편견

> ☞ FORENSIC LINGUISTICS

accent reduction ⟨*n*⟩ 억양의 수정

제2언어 화자가 외국인 투의 억양으로 목표어를 말하지 않도록 돕기 위해 설계된 프로그램. 이 프로그램은 억양으로 인해 제2언어 화자들이 차별 받은 경험이 있다는 사실을 반영한다. 그러나 외국인 말투를 줄인다고 해서 명료성이 반드시 증가한

다는 증거는 발견되지 않았다. 그런 이유로 교육학자들은 외국인 말투에 대해 좀 더 관대해질 필요가 있다고 주장하고 있다.

    ☞ ENGLISH AS AN INTERNATIONAL LANGUAGE

acceptability judgement task ⟨*n*⟩ 용인가능성 판단 과업

피험자에게 특정 문장이 모어나 현재 학습 중인 언어에서 용인가능한지를 판단하도록 요구하는 과업(혹은 테스트) 유형. 과업의 지시가 특정 문장의 용인가능성 여부를 판단하도록 하는 과업은 **용인가능성 판단 과제**(acceptability judgement task)라고 하고, 특정 문장의 문법적 적합성 여부를 판단하도록 하는 과제는 **문법성 판단 과제**(grammaticality judgement task)(혹은 테스트)라고 한다.

acceptable ⟨*adj*⟩ 용인가능한 acceptability ⟨*n*⟩ 용인가능성

어떤 문장이 일반적 문맥이나 특정 공동체 문맥에서 모어화자NATIVE SPEAKER가 문법적이다, 정확하다, 혹은 사회적으로 적절하다고 판단하는 언어적 발화(예를 들어, 단어, 특정 발음, 구나 문장)를 가리키는 용어

acceptable alternative method ⟨*n*⟩ 용인가능한 대체법

    ☞ CLOZE TEST

acceptable word method ⟨*n*⟩ 용인가능 단어법

    ☞ CLOZE TEST

access ⟨*n/v*⟩ 접근(액세스)

(컴퓨터 지원 언어 학습COMPUTER ASSISTED LANGUAGE LEARNING에서) 정보나 데이터에 접속하거나 호출하는 것. **순차적 접근**(sequential access)은 카세트테이프를 빨리감기 하는 것처럼 컴퓨터에 기억된 순서에 따라 정보를 호출하는 것을 뜻하고, **직접 접근**(direct access)이나 **무작위 접근**(random access)은 접근 순서가 정보의 순서에 구애 받지 않고 직접 정보에 접근하는 것을 말한다.

accidental gap ⟨*n*⟩ 우연적 차이

단어형성WORD FORMATION에서, *sad*의 반의어로 *unsad*를 사용하는 것처럼, 실제로는 불가능하지만 있을 수는 있는 형식. 학습자가 이러한 형태를 산출한다면, 과잉일 반화OVER-GENERALIZATION의 예로 간주된다.

accommodation[1] ⟨*n*⟩ 적응/조절

예를 들어, 교사가 어린 아이들 반에서 말할 때는 보다 간단한 단어나 문장 구조를 사용하는 것처럼, 사람들이 말하기 스타일을 전환하는 것. 이를 **수렴**(convergence)이라고 한다. 반대로, 도시 출신자의 태도가 짜증이 나서 자신의 출신 지역 악센트를 과장하는 경우가 있다. 이를 **확산**(divergence)이라고 한다. 수렴은 발화 속도나

휴지, 발화 길이, 발음 등을 조정하여 자신의 발화를 상대방의 발화에 맞추고자 하는 전략의 하나이다.

accommodation² 〈n〉 적응/조절

☞ ADAPTATION²

accomplishments 〈n〉 완료/성취

☞ ASPECT

accountability 〈n〉 설명책임

응용언어학에 관계하는 모든 이들이 자신의 연구 내용에 대한 질문에 대해 가져야 하는 답변 책임. 예를 들어, 테스트 개발자는 자신이 사용하는 평가 방법과 결과의 이론적 근거를 수험자와 테스트 사용자에게 설명할 수 있어야 하고, 언어교육 프로그램 관리자는 특정 프로그램의 고객에게 프로그램에 대한 설명책임 및 수강생에게 질 높은 교육을 제공해야 할 책임이 있다. 공교육 프로그램 관리자는 부모 및 지역 구성원에 대한 설명책임을 가진다. 설명책임에는 교육과정과 코스의 개발 및 실행, 교사의 고용, 교재의 채택, 교사와 코스에 대한 평가, 학습자와 학습 결과의 평가 등을 보고할 책임이 포함되어 있다.

accredited interpreter 〈n〉 공인 통역사

☞ INTERPRETATION

accredited translator 〈n〉 공인 번역가

☞ TRANSLATION

acculturation 〈n〉 문화변용

다른 언어와 문화, 가치 체계를 가진 집단과의 상호작용을 통해 한 집단의 언어, 문화, 가치 체계가 변화해 가는 프로세스. 예컨대, 제2언어 학습에서 문화변용은 한 집단(예를 들어, 어떤 나라의 이민자 집단)이 다른 집단(예를 들어, 지배 집단)의 언어를 어느 정도 잘 학습할 수 있는가에 영향을 끼치기도 한다.

☞ ACCULTURATION MODEL, ASSIMILATION², SOCIAL DISTANCE

acculturation model 〈n〉 문화변용 모델

제2언어 습득에서, 학습자가 자연직 환경에서 목표언어 사회의 문화에 동화되어 가는 정도가 제2언어 습득의 성패 및 최종 도달 레벨에 영향을 미친다는 이론. 문화변용에는 수많은 사회적, 심리적 변인이 관련하지만, 일반적으로 한 개인이 새로운 집단의 신념과 가치, 문화를 획득해 가는 과정으로 이해된다.

accuracy 〈n〉 정확성

☞ FLUENCY

accuracy order 〈*n*〉 정확성 순서

=difficulty order 난이도 순서

특정 언어 항목과 형식, 규칙은 다른 항목이나 형식들에 비해 일관하여 더 정확하게 산출되기 때문에 그것들을 상대적 난이도에 따라 서열화할 수 있다. 종단적 연구CROSS-SECTIONAL RESEARCH에 기초한 정확성 순서는 횡단적 방법LONGITUDINAL METHOD을 통해 보강되어야 할 필요는 있지만, 습득 순서의 증거로 받아들여지고 있다.

accusative case 〈*n*〉 대격

명사나 명사구의 한 형식으로, 그것이 문장에서 동사의 직접목적어로 기능함을 나타낸다. 예를 들어, 다음 독일어 문장에서 명사구 *einen neuen Tisch*은 동사의 직접목적어이며, 그것을 명시적으로 나타내기 위해 관사 *ein*과 형용사 *neu*에 활용 어미 *−en*이 붙어 있다.

> *Ursula kaufte einen neuen Tisch.* (Ursula는 새 테이블을 샀다)
> ☞ CASE[1]

achievements 〈*n*〉 성취/달성

> ☞ ASPECT

achievement test 〈*n*〉 성취도 테스트

특정 코스나 교재, 교육 프로그램과 관련하여, 언어 학습자가 목표어를 어느 정도 성공적으로 학습하였는가를 측정하기 위해 설계되는 테스트로, 준거참조 평가 CRITERION-REFERENCED TEST의 일종이다. 보통은 언어 코스의 마지막에 실시된다. 한편, 성취도 테스트가 특정 시점까지의 언어 학습도를 측정하기 위해 코스 중간에 정기적으로 실시될 때는 진도 테스트PROGRESS TEST라고 부른다. 테스트 결과는 학습자의 진급이나 수료를 결정하거나 프로그램의 효과를 판단하기 위해 사용되기도 한다 결과에 따라서는 교육과정을 수정하기도 한다. 이 테스트와 보다 일반적인 테스트인 숙달도 평가PROFICIENCY TEST 간의 차이는 후자는 특정 언어 코스와 관련되어 있지 않다는 점이다. 즉, 규준참조 평가NORM-REFERENCED TEST의 한 유형이다. 예컨대, 성취도 평가는 교과서 안에 있는 특정 대화문에 기초하여 모든 듣기 이해 문항을 만들 수 있다. 그러나 숙달도 평가는 유사한 테스트 문항을 사용할 수는 있지만, 어떤 특정 교과서나 언어 교수요목과는 결부되지 않는다.

acoustic cue 〈*n*〉 음향 단서

발화에서, 음성적 자질을 구별하기 위해 사용하는 음향 신호의 한 측면. 예를 들어, 발성 개시 시간VOICE ONSET TIME은 무성자음 /t/와 유성자음 /d/를 구별하는 데 사용하는 음향 단서의 하나이다.

acoustic filtering 〈*n*〉 음향 필터링

(듣기 이해에서) 발화 내의 일부 소리만을 들을 수 있거나 인식할 수 있는 능력. 예를 들어, 외국어를 배울 때 모어 발화의 언어음이 필터 기능을 해서 학습자가 새롭거나 익숙하지 않은 외국어 소리를 듣거나 인식하기가 어려워진다.

acoustic phonetics 〈**n**〉 음향음성학
 ☞ PHONETICS

acquisition 〈**n**〉 습득
 ☞ FIRST LANGUAGE ACQUISITION, LANGUAGE ACQUISITION, SECOND LANGUAGE ACQUISITION

acquisition order 〈**n**〉 습득 순서
 ≒ 습득 순서ORDER OF ACQUISITION

acrolect 〈**n**〉 상층 방언
 ☞ POST-CREOLE CONTINUUM, SPEECH CONTINUUM

acronym 〈**n**〉 머리글자/두문자어
구에서 대표적인 첫 글자를 따 합쳐 만든 단어. 예를 들어, IPA는 International Phonetics Association(국제음성학회), 또는 International Phonetics Alphabet(국제음성기호)의 머리글자이다.

ACT* (act-star로 읽음) 〈**n**〉 사고의 적응 제어
 ☞ ADAPTIVE CONTROL OF THOUGHT

ACTFL 〈**n**〉
 = 미국외국어교육협의회American Council on the Teaching of Foreign Languages

ACTFL Oral Proficiency Interview(OPI) 〈**n**〉 ACTFL 구어 숙달도 인터뷰 시험
ACTFL 숙달도 지침ACTFL PROFICIENCY GUIDELINES에 기술되어 있는 레벨에 기초하여 학습자의 목표어 구어 사용 능력을 평가하기 위해 실시하는 구조화된 인터뷰 시험

ACTFL Proficiency Guidelines 〈**n**〉 ACTFL 숙달도 지침
미국외국어교육협의회(American Council on the Teaching of Foreign Languages; ACTFL)의 후원으로 개발된 언어 능력 지침. 1996년에 최종 개정된 이래, 현재 10개 레벨의 언어 능력이 기술되어 있다.
 초급-하(Novice Low), 초급-중(Novice Mid), 초급-상(Novice High), 중급-하(Intermediate Low), 중급-중(Intermediate Mid), 중급-상(Intermediate High), 고급-하(Advanced Low), 고급-중(Advanced Mid), 고급-상(Advanced High), 최상급(and Superior).

action research 〈**n**〉 실행연구

1. 문제를 해결하거나 사회 변화나 실천적 행동을 야기하기 위한 방법을 발견하기 위한 연구. 과학적 원리를 발견하거나 일반 법칙과 이론을 구축하려고 하는 연구와는 구별된다.

2. (교사교육에서) 교실 지도와 학습에 대한 교사의 이해를 증가시켜 수업의 개선을 꾀하기 위해 교사 주도로 실시하는 교실 연구. 일반적으로 교사가 자기 수업 내에서 실시하는 소규모 연구 프로젝트로, 주로 다음과 같은 절차에 따라 실시된다.

   a. 교사(혹은 교사 집단)가 보다 면밀한 조사를 요하는 특정 교실 행동 하나를 선택한다(예: 교사의 질문 사용).

   b. 적절한 연구 기법을 선정한다(예: 교실 수업을 녹음한다).

   c. 데이터를 수집하고 분석한다.

   d. 교실 행동의 변화를 가져오는 데 도움이 될 실행 계획을 개발한다(예: 교사가 자문, 자답하는 빈도를 줄인다).

   e. 계획을 실행한다.

   f. 교실 행동에 대한 실행 계획의 효과를 관찰한다.

action zone 〈**n**〉 활동구역/활동반경

교사가 질문을 한 학생, 교사가 주기적으로 눈맞춤을 하는 학생, 수업에 능동적으로 참여하라고 지목한 학생들의 반응에서 나타나는 교실 내 교사–학생 간의 상호작용 패턴

active listening 〈**n**〉 능동적 듣기

학생이 화자가 말하였거나 말하는 것을 반복하거나 (혹은 다른 단어로) 다른 방법을 사용하여 자신이 그것을 이해했음을 표시하는 듣기 교수 방법

active/passive language knowledge 〈**n**〉 능동적/수동적 언어 지식

☞ PRODUCTIVE/RECEPTIVE LANGUAGE KNOWLEDGE

active teaching 〈**n**〉 능동적 교수

≒ 직접 교수DIRECT TEACHING

active vocabulary 〈**n**〉 능동적 어휘/표현어휘

☞ PRODUCTIVE/RECEPTIVE LANGUAGE KNOWLEDGE

active voice 〈**n**〉 능동태

☞ VOICE[1]

activities 〈**n**〉 활동

☞ ASPECT

activity ⟨**n**⟩ 활동

언어교수에서, 학생들에게 자신이 이용할 수 있는 모든 언어 자원을 사용하고 익히도록 요구하는 모든 교실 절차를 일컫는 일반적 용어

☞ DRILL, TASK, TECHNIQUE

activity theory ⟨**n**⟩ 행위이론

사회문화이론SOCIOCULTURAL THEORY과 결부된 학습 이론으로, 개개인은 특정의 학습 성과를 얻기 위해 (언어, 행동 패턴과 같은 사회적이고 문화적인 자원을 이용하여) 대상에 행동을 취한다고 주장한다.

acute accent ⟨**n**⟩ 양음 악센트

악센트 부호. 예를 들어, 프랑스어 *prés*(목초지) 위에 놓인 부호

☞ ACCENT[2]

adaptation[1] ⟨**n**⟩ 개작

시판용 교재를 사용할 때, 특정 학습자 집단에게 보다 적합하도록 그것을 보충하거나 수정하거나 일부를 삭제하는 것.

adaptation[2] ⟨**n**⟩ 적응

=equilibration 평형

Piaget 이론에서, 아이가 환경에 적응해 가는 두 가지 방법을 설명하는 용어.

(1) **동화**(assimilation[3]): 아이들은 자신의 현재 지식에 기반하여 새로운 정보를 해석한다.

(2) **조절**(accommodation[2]): 아이들은 새로운 정보를 이해하기 위해 자신의 인지 구조를 변경한다.

adaptive control of thought (ACT*) ⟨**n**⟩ 사고의 적응적 제어

선언적 지식DECLARATIVE KNOWLEDGE에 기초한 제한적 단계로부터 절차적 지식PROCEDURAL KNOWLEDGE에 기초한 자동화 단계로 발전해 가는 스킬 학습 모델. 이 프로세스에는 **절차화**(proceduralization: 명제적 지식을 행위의 연속체로 전환하는 것), **덩이화** (chunking: 함께 자주 나타나는 단위들을 덩이로 묶어서 작업 기억WORKING MEMORY 속에 정보를 더 많이 저장하는 것), **일반화**(generalization), **덩이화**(chunking: 함께 자주 나타나는 단위들을 덩이로 묶어서 단기기억 속에 더 많은 정보를 저징하는 것), 일반화GENERALIZATION, **규칙 간소화**(rule narrowing), **규칙 강화**(rule strengthening)가 포함된다. 이 모델에서는 언어 습득을 스킬 학습의 한 유형으로 간주한다.

adaptive testing ⟨**n**⟩ 적응형 테스트

개인의 언어 능력에 맞춰 출제되는 테스트 유형. 문항은 난이도 순으로 저장된 문제은행에서 선택되며, 직전 문항에 대한 응답에 기초하여 테스트 도중에 수험자

에게 제시된다. 이 과정은 수험생의 언어 능력에 대해 충분히 정보를 얻었다고 판단될 때까지 계속된다. 예를 들어, 다지선다 형식의 적응형 어휘 테스트에서는 처음에는 수험자에게 중 정도의 난이도를 가진 문항이 제시된다. 수험자가 정확하게 답한 경우, 조금 더 어려운 문항이 제시되며, 틀린 답을 했을 때는 조금 더 낮은 수준의 난이도 문항이 출제된다.

구어숙달도 인터뷰시험OPI은 면접관(즉 시험관)이 인터뷰 중인 면접자(즉 수험생)의 언어 능력에 기초하여 지속적으로 질문의 난이도를 조정해 간다는 점에서 적응형 테스트의 일종으로 볼 수 있다.

적응형 테스트는 컴퓨터 적응형 테스트COMPUTER ADAPTIVE TEST에 최적화된 평가법으로, 앞으로도 그 응용이 기대된다.

additive bilingual education 〈*n*〉 부가적 이중언어 교육

=additive bilingualism 부가적 이중언어

이중언어 교육BILINGUAL EDUCATION의 한 형식으로, 교수 언어가 아이들의 모어나 가정 내 언어가 아니며, 모어를 교수 언어 식으로 바꾸려고도 하지 않는다. 부가적 이중언어 교육 프로그램에서 제1언어는 유지되며 지지된다. 예를 들어, 영어를 모어로 하는 캐나다인을 위한 프랑스어 이중언어 교육 프로그램은 영어를 프랑스어로 대체하기 위해서가 아닌, 아이들에게 제2언어를 가르치고자 하는 데 궁극적인 목적이 있다. 교수 언어가 아이들의 제1언어를 대체하게 되는 경우에는 **제거적 이중언어**(subtractive bilingualism)라고 한다.

☞ IMMERSION PROGRAMME

address form 〈*n*〉 호칭어

=address term, form/term of address

구어나 문어에서 누군가를 부를 때 사용하는 단어 형식. 호칭 방식은 보통 연령이나 성별, 사회 계층, 개인적 관계에 따라 결정된다. 예를 들어, 화자가 상대방을 어떻게 부르기를 원하는가(공손하게 부르기를 원하는가, 격의 없이 부르기를 원하는가)에 따라 2인칭 대명사 형식('너'와 '당신')이 달라지는 언어들이 많이 있다. 예를 들어, 독일어의 *Sie*와 *du*, 프랑스어의 *vous*와 *tu*, 스페인어의 *usted*와 *tu*, 중국어(북경)의 *nin*과 *ni*가 그것이다.

영어 *you*와 같이, 2인칭 대명사가 하나뿐인 언어의 경우에는 *Sir, Mr Brown, Brown, Bill*처럼, 다른 호칭 형식을 사용하여 공손성(또는 비공손성)을 나타낸다. 중국어의 일부 방언이나 일본어 등과 같은 언어에서는 '아버지', '어머니', '숙모'와 같이 관계성을 표현하거나, '선생님', '교수님' 등 직위를 나타내는 단어들을 사용하여 존중심이나 직위에 대한 공손성을 표시한다.

중국어(북경): *baba qing chi*

father please eat!

일본어: *sensei dozo!* (정중한 요청)

teacher/sir please!

한 언어의 호칭어는 고유의 규칙을 가진 복잡한 **호칭 체계**(address system)로 구성되어 있으며, 적절한 의사소통을 위해 반드시 습득해야 하는 것이다.

☞ COMMUNICATIVE COMPETENCE

address system ⟨***n***⟩ 호칭 체계

☞ ADDRESS FORM

address term ⟨***n***⟩ 호칭어

☞ ADDRESS FORM

ad hoc interpreting ⟨***n***⟩ 즉흥적 통역

사교나 비즈니스 미팅 중에 일어나는 구어 상호작용을 비형식적으로 통역하는 것.

☞ INTERPRETATION

adjacency pair ⟨***n***⟩ 인접쌍

두 화자에 의한 두 개의 관련된 발화의 연쇄. 두 번째 발화는 항상 첫 번째 발화에 대한 응답이다. 다음 예에서 화자 A는 불평을 하고 있고, 화자 B는 그것을 부정하고 있다.

A: *You left the light on.* (네가 불 안 껐잖아).

B: *It wasn't me!* (나 아냐!)

위 예에서 불평과 그에 대한 부정을 인접쌍이라고 한다. 인접쌍의 다른 예로, **인사-인사, 질문-대답, 초대-수용/거절, 제안-수락/거절, 불평-사과** 등이 있다. 인접쌍은 대화 구조의 일부이며, 대화분석CONVERSATION ANALYSIS: CA 분야에서 연구된다.

adjacency parameter ⟨***n***⟩ 인접 매개변인

(지배-결속 이론GOVERNMENT/BINDING THEORY에서) 한 언어가 인접 원리ADJACENCY PRINCIPLE를 보이는가, 보이지 않는가의 매개변인

adjacency principle ⟨***n***⟩ 인접 원리

(지배-결속 이론GOVERNMENT/BINDING THEORY에서) 격이 할당될 수 있는 보충어(☞ CASE ASSIGNER)는 구의 주요부에 인접해 있어야 하고, 다른 요소로 인해 분리되어 있어서는 안 된다는 원리. 예를 들어, 영어에서 타동사는 다음 예에서와 같이 그것의 직접목적어와 떨어져 있어서는 안 된다.

She liked very much him.

이 원리는 프랑스어와 같이, 무표적인 어순을 가진 언어에는 적용되지 않는다.

J'aime beaucoup la France (*I love very much France.)

adjectival noun 〈*n*〉 형용사적 명사

명사로 사용되는 형용사. 예를 들어, *the poor*(가난한 사람들), *the rich*(부자들), *the sick*(환자들), *the old*(노인들)

☞ SUBSTANTIVE

adjective 〈*n*〉 형용사

명사가 가리키거나 명사의 성질, 상태, 동작을 설명해 주는 단어. 예를 들어, *a black hat*의 *black*이 형용사이다. 영어에서 형용사는 보통 다음과 같은 특성을 가진다.

a. 명사 앞에 쓰일 수 있다. 예) *a heavy bag*

b. *be, become, seem* 등의 뒤에서 보어로 사용될 수 있다. 예) *The bag is heavy*.

c. 명사 뒤에서 보어로 사용될 수 있다. 예) *These books make the bag heavy*.

d. 부사의 수식을 받는다. 예) *a very heavy bag*

e. 비교급이나 최상급의 형태로 쓰일 수 있다. 예) *The bag seems heavier now*.

☞ COMPLEMENT, COMPARATIVE, ATTRIBUTIVE ADJECTIVE

adjective complement 〈*n*〉 형용사 보어

☞ COMPLEMENT

adjective phrase 〈*n*〉 형용사구

형용사의 기능을 하는 구. 예) *The woman in the corner is from Italy*.

adjunct 〈*n*〉 부가사

부사류는 **부가사**(adjuncts)나 **합접사**(conjuncts), **이접사**(disjuncts)로 분류할 수 있다. 부가사는 절이나 문장을 구성하는 기본 구조 중 하나이며, 동사를 수식하는 기능을 한다. 시간·장소·빈도·정도·양태를 나타내는 부사는 부가사이다.

He died in England. (그는 영국에서 죽었다.)

I have almost finished. (나는 거의 다했다.)

합접사(conjunct)는 절이나 문장의 기본 구조가 아니다. 합접사는 합접사를 포함하는 문장이 진술하고 있는 내용과 다른 문장의 내용이 어떻게 연결되어 있는가를 보여주는 기능을 한다.

Altogether it was a happy week. (대체로 행복한 한 주였다.)

However the weather was not good. (그러나 날씨는 좋지 않았다.)

이접사(disjuncts)(**문장부사**[sentential adverbs]라 하기도 한다)는 문장에서 말하고 있는 대상에 대한 화자의 태도나 평가를 나타낸다.

Naturally, I paid for my own meal. (당연히 내 밥값은 내가 냈다.)

I had to pay for my own meal, unfortunately. (유감스럽게도 내 밥값은 내가

내야 했다.)

☞ ADVERB

adjunct course 〈*n*〉 병존 수업

학문적 목적을 위한 언어 교수 방법으로, 언어와 학문 분야의 교과 내용을 연계하여 가르치는 내용중심교수CONTENT BASED INSTRUCTION 접근법이다. 영어 수업과 경제학 수업을 연계하여 가르치는 것이 한 예이다. 병존 수업은 학생들이 교과 교육의 성공에 필요한 언어 스킬을 가르칠 목적으로 설계된다.

adjunction 〈*n*〉 부가

(생성문법GENERATIVE GRAMMAR에서) 단어나 구와 같은 구성소CONSTITUENT가 서로 결합하거나 첨가되어 더 큰 구성소를 형성해 가는 과정을 말한다. 예를 들어, *He shouldn't do that*이라는 문장에서, 부정사 *not*(축약형)은 조동사 *should*와 결합하여 보다 큰 조동사인 *shouldn't*를 형성한다고 말할 수 있다. 부가는 규칙에 지배되며, 그 규칙은 언어마다 다르다.

admissions test 〈*n*〉 입학자격 시험

=screening test

특정 프로그램에 입학시키기 전에 수험자의 성공 가능성을 판단하여 입학 여부를 결정하기 위한 정보를 제공할 목적으로 설계된 시험. 선발시험SCREENING TEST이라고도 한다.

adnominal 〈*n/adj*〉 (명사)수식어/(명사)수식어의

(영어에서) 명사 뒤에 위치하여 그 명사에 대한 정보를 추가적으로 제공하는 단어나 구. 다음과 같은 것이 명사수식어가 될 수 있다.

a. 형용사: *the blue sea*의 *blue*

b. 다른 명사: *the jade statue*의 *jade*

c. 구: *at the corner in the shop*에서 *at the corner*

수식어MODIFIER의 일종이다.

adolescent learner 〈*n*〉 청소년 학습자

☞ YOUNG LEARNER

adposition 〈*n*〉 부치사

전치사PREPOSITION와 후치사POSTPOSITION를 총칭하는 용어

advance organizer 〈*n*〉 사전조직자

(교수에서) 학습이나 교수에 앞서 학습할 내용에 대해 학습자의 사고나 아이디어를 조직해 보도록 하는 활동. 예를 들어, 강의를 듣기 전에 학생들이 강의 내용을

더 쉽게 이해하도록 하기 위해 토론을 하거나, 읽기에 앞서 지문에 숨겨진 중심 생각에 대해 간단히 소개할 수 있다.

adverb ⟨***n***⟩ 부사

동사나 형용사, 다른 부사, 또는 문장의 뜻을 설명하거나 더해주고, *how?*나 *where?*, *when?*의 질문에 대한 대답이 되는 품사. 영어에서는 접미사 −*ly*를 취하는 경우가 많다.

- **양태 부사**(adverbs of manner): *carefully*, *slowly*
- **장소 부사**(adverbs of place): *here*, *there*, *locally*
- **시간 부사**(adverbs of time): *now*, *hourly*, *yesterday*

부사 기능을 하는 구나 절을 각각 부사구ADVERB PHRASE, 부사절ADVERB CLAUSE이라 한다.

adverbial ⟨***n/adj***⟩ 부사상당어구/부사적인

부사ADVERB로 기능하는 단어나 구, 절. 부사는 한 단어로 된 부사상당어구이다.

adverbial clause ⟨***n***⟩ 부사절

부사로 기능하는 절

When I arrived I went straight to my room. (시간을 나타내는 부사절)

Wherever we looked there was dust. (장소를 나타내는 부사절)

We painted the walls yellow to brighten the room. (목적을 나타내는 부사절)

☞ ADVERB, PREPOSITION

adverbial phrase ⟨***n***⟩ 부사구

부사 기능을 하는 구

After dinner we went to the movies.

adverb particle ⟨***n***⟩ 부사 불변화사

=prepositional adverb

in, *on*, *back*과 같이, 명사가 아닌 동사를 수식하는 단어. *in*, *out*, *up*, *down*, *on*과 같은 단어는 문법적으로는 명사(*in the box*, *on the wall*)와도 결합할 수 있고, 동사(*come in*, *eat up*, *wake up*, *die away*)와도 결합할 수 있다. 명사와 결합했을 때를 전치사PREPOSITIONS라고 하고, 동사와 결합했을 때를 부사 불변화사라고 한다. ⟨동사＋부사 불변화사⟩ 구성은 구동사PHRASAL VERB라고 부른다.

advocacy ⟨***n***⟩ 지지

교육에서, 제안한 개혁이 바람직하고, 실행 가능하고, 문제가 없고, 적절하다는 것을 다른 사람에게 증명하여 개혁을 추진하는 프로세스. 교육과정을 설계하거나 실행할 때, 혹은 다른 종류의 교육적 변화를 입안, 설계할 때 제안한 변화를 가능하게 하기 위해서는 자금이나 영향력, 권위 등을 가진 사람이나 단체의 지지를 얻는 것이 필요한 경우가 많다. '지지'는 정치적인 행동과 로비뿐만 아니라, 주요 의사결정자와 이해관계자(stakeholder)의 태도와 입장을 이해하여, 그들에게 변화가 교육적, 사회적, 경제적 등의 측면에서 유익하다는 것을 설득하기 위해 정보와 논의를 제공할 필요가 있다.

    ☞ SITUATIONAL ALALYSIS

affect ⟨*n*⟩ 정의

언어 학습과 사용에 영향을 끼칠 수 있는 많은 감정적 요인들을 일컫는 용어. 여기에는 수줍음이나, 긍정적/부정적 언어태도LANGUAGE ATTITUDES와 같이 장기적이지만 가변적인 요인이나, 열정, 불안ANXIETY, 지루함, 무관심, 의기양양과 같이 끊임없이 변화하고 변동하는 상태 등의 기본적이고 개인적인 특성들이 포함된다. 어떤 이론에서는 정의적 상태는 어떤 활동에 있어 주관적으로 평가한 도전 단계와 그 활동을 수행하는 데 필요한 스킬 레벨의 주관적인 평가 사이의 균형에 의해 대체로 결정된다고 제안한다. 예를 들어, 학습자는 자신의 스킬 레벨보다 훨씬 높은 교실 과업을 수행할 때 걱정하고 좌절한다. 반면, 주어진 과업이 자신의 능력 레벨보다 낮을 때는 지루함을 느끼게 된다. 도전적이지만 능력 범위 내에 있는 흥미로운 과업을 학습자에게 제공하면 긍정적인 정의적 반응을 이끌어낼 수 있다.

affected object ⟨*n*⟩ 피동목적어

    ☞ OBJECT OF RESULT

affective domain ⟨*n*⟩ 정의 영역

    ☞ DOMAIN³

affective filter hypothesis ⟨*n*⟩ 정의적 필터 가설/정의적 여과기 가설

Krashen이 자신의 제2언어 발달에 관한 모니터 모델(☞ MONITOR HYPOTHESIS)과 함께 제안한 가설. **정의적 필터**(affective filter) 이론에 기반하며, 이 가설에 따르면 성공적인 제2언어 습득은 학습자의 감정에 의해 결정된다. 부정적인 태도(동기와 자신감의 부족, 불안)는 필터로 작동하여 학습자가 입력을 이용하는 것을 막고, 그로 인해 성공적인 언어 학습을 방해하게 된다고 주장한다.

affective filtering ⟨*n*⟩ 정의적 필터링

정의석 요인으로 인해, 다른 가능한 모델보다 하나의 발화 변이를 언어 학습 모델로 선택하는 것. 예를 들어, 제2언어 학습자들은 다양한 그룹(예를 들어, 부모, 선생, 다른 사회적·인종적 집단)이 사용하는 영어를 듣겠지만, 그 중 하나, 예를 들어 또래 집단의 친구들이 사용하는 말을 모델로 하여 흉내낸다.

affective meaning ⟨*n*⟩ 정의적 의미

＝connotation

affective variable 〈**n**〉 정의적 변인

☞ COGNITIVE VARIABLE

affirmative 〈**adj**〉 긍정의

부정 구문과 대조적으로, 긍정적 의미를 표현하는 문법 구조

The plane has arrived. (긍정)

The plane has not arrived. (부정)

affix 〈**n**〉 접사

단어에 붙어서 그 단어의 의미나 기능을 바꿔는 형태소MORPHEME. 접사는 다음과 같은 위치에 붙은 의존 형식BOUND FORM이다.

    a. 어두(=접두사[prefix]).

      예) 영어의 *un-*은 단어의 앞에 붙어 반대의 뜻을 더해준다.

        kind － unkind

    b. 어미(=접미사[suffix]).

      예) 영어의 *-ness*는 형용사를 명사로 바꿔준다.

        kind － kindness

    c. 어중(=접요사[infix]).

      예) 타갈로그어의 *-um-*은 그 동사가 과거시제라는 것을 나타낸다.

        sulat(to write) － *sumulat*(wrote)

☞ COMBINING FORM

African American English (AAE) 〈**n**〉 아프리카계 미국인 영어

=African American Vernacular English(AAVE), Black English(BE), Black English Vernacular(BEV), Ebonics

특히 인구가 집중된 도심 지역에 사는 아프리카계 미국인들이 사용하는 구어 영어 변종. 아프리카계 미국 영어의 기원에 대해서는 의견이 분분하다. 남부 백인이 사용하는 구어 영어와 유사하다고 주장하는 이가 있는가 하면(따라서 분명히 영어 방언이다), 표준 영어와는 독립적으로 발달한 일종의 크리올CREOLE이기 때문에, 방언 DIALECT이라기보다는 언어LANGUAGE라는 지위를 부여해야 한다고 주장하는 이도 있다. 아프리카계 미국 영어는 1960년대 시민 평등권 운동의 시작과 함께 미국 정부의 국가적인 관심의 대상이었다. AAE는 종종 열등한 유전적 지능, 문화적 박탈, 태만 과 잘못 결부되거나, 교육의 문제로 치부되기도 하였다. 그러나 연구자들은 AAE가 독자적인 구조와 체계를 가지고 있으며, 다른 언어 변이 못지않게 복잡하다는 점을 보고하고 있다.

AAE와 표준 미국 영어(SAE) 간에는 다음과 같은 차이가 있다. 음운론적 측면에서,

AAE는 *l*-삭제 규칙을 사용하기 때문에 *toll*과 *toe*과 같은 단어가 발음이 같은 동일한 쌍이 되고, 자음 연쇄 단순화 규칙으로 *pass*와 *passed*와 같은 단어를 동일 발음을 가진 단어쌍으로 만든다. 통사적 측면에서, SAE에서는 *be* 동사의 축약이 허용되지만, 동일한 환경에서 AAE 화자는 이 *be*를 삭제할 수 있다. 예를 들어, *He is nice*에서 동사 *is*는 SAE에서는 *He's nice*와 같이 축약이 될 수 있고, AAE에서는 *He nice*와 같이 삭제된다. 의미론적 측면에서, AAE 화자들은 SAE에서는 쉽지 않은 의미의 구별을 할 수 있다. 예를 들어, *John be happy*라는 문장에서 불변 형식인 *be*는 'John은 항상 행복하다'(*John is happy*나 *John happy*와는 다른 의미이다)는 개념을 전달하고, *John BEEN married*(*been* 위에 강세)라는 문장은 *John has been married for a long time*, 즉 *John*은 결혼한 지 오래되었다('*John*이 결혼한 적은 있지만 아마도 지금은 아니다'라는 의미와는 다르다)는 개념을 전달한다.

African American Vernacular English (AAVE) 〈*n*〉 아프리카계 미국인 영어

＝아프리카계 미국 영어AFRICAN AMERICAN ENGLISH

affricate 〈*n*〉 파찰음 affricated 〈*adj*〉

폐에서 나온 공기의 흐름을 막았다가 완전히 파찰하지 않고 천천히 개방해서 좁은 틈 사이로 공기를 통과시키면서 내는 언어음(자음CONSONANT). 파찰음의 첫 부분은 폐쇄음STOP, 두 번째 부분은 마찰음FRICATIVE과 유사하다. 예를 들어, 영어에서 *child*/ tʃaɪld/의 /tʃa/와 *jam*/dʒæm/의 /dʒ/가 파찰음이다.

☞ MANNER OF ARTICULATION, PLACE OF ARTICULATION

agency 〈*n*〉 행위주체성

선택하고, 자신의 결정과 행위에 책임질 수 있는 인간 능력을 지칭하는 철학적 용어. 행위주체성은 아이덴티티IDENTITY, 사회적 문맥과 더불어 사회문화 이론SOCIOCULTURAL THEORY과 비판적 교육학CRITICAL PEDAGOGY에 있어 중요한 구성개념이다.

agent 〈*n*〉 동작주

(일부 문법에서) 동사가 나타내는 행위를 수행하는 인간이나 동물을 가리키는 명사나 명사구. 예를 들어, 다음 문장에서는 *Anthea*가 동작주이다.

Anthea cut the grass.

The grass was cut by Anthea.

농작주라는 용어는 *She was admired by everyone*의 *everyone*과 같이, 그것이 어떤 행위의 주체를 가리키지 않은 경우에도 수동문 *by* 뒤에 오는 명사나 명사구에 한해 사용하기도 한다.

☞ SUBJECT, AGENTIVE CASE, AGENTIVE OBJECT

agentive case 〈*n*〉 동작주격

(격 문법CASE GRAMMAR에서) 동사가 나타내는 행위를 수행하거나 시작하는 사람이나 동물을 가리키는 명사나 명사구. 다음 문장에서는 *Tom*이 동작주격이다.

Tom pruned the roses.

그러나 동사의 주어가 반드시 동작주격인 것은 아니다.

Tom loves roses.

이 문장에서 *Tom*은 행위를 수행하는 것이 아니라, *rose*(장미)에 대한 *Tom*의 태도가 언급되고 있다. 그렇기 때문에 이 문장에서 *Tom*은 동작주격이 아니라 여격이다(☞ DATIVE CASE[2]).

　　☞ CASE GRAMMAR

agentive object ⟨*n*⟩ 동작주 목적어

그 자체가 동사의 행위를 수행하는 동사의 목적어

Fred galloped the horse.

위 문장에서 *Fred*가 행위를 시작하지만 실제로 *gallop*(질주하다)하는 것은 *horse*(말) 이다.

　　☞ AGENT, AGENTIVE CASE

agent θ-role ⟨*n*⟩ 동작주 θ역

　　☞ θ-THEORY/THETA THEORY

agglutinating language ⟨*n*⟩ 교착어

=agglutinative language

다양한 접사AFFIX가 단어의 어근에 붙어서 그 의미를 더해 주거나 문법적 기능을 나타내 주는 언어. 예를 들어, 스와힐리어 *wametulipa*(they have paid us)는 다음과 같은 것들로 구성되어 있다.

wa　　me　　　　tu　　lipa

그들+완료 표지+우리+돈을 지불하다

교착어와 굴절어INFLECTING LANGUAGE, 고립어ISOLATING LANGUAGE 간의 구분이 완전히 명확한 것은 아니지만, 높은 교착성을 가진 언어로는 핀란드어, 헝가리어, 스와힐리어, 터키어가 있다. 교착어와 굴절어를 종합적 언어SYNTHETIC LANGUAGE라고 부르기도 한다.

AGR ⟨*n*⟩

　　☞ AGREEMENT

agrammatism ⟨*n*⟩ 실문법증

　　☞ APHASIA

agraphia ⟨*n*⟩ 실서증(失書症)

　　☞ APHASIA

agreement¹ ⟨***n***⟩ 일치

일반적으로, 두 개의 요소 중에서 적어도 하나의 속성이 공통한다면, 이 두 요소는 일치하고 있다고 말한다. 예를 들어, *John goes to work early*라는 영어 문장에서 3인칭 단수 주어 *John* 뒤에는 동사 *go*의 3인칭 단수형이 와야 한다. 스페인어와 아랍어 등의 언어에서 형용사는 그것이 수식하는 명사와 성, 수가 일치해야 한다. 일치의 전통적인 용어는 일치ᴄᴏɴᴄᴏʀᴅ이다. 지배/결속 이론ɢᴏᴠᴇʀɴᴍᴇɴᴛ/ʙɪɴᴅɪɴɢ ᴛʜᴇᴏʀʏ에서 일치는 **특정 주요부**(AGR)와 그 지정부 간의 관계라고 여겨진다. 이 의미에서 일치는 주어-동사 일치와 구조격 할당 둘 다를 포함한다.

agreement² ⟨***n***⟩ 일치

☞ CONCORD

AI ⟨***n***⟩

＝인공지능ᴀʀᴛɪғɪᴄɪᴀʟ ɪɴᴛᴇʟʟɪɢᴇɴᴄᴇ

AILA ⟨***n***⟩

＝국제응용언어학회ᴀssᴏᴄɪᴀᴛɪᴏɴ ɪɴᴛᴇʀɴᴀᴛɪᴏɴᴀʟᴇ ᴅᴇ ʟɪɴɢᴜɪsᴛɪǫᴜᴇ ᴀᴘᴘʟɪǫᴜᴇᴇ/ɪɴᴛᴇʀɴᴀᴛɪᴏɴᴀʟ ᴀssᴏᴄɪᴀᴛɪᴏɴ ᴏғ ᴀᴘᴘʟɪᴇᴅ ʟɪɴɢᴜɪsᴛɪᴄs

aim ⟨***n***⟩ 목표

☞ OBJECTIVE

alertness ⟨***n***⟩ 각성

☞ ATTENTION

alexia ⟨***n***⟩ 실독증

☞ APHASIA

algorithm ⟨***n***⟩ 알고리즘

어떤 조작을 수행하기 위해서 겪게 될 단계들을 자세하게 규정한 일련의 명시적인 지침. *She went to the store*와 같은 평서문을 일련의 교실 활동의 순서에 따라 의문문 *Where did she go?*로 바꾸는 것이 알고리즘을 적용한 예이다.

alienable possession ⟨***n***⟩ 양도가능 소유

☞ INALIENABLE POSSESSION

alliteration ⟨***n***⟩ 두운

인접하여 나타나는 둘 이상의 단어(보통은 자음)에서, 어두음이 반복되는 것.
D̲own the d̲rive d̲ashed d̲ashing D̲an.

allomorph ⟨***n***⟩ 이형태

어떤 형태소ᴍᴏʀᴘʜᴇᴍᴇ의 다른 형태. 예를 들어, 영어 문어에서 복수 형태소는 보통 단어 끝에 –s를 붙여 표시된다(예: *cat*/kæt/ – *cats*/kæts/). 이 복수형 형태소는 가끔 /z/(예: *dog*/dɒg/ – *dogs*/dɒgz/)로 발음되기도 하고, /ɪz/(예: *class*/klɒːs/ – *classes*/klɒːsɪz/)로 발음되기도 한다. 이 예에서 /s/, /z/, /ɪz/는 모두 그것이 복수임을 나타내는 동일한 문법 기능을 가진다. 즉, 모두 복수 형태소의 이형태이다.

allophone ⟨*n*⟩ 이음 allophonic ⟨*adj*⟩

어떤 음소의 여러 변이형. 한 음소의 다양한 이음은 지각적으로는 서로 달라도 유사하며, 단어의 의미를 바꾸지 않으며, 다양한 음성적 환경에서 발생한다. 예를 들어, 영어 음소 /p/는 음절 앞에서는 기식음ASPIRATED이지만(☞ ASPIRATION), (*spot*에서와 같이) /s/ 뒤에 올 때는 무기식음UNASPIRATED이며, (*he's not her type*에서와 같이) 발화 끝에서는 비개방음UNRELEASED이 된다. 기식음, 무기식음, 비개방음은 모두 음소 /p/로 인식되고, /b/로는 인식되지 않는다. 즉, 이것들은 모두 /p/의 이음이다.

alpha (*α*) ⟨*n*⟩ 유의수준 (알파)

＝유의수준SIGNIFICANCE LEVEL

alphabet ⟨*n*⟩ 알파벳 alphabetic ⟨*adj*⟩

어떤 언어를 쓸 때 사용하는 일련의 문자. 영어 알파벳은 로마자를 사용하고, *a*, *b*, *c*... 등을 포함한 26개의 문자로 구성되어 있다. 러시아어의 알파벳은 키릴 문자를 사용하고 *a*, *б*, *в*... 등 31개의 문자로 구성되어 있다.

☞ ALPHABETIC WRITING

alphabetic method ⟨*n*⟩ 자모 교수법

아이에게 읽기를 가르치는 한 가지 방법. 보통 모어로 읽기를 가르칠 때 사용한다. 자모 명칭을 *a*는 '*ay*', *b*는 '*bee*', *c*는 '*see*' 식으로 배운다. 그리고 *bag*과 같은 새로운 단어나 익숙하지 않은 단어를 만났을 때는 '비에이지이이'라고 철자를 반복한다. 이 교수법에서는 단어의 '철자 말하기'가 아이들의 단어 인식을 돕는다고 생각한다.

☞ PHONICS

alphabetic writing ⟨*n*⟩ 철자 표기법

소리를 표현하는 개별 문자로 구성된 표기체계(☞ ALPHABET). 다음은 표기체계의 예이다.

　　a. 로마자(라틴 문자): 영어를 포함한 유럽 언어를 표기하는 데 사용하는 문자. 비유럽 언어도 많이 채택하고 있다. 예) 스와힐리어, 인도네시아어, 터키어

　　b. 아랍어 문자: 아랍어와 페르시아어, 우르두어, 말레이어(로마자 사용)와 같은 언어에서 사용하고 있다.

　　c. 키릴 문자: 러시아어와 우크라이나어, 불가리아어 등에 사용하고 있다.

☞ IDIOGRAPHIC WRITING, SYLLABIC WRITING

alpha(α) error 〈***n***〉 알파 오류

    ☞ TYPE i ERROR

ALTE 〈***n***〉

=유럽언어테스트협회ASSOCIATION OF LANGUAGE TESTERS IN EUROPE

alternate form reliability 〈***n***〉 동형검사 신뢰도

=equivalent form reliability, parallel form reliability

테스트의 신뢰도RELIABILITY를 측정하는 접근법의 하나. 이 접근법에서는 동형의 테스트를 두 개 이상 작성한 후, 동일한 수험자 집단에게 실시한다. 그런 다음, 두 테스트에서 얻은 총 득점 간의 상관계수CORRELATION COEFFICIENT를 구한다. 그 결과 얻은 상관계수는 두 테스트가 서로 동일한지, 수험자의 능력을 어느 정도 일관성 있게 측정하는지를 나타내는 수적 지표로 해석된다. 그러나 몇 가지 실제적인 문제로 인해, 이 방법보다는 내적 일관성 신뢰도 접근법INTERNAL CONSISTENCY RELIABILITY APPROACH을 사용하여 테스트 신뢰도를 측정하는 경우가 더 많다.

alternate forms 〈***n***〉 동형검사

=equivalent forms, parallel forms

완전히 동일한 스킬과 능력을 측정하기 위해 설계된 둘 이상의 서로 다른 테스트 형식으로, 동일한 테스트 방법을 사용하고, 길이와 난이도도 동일하다. 수험자가 동형검사에서 비슷한 점수를 받았다면, 그 테스트는 신뢰할 수 있는 테스트라는 것을 의미한다. (☞ RELIABILITY).

alternate response item 〈***n***〉 2지 선다형 문항

    ☞ TEST ITEM

alternation 〈***n***〉 교체 alternant 〈***n***〉 교체형

한 언어 단위의 다양한 이형태 간의 관계. 주로 형태론MORPHOLOGY과 음운론PHONOLOGY에서 사용된다. 예를 들어, 다음에서 관련된 모음 /i : /와 /e/는 모두 교체형이다.

    deceive /dɪ'csi : v/, *deception* /dɪ'sepʃən/

    receive /rɪ'si : v/ *reception* /rɪ'sepʃən/

어떤 음소PHONEME의 이음ALLOPHONES과 형태소MORPHEME의 이형태ALLOMORPHS도 교체형이다.

alternation rules 〈***n***〉 교체 규칙

    ☞ SPEECH STYLES

alternative 〈***n***〉 선택지

    ☞ MULTIPLE-CHOICE ITEM

alternative assessment 〈***n***〉 대안평가

기존의 표준적인 평가의 대안, 혹은 보완 형식으로 여겨지는 평가 절차 유형. 전통적인 평가 형식은 수험자의 L2 능력에 대하여 중요한 정보를 포착하지 못하고 실생활의 실태도 반영하지 못한다고 여겨지고 있다. 대안적 평가 절차로 사용되는 것으로는 자기평가, 동료평가, 포트폴리오, 학습자 일기나 일지, 학생-교사 간 협의, 인터뷰, 관찰 등이 있다.

☞ AUTHENTIC ASSESSMENT, PERFORMANCE ASSESSMENT

alternative hypothesis ⟨***n***⟩ 대체 가설

☞ HYPOTHESIS

alveolar ⟨***adj***⟩ 잇몸소리의(치경음의)

혀끝이 윗니 뒤의 잇몸(치경THE ALVEOLAR RIDGE)을 스쳐서 내는 소리(자음CONSONANT). 예를 들어, 영어에서 *tin*/tɪn/의 /t/와 *din*/dɪn/의 /d/는 치경폐쇄음이다. 영어의 치경폐쇄음ALVEOLAR STOPS은 혀끝에서 만들어지지만, 치경마찰음– *sip*/sɪp/의 /s/와 *zoo*/zu : /의 /z/–은 혀 바로 뒤에 있는 설단에서 만들어진다.

☞ laminal, place of articulation, manner of articulation

alveolar ridge ⟨***n***⟩ 치경

=alveolum

☞ PLACE OF ARTICULATION

ambi-bilingualism ⟨***n***⟩ 복수-언어주의

둘 이상의 언어를 광범위한 영역에 걸쳐 동등한 수준으로 사용할 수 있는 능력

ambiguous ⟨***adj***⟩ 중의적인 **ambiguity** ⟨***n***⟩ 중의성

단어나 구, 문장이 하나 이상의 의미를 가질 때 이를 중의적이라고 한다. 다음 예는 문법적 중의성GRAMMATICAL AMBIGUITY을 보이는 문장이다.

The lamb is too hot to eat.

이 문장은 다음과 같이 해석할 수 있다.

　　a. *the lamb is so hot that it cannot eat anything.*
　　　(새끼양은 더워서 아무것도 먹을 수 없다.)

　　b. *the cooked lamb is too hot for someone to eat it.*
　　　(새끼양 요리가 너무 뜨거워서 아무도 먹을 수 없다)

어휘적 중의성에는 몇 가지 유형이 있다.

　　a. 여러 의미를 가지는 단어
　　　예를 들어, *face*의 뜻은 ① 사람의 얼굴, ② 시계의 앞면(문자반), ③ 절벽의 단면 (☞ POLYSEMY)

　　b. 의미는 다르지만 소리가 동일한 단어

*to put money in a bank*의 bank(은행)와 *the bank of a river*의 bank(둑) (☞ HOMONYMS³)

보통은 화자나 작자, 상황으로부터의 부가적 정보에 의존해 어떤 의미를 의도하고 있는지가 결정된다. 중의성은 시와 같이, 창의적 글쓰기에서 폭넓게 사용된다.

☞ DISAMBIGUATION

Ameslan 〈*n*〉 미국 수화

American Sign Language의 머리글자

☞ SIGN LANGUAGE

amygdala 〈*n*〉 (소뇌의) 편도체

주의ATTENTION를 기울이거나 자극에 대해 감정적인 가치를 부여하는 데 중요하다고 여겨지고 있는 뇌의 부위

analogy 〈*n*〉 유추

=overgeneralization 과일반화

언어 학습에서, 학습자가 이미 알고 있는 다른 형식의 패턴에 기초하여 미지의 형식이 구축되는 프로세스. 예를 들어, 학습자가 *sing*의 과거형이 *sang*이라는 것을 알고 있다면, *fling*의 과거형이 *flang*이라는 것을 유추할 수 있다.

analysis of covariance (ANCOVA) 〈*n*〉 공분산분석

하나 혹은 그 이상의 변인(이 분석에서는 공분산COVARIATE이라고 부른다)을 통제하기 위해 집단을 통계적으로 동질한 집단으로 만드는 데 사용하는 (분산분석ANALYSIS OF VARIANCE과 유사한) 통계 절차. 예를 들어, 만약 세 피험자 집단을 대상으로 어떤 교수 기법의 효과를 비교할 때, 한 그룹이 나머지 그룹보다 IQ 평균이 높을 경우, 공분산분석은 IQ 효과를 조정하여 세 집단을 동질집단으로 만드는 데 사용된다.

☞ ANALYSIS OF VARIANCE

analysis of variance 〈*n*〉 분산분석

둘 이상 집단의 평균MEAN 차이가 유의미한가를 검정하기 위한 통계 절차. 예를 들어, 세 개의 다른 연령 집단에 대해 어떤 교수법의 효과를 비교하고자 할 때 사용한다.

☞ ANALYSIS OF VARIANCE

analytic approach 〈*n*〉 분석적 접근법

☞ SYNTHETIC APPROACH

analytic induction 〈*n*〉 분석적 귀납법

(질적 연구QUALITATIVE RESEARCH에서) 데이터에서 한 가지 사례를 선택하여, 그것을 설

명하기 위한 잠정적 가설을 개발한 후, 그 가설이 다른 사례들도 설명할 수 있는가를 검증하고, 그 가설을 부정하는 반증 사례를 조사하여 그것을 토대로 가설을 적절하게 수정해 가는 절차. 모든 질적 연구가 이 접근법을 따르는 것은 아니지만, 귀납적이고 순환적인 이 접근법은 데이터 분석과 이론 구축에 상당한 영향을 끼쳐 왔다.

analytic language 〈**n**〉 분석적 언어

=고립어ISOLATING LANGUAGE

analytic scoring 〈**n**〉 분석적 채점(법)

평가에서, 쓰기나 말하기 과업에 대한 수험자의 수행결과를 몇 가지 하위요소로 나누어 중요도와 난이도를 평가한 후, 그에 기반하여 각 요소에 점수를 부여하는 채점 방법. 쓰기 과업에서 주로 분석되는 요소는 내용, 구성, 일관성, 문체, 사용역, 어휘, 문법, 철자, 표기법이며, 말하기 과업에는 발음, 유창성, 정확성, 적절성이 포함된다.

☞ HOLISTIC SCORING

analytic style 〈**n**〉 분석적 (학습) 스타일

☞ GLOBAL LEARNING

anaphora 〈**n**〉 전방조응(사) anaphor 〈**n**〉 anaphoric 〈**adj**〉

텍스트나 대화에서 앞에 나온 다른 단어나 구를 다시 언급하는 단어나 구(전방조응사ANAPHOR)의 프로세스. 예를 들어, 다음 문장에서 *it*은 앞에 나온 *ice cream*을 가리킨다. 즉, *it*은 *ice cream*의 대용으로, *it*의 선행사라고 부른다.

Tom likes ice cream but Bill can't eat it.

*do*와 같이, 동사 중에도 전방조응적인 것이 있다.

Mary works hard and so does Doris.

위 문장에서 *does*는 전방조응사로, *works*를 대신하고 있다. 결속 이론BINDING THEORY에서는 전방조응ANAPHOR이라는 용어가 약간 다른 개념을 나타내어, 어떤 제약의 대상을 가리키는 의미로 사용된다(☞ BINDING PRINCIPLE).

ANCOVA 〈**n**〉

=공분산분석ANALYSIS OF COVARIANCE

animate noun 〈**n**〉 생물명사(유생명사)

사람이나 동물, 물고기 등과 같이 살아 있는 것을 가리키는 명사. 예를 들어, 명사 *woman*과 *fish*가 생물명사이다. 돌이나 물과 같은 명사는 무생물명사INANIMATE NOUN라고 부른다.

☞ SEMANTIC FEATURES

anomia 〈*n*〉 명칭 실어증

☞ APHASIA

anomie 〈*n*〉 아노미(몰가치적 상황감)

＝anomy

특정 사회 집단에 대해 강한 결속력을 가지지 못한 사람들이 느끼는 사회적 불확실성이나 불만감. 제2언어/외국어 학습 분야에서 아노미는 정의적 변수(☞ 인지적 변수COGNITIVE VARIABLE)의 하나로 연구되어 왔다. 새로운 언어를 학습할 때 사람들은 자신의 모어와 문화로부터 멀어지고 있다고 생각하여 불안정감을 느끼기도 한다. 새로운 언어 집단을 향한 자신의 감정에 확신이 없을 때도 있다. 최고 수준의 언어 능력에 도달했을 때 아노미가 가장 고조되는 경우도 있다. 이러한 이유로, 사람들은 스트레스 해소를 위해 자신의 모어로 이야기할 수 있는 기회를 모색하기도 한다.

ANOVA 〈*n*〉

＝분산분석ANALYSIS OF VARIANCE

antecedent 〈*n*〉 선행사

☞ ANAPHORA

anthropological linguistics 〈*n*〉 언어인류학

어떤 공동체의 언어와 그 공동체가 가진 전통과 신념, 가족 구성 등과 같은 문화 간의 관계를 연구하는 언어학 분야. 예를 들어, 언어인류학자들은 문화에 따라 가족 내의 관계를 표현하는 방법(친족 명칭)과, 사람들이 의식, 의례, 집회 등과 같은 특정 사회 문화적 행사에서 소통하는 방법을 연구한 다음, 이를 특정 공동체의 전체 구조와 관련지어 연구해 왔다. 언어인류학의 제분야는 사회언어학SOCIOLINGUISTICS 이나 의사소통의 민족지학ETHNOGRAPHY OF COMMUNICATION과 매우 밀접한 관계가 있다.

anticipation error 〈*n*〉 예측 오류

☞ SPEECH ERRORS

anticipatory coarticulation 〈*n*〉 선행적 동시조음

☞ ASSIMILATION

anticipatory structure 〈*n*〉 신행 구조

어떤 문장에서 뒤에 나오는 정보를 선행해서 언급하는 구조

It surprised me to learn that she was only 21.

It's not until next week that we will be able to meet.

anticipatory subject 〈*n*〉 선행 주어

☞ EXTRAPOSITION

anti-cognitive theory 〈**n**〉 반인지 이론

　　　☞ COGNITIVE THEORY

anti-essentialism 〈**n**〉 반본질주의

　　　☞ ESSENTIALISM

antonym 〈**n**〉 반의어 **antonymy** 〈**n**〉 반의

다른 단어와 정반대되는 의미를 가진 단어. 예를 들어, 영어의 *dead*와 *alive*, *big*과 *small*은 반의어이다. 단계성 정도(☞ GRADABLE)에 따라 *dead*와 *alive*, *big*과 *small* 이 구별되기도 한다.

*dead*하지 않은 사람은 *alive*한 것이지만, *big*하지 않은 것이 반드시 *small*할 필요는 없다. *big*과 *small* 사이의 어딘가에 있을 수도 있다. *dead*와 *alive*는 **상보적 반의어**(complementaries, 혹은 **비단계적 반의어**(ungradable antonyms)라고 부르고, *big*과 *small*은 단계적(정도적) 반의어나 **단계적 대립쌍**(gradable pairs)이라 부른다. 언어학자에 따라서는 단계적 대립쌍을 가리킬 때에 한해 반의어라는 용어를 사용하기도 한다.

　　　☞ SYNONYM

anxiety 〈**n**〉 불안

　　　☞ LANGUAGE ANXIETY

a-parameter 〈**n**〉 a-패러미터

　　　☞ ITEM RESPONSE THEORY

apex 〈**n**〉 설단

혀의 끝부분

　　　☞ APICAL, PLACE OF ARTICULATION

aphasia 〈**n**〉 실어증 **aphasic** 〈**adj**〉

=dysphasia 발화장애

뇌 손상 등으로 인한 언어 이해 능력이나 사용 능력의 상실. 이러한 상실은 전체적일 수도 부분적일 수도 있으며, 구어와 문어 둘 다, 혹은 구어나 문어 중 하나의 능력에만 영향을 미칠 수도 있다.

실어증에는 다양한 유형이 있다. (a) **실서증**(agraphia)은 쓰기에 어려움을 겪고, (b) **실독증**(alexia)은 읽기에 어려움을 겪는다. (c) **명칭실어증**(anomia)은 고유명사 사용에 어려움이 있고, (d) **실문법증**(agrammatism)은 전치사나 관사 등과 같은 문법적 단어를 사용하는 데 어려움을 겪는다.

실어증은 뇌가 어떻게 언어를 처리하는가를 규명하기 위한 목적으로 연구되기도
한다.

☞ NEUROLINGUISTICS

apical 〈*adj*〉 설단의

혀끝(설단)이 구강 내의 어떤 부분에 접촉해서 나는 소리(자음CONSONANT). 예를 들어,
영어 *tin*/tɪn/의 /t/는 설단폐쇄음이다. 프랑스어와 독일어의 /t/, /d/와 같이, 혀가
윗니에 닿아 나는 소리를 설치음(apico-dental)이라 부르기도 한다. 영어의 /t/와
/d/는 혀가 윗니 뒤의 치경(alveolar ridge)에 닿아서 나는 소리라고 해서, 치경음
(apico-alveolar)이라고 부른다.

☞ PLACE OF ARTICULATION, MANNER OF ARTICULATION

a posteriori syllabus 〈*n*〉 사후 교수요목

☞ A PRIORI SYLLABUS

apostrophe s 〈*n*〉 아포스트로피 *s*

영어에서, 명사 뒤에 붙어서 소유를 나타내는 어미

Michael's son

The director's car.

applied linguistics 〈*n*〉 응용언어학

1. 제2언어/외국어의 학습과 교수를 연구하는 분야
2. 사전학LEXICOGRAPHY, 번역학TRANSLATION, 언어병리학SPEECH PATHOLOGY 등과 같은 실제적
   인 문제와 관련한 언어 및 언어학 연구
   응용언어학은 언어와 언어 사용에 대해 독자적인 이론 모델을 개발하기 위해
   언어학뿐만 아니라, 사회학, 심리학, 인류학, 정보이론으로부터 얻은 정보를 이
   용하여 그것을 교수요목 설계SYLLABUS DESIGN나 언어장애 치료SPEECH THERAPY, 어문 정책
   LANGUAGE PLANNING, 문체론STYLISTICS 등과 같은 실용적 분야에 활용한다.

applied research 〈*n*〉 응용연구

지식을 생산한다거나 직접 적용하기 어려운 이론의 타당성을 검증하기 위한 연구
인 기초연구와는 반대로, 실제적 적용을 목적으로 설계되는 연구. 실행연구ACTION
RESEARCH가 응용연구의 한 형태이다. 제2언어 습득은 연구자에 따라 응용연구가
되기도 하고 기초연구가 되기도 한다.

apposition 〈*n*〉 동격 appositive 〈*n/adj*〉

문장에서 두 개의 단어나 구, 절이 동일지시REFERENCE를 가질 때, 그것을 동격 관계에
있다고 한다.

My sister, Helen Wilson, will travel with me.

위 문장에서 *My sister*와 *Helen Wilson*은 동일 인물을 지칭하고 있기 때문에 동격 관계에 있다고 한다. 이 문장은 동격 관계에 있는 둘 중에서 어느 한쪽을 지우고 다시 써도 의미가 통한다.

> *My sister will travel with me.*
> *Helen Wilson will travel with me.*

appraisal system 〈*n*〉 평가 체계

1. 언어교수에서, 어떤 기관이나 학교, 혹은 조직에서 교사의 수행 결과를 정기적으로 리뷰하고 평가하는 절차
2. 신경언어학NEUROLINGUISTICS에서, 참신함, 관련성, 대처 능력, 그리고 자기 및 사회적 이미지와 같은 관점에서 (목표어와 같은) 자극을 평가하는 뇌 체계

appraisal theory 〈*n*〉 평가 이론

담화분석과 대화분석에서 발전된 분야로, Halliday의 체계기능 언어학SYSTEMIC FUNCTIONAL LINGUISTICS과 관련이 깊다. 평가 이론은 화자가 대화 중에 감정적 의미를 전달하는 방식과 관련이 있다. 확실성이나 감정적 반응, 사회적 평가, 열렬함과 같은 태도를 화자가 전달하는 방식을 다룬다. 평가는 주로 어휘적으로 실현되지만, 절 전체를 이용하여 실현되기도 한다.

appreciative comprehension 〈*n*〉 감상적 이해

☞ READING

apprenticeship of observation 〈*n*〉 관찰 실습

예비교사가 학생 시절에 관찰하였거나 경험한 다양한 수업 형태를 토대로 교사 실습 과정에서 교육에 대해 이해하는 것. 따라서 교사교육 프로그램의 주 초점은 예비교사들이 가지고 있는 지도와 학습에 대한 생각과 신념을 개발하고, 이 생각들이 학생들의, 학습을 이해하는 능력이나 의욕에 어느 정도 영향을 미치는가를 탐구하는 데 있다.

approach 〈*n*〉 접근법

언어교수에서, 특정 교수 실천에 저재하는 이론과 철학, 원리.

언어 교수는 접근법(approach), 교수법METHOD, **교수기법**(technique)이라는 세 가지 측면에서 논의되기도 한다.

언어의 본질과 언어가 습득되는 방법(approach)에 대한 여러 이론들이 존재한다는 것은 언어를 가르치는 데는 다양한 교수법(method)이 있으며, 교수법(method)이 달라지면 이용하는 교실기법(technique)도 달라진다는 것을 함의한다.

접근법의 예로는 청각구두식 접근법(☞ AUDIO-LINGUAL METHOD), 인지적 접근법COGNITIVE CODE APPROACH, 의사소통적 접근법COMMUNICATIVE APPROACH 등이 있다. 특정

접근법에 기초한 교수법의 예로는 청각구두식 교수법AUDIO-LINGUAL METHOD, 직접 교수법 DIRECT METHOD 등이 있다.

특정 교수법에 이용되는 교수기법에는 드릴DRILLS, 대화DIALOGUES, 롤플레이ROLE-PLAY, 문장 완성 등이 있다.

appropriateness 〈*n*〉 적절성 appropriate 〈*adj*〉

어떤 언어의 사용이 그 언어를 사용하는 모어화자의 언어학적, 사회언어학적 기대 및 관습과 일치하는 정도. 발화를 생산할 때 화자는 그것이 문법적이고, 또 그것이 특정 상황에 맞는지(적합한지)를 알아야 한다.

> *Give me a glass of water!*
>
> (물 한 잔 주세요!)

예를 들어, 위의 문장은 문법적이지만, 만약 화자가 공손하게 표현하기를 원했다면 적절한 발화가 아니고, 오히려 다음의 요청 발화가 더 적절할 수 있다.

> *May I have a glass of water, please?*
>
> (물 한 잔 주시겠습니까?)

☞ GRAMMATICAL[1,2], CORRECT, COMMUNICATIVE COMPETENCE

appropriate word method 〈*n*〉 적절 단어채우기법

☞ CLOZE TEST

appropriation 〈*n*〉 적용

제2언어 학습에서, 언어 학습자가 어떤 언어와 문화가 가진 특징들을 자신의 필요성과 관심에 맞게 조정하여 자기 것으로 만들어 가는 프로세스. 예를 들어, 싱가포르 영어와 말레이시아 영어 화자들은 중국어의 특징, 예를 들어 *My turn to pay for lunch today lah!*에서와 같이, 비격식체에서 문말 접사 *lah*와 같은 것을 더하는 방식으로 자신들의 변종 영어에 독특성과 차별성을 만들어 왔다.

approximant 〈*n*〉 근접음

하나의 조음기관이 다른 조음기관에 접근하지만 마찰적 경음이 날 정도까지는 성도가 좁혀지지 않은 상태에서 나는 소리. 영어의 /r, l, y, w/가 근접음이며, 반모음 SEMIVOWELS이나 전이음GLIDES(/y/, /w/), 유음LIQUIDS(/l/과 /r/)으로 나누어질 수 있다.

approximative system 〈*n*〉 근사 체계

☞ INTERLANGUAGE

a priori syllabus 〈*n*〉 사전 교수요목

언어 교수에서는 두 종류의 교수요목을 구별한다. 언어 코스를 실행하기 전에 준비하여, 교실 활동을 개발하기 위한 기준으로 이용하는 교수요목을 사전 교수요목이라고 부른다. 이 교수요목은 사전에 준비하지 않고 코스에서 사용한 언어와 활동을 가르친

후에 '기록'하여 준비하는 교수요목인 **사후 교수요목**(posteriori syllabus)과 구별된다.
사후 교수요목은 **반성적 교수요목**(retrospective syllabus)으로 부르기도 한다.

☞ SYLLABUS

aptitude ⟨*n*⟩ 적성

☞ LANGUAGE APTITUDE

aptitude test ⟨*n*⟩ 적성 테스트

☞ LANGUAGE APTITUDE TEST

aptitude-treatment interaction ⟨*n*⟩ 적성-처리 상호작용

학습에서 학습자의 개인적 강점 및 약점과, 학습자가 등록한 프로그램 유형을 포함하는 학습 상황 간의 관계를 말한다. 이러한 상호작용 연구는 교실이나 다른 학습 장면에서 요구되는 것들이 자신의 적성 분야와 일치하는 상황에서 가장 잘 배울 것이라는 생각에 기반하고 있다. 예를 들어, 고도의 구어 모방 능력ORAL MIMICRY ABILITY을 가진 학습자에게 더 효과적인 언어 프로그램 유형이 있을 것이고, 문법적 민감성GRAMMATICAL SENSITIVITY이 높은 학습자에게 더 효과적인 언어 프로그램이 있을 것이다.

archaism ⟨*n*⟩ 고어

2인칭 단수 대명사 *thou*와 같이 더 이상 사용되지 않게 되었거나, *thereof, hereto* 등 법률 문서와 같은 특정 문맥에서만 사용되는 단어나 구를 말한다.

areal linguistics ⟨*n*⟩ 지역언어학

특정 지역에서 사용되는 언어나 방언을 연구하는 학문 분야. 주로 인접한 두 언어의 문법, 어휘, 발음 등이 서로 어떻게 영향을 주고받았나를 연구한다.

☞ DIALECTOLOGY

argument ⟨*n*⟩ 논항

논리학LOGIC에서, 언급되고 있는 사항(☞ PROPOSITION)
생성문법GENERATIVE GRAMMAR에서, 명사가 동사에 대해 가지는 의미역
(☞ CASE THEORY, THETA THEORY).

argumentation ⟨*n*⟩ 논의

☞ ESSAY

argumentative writing ⟨*n*⟩ 논쟁적 글쓰기

☞ MODES OF WRITING

article ⟨*n*⟩ 관사

명사와 함께 쓰여, 그것이 정해진 어떤 무언가를 가리키는지, 정해지지 않은 것을 가리키는지를 나타내는 단어. 예를 들어, 영어에는 **정관사**(definite article) *the*와 **부정**

관사(indefinite article) *a*(또는 *an*)가 있다. 정관사의 주요 용법은 명사가 어떤 특정의 예를 가리키고 있는 것을 보여준다.

(a) 화자와 청자 둘 다 알고 있는 무언가를 가리킬 때

She is in the garden.

He is at the post office.

(b) 이미 언급한 것을 다시 언급할 때

There is a man waiting outside. Who, the man in the brown coat?

(c) 후속하는 것을 가리킬 때

The chair in the living room is broken.

(d) 어떤 집단이나 소속 전체를 가리킬 때

The lion is a dangerous animal.

부정관사의 주요 용법은 명사가 일반적이거나 화자에 의해 확인되지 않은 무언가를 가리키는 것이다.

(a) 어떤 집단이나 소속 중에 정해지지 않은 하나를 가리킬 때

Pass me a pencil, please.

(b) 어떤 집단이나 소속의 한 가지 예로 어떤 것을 언급할 때

A dog is a friendly animal.

영어에서 명사가 관사 없이 사용될 때는 영관사(zero article)라 부르기도 한다.

Cats like sleeping.

Silver is a precious metal.

☞ DETERMINER

articulation ⟨***n***⟩ 조음 articulate ⟨***v***⟩

입과 목구멍(☞ VOCAL TRACT)에서 언어음을 생성하는 것. 언어음을 기술하고 분석할 때는 조음 방식MANNER OF ARTICULATION과 조음 위치PLACE OF ARTICULATION를 구별한다.

articulator ⟨***n***⟩ 조음기관

소리를 생성할 때 사용하는 입과 코, 목구멍의 부분, 즉 혀, 입술, 치경 등.

☞ PLACE OF ARTICULATION

articulatory loop ⟨***n***⟩ 조음 회로

☞ WORKING MEMORY

articulatory phonetics ⟨***n***⟩ 조음음성학

☞ PHONETICS

articulatory setting ⟨***n***⟩ 조음 환경

특정 언어나 방언 특유의, 발음 기관의 전체적인 배치나 위치, 특징적인 움직임.

예를 들어, 다른 언어 화자(예를 들어, 일본어)에 비해 영어 화자는 혀와 입술의 움직임을 더 활발하게 사용한다. 반면, 아랍어에는 구강 뒤쪽에서 만들어지는 자음이 많아서 전체적으로 '무겁게' 연구개화되거나 인두화된 소리를 생성한다(☞ VELARIZATION, PHARYNGEALIZATION).

artificial intelligence (AI) 〈*n*〉 인공지능

경험 학습과, 추론, 수정, 자기 개선과 같은 인간의 지능과 연관되는 기능들을 수행할 수 있는 기계의 능력. 컴퓨터 프로그래머들은 이러한 능력을 가진 프로그램을 만들려고 하고 있다.

artificial language[1] 〈*n*〉 인공언어

=auxiliary language 보조언어

특정 목적을 위해 개발된 언어로, 모어화자NATIVE SPEAKERS가 없다. 예를 들어, Zamenhof가 개발한 에스페란토어는 제2언어로 학습되고, 국제어로 사용할 목적으로 만들어졌다. 인공언어는 자연언어의 사용 양상을 조사하는 실험 연구를 위해 만들어지기도 한다.

☞ NATURAL LANGUAGE

artificial language[2] 〈*n*〉 인공언어

컴퓨터 프로그래밍에서, 프로그래밍 언어 COBOL과 같이, 기호나 숫자, 부호, 코드 체계로 구성된 코드 체계

ASCII 〈*n*〉

=미국정보교환표준부호American Standard Code for Information Interchange

aspect 〈*n*〉 상

동사에 의해 기술되는 활동이나 사건, 상태를 나타내는 데 사용되는 용어. 예를 들어, 활동이 진행 중인지, 완료되었는지를 보여준다. 상에는 두 종류가 있다. (1) **어휘상**(lexical aspect), 혹은 **내재적 어휘상**(inherent lexical aspect)은 동사의 내재적 의미를 나타내며, 일반적으로 다음과 같은 범주로 분류된다.

1. **상태**(states): *be, have, want*와 같이, 변하지 않는 상태를 표현하는 동사
2. **활동**(activities): *play, walk, breathe*와 같이, 내재적인 개시점이나 종료점을 가지지 않는, 과정을 나타내는 동사
3. **성취**(accomplishments): *read a book, write a novel*과 같이, 지속적이지만 (durative; 일정 시간 지속된다) 내재적 종료점을 가지는 동사
4. **달성**(achievements): *finish, realize, arrive*와 같이, 지속적이지는 않으나 내재적 종료점을 가지는 동사

한편, (2) **문법상**(grammatical aspect)은 활동, 사건, 상태에 대해 화자가 취하는 다양

한 시점을 부호화하기 위해 (조동사, 접두사, 접미사와 같은) 문법적 형식에 의해 제공되는 수단을 나타낸다. 언어에는 상을 문법적으로 실현하는 데 이용할 수 있는 다양한 선택지가 있다. 영어의 문법상에는 진행상PROGRESSIVE과 완료상PERFECT이 있다.

☞ TENSE[1]

aspect hypothesis ⟨*n*⟩ 상 가설

☞ LEXICAL ASPECT HYPOTHESIS

Aspects Model ⟨*n*⟩ 상 모델

☞ GENERATIVE THEORY

aspirate ⟨*v*⟩ 기음을 내다 aspirated ⟨*adj*⟩

언어음 뒤에 아주 작게 공기를 훅 부는 것. 예를 들어, 영어의 /p/는 단어 *pan*/pæn/ 앞에서는 기음이 되지만, *span*/spæn/과 같이 /s/가 앞에 올 때는 기음이 되지 않는다. *span*의 /p/는 **무기음화**(unaspirated)된다. 음성표기법에서 기음은 [ʰ]나 [ˈ], 즉 [pʰɪn]이나, [pˈɪn]으로 표기한다. *Ouch! I stepped on a PIN*에서와 같이, 단어나 음절에 강세가 놓이면 기음이 증가한다.

aspiration ⟨*n*⟩ 기음

조음기관을 개방한 후에 이어지는 숨 (음향적으로는 무성의 기간). 예를 들어, 영어에서는 폐쇄 자음 /p, t, k/는 *pie, tie, kite*의 어두음에서와 같이, 음절 앞에 오면 기음으로 발음된다(aspirated)이 된다. 이 음소들이 *span, stairs, skate*에서처럼, /s/ 앞에 오게 되면 **무기음화**(unaspirated)된다. 기음은 단어나 음절이 강세를 받으면 증가한다. 예를 들어, *a piece of pie*에서 기음은 *piece*에서보다 *pie*에서 더 현저하다.

assessment ⟨*n*⟩ 평가

다양한 출처로부터 얻은 증거를 토대로 학생들의 능력, 교육 프로그램의 질, 성공 여부에 대한 정보를 수집하여 추론하는 체계적 접근법. 평가는 테스트, 인터뷰, 설문, 관찰 등을 통해 이루어진다. 예를 들어, 이민자 학생을 대상으로 한 이해 능력 평가는 그 학생이 학교 수업을 따라갈 수 있는지, 혹은 추가적인 언어 지도가 필요한지를 확인하는 데 필요하다. 프로그램의 질 측정을 위해 프로그램의 시작 전과 종료 전에 학생들을 평가할 수도 있다. '테스트(testing)'라는 용어는 주로 규모가 큰 표준 테스트와 관련되며, '평가(assessment)'는 훨씬 넓은 의미로 사용되어 테스트와 평가를 아우르는 다양한 접근법들을 의미한다.

☞ TESTING

assessment criteria ⟨*n*⟩ 평가 기준

학생의 성적을 판단하는 기준으로 사용할 과업의 수행 상의 특징을 기술한 것. 예를 들어, 학생들의 쓰기 능력을 평가하고자 하는 경우, 평가 기준에는 문법적 정확성, 구두점, 아이디어의 조직 등이 포함될 것이다.

assimilated word ⟨**n**⟩ 동화된 단어

본래는 다른 언어에서 빌려온 것이지만, 현재는 한 언어의 고유어 일부로 간주되는 단어. 예를 들어, *coffee*는 원래 아랍어에서 빌려온 단어이다.

assimilation[1] ⟨**n**⟩ 동화

한 언어음이 변해서 그 소리에 선행하거나 후행하는 다른 소리와 더 가까워지거나 같아지는 음운적 프로세스. 예를 들어, 영어에서 부정 접두사는 양순 폐쇄음으로 시작하는 단어 앞에서는 *im*-이지만(*possible : impossible*), 치경 폐쇄음으로 시작하는 단어 앞에서는 *in*-으로 표시된다(*tolerant : intolerant*).

뒤에 오는 소리가 앞의 소리에 영향을 끼치는 것을 **역행동화**(regressive assimilation), 혹은 **선행적 동시조음**(anticipatory coarticulation)이라고 부른다. 예를 들어, *swim*의 /s/를 소리 낼 때 입술이 둥글어지는 것은 /w/를 소리 낼 때 필요한 입술의 움직임을 취하기 때문이다.

앞의 소리가 뒤에 오는 소리에 변화를 주는 것을 **순행동화**(progressive assimilation), 혹은 **고집동화**(perseverative assimilation)라고 부른다. 예를 들어, *cats*의 /s/와 *dogs*의 /s/ 간의 차이와, *dropped*에서 어말의 /t/와 *praised*의 어말 /d/ 사이의 차이는 어말의 소리가 /s/가 될까, /z/가 될까, /t/가 될까, /d/가 될까는 그 앞에 오는 자음이 무성이냐, 유성이냐에 따라 결정되기 때문에, 순행동화의 예이다.

동화의 세 번째 유형인 **융합동화**(coalescent assimilation)는 연속한 두 소리가 결합하여 원래의 두 소리의 특징을 모두 가진 한 소리가 될 때 일어난다. 예를 들어, *could you?*와 같은 구에서, *could*의 치경 폐쇄음 /d/와 *you*의 경구개음 /y/가 융합하여 경구개 파찰음인 [ʤ]가 된다. 이 과정을 **구개음화**(palatalization)라고 부른다.

assimilation[2] ⟨**n**⟩ 동화

한 집단이 언어, 문화, 가치체계가 다른 집단의 영향을 받아서 자신의 언어, 문화, 가치체계를 다른 집단의 그것으로 바꿔가는 프로세스

☞ ACCULTURATION, SOCIAL DISTANCE

assimilation[3] ⟨**n**⟩

☞ ADAPTATION[2]

associative learning ⟨**n**⟩ 연상 학습

통상, 두 항목 간에 관련이나 연상이 있을 때 발생하는 학습. 예를 들어, 다음과 같은 경우이다.

(a) *table*이라는 단어를 들었을 때, 자주 *table*과 같이 있거나 근처에 있는 *food*라는 단어를 떠올리는 경우가 있다. 이것을 **인접에 의한 연상**(association by contiguity)이라고 부른다.

(b) *delicate*라는 단어를 들었을 때 의미가 비슷한 *fragile*이라는 단어를 떠올리는 경우가 있다. 이를 **유사성에 의한 연상**(association by similarity)이라 한다.

(c) *happy*라는 단어를 들었을 때 반대의 의미를 가진 *sad*라는 단어를 떠올리는 경우가 있다. 이를 **대조에 의한 연상**(association by contrast)이라 부른다.

연상 학습 이론은 기억, 학습, 언어 학습 연구에 이용되어 왔다.

☞ VERBAL LEARNING, WORD ASSOCIATION, PAIRED-ASSOCIATE LEARNING

associative meaning ⟨*n*⟩ 연상 의미

어떤 단어에 대한 연상 의미란, 어떤 사람이 그 단어를 들었을 때 떠올리는 모든 의미의 총합이다. 예를 들어, 단어 연상 실험에서는 특정 단어(자극[stimulus]를 피험자에게 제공한 다음, 생각나는 것을 모두 말하게 한다(반응[response]).

자극	반응
puppy	*warm*
	young
	furry
	lively
	kitten

이 피험자에게 *warm*, *young*, *furry*, *lively*, *kitten*은 *puppy*의 연상적 의미를 구성한다. 연상 의미는 기억과 사고 연구에 이용되어 왔다.

☞ WORD ASSOCIATION, STIMULUS-RESPONSE THEORY

associative memory ⟨*n*⟩ 연합 기억

입력, 출력, 그리도 다른 표상에 대한 특정 표상의 맵핑을 저장하는 기억 시스템. 연결주의CONNECTIONISM에서는 출력 패턴으로서 입력 패턴을 재생산하는 것을 배우는 기억 시스템을 **자율연합기억**(autoassociative)이라고 부른다.

asyllabic ⟨*adj*⟩ 비음절주음적

☞ SYLLABLE

asynchronous communication ⟨*n*⟩ 비동시적 의사소통

컴퓨터 지원 언어 학습COMPUTER ASSISTED LANGUAGE LEARNING에서, 실시간으로 행해지는 것이 아니라, 수신인이 적당한 시간에 액세스하거나 읽을 수 있는 의사소통 방식. 언어 수업에서는 이러한 의사소통 유형이 게시판이나 토론 목록의 형태로 이용되기도 한다.

☞ SYNCHRONOUS COMMUNICATION

attention ⟨***n***⟩ 주의

어떤 것은 무시하지만, 어떤 것에 대해서는 주의를 집중할 수 있는 인간의 능력. 지금까지 확인된 주의의 하부 체계에는 **경계**(alertness: 받아들인 자극에 대처할 수 있도록 최적의 상태로 준비하는 것), **방향**(orientation: 어떤 자극 유형에 대해 주의 자원의 방향을 정하는 것), **탐지**(detection: 특정 자극을 인지적으로 등록해 두는 것), **억제**(inhibition: 의도적으로 어떤 자극은 무시하는 것)가 포함된다. SLA 이론에서는 주의나 탐지의 대상이 되지 않으면 그 입력으로부터 아무 것도 배우지 못한다고 제안한다. 다만, 탐지가 반드시 의식적이어야 하는가에 대해서는 논쟁 중에 있다.

신문 기사 읽기와 같이 언어 과업이 복잡하고 연속적으로 행해야 하는 활동에는 **지속적 주의**(sustained attention), 즉 일정 시간 동안 인지적 활동을 특정 자극에 두고 그 자극에 집중할 수 있는 능력이 필요하다.

attitude ⟨***n***⟩ 태도

☞ LANGUAGE ATTITUDES

attitude scale ⟨***n***⟩ 태도 척도

어떤 것에 대한 사람들의 반응을 측정하기 위한 기법. **리커트 척도**(Likert scale)가 일반적이다. 신념이나 태도에 대한 진술문을 척도와 함께 제시한 후, 각 진술에 대해 어느 정도 강하게 동의하는지, 혹은 동의하지 않는지를 척도에 표시한다. *Foreign languages are important for all educated adults*(외국어는 교양 있는 모든 성인에게 중요하다).

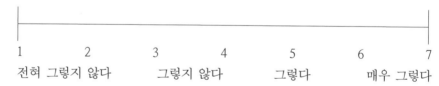

attribution theory ⟨***n***⟩ 귀인 이론

자신의 삶에서 성공이나 실패에 영향을 끼쳤다고 인식하는 것들이 이후의 동기 레벨이나 행동에 중요한 역할을 한다는 이론. 예를 들어, 학습자들은 언어 학습에 있어서 자신의 상대적인 성공이나 실패를 능력이나 교실 환경, 좋거나 나쁜 교수법, 관심, 전략의 사용, 외부로부터의 도움 등으로 귀인한다. 귀인은 **통제의 소재**(locus of control)(노력과 같은 내적 요인 vs. 교과서나 교수법과 같은 외적 요인), **안정성**(stability)(성격과 같은 안정된 요인 vs. 분위기와 같은 불안정한 요인), **통제 가능성**(controllability)(노력과 같이 통제 가능한 요인 vs. 언어 적성과 같이 통제 불가능한 요인)에 기초하여 분류할 수 있다. 성공을 내적 요인으로 실패를 외적 요인으로 돌리는 **셀프서빙 바이어스**(self-serving bias: 무조건 자신에게 유리하게 생각하는 사고방식)도 있지만, 성공과 실패가 노력과 같은 내적 요인에서 기인한다고 믿는 학습자는 높은 동기 레벨을 유지하기가 훨씬 쉽다.

attributive adjective ⟨*n*⟩ 한정형용사

명사 앞에서 사용되는 형용사. 예를 들어, *a good book*의 *good*이 한정형용사이다. 동사, 특히 *be, become, seem* 등의 뒤에서 사용되는 형용사는 **서술형용사**(predicative adjective)라고 부른다. 예를 들어, *The book was very good*의 *good*이 서술형용사이다. 영어의 형용사에는 *good*과 같이, 한정적으로 사용될 수도 있고 서술적으로 사용될 수도 있는 것도 있지만, *a busy main road*나 *an utter fool*의 *main*이나 *utter*과 같이, 한정적으로만 사용되는 형용사도 있고, *The boy was asleep*이나 *The dog seems afraid*의 *afraid*나 *asleep*처럼 서술적으로만 사용되는 것도 있다. 명사 중에도 *a paper cup*의 *paper*와 같이, 한정적으로 사용되는 것이 많다. 형용사가 한정적으로만 사용되는지, 서술적으로만 사용되는지, 아니면 양쪽으로 다 사용되는지는 언어에 따라 다르다.

☞ ADJECTIVE

attriters ⟨*n*⟩ 소멸자

☞ LANGUAGE ATTRITION

attriting language ⟨*n*⟩ 소실 언어

☞ LANGUAGE ATTRITION

attrition ⟨*n*⟩ 소실

☞ LANGUAGE ATTRITION

audience ⟨*n*⟩ 독자/청중

글을 쓸 때 텍스트가 의도하는 독자에 대한 작자의 이해. 독자의 신념, 가치관에 대한 작자의 이해는 작자가 그 텍스트를 어떻게 구성하고 어떤 특징들을 포함할까를 결정하는 데 영향을 끼친다. 좋은 글은 작자가 독자를 고려하여 쓴 것이다.

audio journal ⟨*n*⟩ 오디오 저널

=tape journal ⟨*n*⟩ 테이프 저널

학습자가 집이나 교실 밖에서 한 짧은 녹음에 대해 피드백을 해주는 기법으로, 학습자들은 자신의 구어 수행 결과에 대해 개별적인 피드백을 받을 수 있다. 오디오 저널은 쓰기 저널을 구어로 한 것이라고 보면 된다.

audiolingual method ⟨*n*⟩ 청각구두식 교수법

=audiolingualism, aural-oral method, mim-mem method

외국어나 제2언어 교수법의 하나로, (a) 읽기와 쓰기에 앞서 듣기와 말하기 교수에 중점을 두며, (b) 대화DIALOGUES와 드릴DRILLS을 이용하며, (c) 교실에서 모어의 사용을 삼가며, (d) 대조분석CONTRASTIVE ANALYSIS을 활용하는 경우가 많다. 청각구두식 교수법은 1950년대와 1960년대, 특히 미국에서 번성하였으며, 세계 여러 나라에서 폭넓게 이용되었다. 이 교수법이 기반한 이론은 언어 학습에 대한 청화식 접근법으로, 언어와 언어 학습에 대해 다음과 같은 신념을 가지고 있다.

(a) 가장 기본적인 언어의 기능은 듣기와 말하기이다.

(b) 모든 언어는 고유의 구조와 규칙 체계를 가지고 있다.

(c) 언어는 습관 형성을 통해 학습된다.

이 접근법은 구조언어학STRUCTURAL LINGUISTICS과 행동주의BEHAVIOURISM 이론에 기반하고 있다. 청각구두식 접근법은 그것이 기반하는 이론과 기법(☞ COGNITIVE CODE APPROACH, COMMUNICATIVE APPROACH)으로 인해 많은 비판을 받고 있다.

☞ APPROACH, MIM-MEM METHOD

audiology ⟨*n*⟩ 청각학

청각 및 청각 장애에 관한 연구로, 특히 청각 손실의 특성과 청각 장애자의 치료를 다룬다.

audio-script ⟨*n*⟩ 오디오 스크립트

=tape script

언어교육 교재의 오디오나 비디오 자료에 담긴 대화 스크립트나 다른 구어 텍스트를 담고 있는 교과서나 교재, 인쇄물

audio-visual aid ⟨*n*⟩ 시청각 기기

학습을 촉진하기 위해 교사가 사용하는 시청각 장치. 예를 들어, 그림, 차트, 플래시 카드는 시각 기기이고, 녹음기는 청각 기기이다. 영화, 텔레비전, 비디오는 시청각 기기이다.

audio-visual method ⟨*n*⟩ 시청각 교수법

=structural global method 구조적 전체 교수법

1950년대 프랑스에서 개발된 외국어 교수법의 하나로, 다음과 같은 특성을 가진다.

a. 읽기와 쓰기에 앞서 듣기와 말하기를 가르치며,

b. 교실에서는 모어를 사용하지 않고,

c. 문법 항목을 제시하기 위해 대화가 녹음된 테이프와 슬라이드를 함께 이용하며,

d. 드릴을 이용하여 기본 문법과 어휘를 가르친다.

시청각 교수법은 다음과 같은 가설에 근거하고 있다.

a. 언어는 의사소통을 통해 학습된다.

b. 상황 안에서 새로운 문법 항목을 가르친다면 번역을 피할 수 있다.

c. 목표언어를 세심하게 분석한 결과에 기초하여 교수 항목을 선택해야 한다.

☞ AUDIOLINGUAL METHOD

auditing ⟨*n*⟩ 감사

☞ DEPENDABILITY

auditory ⟨*adj*⟩ 청각의

듣기나 듣기와 관련한

auditory discrimination ⟨*n*⟩ 청각적 식별력

한 언어에 있는 다른 소리를 듣고 인식해 낼 수 있는 능력. 특히 다른 음소와 강세 STRESS, 인토네이션INTONATION 패턴을 인식해 내는 능력

☞ PERCEPTION

auditory feedback ⟨*n*⟩ 청각적 피드백

말하는 동안 사람들은 자신이 말하고 있는 것을 들을 수 있고, 이 정보를 자신의 발화를 모니터하거나 실수를 수정하는 데 이용할 수 있다. 이것을 **청각적 피드백**(auditory feedback)이라고 한다. 예를 들어, 다음 발화에서 화자는 자신의 발음을 수정하기 위해 청각적 피드백을 이용하고 있다.

Would you like a cup of cea or toffee - I mean tea or coffee?

☞ FEEDBACK, DELAYED AUDITORY FEEDBACK,
KINESTHETIC FEEDBACK

auditory learner ⟨*n*⟩ 청각적 학습자

읽기 등을 통해 공부하기보다 들으면서 학습하는 것을 더 선호하는 학습자

☞ COGNITIVE STYLE/LEARNING STYLE, KINAESTHETIC LEARNER,
VISUAL LEARNER

auditory/oral method ⟨*n*⟩ 청각구두법

시각 장애인, 혹은 잔류 청력(residual hearing)이나 보청기에 의존하는 청각 장애인 HEARING-IMPAIRED을 교육하는 한 방법. 청각 손상의 조기 진단과 정상적인 언어 입력을 통해 최선의 결과를 얻는다. 이 방법을 통해 아이는 정상적인 언어 규칙을 습득할 수 있고 발화의 운율PROSODIC과 초분절적 자질SUPRASEGMENTAL FEATURES을 학습할 기회를 극대화할 수 있다고 알려져 있다.

auditory perception ⟨*n*⟩ 청각적 지각

☞ PERCEPTION

auditory phonetics ⟨*n*⟩ 청각음성학

☞ PHONETICS

auditory processing ⟨*n*⟩ 청각 처리

시각메시지 처리<small>VISUAL PROCESSING</small>에 관여하는 처리 프로세스와 대비되는 청각 정보와 입력, 특히 언어음의 심적 처리

aural language ⟨*n*⟩ 청각 언어

=oral language

문어에 대비되는, 들리는 언어

aural-oral approach ⟨*n*⟩ 청화식 접근법

☞ AUDIOLINGUAL METHOD

aural-oral method ⟨*n*⟩ 청화식 교수법

=청각구두식 교수법<small>AUDIOLINGUAL METHOD</small>

Australian Second Language Proficiency Ratings ⟨*n*⟩ 오스트레일리아의 제2언어 숙달도 등급

☞ INTERNATIONAL SECOND LANGUAGE PROFICIENCY RATINGS

authentic assessment ⟨*n*⟩ 참평가(실제상황 평가)

테스트 수험자의 성적이나 수행결과가 가능한 한 실생활의 언어 사용에 가까운 테스트 과업을 이용하여 평가되는 다양한 유형의 평가법

authenticity ⟨*n*⟩ 실제성(진정성) authentic ⟨*adj*⟩

(교수에서) 언어 교수 자료가 자연적 발화 및 글의 특성을 가지고 있는 정도. 언어 교육에서는 특정 교수 항목(읽기 지문, 듣기 텍스트, 모델 대화)을 예시하거나 연습하기 위해 특별히 준비한 자료와 실세계에서 가져온 자료를 구분한다. 이중 신문이나 잡지 등에서 가지고 온 텍스트와 일상적인 라디오 프로그램이나 TV 프로그램에서 가지고 온 자연 발화 테이프 등을 생자료(실제 자료)라고 부른다. 이 자료들이 실제적인 언어 사용을 예시해 주기 때문에 보다 바람직한 수업 자원이라고 제안되고 있다.

(평가에서) 테스트 과업이 테스트 상황이 아닌 상황(즉, 목표어 사용 상황)에서의 언어 사용과 일치하는 정도

authentic materials ⟨*n*⟩ 실제 자료(생자료)

(언어교수에서) 잡지나 신문, 광고, 뉴스 보도, 노래와 같이, 처음부터 교육적인 목적을 위해 개발된 것이 아닌 자료. 이 재료들은 교과서나 특별히 개발된 교수 자료보다 더 실제적이고 자연적인 언어 사용의 예를 많이 포함하고 있다고 간주된다.

authoring system ⟨*n*⟩ 저작 시스템

(컴퓨터지원학습COMPUTER ASSISTED LEARNING에서) 교사와 교재 개발자가 프로그램의 사용 방법을 따로 익히지 않고서도 컴퓨터로 수업 자료를 작성할 수 있도록 설계된 프로그램. 교사는 수업 자료만 작성하고, 나머지는 저작 시스템이 연습문제 형식과 응답 처리와 같은 일들을 해준다.

autism 〈*n*〉 자폐증

사회적인 관련성과 의사소통에 장애가 있고, 행동이 한정적이고 반복적이라는 특징을 가지는 뇌 질환. 의사소통에서의 차이는 이른 시기부터 나타나고, 옹알이 시점이 늦고 특이 행동을 하기도 한다. 일부 자폐아 중에는 일상적인 의사소통적 요구를 만족시키는 데 필요한 자연 발화를 충분히 발달시키지 못하기도 하고, 또 많은 경우 복잡한 언어와 비유적 표현FIGURES OF SPEECH, 추론하기INFERENCING에 어려움을 겪기도 한다.

autoassociative 〈*adj*〉 자동연상의

☞ ASSOCIATIVE MEMORY

automaticity 〈*n*〉 자동성/자동적 처리 능력

의식적인 노력이나 주의를 기울이지 않고도 활동을 수행하거나 정보를 처리할 수 있는 능력

☞ AUTOMATIC PROCESSING

automatic processing 〈*n*〉 자동적 처리

의식적이거나 의도적인 프로세스 없이 과업을 수행하는 것. 인지심리학에서는 과업을 수행하는 데 이용하는 두 종류의 프로세스를 구분한다. (a) **통제된 처리**(controlled processing)는 어떤 과업을 수행하는 데 의식적인 노력과 주의가 요구될 때 관여한다. 통제된 처리는 단기기억(☞ MEMORY)에 부담을 준다. 예를 들어, 초보 운전자는 통제된 프로세스를 이용하여 운전 시에 필요한 수많은 결정과 조작에 대해 의식적으로 생각하면서 자동차를 조작할 것이다. (b) **자동적 처리**(automatic processing)는 학습자가 자각이나 주의 집중 없이 과업을 수행하는 데 관여한다. 이 프로세스는 장기기억(☞ MEMORY)에 있는 정보를 더 많이 이용한다. 많은 스킬들이 자동적 처리로 행해질 수 있을 때 그 스킬들은 '학습되었다'고 간주된다.

언어 학습에서, 통제된 처리와 자동적 처리의 구별은 학습자가 환경 조건에 따라 수행 결과기 다른 이유를 설명하는 데 이용되이 왔다. 예를 들이, 한 학습자가 자동적 처리가 사용되고 있는 상황(즉, 편안한 상황에서 친구와 이야기하고 있을 때)에서는 상대적으로 문법적인 오류 없이 외국어를 말할 것이다. 동일한 학습자가 통제된 처리가 사용되는 상황 하(즉, 청중 앞에서 공적으로 이야기할 때)에서는 덜 유창하게 말하고, 더 많은 문법적 오류를 범할 것이다. 청중의 존재가 화자를

산만하게 만들어 화자가 통제적 처리를 더 많이 이용하게 되고, 결국 이것이 정확성과 유창성을 방해하게 된다.

automatic translation ⟨*n*⟩ 자동 번역

☞ UNDER COMPUTATIONAL LINGUISTICS

autonomous learning ⟨*n*⟩ 자율적 학습

☞ LEARNER AUTONOMY

autonomy ⟨*n*⟩ 자율

언어 학습에서, 자신의 학습을 스스로 결정하고, 목표와 학습 과정, 언어 학습 욕구의 이행과 관련한 결정에 책임을 지는 능력. 그러한 결정들을 타인에게 전가하는 학습자와 비교하여, 이러한 학습자를 **자율적 학습자**(autonomous learner)라 한다. 자기결정이론SELF DETERMINATION THEORY에서 자율은 자신의 행동의 결정에 능동적으로 관여하는 인간의 욕구를 나타낸다. 그러나 타인이 우리가 하기를 바라는 것들을 자유롭게 선택할 수 있기 때문에 자립과 반드시 동일한 것은 아니다.

☞ LEARNER AUTONOMY

autonomy principle ⟨*n*⟩ 자율성 원리

문법적 개념이 비언어적 개념으로 축소될 수 없다는 생각

autosegmental phonology ⟨*n*⟩ 자율분절 음운론

음운 표상을 분절음의 선형적 연쇄로 보지 않고, 각각이 자율하고 있는 층이 있다고 보는 음운론 이론. 자율분절 음운론은 음운론적 음조TONE[1]의 처리에 특히 적절하다고 알려져 있다.

auxiliary ⟨*n*⟩ 조동사

＝조동사AUXILIARY VERB

auxiliary language ⟨*n*⟩ 보조언어

＝LINGUA FRANCA AND ARTIFICIAL LANGUAGE

auxiliary verb ⟨*n*⟩ 조동사

＝auxiliary

문장 내 다른 동사와 함께 사용되어, 상ASPECT과 태VOICE, 법MOOD, 시제TENSE[1], 인칭PERSON과 같은 문법적 기능을 나타내는 동사. 영어에서는 *be, do, have*와 서법 동사 *may, can, will*이 조동사이다.

She is working.

He didn't come.

They have finished.

You <u>may</u> go now.

<u>Can</u> you manage?

They <u>will</u> arrive tomorrow.

위에서 동사 *working, come, finished, go, manage, arrive*는 **어휘동사**(lexical verb), 또는 **일반동사**(full verb)라고 부른다. 어휘동사는 예를 들어, *She works at the factory*에서 와 같이, 문장 내 유일한 동사로 사용될 수도 있다. *Be*와 *do, have*도 *He is happy. She does computer studies at university*, 그리고 *They have three children*에서 보는 바와 같이 어휘동사로 사용될 수 있다.

availability 〈*n*〉 (잠재적) 이용가능성 available 〈*adj*〉

특정 화제에 대해 이야기할 때 사용할 수 있는 단어들을 생각해 보라고 하면, 사람 들은 몇 개의 단어를 즉시 생각해 낸다. 그들이 가장 먼저, 그리고 가장 쉽게 기억해 내는 단어들은 이용가능성이 높은 것들이다. 예를 들어, 중학생 집단에게 신체 부위에 관한 단어들을 나열해 보라고 하면, 발, 손, 눈, 코, 귀 등을 연상할 것이다. 이것들이 가장 이용가능성이 높은 5개의 단어이다.

이용가능성이 높은 단어가 한 언어에서 반드시 빈도가 가장 높은 단어는 아니다. 이용가능성은 언어교육 분야에서 어휘를 선택하는 기준으로 이용되어 왔다.

☞ SYLLABUS DESIGN

avoidance strategy 〈*n*〉 회피 전략

제2언어/외국어를 말하거나 쓸 때, 화자는 가끔 어려운 단어나 구조를 피하는 대신, 더 단순한 단어와 구조를 사용하려고 한다. 이를 회피 전략이라 한다. 예를 들어, 영어 관계절의 사용에 자신이 없는 학습자는 관계절 사용을 회피하는 대신, 더 단순한 문장을 쓴다. 즉, *That's the building where I live* 대신에, *That's my building. I live there*라는 두 개의 단문을 사용한다.

B

BAAL ⟨**n**⟩

=영국응용언어학회British Association for Applied Linguistics

babbling ⟨**n**⟩ 옹알이

유아들이 산출하는 발화 같은 소리. 유아는 생후 약 3~4개월경에 /dæ/, /mæ/, /bæ/와 같은 옹알이를 시작한다. 생후 9개월에서 12개월이 되면 실제 단어를 산출하기 시작한다.

baby talk ⟨**n**⟩ 유아어투

=양육자 발화CARETAKER SPEECH

backchaining ⟨**n**⟩ 거꾸로 쌓아올리기

=거꾸로 쌓아올리기식 드릴BACKWARD BUILD-UP

back channel cue ⟨**n**⟩ 맞장구 단서 **back channelling** ⟨**n**⟩ 맞장구

☞ FEEDBACK

back formation ⟨**n**⟩ 역형성어

형태론MORPHOLOGY에서, 기존 단어에서 접사 제거를 통해 만들어지는 단어형성의 한 유형. 예를 들어, 영어 화자들은 *television, peddler, and babysitter*에서 동사인 *televise, peddle, and babysit*을 각각 만들었다. 신조어는 기존 단어에 접사를 더해서 만드는 것이 보다 일반적이다.

background ⟨**n**⟩ 배경

☞ FUNCTIONAL SENTENCE PERSPECTIVE

background information[1] ⟨**n**⟩ 배경 정보

☞ GROUNDING

background information[2] ⟨**n**⟩ 배경 정보

번역TRANSLATION이나 통역INTERPRETATION에서, 용어의 정의나 문맥적 정보를 제공하여 번역자나 통역사의 작업을 용이하게 해주는 원문의 내용에 대한 정보

backgrounding ⟨**n**⟩ 배경화

원인이나 동작주의 초점을 완화하기 위해 명사화NOMINALIZATION를 사용하는 것과 같이, 어떤 문장의 정보 초점을 전환하기 위한 문법적 장치(☞ FUNCTIONAL SENTENCE

PERSPECTIVE)

The destruction of the crops was the result of severe winds.

전경화(foregrounding)는 문장의 중요한 정보를 초점화해 준다.

Severe winds destroyed the crops.

background knowledge 〈*n*〉 배경 지식

읽기에서, 독자가 텍스트를 이해할 때 활용하는 사전 지식PRIOR KNOWLEDGE. 여기에는 문화적, 언어적, 사회적 지식이나 주제에 관한 지식 등이 포함된다. 배경 지식 덕분에 독자는 하향식 처리TOP-DOWN PROCESSING를 보다 용이하게 할 수 있다.

back propagation 〈*n*〉 역전파

☞ LEARNING RULE

back-shift 〈*n*〉 후방전이

☞ DIRECT SPEECH

backsliding 〈*n*〉 퇴행

(제2언어 습득SECOND LANGUAGE ACQUISITION에서) 사라졌다고 여겼던 학습자의 어떤 중간언어적INTERLANGUAGE 특징이 규칙적으로 다시 출현하는 현상. 특정 문법이나 음운 영역을 익힌 것으로 보이는 학습자가 스트레스를 받는 상황이나 일종의 의사소통상의 어려움이 야기되는 상황에서 특정 언어 자질을 사용하는 데 어려움을 겪는 경우가 종종 있다. 그런 경우, 오류가 일시적으로 재출현하기도 한다. 퇴행에 관한 연구에서는 이와 같은 오류는 임의적인 것이 아니라, 학습자가 자신의 언어 발달의 초기 단계에 배운 언어 체계를 반영하는 것이라고 제안하고 있다.

back vowel 〈*n*〉 후설모음

☞ VOWEL

backward build-up drill 〈*n*〉 거꾸로 쌓아올리기식 드릴

=backchaining

청각구두식AUDIOLINGUALISM과 관련한 언어 교수 기법의 하나로, 문장의 마지막 부분에서 시작해서 문장 앞쪽으로 확장해가는 식으로, 학생들에게 연속적으로 조금씩 더 긴 양을 반복하여 연습시키는 기법이다. 예를 들어, *Give it to him*에서 강세가 없는 *to*를 연습시키기 위해 교사는 학생들에게 *him, to him, it to him, Give it to him*의 순서로 반복하게 한다.

backwash effect 〈*n*〉 파급 효과(역류 효과)

☞ WASHBACK

balanced bilingual 〈*n*〉 완전 이중언어 사용자

두 개의 언어에 똑같이 능숙한 사람

band ⟨**n**⟩ 대역/밴드

(테스트에서) 테스트에서 수험자가 도달한 것을 설명해 주는 평가 척도 상의 결과 레벨

☞ LEVEL

bandscales ⟨**n**⟩ 대역척도

☞ STANDARDS

bare infinitive ⟨**n**⟩ 원형부정사

☞ INFINITIVE

bar notation ⟨**n**⟩ 바-표기

(일부 언어학 이론에서) 구성성분을 보다 자세하고 일관적으로 분석하기 위해 이용하는 도구. 예를 들어, 명사구 *the mayor of Casterbridge*는

N – *mayor*

N' (N-바) – *mayor of Casterbridge*

N" (N-더블바) – *the mayor of Casterbridge*

와 같이 나타낼 수 있다.

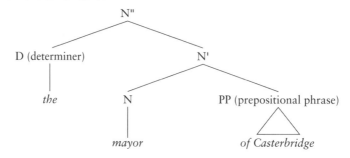

☞ X-BAR THEORY

basal ⟨**adj**⟩ 기초의

독해 수업이 여러 레벨로 나눠져 있는 경우, 가장 기본적인 레벨을 기초 독해 프로그램(basal reading programme)이라 부르고, 기초 독본(basal readers)이라 부르는 기초 읽기 교재를 사용한다.

base component ⟨**n**⟩ 기저 부분

☞ GENERATIVE THEORY

base form ⟨**n**⟩ 기저형

=root, stem[1]

예를 들어, 영어의 *helpful*은 기저형 *help*를 가지고 있다.

baseline data ⟨*n*⟩ 기준 데이터

조사연구에서, 다른 데이터와 비교되는 데이터. 예를 들어, 특정 과업에 대한 비모어 화자의 언어 수행 능력을 조사하고자 하는 경우, 연구자가 생각하고 있는 정확성이나 표준성처럼 모어화자도 완벽하게 수행할 것이라고 단순히 추정하는 것이 아니라, 비교를 위해 모어화자로부터 기준 데이터를 얻는 것이 중요한 경우가 많다.

Basic English ⟨*n*⟩ 기본 영어

1929년에 C. K. Ogden과 I. A Richards에 의해 개발된 간략화된 영어 유형. 국제적인 의사소통을 위한 제2언어로 사용할 의도로 개발되었다. 기본 영어에는 일반 영어보다 적은 850개의 단어와 문법 규칙만이 사용되며, 일상 영어에 있는 것은 모두 기본 영어에도 포함되어 있다고 여겨지고 있다.

☞ LINGUA FRANCA

basic interpersonal communication skills (BICS) ⟨*n*⟩ 기본적인 대인 의사소통 스킬

학문적인 언어 과업보다는 대인적, 사회적 의사소통과 같은 과업을 수행하는 데 필요한 언어 능력 유형

☞ COGNITIVE ACADEMIC LANGUAGE PROFICIENCY

basic research ⟨*n*⟩ 기초연구

☞ APPLIED RESEARCH

basic skills ⟨*n*⟩ 기초 스킬

(교육에서) 계속 학습이나 다른 교과목의 학습에 중요한 기초로 여겨지는 스킬들. 읽기, 쓰기, 산수는 모국어 교육에 있어서 기초 스킬로 간주된다.

basic vocabulary ⟨*n*⟩ 기초 어휘

=core vocabulary 핵심 어휘

언어교수에서, 사용 빈도나 다른 기준에 기초하여 작성된 단어 집합으로, 일상적 의사소통을 위한 기초를 제공한다고 여겨진다. 언어 학습자에게 필요한 기초 어휘의 양은 800개에서 4,000개 정도로 추정된다.

basic writing ⟨*n*⟩ 기초 글쓰기

작문 연구의 하위 분야로, 학문적 글쓰기 유형을 배운 적이 없는 대학 레벨의 학생들의 글쓰기 지도를 담당한다. 기초 글쓰기 과정은 보통 대학이나 대학 준비 과정에 있는 이민자나 난민 등과 같이, 고등교육의 기회를 갖지 못한 학생들을 지원하는 데 목적이 있다.

basilect ⟨*n*⟩ 하층 방언

☞ POST-CREOLE CONTINUUM, SPEECH CONTINUUM

battery of tests ⟨**n**⟩ 테스트

☞ test battery

개인이나 수험자 집단에게 함께 제공되는 일단의 테스트

behavioural objective ⟨**n**⟩ 행동 목표

=performance objective 수행 목표, instructional objective 지도 목표

(교육과정CURRICULUM 개발 시) 교육 프로그램의 전부 혹은 일부를 끝낸 후, 학습자가 알고 있고, 할 수 있어야 한다고 기대되는 것들에 대해 진술해 놓은 것. 행동 목표에는 세 가지 특징이 있다.

    a. 관찰 가능한 행동과 관련하여 학습 목표를 명확하게 기술한다.

    b. 그 행동이 일어날 것으로 기대되는 조건을 기술한다.

    c. 언어 수행에 관한 허용 가능한 표준(**규준**[criterion])을 진술한다.

예를 들어, 회화 수업의 행동 목표는 다음과 같을 것이다. "구두로 요청을 받았을 때, 학습자는 영어 모어화자에게 자신의 이름과 주소, 전화번호를 말하고, 이름과 번지, 도시의 철자를 말하며, 그 결과 면접자는 정보를 100% 정확하게 쓸 수 있다." 여기에서 '구두로 요청을 받았을 때'와 '모어화자에게'는 목표의 조건을 나타내고, '100% 정확하게'는 기준을 설명한다.

☞ OBJECTIVE

behaviourism ⟨**n**⟩ 행동주의

인간과 동물의 행위는 정신을 참작하지 않고 물리적 프로세스와 관련해서만 연구될 수 있고, 또 연구되어야 한다는 심리학 이론. 이 이론은 강화에 기초하여 외부적 사건(**자극**[stimulus])이 어떻게 개인의 행동을 변화시키는지(**반응**[response])를 설명하는 학습이론으로 발전하였다. 행동주의는 Skinner, Osgood, Staats 등의 심리학자들이 제1언어 습득을 설명하는 데 이용하였으나, 이 주장들은 생성문법론GENERATIVE GRAMMAR 옹호론자와 다른 연구자들에 의해 부정되었다.

☞ STIMULUS-RESPONSE THEORY, COGNITIVE PSYCHOLOGY

behaviourist psychology ⟨**n**⟩ 행동주의 심리학

=행동주의BEHAVIOURISM

behaviourist theory ⟨**n**⟩ 행동주의자 이론

=행동주의BEHAVIOURISM

belief systems ⟨**n**⟩ 신념체계

언어교수에서, 교사와 학습자가 자기 자신이나, 지도, 언어, 학습, 학생들에 대해 가지는 생각이나 견해

benchmark ⟨**n**⟩ 벤치마크

한 언어의 특정 숙달도 레벨의 특정 분야에 대해 제2언어 학습자가 도달해야 하는 특정 언어 숙달도 레벨을 자세히 기술해 놓은 것. 벤치마크를 설정하는 이유는 이후의 어떤 시점에서 학습자의 언어 수행을 비교할 때 참조 기준으로 이용하기 위해서이다. 벤치마크는 L2 학습자의 수행결과 샘플을 이용하여 정의되는 경우가 많다. 예를 들어, L2 쓰기를 평가할 때, 제2언어 학습자가 쓴 논문이 채점 루브릭이 제공하는 특정 레벨의 수행결과 샘플로 이용된다.

☞ STANDARDS, STANDARDS MOVEMENT

benefactive case ⟨**n**⟩ 수혜자 격

(격 문법CASE GRAMMAR에서) 동사가 나타내는 행위로부터 수혜를 입거나 이익을 얻을 것으로 기대되는 사람이나 동물을 나타내는 명사나 명사구. 예를 들어, 다음 문장에서는 *Louise*가 수혜자 격이다.

Joan baked a cake for Louise. (*Juan*은 *Louise*를 위해 케이크를 구웠다)

Joan baked Louise a cake. (*Juan*은 *Louise*에게 케이크를 구워주었다)

best practice ⟨**n**⟩ 모범 운영사례

특히 영국과 호주에서 사용되는 용어로, 특정 분야에서 다른 것과 비교하여 본보기와 표준으로 생각하는 실천 예. 모범 운영사례는 사려 깊고 원리에 부합하는 행동은 연구나 질 유지에 대한 관심에 의해 제공된다는 것을 시사한다. 예) '교원연수 프로그램에서의 모범 운영사례', '이민자를 위한 초기 프로그램에 있어서의 모범 운영 사례'

beta(ß) error ⟨**n**⟩ 베타 오류

☞ TYPE Ⅱ ERROR

between-groups design ⟨**n**⟩ 집단 간 설계

=피험자 간 설계BETWEEN-SUBJECTS DESIGN

between-subjects design ⟨**n**⟩ 피험자간 설계

=between-groups design 집단 간 설계

각각의 참가자가 하나의 실험 조건에만 참여하는 실험 설계

bias ⟨**n**⟩ 편향/바이어스

=test bias 테스트 바이어스

개인이나 수험자 집단의 점수가 일관적으로 너무 높거나 너무 낮다면, 테스트 전체나 일부 테스트 문항에는 편향이 있다. 이는 그 테스트의 측정 과정에 체계적인 오류가 있다는 것을 의미한다. 테스트 바이어스는 검토자가 모든 테스트 문항에 대해 굴욕적 언어나 편향된 내용이 없는지 재검토하든지, 차별문항기능분석DIFFERENTIAL

ITEM FUNCTIONING ANALYSIS을 실시하여 최소화할 수 있다.

BICS ⟨*n*⟩

☞ 기본 대인관계 의사소통 스킬BASIC INTERPERSONAL COMMUNICATION SKILLS

bicultural ⟨*adj*⟩ 이중문화의 biculturalism ⟨*n*⟩ 이중문화자

다른 두 사회 집단의 사회적 습관, 신념, 관습 등을 알고 있는 사람. 이중문화자와 이중언어BILINGUALISM는 구별된다. 예를 들어, 이중언어를 말할 수는 있지만, 목표어 공동체(제2언어/외국어)의 사회적 패턴을 어떻게 따라 행동해야 하는지 모르는 사람이 있을 수 있다. 이 사람은 이중언어 사용자라고 할 수는 있지만 이중문화자는 아니다.

bidialectal ⟨*adj*⟩ 2개 방언사용의 bidialectalism ⟨*n*⟩ 2개 방언사용자

두 개의 다른 방언DIALECTS을 알고 사용할 수 있는 사람. 이중 하나는 학교나 직장에서 사용하는 위세 방언이고, 표준 변종STANDARD VARIETY인 경우가 많으며, 나머지 하나는 비위세 방언으로, 집에서나 친구하고만 사용된다.

☞ BILINGUAL, BILINGUAL EDUCATION, DIGLOSSIA

bidialectal education ⟨*n*⟩ 2개 방언사용 교육

☞ BILINGUAL EDUCATION

Big Books ⟨*n*⟩ 그림책

독해 교육에서, 초기 식자 프로그램에서 사용하는 크게 만든 읽기 텍스트. 확대판을 사용함으로써 아이들은 교사가 가리키고 있거나 읽고 있는 것을 쉽게 확인할 수 있고, 그 결과 구어와 문어 간의 관련성을 점차적으로 이해하기 시작하며, 페이지 왼쪽에서 페이지 오른쪽으로 읽는 과정에도 주목하게 된다. 전형적으로, 그림책에는 학습자가 관심 있어 하는 짧은 이야기, 아이들이 주목하고 배울 수 있는 리듬 패턴, 크고 풍부한 그림으로 구성되어 있고, 표현이 반복되고 어휘도 통제된다.

bilabial ⟨*adj*⟩ 양순의

영어의 *my*, *pet*, *bird*에 포함된 /m/, /p/, /b/와 같이, 윗입술과 아랫입술을 붙여 조음하는 소리

☞ PLACE OF ARTICULATION

bilingual ⟨*adj*⟩ 이중언어 사용의/이중언어 사용자

최소 둘 이상의 언어를 어느 정도 능숙하게 구사할 수 있는 사람. 일반적으로 이중언어 사용자는 보통 두 언어를 거의 동일하게 말하거나 읽거나 이해할 수 있는 사람을 가리키지만(완전 **이중언어 사용자**[balanced bilingual]), 두 언어 중 한쪽 언어에 더 많은 지식을 가지고 있는 것이 보통이다. 예를 들어,

a. 한 언어로만 읽고 쓸 수 있다

b. 각 언어를 각기 다른 장면과 영역에서 사용한다. 예를 들어, 하나는 가정에서, 다른 하나는 학교에서만 사용한다.

c. 한 언어로는 학교생활, 다른 언어로는 자신의 기분을 말할 때 사용한다.

제2언어/외국어를 읽거나 쓸 수 있는 능력이 반드시 이중언어 사용자의 등급을 함의하는 것은 아니다.

☞ COMPOUND BILINGUALISM, DIGLOSSIA, MULTILINGUALISM

bilingual dictionary 〈*n*〉 이중어 사전

표제어에 대한 정의가 전부, 혹은 부분적으로 두 개 언어로 제공되는 사전

bilingual education 〈*n*〉 이중언어 교육

학교에서 교과 내용을 가르칠 때 제2언어/외국어를 사용하는 것. 이중언어 교육에는 다양한 유형이 있다. 예를 들어,

a. 아이의 모어가 아닌 학교 언어 하나로만 수업을 진행하는 경우. 몰입교육 프로그램IMMERSION PROGRAMME이라고 부르기도 한다.

b. 입학 시에는 아이의 모어로 수업을 진행하지만, 단계적으로 어떤 과목은 학교 언어를 사용하고, 어떤 과목은 모어로 가르치는 식으로 바꿔가는 유형. 유지형 이중언어 사용 교육MAINTENANCE BILINGUAL EDUCATION이라고 부른다.

c. 입학 시에는 전부 혹은 일부를 아이의 모어로 가르치다가 나중에 완전히 학교 언어로 바꾸는 유형. **이행형 이중언어 사용 교육**(transitional bilingual education), 혹은 **조기 종료 이중언어 사용 교육**(early exit bilingual education)이라 부른다.

학교 언어가 표준 방언STANDARD DIALECT이고, 아이의 가정에서의 사용 언어가 다른 방언(예를 들어, 하와이안 크리올이나 흑인영어)일 때는 **이중방언사용 교육** (bidialectal/biloquial education)이라고 부르기도 한다.

☞ BILINGUALISM, ADDITIVE BILINGUAL EDUCATION

bilingualism 〈*n*〉 이중언어 사용

개인(☞ BILINGUAL), 혹은 특정 지역이나 국가의 거주민 등의 화자 집단이 적어도 두 개 이상의 언어를 사용하는 것. 개인이 두 언어를 사용하는 것을 **개인적 이중언어 사용**(individual bilingualism)이라고 하고, 어떤 사회 내부에 두 언어가 존재하거나 공동체 구성원이 모두 두 언어를 사용하는 깃을 **사회적 이중언어 사용**(societal bilingualism)이라고 한다. 어떤 사회에서 이중언어나 언어 변종들이 사용되고, 다양한 사회 분야에서 각각이 매우 다른 의사소통적 기능을 가질 때에는 이를 **두언어변종사용/다이글로시아**(diglossia)라고 부른다.

☞ COMPOUND BILINGUALISM, MULTILINGUALISM

biliterate ⟨*adj*⟩ 이중언어에 대한 문식력이 있는

　　☞ LITERACY

bimodal distribution ⟨*n*⟩ 쌍봉 분포

　　☞ MODE

bi-modal input ⟨*n*⟩ 2모드 입력

　　☞ SUBTITLES

binary feature ⟨*n*⟩ 이분 자질

음소나 단어를 기술할 때 사용되는 개별 음소나 단어의 속성. 이분 자질은 존재한다, 존재하지 않는다로 표기된다. 예를 들어, 영어에서 /d/는 성대가 진동하여 소리 나지만(유성음이다), /t/는 성대가 진동하지 않기 때문에(무성음이다) /t/음과 /d/음은 다른 음이다. 따라서 울림VOICE이 /d/와 /t/를 기술하는 자질 중 하나이다. 보통 다음과 같이 표시한다.

　　/d/ [+voice] (=유성음)

　　/t/ [−voice] (=무성음)

/d/, /t/가 가진 울림처럼, 이분 자질이 두 음소를 변별하는 데 사용될 수 있을 때, 이 두 음소는 **이항 대립**(binary oppositions) 관계에 있다(☞ DISTINCTIVE FEATURE). 이분 자질은 단어의 의미 속성을 기술하는 데도 사용된다(☞ SEMANTIC FEATURE).

binary opposition ⟨*n*⟩ 이항 대립

　　☞ BINARY FEATURE

binding principle ⟨*n*⟩ 결속 원리

(지배/결속 이론GOVERNMENT/BINDING THEORY에서) 문장 내의 표현들이 그것들이 포함된 문장이나 절 밖에 있는 사람이나 사물을 가리키고 있는지, 혹은 그것들이 절이나 문장 내부에서 '속박되는가'를 진술하는 원리. 예를 들어, *Ann hurt herself*에서, *Ann*은 실세계의 누군가를 가리키는 지시 표현REFERRING EXPRESSION이고, *herself*는 *Ann*을 지칭하는 조응어ANAPHOR이다. 이 경우, *herself*는 *Ann*에게 '속박되었다'라고 말한다. *Ann hurt her*라는 문장에서, *her*는 앞 문장이나 발화에서 언급되었거나 언급되지 않은 실세계의 다른 사람을 가리키는 대명사(☞ PRONOUN)이다. 이 경우, *her*는 *Ann*에 '속박되지 않았다(not bound).'고 한다.

제2언어 연구에서, 영어 이외의 언어(예를 들어, 한국어)를 대상으로 속박 원리를 조사하였고, 이것이 어떻게 영어 습득에 영향을 미치는가에 대해 연구해 왔다.

　　☞ BOUNDING THEORY

binding theory ⟨*n*⟩ 결속 이론

지배/결속 이론GOVERNMENT/BINDING THEORY의 일부. 이 이론에서는 문장 내 명사구 간의

관계를 조사하여, 그것들이 서로 관계되는 방식과 지시하는 방식을 연구한다.(☞ BOUNDING THEORY)

biolinguistics ⟨**n**⟩ 생물언어학

언어를 인간의 생물학적 특성, 특히 생리학과 해부학적 특징들과 관련지어서 연구하는 언어학 분야

bioprogram hypothesis ⟨**n**⟩ 생체프로그램 가설

아이들은 특정 문법 지식으로 이어지는 기본적 의미를 변별할 수 있는 내재적 능력을 선천적으로 가지고 태어난다는 가설. 생체프로그램 가설에 따르면, 이 생체프로그램의 구조가 일부 크리올 언어와 아이들이 제1언어를 습득할 때 사용하는 초기 특징 중에 저재한다고 주장한다.

bi-polar adjective ⟨**n**⟩ 양극 형용사

☞ SEMANTIC DIFFERENTIAL

biscriptualism ⟨**n**⟩ 두문자사용

중국어로 된 중국어뿐만 아니라 로마자로 써진 중국어도 읽을 수 있는 표준 중국어 화자가 가진 능력처럼, 동일 언어에 사용되는 두 개의 문자를 읽고 쓸 수 있는 능력

biserial correlation (r_b) ⟨**n**⟩ 2연 상관계수

☞ CORRELATION

bi-uniqueness ⟨**n**⟩ 2방향 유일성

☞ NATURAL MORPHOLOGY

Blackboard ⟨**n**⟩ 흑판

☞ LEARNING MANAGEMENT SYSTEM

black box model ⟨**n**⟩ 블랙박스 모델

물리학에서 파생된 용어로, 정확하게 그것이 무엇이고 어떻게 기능하는지 관찰할 수는 없지만, 관찰 가능한 입력과 출력을 토대로 표상될 수 있는 시스템을 가리키는 데 사용된다. 따라서 시스템은 '블랙박스' 안에 포함된다. 언어 연구는 블랙박스의 문제로 기술되는 경우가 종종 있다. 학습자가 듣고 보고 산출하는 문장을 관찰할 수는 있지만, 블랙박스 안에서 실제로 무엇이 일어나고 있는지, 즉 학습자가 어떻게 언어를 습득하는지에 대해서는 관찰할 수 없기 때문이다.

Black English (BE) ⟨**n**⟩ 흑인영어

=아프리카계 미국 영어AFRICAN AMERICAN ENGLISH

Black English Vernacular (BEV) ⟨**n**⟩ 흑인영어

=아프리카계 미국 영어AFRICAN AMERICAN ENGLISH

blank slate ⟨*n*⟩ 백지 상태

☞ INITIAL STATE

bleeding order ⟨*n*⟩ 출혈 순서

음운론PHONOLOGY에서, 하나의 규칙을 적용하면 다른 규칙의 입력이 파괴되도록 규칙들이 순서화되어 있을 때, 이를 출혈 순서라고 한다. 예를 들어, 프랑스에는 비강음 앞의 모음을 비음화하는 규칙과 음절말의 비강음을 삭제하는 규칙이 있어서 기저의 /bon/에서 [bõ]와 같은 단어가 산출된다. 비강음 삭제 규칙이 모음을 비음화하는 규칙보다 먼저 적용되면, 두 번째 규칙인 비음화 규칙에 대한 입력이 파괴되어 [bõ]가 파생되지 않는다. 출혈 순서와 대응되는 것으로 **급여 순서**(feeding order)가 있다. 출력된 규칙이 다른 규칙의 입력이 되는 것을 말한다. 예를 들어, 영어에는 *tests*와 *dogs*에서와 같이, 자음 연쇄를 산출하는 복수 형성 규칙과, 변이에 따라 약간 다르게 적용되는 자음 연쇄 단순화 규칙이 있다. 만약 화자가 *tests*를 *tess*처럼 발음한다면, 이것은 복수 형성 규칙이 먼저 적용되고, 그 다음에 (환경이 만들어졌기 때문에) 자음 단순화 규칙이 제공되었음을 시사한다. 그러나 만약 화자가 *tests*를 *tesses*처럼 발음한다면, 이는 자음 연쇄 단순화 규칙이 먼저 적용되고, 그 다음에 (환경이 만들어졌기 때문에) 복수 형성 규칙이 제공(급여)되었음을 시사한다.

blend ⟨*n*⟩ 혼성어

=혼성어PORTMANTEAU WORD

blended learning ⟨*n*⟩ 블렌디드 학습/혼성 학습

여러 개의 다른 학습 형태를 조합하여 학습 기회를 제공하는 것. 전형적으로는 공학기술에 기반한 자료와 교사나 교과서 중심의 전통적인 학습이 조합된 방식을 말한다. 예컨대, 외국어 학습 프로그램에서는 일부는 교과서로 제공하고 나머지는 온라인을 통해서 제공할 수 있다.

blending ⟨*n*⟩ 혼성

=portmanteau word 혼성어

형태론MORPHOLOGY에서, 한 단어의 앞(보통 첫 음소나 첫 음절)과 다른 단어의 끝(종종 운RHYME)을 합쳐서 새로운 단어를 형성하는 과정으로, 그다지 생산성 있는 방식은 아니다. 이러한 방식으로 만들어진 **혼성어**(blend)의 예로는 영어의 *smog*(*smoke*와 *fog*), *vog*(*volcano*와 *fog*), *brunch*(*breakfast*와 *lunch*), 그리고 싱가포르 영어와 타갈로그 영어, 일본 영어에서 각각 만들어진 Singlish, Taglish, Japlish가 있다. 혼성어는 보통 I-언어I-LANGUAGE에는 속하지 않는다고 여겨진다.

blocking ⟨*n*⟩ 차단

형태론MORPHOLOGY에서, 이미 존재하는 단어와 동일한 의미를 가진 단어가 만들어졌을 때, 비생산적인 단어형성법WORD FORMATION이 적용되는 것을 차단하는 프로세스. 예를 들어, 영어 접미사 *-ness*(생산적)와 *-ity*(비생산적)는 (*curious/curiosity*와 *furious/furiousness*와 비교하여) 매우 유사하다. 그러나 *graciousness*와 *gloriousness*와 같은 단어들이 이미 존재하기 때문에, *graciocity*와 *gloriocity*와 같은 단어들이 새롭게 만들어질 수 없다.

☞ ACCIDENTAL GAP

blog ⟨*n*⟩ 블로그

=web blog 웹 블로그

정기적으로 저널을 갱신하는(블로깅[blogging]이라고 한다) 블로거가 운영하는 전자 저널. 블로그는 보통 개인적인 일기나 뉴스 저널의 역할을 하고, 전형적으로는 제목과 본문, 링크로 구성된다. 사용 언어는 비격식체가 일반적이다. 블로그는 한 개인에 의해 운영되고 유지되는 경우가 많으며, 독자와 작자 간의 상호작용을 촉진하는 역할을 하기도 한다. 블로그는 개인이나 비즈니스, 교육 등 다양한 방식으로 활용된다. 제2언어/외국어 학습에서도 잠재성이 커서, 읽기, 쓰기, 토론을 촉진하며, 피드백을 제공할 수도 있다.

Bloom's taxonomy ⟨*n*⟩ 블룸의 분류법

미국의 교육학자 Bloom이 개발한 인지 영역(☞ DOMAIN)의 목표OBJECTIVES를 분류한 것으로, 교육이나 교육 입안 분야에서 폭넓게 참조되고 있다. 블룸의 분류법은 (사실의 재생산에 초점을 둔) 지식에서부터 (고도의 사고를 보여주는) 평가에 이르는 여섯 단계로 구성되어 있다. 그 여섯 단계는 다음과 같다.

단계	특징적인 학생의 행동
지식	기억하기, 암기하기, 인식하기, 상기하기
이해	이해하기, 하나의 매체를 다른 매체로 번역하기, 자신의 언어로 설명하기
응용	문제 해결하기, 결과를 얻기 위해 정보 응용하기
분석	어떻게 결합되어 있는지를 보여주기 위해 정보나 개념 세분하기, 의사소통의 하위 구조 발견하기, 동기 특정하기
종합	언어나 물리적인 사물을 이용하여 독특하고 새로운 뭔가를 만들어 내기
평가	문제에 대해 가치판단하기. 견해차나 논쟁 해결하기

body ⟨*n*⟩ 본문

(작문에서) 에세이ESSAY의 서론과 결론 사이에 위치하며, 논제THESIS STATEMENT를 지지

하거나 발전시키는 부분

body language ⟨*n*⟩ 신체 언어

타인과의 의사소통을 위해 얼굴 표정이나 신체 움직임 등을 이용하는 것. 언어학에서, 신체 언어의 의미는 준언어학PARALINGUISTICS의 연구 대상이다.

☞ PROXEMICS

book flood ⟨*n*⟩ 책 홍수

특히, 목표어가 제2언어SECOND LANGUAGE로 학습되는 환경에서 읽기 능력 개발을 위한 접근법으로, 이 접근법에서는 학생들이 관심있어 하는 읽기 자료를 다량으로(즉, '홍수'처럼) 제공한다. 다독 프로그램EXTENSIVE READING PROGRAMME의 일종이다.

book report ⟨*n*⟩ 북 리포터

교수에서, 학생들이 자신이 읽은 책에 대해 말이나 글로 진술해 놓은 내역으로, 책을 주의 깊게 읽고 읽은 내용에 대한 논의를 활성화(자극)하는 데 이용된다.

borrowing ⟨*n*⟩ 차용어 borrow ⟨*v*⟩

다른 언어에서 빌려와서 그 언어에 사용되는 단어나 구. 예를 들어, 영어에서 *coup d'état*(정치 권력의 갑작스런 장악)는 프랑스어에서 가져온 것이고, *al fresco*(야외에서)는 이탈리아어에서, *moccasin*(신발의 일종)은 미국 인디언 언어에서 가져왔다. 차용이 단일어일 때는 차용어LOAN WORD라고 부른다.

화자들은 차용어를 원어에서의 발음대로 발음하려고 하는 경우도 있다. 그러나 차용어나 구가 폭넓게 사용되게 되면, 대부분의 화자들은 모어의 소리 체계를 토대로 그것을 발음한다.

예를 들어, 프랑스어의 *garage*/garaʒ/는 영국 영어에서는 /'gæra : ʒ/나 /'gærɪʤ/가 되지만, 미국 영어에서는 프랑스어에 가깝게 발음이 유지된다.

borrowing transfer ⟨*n*⟩ 차용에 의한 전이

☞ SUBSTRATUM TRANSFER

bottom-up processing ⟨*n*⟩ 상향식 처리

☞ TOP-DOWN PROCESSING, INTERACTIVE PROCESSING, COMPREHENSION

boundaries ⟨*n*⟩ 경계

언어 단위 간을 분할한 것. 경계에는 다음과 같이 다양한 유형들이 있다.

a. 단어 사이: *the##child*

b. 어간STEM[1]과 접사AFFIX와 같은, 단어 구성소 사이: *kind#ness*

c. 어절SYLLABLES 사이: *baby* /beɪ+bi/

☞ JUNCTURE

boundary effect 〈**n**〉 경계 효과

어떤 테스트가 특정 수험자 집단에게 지나치게 쉽거나 어려워서 점수 분포가 극단이나 경계선에 군집하는 경향을 보이는 효과. 테스트가 너무 쉬워서 점수가 분포상의 꼭대기 부근에 군집하는 경계 효과를 천정효과CEILING EFFECT라고 하며, 테스트가 너무 어려워서 점수가 분포 상의 바닥 쪽으로 군집하는 것을 바닥효과FLOOR EFFECT라고 부른다.

bound form 〈**n**〉 결속 형식

=bound morpheme 의존 형태소

접사AFFIX나 접속형COMBINATION FORM과 같이, 혼자서는 절대 사용되지 않고 다른 형태소와 반드시 함께 사용되어야 하는 언어 형식(형태소MORPHEME). 예를 들어, 영어 접미사 *-ing*는 *writing, loving, driving*에서와 같이, 반드시 동사 어간과 함께 사용되어야 한다. *Betty, horse, red, write, love, drive*와 같이, 단독으로 사용될 수 있는 형식은 자유 형식FREE FORM이라고 부른다.

bounding node 〈**n**〉 경계 마디

☞ BOUNDING THEORY

bounding theory 〈**n**〉 경계 이론

지배/결속 이론GOVERNMENT/BINDING THEORY에서, 구성소가 문장 내부에서 이동할 수 있는 거리와 관련한 이론. 경계 이론의 주요 원리는 하접 조건SUBJACENCY CONDITION으로, 이것은 두 개 이상의 경계 마디BOUNDING NODE를 넘어서는 이동은 금지한다. 영어의 경계 마디에는 S, NP, CP가 있다. 예를 들어, **Who did you hear the rumour that Mary kissed?*라는 문장은 비문법적이다. 왜냐하면 이 문장은 두 개의 경계 마디를 넘어서 *who*를 이동시키는 것을 요구하는 다음의 (a) 구조에서 파생했기 때문이다.

(a) *Who did you hear* [NP *the rumour* [CP *that Mary kissed* t]]

(a)에서, NP는 명사구NOUN PHRASE, CP는 보문구COMPLEMENT PHRASE를 의미하고, t는 '흔적(trace)'과 *wh*-구가 나온 위치를 보여준다.

bound morpheme 〈**n**〉 구속 형태소

=결속 형식BOUND FORM

b-parameter 〈**n**〉 b-패러미터

=문항반응이론ITEM RESPONSE THEORY

brainstorming 〈**n**〉 브레인스토밍 brainstorm **v**

1. (언어교육에서) 학습자들이 생각을 짜내기 위해 주어진 주제에 대해 자유롭고

상대적으로 덜 구조화된 논의를 하는 그룹 활동. 다른 활동을 위한 준비 과정의 역할을 하는 경우가 많다.

2. (쓰기 교육에서) 쓰기 전 활동(☞ COMPOSING PROCESSES)의 하나로, 학생이 혼자, 혹은 집단으로 구성이나 문장 구조, 철자에 신경 쓰지 않고 주제에 대해 가능한 한 많은 아이디어를 내는 활동. 브레인스토밍은 생각이나 관점, 주제와 관련된 아이디어들을 모으는 역할을 하고, 작자가 아이디어를 생각해내는 것을 도와주는 것으로 알려져 있다. 브레인스토밍 시에서는 다음과 같은 쓰기 활동들도 포함되는 경우가 많다.

- **다발만들기**(clustering): 종이 가운데에 주제나 개념을 적은 다음, 주제 주위로 아이디어들을 다발 지으면서 모은다.
- **단어 은행**(word bank): 주제에 대해 머리에 떠오르는 단어들을 목록화하여 그것을 범주별로 배열한다.
- **지도그리기**(mapping): 작문에 이용할 수 있도록 핵심어를 그림 형태로 준비한다.

branching ⟨*n*⟩ 분기

(컴퓨터지원학습COMPUTER ASSISTED LEARNING에서) 수업에서 어떤 과업에 대한 학습자의 수행 결과를 토대로 한 부분에서 다른 부분으로 이동하는 것. 이전 수행 결과를 토대로, 여러 개의 수업 교재 경로 중에서 어느 것이 해당 프로그램을 이용하는 학습자에게 가장 적합한가를 결정하는 프로세스는 **선택적 분기**(selective branching)라고 한다.

branching direction ⟨*n*⟩ 분지 방향

관계절이 그것이 수식하는 명사와 관련하여 특정의 순서를 따르는 경향. 영어를 비롯한 많은 언어의 관계절은 그것이 수식하는 명사에 후속한다.

The cheese that the rat ate was rotten.

즉, 영어는 우분지 방향RIGHT BRANCHING DIRECTION을 선호한다고 알려져 있다. 반면, 일본어는 전형적으로 수식절이 머리명사의 왼쪽에 오기 때문에, 아래와 같이 주로 좌분지 방향LEFT BRANCHING DIRECTION을 이용한다. 예를 들어, 다음과 같다.

Nezumi ga tabeta chizu wa kusatte ita.

rat   ate   cheese   rotten was

제2언어 학습에서 관계절 학습의 난이는 학습자의 제1언어가 목표언어TARGET LANGUAGE가 동일한 분기 방향인가에 영향을 받는다.

branching programme ⟨*n*⟩ 분기된 프로그램

☞ PROGRAMMED LEARNING

breath group ⟨*n*⟩ 호흡 단락

한 번 호흡하는 동안 발화되는 연속적 음성 단위

☞ SPEECH RHYTHM

bridge course ⟨*n*⟩ 가교 과정/브리지 코스

학문 목적을 위한 영어 교수TEACHING ENGLISH FOR ACADEMIC PURPOSES에서, 한정된 영어 능력을 가진 학습자들을 특별히 가르치기 위한 학문적 교과 과정(예를 들어, 역사나 경제학). 가교 과정은 학습자가 언어 코스에서 자신의 전공 분야의 학습으로 나아갈 수 있도록 도움을 주는 것을 목적으로 한다. 이 과정은 교과 내용에 정통한 제2언어 교사나, 제2언어 교수에 어느 정도 익숙한 교과 교사가 담당한다. 가교 과정은 보호 과정SHELTERED COURSE과는 다르다. 후자는 보통 제2언어 학습자를 위해 언어 중심 코스를 제공하고, 또 동일 분야의 모어화자를 위한 교과 과정과 일치하지 않기 때문이다.

British National Corpus ⟨*n*⟩ 영국국가코퍼스

현대 영국 영어의 단면을 보여주기 위해 설계된 대규모의 구어/문어 샘플

broad notation ⟨*n*⟩ 간략 표기

☞ TRANSCRIPTION

broad transcription ⟨*n*⟩ 간략 표기

☞ TRANSCRIPTION

Broca's area ⟨*n*⟩ 브로카 영역

주로 발화 산출의 운동 통제와 관련하는 대뇌의 좌전두엽 부분

Brown Corpus ⟨*n*⟩ 브라운 코퍼스

1960년대에 수집된 선험적 코퍼스로, 현대 미국 영어를 대표하는 다양한 자료를 수집한 총 100만어 규모의 코퍼스

burnout ⟨*n*⟩ 번아웃/소진

☞ TEACHER BURNOUT

business English ⟨*n*⟩ 비즈니스 영어

특수 목적을 위한 영어ENGLISH FOR SPECIAL PURPOSE나 학문 목적을 위한 영어EAP의 한 분야로, 비즈니스 분야에서 필요한 언어 스킬에 초점을 두고 있다. 발표 스킬뿐만 아니라, 판매, 마케팅, 경영에 필요한 스킬 등을 다룬다.

buzz groups ⟨*n*⟩ 버즈 그룹

(교수에서) 학생 집단이 아이디어를 생각해 내거나 특정 질문에 답하기 위해 짧은 시간 동안(예를 들어, 5분간) 토의를 하는 그룹 활동. 강의의 준비 과정이나 강의 중 활동으로 사용할 수 있다.

by-phrase ⟨***n***⟩ by-구

통사론SYNTAX에서, 논리적 주어를 포함하고 *by*에 유도되는 수의적 구성성분. 예를 들어, *The law was passed by the legislature in 1999*에서, *the legislature*는 표층 주어는 아니지만, 논리적 주어, 또는 동작주이다. *by*-구에 의한 수동이 허용되지 않는 언어(예를 들어, 아랍어)도 있다. *by*에 의해 유도되는 일부 전치사구, 예를 들어 *John went for a walk by the river*의 *by the river*는 이러한 의미에서 *by*-구가 아니다.

C

CA ⟨*n*⟩

=대조분석CONTRASTIVE ANALYSIS과 대화분석CONVERSATION ANALYSIS

CACD ⟨*n*⟩

=컴퓨터지원 교실토의COMPUTER-ASSISTED CLASSROOM DISCUSSION

CAH ⟨*n*⟩

=대조분석 가설CONTRASTIVE ANALYSIS HYPOTHESIS

CAI ⟨*n*⟩

=컴퓨터지원지도COMPUTER-ASSISTED INSTRUCTION

CAL ⟨*n*⟩

=컴퓨터지원학습COMPUTER-ASSISTED LEARNING

CAL ⟨*n*⟩

워싱턴 DC에 위치한 Center for Applied Linguistics의 약어

CALICO ⟨*n*⟩

=컴퓨터지원 언어교수 컨소시엄COMPUTER ASSISTED LANGUAGE INSTRUCTION CONSORTIUM

CALL ⟨*n*⟩

=컴퓨터지원 언어 학습COMPUTER-ASSISTED LANGUAGE LEARNING

CALP ⟨*n*⟩

=인지적 학술 언어 능숙도COGNITIVE ACADEMIC LANGUAGE PROFICIENCY

call-word ⟨*n*⟩ 호출어

☞ DRILL

calque ⟨*n*⟩ 번역 차용어

☞ LOAN TRANSLATION

Cambridge Exams ⟨*n*⟩ 캠브리지 테스트

Cambridge ESOL(UCLES로도 알려져 있음)이 개발한 테스트 세트로, 기초(1)에서 최고급(5)까지, 5단계의 능숙도 레벨로 학생들을 나눈다.

1. Key English Test (KET)(1)
2. Preliminary English Test (PET)

3. First Certificate in English (FCE)

4. Certificate of Advanced English (CAE)

5. Certificate of Proficiency in English (CPE)

candidate ⟨*n*⟩ 수험자

☞ TEST TAKER

can-do statements ⟨*n*⟩ 캔두(can-do) 기술문

유럽언어공통참조기준COMMON EUROPEAN FRAMEWORK에서 학습 성과를 기술하는 방법. 이것은 학습자의 수행결과와 학습자가 할 수 있는 것이라는 관점에서 기술하고 있다. *The learner can express simple opinions on familiar topics in a familiar context.* (학습자는 친근한 장면의 친근한 화제에 대해 간단한 의견을 진술할 수 있다.) 능숙도 밴드와 다양한 척도 레벨에 따라 can-do가 제시되어 있다.

canonical ⟨*n*⟩ 표준적인

전형적, 혹은 통상의. 예를 들어, 영어 어순은 가능성은 여러 가지만, 전형적으로는 SVO(주어＋동사＋목적어)이다.

canonical form ⟨*n*⟩ 기준형

기준 형식으로 제시되는 언어 항목의 형식. 예를 들어, 영어의 복수형태소는 –*s*, –*es*, –*en*과 같은 형태로 구현되지만, 통상은 –*s*이다. –*s*가 기준형이다.

canonical order ⟨*n*⟩ 기본 어순

＝canonical word order

특정 언어에서 주어(S), 목적어(O), 동사(V)와 같은 구성소의 기본적인 어순. 예를 들어, 영어의 기본 어순은 SVO이고, 일본어는 SOV이다.

captioned video ⟨*n*⟩ 자막딸린 비디오

☞ SUBTITLES

captioning ⟨*n*⟩ 자막

☞ SUBTITLES

cardinal vowel ⟨*n*⟩ 기본모음

기본모음 체계에 있는 모든 모음VOWEL. 기본모음 체계는 Daniel Jones가 세계 언어에 있는 모음의 기술을 위해 개발한 것이다. 기본모음 자체가 어떤 특정 언어에 속하고 있다는 것이 아니라, 기준으로 이용하기 위해 이론적으로 설정한 것이다. 기본모음 [i]는 설단부가 구개를 건드리지 않고 구강 내 가장 높은 위치에서 만들어지는 전설모음(front vowel)이다. 혀의 위치가 점차적으로 낮아지면, 세 개의 전설모음 ([e], [ɛ], [a])이 더 만들어진다. [i]와 [e], [e]와 [ɛ], [ɛ]와 [a] 간의 혀의 위치는 거의 동일하며, 각 모음 간의 소리 간격도 동일하다. 이 전설모음들은 모두 평순으로 소리난다. 기본모음 [ɑ]는 구강 내에서 후설부를 최대한 낮춰서 소리 내는 후설모음(back vowel)이다. 후설부의 위치를 [ɑ]의 위치에서 점차 낮추게 되면, 기본모음 [ɔ], [o], [u]가 만들어진다. 입술을 더 둥글게 할수록 원순성이 커진다.

이 8개 모음을 **제1차 기본모음**(primary cardinal vowel)이라고 한다: 다섯 개 모음 [i], [e], [ɛ], [a], [ɑ]는 비원순모음(unrounded vowel)이고, [ɔ], [o], [u]는 원순모음(rounded vowel)이다. 이 8개 모음과 동일한 혀의 위치에서 두 번째 기본모음이 만들어진다. 제1차 기본모음이 비원순인 경우 **제2차 기본모음**(secondary cardinal vowel)은 원순이 된다. 1차 기본모음이 원순인 경우는 2차 기본모음은 비원순이 된다.

	비원순	원순
제1차	i e ɛ a ɑ	ɔ o u
제2차	원순	비원순
	y ɸ œ ɒ	ʌ ɣ ɯ

1차 기본모음   2차 기본모음

caretaker speech ⟨***n***⟩ 양육자 언어

=motherese, mother talk, baby talk

엄마나 아빠, 베이비시터 등이 말을 배우고 있는 유아에게 말을 걸 때 사용하는 단순한 발화. 보통 다음과 같은 특징이 있다.

　　a. 성인 간의 대화와 비교해서, 길이가 짧다.

　　b. 문법적으로 단순하다.

　　c. 추상적이거나 어려운 단어는 피하고, 반복이 많다.

　　d. 발음이 명확하고, 과장된 억양INTONATION을 동반하는 경우가 많다.

양육자 언어는 아이들이 이해하기 쉬워하기 때문에 아이의 언어 습득을 돕는다고 간주되고 있다.

　　☞ FOREIGNER TALK

carrel ⟨***n***⟩ 어학전용석

어학실습실LANGUAGE LABORATORY이나 멀티미디어 센터에서, 학습자 전용 녹음기, 헤드폰, 컴퓨터, 비디오, TV 모니터 등이 구비된 시설. 좌석은 보통 열로 배열되어 있다. **오디오부스**(audio booth)라고도 한다.

cascade model 〈*n*〉 캐스케이드 모델

교사교육과 교육과정 이노베이션(개혁)을 위한 접근법. 한 집단이 이노베이션 훈련(예를 들어, 새로운 교수법)을 받은 다음, 이 집단이 다시 다른 집단을 훈련시키는 방식이다. 이러한 방식의 이노베이션을 하향식 캐스케이드라고 한다. 이러한 전파 모델을 통해 새로운 아이디어나 실천을 비교적 단시간에 더 많은 교사들에게 전달할 수 있다.

☞ MULTIPLIER EFFECT

case[1] 〈*n*〉 격

(일부 언어에서) 문장 내 명사나 명사구의 기능을 나타내는 문법 범주.

(굴절INFLECTION에 의한) 명사나 명사구의 형태 변화는 기능이나 격이 다르다는 것을 나타낸다. 예를 들어, 독일어에는 주격NOMINATIVE, 대격ACCUSATIVE, 여격DATIVE, 속격 GENETIVE의 4격이 있다. 명사의 격(기능)을 나타내기 위해 관사의 끝이 변한다.

• 주격(*table*이 이 문장의 주어이다.)

Der Tisch ist gross. (The table is big)

• 대격(*table*이 이 문장의 목적어이다.)

Karin kaufte den Tisch. (Karin bought the table)

언어 중에서는 러시아어와 같이 4개 이상의 격을 가지는 언어도 있고, 더 적거나, 격을 가지지 않은 언어도 있다. 그러한 언어에서는 격에 의해 표시되는 기능이 어순WORD ORDER이나 전치사PREPOSITION에 의해 표시된다. 영어에서 격은 대명사에만 표시되며, 3개의 격이 있다.

• 주격: *I, we, you, he, she, it, they, who*
• 목적격: *me, us, you, him, her, it, them, who(m)*
• 소유격: *my, our, your, his, her, its, their, whose*

case[2] 〈*n*〉 격

☞ CASE GRAMMAR

case assigner 〈*n*〉 격 할당자

(격 이론CASE THEORY에서) 문장 내에서 명사구에 특정 기능, 다시 말해 격(☞ CASE[1])을 할당하는 요소. 격 할당자는 동사나 전치사인 경우가 많다.

case grammar 〈*n*〉 격 문법

1970년에 개발되었으며, 문장 내의 의미 관계를 강조하는 문법 접근법. 격 문법의 일부는 생성문법GENERATIVE GRAMMAR 모델에 적용되었다.

☞ AGENTIVE CASE, BENEFACTIVE CASE, DATIVE CASE[2],

FACTITIVE CASE, INSTRUMENTAL CASE, LOCATIVE CASE,
OBJECTIVE CASE

case methods 〈*n*〉 사례 연구법

언어교육과 교사교육 분야에서, 교육 접근법의 한 형태로 사례를 이용하는 것. 사례는 (보통 성공한) 실천자가 준비한 실천 보고서로 구성된다. 경험이 풍부한 실천자가 특정 분야(법률, 비즈니스, 산업, 교육)에서 어떤 것을 알고 실천해야 하는가를 탐구하고, 또 전통적인 학문 교육과정에서 초점이 되는 '이론적 지식(theoretical knowledge)'과 비교하여, '기술적 지식(craft knowledge)'에 대한 설명을 제공한다. 사례 연구법은 법률이나 비즈니스 분야의 전문가를 준비하는 데 종종 활용되며, 교수나 교사교육에도 효과가 있다고 여겨진다. 교사교육에서 학생들은 교사들이 어떻게 교육과정을 개발하였고, 수업을 운영하였고, 교수와 관련한 특정 이슈나 문제들에 대처하였는가에 대한 내역을 공부하고, 그것에 대해 의견을 진술한다. 비즈니스 영어 코스에서는 특정 기업이나, 회사, 혹은 개인의 환경을 재현하는 사례들이 언어 발달을 위한 다양한 활동의 기초가 된다. 사례 연구법과 사례 연구CASE STUDY를 혼동해서는 안 된다.

case study 〈*n*〉 사례 연구

행동의 한 측면에 대해 한 시점이나 긴 시간 동안, 예컨대 1년 동안 아이의 언어 발달 등을 집중적으로 조사하는 연구 방법. 사례 연구를 통해 연구자는 다른 연구 방법을 통해서는 관찰할 수 없는 상세한 정보들을 수집할 수 있으며(횡단적 방법CROSS-SECTION(AL) METHOD과 비교), 특정 개인이나 집단, 공동체 등에 대해 모은 정보가 다른 개인, 집단, 공동체에서도 들어맞는가를 판단할 수도 있다.

case theory 〈*n*〉 격 이론

Chomsky의 보편문법UNIVERSAL GRAMMAR의 일부로, 문장 내의 명사구가 그 문장 내에서의 기능을 나타내는 격을 각각 부여한다고 규정한다. 이러한 격(☞ CASE[1])은 다음과 같이 형태적 어미로 나타난다.

Monica's dress

여기에서 *Monica*는 속격GENETIVE CASE이고, *dress*의 소유자이다. 그러나 많은 경우, 명사구의 격은 표층 문장에서는 분명하지 않은 추상적인 개념이다. 예를 들어,

You should ask Paul.

위 문장에서 *Paul*은 *asked*의 목적어OBJECT이기 때문에 대격ACCUSATIVE CASE이지만, 이 사실이 어미에 의해 표시되지는 않는다. 그러나 *Paul* 대신에 대명사를 사용하면 분명해진다.

**You should ask he.*가 아니라 *You should ask him.*(목적격 대명사)이다.

☞ θ-THEORY/THETA THEORY

CASLA ⟨**n**⟩

=제2언어 습득의 컴퓨터 적용COMPUTER APPLICATION IN SECOND LANGUAGE ACQUISITION

casual speech ⟨**n**⟩ **casual style** ⟨**n**⟩ 일상적 어법

☞ COLLOQUIAL SPEECH

CAT ⟨**n**⟩

=컴퓨터 적응형 테스트COMPUTER ADAPTIVE TESTING

=컴퓨터지원 번역COMPUTER ASSISTED TRANSLATION

cataphora ⟨**n**⟩ 후방조응 **cataphoric** ⟨**adj**⟩

텍스트나 회화에서, 뒤에 사용되는 다른 단어나 구를 앞서서 가리키는 단어나 구의
사용. 예를 들어 다음 문장에서 *her*는 *Mary*를 앞에서 언급하고 있다.

When I met her, Mary looked ill.

다음은 후방조응적 문장의 예이다.

My reasons are as follows: One, I don't...

Here is the news. The Prime Minister...

☞ ANAPHORA

categorial grammar ⟨**n**⟩ 범주 문법

☞ MONTAGUE GRAMMAR

categorical perception ⟨**n**⟩ 범주 지각

발화의 변별적인 음향 자질에 초점을 두거나, 두 화자 간의 개인차와 같은, 관계없
는 차이는 무시하는 인간의 능력. 범주 지각은 제1언어 습득FIRST LANGUAGE ACQUISITION의
매우 이른 단계에 발달한다. 아이들은 자신들이 듣고 있는 언어의 음소 범주 간의
차이에 민감해지고, 범주 내의 차이에는 둔감해진다. 제2언어 습득SECOND LANGUAGE
ACQUISITION에서는 목표어의 음소 범주에 따른 범주 지각의 확립이 훨씬 늦어지며,
범주 지각이 전혀 일어나지 않는 경우도 있다.

categorical scale ⟨**n**⟩ 범주형 척도

☞ SCALE

categorize ⟨**v**⟩ 범주화하다 **categorization** ⟨**n**⟩ 범주화

항목들을 그 성질이나 용법에 따라 집단(범주CATEGORIES)으로 분류하는 것.

a. 명사는 유생ANIMATE 명사와 무생 명사로 범주화할 수 있다.

b. 동사는 타동사TRANSITIVE와 자동자로 범주화할 수 있다.

category ⟨**n**⟩ 범주/카테고리

☞ GRAMMATICAL CATEGORY[2]

category symbol ⟨*n*⟩ 범주 기호

☞ GRAMMATICAL CATEGORY[2]

category system ⟨*n*⟩ 범주체계

다양한 교실 내 행동을 코드화, 분류, 분석하는 데 사용하는 관찰체계. 언어 교실을 관찰하기 위해 COLT(the Communicative Orientation of Language Teaching)나 FOCUS(Foci on Communication Used in Settings)를 포함한 많은 다양한 범주체계들이 사용되어 왔다. 이러한 체계들은 의사소통적 사건의 목적, 내용 전달에 사용되는 매체, 매체가 사용되는 방식, 전달되는 내용 영역과 같은 교실 행위의 다양한 측면들을 객관적으로 기술하는 데 사용될 수 있는 일련의 범주를 제공하고자 노력한다. 접근법에 따라 연구자들이 관찰 장소와 연구 문제에 맞는 다양한 범주체계를 개발할 수도 있다.

☞ INTERACTION ANALYSIS, HIGH INFERENCE CATEGORY

catenation ⟨*n*⟩ 음결합 catenate ⟨*v*⟩

음소를 결합하여 음절SYLLABLE로 만들거나, 동화ASSIMILATION[1]나 음탈락ELISION, 연접JUNCTURE을 통해 음절과 단어를 결합하는 것과 같이, 발화에서 음을 서로 연결하는 것. 음 결합 방식은 언어에 따라 다르다: 두 언어가 같은 음을 공유할 수는 있지만, 음을 결합하는 방식은 다르다. 예를 들어, 영어를 배우는 스페인어 모어 학습자들은 *steak*를 /esteɪk/로 발음하는 경우가 있다. 스페인어에 강세가 놓인 모음 뒤의 /–st/ 결합은 있지만 그 앞에서는 나타나지 않기 때문이다.

causative verb ⟨*n*⟩ 사역동사

누가, 혹은 무엇이 어떤 것을 일어나게 하는 것을 보여주는 타동사 부류. 두세 유형의 사역동사와 구문이 있다.

a. *cause*라는 동사와 유의어인 *bring about*, *lead to*, *result in*, *give rise to* 등으로 구성된 집합

b. 영어에는 *let*, *have*, *make*과 같이, 사역적인 의미를 부여하는 구문도 있다. 이러한 동사들은 이 구문을 제외하고는 사역적인 의미를 반드시 가지지는 않는다.
   She let (had, made) him paint the house.

c. 일부 동사는 다음 예와 같이, 사역적인 의미를 가지는 타동사와 기동적(inchoative) 의미를 가지는 자동사 양쪽으로 사용된다: *break*(*He broke the vase*와 *The vase broke*), *grow*(*She is growing vegetables in the garden*과 *The vegetables are growing rapidly*), *melt*(*Climate change is melting the world's glaciers*와 *The glaciers are melting*).

☞ INCHOATIVE VERB, ERGATIVE VERB

cause-effect method ⟨***n***⟩ 원인-결과법

☞ METHODS OF DEVELOPMENT

CBI ⟨***n***⟩

=내용 중심 교수CONTENT-BASED INSTRUCTION

CBT ⟨***n***⟩

=컴퓨터 기반 테스트COMPUTER-BASED TEST(ING)

c-command ⟨***n***⟩ 구성성분 통제

통사론SYNTAX에서, 수형도 상에서 두 절점NODE 간의 관계로, 어느 한쪽의 절점이 다른 쪽에 지배되지는 않으나, 둘 다 동일한 상위 절점에 의해 지배되는 관계. 가계도에서 형제와 후손 간의 개념과 유사하다.

CCR ⟨***n***⟩

☞ CLASSROOM-CENTRED RESEARCH

CEELT ⟨***n***⟩

=언어 교사를 위한 케임브리지 영어 시험CAMBRIDGE EXAMINATION IN ENGLISH FOR LANGUAGE TEACHERS

CEIBT ⟨***n***⟩

=국제비즈니스와 무역을 위한 영어 자격증CERTIFICATE IN ENGLISH FOR INTERNATIONAL BUSINESS AND TRADE

ceiling effect ⟨***n***⟩ 천정효과

☞ BOUNDARY EFFECT

CELIA ⟨***n***⟩

=컴퓨터 조작 언어 교수 아카이브COMPUTER-ENHANCED LANGUAGE INSTRUCTION ARCHIVE

CELT ⟨***n***⟩

=언어 교사를 위한 평생교육CONTINUING EDUCATION FOR LANGUAGE TEACHERS

☞ PRESERVICE EDUCATION

CELTA ⟨***n***⟩

=성인 대상 영어 교수 자격증CERTIFICATE IN ENGLISH LANGUAGE TEACHING TO ADULTS의 약자로, 교사 경험이 전혀 없거나 거의 없는 사람들을 위한 기초 자격증

CELTYL ⟨***n***⟩

=청소년 대상 영어 교수 자격증CERTIFICATE IN ENGLISH LANGUAGE TEACHING TO YOUNG LEARNERS

central executive ⟨***n***⟩ 중앙 실행부

☞ WORKING MEMORY

central nervous system ⟨**n**⟩ 중추 신경계
뇌와 중추로 구성된 신경계의 일부

central tendency ⟨**n**⟩ 중심 경향
(통계에서) 점수가 집중되는 경향이 있는 중앙점 부근의 추정값. 가장 일반적인
중심 경향 척도는 평균값MEAN과 중앙값MEDIAN, 최빈값MODE이다.

central vowel ⟨**n**⟩ 중설 모음
☞ VOWEL

cerebral dominance ⟨**n**⟩ 대뇌반구 우위성
=lateralization 반구편중화/편측
뇌의 부위에 따라 다양한 기능의 통제력이 발달. 뇌가 발달해 감에 따라 다양한
신체적 기능들(예를 들어, 발화, 청각, 감정, 행동)이 서서히 뇌의 다른 영역의 통제
하에 놓이게 된다. 뇌에서 언어를 통제하는 영역은 보통 좌반구에 있다. 좌반구의
한 영역은 **브로카 영역**(Broca's area), 또는 **언어 중추**(speech centre)로 알려져 있다.
이곳이 발화와 관련된 중요한 영역이기 때문이다. **베르니케 영역**(Wernicke's area)으
로 불리는 또 하나의 영역은 언어의 이해에 관계한다고 여겨지고 있다. 이 영역에
손상을 입으면 다양한 유형의 실어증APHASIA이 생긴다. **반구편중화**(lateralization)와
언어 습득의 결정적 시기CRITICAL PERIOD 간의 관계 여부는 오랫동안 논쟁의 대상이었다.

certification ⟨**n**⟩ 자격증
어떤 직업이나 과제를 수행할 만한 자격이 있다는 것을 보증하기 위해 전문 기관이
수여하는 증명서. 자격증은 연수 프로그램에 직업적인 표준을 적용하여 실천의
질을 높이고 설명책임의 형식을 제공한다. 언어교육 분야에서는 어학 교사와 자격
증을 인증해 주는 국제적 기관이 없으며, 있다 하더라도 통상은 국가의 교사교육
시스템을 통해 이루어지고 있다. 다만 영국의 Cambridge University과 Trinity College
등과 같은 일부 사립 기관에서 영어 교사 인증 자격을 제공하기 위한 시도로 CELTA
와 DELTA와 같은 초급 및 고급 교원 자격 프로그램을 제공하고 있다.

certified interpreter ⟨**n**⟩ 유자격 통역자
☞ INTERPRETER

certified translator ⟨**n**⟩ 유자격 번역가
☞ TRANSLATOR

change agent ⟨**n**⟩ 변경 대리인
체계를 변경할 때 다양한 관련자들 간의 연결고리 역할을 하는 사람. 예를 들어,

학교에 새로운 교육과정이 도입되었을 때 교사가 교육과정 입안자와 학습자 사이의 연결고리 역할을 하기 때문에, 이 경우에는 교사가 변경 대리인이 된다.

change from above 〈*n*〉 위로부터의 변화

역사언어학과 사회언어학에서, 의식적인 사회적 요인을 반영하는 언어 변화. 예를 들어, 프랑스 고급 사회의 기준을 흉내내어 독일어에 프랑스어와 닮은 /r/을 도입한다든지, 은밀한 고급스러움을 지닌 흑인 미국 영어의 특징들을 의식적으로 채택한다든지 해서 일어나게 되는 언어 변화. 이는 고급스러움이 어떤 기준이나 규칙을 반영해서 생긴 것이 아니라, 무의식적이고 장기간에 걸친 언어 변화의 산물인, **아래로부터의 변화**(change from below)와 대립된다. 최근 미국 영어의 일부 변종에서 나타나는 모음 전이를 예로 들 수 있는데, 저긴장 모음(low tense vowel)이 상승하는 대신 다른 모음이 그 빈 공간으로 옮겨가는 추세에 있다. 위로부터의 변화는 제2언어 학습과 사용에서 모니터링MONITORING과 비교되어 왔다.

change from below 〈*n*〉 아래로부터의 변화

☞ CHANGE FROM ABOVE

channel 〈*n*〉 경로/채널

1. (사회언어학SOCIOLINGUISTICS에서) 메시지MESSAGE가 발신자에게서 수신자로 전해지는 방식. 의사소통에서 가장 일반적인 두 가지 채널은 음성 언어와 문자 언어이다. 다른 예로 북소리나 연기, 깃발 등을 사용하여 메시지를 전달하는 경우이다.

2. (정보이론INFORMATION THEORY에서) 정보가 전달되는 경로. 예를 들어, 전화 의사소통에서 메시지는 전화기를 통해 전기적 신호로 바뀌기 때문에 의사소통 경로는 전화선이 된다.

charged words 〈*n*〉 함의어

=loaded words

내포CONNOTATION의 정도를 가지는 단어(즉, 중립적 의미에 대해 긍정적이거나 부정적인 의미를 전달하는 단어)

함의어	중립어
crazy	*eccentric*
jock	*athlete*
fag	*homosexual*

checklist 〈*n*〉 체크리스트

행동을 측정하거나 평가할 때, 또는 무언가를 하고 있는 사람을 관찰할 때, 예를 들어 교육실습생이 수업하는 것을 관찰하는 동안 관찰자가 체크하는 행동이나 스킬의 목록

child centred ⟨**adj**⟩ 아이 중심의

교수나 교육과정 개발에서, 교수와 학습을 아이들의 요구, 관심, 학습 스타일 등에 맞춰 조직하는 접근법

☞ LEARNER-CENTRED

child directed speech ⟨**n**⟩ 아동 지향어

=양육자 언어CARETAKER SPEECH

CHILDES ⟨**n**⟩ 차일즈

Carnegie Mellon 대학에서 운영하고 있는 종단적 언어 습득 자료 데이터베이스

child language ⟨**n**⟩ 유아 언어

자신의 모어를 배우고 있는 단계의 어린 아동이 말하는 언어 유형. 유아 언어는 여러 가지 면에서 성인 언어와 구별된다. 예를 들어,

a. 다른 문장 구조를 사용한다. 즉, *Why aren't you coming?* 대신에 *Why not you coming?*을 사용한다.

b. 다른 어형을 사용한다. 즉, *went* 대신에 *goed*, *mice* 대신에 *mouses*를 사용한다. 이러한 차이는 아이들이 나름의 독자적인 규칙을 가지고 있으며, 성인을 단순히 모방해서 언어를 학습하는 것이 아니라는 것을 보여준다.

☞ FIRST LANGUAGE ACQUISITION

chi-square ⟨**n**⟩ 카이제곱 검정

=chi-squared, x^2

(통계에서) 둘 혹은 그 이상의 다른 변수 간의 관계가 독립적인가를 판단하는 데 사용하는 절차. 예를 들어, 우리가 쓰기 능력과 속해 있는 사회적, 경제적 집단 간에 관계가 있는가를 조사하고 싶을 때는 카이제곱 검정을 사용하면 된다. 이 검정은 관찰된 값의 특정 분포가 기대 분포와 충분히 달라서 우연으로는 설명할 수 없다는 것을 검정해 준다.

☞ CONTINGENCY TABLE

choral practice ⟨**n**⟩ 제창 연습

=choral repetition, chorus repetition

교수에서, 한 집단의 학생들이 문단을 소리 내어 읽거나 대화문을 반복하는 것처럼, 집단이나 학급 전체가 행하는 연습. 제창 연습은 개별 연습을 위한 준비 과정에서, 혹은 유창성 개발을 위해 활용하는 경우가 많다.

chronological order ⟨**n**⟩ 연대순

(작문에서) 정보가 시간의 흐름에 따라 배열되어 있는 단락

First... after that... later...

☞ SPATIAL ORDER

chunk ⟨**n**⟩ 청크/덩이

=lexical phrase, routine, gambit

통사적, 혹은 의미적인 단위를 구성함과 동시에, 내적 구조도 수반하는 언어 단위
예를 들어,

1. 문장보다는 길지만 단락보다는 짧은 텍스트 단위

2. 단어보다는 길지만 문장보다는 짧고, 이해 및 산출에 중요한 역할을 하는 언어
   단위

    ☞ FORMULAIC LANGUAGE

chunk analysis ⟨**n**⟩ 청크 분석/덩이 분석

    ☞ CHUNKING

chunk building ⟨**n**⟩ 청크 구축/덩이 구축

    ☞ CHUNKING

chunking ⟨**n**⟩ 청크화/덩이화

다양한 방식으로 사용된다.

1. 높은 빈도로 함께 나타나는 단위(즉, 형태소, 단어 등)를 더 큰 단위(☞ CHUNK)
   로 결합하여 하나의 단위로 함께 기억하거나 처리하는 프로세스를 가리킨다.
   예를 들어,

   in the final analysis
   I told you so
   Y'know what your problem is?

   위의 발화들은 문법 규칙에 따라 단어 하나하나씩 산출될 수도 있지만, 화자(혹
   은 작자)가 이들을 반복해서 사용하면, 덩이 형태로 기억 속에 저장될 것이다.
   이 프로세스를 청크 구축(**chunk building**), 혹은 **융합**(**fusion**)이라고 부른다.

       ☞ ADAPTIVE CONTROL OF THOUGHT

2. 큰 단위를 보다 작은 부분으로 분할하는 프로세스. 예를 들어, 학습자가 따로
   따로 학습할 수 있도록 긴 텍스트를 분할할 수 있다. **청크 분석**(chunk analysis)이
   라고도 한다.

3. 기억하기 쉽게 언어 재료를 **계층적 청크**(hierarchical chunk)로 조직하는 프로세스
   를 가리킨다. 예를 들어, 8089569238이라는 전화번호는 구분이 되어 있지 않아
   서 기억하기가 어렵다. 그러나 이것을 808(지역 번호)+956(시내번호)+9268(개
   인 번호)처럼 쪼개면, 외우기가 훨씬 쉬워진다. 세계의 전화 회사는 청크화하는
   방식은 다르지만, 기본적으로는 이와 동일한 방식으로 전화번호를 나누는 체계

를 취하고 있다.

CI ⟨**n**⟩

=신뢰구간CONFIDENCE INTERVAL

citation form ⟨**n**⟩ 인용 형식

단어가 인용되거나 단독으로 발음될 때 취하는 형식으로, 문맥 내에서 나타날 때의 형식과 다를 수 있다. 예를 들어, 정관사 *the*는 인용 형식에서는 긴장 모음으로 발음되지만, 문맥 내에서는 자음으로 시작하는 단어가 뒤에 올 때, 이완 모음(lax vowel)으로 발음된다.

clarification request ⟨**n**⟩ 명료화 요구

대화에서, 화자의 이전 발화를 명확히 하기 위해 청자가 행하는 요구

Could you say that again?

Did you say...?

class ⟨**n**⟩ ~류 classify ⟨**v**⟩ 분류하다

(언어학에서) 어떤 공통점을 가진 언어 항목들의 집합. 예를 들어, 모든 언어의 단어들이 구나 문장을 형성하기 위해 다른 단어들과 어떻게 결합하는가, 형태를 어떻게 변화시키는가 등에 따라 분류할 수 있다. 그래서 *horse, child, tree*는 명사류에 속하고, *beautiful, noisy, hard*는 형용사류에 속하게 된다.

☞ FORM CLASS, OPEN CLASS, TAXONOMIC

classical test theory ⟨**n**⟩ 고전적 테스트 이론

=true score model 참 점수 모델

수험자의 **관측 점수**(observed score), 즉 이 학생이 테스트에서 실제로 받은 점수를 추정하는 테스트 이론으로, 다음 두 가지 요소로 구성되어 있다.

X(관측 점수)=T(참 점수)+E(오차 점수)

참 점수(true score)는 수험자의 진짜 능력에 대한 가설적 점수이다. 이것은 동일한 테스트를 무한정 치렀을 때 수험자가 받을 것으로 기대되는 점수의 평균이다. 이 이론에 따르면, 참 점수는 일관성을 가지며, 관측 점수에서 발생하는 모든 비체계적인 변이는 오차 점수에 의한 것이다.

☞ ITEM RESPONSE THEORY

classification methods ⟨**n**⟩ 분류법

☞ METHODS OF DEVELOPMENT

classifier[1] ⟨**n**⟩ 분류사

명사와 함께 사용되는 단어나 접사를 말하며, 명사가 속한 하위 범주를 보여준다.

예를 들어, 말레이어에서 *ekor*(털, 꼬리)는 동물에 대한 분류사이고, 수사와 함께 사용된다.

> *lima ekor lembu* (소 다섯 마리)
>
> five   ox

말레이어와 중국어, 그리고 많은 아프리카 언어는 광범위한 분류사 체계를 가지고 있다. 영어에서도 일부 분류사는 여전히 사용되고 있다. 즉, *five head of cattle*에서 *head of*가 그것이다. 스와힐리어와 같은 언어에서는 명사를 분류하는 접사가 수식어 MODIFIER나 술어PREDICATE와 결합하기도 한다.

classifier[2] ⟨*n*⟩ 분류사

(체계언어학SYSTEMIC LINGUISTICS에서) 사람이나 사물이 속한 하위 범주를 보여주는 명사구NOUN PHRASE 내의 단어. 예를 들어, 형용사나 명사는 분류사로 기능할 수 있다.

분류사	분류된 명사
electric	*trains*
steam	*trains*

☞ MODIFIER, HEAD

classroom-based evaluation/classroom based assessment ⟨*n*⟩ 교실 내 평가

교육과 학습의 질을 평가하기 위해 정규 학습 환경의 교실에서 학습자와 교사, 교수법에 대한 정보를 모으는 것. 교실 기반 평가는 형성적 평가FORMATIVE EVALUATION에 대한 접근법의 하나로써 사용된다.

classroom-centred research ⟨*n*⟩ 교실 기반 연구

=CCR, classroom-process research, language classroom research

(자연적인, 정규 교육 환경이 아닌) 형식적인 교육 환경에서 행해지는 제2언어를 대상으로 하는 조사 연구로, 특히 교사와 학습자에 의한 교실 연습이 학습자의 성취도, 수행 결과, 태도에 대한 미치는 효과를 연구하는 분야이다. 교실 기반 연구는 교실 담화(☞ CLASSROOM DISCOURSE)의 언어학적 특징, 교사−학습자 간의 구두 의사소통 구조의 관찰, 오류 처치, 의사소통 전략, 발언교체 패턴, 코드 전환, 그리고 기타 제2언어 습득에 영향을 미칠 것으로 보이는 요인에 초점을 둔다. 교실 기반 연구는 특정 교수법의 효과를 비교하는 준실험적 방법과 교실에서의 교수 과정과 관련한 프로세스와 상호작용 측면에 있어서의 효과에 대한 실험 연구뿐 아니라, 상호작용 분석INTERACTIONAL ANALYSIS과 민족지학적 연구ETHNOGRAPHY에서 가져온 연구 기법을 포함하여, 양적 연구와 질적 연구 기법 모두를 이용한다.

classroom discourse ⟨*n*⟩ 교실 담화

교실 장면에서 사용되는 언어의 유형. 교실 담화는 형식과 기능 측면에서 다른 장면에서 사용되는 언어와 차이가 나는 경우가 많다. 교실에서 학생과 교사가 가지는 특수한 사회적 역할과, 교실에서 그들이 수행하는 활동의 종류가 다르기 때문이다. 예를 들어, 교사는 다음과 같은 패턴의 담화 구조에 의존하는 경향이 있다.

시작(initiation) – 응답(respond) – 평가(evaluation)

이러한 전형적인 삼 분 구조에서, 교사는 학생의 지식을 확인하기 위해 질문을 시작하고, 학생은 거기에 응답하고, 학생의 응답은 다시 교사 피드백FEEDBACK을 통해 평가된다. 학생이 교실 안에서 만나게 되는 한정된 종류의 담화가 언어 발달의 속도에 영향을 미친다고 여겨지고 있다.

☞ QUESTIONING TECHNIQUES

classroom dynamics 〈*n*〉 교실 역학

교실 구성원들 사이에서 발견되는 언어 및 비언어 의사소통을 통한 상호작용 패턴과, 구축된 의사소통 네트워크. 학생들 간의 긍정적 상호작용은 교실 내의 결속으로 이어지고, 교육과 학습에 대한 보다 수용적 환경을 제공한다.

☞ GROUP DYNAMICS

classroom ethos 〈*n*〉 교실 에토스

=classroom climate 〈*n*〉 교실 분위기

교실에서 효율적인 교수와 학습을 촉진하거나 방해하는 교실 분위기나 느낌과 같은, 교실의 정의적 측면

☞ CLIMATE

classroom interaction 〈*n*〉 교실 상호작용

교실 내에서 일어나는 언어적, 비언어적 의사소통 패턴과 사회적 관계의 유형. 교실 상호작용 연구는 교실 담화CLASSROOM DISCOURSE, 교사 언어TEACHER TALK, 제2언어 습득SECOND LANGUAGE ACQUISITION 연구의 일부이다.

☞ INTERACTION ANALYSIS

classroom language 〈*n*〉 교실 언어

☞ CLASSROOM DISCOURSE

classroom layout 〈*n*〉 교실 배치

교실에서 책상이나 다른 비품의 배치. 언어교육에서는 교실 배치가 교수와 학습, 그리고 교사의 행동 구역ACTION ZONE에 영향을 미친다고 알려져 있다. 전형적으로는 편자형 배치(책상을 ㄷ자형으로 배치) 방식, 원형 배치, 전통적인 횡렬 배치나 그룹별 배치 등의 방식이 있다.

classroom management 〈*n*〉 교실 경영

(언어교수에서) 교육이 가장 효율적으로 행해질 수 있도록 교사가 (때에 따라서는

학생 스스로가) 수업 중 학생의 행동과 움직임, 상호작용 등을 조직하고 통제하는 방식. 다양한 교실 활동을 위해 교실 경영에는 학생들을 무리 짓기, 지도안LESSON PLAN의 사용, 장치나 보조도구 등의 조작, 학생의 활동과 행동에 대한 지시와 관리가 포함된다.

classroom observation scheme ⟨*n*⟩ 교실 관찰 계획
교실 연구CLASSROOM RESEARCH에서, 교실에서 예를 들어, 질문 유형과 상호작용적 행위의 빈도와 같은, 교육과 학습 행위를 기록하고 기술하는 데 사용하는 일련의 카테고리로 구성된 관찰 형식(보통 격자 형태로 되어 있다.)

classroom-process research ⟨*n*⟩ 교실 프로세스 연구
☞ CLASSROOM-CENTRED RESEARCH

classroom research ⟨*n*⟩ 교실 연구
교실에서 행해지는 교수와 학습의 본질에 대해 정보를 얻거나 가설을 탐구하기 위한 연구. 다양한 연구 기법들이 사용되지만, 의문, 문제, 가설, 데이터 수집, 데이터 분석, 결과의 해석이 공통적으로 포함된다. 질적 연구와 양적 연구가 있고, 교사나 연구자가 혼자, 또는 협업의 형태로 실시된다.
☞ ACTION RESEARCH, OBSERVATION

clause ⟨*n*⟩ 절
문법 단위를 구성하는 단어 집합으로, 주어와 정형동사FINITE VERB를 포함한다. 하나의 절은 하나의 문장이나 문장 일부를 형성하고, 명사나 형용사, 부사로 기능한다.
I hurried home.
Because I was late, they went without me.
절은 **종속절**(dependent)과 **독립절**(independent)로 나누어진다.
I hurried   because I was late.
독립절   종속절
절은 **구**(phase)와는 다르다. 구도 하나의 문법적 단위를 이루는 단어 집합이지만, 정형동사를 포함하지도 않고, 주술 구조를 취하지도 않는다.
I liked her expensive new car.
George hates working in the garden.
구는 보통 그 중심어, 혹은 주요부HEAD에 따라, 명사구NOUN PHRASE[1], 동사구VERB PHRASE 등으로 분류된다.
☞ DEPENDENT CLAUSE, RELATIVE CLAUSE

cleft sentence ⟨*n*⟩ 분열문
어떤 특정 정보를 강조하기 위해 각각의 동사를 포함하는 두 개의 부분으로 분리한

문장. 보통 *It*+*be*동사로 시작하고, 강조되고 있는 요소가 그 뒤에 온다. 예를 들어, *Mrs Smith gave Mary a dress*라는 문장은 다음과 같은 분열문으로 다시 쓸 수 있다.

> *It was Mrs Smith who gave Mary a dress.*
> *It was Mary that Mrs Smith gave the dress to.*
> *It was a dress that Mrs Smith gave to Mary.*

영어에서 주어나 보어로 기능하는 *wh*-절(*what I want* 등)을 가진 문장은 **유사분열문**(pseudo-cleft sentence)이라고 한다.

> *A good holiday is what I need.*
> *What I need is a good holiday.*

cliché ⟨***n***⟩ 상투어

자주 사용되어 온 탓으로 그 독창성이나 효율성을 잃어버린 단어나 표현
It's a crying shame. (너무 창피하다.)

click ⟨***n***⟩ 설타음/흡착폐쇄음

연구개 흡기에 의해 만들어지는 폐쇄음으로, 아프리카 언어에서 많이 발견된다.

CLIL ⟨***n***⟩

=내용과 언어 통합 학습CONTENT AND LANGUAGE INTERGRATED LEARNING

climate ⟨***n***⟩ 분위기

(교수에서) 교실의 정의적 측면으로, 교사나 학생, 교과목에 의해, 혹은 교실 자체의 분위기에 의해 형성되는 느낌으로, 학습 분위기를 긍정적으로 만들기도 하고 부정적으로 만들기도 한다. 효율적인 교사는 학생의 태도와 인식에 긍정적인 영향을 끼쳐 학습에 적합한 분위기를 만들어낸다. 구체적인 방법은 아래와 같다.

1. 학문적 목표가 강조되는 분위기를 조성한다.
2. 높은 수준을 장려하고, 학습자의 성과를 모니터하고 보상한다.
3. 정돈된 환경을 유지한다.
4. 성공에 대한 기대감을 만들어 간다.

clinical linguistics ⟨***n***⟩ 임상언어학

언어병리학SPEECH PATHOLOGY 분야에 언어학적 기술과 분석을 응용하는 언어학의 한 분과. 언어 발달과 언어 장애, 자폐증AUTISM과 같은 다양한 의사소통 장애 문제를 다룬다.

clinical supervision ⟨***n***⟩ 임상적 교육지도

(교사교육에서) 교사 실습 지도의 한 가지 접근법으로, 관리자에 의한 수업 실천의 체계적인 관찰과 집중적인 피드백을 통한 지도력의 향상에 초점을 둔다.

1. 교사와 관리자 간의 면대면 지도
2. 교사로서의 교사 기술의 향상에 목표를 두어, 교사의 교실에서의 실제 행위에 초점을 둔다.
3. 3단계 전략
   a. 사전 워크숍: 교사가 교수 목표, 교수 방법, 문제점 등에 대해 관리자와 상담 한 후, 관리자가 무엇을 관찰해야 하고 수업에 대해 어떤 유의 정보를 수집해 야 하는지 결정한다.
   b. 수업 관찰: 관리자가 교사의 수업을 관찰한다.
   c. 피드백 워크숍: 교사와 관리자가 관찰을 통해 수집한 데이터를 검토하고, 수업의 효율성에 대해 토의하며, 필요한 경우 개선 방법을 결정한다.

clipping ⟨*n*⟩ 단축

하나, 혹은 그 이상의 음절을 삭제하거나 '단축해서' 단어를 축소하는 것.
doc-doctor, *lab*-laboratory, *math*-mathematics.

clitic ⟨*n*⟩ 접어

발화에서 스스로 자립할 수 없는 문법 형식으로, 다른 형식의 앞이나 뒤에 함께 출현한다. 언어에 따라서는 접어 대명사를 가지는 언어도 있다. 영어의 *couldn't*, *isn't*, *don't* 등에 있는 *not*의 단축형 *n't*가 접어의 예이다.

CLL ⟨*n*⟩

=공동체 언어 학습COMMUNITY LANGUAGE LEARNING

CLL ⟨*n*⟩

폐쇄 자막 영화
☞ SUBTITLES

closed-captions ⟨*n*⟩ 폐쇄 자막/자막 방송

☞ SUBTITLES

closed-choice questions ⟨*n*⟩ 폐쇄형 선다 문항

=closed question 폐쇄형 질문
☞ QUESTION

closed class ⟨*n*⟩ 폐쇄 부류

☞ OPEN CLASS

closed-ended response ⟨*n*⟩ 폐쇄형 응답

☞ TEST ITEM

close description ⟨*n*⟩ 상세 기술

=**thick description**

질적 연구에서, 사건, 상황, 혹은 현상을 가능한 한 많은 정보와 함께 기술하기 위해 상세히 설명하는 것.

closed pairs ⟨***n***⟩ 폐쇄 쌍

짝 활동에서, 교실의 다른 학생 쌍과 독립적으로 활동하는 학생 쌍으로, 학생 쌍이 활동의 모델이 되거나 정확성에 초점을 두기 위해 다른 학생들의 앞에서 활동을 수행하는 **개방 쌍**(open pair)과 대비되는 개념이다.

closed question ⟨***n***⟩ 폐쇄형 질문

☞ QUESTION

closed set ⟨***n***⟩ 폐쇄류

☞ OPEN CLASS

closed syllable ⟨***n***⟩ 폐음절

☞ SYLLABLE

close vowel ⟨***n***⟩ 폐모음

=**high vowel** 고모음

☞ VOWEL

closings ⟨***n***⟩ 맺는말

화자가 대화를 종료시키기 위해 사용하며, 화자가 더 이상의 말차례 주고받기나 새로운 화제를 내놓지 않을 것임을 보이기 위해 사용하는 전략. 맺는말은 세 개, 혹은 그 이상의 화제전개(move) 교환을 통해 달성되는 경우가 많으며, 종종 *anyway, I have to go now, Look at the time* 등의 **사전 맺는말**(pre-closings)이 선행하며, 표준적인 격식 표현이 사용되는 경우가 많다.

☞ CONVERSATIONAL OPENINGS

closure ⟨***n***⟩ 종결부

(교수에서) 수업이 끝나는 부분. 효과적인 수업 종결부는 그 수업의 핵심 포인트를 강화하여 학생이 배운 내용을 다음 수업으로 전이할 수 있도록 하는 것이다.

☞ ENTRY

clozentropy ⟨***n***⟩ 단계채점법

허용 가능 단어 채점법에 기반한 클로즈 테스트의 채점 방법. 클로즈 테스트를 먼저 모어화자 집단에게 실시하여 응답을 빈도순으로 정렬한다. 이 테스트를 비모어화자 수험자에게 실시했을 때, 빈도가 높은 단어로 응답한 사람이 빈도가 낮은 단어로 답한 사람보다 높은 점수를 받는다.

☞ CLOZE TEST

cloze passage ⟨**n**⟩ 클로즈 테스트용 지문

☞ CLOZE TEST

cloze test ⟨**n**⟩ 클로즈 테스트/규칙빈칸채우기 테스트

읽기 이해와 종합적인 언어 숙달도를 측정하기 위한 기법. 클로즈 테스트에서는 읽기 지문에서 규칙적인 간격으로 단어들을 삭제하여 빈칸을 만든다. 빈칸은 보통 다음 두 가지 방법으로 만든다. 첫 번째는 **합리적 삭제**(rational deletion)라 부르는 것으로, 어떤 합리적인 판단(예를 들어, 품사PARTS OF SPEECH)에 기초하여 단어를 삭제한다. 이를 **합리적 클로즈 테스트**(rational cloze)라고 한다. 이 테스트에서는 예를 들어, 수험자의 영어 전치사 지식을 평가하기 위해 전치사가 삭제된다. 두 번째는 **고정 비율 삭제**(fixed ratio deletion), 또는 **n번째 단어 삭제**(n^{th} word deletion)로 알려진 것으로, 여기에서는 *n*번째에 해당하는 단어들이 삭제된다. 예를 들어, 다섯 번째 단어를 모두 삭제하는 식이다. 수험자는 지문을 읽고 삭제된 단어를 추측해야 한다. **클로즈 테스트용 지문**(cloze passage)을 예로 보이면 다음과 같다.

A passage used in _____ cloze test is a _____ of written material in _____ words have been regularly _____. The subjects must then _____ to reconstruct the passage _____ filling in the missing_____.

이 지문에서, 수험자는 *a, passage, which, removed, try, by, words*를 추측해 내야 한다. 클로즈 기법은 읽기 자료의 난이도(이독성READABILITY)을 판정하는 데 활용할 수도 있다. 만약 언어 테스트에 클로즈 기법을 이용할 경우에는 추측한 단어가 어느 정도 원래 단어와 일치하는지, 혹은 그 단어들이 얼마나 의미가 통하는지에 따라 수험자에게 점수를 부여한다. 두 종류의 채점 절차가 사용된다.

a. (위 예에서와 같이) 수험자는 원 지문에서 사용된 단어를 정확히 추측해야 한다. 이를 **동일 단어 채점법**(exact word method)이라고 부른다.

b. 수험자는 문맥상 적절하거나 허용 가능한 단어라면 아무거나 추측해도 된다. 이를 **허용 단어 채점법**(acceptable word method)이라고 부른다(**적절 단어 채점법** [appropriate word method], **허용 대체 단어 채점법**[acceptable alternative method], **문맥 적절 단어 채점법**[contextually appropriate method]이라고도 한다).

cluster ⟨**n**⟩ 자음연쇄

☞ CONSONANT CLUSTER

clustering ⟨**n**⟩ 다발묶기

☞ BRAINSTORMING

cluster reduction ⟨**n**⟩ 자음군 축소

☞ CONSONANT CLUSTER REDUCTION

CMC ⟨*n*⟩

＝컴퓨터 매개 의사소통COMPUTER-MEDIATED COMMUNICATION

CMS ⟨*n*⟩

☞ LEARNING MANAGEMENT SYSTEM

coaching ⟨*n*⟩ 코칭

교사들이 공동으로, 협동하여 전문적 자질을 향상시키는 교사 계발 접근법의 하나. **멘토링**(mentoring)과 달리, 코칭에서는 보통 관계가 상호적이다. 교사들은 자신들의 지도 기술 향상을 위해 함께 노력하고, 동료 관찰에도 지속적으로 참여한다.

coarticulation ⟨*n*⟩ 동시조음

음성학PHONETICS에서, 인접한 조음들이 중첩되는 것.

음운론PHONOLOGY에서, 음성적 자질들이 인접한 분절음으로 확장되는 것.

☞ ASSIMILATION

cocktail party phenomenon ⟨*n*⟩ 칵테일 파티 현상

사교적 모임에서 하나의 발화(예를 들어, 약간 떨어진 곳의 대화)에만 선택적으로 주목하고, 다른 발화들(훨씬 더 가까운 곳에서 일어나는 손님 간의 대화임에도)는 무시할 수 있는 인간이 가진 능력. 대화의 잉여성REDUNDANCY이 이를 가능하게 해주지만, 이 현상은 어떤 자극에 대해 선택적으로 주의를 기울이는 동안 다른 자극은 무시할 수 있는 인간의 일반적인 능력의 특정 예이다.

☞ DICHOTIC LISTENING

coda ⟨*n*⟩ 종성자음

☞ SYLLABLE

codability ⟨*n*⟩ 부호화가능성

어떤 언어에서 어휘를 통해 기술할 수 있는 경험면의 정도. 언어에 따라 특정 사물이나 사건, 경험, 상태를 기술하거나, 명명하는 데 사용하는 단어들의 정도가 다르다. 예를 들어, 영어에서는 *blue*와 *green*을 구별하지만, 이 색깔을 나타내는 단어가 하나뿐인 언어도 있다.

code[1] ⟨*n*⟩ 코드/부호

언어LANGUAGE나, 언어 변이LANGUAGE VARIETY, 방언DIALECT 대신에 사용되는 용어. 다른 용어보다 더 중립적인 용어로 받아들여지기도 한다. 특정 공동체에서 사용되는 언어나 언어 변이를 강조하고 싶을 때에도 '코드'라는 용어를 사용한다. 예를 들어, 뉴욕시에 사는 푸에토리코인들은 두 개의 코드-영어와 스페인어-를 가지고 있다.

이들은 일터에서는 한쪽 코드(영어)를 사용하고, 집에서나 옆집 사람과 이야기할 때는 다른 코드(스페인어)를 사용한다.

   ☞ CODE SELECTION, CODE SWITCHING

code[2] ⟨*n*⟩ 코드/부호

영국의 교육사회학자 Bernstein이 사회적 문맥에서 의미를 전달하는 다양한 방식을 설명하기 위해 사용한 용어. Bernstein은 **정밀어**(elaborated code)와 **한정어**(restricted code)를 구분하였다. Bernstein에 따르면, 한정어는 상대적으로 제한적인 어휘 범위를 가지고, 부가 의문문을 더 많이 사용하며, 명사 대신에 *he, she*와 같은 대명사PRONOUN를 사용하고, 발화 의미를 보다 정확히 전달하기 위해 손의 움직임과 같은 제스처를 많이 이용한다. 한정어를 사용하는 화자는 청자가 자신과 유사한 태도와 기대를 공유하고 있다고 추정한다.

반대로, 정밀어를 사용하는 사람들은 형용사를 상당히 많이 사용하고, 보다 복잡한 구문과, 대명사 *I*를 많이 사용한다. 정밀어는 명시적이기 때문에, 정밀어를 사용하는 화자는 상대방이 자신과 동일한 태도 및 기대를 공유하고 있다고 추정하지는 않는다. 중산층 아이들은 두 코드에 모두 접근할 기회가 있는 반면, 노동자 계급의 아이들은 한정어에만 접근할 수 있다. Bernstein의 코드 가설은 언어 학습을 사회 계급과 교육 정책과 관련시키고 있다는 점에서 상당한 논쟁을 불러왔다.

   ☞ DEFICIT HYPOTHESIS

code[3] ⟨*n*⟩ 코드

메시지MESSAGE를 전달하는 데 사용하는 모든 신호 체계. 모스 부호, 점자, 수화SIGNAL LANGUAGE처럼 자연언어도 코드의 일례이다. 이러한 신호를 보내는 매체(전화나 편지 등)는 채널CHANNEL이라 한다.

code mixing ⟨*n*⟩ 코드 믹싱/부호 혼용

두 개의 코드(☞ CODE1)나 언어가 혼합된 것으로, 보통은 화제의 변화가 없다. 이중언어나 다중언어공동체에서는 매우 흔한 현상이며, 예를 들어 비형식적 상황에서 이중언어 친구나 동료 사이의 연대감을 표시할 때 사용하는 경우가 많다. 음운이나 형태, 문법 구조, 어휘 항목과 같은 언어의 다양한 층위들이 코드 믹싱에 관계할 수 있다. 예를 들어, 이중언어나 다중언어 화자는 자신이 구사할 수 있는 여러 언어 중에서 한 언어에 자신이 표현하고자 하는 바를 보다 적절하게 표현할 수 있는 어휘 항목을 가지고 있다고 생각하며, 이 단어들을 다른 언어의 문법 구조와 결합하여 사용하기도 한다. 표준 중국어의 예를 보이면 다음과 같다.

A: *Zuótiān de party zěnmeyàng?* (How was yesterday's party?)
   Yesterday's party how

B: *Bié tí party bù party le!* (Don't talk to me about the party!)

Don't mention party no party no longer

종종 코드 믹싱의 한 유형으로 특수한 명칭을 사용하기도 한다. 예) *Ugewa* (홍콩의 대학생들이 사용하는 영어와 광둥어의 혼용)

☞ CODE SELECTION, CODE SWITCHING

code selection 〈*n*〉 코드 선택/언어 선택

특정 언어나 언어 변이를 상황에 따라 선택하는 것. 어떤 사람이 다른 사람과의 의사소통에서 복수의 코드를 사용한다면, 특정 목적(특정 상황에서 특정 사람과)을 위해서는 A라는 코드를 선택하고, 다른 목적(다른 장소와 다른 사람과)을 위해서는 다른 코드(B 코드)를 사용하는 경우가 많다. 코드 선택은 매우 규칙적이기 때문에 그 패턴을 조사할 수도 있다. 예를 들어, 싱가포르에 사는 중국계 성인의 경우, 집에서는 복건어(중국 남부 방언의 하나), 직장에서는 싱가포르 영어, 그리고 시장의 인도인이나 말레이인 점원과는 바잘 말레이어를 사용하기도 한다. 코드 선택에는 화자와 청자의 민족적 배경, 성별, 연령, 교육 정도가 관계하는 경우가 많다.

☞ CODE SWITCHING, DIGLOSS, DOMAIN[1]

code switching 〈*n*〉 코드 스위칭/코드 전환

한 언어나 언어 변이형을 다른 언어나 변이형으로 전환하여 사용하는 것. 코드 스위칭은 화자 A는 A라는 언어를 사용하고, B 화자는 B 언어를 사용하는 대화 상황에서 일어난다. 화자가 A 언어로 이야기를 시작한 다음 대화 도중에, 혹은 심지어 한 문장 안에서 다른 언어로 전환하는 경우도 있다. 예를 들어, 다음은 호주에 사는 독일계 이민자의 발화 예이다.

Das handelt von einem secondhand dealer and his son.

"That is about a …"

코드 스위칭은 문화적 연대감이나 거리감을 나타내는 신호이기도 하고, 정체성을 보여주는 역할을 하기도 한다.

☞ CODE SELECTION

coding 〈*n*〉 코딩

수집한 데이터를 셈하거나 목록으로 보이기 위해 부류나 범주(즉, **코드**[codes])로 바꾸는 연구 기법. 예를 들어, 요구분석NEEDS ANALYSIS을 할 때 학생들의 설문 결과를 몇 개의 다른 부류나 범주로 분류할 수 있고, 교실 데이터를 시작, 반응, 평가와 같은 범주로 코딩할 수도 있다.

☞ IRE

coefficient alpha 〈**n**〉 알파계수

=크론바흐 알파Cronbach's alpha

coefficient of correlation 〈**n**〉 상관계수

=상관계수CORRELATION COEFFICIENT

coefficient of determination (r^2) 〈**n**〉 결정계수

두 개의 변수VARIABLE[2]에 의해 공유되거나 예측되는 수많은 변이성의 측도. r(r=상관계수coefficient of CORRELATION)의 제곱과 같다. 예를 들어, 상관계수 +.70은 변이성의 49%가 두 개의 변수에 의해 공유된다, 즉 변이성의 51%는 이 두 변수에 의해 공유되거나 예측되지 않는다는 것을 나타낸다.

cognate 〈**n/adj**〉 동족어(의)

두 언어가 서로 관련되어 있고, 한 언어의 단어가 다른 한 언어의 단어와 형태, 의미 면에서 유사한 경우, 이를 동족어라고 한다. 영어의 *brother*와 독일어의 *Bruder*가 동족어의 예이다. 두 언어의 단어가 형태와 의미상으로는 유사한데도, 동족어가 아니라 차용어BORROWING인 경우도 있다. 예를 들어, 아프리카 언어인 스와힐리어의 *kampuni*는 영어 *company*에서 차용한 것이다.

☞ FALSE COGNATE

cognition 〈**n**〉 인지 cognitive 〈**adj**〉

사고나 기억, 인식, 지각, 분류 등에 사용되는 다양한 심적 프로세스

☞ COGNITIVE PSYCHOLOGY

cognitive academic language proficiency (CALP) 〈**n**〉 인지적·학문적 언어 숙달도

Cummins가 제안한 가설로, 학생들이 학교의 학업을 수행하는 데 필요한 특정한 종류의 제2언어 숙달도를 말한다. Cummins에 따르면, 교실 과업들 중에는 인지적 부담도 크고, 문맥의 도움을 빌리지 않고 학습자 스스로 해결해야 하는 것들이 상당수 있다. 제2언어로 이러한 과업을 수행할 수 있는 능력을 CALP라고 한다. Cummins는 이러한 종류의 언어 숙달도를 **기본적인 대인 의사소통 기술**(Basic Interpersonal Communication Skills(BICS)과 구별한다. 이 스킬은 대인간 의사소통과 같이 학문적 내용의 학습과 직접적인 관련이 없는 유형의 과업을 수행하는 데 필요한 언어 숙달도를 의미한다. 대인 및 교류적 의사소통은 상대적으로 인지적 부담이 적고 문맥에 의존하여 그 의미를 명확히 한다. Cummins에 따르면, CALP와 BICS를 측정하기 위해서는 다른 종류의 테스트가 필요하기 때문에, BICS에 대한 학습 기술자(descriptors)를 가지고 CALP에서의 수행 능력을 예측할 수는 없다.

cognitive code approach 〈**n**〉 인지적 학습법/인지학습 접근법

1960년대에 제안된 제2언어/외국어 교수 접근법으로, 언어 학습이 단순한 습관

형성 과정이 아니라 능동적인 심적 프로세스가 관여하는 과정이라는 신념에 기반하고 있다. 이 접근법에서는 언어의 사용과 학습 프로세스, 특히 문법 규칙의 학습에 있어서 학습자의 능동적인 참여가 중요하다고 여긴다. 언어 교수와 관련한 특정 교수법의 제안으로까지는 이르지 못하였으나, 의사소통적 접근법COMMUNICATIVE APPROACH에서 이 학습법의 원리를 일부 차용하고 있다.

cognitive demand of instruction 〈*n*〉 교수의 인지적 부담

=cognitive load 인지 부하

형식적인 학교 교육에서, 학술적 주제의 교수 시에 발생하는 인지적 부담. 교육과정 내 교과목(예를 들어, 수학이나 과학) 간의 인지적 난이도 차는 학생이 가진 사전 지식의 정도, 과업에 내재하는 인지적 복잡성, 주제에 대한 학생의 흥미, 교사와 교재의 유효성, 제시 방식과 속도 등, 다양한 요인에 달려 있다.

cognitive development 〈*n*〉 인지 발달

=stage theory of development 발달 단계 이론

인지적 능력과 프로세스, 언어 구조의 발달적 변화. 가장 유명한 인지 발달 이론은 Piaget의 이론으로, Piaget는 유아의 인지 발달이 다음의 네 단계로 구성되어 있다고 주장하였다.

1. **감각 운동기**(sensorimotor stage): 생후~2살. 유아의 인지 체계가 감각적 반사운동에 한정된다.

2. **전조작기**(preoperational stage): 2살~7살. 유아가 표상 기능, 특히 언어를 습득하는 단계이다.

3. **구체적 조작기**(concrete operational stage): 6, 7살~11, 12살. 구체적인 문제를 이해할 수 있고, 다양한 관점들을 고려할 수 있다.

4. **형식적 조작기**(formal operational stage): 11, 12살~성인. 이 단계의 아이들은 논리적, 이론적, 추상적 인지 조작을 할 수 있다.

cognitive domain 〈*n*〉 인지 영역

☞ DOMAIN

cognitive grammar 〈*n*〉 인지문법

언어가 관습적인 음운적 단위와 의미적 단위의 조합만으로 구성되어 있다고 보는 이론

☞ COGNITIVE LINGUISTICS, CONSTRUCTION GRAMMAR

cognitive linguistics 〈*n*〉 인지언어학

언어와 인지 간의 상호작용을 강조하는 언어학LINGUISTICS 접근법의 하나. 정보를 조직하고, 처리하고, 전달하는 도구로서의 언어에 초점을 두고 있다. 인지언어학이

다루는 문제에는 원형(☞ PROTOTYPE), 은유METAPHOR, 심상IMAGERY과 같은 언어의 구조적 특징, 유상성ICONICITY(의미와 표현 간의 비자의적 관계)와 같은 언어 구조의 기능 원리, 통사론SYNTAX과 의미론SEMANTICS 간의 접점, 그리고 언어와 사고 간의 관계 등이 있다.

☞ LINGUISTIC RELATIVITY

cognitive load 〈*n*〉 인지적 부담/인지 부하

짧은 시간 안에 학습하거나 처리할 것이 많을수록 그 정보를 작업 기억WORKING MEMORY에서 처리하기가 더 어렵다는 가설. 예를 들어, 어떤 과목을 제2언어로 배울 때의 인지적 부담은 같은 과목을 모어로 배울 때보다 훨씬 크다. 왜냐하면, 뇌가 언어 해독과 새로운 정보의 이해를 동시에 행해야 하기 때문이다. 제2언어 읽기에서, 텍스트의 인지 부담은 텍스트 난이도에 영향을 끼치는 한 요인이다.

cognitive meaning 〈*n*〉 인지적 의미

=외연DENOTATION

cognitive overload 〈*n*〉 인지적 과부하

=information overload 정보 과부하

언어교수에서, 학습자가 실시간으로 처리하거나 결정해야 할 정보가 지나치게 많은 상태. 예를 들어, 특정 활동의 언어 처리 부담이 학습자가 가진 처리 능력을 넘어서는 경우, 그 활동을 완수할 수 없을 뿐만 아니라, 불안감이나 스트레스에 빠질 가능성이 크다.

cognitive process 〈*n*〉 인지 과정/인지 프로세스

=cognitive strategies 인지 전략

학습자가 언어 학습에 사용하는 모든 심적 프로세스. 추론INFERENCING, 일반화GENERALIZATION, 연역적 학습DEDUCTIVE LEARNING, 모니터링MONITORING, 기억MEMORIZING 등.

cognitive psychology 〈*n*〉 인지심리학

주의ATTENTION, 지각PERCEPTION, 이해COMPREHENSION, 기억MEMORY, 학습LEARNING과 같은 프로세스를 다루는 심리학의 한 분야. 행동주의BEHAVIORISM와는 대조적으로, 인지심리학에서는 마음의 심적 프로세스와 지식의 표상을 다룬다. 인지심리학자의 다수는 정보처리INFORMATION PROCESSING에 기반하여 연구를 수행한다. 이 패러다임에서 마음은 기호 처리 시스템이며, 이 기호는 다른 프로세스가 작동할 때는 다른 형태로 전환된다고 가정한다. 반면, 일부 연구자들은 연결주의CONNECTIONISM 모델을 이용하고 있다.

cognitive science 〈*n*〉 인지과학

언어학LINGUISTICS, 수학MATHEMATICS, 신경과학, 철학, 심리언어학PSYCHOLINGUISTICS, 인지심리학COGNITIVE PSYCHOLOGY, 인공지능ARTIFICIAL INTELLIGENCE 및 그 외 분야의 연구를 기반으로

하는 학문 영역. 인지과학은 사고, 추론, 마음의 지적 프로세스와, 지식이 마음에 표상되는 방식, 언어나 이미지가 이해되는 방식, 그리고 추론INFERENCING과 학습, 문제 해결과 계획에 저재하는 심적 프로세스가 무엇인지 등을 다룬다.

cognitive strategies ⟨**n**⟩ 인지 전략

학습을 촉진시키는 학습 방법으로, 입력되는 정보에 직접 작동하는 학습 전략. 예로는 **리허설**(rehearsal: 핵심어구를 소리 없이, 혹은 소리내어 반복한다), 조직하기(즉, 듣거나 읽은 내용을 요약한다), 기억발상법 이용하기(즉, 핵심어KEYWORD나 시각적 이미지 등), 추론하기INFERENCING이 있다.

cognitive style ⟨**n**⟩ 인지 스타일

☞ LEARNING STYLE

cognitive theory ⟨**n**⟩ 인지 이론

개인의 마음속 심적 구성과 관련한 현상을 설명하고자 하는 이론. 현재 대부분의 언어학 이론들은 언어나 문법을 인간의 심적 특성으로 본다. 제2언어 학습의 인지 이론에는 심적(인지적) 현상인 가설 형성HYPOTHESIS FORMATION, 흡입INTAKE, 중간언어 INTERLANGUAGE 등과 같은 개념이 포함되어 있다. 행동주의BEHAVIORISM나 민족지학적 방법론ETHNOMETHODOLOGY과 같은 일부 이론들은 **반인지적**(anti-cognitive theory)이며, 현상에 대해 행동주의적 설명을 주장하는 반면, 마음에 대한 추정은 인정하지 않는다.

cognitive variable ⟨**n**⟩ 인지적 변수

언어 학습을 포함한, 학습에 영향을 미칠 수 있는 인지적 기능과 관계된 변수. 인지적 변수에는 일반 지능, 언어 적성LANGUAGE APTITUDE, 기억MEMORY, 분석 능력, 평가 능력이 포함된다. 인지적 변수들은 학습에 영향을 미칠 수 있는 **정의 변수**(affective variable)와 대비되기도 한다. 정의 변수는 본질적으로 감정과 관련한 것이며, 감정 이입EMPATHY과 언어 태도LANGUAGE ATTITUDE, 언어 불안LANGUAGE ANXIETY, 동기MOTIVATION 등의 요인들이 포함된다.

coherence ⟨**n**⟩ 일관성 coherent ⟨**adj**⟩

담화DISCOURSE에서, 발화UTTERANCE 의미나, 텍스트 내 문장들 간의 의미를 연결하는 관계. 이 연결들은 화자 간에 공유하고 있는 지식에 기반한다. 예를 들어,

A: *Could you give me a lift home?*

B: *Sorry, I'm visiting my sister.*

A의 질문과 B의 응답 사이에는 아무런 문법적 결합이나 어휘적 결합(☞ COHESION)이 없지만, A와 B 모두 B의 여동생이 A의 집과는 반대 방향에 살고 있다는 것을 알기 때문에, 대화 교환이 일관성이 있다. 문어 텍스트에서, 일관성은 텍스트의 내용 조직, 텍스트의 개념과 아이디어의 관련성과 명료성을 통해 독자에게 의미를

이해시키는 방식을 가리킨다. 일반적으로, 단락PARAGRAPH이 중심 내용을 전개하는 일련의 문장들(즉, 주제문TOPIC SENTENCE과 그것과 관련하는 뒷받침 문장)로 구성되어 있다면, 이 단락은 일관성이 있다고 한다.

☞ SCHEME, TEXT LINGUISTICS, CONVERSATIONAL MAXIM

cohesion ⟨*n*⟩ 결속성

텍스트 내 요소들 간의 문법적이나 어휘적인 관계. 문장들 간의 관계인 경우도 있고, 한 문장 내 부분들 간의 관계인 경우도 있다. 예를 들어,

a. A: *Is Jenny coming to the party?*
  B: *Yes, she is.*
  *Jenny*와 *she*, 그리고 *is...coming*과 *is* 사이에 연결이 있다.

b. *If you are going to London, I can give you the address of a good hotel there.*
  이 문장에서는 *London*과 *there* 간에 연결이 있다(☞ anaphora).

☞ COHERENCE

cohort ⟨*n*⟩ 코호트/일단

(조사연구에서) 어떤 특징 예를 들어, 나이, IQ, 외국어 학습 기간 등을 공유하고 있는 집단

collaborative assessment ⟨*n*⟩ 협동 평가

동일한 과목을 가르치는 여러 교사들 간에 학습자의 응답, 산출, 혹은 수행 결과에 대해 어떤 공통 자질을 평가해야 하는가, 그리고 이러한 목적을 위해 평가 기준을 어떻게 일관적으로 사용할 것인가에 대하여 서로 협력하여 합의하는 평가 유형

collaborative evaluation ⟨*n*⟩ 협동 평가

(언어 프로그램을 대상으로 하는 평가에서) 수업 담당 교사, 연구자, 또는 다른 교육 전문가들이 공동으로 참여하여 교육과정이나 교육 프로그램에 대해 평가하는 것

collaborative learning ⟨*n*⟩ 협동 학습

학습자가 소집단에서 함께 협력하고, 함께 활동하도록 하는 교수/학습 접근법을 가리키는 용어. 집단 중심의 활동을 활용하고, 특정의 역할과 책임을 집단 구성원에게 부과하는 협동 학습의 한 형태를 협력 학습CO-OPERATIVE LEARNING이라고 한다.

collaborative research ⟨*n*⟩ 공동 연구

(교사 연수 프로그램에서) 교사가 동료 교사나 학교 컨설턴트, 대학 연구자 등과 협동하여 수행하는 연구, 또는 교사와 학생 간에 행해지는 연구. 공동 연구는 실행 연구ACTION RESEARCH의 일부 모델에서 필수적인 요소의 하나이다.

collaborative teacher development 〈*n*〉 협동적 교사 개발

교사 개발을 위해 교수와 학습을 장기간에 걸쳐 체계적으로 조사하는 것. 교사는 교수 프로세스에 관여하는 다른 사람들(즉, 멘토, 연구자, 연수 지도자, 다른 교사, 학습자)과 협업하며, 주목적은 전문분야의 개발에 둔다. 협동적 교사 개발의 예로는 팀티칭TEAM TEACHING, 교사 스터디 그룹, 실행연구ACTION RESEARCH 등이 있다.

collective noun 〈*n*〉 집합명사

사람이나 동물, 사물의 집합을 나타내는 명사. 예를 들어, *school, family, government* 등. 집합명사가 단수형으로 사용될 때는 동사의 단수형과 함께 사용될 수도 있고, 복수형과 같이 사용될 수도 있다.

The government is going to look into this matter.

The government are looking into this matter.

동사 복수형과 사용될 때는 그 명사가 개별 구성원의 집합이라는 것을 뜻하며, 동사 단수형과 사용될 때는 그 명사가 전체로서의 하나라는 것을 뜻한다.

☞ NOUN

collocation 〈*n*〉 연어 collocate 〈*v*〉

단어들이 규칙적으로 함께 사용되는 방식. 연어는 예를 들어, 어떤 전치사가 특정 동사와 함께 사용되는가? 어떤 동사와 명사가 함께 사용되는가? 등, 단어들이 함께 사용될 수 있는 방식에 있어서의 제약을 나타낸다. 예를 들어, 영어 동사 *perform*은 *operation*과는 함께 사용되지만, *discussion*과는 함께 사용되지 않는다.

The doctor performed the operation. *The committee performed a discussion.

대신, 우리는 다음과 같이 말한다.

The committee held/had a discussion.

*perform*은 *operation*과 함께 사용되고(연어를 이루고), *hold*와 *have*는 *discussion*과 연어를 이룬다. *high*는 *probability*와는 연어를 이루지만, *chance*와는 함께 사용되지 않는다. *do*는 *damage, duty, wrong*과 연어를 이루지만, *trouble, noise, excuse*와는 그렇지 않다.

• *do a lot of damage, do one's duty, do wrong*

• *make trouble, make a lot of noise, make an excuse*

☞ IDIOM

colloquialism 〈*n*〉 비격식체

보통 비격식적인 구어나 쓰기에서 사용되는 단어나 구. 예를 들어, *boss*는 *employer*의 비격식체이다.

☞ COLLOQUIAL SPEECH

colloquial speech ⟨**n**⟩ 구어체 발화

=casual speech, casual style, informal speech

공감이나 친밀도, 또는 사교적인 부담이 없는 것이 중요한 상황에서 친구나 다른 사람들 사이에 사용되는 비격식적인 발화 유형. 비격식적 발화는 속어나 숙어의 사용, 주어나 조동사 삭제(즉, *Do you have the time?* 대신에 *Got the time?*)와 같은 언어학적 특성에 의해 표시되는 경우가 많다. 비격식적 발화라고 해서 반드시 위신이 없다는 것은 아니며, 수준 이하SUBSTANDARD라고 생각해서도 안 된다. 교양 있는 모어화자도 친구나 동료, 가족 간에는 비격식적 언어를 사용하기도 한다.

☞ STYLE

combining form ⟨**n**⟩ 연결형(식)

다른 연결 형식이나 단어, 경우에 따라서는 접사AFFIX와 결합하여 새로운 단어를 만들어 낼 수 있는 구속형식BOUND FORM. 예를 들어, 연결형 *astr(o)-*(star)은 다른 연결 형식인 *-(o)logy*와 결합하여 *astrology*를 만들 수도 있고, 단어 *physics*와 결합하여 *astrophysics*, 접미사 *-al*과 결합하여 *astral*을 형성할 수 있다. *warm-blooded*의 *-blooded*나, *trouble-making*의 *-making*과 같은 형태소MORPHEME 그룹도 연결 형식으로 간주된다.

☞ WORD FORMATION

comment ⟨**n**⟩ 평서

☞ TOPIC²

comment clause ⟨**n**⟩ 평서절

문장의 다른 절에 대해 언급할 때 보태는 절

She is, I believe, a New Zealander.

Coming from you, that sounds surprising.

평서절은 부접사ADJUNT나 난접사(disjunct)로 기능하고, 문장 구조에서 부수적인 요소이다.

commissive ⟨**n**⟩ 위임

☞ SPEECH ACT CLASSIFICATION

common core ⟨**n**⟩ 공통 핵

(언어교수에서) 학습자가 언어를 배울 때 목적과 관계없이 알고 있어야 하는 한 언어의 기본적 측면(어휘나 문법). 언어 교수요목SYLLABUS을 설계할 때 교사는 교육 과정에서 다룰 언어 내용 중에서 어느 정도가 공통 핵이고, 어느 정도를 학습자의 특정 요구, 즉 과학이나 비즈니스에 두어야 할지 결정해야 한다.

☞ ENGLISH FOR SPECIAL PURPOSES

Common European Framework (CEF) 〈**n**〉 유럽공통참조
  =Common European Framework of References for Languages (CEFR) 유럽
공통참조기준
  영어를 포함하여, 유럽에서 외국어 학습의 레벨별 성취 기준을 설명하기 위해 유럽
평의회가 개발한 가이드라인. CEF에서는 6단계의 성취 레벨을 3개씩 구분하여,
각 레벨에서 학습자가 읽기, 듣기, 말하기, 쓰기에서 무엇을 할 수 있어야 하는가를
설명하고 있다.

A	Basic User
A1	Breakthrough
A2	Waystage
B	Independent User
B1	Threshold
B2	Vantage
C	Proficient User
C1	Effective Operational Proficiency
C2	Mastery

  유럽참조기준은 목표언어와 관계없이 의사소통 능력을 설명하는 공통 기반을 제
공하고, 언어 교수요목, 교육과정 가이드라인, 시험, 교과서 개발을 위한 기준의
역할을 제공한다.

common noun 〈**n**〉 보통명사
  ☞ PROPER NOUN

communication 〈**n**〉 의사소통/커뮤니케이션 communicate 〈**v**〉
  둘 이상의 사람들 간에 생각이나 정보를 주고받는 것. 의사소통 행위에는 적어도
한 명의 화자(혹은 송신자[sender]), 전달되는 메시지MESSAGE, 그 메시지가 향하는
사람(들)(수신자[receiver])이 관여한다. 의사소통은 다양한 학문적 관점에서 연구되
고 있고, 그 자체로 하나의 학문으로 여겨지고 있으며, 사회심리학SOCIOLINGUISTICS,
심리언어학PSYCHOLINGUISTICS, 정보이론INFORMATION THEORY에서 핵심적인 역할을 담당한다.
  ☞ COMMUNICATIVE COMPETENCE, SPEECH EVENT

communication arts 〈**n**〉 의사소통학
  라디오, 텔레비전, 댄스, 드라마와 같은 언어적, 비언어적, 또는 시각적 의사소통의
측면을 다루는 교육과정

communication disorder 〈**n**〉 의사소통 장애

언어적이나 비언어적 의사소통을 할 수 있는 인간의 능력에 영향을 끼치는 장애나 손상

communication network 〈*n*〉 의사소통 네트워크

한 집단의 구성원이 의사소통하는 **사람**(persons)의 범위. 한 집단(예를 들어, 반 친구나 학교 직원 등) 내에서도 서로 간의 관계나 접촉 빈도에 따라 다른 사람보다 더 빈번하게 의사소통을 하는 사람들이 있다. 의사소통 네트워크는 다른 사람과 의사소통하기 위해 언어를 학습하거나 사용하고, 또 언어의 사용 빈도에 의존하기 때문에, 제2언어 습득 연구뿐만 아니라, 이중언어BILINGUALISM와 다이글로시아DIGLOSSIA 연구의 일부로 연구되고 있다.

communication strategy 〈*n*〉 의사소통 전략

제한된 언어 능력을 가진 학습자가 제2언어/외국어로 의미를 전달하기 위해 사용하는 방법. 의사소통을 시도할 때 학습자는 부족한 문법이나 어휘 지식을 보충해야 하는 경우가 있다. 예를 들어, 학습자가 *It's against the law to park here*라고 말하지 못해서 *This place, cannot park*라고 말할 수도 있다. 또 *handkerchief* 대신에 *a cloth for my nose*라고 말할 수도 있고, *apartment complex* 대신에 *building*이라고 말할 수도 있다. 다시말하기PARAPHRASE와 같은 의사소통 전략(즉, 제스처나 흉내)이 많이 사용되는 것은 학습자 중간언어INTERLANGUAGE의 특징이다.

☞ ACCOMMODATION, FOREIGNER TALK

communication theory 〈*n*〉 의사소통 이론

=정보이론INFORMATION THEORY

communicative approach 〈*n*〉 의사소통 접근법

=communicative language teaching 의사소통적 언어교수법

언어 학습의 목표가 의사소통 능력COMMUNICATION COMPETENCE에 있다는 것을 강조하고, 모든 교실 활동의 초점을 유의미한 의사소통과 언어 사용에서 찾으려고 하는 외국어/제2언어 교수 접근법. 의사소통적 접근법은 상황언어교수법SITUATIONAL LANGUAGE TEACHING과 청화식 교수법AUDIOLINGUAL METHOD과 같은 문법 중심 교수법에 대한 반동으로 1980년대, 특히 영국의 응용언어학자들에 의해 개발되었다. 의사소통적 언어교수법의 주된 원리는 다음과 같다.

1. 학습자는 의사소통할 목적으로 언어를 사용한다.
2. 실제적이고 유의미한 의사소통이 교실 활동의 목표가 되어야 한다.
3. 유창성과 정확성 둘 다 언어 학습의 중요한 목표이다.
4. 의사소통은 다양한 언어 기능들이 통합하여 일어난다.
5. 학습은 창조적으로 구축해 가는 프로세스이며, 시행착오를 동반한다.

의사소통적 언어교수법으로 인해 언어교육의 목표, 교수요목, 교재, 교실 활동 등을 재검토하게 되었으며, 언어교육의 전세계적인 변화에 중요한 영향을 미쳤다. 일부 원리들은 과제 중심 교수법TASK-BASED LANGUAGE TEACHING, **협동적 언어 학습**(Cooperative Language Teaching), 내용 중심 교수법CONTENT-BASED INSTRUCTION과 같은, 다른 의사소통적 접근법으로 통합되어 왔다.

communicative competence ⟨*n*⟩ 의사소통 능력

한 언어에서 어떤 것이 형식적으로 가능한가에 대한 지식뿐만 아니라, 그것이 특정 언어공동체SPEECH COMMUNITY에서 가능한지, 적절한지, 혹은 사용되는지에 관한 지식. 의사소통 능력에는 다음 능력들이 포함된다.

a. **문법적 능력**(grammatical competence)(또는 **형식적 능력**[formal competence]): 한 언어의 문법과 어휘, 음운, 의미에 관한 지식(☞ COMPETENCE)

b. **사회언어학적 능력**(sociolinguistic competence)(또는 **사회문화적 능력**[sociocultural competence]): 언어와 비언어적 맥락 간의 관계에 대한 지식, 요청하기, 사과하기, 감사하기, 초대하기와 같은 다양한 화행SPEECH ACT 유형을 어떻게 적절히 사용하고, 어떻게 대응하는가를 아는 것, 화자가 다양한 장면에서 다양한 사람들과 상호작용할 때 어떤 호칭어ADDRESS FORM를 사용해야 하는지를 아는 것 등에 대한 지식(☞ APPROPRIATENESS, PRAGMATICS, ROLE RELATIONSHIP)

c. **담화적 능력**(discourse competence) (사회언어학적 능력의 일부로 간주되기도 한다): 대화를 어떻게 시작하고 어떻게 끝내는가를 아는 것(☞ SPEECH EVENTS, COHESION, COHERENCE)

d. **전략적 능력**(strategic competence): 취약점을 다른 방식으로 보충할 수 있는 의사소통 전략COMMUNICATION STRATEGY에 관한 지식

communicative drill ⟨*n*⟩ 의사소통적 드릴

☞ MEANINGFUL DRILL

communicative function ⟨*n*⟩ 의사소통 기능

한 공동체에서 한 언어가 사용되는 정도. 언어 중에는 매우 특수한 목적을 위해 사용되는 것이 있다. 예를 들어, *Pali*라는 언어는 불교에서 종교적인 목적으로만 사용된다. 일본의 일본어와 같이, 공동체 전체의 의사소통적 필요에 의해 사용되는 언어도 있다.

communicative interference ⟨*n*⟩ 의사소통 간섭

비모어로 대화할 때 모어의 말하기 습관(즉, 인사나, 대화를 시작하거나 끝내는 방식, 호칭 체계(☞ ADDRESS SYSTEM)을 사용함으로써 발생하는 간섭(☞ LANGUAGE TRANSFER). 예를 들어, 영어 대화는 건강에 관한 질문(*How are you?*)으로 시작하는

경우가 많지만, 말레이어와 같은 언어에서는 음식에 관한 질문(*Have you eaten yet?*)으로 시작한다. 영어를 학습하는 말레이어 화자 학생이 *Have you eaten yet?*으로 대화를 시작한다면, 말레이어가 영어에 의사소통 간섭을 일으킨 것이라고 할 수 있다.

communicative language teaching ⟨***n***⟩ 의사소통적 언어교수법

=의사소통적 접근법COMMUNICATIVE APPROACH

community language ⟨***n***⟩ 공동체 언어

=heritage language 계승어

소수 민족 언어를 포함하여, 특정 공동체 내에서 사용되는 언어. 호주를 예로 들면, 영어를 제외한 언어, 즉 이탈리아어, 그리스어, 폴란드어, 아랍어, 호주 원주민 언어 등이 공동체 언어이다.

Community Language Learning (CLL) ⟨***n***⟩ 공동체 언어 학습법

Charles Curran이 개발한 제2언어/외국어 교수법METHOD. 공동체 언어 학습법은 **상담식 학습**(counselling learning)을 제2언어/외국어 교수와 학습에 적용한 것이다. 집단 상담에서 심리적이고 감정적인 문제를 가진 사람들을 돕기 위해 개발한 기법들을 이용한다. 이 교수법에서는 소규모나 대규모의 집단 학습을 이용한다. 이 집단들을 '공동체'라 부른다. 이 교수법에서는 언어 학습에 대한 학습자의 개인적 감정과 반응에 중점을 둔다. 학습자가 자신이 말하고 싶은 것을 모어로 이야기하면, 교사('상담자/카운슬러'라고 부른다)가 학습자가 말한 문장을 외국어로 번역해 준다. 그런 다음, 이 학습자가 집단의 다른 학습자에게 이것을 반복한다.

community literacy ⟨***n***⟩ 공동체 문식성

이웃이나 공동체 활동에 필요한 읽기 스킬로, 간판, 광고, 문서 읽기에 필요한 학교에서의 읽기와는 관련이 없다.

community of practice ⟨***n***⟩ 업무 공동체

공통의 목표를 달성하기 위해 협동 작업이 필요한 공동 활동에 참가하는 개인 집단(예를 들어, 학교의 어학 교사들)을 가리킬 때 사용하는 용어. 조직적인 환경에서 사회적 참여를 통해서 학습한다는 것이 업무 공동체의 중심 개념이다. 이러한 참여를 통해 참가자는 역할과 아이덴티티를 협상하고, 지식을 공유하고, 문제의 해결책을 발견한다. 이 개념은 계급, 젠더, 혹은 언어와 같은 추상적인 특징이 아니라, 공유 작업을 통해서 사회적 집단 구분을 확인하고, 언어 사용과 언어 학습 연구를 위한 배경을 제공한다. 사회언어학과 언어인류학에서는 조금 오래된 개념인 언어공동체SPEECH COMMUNITY라는 용어보다 이 용어를 더 선호한다.

comparative ⟨***n***⟩ 비교급

=comparative degree

두 대상 간을 비교하는 데 사용하는 형용사나 부사의 한 형식. 영어의 경우, 비교급은 접미사 −*er*이나 *more*를 사용하여 만든다.

This is <u>better</u> than that.

This is <u>more useful</u> than that.

최상급(superlative)은 질·양·강도에서 최상, 혹은 최하임을 나타내는 형용사나 부사의 형식이다. 영어에서 최상급은 접미사 −*est*나 *most*를 사용하여 만든다.

She is <u>the tallest</u> in the class.

She is <u>the most beautiful</u> in the class.

comparative clause ⟨***n***⟩ 비교절

=comparative sentence 비교문

독립절INDEPENDENT CLAUSE에서 언급된 사람이나 사물을 비교하는 기준을 포함하고 있는 절. 영어에서 비교급은 *than*이나 *as*로 유도되는 경우가 많다.

Tom is much taller *than John is*.

Jane doesn't write *as neatly as Fiona does*.

comparative degree ⟨***n***⟩ 비교급

=비교급COMPARATIVE

comparative historical linguistics ⟨***n***⟩ 비교역사언어학

=comparative philology, philology, historical linguistics

언어 변화와 언어 관계를 연구하는 언어학 분야. 한 언어의 고어 형식과 새로운 형식을 비교하거나, 여러 언어들 간의 비교를 통해 언어 간(예를 들어, 인구어 INDO-EUROPEAN LANGUAGE)의 관련성을 살펴볼 수 있게 되었다. 또한 문자 출현 이전에 사용되었다고 여겨지는 특정 언어의 형식을 재구하는 것도 가능해졌다. 예컨대, **p*는 모든 인구어의 조어에서 산스크리트어에서는 *pita*(아버지)의 /p/, 영어에서는 *father*의 /f/와 관련된다고 알려져 있다.

☞ DIACHRONIC LINGUISTICS

comparative linguistics ⟨***n***⟩ 비교언어학

언어학의 한 분야로, 둘 이상의 언어를 대상으로 그 구조를 비교하거나, 두 언어의 유사성, 혹은 상이성 여부를 연구한다. 비교언어학은 언어 유형 연구(☞ TYPOLOGY)와 비교역사언어학COMPARATIVE HISTORICAL LINGUISTICS에서 활용된다. 또한 학습자 모어와 목표언어TARGET LANGUAGE 간 통사, 어휘, 음운 체계 영역에 있어서의 차이점을 확립하고자 하는 응용언어학자들이 이용하기도 한다.

☞ CONTRASTIVE ANALYSIS

comparative philology ⟨***n***⟩ 비교언어학

=비교역사언어학COMPARATIVE HISTORICAL LINGUISTICS

comparative relative clause 〈*n*〉 비교급 관계절

=*object of comparative relative clause, OCOMP*

☞ NOUN PHRASE ACCESSIBILITY HIERARCHY

comparative sentence 〈*n*〉 비교문

=비교절COMPARATIVE CLAUSE

comparison and contrast method 〈*n*〉 비교 대조법

☞ METHODS OF DEVELOPMENT

compensatory instruction 〈*n*〉 보상 교육

=compensatory education 보상 교육

가정 사정으로 인해 어떤 종류의 언어 경험이 부족한 아이들을 위해 제공하는 특수 교육 프로그램. 예를 들어, 집에서 책을 읽어 본 적이 없거나 집에 이야기책이 없는 아이들을 대상으로 한다.

☞ CULTURAL DEPRIVATION

compensatory strategy 〈*n*〉 보상 전략

학습자가 어떤 과업이 자신의 의사소통 능력을 뛰어넘는다는 사실을 알게 되었을 때 그것을 보충하려고 사용하는 의사소통 전략. 예를 들어, 학습자는 말로 표현하기 어려운 것은 회피한다거나, 상대방이 자신이 말한 것을 이해하지 못했다고 생각하여 다시 고쳐말하기도 한다.

competence 〈*n*〉 언어능력

(생성문법GENERATIVE GRAMMAR에서) 인간의 언어 지식을 구성하는 잠재적인 규칙 체계. 여기에는 이전에 한 번도 들어본 적이 없는 문장을 포함하여, 문장을 창조하고 이해할 수 있는 능력, 어떤 문장은 특정 언어에 존재하고 어떤 문장은 존재하지 않는다는 지식, 모호하거나 비문법적인 문장을 인식해 낼 수 있는 능력이 포함된다. 예를 들어, 영어 화자는 *I want to go home*는 영어 문장이라고 인식하지만, *I want going home*과 같은 문장은 설령 이 문장이 모두 영어 단어로 구성되어 있다 하더라도 적절치 않다고 생각한다. 언어능력은 이상적인 화자와 청자, 다시 말해 현실의 인간이 아니라, 그 언어에 대해 완전한 지식을 가진 이상적 인간을 일컫는 경우가 많다. 언어능력과 언어수행PERFORMANCE은 서로 구별되며, 후자는 개인이 발화나 글을 쓸 때 사용하는 실제적인 언어를 말한다.

☞ COMMUNICATIVE COMPETENCE, SELF DETERMINATION THEORY

competencies 〈*n*〉 능력

능력 중심 교수법COMPETENCY BASED TEACHING에서, 실세계 과업이나 활동을 효율적으로 수행하는 데 필요한 기본적인 스킬, 지식, 행위를 기술한 것. '취직 인터뷰'나 '전화 메시지 메모'와 같은 활동들은 능력들의 집합, 혹은 개별 능력으로 간주된다. 예를 들어, '작업 현장에서 일하기' 활동에는 다음과 같은 능력들이 포함된다.

- 지시에 따라 단순 작업을 수행한다.
- 감독관의 지시에 적절하게 응답한다.
- 물자를 요청한다.
- 완수한 작업의 양을 말한다.
- 문제점을 지적하고 필요한 경우 도움을 요청한다.

일반적으로 목표언어의 수행이라는 관점에서, 학생들이 목표언어로 무엇을 할 수 있는가를 문서로 작성한 것을 능력 진술(Competency Statements)이라고 한다.

competency based teacher education ⟨*n*⟩ 능력 중심 교사교육

효율적인 교수의 구성요소로 간주되는 스킬과 능력COMPETENCE을 가르치는 데 초점을 두는 교사교육 접근법

competency based teaching ⟨*n*⟩ 능력 중심 교수법

=competency based education/instruction 능력 중심 교육/교수

언어능력COMPETENCE을 수행하는 데 필요한 스킬이나 행동의 교육에 초점을 두는 교수 접근법. 능력이란 일상생활에서 자주 만나는 장면에서 다양한 종류의 기본 스킬들을 적용할 수 있는 학생들의 능력을 가리킨다. 능력 중심 교수(CBE)는 학습 자가 실생활에서 수행하도록 자주 요구되는 과업 분석(analysis of tasks)을 통해 얻은 결과에 기반한다. 능력 중심 언어교수법은 CBE의 원리들을 언어 교수에 적용 한 것으로, 성인을 대상으로 한 직업 관련 교육이나 생존 지향의 언어교육 프로그램을 개발하는 데 널리 이용되고 있다. CBE는 학습 결과에 초점을 두기 때문에 교육과 학습의 질을 향상시킨다고 여겨지고 있다.

complement ⟨*n*⟩ 보문 complementation ⟨*n*⟩

(문법에서) 동사 뒤에 오며, 문장을 완전하게 하는 문장 일부를 가리킨다. 보어에는 다음과 같은 것들이 있다.

a. 주어 보어(주격 보어)(subject complement): *be* 동사 혹은 연결동사에 의해서 주어 에 결부되는 보어;

  She is a doctor.

b. 목적어 보어(object complement): 목적어에 결합되는 보어;

  We made her the chairperson.

c. 형용사 보어(adjective complement): 형용사에 붙는 보어;

I am glad that you can come.

d. 전치사 보어(prepositional complement): 전치사에 결부되는 보어;

They argued about what to do.

부접사ADJUNCT는 문장의 자의적인 요소이지만, 보어는 많은 경우 그것이 나타나는 문장의 필수적인 요소이다. 보어로서 기능하는 절은 **보문절**(complement(ary) clause) 라고 부른다.

The question is why you did it.

생성문법GENERATIVE GRAMMAR에서, complement는 보다 넓은 의미를 가지며, 주어부HEAD 와 결합하여 기본적으로 보다 큰 구성소를 만드는 표현을 가리킨다. 예를 들어, *read a book*에서는 *a book*이 동사 *read*의 보문부이고, *at the end*에서는 *the end*가 전치사 *at*의 보문부, *bags of groceries*에서는 *of groceries*가 명사 *bags*의 보부이다. 영어에서는 보문부는 주요부 뒤에 오는 것이 일반적이다.

☞ PARAMETER

complementaries 〈*n*〉 상보적 반의어

☞ ANTONYM

complement(ary) clause 〈*n*〉 보어절

☞ COMPLEMENT

complementizer 〈*n*〉 보문표지

*He thought that Gore had won*에서 *that*, 그리고 *I wonder if this is the right road*에서 *if*, *They are keen for you to come*에서 *for*와 같이, 절을 유도하는 일련의 단어

☞ COMPLEMENT

complementizer deletion 〈*n*〉 보문표지 삭제

보문표지를 삭제하는 프로세스. 예를 들어, *I know that you'll be happy*에서 보문표 지 *that*을 삭제하여 *I know you'll be happy*를 만든다.

complexity 〈*n*〉 복잡성

언어 사용의 복합성 척도의 하나. 보통 발화의 길이나 종속 관계 구문을 사용하는 양이 반영된다. 제2언어 학습자의 담화나 중간언어 연구에서, 복잡성은 L2 발달의 한 가지 척도가 된다.

complex NP constraint 〈*n*〉 복합명사구 제약

초기 생성문법에서, 어휘적 주요부를 가진 명사구에 지배되는 S는 그 명사구(NP) 의 밖으로 이동할 수 없다는 변형 조건. 최근, 이 제약은 하접SUBJACENCY의 일례로 재해석되고 있다.

complex sentence ⟨**n**⟩ 복문

하나 이상의 종속절DEPENDENT CLAUSE로 구성된 문장

　　When it rained, we went inside.
　　(종속절)　　　(독립절)

둘 이상의 독립절이 등위접속사로 연결된 문장을 **중문**(compound sentence)이라고 한다.

　　He is a small boy but he is very strong.
　　(독립절)　　　　　(독립절)

　　I'll either phone you or I will send you a note.
　　(독립절)　　　　　(독립절)

술부PREDICATE를 하나밖에 포함하지 않는 문장은 **단문**(simple sentence)이라 한다.

　　I like milk.
　　(술어)

complex transitive verb ⟨**n**⟩ 복합 타동사

　　☞ TRANSITIVE VERB

componential analysis ⟨**n**⟩ 성분 분석

1. (의미론SEMANTICS에서) 단어를 **의미성분**(component)이나 의미 자질 집합으로 분석하는 의미 연구 접근법. 예를 들어, 영어 *boy*의 의미는 다음과 같이 표시된다.

　　⟨+human⟩ ⟨+male⟩ ⟨−adult⟩

일반적으로, 성분 분석은 하나 혹은 두 개의 성분만이 다른 한 쌍의 관련 단어에 적용된다. 이 접근법은 인류언어학ANTHROPOLOGICAL LINGUISTICS 분야에서, 언어들 간의 친족 관계 등을 연구하기 위해 개발되었다.

2. 단어나 소리와 같은 언어 단위를 보다 작은 부분이나 성분으로 분석하는 언어학 접근법. 이 접근법은 음운론과 의미론에서 사용되어 왔다.

　　☞ DISTINCTIVE FEATURE, SEMANTIC FEATURES

components ⟨**n**⟩ 성분

　　☞ COMPONENTIAL ANALYSIS

composing processes ⟨**n**⟩ 작문 절차

작문과 글쓰기에서, 작자가 이용하는 다양한 작업 단계. 글쓰기 과정에는 세 가지 단계가 있다.

1. **쓰기 전 단계/구상하기**(rehearsing, prewriting): 작자가 쓰기 전에 주제를 찾거나 주제와 관련한 생각이나 단어를 탐색하는 활동을 하는 단계

2. **쓰기 단계**(writing, planning, drafting, composing): 작자가 생각을 메모하는 단계

3. **쓰기 후 단계/퇴고 단계**(revising, editing, postwriting): 작자가 쓴 것을 점검하고 수정하고 고쳐 쓰는 단계

글을 쓸 때 반드시 이 단계 순을 따를 필요는 없으며, 오히려 작문 과정을 통틀어 단계들을 여러 번 반복하는 것이 좋다. 작문 교수 방법의 하나인 과정 접근법PROCESS APPROACH에서는 이러한 작문 프로세스를 격려하는 데 초점을 둔다.

composition 〈*n*〉 작문/글쓰기

1. 작자로서의 스킬이나 효율성을 고양할 목적으로 하는 활동으로서의 쓰기

2. 학교에서, 그와 같은 작업이나 과목에 붙여진 명칭

3. 쓰기 기능이나 스킬을 연습하기 위해, 혹은 작자로서의 능력을 보이기 위해 산출한 작품. 언어교육에서는 두 종류의 글쓰기 과업으로 구별한다.

   a. **자유 작문**(free composition): 질문에 답하는 형태로 에세이를 쓰게 하거나 특정 주제에 대해 쓰게 하는 것과 같이, 제약이 전혀 없이 학생에게 자유롭게 쓰게 한다.

   b. **통제된 작문**(controlled composition): 질문에 답하게 하거나, 문장을 완성하거나, 단어나 그림을 제시한 후 그것에 대해 쓰게 한다거나 하는 다양한 수단을 통해서 학생의 작문을 통제한다.

   ☞ MODES OF WRITING, METHODS OF DEVELOPMENT

compositionality principle 〈*n*〉 합성 원리

=Frege's principle 프레게의 원리

복합적인 표현의 의미는 그것의 기본적인 표현의 의미로부터 만들어진다는 원리

compound adjective 〈*n*〉 복합형용사

   ☞ COMPOUND WORD

compound bilingualism 〈*n*〉 복합형 이중언어 사용

이중언어 사용자는 두 가지 방식 중 한 가지 방식으로 단어와 그 의미를 연결한다고 제안하는 이론. **복합형 이중언어 사용**은 하나의 단어 의미 체계를 제1언어와 제2언어 양쪽으로 모두 사용하는 것을 의미한다. 예를 들어, 영어/프랑스어 이중언어 사용자에게 프랑스어 *pain*(빵)과 영어 *bread*은 완전히 동일한 의미를 가진다. **대등형 이중언어 사용**(co-ordinate bilingualism)은 이중언어가 두 개의 의미 체계, 즉 하나는 제1언어에서 알고 있는 단어의 의미 체계, 다른 하나는 제2언어에서 알고 있는 단어의 의미 체계를 가진다는 의미한다. 영어/프랑스어 이중언어 사용자에게 프랑스어 *pain*과 영어 *bread*의 의미는 정확하게 일치하지는 않는다. 이 이론은 사람들이 이중언어 사용자가 된 환경에 따라서 다른 의미 체계가 형성된다는 것을 보여주고자 하였다. 복합형 이중언어 사용과 대등형 이중언어 사용을

구별하는 것은 어휘 학습 연구에도 응용되어 왔지만, 이중언어의 일반적 모델로서
는 유용하지 못하다는 것이 밝혀졌다.

compound noun 〈***n***〉 복합명사

☞ COMPOUND WORD

compound predicate 〈***n***〉 복합술어

하나의 주어부_{SUBJECT}를 공유하는 둘 이상의 동사를 포함하는 술어_{PREDICATE}

Spring came and went too quickly.

compound sentence 〈***n***〉 중문

☞ COMPLEX SENTENCE

compound subject 〈***n***〉 복합주어

*and*에 의해 결합되는 둘 이상의 요소로 구성된 주어로, 보통 동사 복수형을 취한다.

Beer and wine do not mix.

compound word 〈***n***〉 합성어/복합어

단일어로 기능하며, 둘 이상의 단어가 결합된 단어. 예를 들어, *He was a self-made
man*에서 *self-made*(복합형용사[compound adjective])와 *They went to the flower shop*에
서 *flower shop*(복합명사[compound adjective]). 합성어는 한 단어로 표기하거나(예를
들어, *headache*), 하이픈으로 연결하거나(예를 들어, *self-government*), 두 단어로 표
시한다(예를 들어, *police station*).

☞ PHRASAL VERB

comprehensible input[1] 〈***n***〉 이해 가능한 입력

학습자의 현재 언어능력_{COMPETENCE} 수준을 약간 넘어서는 언어 항목이 포함된 입력
_{INPUT}

☞ INPUT HYPOTHESIS

comprehensible input[2] 〈***n***〉 이해 가능한 입력

일부 구조와 어휘를 모른다고 해도 학습자가 이해할 수 있는 구어 입력. Krashen의
언어 습득 이론에 따르면, 이해 가능한 입력은 제2언어 습득의 필수 조건이다.

comprehensible output hypothesis 〈***n***〉 이해 가능한 출력 가설

＝출력 가설_{OUTPUT HYPOTHESIS}

comprehension 〈***n***〉 이해

문어나 구어 의사소통에서 의도된 의미를 확인한 것. 최근의 이해 이론에서는 이해
가 메시지 안에 포함된 정보(상향식 처리_{BOTTOM-UP PROCESSING})뿐만 아니라 배경 지식,
즉 문맥 및 화자와 청자의 목적이나 의도로부터 얻는 정보(하향식 처리_{TOP-DOWN}

PROCESSING)에 모두 의존하는 능동적인 프로세스라는 것을 강조하고 있다.

☞ LISTENING COMPREHENSION, READING COMPREHENSION

comprehension approach 〈*n*〉 이해 접근법

(언어교수에서) 다음을 강조하는 제2언어/외국어 교수 접근법APPROACH

a. 말하기를 가르치기에 앞서 듣기 이해력을 훈련하는 기간이 있어야 한다.

b. 학습자가 목표언어TARGET LANGUAGE[1]로 의미를 이해할 수 있게 가르쳐야 한다.

c. 학습자의 이해 능력이 산출 능력보다 항상 더 뛰어나야 한다.

d. 산출적 언어 스킬은 학습자가 이해 스킬을 충분히 발달시켰을 때보다 자연스럽게 드러난다.

e. 이 접근법은 아이들이 모어를 학습하는 방식을 반영한다.

특정한 언어교수법METHOD은 아니지만, 이 접근법은 전신반응교수법TOTAL PHYSICAL RESPONSE METHOD과 자연적 접근법NATURAL APPROACH[2]과 유사한 원리를 토대로 하고 있다.

computational linguistics 〈*n*〉 전산언어학

전산학적 관점에서 행해지는 과학적 언어 연구. 전산언어학자는 자연언어 처리(이해와 산출) 및 다양한 언어 현상에 대해 전산학적인 방법론을 제공하는 데 관심이 있다. 전산언어학자들의 연구 성과는 음성 인식 시스템, 음성 합성, 자동 음성 반응 시스템, 웹 검색 엔진, 문서 편집 도구, 언어 학습 자료와 같이 실용적으로 사용된다.

computer adaptive test(ing) 〈*n*〉 컴퓨터 적응형 테스트

=computerized adaptive test(ing)

컴퓨터로 진행되는 테스트로, 직전 문항에 대한 수험생의 응답 결과에 기초하여 다음에 제시될 문항의 난이도가 판단되는, 학습자의 능력에 맞춰 조정되는 테스트이다.

☞ ADAPTIVE TESTING, ITEM RESPONSE THEORY

computer-administered test(ing) 〈*n*〉 컴퓨터 관리 테스트

☞ COMPUTER-BASED TEST(ING)

computer aided translation 〈*n*〉 컴퓨터 보조 번역

☞ COMPUTER ASSISTED TRANSLATION

computer assisted conversation 〈*n*〉 컴퓨터를 통한 대화

컴퓨터 네트워크를 통해 행해지는 (문어적) 토론

computer assisted instruction (CAI) 〈*n*〉 컴퓨터 보조 교수

=computer assisted language learning (CALL), computer based instruction, computer assisted instruction

컴퓨터를 활용한 언어 교수. 다음과 같은 것들이 포함될 수 있다.

   a. 컴퓨터를 통해 교육 내용이 차례로 제시되는 언어 프로그램. 학생들이 컴퓨터에 답을 하면, 컴퓨터가 정/오답 여부를 알려준다.

       ☞ PROGRAMMED LEARNING

   b. 학생들의 학습 진도를 모니터하거나, 적절한 수업이나 교재로 안내하는 데 컴퓨터를 이용하는 것. **컴퓨터 관리교육**(computer-managed instruction)이라고도 한다.

       ☞ INTERACTIVE

computer assisted language learning (CALL) 〈**n**〉 컴퓨터 지원 언어 학습

컴퓨터를 제2언어/외국어의 교수, 학습에 이용하는 것. CALL은 다음과 같은 형태가 있다.

   a. 다른 미디어를 통한 학습과 유사하나, 컴퓨터 기기를 활용하는 활동들(예를 들어, 컴퓨터를 이용하여 읽기 텍스트를 제시)

   b. 프린트 중심 활동이나 교실 중심 활동을 확장하거나 조정한 활동(예를 들어, 컴퓨터 프로그램을 이용하여 학생들이 주제나 논제 진술을 전개하는 데 도움을 준다거나, 작문 내의 어휘, 문법, 논제 진술THESIS STATEMENT 등을 점검하는 쓰기 스킬을 가르친다)

   c. CALL 고유의 활동들

       ☞ INTERACTIVE VIDEO

computer assisted learning (CAL) 〈**n**〉 컴퓨터지원학습

   =computer assisted instruction (CAI), computer aided learning

교수와 학습, 교육 **목표**(objectives)를 달성하는 데 컴퓨터를 이용하는 것. 최초로 개발된 CAL 프로그램은 프로그램화된 학습(☞ PROGRAMMED LEARNING)과 유사한 원리에 기반하였다. 컴퓨터가 학생들에게 이해 확인을 위한 질문을 하는 방식으로 학습 과업을 이끌어 가며, 학생들의 응답에 따라 컴퓨터가 다음 연습문제를 제공하거나 새로운 자료로 넘어간다(☞ BRANCHING). 최근의 CAI 학습프로그램에서는 학생들이 컴퓨터와 상호작용을 할 수도 있고, 주제나 문제를 탐구하면서 보다 높은 레벨의 과업을 수행할 수도 있다.

       ☞ INTERACTIVE VIDEO

computer-assisted test(ing) 〈**n**〉 컴퓨터지원 평가

       ☞ COMPUTER-BASED TEST(ING)

computer assisted translation (CAT) 〈**n**〉 컴퓨터지원 번역

   =computer aided translation

컴퓨터 프로그램의 도움을 받아 이루어지는 번역. 보통 이전에 번역된 문장과 구,

다른 발화 샘플을 모아놓은 DB로 구성되며, 번역자는 이러한 샘플 예를 그대로 수용하거나, 기각하거나, 수정하는 방식으로 작업을 한다. 컴퓨터지원 번역을 기계 번역MACHINE TRANSLATION과 혼동해서는 안 된다.

computer-based test(ing) 〈n〉 컴퓨터를 이용한 평가

=computer-administered test(ing), computer-assisted test(ing)

문항들을 컴퓨터상에 제공하여 실시하는 평가. 컴퓨터 적응형 평가COMPUTER ADAPTIVE TESTING도 컴퓨터 기반 평가의 한 유형이다.

computer conferencing 〈n〉 컴퓨터 컨퍼런스

컴퓨터를 매개로 하는 의사소통의 한 형태. 컴퓨터 컨퍼런스 프로그램은 호스트 컴퓨터의 구성력과 정보에 의존하며, 전자 네트워크를 통해 그룹 토의에의 참여와 운영을 촉진한다. 그룹 토의는 컴퓨터에 접속하고 있는 사람들이 동시에 실시간으로 진행하는 형태도 있고, 그렇지 않은 경우도 있다. 컴퓨터 컨퍼런스는 학생들에게 교실 토론을 위한 포럼과 글쓰기 과정을 소개하는 등, 다양한 형식으로 언어교육에 응용할 수 있다.

Computer-Enhanced Language Instruction Archive (CELIA) 〈n〉 컴퓨터 고양 언어 교수 아카이브

gopher와 FTP를 경유하여 접속할 수 있는 컴퓨터지원 언어 학습 소프트웨어

computer language 〈n〉 컴퓨터 언어

컴퓨터 프로그램을 작성하기 위해 사용하는 체계로, 특정 규칙에 따라 조합하여 특정 데이터 유형을 조작하는 기호와 명령어, 기능과 같은 요소들로 구성되어 있다. 목적에 따라 다양한 컴퓨터 언어가 개발되어 있다. 컴퓨터 '언어'는 매우 흥미로운 형식적 특징을 가지고 있으나, 자연언어에서 연상되는 기능적 특질들은 포함하고 있지 않다.

computer literacy 〈n〉 컴퓨터 리터러시 computer literate 〈adj〉

컴퓨터를 이용하여 의사소통하고 온라인상에서 정보를 분석할 수 있는 능력

computer-mediated communication (CMC) 〈n〉 컴퓨터를 매개로 한 의사소통

두 사람 이상 사이의 의사소통을 촉진하기 위해 컴퓨터를 사용하는 것. 인터넷 중계 채팅INTERNET RELAY CHAT(IRC)이 대표적이다.

concept 〈n〉 개념

인간의 마음속에 어떤 단어나 기호와 결합하고 있는 일반적인 관념이나 의미. 개념이란, 단어와 다른 언어 항목이 표상하는 추상적인 의미이다. 언어학자들은 언어에 따라서 개념을 나타내는 일부 명칭이 다른 언어에 비해 적거나, 개념 간의 구분을

달리하는 경우는 있지만, 모든 언어는 기본적으로 동일한 개념을 표현할 수 있다고 여기고 있다. 개념 형성은 언어 습득ACQUISITION과 밀접한 관계에 있으며, 개념을 이용하여 명제PREPOSITION를 형성하는 것이 인간의 사고와 의사소통의 기본이다.

concept checking ⟨*n*⟩ 개념의 확인

새 항목의 의미를 가르칠 때, 학생들이 그 의미를 이해하였는지 확인하기 위한 기법을 가리키는 데 사용하는 용어. 예를 들어, 과거완료와 완료 간의 차이를 제시한 후, 교사가 질문이나 다른 기법을 사용하여 학생들이 과거완료 문장이 나타내고 있는 시간을 정확하게 파악하고 있는지 확인한다.

concept formation ⟨*n*⟩ 개념 형성

(아동 발달에서) 개념CONCEPT을 형성하는 프로세스로, 사고 발달에서 중요한 역할을 담당한다.

concept load ⟨*n*⟩ 개념 부하

☞ LEXICAL DENSITY

concept question ⟨*n*⟩ 개념 질문

교수에서, 학습자가 새 항목을 이해하였는지 확인하기 위해 사용하는 질문. 질문은 새 항목의 중심 개념을 확인하기 위해 설계되고, 보통 *yes/no* 형태나 단답식 답변을 요구한다.

☞ CONCEPT CHECKING

conceptual framework ⟨*n*⟩ 개념적 구조

＝theoretical framework 이론적 틀

조사연구에서, 특정한 연구 목적과 연결되어 경험적 연구에 일관성을 제공하는 이론THEORY. 예를 들어, 생성이론GENERATIVE THEORY은 보다 적절한 연구 방법을 이용하여 특정 유형의 연구에 적절한 개념적 틀을 제공한다.

conceptualization ⟨*n*⟩ 개념화

☞ CONSTRUAL

conceptual meaning ⟨*n*⟩ 개념적 의미

＝외연DENOTATION

conceptual metaphor ⟨*n*⟩ 개념적 은유

☞ METAPHOR

concessive clause ⟨*n*⟩ 양보절

독립절에 포함된 정보와 대립하는 정보를 제공하는 종속절로, 보통 *although*나 *while*로 시작한다.

Although she is only 13, Tina is an excellent pianist.

conclusion ⟨*n*⟩ 결론

☞ ESSAY

concord ⟨*n*⟩ 일치

=agreement

문장 내 둘 이상의 요소 사이의 문법 관계를 나타내는 유형으로, 관련된 요소들은 모두 특별한 자질을 보인다. 예를 들어, 영어에서 3인칭 단수 주어는 단수 동사와 함께 나타나고, 복수 주어는 복수 동사와 함께 나타난다(수 일치NUMBER CONCORD).

He walks. They walk.

일치는 격CASE과 성GENDER, 수NUMBER, 인칭PERSON에 영향을 미친다.

☞ GOVERNMENT

concordance ⟨*n*⟩ 콘코던스 **concordancing** ⟨*v*⟩

특정 텍스트나 특정 작가의 작품 안에 사용된 모든 단어의 목록(보통 관사나 전치사와 같은 사용 빈도가 높은 문법어는 포함하지 않는다)을 각 단어가 출현하는 문맥 리스트와 함께 제공해 주는 소프트웨어. 콘코던스는 단어의 사용 빈도, 문법, 담화, 문체 연구에 이용되어 왔다. 최근에는 컴퓨터를 이용한 콘코던스로 개별 텍스트나 특정 작가가 쓴 대규모 샘플, 혹은 다양한 장르와 사용역을 분석하는 데 이용하고 있다. 이러한 목적을 위해 수집한 텍스트를 코퍼스CORPUS라고 부른다. 현재는 컴퓨터 콘코던스를 이용하여 사전 편찬자가 단어들이 문맥에서 사용되는 방식들을 조사할 수 있기 때문에 사전 편찬에도 이용하고 있다.

concordancer ⟨*n*⟩ 콘코던서

코퍼스 내의 단어나 구를 검색하고, 선택한 항목이나 항목들을 주변 문맥과 함께 함께 목록화하여 보여주는 소프트웨어. 콘코던서는 단어의 용법을 사용 문맥과 함께 나타내 주기 때문에, 담화분석이나 다른 언어 분석에도 널리 사용되고 있다. 교사가 학생에게 실제적인 언어 사용 예를 제공하고자 할 때 사용하기도 한다. 다음은 문어 코퍼스에서 단어 *forecast*가 들어 있는 문맥의 예를 보인 것이다.

...calculations a second. The centre makes *forecasts* 10 days ahead for 18 national meteorological...

...any action whose success hinges on a *forecast* being right. They might end up doing a lot...

...stands up in the House of Commons to *forecast* Britain's economic performance for the next...

...labour of its people. This gloomy *forecast* can be better understood by looking closely...

...but three months earlier the secret *forecast* carried out by Treasury economists suggested...

concrete noun 〈*n*〉 구체명사

성질, 상태, 동작이 아니라, 실체를 지시하는 명사. 예를 들어, *book, house, machine* 등이 구체명사이다. 성질, 상태, 동작을 지시하는 명사는 추상명사ABSTRACT NOUN라고 부른다. *happiness, idea, punishment* 등이 그 예이다.

☞ NOUN

concrete operational stage 〈*n*〉 구체적 조작기

☞ COGNITIVE DEVELOPMENT

concurrent validity 〈*n*〉 공인 타당도

(평가에서) 어떤 테스트가 동일한 기능을 측정하기 위한 다른 테스트나, 테스트하고자 하는 기능을 측정하는 다른 유사한 테스트와 상관하는 정도에 기반하는 타당도VALIDITY 유형. 예를 들어, 새로운 제2언어 듣기 이해 테스트의 공인 타당도를 살펴보기 위해 이 테스트에 대한 수험자 집단의 득점과 거의 동일한 시기에 얻은 타당성이 있고 신뢰할 수 있는 기존의 제2언어 듣기 테스트에 대한 수험자 집단의 득점 간의 상관을 계산할 수 있다. 그 결과 얻은 상관계수CORRELATION COEFFICIENT가 이 테스트의 공인 타당도 값이 된다.

conditional 〈*n*〉 조건법

상상의, 혹은 가설적인 상황이나 사건을 진술하는 문법적 법MOOD. 일부 언어에서는 동사에 접사AFFIX를 붙여서 표현하기도 한다. 예를 들어, 프랑스어의 *je donnerais*(나는 줄 것이다)에서 *ais*는 동사 원형인 *donner*(주다)에 첨가된 조건법 접사이다. 영어 *should*와 *would*도 다음 문장에서와 같이 조건법으로 사용된다.

We should like to meet her. I would go if I could.

conditional clause 〈*n*〉 조건절

(영어에서) *if, unless*, 혹은 유사한 의미를 가진 접속사로 시작하는 부사절ADVERBIAL CLAUSE로, 한쪽 절의 상태나 상황이 다른 절에서 진술되는 일어나거나 일어날 가능성 있는 무언가에 종속하는 절이다. 예를 들면 다음과 같다.

If it rains, we will go home.

If you worked harder, you would succeed.

You won't be able to drive unless you have a licence.

conditional forms 〈*n*〉 조건형

조건절에서 사용되는 다양한 문법 형식. 언어교수에서는 주로 다음 세 종류의 조건절이 언급된다.

- **제1조건절**: *if*+단순 현재시제+미래 조동사(예를 들어, *will/shall/may*): *If it rains we will stay home.*
- **제2조건절**: *if*+단순 과거시제+과거의 미래를 나타내는 조동사(예를 들어, *would, could, might*): *I would buy a car if I could afford it.*
- **제3조건절**: *if*+과거완료+과거의 미래를 나타내는 조동사
  (예를 들어, *would/could/might*)+*have*+*ed*-분사: *If I had known you were sick I would have sent you flowers.*

conditioned response 〈*n*〉 조건화된 반응

(행동주의 심리학(☞ BEHAVIOURISM)에서) 어떤 자극STIMULUS에 대한 통상적인, 혹은 자동적인 반응이 아니라, 연합 연쇄 형성을 통해 학습되는 반응(☞ STIMULUS-RESPONSE THEORY). 행동심리학자들은 인간은 훈련이나 **조건화**(conditioning) 과정을 통해 언어를 포함한 많은 행동 양식들을 학습할 수 있도록 조건화되어 있으며, 학습은 자극과 반응의 연합으로 이루어진다고 여긴다.

conditioning 〈*n*〉 조건화

☞ CONDITIONED RESPONSE

conference 〈*n*〉 협의 conferencing 〈*v*〉

언어교수에서, 과업 수행 중에 교사와 학생, 교사와 소그룹 간에 일어나는 반구조화된 면대면 대화. 예를 들어, 쓰기 수업에서 학생은 자신의 작문을 제시한 후, 작성 시에 어려웠던 점이나 장점, 약점 등에 대해 이야기를 나누고, 교사는 피드백을 제공하거나 수정을 제안하는 식으로 수업이 진행된다.

conference interpretation 〈*n*〉 회의 통역

☞ INTERPRETER

confidence interval (CI) 〈*n*〉 신뢰구간

모집단의 모수값이 어떤 범위의 확률로 존재할 것이라고 기대되는, 하한값과 상한값의 범위. 예를 들어, 95% 신뢰구간은 어떤 모집단의 모수값이 그 구간 내에 존재하리라는 것을 95% 확신한다(혹은 확률이 95%이다)는 것을 나타낸다. 신뢰구간이 넓을수록 모수값이 포함되었을 것으로 더 강하게 확신할 수 있다.

confirmatory factor analysis 〈*n*〉 확인적 인자 분석

☞ FACTOR ANALYSIS

conjoining 〈*n*〉 대등접속 conjoin 〈*v*〉

(생성문법GENERATIVE GRAMMAR에서) 단어나 구, 절 등을 동등한 상태로 연결하는 것.

John likes <u>apples</u> and <u>pears</u>.

Betty went <u>to the butcher's</u> and <u>to the supermarket</u>.

   ☞ CONJUNCTION, EMBEDDING

conjugation[1] ⟨***n***⟩ 활용형

시제TENSE, 인칭PERSON, 수NUMBER의 변화 패턴이 동일한 동사 범주. 예를 들어, 프랑스어에는 불규칙동사와 더불어 4개의 규칙 활용형이 있다. 동사인 *donner*(주다), *parler*(말하다), *chercher*(찾다) 등은 *−er*(제1) 활용형에 속한다고 기술된다.

conjugation[2] ⟨***n***⟩ 활용 conjugate ⟨***v***⟩

시제TENSE, 인칭PERSON, 수NUMBER를 표시하기 위한 동사의 변화(활용) 방식. 예를 들어, 프랑스어 동사 *donner*(주다)는 *je donne*(내가 준다), *nous donnons*(우리가 준다), *je donnerai*(내가 줄 것이다), *j'ai donne*(내가 주었다)와 같이 활용한다.

conjunct ⟨***n***⟩ 합접사

   ☞ ADJUNCT

conjunction ⟨***n***⟩ 접속사

=connective 연결어

1. *but*, *and*, *when*과 같이, 단어, 구, 절을 연결하는 단어

   John <u>and</u> Mary went. She sings <u>but</u> I don't.

   • *so that*, *as long as*, *as if*와 같이, 접속사로서 기능하며, 단일어보다 큰 단위를 접속어CONJUNCTIVES라고 부르기도 한다.

   She ran fast <u>so that</u> she could catch the bus.

   • *however*, *nevertheless*와 같이, 절을 유도하거나 연결하는 부사들은 접속 부사라 한다.

   She is 86, <u>nevertheless</u> she enjoys good health.

2. 이와 같은 연결이 일어나는 프로세스. 접속에는 두 가지 유형이 있다.

   a. **등위접속**(co-ordination):

   and, *or*, *but*과 같은 **등위접속사**(co-ordinating conjunctions; co-ordinator라고도 함)를 사용하여, 통사적으로 동일한 자격, 혹은 동일 서열의 언어 단위를 연결한다.

   It rained, <u>but</u> I went for a walk anyway.

   Shall we go home <u>or</u> go to a movie?

   위의 두 절은 **등위절**(co-ordinate clauses)이다.

   b. **종속관계**(subordination):

   because, *when*, *unless*, *that*과 같은 **종속접속사**(subordinating conjunctions;

subordinators라고도 한다)를 사용하여 독립절(independent clause)과 종속절 (dependent clause)을 연결해 준다.

I knew that he was lying.

Unless it rains, we'll play tennis at 4.

conjunctive ⟨*n*⟩ 접속어

☞ CONJUNCTION

conjunctive adverb ⟨*n*⟩ 접속부사

☞ CONJUNCTION

connected speech ⟨*n*⟩ 연결 발화

개별 음이나 고립된 단어들을 분석하는 것과는 달리, 연속적인 발화체로서 분석되는 구어

connectionism ⟨*n*⟩ 연결주의

인지과학cognitive science의 한 이론으로, 이 이론에서는 인간 인지의 각 요소들은 고도로 상호작용적이며, 사건과 개념, 언어 지식은 분산되어 인지 체계에 표상된다고 가정한다. 이 이론은 음성 처리, 어휘체계, 제1언어/제2언어의 학습 모델에 적용되어 왔다. 연결주의는 정보처리information processing와 사고 과정의 본질을 이해하기 위해 수학적 모델과 컴퓨터 시뮬레이션을 이용한다. 이 이론은 기본적으로 다음을 가정한다.

1. 정보처리는 네트워크 안에 조직되어 병렬적으로 작동하는 수많은 단위들의 상호작용을 통해 일어난다.

2. 학습은 입력에 대한 반응으로 특정 네트워크에서 상호 연결이 강화되거나 약화됨으로써 일어난다.

3. 학습 결과는 규칙이 실제로는 전체 네트워크에 걸쳐 분산된 연상 강도의 형태로 존재하지만, 이러한 추상적인 규칙을 '알고 있는' 것처럼 기능하는 단순한 단위 네트워크이다.

연결주의는 **병렬분산처리**(parallel distributed processing [PDP])나 **신경망**(neural networks)으로 불리기도 한다. 이 용어 간에는 약간의 차이가 있지만, 현재에는 연결주의가 가장 일반적인 용어로 사용되고 있다.

☞ LEARNING RULE

connective ⟨*n*⟩ 연결어

＝접속사conjunction

connotation ⟨*n*⟩ 내포 connotative ⟨*adj*⟩

단어나 구가 그것의 중심적 의미(☞ DENOTATION)를 넘어 가지는 부가적인 의

미. 이러한 의미들은 그 단어나 구가 지칭하는 것에 대한 사람들의 감정이나 태도를 나타낸다. 예를 들어, *child*는 *young human being*으로 정의되겠지만, 그 외에도 *child*라는 단어에서 연상하는 특징들이 많이 있다. 예를 들어, *affectionate, amusing, lovable, sweet, mischievous, noisy, irritating, grubby* 등이 그것이다. 내포 중의 일부는 동일한 사회적, 문화적 배경이나 성별, 연령 집단에 따라 공유되는 것도 있고, 또 어떤 것들은 한 개인이나 일부에 한정되어 그들의 개인적 경험에 의해 좌우된다. 의미 체계에서 내포에 의해 표시되는 의미 부분을 **정의적 의미**(affective meaning), **내포적 의미**(connotative meaning), 혹은 **감정적 의미**(emotive meaning)로 부르기도 한다.

connotative meaning 〈**n**〉 내포적 의미

=내포CONNOTATION

consciousness 〈**n**〉 의식

일반적으로, 주관적 체험, 특히 입력INPUT에 포함된 자극과 자기 자신의 심적 프로세스에 대한 자각. 의식은 의도성과 밀접하게 관련되어 있으며, 이 때문에 언어 학습의 어떤 측면이 무의식적이라고 하는 주장이 학습이 의도 없이 일어난다는 것을 의미하는 것인지, 아니면 학습자의 주의 집중 없이 일어난다는 것을 의미하는 것인지, 학습자가 학습 결과나 학습이 일어난다는 사실을 자각하지 못한다는 것을 의미하는 것인지가 분명하지 않은 경우가 많다. 또한 의식의 역할을 검증하는 과학적 방법론에 대한 논쟁도 여전히 진행 중이다. 일부 연구자들은 적절한 규정을 따르기만 한다면 의식을 평가하는 유효한 수단으로써 내성INSTROSPECTION을 용인하고 있다. 다른 연구자들은 부수현상EPIPHENOMENALISM 이론을 지지하여, 의식적인 경험이 행동을 설명하는 유효한 방법이 될 수 없으며, 적절한 과학의 대상도 될 수 없다고 주장한다. 이러한 이유들로 인해, 많은 제2언어 연구자들은 (명시적에 대해) 암시적IMPLICIT 학습이나 (의도적에 대해) 우연적INCIDENTAL 학습과 같이, 상대적으로 정의가 잘 되어 있어 다루기 쉬운 연구 문제를 더 선호한다.

consciousness raising 〈**n**〉 의식 고양

언어교수에서, 형태에 주의를 기울이는 것이 언어 습득에 간접적으로 기여한다는 가설에 기반하여, 학습자가 언어 형식에 주목할 수 있도록 지도하는 기법. 이 기법에는 학생들이 예문을 통해 문법 규칙을 추론하거나, 둘 이상의 문장 간의 차이를 비교하거나, 특정 문법 항목에 대하여 학습자의 사용과 모어화자의 사용 간의 차이를 관찰하는 것 등이 포함된다. 의식고양 접근법(consciousness-raising approach)은 규칙을 정착시키거나 문법 패턴을 직접적으로 주입하는 전통적인 문법 교수 접근법(예를 들어, 드릴, 문장 연습, 문장 연결하기)과 대비된다.

consecutive clause 〈*n*〉 결과절

결말이나 결과를 나타내는 부사절. 예) *The bus took so long that we were late.*

consecutive interpretation 〈*n*〉 순차 통역

☞ INTERPRETATION

consensus task 〈*n*〉 합의 과제

학습자 쌍이나 학습자 그룹이 최종적으로 합의를 노출해야 하는 과업

☞ CONVERGENT QUESTION

consent 〈*n*〉 동의

☞ INFORMED CONSENT

consequential validity 〈*n*〉 결과 타당도

타당도의 한 유형으로, 사회적으로 영향력을 가진 시험의 사용과 해석이 수험자를 포함한 테스트 이해관계자STAKEHOLDER 모두에게 공정하고 긍정적인 결과를 가지고 오는 정도에 기반한다.

conservatism thesis 〈*n*〉 보수주의 가설

☞ LEARNABILITY THEORY

consolidation 〈*n*〉 정리

언어교수에서, 교사가 새로운 자료를 검토하거나, 가르친 것을 강화하기 위해 추가적인 연습을 제공하는 수업 단계. 보통 수업의 마지막 단계에서 행해진다. **복습**(revision)과 비교될 수도 있는데, 복습은 정리보다 늦은 단계에서, 학생들에게 이전에 제시한 자료를 한 번 더 상기시킬 목적으로 실시된다.

consonant 〈*n*〉 자음

폐에서 공기의 흐름이 완전히 차단되거나(폐쇄음STOP), 부분적으로 차단되거나(측음LATERAL), 혹은 너무 좁게 열려서 공기가 통과할 때 마찰되면서 나는 소리(마찰음FRICATIVE). 자음 중에는 기류가 구강에서는 차단되지만 코로 빠져나오는 것도 있다(비음NASALS). 모음VOWELS은 폐에서 공기가 차단되지 않는다.

이러한 구분이 분명하지 않는 경우도 많이 있다. 영어 *yes*의 어두음 /j/는 아주 미세한 마찰이 일어나기도 하기 때문에, 언어학자들은 이를 **반모음**(semi-vowels), 혹은 **반자음**(semi-consonants)으로 부르기도 한다.

☞ MANNER OF ARTICULATION, PLACE OF ARTICULATION

consonant cluster 〈*n*〉 자음 연쇄

음절 앞(예를 들어, *splash*에서 /spl/), 혹은 음절 끝(예를 들어, *tests*의 /sts/)에서 일어나는 둘 이상의 자음의 연속. 영어에서, 2자음 연쇄의 경우 첫 번째 음은 /s/이

거나 두 번째 음이 접근음APPROXIMAN이다((*l, r, w, or, y*); 음절 앞에 3개의 자음 연쇄가 올 때, 첫 자음은 항상 /s/이며, 두 번째 자음은 무성 폐쇄음(/p, t, k/)이며, 세 번째 자음은 접근음이다. 음절 말에서는 더 많은 자음 연쇄가 가능하다. 그러나 3자음 이상으로 된 음절말 자음 연쇄의 다수는 어간에 복수나 과거시제 활용 어미를 더한 결과로 형성된 것이기 때문에, /t/, /d/, /s/, /z/로 끝난다.

언어에 따라 자음이 결합할 수 있는 방식과 단어군이 나타날 수 있는 위치가 상당히 다르다. 예를 들어, 스페인어는 허용되는 자음 연쇄의 수가 영어보다 적고, 폴리네시아어에서는 어떤 자음 연쇄도 허용하지 않는다.

consonant cluster reduction ⟨*n*⟩ 자음 연쇄 간소화

=consonant cluster simplification

한 개 이상의 자음을 탈락시켜 자음 연쇄CONSONANT CLUSTER를 간소화하는 프로세스로, 특히 일상 회화에서 많이 일어난다. 예를 들어, 영어에서 3~4개로 구성된 자음 연쇄는 중간의 한 자음을 탈락시켜 간략화하기도 한다. 예를 들어, *facts*(/kts/로 끝난다)를 *facks*(/ks/로 끝난다)처럼 발음한다. 자음 연쇄 간소화는 언어 학습에서도 일반적인데, 학습자 모어에는 없는 자음 연쇄가 목표언어에서 허용될 때 종종 일어난다.

☞ EPENTHESIS

consonant harmony ⟨*n*⟩ 자음동화

단어 내 자음 조음의 일치. 제1언어 습득에서 아이들은 *doggy*를 *doddy*나 *goggy*로 발음하는 경우가 있다. 제2언어 학습에서 학습자는 예를 들어, *synthesis*와 같은 단어를 발음하기 어려운 경우, 자음을 동화시켜 *synsesis*나 *synthethis*, *synthethith*로 말하는 경향이 있다.

consonant system ⟨*n*⟩ 자음 체계

한 언어의 자음CONSONANT 체계. 예를 들어, 영어에는 자음이 여러 개 있으나 그 중에서 두 가지 폐쇄음 계열이 대응한다.

	양순	치조	연구개
무성	p	t	k
유성	b	d	g

폴리네시아어의 하나인 마오리어에는 무성과 유성 간의 대립이 없는, /p/, /t /, /k/ 한 계열만이 있다(☞ VOICE[2]).

constant comparison method ⟨*n*⟩ 상시 비교법

(질적 연구QUALITATIVE RESEARCH에서) 분석적 귀납ANALYTIC INDUCTION의 논리 안에서 근거이론

GROUND THEORY을 생성하고자 하는 방법. 이 비교법의 기본적인 프로세스는 데이터의 코딩·그룹핑, 데이터의 수집과 병행하여 행해지는 가설 형성이다. 이 방법은 가설을 먼저 세운 후 그것을 검증하는 방식인 양적 연구QUANTITATIVE RESEARCH와는 극히 대조적이다.

constative 〈*n*〉 진술문

    ☞ PERFORMATIVE

constituent 〈*n*〉 성분

(보통 문장 분석에서) 언어 단위로, 더 큰 구조의 한 부분(☞ CONSTITUENT STRUCTURE).

    ☞ DISCONTINUOUS CONSTITUENT, CHUNKING

constituent analysis 〈*n*〉 성분 분석

=immediate constituent analysis 직접 구성성분 분석

교육이나 문법 분석에 이용되는 기법으로, 문장을 그것을 구성하는 주요 부분이나 구성 성분으로 분석하여 그것을 계층적으로 배열한 후, 부분 간의 관계를 보여준다. 구나 절, 문장을 언어 단위에 할당된 문법 범주의 계층의 하나로 기술되게 된다.

    ☞ CONSTITUENT STRUCTURE

constituent identification 〈*n*〉 구성소 식별

    ☞ CHUNKING

constituent structure 〈*n*〉 구성소 구조

=구 구조PHRASE STRUCTURE

constraint 〈*n*〉 제약

보편문법UNIVERSAL GRAMMAR의 한 원리로, 특정 유형의 문법적 조작이 특정 문법 유형에 적용되는 것을 금하는 것.

constraints 〈*n*〉 제약

    ☞ OPTIMALITY THEORY

constriction 〈*n*〉 긴장 constricted 〈*adj*〉

(음성 산출에서) 폐로부터 나온 공기의 흐름을 제한하기 위해 구강이나 인후(성대 VOCAL TRACT)의 한 부분을 좁히는 것.

    ☞ MANNER OF ARTICULATION

construal 〈*n*〉 해석

=conceptualization 개념화

사람이 주변 세계를 인식하고, 이해하고, 해석하는 방법. 인지문법COGNITIVE GRAMMAR에서, 표현은 그것이 언급하는 실체에 의해서만이 아니라, 인식된 장면을 구조화하는 데 사용하는 해석 방법에 의해서도 그 의미가 달라진다고 제안한다. 예를 들어, 화자는 *my dad*와 *my father*, 그리고 *Mary lives in Chicago*와 *Mary is living in Chicago* 중에 하나를 선택해서 말할 수 있는데, 그것은 기술된 상황에 대한 객관적인 사실뿐만 아니라, 화자가 특정 장면을 어떻게 받아들이고 있는가 하는 관점을 토대로 한다.

construct ⟨*n*⟩ 구성개념

직접적으로 관찰되지는 않으나 관찰 가능한 현상에 기초하여 추론되는 개념으로, 사건이나 현상의 분석과 해석에 도움이 된다. 언어 연구에 이용되는 구성개념에는 역할ROLE과 상태STATUS가 있다.

constructed-response item ⟨*n*⟩ 서술형 응답 문항

테스트 문항이나 테스트 과업 유형으로, 수험자가 미리 작성되어 있는 리스트에서 정답을 선택하는 것이 아니라, 쓰기나 말하기 등을 통해서 일련의 개방형 질문에 답해야 한다. 가장 일반적으로 사용되는 서술형 응답 문항 형식에는 채우기와 단답식, 수행평가 등이 있다.

☞ SELECTED-RESPONSE ITEM

construction ⟨*n*⟩ 구조

단어를 일정 순서로 배열하여 더 큰 단위를 구성하는 것. 예를 들어, 한정사에 명사를 더해 명사구를 구성한다.

☞ CONSTRUCTION GRAMMAR

construction grammar ⟨*n*⟩ 구문 문법

형식과 의미의 대응을 언어의 기본 단위로 추정하는 언어 이론. 이러한 단위는 각각 특정 의미 관계와 결합된 특정 통사 구조를 가진 **구문**(constructions)을 포함한다. 구문은 구문 내에 나타나는 특정 단어와는 독립적으로 존재하지만, 단어의 의미는 구문 자체의 의미와 통합된다. 예를 들어, 문장 (b)에서 (보통은 자동사 INTRANSITIVE VERB) 동사 *sneeze*는 '움직임을 일어나게 하다'라는 의미를 가지는 **결과 구문**(resultative construction)의 일부이며, (a)(b)에 공통한다.

(a) *John pushed the book off the shelf.*

(b) *John sneezed the tissue off the table.*

추상적 원리와 형식적 조작을 언어의 본질로 전제하고, 구문을 **부대현상**(epiphenomenal; 보다 심층적인 실재의 부산물로 그 자체로는 흥미롭지 않다)으로 간주하는 많은 언어 이론과는 대조적으로, 구문문법이 설명하는 구문의 개념은 '구조'와 언어교육에서 말하는 문형SENTENCE PATTEN이라는 개념에 훨씬 더 가깝다.

constructionism ⟨*n*⟩ 구성주의

☞ SOCIAL CONSTRUCTIONISM

constructivism ⟨*n*⟩ 구성주의

아래와 같은 신념에 기초한 사회·교육 철학

1. 지식은 수동저으로 받이들여지는 것이 아니라 학습사가 능농적으로 구성해 가는 것이다.
2. 인지는 학습자의 경험 세계를 조직화해 가는 조정적 과정이다.
3. 모든 지식은 사회적으로 구성된다.

구성주의자들은 지속적이고 문맥에 자유로운 진리는 없다고 전제하며, 연구자의 편향/바이어스BIAS는 피할 수 없으며, 복합적이며 사회적으로 구축된 실재는 단편적이 아니라 총체적으로만 연구될 수 있으며, 어떤 연구 현장에서 얻은 결과를 다른 현장으로 일반화할 수 있는 가능성은 제한적이라고 간주한다. 학습에는 재조직화와 재구성 프로세스가 관여한다고 간주하며, 이 프로세스를 거쳐 인간은 지식을 내재화하고 세계를 인식하게 된다고 여긴다. 언어교육에서, 구성주의는 학습 전략과 학습자의 신념, 교사의 이념, 그리고 학습에 대한 학습자의 개별적이고 개인적인 공헌을 강조하는 측면에 초점을 두고 있다. 교수학습에 대해 구성주의는 교사는 자신의 교실을 이해하고 성찰적인 실천가의 역할을 담당한다고 본다.

construct validity ⟨*n*⟩ 구성개념 타당도

(평가에서) 타당도의 한 유형으로, 테스트 문항이 그 테스트가 토대로 하고 있는 이론(즉, 구성개념CONSTRUCT)의 본질적인 측면을 어느 정도 반영하고 있는가를 나타낸다. 예를 들어, 어떤 언어에서 의사소통 능력COMMUNICATIVE COMPETENCE 테스트와 의사소통 능력 이론 간의 관계가 더 잘 제시될수록 그 테스트의 구성개념 타당도가 높아진다.

contact language ⟨*n*⟩ 접촉 언어

☞ PIDGIN

content analysis ⟨*n*⟩ 내용 분석

1. (조사연구에서) 문어와 구어 의사소통의 내용에 대해 화제와 아이디어, 의견 등의 출현 빈도를 분석하고 도식화하기 위해 사용하는 방법. 예를 들어, 내용 분석을 이용하여 언어 교재에 남자와 여자, 어른과 아이, 백인과 백인 이외의 인종 등에 대한 단어의 출현 빈도를 확인할 수 있다. 이를 통해, 어떤 특정 태도나 화제가 편집자의 의도와는 달리 교재 안에서 소통되고 있지 않은가를 조사할 수 있다.

2. (평가에서) 전문가 집단이 모여 테스트 내용이 그 테스트가 측정하고자 한 것들을 실제로 어느 정도 반영하고 있는가를 판단하기 위해 실시하는 방법. 이러한 목적을 위해 테스트의 내용과 테스트TEST나 테스트 문항 명세표ITEM SPECIFICATION와 체계적으로 비교하기도 한다. 이를 통해 내용 타당도CONTENT VALIDITY와 구성개념 타당도CONSTRUCT VALIDITY를 확립할 수 있게 된다.

Content and Language Integrated Learning (CLIL) 〈*n*〉 내용과 언어 통합 학습
내용 중심 교수(content-based instruction)를 가리키는 용어로, 주로 유럽에서 사용된다.

content areas 〈*n*〉 내용 영역
=content fields
학교 교육과정에서 가르치는 언어 이외의 교과목. 이민자가 많은 국가, 특히 미국에서는 비영어 모어화자를 대상으로 한 영어 교육과, 모어화자를 대상으로 한 내용 영역, 다시 말해 수학이나 과학, 사회, 지리 등에 초점을 두는 정규 학교 프로그램에서의 교육을 구별하고 있다. 이민자 학생에게 내용 영역에서 요구되는 쓰기 스킬을 가르치는 코스는 내용 영역 글쓰기(writing in the content areas)라고 한다.
☞ CONTENT BASED INSTRUCTION

content-based ESL 〈*n*〉 내용 중심의 제2언어로서의 영어
☞ CONTENT-BASED INSTRUCTION, SHELTERED ENGLISH

content-based instruction (CBI) 〈*n*〉 내용 중심 교수
=content-based learning, content and language integrated learning (CLIL)
언어 교수와 교과 영역 교수를 통합한 교수 방법이다.
예를 들어, **내용 중심 ESL**(content-based ESL) 프로그램에서는 영어를 매개로 하여 과학이나, 사회, 수학 등을 가르친다. 이 교수법의 예로는 이멀전IMMERSION, 교육과정 연계 언어교육LANGUAGE ACROSS THE CURRICULUM, 보호막 영어SHELTERED ENGLISH 등이 있다.

content-based learning 〈*n*〉 내용 중심 학습
=내용 중심 교수CONTENT-BASED INSTRUCTION

content course 〈*n*〉 교과 과정
언어 과목을 제외한 학문 영역의 모든 분야. EAP에서는 교과 과정(예를 들어, 다양한 학문 분야)과 언어 과정(ESL 학습자를 위해 설치된 과정)을 구분하는 경우가 많다.

content knowledge 〈*n*〉 내용 지식/교과 지식
언어교수에서, 자신의 전문 교과에 대한 교사의 지식을 말한다. 예를 들어, 어학 교사의 내용 지식에는 문법이나 학습 이론, 음성학에 대한 지식 등이 있다. 교사의

교과 지식은 교수 내용의 선택, 내용 설명, 그리고 학습 활동의 구성의 질에 영향을 끼칠 수 있다.

☞ PEDAGOGICAL CONTENT KNOWLEDGE

content reading ⟨*n*⟩ 내용 중심 읽기

즐거움을 위한 읽기, 혹은 휴식을 위한 읽기와는 달리, 교과서나 다른 학습 자료와 같은 내용 영역의 학습에 필요한 정보가 포함된 책이나 인쇄물을 읽는 것.

content schema ⟨*n*⟩ 내용 스키마

읽기 이해 이론에서는 독자가 텍스트를 이해하는 데 사용하는 두 종류의 **스키마** (schema)를 구별하기도 한다. **내용 스키마**(content schema)는 텍스트 내용에 대한 배경 지식, 즉 텍스트가 지진에 관한 것인지, 경제에 관한 것인지, 프랑스 예술이나 요리에 관한 것인지에 관한 지식을 말한다. 이 유형의 스키마 지식은 **형식 스키마** (forma schema)와 구별된다. 형식 스키마는 어떤 텍스트가 단순한 스토리물인지, 과학 텍스트인지, 뉴스 보도인지 등과 같은, 텍스트 형식이나 수사 구조, 구성적 구조에 관한 지식이다. 이 두 유형의 스키마 지식은 독자가 텍스트를 이해하는 방식에 영향을 준다.

☞ SCHEMA THEORY

content validity ⟨*n*⟩ 내용 타당도

(평가에서) 타당도의 한 유형으로, 어떤 테스트가 측정하고자 하는 특정 스킬이나 행동을 어느 정도 적절하고 충분하게 측정하고 있는가에 기초한다. 예를 들어, 어떤 언어의 발음 스킬을 측정하는 테스트에서 강세STRESS나 억양INTONATION, 단어 내부 음의 발음 등은 테스트하지 않은 채 고립된 소리를 발음할 수 있는 능력만을 측정한다면, 이 테스트는 정확한 발음에 필요한 스킬들 중에서 일부만을 테스트한 것이 되며, 따라서 내용 타당도가 낮아지게 된다. 내용 타당도는 가르친 내용을 반영하여 테스트 내용을 작성해야 하는 준거참조 평가CRITERION-REFERENCED TEST에서 특히 중요하다.

content word ⟨*n*⟩ 내용어

단어는 내용어와 기능어의 두 범주로 나눌 수 있다. **내용어**(content word)는 사물, 질, 상태, 동작을 가리키며, 단독으로 사용되더라도 의미(어휘적 의미[lexical meaning]) 를 가지는 단어이다. *book, run, musical, quickly* 등과 같이 주로 동사, 명사, 형용사, 부사가 내용어이다. **기능어**(function word)는 스스로는 의미를 거의 가지지 않는 대신, 문장 내, 혹은 문장과 문장 사이의 문법적 관계(**문법적 의미**[grammatical meaning])를 보여주는 단어이다. *and, to, the*와 같은 접속사, 전치사, 관사가 기능어에 속한다. 기능어는 **형식어**(form word), **허어**(empty word), **기능어**(fuctor), **문법어**

(grammatical word), **구조어**(structural word, structure word)로 불리기도 한다.

☞ WORD CLASS

context ⟨**n**⟩ 문맥 contextual ⟨**adj**⟩

단어나 구, 혹은 보다 긴 발화UTTERANCE나 텍스트TEXT의 전후에 나타나는 것. 단어나 구 등이 가진 특정 의미를 이해하는 데 도움이 된다. 예를 들어, *loud music*에서 단어 *loud*는 보통 '시끄러운'이라는 의미로 이해되지만, *a tie with a loud pattern*이라는 문장에서는 '요란한'이라는 의미로 해석된다. 특정 언어 항목이 사용되는 사회적 상황이 문맥이 되는 경우도 있다. 예를 들어, *spinster*라는 단어는 일상적인 쓰임에서는 노처녀를 뜻하지만, 법률 문맥에서는 미혼 여성 전체를 가리킨다.

☞ CONTEXTUAL MEANING

context clue ⟨**n**⟩ 문맥 단서

=contextualization clue

이해에서, 텍스트 내 어떤 항목을 둘러싼 주변으로부터 얻는 정보로, 항목의 의미를 이해하는 데 이용할 수 있는 정보를 제공한다. 이러한 단서에는 어휘적인 것도 있고 문법적인 것도 있다. 구어의 문맥 단서에는 언어적 기호, 유사언어적 기호, 비언어적인 기호가 포함되고, 문맥에서 화자의 발화가 의도한 의미를 완전히 이해할 수 있게 해준다.

context-embedded language ⟨**n**⟩ 문맥 삽입 언어

상황과 배경, 시각적 단서, 제스처와 동작 등과 같이, 이해의 도움을 제공하기 위해 문맥 내에서 일어나는 의사소통. 이러한 상황에서는 학습자가 의미 추론을 위해 하향식 처리TOP-DOWN PROCESSING를 더 많이 사용할 수 있게 된다. 동시에, 화자 측면에서는 문맥으로부터 의미가 많이 제공되기 때문에 덜 명시적으로 의사소통하게 된다. 문맥 삽입 언어는 **문맥 제거 언어**(context-reduced language)와 비교된다. 문맥 삭제 언어의 경우에는 이해를 지원하는 문맥적 단서가 거의 없고, 그러한 이유로 언어학적 정교화에 상당히 의존해야 한다. 문맥 제거 언어와 문맥 삽입 언어 간의 구별은 학교 문맥에서 학과목 교수의 본질과 의사소통에 있어서 배경 지식의 역할을 설명하는 데 이용되어 왔다.

context of situation ⟨**n**⟩ 상황 문맥

단어나 발화, 또는 텍스트가 나타나는 언어적, 상황적 문맥. 단어나 발화의 의미는 사용된 단어의 문자적 의미뿐만 아니라, 단어가 나타난 문맥이나 상황에 의해서도 결정된다.

context-reduced language ⟨**n**⟩ 문맥 제거 언어

☞ CONTEXT-EMBEDDED LANGUAGE

contextualization 〈*n*〉 문맥화 contextualize 〈*v*〉

언어교수에서, 새로운 학습 항목의 의사소통적 사용을 강화하고, 학생들이 그것들을 다 잘 이해하고 기억하도록 실제 문맥에서 사용되는 예를 제공하는 것. 예를 들어, 명령문의 용법을 가르친 후, 교사가 레시피를 배포하여 학생들로 하여금 명령문의 예를 확인하게 한다.

contextually appropriate method 〈*n*〉 문맥적으로 적절한 방법

☞ CLOZE PROCEDURE

contextual meaning 〈*n*〉 문맥적 의미

언어 항목이 문맥 내에서 가지는 의미. 예를 들어, 한 단어가 특정 문장 내에서 가지는 의미, 또는 한 문장이 특정 단락 안에서 가지는 의미를 가리킨다. 예를 들어, *Do you know the meaning of war?*이라는 문장은 두 가지 문맥적 의미를 가진다.

a. 언어 교사가 학생들에게 말하는 상황에서는 *Do you know the meaning of the world war?*(세계대전이 무슨 뜻인지 아니?)를 뜻할 것이다.

b. 부상당한 군인이 전쟁에 우호적인 정치가에게 말하는 상황에서는 *War produces death, injury, and suffering*라는 의미로 사용될 수 있다.

contingency table 〈*n*〉 분할표

두 개의 변수VARIABLE에 관한 데이터를 보여주는 일람표. 예를 들어, 만약 학생들이 문법 테스트에서 얻은 점수와 테스트 준비에 걸린 시간수의 관계를 조사하고 싶어 한다면, 분할표를 이용하여 테스트에서 다양한 점수를 받은 학생수를 준비에 걸린 시간량에 따라 보일 수 있다. 두 변수(즉, 점수와 준비 시간) 간의 통계적 유의성 STATISTICAL SIGNIFICANCE은 카이제곱CHI-SQUARE 검정을 이용하여 확인할 수 있다.

	테스트 득점			
	0 → 10	0 → 20	21 → 40	합계
준비 시간	10	6	4	20
	2	5	9	16
합계	12	11	13	36

continuant 〈*n*〉 계속음

성도에서 1차 협착이 입속을 통하는 공기 흐름을 차단할 수 있을 지점까지 좁혀지지 않을 때 산출되는 자음CONSONANT. 이 음들은 폐에 공기가 존재하는 한 계속될 수 있다. 계속음에는 마찰음FRICATES(즉, /s, z, f, v/)과 유음LIQUID(즉, /l, r/), 전이음GLIDE (즉, /w, y/)이 포함된다. 비음NASAL은 음을 유지할 수는 있지만, 성도가 닫히기 때문에 보통은 비계속음으로 간주된다.

continuing education 〈**n**〉 평생교육

미국에서, K-12 학교 시스템(공교육)과는 별도로, 기초적인 학습과 레크레이션, 전문적이고 기술적인 분야를 학습하고자 하는 성인을 위해 제공되는 교육 프로그램

continuous 〈**n**〉 계속

＝진행PROGRESSIVE

continuous assessment 〈**n**〉 계속 평가

프로그램 종료 시에 한 번 학생들을 평가하는 것이 아니라, 프로그램이 진행되는 과정 중에 정기적으로 평가하는 평가 접근법. 학생들의 숙달도를 보다 정확하게 제공한다고 여겨지고 있다.

continuum 〈**n**〉 연속체

☞ SPEECH CONTINUUM

contour tone 〈**n**〉 곡선 음조

피치 범위 내에서 미끄러지는 듯한 움직임으로 기술되는 음조. 중국어와 같이 곡선 음조를 가진 언어는 **곡선 성조 언어**(contour tone language)라고 한다.

☞ TONE[1]

contraction 〈**n**〉 축약

언어 형식의 축소를 뜻하며, 다른 형식과 결합된 형태를 지칭하기도 한다.

I shall → *I'll*

they are → *they're*

did not → *didn't*

contrastive analysis (CA) 〈**n**〉 대조분석

두 언어의 언어 체계 예를 들어, 음성 체계나 문법 체계를 비교하는 것. 대조분석은 구조언어학STRUCTURAL LINGUISTICS을 언어 교수에 적용한 것으로, 1950년대와 1960년대에 개발·실천되었으며, 다음과 같은 가정에 기초하고 있다.

a. 새로운 언어를 학습할 때의 주된 어려움은 제1언어로부터의 간섭 때문에 발생한다(☞ LANGUAGE TRANSFER).

b. 이러한 어려움은 대조분석을 통해 예측할 수 있다.

c. 교재는 대조분석을 이용하여 간섭의 영향을 줄일 수 있다.

대조분석은 특히 음운론PHONOLOGY 분야에서 성과를 거두었으며, 1970년대 간섭이 학습의 어려움을 다르게 설명하는 가설(☞ ERROR ANALYSIS, INTERLANGUAGE)로 대체됨에 따라 그 영향력이 감소하였다. 최근에는 대조분석이 다른 언어 분야, 예를 들어 담화분석(☞ DISCOURSE ANALYSIS)에 적용되고 있다. 이를 **대조 담화분석**(contrastive discourse analysis)이라고 부른다.

☞ COMPARATIVE LINGUISTICS

contrastive discourse analysis ⟨*n*⟩ 대조 담화분석

　　　☞ CONTRASTIVE ANALYSIS

contrastive pragmatics ⟨*n*⟩ 대조 화용론

　　서로 다른 두 문화 집단에 속한 사람들이 '사과하기'라는 발화 행위를 실현하는 방식의 차이를 비교하는 것과 같이, 문화적 차이에 따라 화행이나 구어의 다른 측면들이 실현되는 방식을 비교하는 연구 분야

contrastive rhetoric ⟨*n*⟩ 대조 수사학

　　한 언어의 쓰기 관습이 다른 언어의 쓰기 방식에 어떻게 영향을 미치는가를 이해하기 위해 제1언어 쓰기와 제2언어 쓰기, 혹은 두 언어의 쓰기 방식 사이의 유사점과 차이점을 연구하는 분야. 제2언어 쓰기는 제1언어의 언어적, 문화적 관습에 일정 정도 영향을 받는다고 알려져 있다. 따라서 두 언어 간의 관습 차이가 학습자가 쓰기 담화(담화 구조DISCOURSE STRUCTURE)를 조직하는 방식, 사용하는 스크립트나 개요의 종류, 화제TOPIC, 독자, 단락 구성, 어휘VOCABULARY, 언어 사용역REGISTER을 선택하는 데 영향을 끼칠 수 있다.

　　　☞ CONTRASTIVE ANALYSIS

contrastive stress ⟨*n*⟩ 대조 강세

　　　☞ STRESS

consultative speech/style ⟨*n*⟩ 조언적 언어/스타일

　　배경 지식이나 경험을 서로 공유하고 있지 않아서 구어체 발화COLLOQUIAL SPEECH에서 일상적으로 사용되는 것보다 더 많은 배경 지식이 필요한 화자와 청자 간의 대화에서 사용되는 말하기 스타일을 가리킬 때 주로 사용된다.

control group ⟨*n*⟩ 통제집단

　　(조사연구에서) 실험 연구에서 사용되는 두 집단 중의 한 집단으로, 다른 한 집단은 **실험집단**(experimental group)이 된다. 예를 들어, 만약 새로운 교수법의 유효성을 조사하고 싶다면, 한 집단(즉, 실험집단)에는 새로운 교수법으로 가르치고, 다른 집단(즉, 통제집단)은 종래의 교수법을 이용하여 가르칠 수 있다. 통제집단은 실험집단과 (즉, 피험자를 무작위로 두 집단으로 할당하는 방법으로) 동등하게 선택된다. 새 교수법의 효과를 조사할 때는 이 실험집단과 통제집단을 서로 비교한다.

controllability ⟨*n*⟩ 통제가능성

　　　☞ LOCUS OF CONTROL

controlled composition ⟨*n*⟩ 통제 작문

☞ COMPOSITION

controlled language ⟨*n*⟩ 통제된 언어

교실에서 활동, 과업, 텍스트, 연습 등을 할 때 활동 시의 언어적 복잡성을 줄이거나, 특정 언어 자질을 강조하거나, 문법적 정확성에 초점을 두기 위해 수정된 언어를 말한다. 예를 들어, 어떤 활동에서 연습하고자 하는 시제를 현재와 과거시제에 한정하여 준비할 수 있다. 이 활동은 언어를 통제하거나 어떤 식으로도 제한하지 않는 활동, 즉 실제적인AUTHENTIC 언어 사용을 연습하기 위한 활동과 구별된다.

controlled practice ⟨*n*⟩ 통제된 연습

☞ PRACTICE ACTIVITIES

controlled processing ⟨*n*⟩ 통제된 처리

☞ AUTOMATIC PROCESSING

convenience sample ⟨*n*⟩ 편의 표본

☞ SAMPLE

conventionalized speech ⟨*n*⟩ 관습적 표현

＝상투어ROUTINE

convergence[1] ⟨*n*⟩ 수렴

둘 이상의 언어나 언어 변종이 서로 유사해져 가는 과정

a. 어떤 한 언어 변종이 지배적 위치를 획득하게 되면, 다른 변종 언어의 화자들은 지배적인 변종 언어에 더 가깝게 자신의 발음을 바꾸고, 지배적 변종 언어의 어휘나 문법을 사용하게 된다.

b. 서로 다른 두 종류의 언어 변종 화자가 예를 들어, 동일 지역으로 이동하여 함께 섞여 생활하게 되면, 두 변종이 서로 유사하게 변화한다.

☞ DIVERGENCE[1]

convergence[2] ⟨*n*⟩ 수렴

☞ ACCOMMODATION

convergent question ⟨*n*⟩ 수렴적 질문

학생들이 중심이 되고 있는 화제에 집중하거나 수렴하여 대답하도록 하는 질문 방식. 수렴적 질문은 전형적으로 하나의 정답만을 요구하며, 학생들로부터 짧은 대답을 끌어낸다. 이 질문은 교사가 특정 스킬이나 정보에 초점을 두고 싶거나, 짧은 대답을 요구하고 싶을 때, 예를 들어 학생들이 읽기 단락 안에 특정 정보를 위치시킬 수 있는지 여부를 확인하고자 할 때 유용할 수 있다.

☞ CLASSROOM DISCOURSE, DIVERGENT QUESTION,

convergent thinking ⟨*n*⟩ 수렴적 사고

다양한 해석이나 결론을 도출하는 확산적 사고DIVERGENT THINKING와는 달리, 아이디어나 화제 등의 토론과 분석을 통해 하나의 정해진 정답을 찾고자 하는 사고법. 이두 사고법은 교수 과업의 설계를 결정짓는 요인이다.

convergent validity ⟨*n*⟩ 수렴적 타당도

(평가에서) 동일한 구성개념CONSTRUCT을 측정한다고 알려진 둘 이상의 테스트가 실제로 동일 개념을 측정하고 있는가에 초점을 두는 타당도VALIDITY 유형. 동일 구성개념(예를 들어, 제2언어 듣기)을 측정한다고 알려진 두 검사도구의 수렴적 타당도를 확인하기 위해서는 이것을 동일한 두 수험자 집단에 실시한 후, 득점의 상관관계를 조사하면 된다. 만약 높은 상관관계가 인정된다면, 이 두 테스트가 동일한 구성개념을 측정하고 있다는 것이 된다. 만약 그렇지 않다면, 둘 중 하나는 다른 구성개념(예를 들어, 제2언어 읽기)을 측정하고 있다고 간주할 수 있다.

☞ CONSTRUCT VALIDITY, DISCRIMINANT VALIDITY

conversational analysis ⟨*n*⟩ 대화분석

☞ CONVERSATION ANALYSIS

conversation analysis ⟨*n*⟩ 대화분석

=conversational analysis

테이프 녹음과 전사 내용을 면밀히 조사하여 자연 발화(자연스러운 상호작용 맥락에서 발생하는 말[talk-in interaction]이라고도 한다)의 사회 조직을 연구하는 민족지학적 연구방법론ETHNOMETHODOLOGY에서 발달한 연구 전통. 대화분석 연구자들은 일상적회화와, 인터뷰나 법정 심리와 같은 기관 특유의 발화 변종에서 의미나 화용적기능이 어떻게 전달되는가에 관심을 두며, 발화 연쇄의 조직, 발화 교체, 그리고사람들이 의사소통상 문제들을 인식하고 수정하는 방법 등을 연구하고 있다.

☞ ADJACENCY PAIR, CONVERSATIONAL MAXIM, DISCOURSE ANALYSIS, ROLE, SPEECH ACT, TURN-TAKING

conversational implicature ⟨*n*⟩ 대화적 함의

=대화의 격률CONVERSATIONAL MAXIM

conversational maxim ⟨*n*⟩ 대화의 격률

사람들이 이미 알고 있는, 그래서 대화 형식에 영향을 끼치는 암묵적인 대화 규칙. 예를 들어, 다음에서

a: *Let's go to the movies.*

b: *I have an examination in the morning.*

B의 대답은 A의 발언과 관계가 없는 것처럼 보일 수도 있다. 그러나 A는 초대를 하였고 초대에 대한 대답은 보통 수용이나 거절 중 하나여야 하기 때문에, 여기에서 B의 대답은 초대를 수용할 수 없는 변명(즉, 거절)으로 해석된다. B는 화자는 보통 질문과 관련이 있는 대답을 한다고 하는 '격률'을 사용하고 있다. 철학자인 Grice는 자연스러운 대화가 이루어지기 위해서는 지켜야 할 네 개의 대화 격률이 있다고 제안하였다.

a. 양의 격률: 필요한 만큼 정보를 제공하라.

b. 질의 격률: 진실하게 말하라.

c. 관련성의 격률: 관련성 있는 것을 말하라.

d. 방법의 격률: 명료하고 간략하게 말하라.

대화 중에 의미를 함축하는 대화 격률을 사용하는 것을 **대화적 함축**(conversational implicature)라고 하며, 대화 격률을 이용함에 있어서 화자 간의 '협력'은 대화의 **협력 원리**(co-operative principle)라고 부른다.

☞ ADJACENCY PAIR, COHERENCE, REALITY PRINCIPLE

conversational openings ⟨**n**⟩ 대화의 개시

(대화적 상호작용에서) 대화를 시작하기 위해 사람들이 사용하는 전략. 가볍게 헛기침을 한다거나, 몸이나 눈을 움직인다거나, 대화의 앞부분을 반복하는 방식으로 이루어진다.

☞ TURN TAKING

conversational routine ⟨**n**⟩ 상투어

☞ FORMULAIC LANGUAGE

conversational rules ⟨**n**⟩ 대화 규칙

=rules of speaking

한 집단의 사람들이 공유하는 자신들의 대화 행동을 지배하는 규칙. 대화 규칙은 예를 들어, 대화 중에 언제 말해야 하는지, 언제 말하면 안 되는지, 특정 장면에서 무엇을 말해야 하는지, 대화를 어떻게 시작하고 어떻게 끝낼 것인지 등을 규제한다, 이 규칙들은 언어LANGUAGE[1]에 따라서 다를 뿐만 아니라, 동일 언어를 사용하더라도 집단에 따라서 다르다.

☞ CONVERSATIONAL ANALYSIS, CONVERSATIONAL MAXIM

conversational style ⟨**n**⟩ 대화 스타일

대화에 참여하는 특유의 방법. 일상적인 대화에 참여하는 방식은 사람에 따라 다르다. 어떤 이는 대화에 적극적으로 참여하며, 상당히 빠르게 말하고, 발언 사이에 거의, 혹은 전혀 포즈를 두지 않는다. 이 유형을 **관여도가 높은 스타일**(high involvement style)이라고 부른다. 또 어떤 사람은 말투가 느리고, 발언 사이에도 긴 포즈를 두기도 하고, 상대 화자의 발언에 끼어들거나 중단시키지 않는다. 이 유형은 **사려심이 깊은 스타일**(high considerateness style)이라고 부른다.

conversion ⟨*n*⟩ 전환

접사를 사용하지 않고 단어의 문법 범주를 다른 범주로 교체하는 것.

Formal clothes are a *must* at a wedding. (동사→명사)

It *pains* me to think of it. (명사→동사)

co-occurrence restriction ⟨*n*⟩ 공기 제약

일부 통사 분석 모델에서, 한 문장 요소가 반드시 특정 요소와만 함께 나타날 수 있고 다른 요소와는 함께 나타날 수 없는, 문장 요소 간의 제약을 말한다.

*Anita laughed the baby

예를 들어, 위의 문장은 동사 *laugh*가 목적어OBJECT와는 공기할 수 없기 때문에(즉, 자동사[intransitive])이기 때문에) 비문이다.

co-occurrence rule ⟨*n*⟩ 공기 규칙

☞ SPEECH STYLES

co-operating teacher ⟨*n*⟩ 지도교사

=master teacher

(교사교육에서) 교육실습생이 교육 실습을 하는 교실에서 경험이 풍부한 교사. 지도교사는 교육실습생에게 교수 스킬을 가르치고 그들의 교수 방법에 대해 피드백을 제공하는 역할을 한다.

co-operation ⟨*n*⟩ 협력

(학습에서) 동료들과 협동하여 문제를 해결하거나, 학습 과업을 완수하거나, 정보를 공유하거나, 운용에 대한 피드백FEEDBACK을 제공한다.

co-operative learning ⟨*n*⟩ 협동 학습

=collaborative learning

학생들이 소규모의 협력팀으로 함께 작업할 수 있도록 교실을 조직하는 교수학습 접근법. 이 학습 접근법은 다음과 같은 이유로 학생들의 학습을 촉진한다: (a) 덜 위협적이다. (b) 학생의 참여를 증가시킨다. (c) 경쟁의 필요성을 경감시킨다. (d) 교사의 지배성을 줄여준다.

협동 학습 활동은 다음의 다섯 가지 종류로 구분된다.

1. **동료 튜터링**(peer Tutoring): 학생들이 교대로 가르치거나 연습해 가면서 서로의 학습을 돕는다.

2. **직소우**(jigsaw): 집단 과업을 완수하는 데 필요한 정보 조각들을 멤버들이 각각

가진다.

3. **협동 프로젝트**(co-operative Projects): 학생들이 협동하여 보고서 작성이나 집단 프리젠테이션 등을 행한다.

4. **협동적/개별적 학습**(co-operative/Individualized): 개별화된 학습 교재를 이용하여 자신의 속도로 학습해 가지만, 그 진도가 집단의 성적에 반영되며, 학생들의 성적도 집단 전체의 성취도 결과로 평가된다.

5. **협동적 상호작용**(co-operative Interaction): 학생들이 집단으로 활동하여 실험실 실험과 같은 학습 단위를 완수한다.

협동 학습 활동은 의사소통적 언어교수법COMMUNICATIVE LANGUAGE TEACHING에서 자주 사용된다. 언어 교수에 있어서 협동 학습 원리를 이용하는 것을 **협동적 언어 학습법**(Cooperative Language Learning)이라고 한다.

co-operative principle 〈**n**〉 협동 원리

☞ CONVERSATIONAL MAXIM

co-ordinate bilingualism 〈**n**〉 대등형 이중언어

☞ COMPOUND BILINGUALISM

co-ordinate clause 〈**n**〉 등위절

☞ CONJUNCTION

co-ordinating conjunction 〈**n**〉 등위접속사

☞ CONJUNCTION

co-ordination 〈**n**〉 등위 관계

☞ CONJUNCTION

co-ordinator 〈**n**〉 등위접속사

☞ CONJUNCTION

copula 〈**n**〉 지정사/연결사 copulative 〈**adj**〉; linking verb 연결동사

주어SUBJECT를 보어COMPLEMENT에 연결시키는 동사. 예) *He is sick. She looked afraid.* 영어에서, 동사 *be*는 위 문장에서와 같은 기능을 주로 하기 때문에 연결사로 알려져 있다. 연결사적으로 사용되는 연결동사에는 다음과 같은 것들이 있다: *feel, look, prove, remain, resemble, sound, stay, become, grow, turn, smell, taste.*

☞ TRANSITIVE VERB

copula absence 〈**n**〉 지정사 결여

☞ COPULA DELETION

copula deletion 〈**n**〉 지정사 삭제

=copula absence

러시아어, 아랍어, 타이어, 영어를 기반으로 하는 크리올 언어를 포함하는 언어에는 현재시제를 나타내는 지정사(예를 들어 영어의 *be*)가 없다. 그렇기 때문에 *She working*과 *He real nice*와 같은 문장도 문법적이다.

☞ AFRICAN AMERICAN ENGLISH

core curriculum 〈***n***〉 코어 교육과정

모든 학생에게 필수적이라고 여겨지는 교과 내용을 중심으로 조직된 교육과정. 영어는 전 세계의 학교에서 코어 교육과정의 한 부분으로 다루어지고 있다.

coreferential 〈***adj***〉 동일지시적

둘 이상의 표현이 동일 인물이나, 사건, 사물을 지시하고 있다면, 이 표현들은 동일 지시적이라고 한다. 예를 들어, *Susan told me an interesting story about herself*라는 문장에서 *Susan*과 *herself*는 동일한 사람을 가리키고 있기 때문에, 동일 지시적 관계에 있다.

core grammar 〈***n***〉 핵 문법

Chomsky의 보편문법UNIVERSAL GRAMMAR에서, 특정 언어에만 설정되는 특별한 조건이나 규칙(매개변수PARAMETER)뿐만 아니라, 언어에 관한 모든 보편적인 원리를 포함하는 문법. 매개변수는 언어에 따라 다르다. 예컨대, 영어 등의 일부 언어에서는 구의 주요부HEAD가 앞에 오지만, 일본어에서는 주요부가 제일 뒤에 온다. 보편문법에서 예측되지 않는 언어의 양상들은 핵 문법에 속하지 않고 **주변부 문법**(periphery grammar, peripheral grammar)에 속한다고 간주된다.

제1언어 습득에서, 아이의 최초 보편문법은 고정 원리와 개방 매개변수(다시 말해, '설정되지 않은')로 이루어져 있다. 아이가 자신의 제1언어에서 입력을 받아들임에 따라 개방 매개변수가 제1언어에 맞춰 고정되고, 결과적으로 그 아이의 L1 핵 문법이 생성된다. 제2언어 습득에서도 핵 문법의 역할에 대한 연구가 진행되고 있다.

core vocabulary 〈***n***〉 핵심 어휘

언어교수에서, 기초 레벨에서 의사를 전달하고 이해할 수 있는 데 필요한 필수 어휘와 그 의미

coronals 〈***n***〉 설정음

순음LABIALS, 치경음ALVEOLARS, 경구개음PALATALS을 포함하는 소리 범주

corpus 〈***n***〉 코퍼스

단어와 다른 언어 항목들이 실제로 어떻게 사용되는지 알고 싶어 하는 연구자와 교재 개발자들이 쉽게 접근할 수 있도록 수집되어 정리된, 자연적으로 사용되고

있는 언어 샘플의 집합. 코퍼스는 몇 개의 문장을 모아둔 것에서부터 쓰기 텍스트
나 녹음 자료 모음에 이르기까지 그 종류가 다양하다. 언어 분석을 위한 코퍼스는
보통 컴퓨터로 저장하고 접근할 수 있도록 상대적으로 큰 규모의, 계획적으로 수집
된 텍스트(혹은 텍스트의 일부)로 구성된다. 코퍼스는 언어 사용의 다양한 유형,
예를 들어 일상적인 대화나 업무용 편지, ESP 텍스트에 사용된 언어의 실상을
보여주기 위해 설계된다. 코퍼스는 그 유형에 따라 다음과 같이 구별할 수 있다.

1. **특수 코퍼스**(specialized corpus): 학술 논문이나 학생의 작문과 같은 특정 유형의
   텍스트 코퍼스

2. **일반 코퍼스**(general corpus), 혹은 **참조 코퍼스**(reference corpus): 다양한 많은 종류
   의 텍스트를 대량으로 수집한 것. 종종 언어 학습을 위한 참조 자료(사전 등)을
   만드는 데 사용되거나, 특수 코퍼스와의 비교를 위한 기준으로 사용된다.

3. **비교 코퍼스**(comparable corpora): 둘 이상의 언어나 언어 변이로 구성된 코퍼스
   로, 동일한 종류의 텍스트를 동일한 양으로 포함하고 있기 때문에 비교 대상
   간의 차이나 유사점을 비교할 수 있다.

4. **학습자 코퍼스**(learner corpus): 언어 학습자가 산출한 텍스트나 언어 샘플의 집합

corpus linguistics ⟨*n*⟩ 코퍼스언어학

컴퓨터에 축적된 실제로 사용되는 대규모의 언어 샘플 DB 분석을 통해 언어의
구조와 사용을 조사하는 접근법. 코퍼스언어학에서는 사용역에 따른 단어의 의미,
문법 형식과 범주의 분포와 기능, **어휘-문법 연합**(lexico-grammatical associations:
특정 단어와 특정 문법 구조의 결합)의 조사, 담화 특성 연구, 그리고 (학습자 코퍼
스를 이용할 수 있는 경우) 언어 습득과 발달과 관련한 이슈 등을 다룬다.

Corpus of Contemporary American English ⟨*n*⟩ 현대 미국 영어 코퍼스

대규모의 미국 영어 코퍼스로, 픽션과 대중 잡지, 신문, 학술지, 구어 등, 다양한
장르에 걸쳐 분포하는 항목들로 구성되어 있다.

corpus planning ⟨*n*⟩ 코퍼스 계획

언어 계획LANGUAGE PLANNING의 한 유형

정부 당국에 의해 의도적으로 언어를 재구축하는 것. 재구축은 언어에 확장된 어휘
의 범위나 새로운 문법 구조, 혹은 새롭거나, 보다 표준화된 표기법을 제공하는
방식으로 실현된다. 예를 들어, Bahasa Malaysia(말레이어)가 공용어인 말레이시아
에서 비즈니스, 교육, 연구 분야에 새로운 어휘를 구축하고자 하는 시도가 진행되
어 왔다. 동아프리카의 스와힐리어에서도 유사한 노력을 해왔다.

correct ⟨*adj*⟩ 정확한 correctness ⟨*n*⟩

특정 언어 용법(예를 들어, 단어의 발음)이 '틀렸다(*wrong*)'에 대해 '맞다(*right*)'는

것을 진술하는 데 사용하는 용어. 예) *This is the correct pronunciation.*
언어 용법에 대한 특정한 태도를 나타내기도 한다(☞ PRESCRIPTIVE GRAMMAR).
최근에는 '맞다'와 '틀리다'와 같은 절대적인 판단을 피하는 대신, 어떤 용법이
특정 사회적 환경에서 적절하다(적절성APPROPRIATENESS)거나 덜 적절하다는 식으로
생각하게 되었다.

☞ ERROR

correction for guessing 〈*n*〉 추측 수정

테스트 수험자에 의한 무작위적인 추측의 효과를 보정하기 위한 수학적 조정. 보통
교사가 작성한 테스트를 채점할 때에는 권장하지 않는 방법이지만, 이 방법을 사용
할 시에는 추측에 의한 득점은 보정되거나 감점된다는 것을 수험자에게 공지해야
한다.

corrective recast 〈*n*〉 오류수정 후 다시 말하기

☞ RECAST

correlation 〈*n*〉 상관

두 데이터 변수 간의 관계의 강도를 나타내는 척도. 예를 들어, 학생 집단의 수학
테스트 점수와 언어 테스트 점수 간의 관계를 조사해 보고 싶을 수 있다. 응용언어
학 관련 문헌에는 다양한 유형의 상관이 보고되어 있으며, 이 중에서 어느 것을
사용할지는 상관을 구하고자 하는 변수의 종류에 따라 결정된다. **피어슨 적률 상관**
(Pearson product-moment correlation; r)은 두 연속 변수 간의 관련성을 나타내는
척도이다. **점양분 상관**(point-biserial correlation; r_{pbi})은 연속 변수와 이분 변수(예를
들어, 성별-남자 vs. 여자) 간의 관련성을 나타내는 척도이다. **양분 상관**(biserial
correlation; r_b)은 연속 변수와 인위적으로 이분화된 변수(즉, 연속적으로 측정 가능
한 두 개의 범주에서 단순화된 변인[예를 들어, 연령-노인 vs. 젊은이, 테스트 득점-
합격 vs. 불합격]) 간의 관련성을 나타내는 척도이다. 오늘날에는 거의 사용되지
않고 있다. **사분 상관**(tetrachoric correlation)은 두 개의 인위적인 이분 변수 간의
관련성을 나타내는 척도이다. **파이 상관**(phi correlation; $\varnothing$)은 두 개의 진정한 이분
변수 간의 관련성을 나타내는 척도이다. **스피어만 순위상관**(Spearman rank-order
correlation/Spearman's rho; ρ)은 두 순서 변수 간의 관련성을 나타내는 척도이다.
켄달 순위 상관(Kendall rank-order correlation), 또는 **켄달 타우**(Kendalls tau; τ)는
두 순서 변수 간의 관련성을 나타내는 척도이지만, 스피어만 순위상관보다 동일
순위(즉, 둘 이상의 수험자가 동일한 점수를 받아서 순위가 동일할 때)를 더 적절하
게 다룬다.

correlational research 〈*n*〉 상관 연구

두 자연 변수 간의 관련성의 본질을 조사하기 위해 수행하는 연구

correlation coefficient ⟨***n***⟩ 상관계수

=coefficient of correlation

두 변수 간의 관련성의 정도를 나타내는 수적 지표로, 수치 상 –1.00(완전한 부적 상관)에서 .000(관련성이 전혀 없음)을 거쳐, +1.00(완전한 정적 상관)까지의 범위가 있다. 상관계수는 관련성의 방향(즉, 정적인가 부적인가)과 강도(즉, 사이즈나 규모)를 나타낸다. 예를 들어, 만약 학생이 두 테스트에서 거의 유사한 점수를 받았다면, 두 점수 간에는 높은 정적 상관이 있을 것이다. 반대로, 한 테스트에 대한 점수가 다른 테스트와 정반대인 경우라면, 두 점수 간에는 높은 부적 상관이 있을 것이다. 만약 두 테스트에 대한 학생들의 점수가 예측 가능한 형태로 관련하지 않는다면, 학생들의 점수는 제로 상관을 가질 것이다. 상관계수의 절대값이 1.00에 가까울수록 상관계수의 방향과는 관계없이 두 변수 간의 관련성은 더 강해진다.

correlative conjunction ⟨***n***⟩ 상관접속사

병립 구조에서 쌍으로 사용되는 등위접속사

> *both … and*
>
> *either … or*
>
> *neither … nor*

COTE ⟨***n***⟩

=해외 영어 교사 자격CERTIFICATE FOR OVERSEAS TEACHERS OF ENGLISH

co-text ⟨***n***⟩ 공텍스트

어떤 텍스트와 함께, 혹은 그 앞에 위치하여 텍스트의 의미 해석에 영향을 주는 텍스트. 공텍스트라는 개념은 어떤 텍스트를 해석하기 위해서는 그 텍스트를 이해하기 위한 문맥을 제공해 주는 이전 텍스트가 있다는 것을 시사한다. 예를 들어, 영화 광고에 사용되는 '*To See or Not to See*'라는 구절은 독자가 햄릿의 유명한 대사인 '*To be or not to be*'라는 구절을 알고 있다는 것을 전제한다. 이 때 후자가 이 광고의 공텍스트가 된다.

counselling learning ⟨***n***⟩ 상담 학습법

☞ COMMUNITY LANGUAGE LEARNING

countable noun ⟨***n***⟩ 가산명사

=count noun

단수형과 복수형을 모두 가지는 명사. 예를 들면,

> *word – words, machine – machines, bridge – bridges.*

복수형을 취하지 않는 명사는 **불가산명사**(uncountable noun), 혹은 **질량명사**(mass noun)라고 한다. 예를 들면,

education, homework, harm.

☞ NOUN

counter-example ⟨*n*⟩ 반례

어떤 가설이나 주장을 반증하는 예. 예를 들어, *He goed*와 같은 학습자 발화는 사람들이 입력에서 들은 것을 단순히 모방하여 학습한다는 주장에 대한 반례이다.

coursebook ⟨*n*⟩ 교과서

언어교수에서, 특정 레벨에 있는 특정 유형의 언어 학습자에게 필요한 자료를 모두 포함하고 있는 책(보통은 시리즈 중 한 권). 전형적으로 통합 교수요목이나 다-기능 교수요목을 기반으로 하여, 문법 기능과 어휘, 듣기, 말하기, 읽기, 쓰기 섹션으로 구성된다.

course density ⟨*n*⟩ 과정 밀도

(교육과정 설계와 교수요목 설계(☞ COURSE DESIGN)에서), 적절한 학습 속도를 얻기 위해, 교수요목 상에 새로운 교수 항목을 도입하거나 재도입하는 속도. 문법과 어휘를 강조하는 언어 프로그램에서 학습자는 능동적 사용을 위해 1시간에 4, 5개의 항목을 학습하고, 수동적 사용을 위해 1시간에 4, 5개 항목을 추가적으로 학습한다. 학습 시간이 400시간인 교육 프로그램에서는 능동적 사용을 위한 항목 2,000개와 수동적 인식을 위한 항목 2,000개가 학습 목표가 된다.

course design ⟨*n*⟩ 코스 설계

=language programme design 언어 프로그램 설계, curriculum design 교육과정 설계, programme design 프로그램 설계

(언어교수에서) 언어 프로그램이나 교육 자료의 개발, **교수요목 설계**(syllabus design)가 언어교육 프로그램에서 무엇을 가르칠 것인가를 결정하는 절차를 가리키는 데 반해, 코스 설계는 교수요목을 어떻게 실천할 것인가를 포함한다. 예를 들어,

a. 교수 목표를 달성하기 위해서는 어떤 교수법METHOD과 교재가 필요한가?

b. 어느 정도의 시간이 필요한가?

c. 교실 활동을 어떻게 구성하고, 어떤 순서로 조직할 것인가?

d. 어떤 종류의 배치고사PLACEMENT TEST, 성취도 테스트ACHIEVEMENT TEST를 이용할 것인가?

e. 프로그램을 어떻게 평가할 것인가?(☞ EVALUATION)

☞ COURSE DENSITY

course management system (CMS) ⟨*n*⟩ 코스 관리 체계

☞ LEARNING MANAGEMENT SYSTEM

courseware ⟨***n***⟩ 코스웨어

컴퓨터지원학습COMPUTER ASSISTED LEARNING에서 사용되는 컴퓨터 프로그램

court interpreter ⟨***n***⟩ 법정 통역사

법원 등에서 통역을 할 수 있는 전문 지식을 겸비한 통역사. 법정 통역사에게 요구되는 훈련이나 경험, 자격 등은 나라마다 다르다.

　　　☞ INTERPRETER

covariance ⟨***n***⟩ 공분산

두 변인이 어느 정도 상관하고 있는가를 나타내는 척도

　　　☞ ANALYSIS OF COVARIANCE

covariate ⟨***n***⟩ 공변량

공분산분석ANALYSIS OF COVARIANCE에서, 효과가 통계적으로 통제되는 변인

coverage ⟨***n***⟩ 적용 범위

어떤 단어나 구조가 유사한 의미를 가진 다른 단어나 구조로 대체 사용될 수 있는 정도. 예를 들어, *seat*에는 *chair, bench, stool*이라는 의미가 포함되어 있으며, *What time is it please?*는 *Could you kindly tell me the time?*으로 대체할 수 있다. 적용 범위는 언어 교수를 위한 언어 항목을 선택하는 데 이용되는 한 가지 원리이다. 넓은 적용 범위를 가진 항목이 언어 학습자에게 가장 유용할 것이기 때문이다.

　　　☞ SELECTION

covert language policy ⟨***n***⟩ 숨겨진 언어정책

　　　☞ LANGUAGE POLICY

covert prestige ⟨***n***⟩ 잠재적 권위

드러내 놓고 표현되지는 않지만, 어떤 언어LANGUAGE나 언어 변이VARIETY에 대해 보이는 긍정적 태도. 예를 들어, 다수의 언어공동체SPEECH COMMUNITY에는 교육이나 지위와 관련이 있는 명확히 권위를 가지는 표준 변종이 있는 반면, 동일 지역에서 사용되는 비표준 변이는 중시되지 않는 경우가 있다. 표준 변종의 권위는 화자가 표준 변종을 상대적으로 더 빈번하게 사용하는 경향을 보이는 등, 다양한 형태로 나타난다. 그러나 화자가 비표준 변종을 상대적으로 더 자주 사용하는 경우도 종종 보고되는데, 이는 이 변이와 관련한 일종의 잠재적 권위 또한 존재한다는 것을 보여준다.

c-parameter ⟨***n***⟩ c-패러미터

　　　☞ ITEM RESPONSE THEORY

CPE ⟨***n***⟩

=영어 숙달도 증명CERTIFICATE OF PROFICIENCY IN ENGLISH

CPH ⟨*n*⟩

=결정적 시기 가설CRITICAL PERIOD HYPOTHESIS

creative construction hypothesis ⟨*n*⟩ 창조적 구문 가설

제2언어/외국어 학습자가 언어 규칙을 산출해 가는 방식에 대한 이론. Dulay와 Burt가 제안한 이 이론에서 학습자는 다음과 같은 방법으로 목표어TARGET LANGUAGE의 규칙을 습득하게 된다.

a. 일반화GENERALIZATION와 같은 자연적인 심적 프로세스를 이용함으로써

b. 제1언어 학습자와 유사한 프로세스를 이용함으로써

c. 제1언어 규칙에 많이 의존하지 않음으로써

d. 목표언어에는 없는 새로운 형식과 구조를 창조해 가는 과정을 이용함으로써

*She goed to school. (*She went to school*)

*What you are doing? (*What are you doing?*)

creative thinking ⟨*n*⟩ 창조적 사고

교육에서, 문제를 특정하고, 가설을 세워, 능숙하지 않은 개방형 과업에 대해 새롭고 적절한 해결책을 적용할 수 있는 능력의 토대가 되는 혁신적이고 적응적인 사고. 많은 교육 프로그램에서는 학생들의 창의적 사고 스킬을 배양하는 것을 중요한 목표로 삼고 있다.

creative writing ⟨*n*⟩ 창의적 글

작자의 독창성과 상상력, 느낌을 반영하지만, 실제 사건을 진술하지는 않는 픽션이나 드라마, 시와 같은 글 유형

creole ⟨*n*⟩ 크리올

어떤 언어공동체에서 모어화되어, 의사소통 목적을 위해 일상적으로 사용되는 피진어PIDGIN. 피진어에 비해 크리올의 문장 구조와 어휘 범위가 훨씬 더 복잡하고 풍부하다. 크리올은 어휘가 기반하고 있는 언어에 따라 분류될 수 있다—영어 기반, 프랑스어 기반, 포르투갈어 기반, 스와힐리어 기반—. 영어 기반 크리올에는 자메이카 크리올, 하와이 크리올, 서아프리카 시에라리온의 크리올 등이 있다.

☞ CREOLIZATION, POST-CREOLE CONTINUUM

creolization ⟨*n*⟩ 크리올화

피진이 크리올이 되어가는 과정. 크리올화는 어휘와 문법 체계의 확대를 수반한다.

criterion[1] ⟨*n*⟩ 기준(준거)

테스트 수험자의 응답이나 결과, 수행 등을 비교하거나 평가할 때 사용하는 용인

기준

criterion[2] 〈***n***〉 기준

    ☞ BEHAVIOURAL OBJECTIVE

criterion measure 〈***n***〉 준거 척도

(평가에서) 새로 개발한 테스트(즉, 예측변수[predicator])가 타당성VALIDITY 척도로서 비교되는 준거. 준거 척도는 동일 능력을 측정하는 타당한 척도로 알려진, 다른 테스트인 경우도 있고, 다른 유효한 예측변수인 경우도 있다.

    ☞ CRITERION-RELATED VALIDITY

CRITERION-REFERENCED TEST(ing) 〈***n***〉 준거참조 테스트

합의된 특정 기준이나 준거에 따라 테스트 수험자의 수행결과를 측정하는 테스트. 수험자는 시험에 통과하기 위해 이 수행 기준에 도달해야 하며, 수험자의 득점은 규준참조 평가NORM-REFERENCED TEST의 경우처럼, 다른 수험자의 점수가 아니라 준거가 되는 점수를 참조하여 평가된다.

criterion referencing 〈***n***〉 준거 참조

평가에서, 테스트나 평상시 시험에서의 합격 여부를 결정하기 위해 학생이 그 언어로 할 수 있어야 하는 것들을 기술해 놓은 것

criterion-related validity 〈***n***〉 준거관련 타당도

(평가에서) 새로 작성한 테스트를 이미 타당성이 인정된 외부의 준거 척도와 비교하거나 상관시켜 공통성 정도를 측정하는 타당도 유형. 예를 들어, 새로 작성한 L2 어휘 테스트의 타당도는 새 테스트의 테스트 득점과 인정된 구성개념CONSTRUCT (예를 들어, L2 어휘 지식)을 나타내는 다른 준거 척도와 상관을 시켜보면 확인할 수 있다. 병존 타당도CONCURRENT-VALIDITY와 예측 타당도PREDICATIVE VALIDITY로 분류할 수 있다.

criterion variable 〈***n***〉 기준변수

    ☞ 종속 변수DEPENDENT VARIABLE

critical age 〈***n***〉 임계 연령

    ☞ CRITICAL PERIOD

critical applied linguistics 〈***n***〉 비판적 응용언어학

비판이론CRITICAL THEORY과 그 방법론을 언어교육이나 문식성, 담화분석, 직장 언어, 번역, 그 외 언어와 관련한 다른 영역에 응용하는 접근법

critical comprehension 〈***n***〉 비판적 이해

    ☞ READING

critical discourse analysis 〈*n*〉 비판적 담화분석

담화분석DISCOURSE ANALYSIS의 한 유형으로, 비판적인 입장에서 언어가 사용되는 방식에 관해 텍스트와 다른 담화 유형을 분석하여, 그 뒤에 숨어 있는 사상이나 가치를 확인하고자 한다. 비판적 담화분석은 사람들이 언어를 사용하는 방식을 분석하여 어떤 제도와 사회-역사적 문맥에 있어서 이해나 권력 관계를 밝히고자 하는 데 그 목적이 있다.

critical incident analysis 〈*n*〉 주요 사건 분석

교사교육이나 다른 분야에서, 새로운 중요한 통찰이나 변화를 촉발한 교사의 경험 등을 그 의미와 의의라는 관점에서 조사하고자 할 때 이용하는 절차.

예를 들어, 교실 수업에서 교사가 사용하는 교수 기법의 가치나 신념에 대해 의문을 가지는 학생들이 있을 수 있다. 나중에 이러한 사건들을 글로 작성해 보거나, 다른 사람들과 논의하여 체계적으로 질문해 봄으로써, 교사는 자신의 신념이나 실천을 반성해 볼 수 있다. 이를 통해, 교사는 교육과 교사로서의 자기 자신을 보다 더 잘 이해할 수 있게 되며, 성장하게 된다.

critical linguistics 〈*n*〉 비판적 언어학

사회 내부의 특정 집단에 권력을 부여하는 언어의 역할에 초점을 두고 언어와 언어 사용을 분석하는 접근법.

주로 텍스트와, 텍스트가 해석되고 사용되는 방식을 다룬다. 이 이론에서는 담화에서 언어의 형식과 기능의 관계는 임의적이거나 관습적인 것이 아니라, 문화적, 사회적, 정치적 요소에 의해 결정되는, 다시 말해 본디부터 이데올로기적이라고 가정한다.

critical literacy 〈*n*〉 비판적 문식성

문식성 교육 접근법으로, 사회적 아이덴티티와 역학 관계가 어떻게 분석, 비판, 연구의 주된 목표가 되었는가를 밝히고자 한다. 이 접근법 하에서 비판적 독해는 텍스트를 해석하는 능력만이 아니라, 어떤 문화에 있어서 사회적 조건과 읽기와 쓰기 실천 간의 관련성을 인식하는 능력, 이러한 실천을 분석하는 능력, 그리고 실천에 대해, 혹은 실천에 반해 행동을 취할 수 있는, 비판적이고 정치적 인식을 기르는 것을 목적으로 한다.

critical pedagogy 〈*n*〉 비판적 교육

지배적인 언어학 이론이나 문화 등의 정보를 전파하는 것이 아니라, 언어가 사용되는 조건과, 언어 사용의 사회적·문화적 목적을 비판적으로 검토하고자 하는 교수 접근법.

교수와 학습 과정 및 그에 대한 연구는 모두 본질적으로 평가 가능한 것이며, 이데

올로기적이라고 간주한다.

critical period ⟨**n**⟩ 결정적 시기/임계기

=critical age

아이가 언어를 쉽게, **빠르게**, 완전하게, 그리고 교육을 받지 않고 습득할 수 있는 기간. Lenneberg의 초기 **결정적 시기 가설**(critical period hypothesis)에서는 이 시기가 대략 2살에서 사춘기까지로 상정하고 있다. Lenneberg는 대뇌의 반구편중화 LATERALIZATION가 사춘기에 완성되기 때문에, 사춘기 이후의 언어 습득은 어려워져서, 제2언어를 완벽하게 습득하겠다는 목표는 실현되기 어렵다고 보았다. 최근에는 음운 습득의 결정적 시기는 5살이나 6살이지만, 어휘 습득에 있어서는 아마도 연령 제한이 없을 것이라고 생각하는 연구자들도 있다. 또 결정적 시기라는 것이 존재하지 않기 때문에 사춘기 이후에도 언어를 완벽하게 습득할 수 있다고 주장하는 연구자가 있는 반면, 언어 학습 능력은 연령과 더불어 서서히 저하되기 때문에 결정적 시기임을 확인할 수 있는 명확한 경계가 없다고 주장하는 이들도 있다. 그리고 이러한 이유 때문에 **민감기**(sensitive period)라는 용어를 선호하기도 한다. 결정적 시기와 관련한 학습 어려움의 원인이 생물학적인 데 있는지, 사회적, 인지적, 혹은 정의적인 것에 있는지가 주요 논쟁의 대상이 되어 왔다.

critical period hypothesis ⟨**n**⟩ 결정적 시기 가설

☞ CRITICAL PERIOD

critical reading ⟨**n**⟩ 비판적 읽기

1. 독자가 자신이 읽고 있는 읽기 자료의 내용을 개인적 기준이나, 가치관, 태도, 신념과 관련 지어 비판적으로 반응하는 읽기. 다시 말해, 텍스트에 써져 있는 것을 넘어, 읽기 자료의 관련성과 가치에 대해 비판적으로 평가해 가면서 읽는 것.

2. 독자가 텍스트에 저재하는 사상이나, 글쓴이가 쓰고자 한 것에 대해서가 아니라, 인물과 사건, 장소가 써져 있는 방식을 확인하고자 하는 읽기의 단계. 비판적 읽기는 텍스트의 배경에 있는 사상과 문화적 메시지, 그리고 텍스트에서 사회적 현실을 다루는 데 사용된 언어나 담화 기능의 이해에 중점을 둔다. 비판적 읽기는 비판적 교육의 한 척도이다.

critical theory ⟨**n**⟩ 비판 이론

원래는 사회 이론의 하나였으나, 현재는 당면한 사회적 정의 문제나 실천의 중요성을 강조하는 교육 철학과 운동을 가리키는 데에도 사용되고 있다. 비판 이론의 목표는 인식과 반성, 논쟁을 통해서 정의와 관련한 다양한 문제를 인식하고, 대응하고, 해결하는 데 있다. 비판 이론에서 언어 및 언어 사용은 중요한 논점 중 하나이

C

다. 왜냐하면 언어와 언어 사용은 관련하는 사람들의 가치관을 직관적으로 나타내기 때문에 언어가 권력을 만들거나, 유지하고, 이데올로기적 위치를 표현하는 데 있어서 핵심적인 역할을 한다고 여겨지기 때문이다. 사회 제도와 구조의 제약이 가져온 해방과 지위 향상은 대부분의 비판적 접근법에서 다루는 핵심 주제이다.

critical thinking 〈*n*〉 비판적 사고

읽기 이해나 토론 스킬에서, 읽거나 듣는 것에 대해 의문을 가지거나 평가할 수 있는 단계. 언어교육에서는 이를 통해 학습자가 목표언어의 교수 자료에 보다 능동적으로 참여하고, 더 깊게 처리할 수 있게 되고, 독립적인 사고 주체로서 학생들을 존중하게 된다고 여기고 있다.

Cronbach's alpha 〈*n*〉 크론바흐 알파

=coefficient alpha

다음과 같은 정보에 기초하는 내적 일관성 척도이다.

    a. 테스트의 문항 수

    b. 문항별 득점의 분산VARIANCE

    c. 테스트 총 득점의 분산

수학적으로 말하자면, 모든 가능한 문항의 신뢰성 추정치의 평균은 동일하다는 것이다. 문항을 이분법적으로 채점했을 때 크론바흐 알파 값은 KR20 값과 같다. 그 때문에 KR20을 크론바흐 알파의 특수한 케이스라고 부르기도 한다.

    ☞ INTERNAL CONSISTENCY RELIABILITY, SPLIT-HALF RELIABILITY

cross-cultural analysis 〈*n*〉 교차 문화 분석

한 문화의 구성원에 대한 일반화가 다른 문화의 구성원에게도 해당되는가를 결정하기 위해, 둘 이상의 문화 집단으로부터 얻은 데이터를 분석하는 것. 문화 간 비교 연구는 사회언어학의 중요한 한 분야이다. 한 언어 집단에 대해 만들어진 일반화가 그 집단의 문화를 반영하고 있는지, 혹은 보편적인지를 아는 것이 중요한 경우가 많기 때문이다.

cross-cultural communication 교차 문화 간 의사소통

다른 문화적 배경을 가지는 사람들 간에 생각이나 정보 등을 교환하는 것. 동일한 문화적 배경을 가진 사람 간의 의사소통에서보다 교차 문화 간 의사소통에서 문제가 생기는 경우가 더 많다. 참여자들은 각자 상대방의 발화를 자기 자신의 문화적 관습이나 경험에 따라 해석하기 때문이다(☞ CONVERSATIONAL RULES). 만약 화자들의 문화적 관습이 차이가 크다면, 잘못된 해석이나 오해를 낳기 쉽고, 심지어 의사소통이 완전히 단절되어 버리는 경우도 있다. 이는 취직 면접이나, 의사-환자 간의 문진, 법률적인 의사소통과 같은 실생활 장면을 다룬 연구에서 많이 보고되어 있다.

☞ CONVERSATIONAL MAXIM

cross-cultural pragmatics ⟨*n*⟩ 교차 문화 간 화용론

메시지를 이해하거나 표현할 때의 문화적 규범의 유사점이나 차이를 연구하는 분야. 발화 행위를 행할 시 관습의 차이와 같은 것을 연구한다.

cross-linguistic influence ⟨*n*⟩ 언어 간 영향

차용BORROWING, 간섭INTERFERENCE, 언어 전이LANGUAGE TRANSFER 등과 같이, 한 언어가 다른 언어에 영향을 끼치는 현상을 아우르는 용어. 전이, 특히 간섭이라는 용어가 행동주의BEHAVIOURISM를 연상시키기 때문에, 최근에는 '언어 간 영향'이라는 용어가 더 폭넓게 사용되고 있다.

cross-over groups ⟨*n*⟩ 집단 간 교차 이동

(교수에서) 집단 활동의 하나로, 먼저 학급을 여러 개의 토의 집단으로 나눈 후, 일정 시간이 지난 후에 각 집단의 한두 명이 다른 집단으로 이동, 토의를 계속한다. 이 활동을 통해, 학급 전체가 아이디어를 공유할 수 있게 되고, 따로 피드백을 할 필요도 없다.

cross-section(al) method ⟨*n*⟩ 횡단법

=cross-section(al) study 횡단적 연구

연대기 상의 한 시점에서 개인이나 피험자 집단이 사용하는 언어의 특정 양상(예를 들어, 시제 체계의 사용)을 측정하거나 연구하기 위해 행하는 조사 방법. 이 방법은 일정 기간에 걸쳐 (예를 들어, 시제 체계가 연령에 따라 어떻게 변화하고 발달하는가를 연구하기 위해) 개인이나 집단을 연구하는 **종단법**(longitudinal method), 혹은 **종단적 연구**(longitudinal study)와 대비된다.

CRT ⟨*n*⟩

=준거참조 테스트CRITERION-REFERENCED TEST(ing)

CTEFLA ⟨*n*⟩

=성인을 위한 외국어로서의 영어 교수 자격증CERTIFICATE IN TEACHING ENGLISH AS A FOREIGN LANGUAGE(현재는 CELTA)

C-Test ⟨*n*⟩ C-테스트(규칙빈칸메우기 테스트)

클로즈 테스트의 일종으로, 읽기 텍스트에서 두 번째 문장의 두 번째 단어부터 시작하며, 첫 번째 문장은 그대로 두고 각 두 번째의 뒷부분의 반을 제거하고 제시된다. 정확 단어 채점법(exact word method)만 사용된다.

cue ⟨*n*⟩ 큐

(언어교수에서) 교사가 학생으로부터 응답을 끌어내기 위해 주는 신호. 예를 들어, 의문문 연습에서,

큐	응답
time	*What time is it?*
day	*what day is it?*

큐는 단어나 신호, 행동 등이 될 수 있다.

☞ DRILL

cued recall 〈**n**〉 단서 회상

☞ RECALL

Cuisenaire rods 〈**n**〉 쿠세네어 막대

나무로 된 10개의 작은 막대로, 넓이는 일정하지만 길이가 다르며, 각기 다른 색이 칠해져 있다. 처음에는 산수를 가르치기 위해 개발되었으나, Caleb Gattegno에 의해 침묵 교수법SILENT METHOD으로 불리는 언어교수법에도 도입되었다. 소리와 단어, 문장 형성법을 가르치고 연습하는 데 사용되었다.

cultural capital 〈**n**〉 문화 자본

한 사회의 성공적인 구성원이 되는 데 필요한 자질들을 말한다. 지식과 기술, 경험 등이 여기에 포함된다. **언어 자본**(linguistic capital)에는 어떤 공동체나 실천 공동체 COMMUNITY OF PRACTICE에서 가치 있다고 평가되는 언어 지식의 척도나 숙달도가 포함된다. 예를 들어, 우세 언어를 안다, 특별한 억양ACCENT으로 말한다, 전문용어JARGON를 능숙하게 사용한다 등이 있다.

cultural disadvantage 〈**n**〉 문화적 불이익

=cultural deprivation 문화적 박탈

일부 아이들, 특히 사회적, 경제적 지위가 낮은 가정의 아이들은 특정 유의 가정 체험이 결여되어 있으며, 그로 인해 학교에서 학습 상의 어려움을 야기하는 경우가 있다는 가설. 예를 들어, 사고나 언어 발달을 자극하는 책이나, 교육용 게임, 활동을 해보지 못한 아이들은 학업 성적이 좋지 않을 수 있다. 그러나 학업 성적이 좋지 않은 이유를 설명해 주는 다른 요인들도 많기 때문에, 아이들의 학습 능력 차이를 설명하는 데는 불충분하다.

☞ COMPENSATORY INSTRUCTION, CULTURAL RELATIVISM

cultural imperialism 〈**n**〉 문화 제국주의

언어교수에서, 수업 중에 (교과서나 내용의 선택을 통해) 어떤 문화적인 스테레오 타입이나 가치가 보편적이며 우수한 것으로 제시되는 대신, (언급하지 않거나 직접 제시하여) 다른 문화는 열등하게 보이도록 하여, 지배 문화에 대한 관점을 전달하

려는 것.

cultural literacy ⟨*n*⟩ 문화적 문식성

어떤 국가나 문화에 참여하는 데 필요하다고 여겨지는 문화와 다른 유형의 지식(예를 들어, 문학, 역사, 정치, 예술 등에 관한 지식). 문화적 문식성은 이중언어 화자가 겸비하고 있는 경우도 있고, 그렇지 않은 경우도 있다.

culturally relevant curriculum/instruction ⟨*n*⟩ 문화적으로 관련한 교육과정/교수

가르치고 있는 학습 내용과 콘셉트와 관련하여, 학습자의 신념과 규범, 가치관을 인정하는 교육과정이나 교수 활동. 이 개념은 이해와 학습을 촉진시키기 위해 내용, 용례, 제시 방법, 그룹 분할, 학습 전략 등을 선택하는 데 영향을 끼칠 수 있다.

cultural pluralism ⟨*n*⟩ 복문화주의

한 개인이나 집단이 하나 이상의 문화적 신념과 가치관, 태도를 보유하고 있는 상황. 외국어 교육이나 이중언어 교육BILINGUAL EDUCATION 프로그램이 복문화주의를 촉진시킨다고 알려져 있다. 복문화주의를 개발하고자 하는 교육 프로그램을 **다문화교육**(multicultural education)이라고 부르는 경우도 있다. 예를 들어, 한 국가의 다양한 민족 집단을 가르치기 위해 설계된 프로그램 등이 여기에 해당한다.

cultural relativism ⟨*n*⟩ 문화 상대주의

한 문화의 이해는 그 문화의 기준에 준해서만 이해될 수 있다는 이론. 이는 한 문화의 표준과 태도, 신념을 다른 문화를 연구하거나 기술하는 데 사용해서는 안 된다는 것을 의미한다. 이 이론에 따르면, 보편적인 문화적 신념이나 가치관이란 존재하지 않으며, 존재한다 하더라도 중요하게 간주되지 않는다. 문화 상대주의는 주로 언어 상대성LINGUISTIC RELATIVITY, 문화적 박탈CULTURAL DEPRIVATION과 관련하여 논의되어 왔다.

cultural studies ⟨*n*⟩ 문화 연구

언어를 포함한 다양한 기호체계를 사용함으로써 개인이 사회적·역사적인 아이덴티티(즉, 자신의 문화)를 획득하거나, 혹은 상실하게 되는 조건들에 대해 연구하는 학문 분야

culture ⟨*n*⟩ 문화

특정 국가나 집단을 특징짓는 습관과 코드, 가치관의 집합. 즉, 어떤 국가나 집단에서 가장 우수하다고 여기는 문학 작품, 예술, 음악 등의 총체. 문학이나 예술과 같은 '고(high)' 문화와, 태도와 가치관, 신념, 일상 라이프스타일 등과 같은 '작은 문화(c culture)'로 구별되기도 한다. 언어와 문화는 '담화'라 부르기도 하는, 즉 한 사회의 아이덴티티를 반영하는 말하는 방식, 사고방식, 행동 방식을 형성한다. 언어 학습에 있어서 문화적 측면은 제2언어 연구의 중요한 측면이다. 교육은 지배

문화에 순응해 가는 프로세스라고 여겨진다. 외국어 교육에서 목표언어의 문화는 교육과정의 통합된 일부로 가르쳐지기도 한다.

culture fair ⟨*adj*⟩ 문화적으로 공평한

=culture free ⟨*adj*⟩

(언어 평가에서) 수험자 집단 모두에 공통하는 추정, 신념, 지식에 기반하였기 때문에 모든 문화 집단의 구성원에 공평한 테스트. 예를 들어, 다음과 같은 테스트 문항은 문화적으로 공평하지 않다.

    Bananas are _____. (a) *brown*, (b) *green*, (c) *yellow*

이 문항은 문화적으로 편향되어 있다. 바나나는 노란색이라고 생각하는 사람도 있고, 녹색 바나나를 먹는 사람도 있을 것이며, 요리한 바나나는 갈색이기도 하기 때문이다. 세 개의 답 중에서 하나만을 정답으로 처리한다면, 이 테스트는 특정 문화 집단에만 유리한 것이 된다.

culture shock ⟨*n*⟩ 문화 충격

다른 문화를 접했을 때 느낄 수 있는 불쾌감, 공포, 불안 등의 강한 감정. 예를 들어, 이주해서 외국에서 살게 되었을 때 새로운 문화에 익숙해질 때까지 문화 충격의 기간을 가지기도 한다.

curriculum[1] ⟨*n*⟩ 교육과정

1. 「1학년 작문 교육과정」에서와 같이, 특정 코스나 프로그램을 위한 전체적인 계획. 이와 같은 프로그램은 통상 다음과 같은 내용을 진술한다.

    a. 프로그램의 교육 목적(aim, goal)

    b. 프로그램의 내용과 순서(보통 '**교수요목**[syllabus]')

    c. 사용되는 교육 절차와 학습 활동(즉, '**방법론**[methodology]')

    d. 학습자의 학습을 평가하기 위해 이용하는 수단

      (즉, '**평가**[assessment]'와 테스트)

    e. 프로그램의 목표 달성 여부를 평가하는 데 사용하는 수단('**평가**[evaluation]')

2. 「중등학교 교육과정」에서와 같이, 학교나 기관이 제공하는 정규 교육에 대한 전체 프로그램

curriculum[2] ⟨*n*⟩ 교육과정(교수요목)

=교수요목SYLLABUS

curriculum alignment ⟨*n*⟩ 교육과정 일치도

교육과정의 다양한 요소들(목표, 교수요목, 교수법, 평가) 간에 합치하는 정도. 예를 들어, 교육과정은 의사소통적으로 편성되어 있는데 평가 절차는 문법적인 기준에 기반하고 있다거나, 코스에서 사용하는 교재가 그 목표를 반영하고 있지 않다

면, 교육과정 일치도가 낮다고 말할 수 있다.

curriculum development 〈**n**〉 교육과정 개발

=curriculum design 교육과정 설계

한 교육 체계에 대해 목표와 내용, 실천, 평가 방법을 개발하거나 연구하는 것. 언어교수에서, 교육과정 개발(교수요목 설계라고도 한다)에는 다음 사항들이 포함된다.

a. 학습자가 언어를 필요로 하는 목적에 대한 연구(요구분석NEEDS ANALYSIS)

b. 목표OBJECTIVES 설정과 교수요목SYLLABUS, 교수법METHOD, 교재의 개발

c. 이 절차가 학습자의 언어 능력에 효과가 있었나에 대한 평가EVALUATION

curriculum frameworks 〈**n**〉 교육과정의 구조

☞ STANDARDS

curriculum guide 〈**n**〉 교육과정 소개

학교의 교육 체계에 대해 설명하고, 보통 교육 철학과 목표, 목적, 교수 방법, 평가 방법을 담고 있는 문서

curriculum ideology 〈**n**〉 교육과정관

교육 프로그램의 철학적 당위성과, 그것이 담고 있는 다양한 목적을 제공하는 신념과 가치관. 교육과정관은 그 문화에 있어서 가장 중요한 지식, 가치관과 관련한 특정 견해를 보여준다. 언어교수에서 일반적인 교육과정관에는 다음과 같은 것이 있다.

1. **학문적 합리성**(academic rationalism): 교육과정이 교과목의 본질적인 가치와 그것이 학습자의 지성, 인간성, 합리성을 개발시키는 역할을 강조하는 견해. 이 당위성은 종종 고전어 교육을 정당하기 위해 사용된다.

2. **사회적·경제적 효율성**(social and economic efficiency): 교육과정은 사회와 학습자의 실제적인 요구에 초점을 두어야 하고, 교육 프로그램의 역할을 경제적이고 생산적인 학습자 육성에 있다고 보는 견해. 영어 교육과 결부된 가장 일반적인 목적이다.

3. **학습자 중심**(learner-centered): 교육과정은 학습자의 개인적 필요성과 개인적 경험의 역할, 지식과 내성, 비판적 사고, 학습자 전략, 그리고 학습자의 성장에 중요하다고 여겨지는 다른 특성이나 스킬 등을 개발시킬 필요성을 강조해야 한다는 견해

4. **사회적 재구성주의**(social-reconstructionism): 학교와 교육이 사회적 부정이나 불평등을 다루는 데 일정한 역할을 해야 한다는 견해. 교육을 중립적인 과정이라고 보지 않으며, 학교는 교사와 학습자를 중요한 사회 문제에 적극 관여시켜 그

문제들을 해결하는 방법을 탐구하게 해야 한다는 견해. 비판적 교육학의 이데올로기이다.

5. **문화다원주의**(cultural pluralism): 학교는 학생을 지배적인 문화 집단, 경제 집단의 문화만이 아니라, 다양한 여러 문화에 참여할 수 있도록 준비시켜야 한다는 견해

cursive writing ⟨**n**⟩ 필기체

=longhand

문자 형태가 통상적인 형태처럼 보이고 각 문자들이 서로 연결되어 있지 않은 활자체MANUSCRIPT WRITING와 비교하여, 한 단어 내의 문자들이 서로 연결되어 있는 손글쓰기 서체

cursive writing   manuscript writing

cutoff score ⟨**n**⟩ 커트라인

수험자가 목표 기준을 달성하였다, 혹은 달성하지 못했다로 분류할 때 그 준거 CRITERION가 되는 점수. 예를 들어, 커트라인이 100점 만점에 80점(즉, 80%)으로 설정되었다면, 80점 이상을 받은 사람만이 해당 코스가 다루는 자료를 성공적으로 완수한 것으로 간주되어, 졸업이나 상급 단계로 나아갈 수 있는 자격이 있다.

☞ STANDARD SETTING

cyclical approach ⟨**n**⟩ 순환 접근법

=spiral approach 나선형 접근법

D

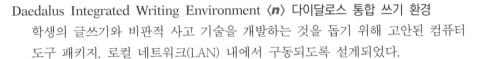

Daedalus Integrated Writing Environment ⟨*n*⟩ 다이달로스 통합 쓰기 환경

학생의 글쓰기와 비판적 사고 기술을 개발하는 것을 돕기 위해 고안된 컴퓨터 도구 패키지. 로컬 네트워크(LAN) 내에서 구동되도록 설계되었다.

Daedalus Interchange ⟨*n*⟩ 다이달로스 교환

컴퓨터지원학습COMPUTER ASSISTED LANGUAGE LEARNING에서, 언어 코스에서 사용되는 소프트웨어 프로그램으로, 여러 특징들 중에서 실시간 통신, 동료 편집, 인용 교수를 가능하게 한다.

dangling modifier ⟨*n*⟩ 현수 수식어

(작문에서) 문장 내에 있는 어구를 수식하지 않거나, 문장 내의 틀린 단어를 지시하는 구나 절. 예를 들어,

Walking home from school, the fire engine came screeching around the corner.
위 문장에서 구 *walking home from school*이 *fire engine*을 수식하여 오류문이 되었다. 이 문장은 다음과 같이 수정할 수 있다.

Walking home from school, I saw the fire engine come screeching around the corner.
수정한 문장에서, 구 *walking home from school*이 이제는 주절의 *I*를 수식하고 있기 때문에 적절한 문장이 되었다.

data ⟨*n*⟩ (단수는 datum) 데이터

(조사연구에서) 어떤 현상을 더 잘 이해하기 위해, 혹은 이론을 뒷받침하기 위해 실험이나 연구를 통해 분석이 가능하도록 모은 정보나 증거, 사실

data bank ⟨*n*⟩ 데이터 뱅크/자료 은행

☞ DATABASE

database ⟨*n*⟩ 데이터베이스

=data bank ⟨*n*⟩

특정 목적에 사용할 요량으로 구축한 대량의 정보나 데이터. 언어 프로그램에서는 학생이 학교에서 실시한 모든 시험에서 받은 점수 정보가 포함된 데이터베이스를 구축할 수 있을 것이다. 나중에 이 데이터베이스는 학생의 학습 속도나 특정 목적을 위한 시험 효과를 결정하는 데 사용할 수 있다. 제1언어나 제2언어 습득 연구에서는 학습자가 다양한 학습 단계에서 산출한 문장들이 데이터베이스에 포함될

수 있을 것이며, 이후에 다양한 목적을 위해 이 데이터를 분석할 수 있다.

data driven teaching ⟨***n***⟩ 데이터 기반 교수 **data driven learning** ⟨***n***⟩ 데이터 기반 학습

언어교수에서, 코퍼스로부터 얻은 정보에 기초하여 실제적인 실생활 언어 사용의 예를 활용하는 교수

dative alternation ⟨***n***⟩ 여격 교체

영어에서, 논리적 직접목적어와 간접 (여격DATIVE[1]) 목적어를 가지는 문장의 경우, 다음의 두 가지 방식으로 실현될 수 있다.

· **전치사 여격 구문**(the prepositional dative construction): V NP *to/for* NP. 예를 들어, *He threw the ball to his son. He cut a piece of cake for her.*

· **이중 목적어 구문**(the double object construction): V NP NP. 예를 들어, *He threw his son the ball. He cut her a piece of cake.*

두 가지 교체 현상이 모든 동사에 허용되는 것은 아니다.

dative case[1] ⟨***n***⟩ 여격

명사 혹은 명사구가 동사의 간접목적어INDIRECT OBJECT로 기능함을 나타내는 명사나 명사구의 한 형태. 예를 들어, 독일어 문장에서

Sie gab der Katze eine Schale Milch.

She gave the cat   a dish (of) milk

명사구 *der Katze*에서 이 명사구가 동사의 간접목적어이기 때문에 여격임을 나타내기 위해 관사가 굴절어미 *−er*을 취하고 있다.

☞ CASE[1]

dative case[2] ⟨***n***⟩ 여격

(격 문법CASE GRAMMAR에서) 동사가 나타내는 상태, 동작의 영향을 받는 사람이나 동물을 가리키는 명사, 혹은 명사구. 예를 들어, 다음 문장에서,

Gregory was frightened by the storm.

I persuaded Tom to go.

*Gregory*와 *Tom*은 여격이다. *Gregory*와 *Tom* 둘 다 무언가의 영향을 받고 있다: *Gregory*는 놀랐고, *Tom*은 설득을 경험하고 있다. 여격을 가끔 **경험자격**(experiencer case)이라고 부르기도 한다.

daughter (dependency) ⟨***n***⟩ 딸(의존관계)

☞ SISTER (dependency)

DCT ⟨***n***⟩ 담화완성테스트

☞ DISCOURSE COMPLETION TEST

dead language ⟨**n**⟩ 사어

　　=extinct language 소멸어

　　모어화자가 존재하지 않는 언어

decision-making ⟨**n**⟩ 의사결정

　　교수에서, 수업이나 수업 장면을 계획하고, 실행하고, 평가할 때, 특히 교수 상에 있어서 다양한 선택이 가능할 때, 교사가 선택 가능성이 있을 때, 교사가 이용하는 사고 과정. 두 종류의 의사결정이 있다.

　　1. **실행 전 의사결정**(pre-active decision-making): 수업 내용 등을 가르치기에 앞서 내리는 결정

　　2. **상호작용적 의사결정**(interactive decision-making): 계획된 활동을 수행하지 않는 다고 결정하는 것처럼, 수업 중에 행해지는, 계획되지 않는 결정

　　의사결정은 교사 사고의 중심적 요소로 간주되어 왔다. 교사의 교실 내 행동들은 교수의 효과를 형성하고 결정하는 판단과 결정에 의해 특징지어진다. 그러나 교사 의 모든 행동이 의사결정과 관련하여 설명될 수 있는 것은 아니다. 교사의 행동은 일상에 의해, 혹은 관습이나 직감적 계획에 의해 유도되기도 한다.

declarative ⟨**n**⟩ 선언

　　　　☞ SPEECH ACT CLASSIFICATION

declarative knowledge ⟨**n**⟩ 선언적 지식

　　(인지심리학 및 학습 이론에서) 정보가 장기기억LONG TERM MEMORY에 저장되는 두 가지 방법 중 하나. 선언적 지식은 명제PROPOSITION로서 저장될 수 있는, 의식적으로 알고 있는 사실이나 개념, 생각으로 구성된 정보이다. 예를 들어, 영어의 시제 체계를 설명할 때는 일련의 진술과 규칙, 혹은 사실로서 제시할 수 있다. 다시 말해, 선언적 지식으로 학습할 수 있다. 이 지식은 절차적 지식PROCEDURAL KNOWLEDGE, 다시 말해 '자전거 타는 법'이나, '독일어를 말하는 방법'과 같이, 어떻게 하는지는 알고 있지 만 의식적으로는 모르는 것과 관련한 지식과 대비된다. 절차적 지식은 연습을 통해 단계적으로 습득되며, 스킬 학습의 기초가 된다. 제2언어 습득의 많은 측면은 선언 적 지식보다는 절차적 지식으로 구성된다.

　　　　☞ ADAPTIVE CONTROL OF THOUGHT

declarative sentence ⟨**n**⟩ 평서문

　　진술STATEMENT 형식으로 된 문장. 평서문은 *I'm leaving now*에서와 같이, 진술 기능을 가지거나/가지지 않을 수도 있으며, *I suppose you're coming this evening*에서와 같이, 의문으로 기능하기도 하고, *I'd like you to leave immediately*와 같이, 명령이나 요청 으로 기능하기도 한다.

declension ⟨***n***⟩ 어형변화 decline ⟨***v***⟩

특정 언어에서, 명사구의 격 형식(☞ CASE¹) 목록

예를 들어, 독일어에서는

주격: *der Mann* (그 사람이)

대격: *den Mann* (그 사람을)

여격: *dem Mann* (그 사람에게)

속격: *des Mannes* (그 사람의)

decoding ⟨***n***⟩ 해독 decode ⟨***v***⟩ 해독하다

단어, 구, 문장의 의미를 이해하려고 노력하는 과정. 발화UTTERANCE를 해독할 때 청자는

a. 단기기억에 발화를 보지해야 하며(☞ MEMORY),

b. 발화를 분절하여 분석한 후(☞ CHUNKING), 절과 구, 다른 언어 단위로 식별해야 하며,

c. 기저에 있는 명제와 발화 내적 의미(☞ SPEECH ACT)를 확인해야 한다.

해독은 암호나 모스 부호와 같은 의미를 전달하는 일련의 기호를 해석할 목적으로 사용되기도 한다.

☞ ENCODING, MESSAGE, INFORMATION, INFORMATION PROCESSING, INFORMATION THEORY

deconstruct ⟨***v***⟩ 해체하다

=problematize 문제화하다

이전에는 당연시되었던 어떤 개념이나 이데올로기를 분석함으로써 사물에 대해 가지고 있던 기존의 사고방식을 약화시키는 것(혹은 문제화하는 것). 예를 들어, 학습과 교수, 교사와 학습자 등에 대해 당연시해 왔던 생각 방식에 의문을 품을 수 있다.

☞ HEGEMONY

decontextualized ⟨***adj***⟩ 탈문맥화된

실제 문맥에서 그것이 어떻게 사용되는가에 관한 정보 없이 (예를 들어, 교과서에서) 제시되어, 결국 문장이나 발화의 의미를 충분히 제시하지 못하게 되는 언어 사용의 예. 많은 언어 교수 접근법(예를 들어, 전체언어 교수WHOLE LANGUAGE, 의사소통적 언어 교수COMMUNICATIVE LANGUAGE TEACHING)에서는 항상 문맥 안에서 언어를 제시해야 한다고 주장하고 있다.

decreolization ⟨***n***⟩ 탈크리올화

크리올CREOLE이 그 토대가 된 표준 언어에 더 가까워지는 프로세스. 예를 들어, 영어에 기반한 크리올이 표준 영어에 더 가까워지는 것이 그것이다. 크리올이 사용되는

지역에서 교육의 기회가 늘어나 표준 언어를 배우게 되면, 교육을 받지 못한 사람이 사용하는 크리올에서 고등교육을 받은 사람이 사용하는 표준 언어에 이르기까지 다양한 상태의 언어 변종이 존재하게 된다. 이러한 현상이 자메이카와 가이아나와 같은 나라에서 실제로 일어나고 있다. 이 나라에는 영어 기반의 크리올에서 표준 영어에 가까운 크리올까지 다양한 언어 변종이 존재한다.

☞ POST-CREOLE CONTINUUM

deduction ⟨*n*⟩ 연역

작문에서, 두 가지 대비되는 논증 전개 방식이 있다: 연역에 의한 논증과 **귀납**(induction)에 의한 논증. 연역에 의한 논증은 일반적인 것에서 시작하여 그것을 뒷받침해 주는 특정 사실로 전개되며, 귀납에 의한 논증은 특정 사실로부터 그것을 일반화하는 방향으로 전개된다.

☞ ESSAY

deductive learning ⟨*n*⟩ 연역적 학습

=learning by deduction 연역법에 의한 학습

언어 교수 접근법으로, 학습자는 언어에 대한 규칙을 배우고, 언어에 대한 구체적인 정보를 제공 받는다. 그런 다음, 언어를 사용할 때 이 규칙들을 적용한다. 언어의 문법 규칙 학습을 강조하는 교수 접근법(예를 들어, 문법 번역식 교수법GRAMMAR TRANSLATION METHOD)은 연역적 학습의 원리를 이용한다. 연역적 학습은 학습자에게 문법 등의 규칙을 직접적으로 가르치지 않고, 대신 자신들의 언어 사용 경험으로부터 규칙을 발견해 내거나 추측해 내도록 하는 **귀납적 학습**(inductive learning), 혹은 **귀납법에 의한 학습**(learning by induction)과 대비된다. 언어에 대한 정보를 제시하기보다는 그 언어의 사용을 강조하는 교수 접근법(예를 들어, 의사소통적 접근법 COMMUNICATIVE APPROACH, 상담 교수법COUNSELLING LEARNING)은 귀납적 학습의 원리를 이용한다.

deep structure ⟨*n*⟩ 심층 구조

☞ GENERATIVE THEORY

deficit hypothesis ⟨*n*⟩ 결여 가설

=verbal deficit hypothesis 언어 결여 가설

일부 아이들의 언어는 어휘나 문법, 혹은 복잡한 개념을 표현하는 수단이 부족하기 때문에 학교에서의 성공을 위한 기초로서는 부적절하다는 이론. 응용언어학자들은 이 가설을 비판하였고, 그것을 **상이 가설**(difference hypothesis)과 대조하여 설명해 왔다. 상이 가설에서는 일부 아동(예를 들어, 어떤 사회적, 민족 집단에서 온 아동)의 언어가 중산층 아동의 언어와 다를지라도, 모든 방언DIALECT은 똑같이 복잡하며, 아이들은 방언을 이용하여 복잡한 개념을 표현할 수도 있고, 학교 수업의

기초를 닦는 데 이용할 수도 있다.

☞ CULTURAL DEPRIVATION

defining relative clause ⟨*n*⟩ 한정적 관계절

=restrictive relative clause 제한적 관계절

문장 내의 명사나 명사구에 부가적인 정보를 제공하는 절CLAUSE. 한정적 관계절은 명사의 의미를 한정하거나 정의하는 역할을 한다. 보통 *who*나 *which*, *whom*, *whose*, *that*으로 시작하며, 문어 영어에서는 콤마로 명사와 관계절을 분리하지 않는다.

The man *whom you met* is my uncle.

The woman *that you want to speak to* has left.

이에 반해, **비한정적 관계절**(non-defining relative clause)(**비제한적 관계절**[non-restrictive relative clause]이라고도 한다)은 부가적 정보를 제공하지만, 명사나 명사구를 한정하거나 정의하지는 않는다. 쓰기에서는 콤마로 분리된다.

My uncle, *who is 64*, still plays football.

defining vocabulary ⟨*n*⟩ 정의 어휘

다른 단어들을 설명하거나 정의할 때 사용하는 기본 단어 목록. 정의 어휘는 아동용 사전이나 외국어 학습자용 사전에서 정의를 기술하는 데 사용한다. 이 어휘들은 단어 빈도WORD FREQUENCY 연구를 기반으로 한다. *Longman Dictionary of Contemporary English*에서는 2,000개의 정의용 어휘를 이용하여 모든 정의를 작성하고 있기 때문에, 이 2,000어의 의미를 알고 있다면, 이 사전의 모든 정의들을 이해할 수 있다.

definite article ⟨*n*⟩ 정관사

☞ ARTICLE

definition method ⟨*n*⟩ 정의법

☞ METHODS OF DEVELOPMENT

degenerate ⟨*adj*⟩ 퇴행된

(생성이론GENERATIVE THEORY에서) 언어 학습자에게 제공되는 입력은 퇴행적이다, 다시 말해 불완전하거나 언어 수행상의 오류를 포함하고 있다는 이론. 학습자는 퇴행적 발화와 적절하게 형성된 발화를 구별할 수 있는, 원리에 기반한 방법을 가지고 있지 않기 때문에 입력에의 노출만으로 언어가 습득되는 방식을 설명하려고 하는 것은 충분하지 않다고 여겨지고 있다.

deictic ⟨*adj*⟩ 직시적인 deixis ⟨*n*⟩ 직시(성)

발화를 시간이나 장소, 인칭에 직접 관련시키는 단어나 구를 가리키는 술어. 영어 직시 표현의 예로는 다음과 같은 것이 있다.

a. 화자와 관련한 장소를 지칭하는 *here*과 *there*

The letter is here. (화자에 가깝다)

The letter is over there. (화자로부터 멀리 떨어져 있다)

b. 화자, 혹은 작자를 가리키는 *I*.

언급하고 있는 사람이나 사람(청자)을 가리키는 *you*.

제3자(들)를 가리키는 *he/she/they*.

delayed correction ⟨*n*⟩ 사후 수정

언어교수에서, 유창성 연습을 방해하지 않기 위해 교사가 학습자의 오류가 발생한 즉시가 아니라, 조금 지나서 수정하는 오류 수정 기법. 예를 들어, 학습자의 롤플레이 활동이 끝난 후, 교사가 시제 오류 목록을 칠판에 제시하는 식이다.

delayed recall ⟨*n*⟩ 지연 회상

☞ IMMEDIATE RECALL

deletion ⟨*n*⟩ 삭제

화자가 소리, 형태소, 혹은 단어를 빼먹고 말할 때를 말한다. 예를 들어, 가벼운 대화나 빠른 발화에서, 영어 화자들은 강세 없는 단어의 마지막 자음을 삭제하여 *a friend of mine*을 *a friend o'mine*과 같이 발음하기도 한다.

delexical verbs ⟨*n*⟩ 비어휘적 동사

다른 단어들과 연어를 형성하는 *do*, *make*, *take*, *get* 등의 고빈도 단어. 이 동사들은 그 자체로는 어휘적 의미를 가지지 않지만, *make a mistake*, *make progress*, *make it through*에서 *make*가 다양한 의미로 사용되는 것처럼, 그것과 공기하는 단어들에 의해 의미를 가지게 된다.

DELTA ⟨*n*⟩

=성인을 위한 영어 교육 학위DIPLOMA IN ENGLISH LANGUAGE TEACHING TO ADULT(UCLES)

DELTYL ⟨*n*⟩

=청소년 학습자를 위한 영어 교육 학위DIPLOMA IN ENGLISH LANGUAGE TEACHING TO YOUNG LEARNERS(UCLES)

demonstrative ⟨*n*⟩ 지시사

화자로부터 떨어져 있는 거리를 지칭하는 단어(대명사PRONOUN나 한정사DETERMINER). 영어 지시사에는 *this*, *that*, *these*, *those*이 있다.

You take these books (여기) *and I'll take those* (저기).

인도네시아어에서는 *ini*과 *itu*이다.

buku ini (이 책)

buku itu (저 책)

denotation 〈**n**〉 외연

그것을 현실 세계나 가상 세계, 혹은 가능한 세계의 현상과 관련시키는 단어나 구의 의미. 예를 들어, 영어 *bird*의 외연(혹은 명시적 의미)은 다리가 두 개이고, 날개가 있고, 알을 낳고, 부리를 가진 온혈 동물이다. 의미 체계에서 **외연적 의미**(denotative meaning)는 어휘 항목의 '중심' 의미나 '핵심' 의미로 간주된다. 이 의미는 **지시적 의미**(☞ REFERENCE), **인지적 의미**(cognitive meaning), **개념적 의미**(conceptual meaning)와 동일한 뜻으로 사용되기도 한다. 그러나 언어학자나 철학자 중에는 이러한 개념들을 구별하는 이도 있다.

denotative meaning 〈**n**〉 지시적 의미

　　　　☞ DENOTATION

dental 〈**adj**〉 치음의

혀끝이 앞 윗니의 뒤를 건드려서 나는 언어음(자음CONSONANT). 예를 들어, 프랑스어에서 /tεr/ *terre*(대지)의 /t/와 /du/ *doux*(단)의 /d/는 치파열음dental STOPS이다. 영어에서 /t/와 /d/는 치경폐쇄음ALVEOLAR stops이다. 영어 비모어화자가 치경 대신에 치음을 사용하면 '외국인 억양'처럼 들리게 된다.

　　　　☞ PLACE OF ARTICULATION, MANNER OF ARTICULATION

dependability 〈**n**〉 일관성

　　=replicability 재현가능성

(질적 연구QUALITATIVE RESEARCH에서) 유사한 문맥에서 동일한 방법론을 사용한 동일한 연구가 동일한 결과를 낳을 것인지에 대한 문제(양적 연구QUANTITATIVE RESEARCH의 신뢰성RELIABILITY과 유사한 개념이다). 질적 연구자들은 완전한 재현성을 얻는 경우는 매우 드물다고 믿기 때문에, 일관성은 예를 들어, 다른 연구자에게 자신이 사용하고 있는 데이터나 절차를 체계적으로 재검토해 주도록 하는 접근법을 이용하기도 한다(감사[auditing]라고 불리는 기법이다).

dependency grammar 〈**n**〉 의존 문법

동사가 중심이고 가장 중요한 단위라고 생각하는 문법 이론. 동사는 문장을 완성하는 데 필요한 명사구의 수에 따라 분류된다. 이 수를 그 동사의 **결합가**(valency)라고 부른다. 예를 들어, 영어 동사 *blush*는 하나의 결합가를 가진다.

*The salesgirl gave Jane the parcel*에서 동사 *give*는 3의 결합가를 가진다.

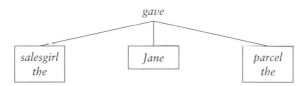

이 유형의 문법은 주로 프랑스와 독일에서 발달하였고, 동사 중심적 접근법이라는 점에서 다른 문법 이론들과 차이가 있다.

☞ CASE GRAMMAR

dependent clause ⟨**n**⟩ 종속절

=subordinate clause 부속절

완전한 문법 구조를 형성하기 위해서는 반드시 다른 절과 함께 사용되어야 하는 절. 즉, 다른 절에 의존하고 종속된다. 독립적으로 사용될 수 있는 절은 **독립절**(independent clause)이라고 부른다.

When it rains, *please bring in the washing*.
종속절   독립절

She told me that she was going abroad.
독립절   종속절

종속절은 *when*, *that*과 같은 종속접속사CONJUNCTION나, *who*, *whose* 등의 관계대명사에 의해 독립절과 결합되기도 한다.

독립절(**주절**[main clause/principal clause]이라고도 부른다)은 다른 독립절이나 종속절과 결합하는 경우는 있지만, 다른 절에 종속되지는 않는다.

I will put the money in the bank or *I will spend it*.
독립절   독립절

I am going straight home after I've seen the movie.
독립절   종속절

dependent preposition ⟨**n**⟩ 종속 전치사

항상 특정 명사나 동사, 형용사, 혹은 다른 단어의 앞에 나타나는 전치사

예) *interested in*, *depend on*, *bored with*

dependent variable ⟨**n**⟩ 종속 변수

=criterion variable 기준변수

(조사연구에서) 하나 이상의 **독립 변수**(independent variable)의 변화에 따라 변하거나 영향을 받는 변수VARIABLE[1]. 실증 연구에서 변수들(독립 변수)은 다른 변수(종속 변수)에 영향을 미친다고 가정하는, 원인이나 **예측변수**(predictor)로서 연구된다. 예를 들어, 태도와 동기가 언어 숙달도에 미치는 효과를 연구하고자 할 때, 태도와

동기는 독립 변수가 되고, 언어 숙달도는 종속 변수가 된다.

depth interview ⟨*n*⟩ 심층 면접

가능한 한 많은 정보를 얻기 위해, 그리고 면접 중에 우연히 도입되는 미지의 변수를 탐색하기 위해 여러 분야에 걸친 화제를 커버하는 상세하고 긴 면접

☞ FOCUSED INTERVIEW, GUIDED INTERVIEW

derivation ⟨*n*⟩ 파생

음운론PHONOLOGY에서, 기저형에 일련의 음운 규칙을 적용해 가는 과정을 말한다. 예를 들어, 프랑스어의 기저어 /bon/에서 비자음 앞의 모음을 비음화하는 규칙과 음절말 비자음을 삭제하는 두 가지 규칙을 적용하여, bon(좋은)[bõ]과 같은 형태를 파생할 수 있다.

형태론MORPHOLOGY과 단어형성WORD FORMATION에서, 단어나 형태소에 접사AFFIX를 붙여 새로운 단어를 형성하는 것을 말한다. 예를 들어, 명사 insanity는 형용사인 sane에 부정 접두사인 in-과 명사 형성 접미사인 −ity가 더해져 파생된 것이다. 파생은 일반적으로 품사PARTS OF SPEECH 변화를 일으킨다. 어휘 범주를 바꾸지는 않는 굴절INFLECTION과 대조적이다.

통사론SYNTAX에서, 기저형에 문법 규칙을 적용해 가는 과정, 예를 들어 D-구조D-STRUCTURE에서 S-구조S-STRUCTURE를 파생하는 프로세스를 말한다.

derived score ⟨*n*⟩ 환산 점수

(통계에서) 원 점수RAW SCORE를 제외한 유형의 점수 유형. 환산 점수는 원 점수를 다른 척도 단위로 변환하여 계산한다. 예를 들어, 테스트의 정답수(원 점수)를 A에서 F(환산점)로 변환할 수 있다.

☞ STANDARD SCORE

DES ⟨*n*⟩

=영어학 학위Diploma in English Studies (UCLES)

description ⟨*n*⟩ 기술

☞ ESSAY

descriptive adequacy ⟨*n*⟩ 기술적 타당성

☞ GENERATIVE THEORY

descriptive function ⟨*n*⟩ 기술적 기능

☞ FUNCTIONS OF LANGUAGE[1]

descriptive grammar ⟨*n*⟩ 기술 문법

언어가 실제로 사용되고 있는 방식을 기술하는 문법. 언어가 어떻게 사용되어야

하는가(구어나 문어에서)에 대해서 진술하거나 규정하지는 않는다. 예를 들어, 별 영향력이 없는 영어 변종에 대해 기술 문법을 작성한다면, 이 언어 변종의 화자들은 다음과 같이 말한다고 기술하게 될 것이다.

I seen 'im. (I saw him이 아니라)

'im 'n' me done it. (He and I did it이 아니라)

☞ PRESCRIPTIVE GRAMMAR

descriptive research ⟨*n*⟩ 기술적 연구

어떤 현상이나 대상, 영역을 정확하고 사실적으로 기술하고자 하는 연구. 조사 연구나 사례 연구가 그 예이다. 언어교수법 연구는 실제로 교사가 교실에서 어떻게 교수법을 사용하는가를 기술한, 기술적 연구가 부족하다는 이유로 비판을 받아 오기도 하였다.

☞ BASIC RESEARCH, APPLIED RESEARCH, ACTION RESEARCH, CLASSROOM-CENTERED RESEARCH

descriptive statistics ⟨*n*⟩ 기술 통계

특정 데이터의 중요한 일반적인 특성을 기술하고, 조직하고, 요약하는 데 이용되는 통계적 수법. 기술 통계값은 중심 경향CENTRAL TENDENCY과 분산DISPERSION 측도와 같은 데이터의 일부 특성을 보여주는 숫자이다.

descriptive writing ⟨*n*⟩ 서술적 글쓰기

☞ MODES OF WRITING

descriptor ⟨*n*⟩ (평가기준의) 기술자

평가 척도에서, 특정 레벨이나 성적 밴드BAND에 포함되기 위해 필요한 점수 레벨을 기술해 놓은 것. 기술자는 짧은 한 문장인 경우도 있고, 여러 개의 문장으로 구성된 단락으로 된, 상당히 상세한 것도 있다.

☞ SCORING RUBRIC

deskilling ⟨*n*⟩ 탈스킬화

사용하지 않아 한 번 습득한 스킬을 상실하게 되는 것. 교수에서, 탈스킬화는 교수의 어떤 중요한 측면에서 교사에게 책임을 지우거나 관여하지 않게 하여 수준 낮은 지도를 하도록 방치하는 것을 가리킨다. 일부 교육자들은 교과서에 과도하게 의존하게 되면, 교사 스스로가 생각하고 계획해야 하는 것들을 교과서가 대신하기 때문에, 교사가 탈스킬화된다고 주장한다.

detection ⟨*n*⟩ 발견

☞ ATTENTION

determiner ⟨**n**⟩ 한정사

명사와 함께 사용되며, 다양한 방식으로 그 명사의 의미를 제한하는 단어. 예를 들어, 영어에서 다음 단어들은 한정사로 사용될 수 있다.

a. 관사ARTICLES: *a* pencil, *the* garden

b. 지시사DEMONSTRATIVES: *this* box, *that* car

c. 소유격POSSESSIVES: *her* house, *my* bicycle

d. 수량사QUANTIFIER: *some* milk, *many* people

e. 수사NUMERALS: the *first* day, *three* chairs

developmental bilingual education ⟨**n**⟩ 발달적 이중언어 교육

=late-exit bilingual education 대기만성 이중언어 교육

제한적이거나 영어를 전혀 모르고 학교에 입학하였지만, 타언어에는 능숙한 언어 소수자 학생을 위한 이중언어 교육 프로그램. 이러한 프로그램은 학생의 가정 내 언어의 능력은 유지하는 한편, 영어 능력의 효과적인 발달을 촉진해 가는 것을 의도하고 있다.

developmental error ⟨**n**⟩ 발달 오류

제1언어나 제2언어 학습자의 언어 사용에서 나타나는 오류ERROR로, 발달상의 일반적인 패턴이며, 언어 학습자에게 공통한다. 예를 들어, 영어 학습시, 제1/제2언어 학습자는 *came, went, broke* 대신에 *comed, goed, breaked*와 같은 동사형을 산출하는 경우가 많다. 이러한 오류는 학습자가 규칙동사의 과거시제 형성 규칙을 배운 후, 그것을 모든 동사에 일괄적으로 적용하기 때문으로 여겨진다. 이후 학습자들의 언어 능력이 증가함에 따라 이러한 오류는 사라진다. 이러한 과잉일반화 OVERGENERALIZATION은 언어 학습의 자연적인, 발달상의 특징이다.

☞ INTERLANGUAGE, ERROR ANALYSIS

developmental feature ⟨**n**⟩ 발달상의 특징

☞ MULTIDIMENSIONAL MODEL

developmental functions of language ⟨**n**⟩ 언어의 발달상의 기능

Halliday에 따르면, 언어 발달의 초기 단계에 있는 어린 아이들은 언어의 기초적인 기능들을 많이 습득할 수 있다. 이러한 기능 각각은 그 기능에 부수하는 의미들의 선택을 동반한다. Halliday는 초기 기능을 일곱 가지로 구분하고 있다.

a. **도구적**(instrumental) '갖고 싶어(I want)': 물질적 욕구를 만족하기 위해 사용한다.

b. **규제적**(regulatory) '내 말대로 해(do as I tell you)': 타인의 행동을 통제하기 위해 사용한다.

c. **상호작용적**(interactional) '나랑 너(me and you)': 타인과 잘 어울리기 위해 사용한다.

166

d. **개인적**(personal) '나 여기 왔어(here I come)': 자신을 인정하고 표현하기 위해 사용한다.

e. **발견적**(heuristic) '왜 그래?(tell me why)': 자신의 내외적 세계를 탐구하기 위해 사용한다.

f. **상상적**(imaginative) '척하자(let's pretend)': 자기 자신의 세계를 창조하기 위해 사용한다.

g. **정보적**(informative) '말할 게 있어(I've got something to tell you)': 새로운 정보를 전달하기 위해 사용한다.

18개월경이 되면, 아이는 문법과 어휘, 의미 요소를 포함한 성인의 의사소통 체계를 습득하기 시작한다(☞ FUNCTIONS OF LANGUAGE[2])

developmental interdependence hypothesis ⟨**n**⟩ 발달상의 상호의존 가설
　　☞ THRESHOLD HYPOTHESIS

developmental psychology ⟨**n**⟩ 발달심리학
개인의 심적, 감정적, 심리적, 사회적 과정 및 행동을 다루는 심리학의 한 분야. 특히 출생부터 초기 유아 시기까지를 다룬다.
　　☞ GENETIC EPISTEMOLOGY

developmental sequence ⟨**n**⟩ 발달 단계
(제2언어 및 외국어 학습에서) 새로운 언어 형식을 습득할 때 나타나는 연속체. 제2언어 습득SECOND LANGUAGE ACQUISITION 이론의 중요한 이슈 중 하나는 학습자 오류가 언어 전이LANGUAGE TRANSFER에서 의한 것인지, 일시적인 발달 오류DEVELOPMENTAL ERROR인지를 밝히는 것이다. 발달 단계는 학습자들이 영어 부정형NEGATION 규칙을 습득하는 방법을 설명할 수 있다고 여겨지고 있다. 학습자는 자신의 모어에 영어와 유사한 부정 규칙이 없을 때조차 처음에는 (*I don't like that*이 아니라) *I no like that*과 (*I don't want to drink any milk*가 아니라) *No drink some milk*와 같은 형식을 산출한다. 언어 학습이 진전되어 감에 따라 *no*가 *not*이나 *don't* 등의 다른 부정형 형태로 대체되는 것과 같이, 부정형 발달에 있어 단계의 연속체 관찰된다. 영어의 부정형 발달은 발달 단계를 따른다고 한다.

developmental testing ⟨**n**⟩ 발달 테스트
　　☞ FIELD TESTING

devoicing ⟨**n**⟩ 무성화
　　☞ VOICE[2]

diachronic linguistics ⟨**n**⟩ 통시언어학
시간의 경과에 따른 언어의 변화를 연구하는 언어학 접근법으로, 예를 들어 라틴어

(그리고 다른 언어들)를 조어로 하는 로망스제어의 음성 체계 변화나, 초기 영어와 현대 영국 영어 간의 변화 연구 등을 다룬다. 스위스 언어학자 Saussure는 통시적 기술과 공시적 기술이 구별되어야 함을 역설하였다. 그러나 언어 분석의 모든 접근법들이 이 둘을 구분하는 것은 아니다(☞ GENERATIVE PHONOLOGY).

☞ COMPARATIVE HISTORICAL LINGUISTICS

diacritics 〈*n*〉 발음구별부호

문자의 위, 아래, 혹은 중앙에 추가되는 작은 기호로, 다양한 음가를 구별하는 데 사용된다. 예를 들어, ~을 더해서 *feel*의 연구개화한 측음 /ɫ/과, *leaf*의 연구개화하지 않은 측음 /l/을 구분한다.

diagnostic questionnaire 〈*n*〉 진단적 설문

제2언어를 사용할 때 어떤 문제들이 있는지 알아보기 위해 사용하는 학습자 설문. 보통 요구분석NEED ANALYSIS의 일부로서 프로그램의 개시 전에 실시된다.

diagnostic test 〈*n*〉 진단 테스트

L2 학습자들의 강점과 약점에 대한 정보를 제공하기 위해 설계되는 테스트. 예를 들어, 발음 진단 테스트는 학습자의 영어 발음을 측정하는 데 사용될 수 있다. 이 테스트는 L2 학습자들이 어떤 발음을 할 수 있고, 어떤 발음을 할 수 없는지, 혹은 그들의 발음을 이해할 수 있는지를 보여준다. 진단 테스트는 언어 코스 시작 전에 L2 학습자가 어느 정도 알고 있는지를 확인하여, 보다 효과적이고 효율적인 교수를 제공할 수 있게 해준다.

diagramming 〈*n*〉 도식

(작문 교수에서) 문장의 각 부분들이 어떻게 관련되어 있는가를 보이기 위해 사용하는 기법

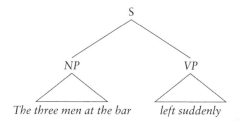

☞ BASE COMPONENT

dialect 〈*n*〉 방언 dialectal 〈*adj*〉

특정 지역에서 사용되거나(지역 방언[regional dialect]), 특정 사회 계층에 속한 사람들이 사용하는(사회방언[social dialect/SOCIOLECT]) 언어 변종으로, 단어나 문법, 발음 등에서 일부 차이가 난다. 방언은 특정 악센트ACCENT[3]와 관련이 있는 경우가

많다. 방언이 지위를 얻어 한 나라의 표준 변종STANDARD VARIETY이 되는 경우도 있다.

☞ SPEECH VARIETY

dialect levelling ⟨*n*⟩ 방언 평준화

=koineization 공통어화

방언의 차이가 감소해 가는 프로세스로, 예를 들어 다른 방언 사용자가 새로운 지역으로 이동했을 때, 얼마 안 가서 그 지역에서 사용되는 변종이 이주한 사람의 방언과 결합하고, 점점 그 차이가 적어져 공통의 변종이 되어 간다. 방언 평준화는 미국 영어와 다른 영어 변종의 형성(예를 들어, 뉴질랜드 영어)에 있어 주요한 프로세스이다.

dialectology ⟨*n*⟩ 방언학

언어의 지역적인 변종을 연구하는 분야(☞ DIALECT). 방언학에서는 보통 동일한 사물을 가리키는 단어가 방언에 따라 어떻게 나타나는지, 동일 단어에 대한 발음이 방언에 따라 어떻게 다른지에 관해 집중해 왔다.

☞ AREAL LINGUISTICS

dialogic teaching ⟨*n*⟩ 대화 교육

교사교육에서, 교사들 간에 계획적이고 초점화된 대화를 중심으로 교수 활동과 학습에 관한 이슈들을 논의하는 교수 방법. 이러한 대화를 하는 동안 교사들은 자신의 신념과 실천을 검토하고, 협동하여 계획하기, 문제 해결, 의사 결정에 참여 한다.

dialogue ⟨*n*⟩ 대화문

(언어교수에서) 모델 대화로, 말하기 연습과 언어 사용의 예를 제공하기 위해 사용 된다. 대화문은 언어 항목을 연습하기 위해 특별하게 작성되며, 단순화된 문법과 어휘로 구성되기 때문에 실세계의 대화와는 다른 경우가 많다.

dialogue journals ⟨*n*⟩ 대화 저널

(작문 프로그램에서), 학교와 관련된 화제나, 학생이 관심 있어 하는 다른 화제에 대해 학생과 교사 간에 (전자 매체나 손으로) 글이나 녹음을 통해 행하는 토론. 대화 저널은 쓰기 기능을 개발하는 데 이용되기도 하고, 교사가 자신의 수업을 평가하거나 학생으로부터 피드백을 얻거나, 쓰기 유창성을 개발하는 데 이용할 수 있다.

☞ LEARNING LOG

diary study ⟨*n*⟩ 일기 연구

(제2언어 습득에서) 학습자의 언어 발달을 정기적으로 쓴 저널이나 기록으로, 언어 학습의 종단적 연구(☞ LONGITUDINAL METHOD)의 일부로 작성되는 경우가

많다. 일기 연구에서는 연구자와 일기를 쓰는 사람이 동일인이며, 일기 작성자는 자기 자신의 언어 산출 예를 기록하고, 목표언어에 대하여 가설을 세우고, 관련된 의사소통 장면(즉, 참가자, 목적 등)과 느낌에 대한 정보들을 기록한다. 연구에 따라서는 무엇을 써야 하는지에 대한 가이드를 제공하였는가와 상관없이, 한 명 혹은 복수의 학습자가 작성한 일기를 연구자가 분석하기도 한다. 일기 연구는 실험 기법과 같은 데이터 수집 방법의 보충적인 수단으로 이용되는 경우가 많다.

dichotic listening ⟨**n**⟩ 이분 청취

대뇌가 듣기와 언어를 어떻게 통제하는가를 연구하는 데 이용해 온 기법. 피험자는 이어폰을 끼고 왼쪽 귀와 오른쪽 귀로 다양한 소리를 들은 후, 들은 것을 반복한다. 두 쪽 귀 중에서 어느 한쪽 귀로 들은 것이 반복하기가 더 쉬운데, 이를 통해 대뇌의 어느 쪽 반구가 언어를 통제하고 있는지(☞ BRAIN)를 알 수 있다. 언어 감지 능력이 왼쪽 귀보다 오른쪽 귀가 더 우수한 것을 **오른쪽 귀 우위**(right-ear advantage)라 하고, 왼쪽 귀가 더 우수한 것을 **왼쪽 귀 우위**(left-ear advantage)라고 한다.

dichotomous scoring ⟨**n**⟩ 이분 채점

'맞다/틀리다'로 채점하는 방법으로, 정오답식 문항TRUE/FALSE ITEM이나 다지선다 문항 MULTIPLE-CHOICE ITEM 형식을 채택하는 테스트에서 주로 사용한다.

dictation ⟨**n**⟩ 받아쓰기

언어 교수 및 언어 테스트에서 사용하는 기법으로, 학생이나 수험자는 문장을 듣고 나서 들은 것을 가능한 한 정확하게 써야 한다.

diction ⟨**n**⟩ 발성법/단어 선택

1. 단어의 발음 방법, 특히 말할 때의 명료성 정도를 기술할 때 사용하는 술어
2. (작문에서) 작자의 단어 선택, 특히 작자가 사용하는 단어가 다른 작문에서 어느 정도 적절하고 효과적인가의 정도

dicto-comp ⟨**n**⟩ 듣고 작문하기

언어 수업에서, 작문을 연습하는 한 가지 방법. 먼저 교사가 지문 하나를 학생들에게 들려준 후, 들은 지문에서 이해하고 기억한 것을 쓰게 한다. 이때 가능한 한 원본과 가깝게, 그러나 필요한 경우 자신의 단어를 사용하여 쓰도록 한다.

☞ DICTATION

dictogloss ⟨**n**⟩ 딕토글로스

문맥에서 문법 구조를 가르치기 위한 기법. 교사는 특정 문법 구조가 포함된 짧은 지문을 정상 속도로 읽는다. 학생은 메모를 하고, 그런 다음 소집단으로 나누어 정확한 문법 구조를 이용하여 지문을 재구성하는 활동에 참여한다.

☞ DICTO-COMP

DIF ⟨***n***⟩

=차별 문항 기능DIFFERENTIAL ITEM FUNCTIONING

difference hypothesis ⟨***n***⟩ 차이 가설

☞ DEFICIT HYPOTHESIS

differential item functioning (DIF) ⟨***n***⟩ 차별 문항 기능

특정 집단의 수험자(예를 들어, 한국어를 L1으로 하는 수험자, 혹은 프랑스어를 L1으로 하는 수험자)에게 유리하거나 불리하게 기능하는 테스트 문항. DIF 문항은 둘 이상의 집단 사이의 점수 차이가 테스트되는 구성개념(예를 들어, L2 청취력)이 아니라, 다른 요인(예를 들어, 수험자의 L1)에서 기인한 경우, 바이어스가 있다고 간주된다.

difficulty index ⟨***n***⟩ 난이도 지수

☞ ITEM FACILITY

difficulty order ⟨***n***⟩ 난이도 순서

☞ ACCURACY ORDER

difficulty parameter ⟨***n***⟩ 난이도 패러미터

☞ B-PARAMETER

digital divide ⟨***n***⟩ 디지털 디바이드(정보 격차)

정보기술을 이용하는 사람이 그렇지 않은 사람들보다 불공평하게 이익을 더 많이 얻는다는 사실

diglossia ⟨***n***⟩ 두언어변종사용/다이글로시아

하나의 공동체 안에 두 개의 언어, 혹은 두 개의 언어 변종이 나란히 사용되고, 각각이 서로 다른 목적으로 사용될 때, 이를 두언어변종사용이라고 부른다. 보통 하나가 **고지위 변종**(High variety, H-variety)이라 부르는 표준 변종이고, 주로 정부와 미디어, 교육, 종교 행사에서 사용된다. 다른 하나는 **저지위 변종**(Low-variety, L-variety)으로 부르는 비권위 변종이고, 가정 내에서, 친구와 이야기할 때, 물건 살 때 주로 사용된다. 두언어변종사용의 예로는 스위스의 독일어 사용 지역을 들 수 있는데, 이 지역에서는 고지위변종이 표준독일어(Hochdeutsch)이고, 저지위 변종은 스위스의 지역 방언인 Schwyzertüütsch이다. 두언어변종사용이 존재하는 나라는 이외에 하이티, 아랍 국가 등이 있다.

☞ BILINGUALISM, MULTILINGUALISM, CODE SELECTION

diminutive ⟨***n***⟩ 지소사

(형태론MORPHOLOGY에서) '작은'의 의미를 가지는 접사AFFIX를 가지는 형식. 예를 들어,

스페인어의 *besito*(가벼운 키스)와 *mesita*(작은 테이블)의 *-ito/ -ita*, 영어의 *piglet* 와 *starlet*의 *-let*, *duckling*의 *-ling* 등.

d-index ⟨*n*⟩ *d*-지수
　　☞ ITEM DISCRIMINATION

diphthong ⟨*n*⟩ 이중모음 **diphthongal** ⟨*adj*⟩ **diphthongize** ⟨*v*⟩ 이중모음화하다
　　영어의 *boy, buy, bow*에서와 같이, 단일 음절 내에서 음질의 변화가 있는 모음. 이중모음은 두 모음의 연쇄, 혹은 모음VOWEL＋활음GLIDE으로 분석할 수 있다.

direct access ⟨*n*⟩ 직접 접근
　　☞ ACCESS

directional hypothesis ⟨*n*⟩ 방향성 가설
　　☞ ONE-TAILED TEST

directive ⟨*n*⟩ 지시 화행
　　☞ SPEECH ACT CLASSIFICATION

direct method ⟨*n*⟩ 직접 교수법
　　다음과 같은 특징을 가진 외국어나 제2언어 교수 접근법
　　　　a. 수업에서는 목표언어만을 사용해야 한다.
　　　　b. 의미는 언어 형식을 행동과 사물, 마임, 제스처, 상황과 결합하여 '직접' 전달
　　　　　되어야 한다.
　　　　c. 읽기와 쓰기는 말하기가 끝난 다음에 가르쳐야 한다.
　　　　d. 문법은 귀납적 방법으로만 가르쳐야 한다(☞ DEDUCTIVE LEARNING), 즉
　　　　　문법 규칙을 학습자에게 가르쳐서는 안 된다.
　　직접 교수법은 19세기 후반 문법 번역식GRAMMAR TRANSLATION의 반동으로 개발된 후, 폭넓게 채택된 최초의 구어 중심 교수법이다. 이 교수법의 일부 특징들은 이후의 상황중심 언어교수법SITUATIONAL LANGUAGE TEACHING과 같은 교수법에서 유지되고 있다.

direct negative evidence ⟨*n*⟩ 직접적인 부정적 증거
　　☞ EVIDENCE

direct object ⟨*n*⟩ 직접목적어
　　☞ OBJECT[1]

direct object relative clause ⟨*n*⟩ 직접목적어 관계절
　　＝목적격 관계절OBJECT RELATIVE CLAUSE

direct speech ⟨*n*⟩ 직접 화법
　　문법적인 변환 없이, 화자가 실제로 말한 것을 보고할 때 사용하는 스타일. 영어에

서 화자의 말은 "*You are a thief*", *he said*와 같이, 인용 부호 사이에 놓인다. *He said I was a thief*와 같은 **간접 화법**(indirect speech)(전달 화법[reported speech]이라고도 부른다)과 대비된다.

direct teaching ⟨*n*⟩ 직접 교수

=active teaching 능동적 교수

교수의 주의를 구체적이고, 분석적이며, 학문적인 목표에 초점을 두고, 테스트할 목표를 망라적으로 제공하며, 학생을 과업에 관여시키고, 목표가 어느 정도 달성되었는가에 초점을 둔 피드백을 제공하는 방식으로 학습자의 성취도를 향상시키고자 하는 교수 접근법을 가리킬 때 가끔 사용된다. 교사가 학습을 위한 우호적인 분위기CLIMATE의 교사 주도의 지도 스타일을 통해 학생의 학습을 촉진시키는 것에 초점이 놓여진다.

☞ TIME ON TASK

direct test ⟨*n*⟩ 직접 테스트

수험자에게 실제적인 목표언어 사용 상황에 가깝게 설계된 과업을 수행하도록 해서 언어 능력을 직접 측정하는 테스트.

쓰기 테스트에서는 수험자에게 에세이를 쓰게 할 수 있고, 말하기 테스트에서는 구어 유창성 인터뷰ORAL PROFICIENCY INTERVIEW(OPI)를 예로 들 수 있다. OPI는 면접관과 피면접자가 면대면으로 테스트가 실시된다.

☞ INDIRECT TEST, SEMI-DIRECT

disambiguation ⟨*n*⟩ 모호성 제거

모호한 문장의 다양한 구조를 보이기 위해 언어학적 분석을 이용하는 것. 예를 들어, *The lamb is too hot to eat*이라는 문장은 다음과 같이 분석할 수 있다.

a. *The lamb is so hot that it cannot eat anything.*
   (양은 너무 뜨거워서 아무 것도 먹을 수 없다.)

b. *The cooked lamb is too hot for someone to eat it.*
   (요리된 양고기가 너무 뜨거워서 아무도 먹을 수 없다.)

☞ AMBIGUOUS

discontinuous constituent ⟨*n*⟩ 불연속 구성소

동일 구성소CONSTITUENT에 속하지만 다른 구성소에 의해 분리되는 문장 일부를 말한다.

a. 프랑스어에서, 동사 부정형은 불연속 요소 *ne ... pas*로 이루어진다.
   Paul ne mange pas beaucoup. (*Paul*은 많이 먹지 않는다.)

b. 영어에서, 구동사 *pick up*은 불연속 구성소이다.
   The player picked the ball up.

discourse ⟨*n*⟩ 담화

언어 사용, 즉 의사소통 행위의 결과로서 산출된 언어의 실례를 가리키는 일반 용어. 문법은 절CLAUSE과 구PHRASE, 문장SENTENCE과 같은 문법적 단위를 형성하기 위해 언어가 사용하는 규칙을 가리키는 데 반해, 담화는 보통 단락이나 대화, 인터뷰와 같은 더 큰 언어 단위를 가리킨다. 가끔 문어 담화와 구어 담화 연구 모두를 가리켜 담화분석DISCOURSE ANALYSIS이라 히기도 한다. 그러나 구어 담화 연구를 가리킬 때는 담화분석DISCOURSE ANALYSIS이라는 용어를 사용하고, 문어 담화 연구를 지칭할 때는 텍스트 언어학TEXT LINGUISTICS이라는 용어를 사용하는 연구자도 있다.

포스트모더니즘POSTMODERNISM과 비판적 담화분석CRITICAL DISCOURSE ANALYSIS에서, 담화는 단순히 이야기뿐만 아니라, 그 이야기에 내포된 의미와 가치까지 가리키는 데 사용된다. 이러한 의미에서, **지배적인 담화**(dominant discourse)는 사물에 대한 제도화된 사고방식과 이야기를 가리킨다.

discourse accent ⟨*n*⟩ 담화 악센트

(쓰기에서) **모어화자**(native writers)의 쓰기와 다르게 보이게 하는 **비모어화자인 작자**(non-native writers)가 산출한 쓰기의 특징들. 예를 들어, 에세이의 수사 구조에서 보이는 비모어적인 패턴이나, 결속 장치와 화제, 단락 구성의 비모어화자적 사용 등이 작자의 담화 악센트에 영향을 줄 수 있다.

☞ CONTRASTIVE RHETORIC

discourse analysis ⟨*n*⟩ 담화분석

구어와 문어에서, 문장들이 어떻게 단락, 대화, 인터뷰와 같은, 더 크고 유의미한 단위를 형성하는가를 다루는 연구(☞ DISCOURSE). 예를 들어, 담화분석에서는 다음과 같은 분야를 다룬다.

a. 관사와 대명사, 시제의 선택이 담화 구조에 어떤 영향을 끼치는가?
(☞ ADJACENCY PAIR, COHESION)

b. 담화 내 발화 간의 관계(☞ ADJACENCY PAIRS, COHERENCE)

c. 새로운 화제를 도입하거나, 토픽을 전환하거나, 다른 대화 참가자에 대해 보다 높은 역할 관계ROLE RELATIONSHIP를 주장하기 위해 화자가 행하는 전개MOVE

구어 담화분석은 대화분석CONVERSATIONAL DISCOURSE이라 부르기도 한다. 언어학자 중에는 문어 담화 연구를 가리키기 위해 텍스트 언어학TEXT LINGUISTICS이라는 용어를 사용한다. 담화분석에서 또 한 가지 중점을 두는 것은 교실에서 사용되는 담화이다. 교실 담화분석은 교수법의 유효성과 교사-학생 상호작용 유형을 밝히는 데 도움이 될 수 있다.

☞ SPEECH EVENT

discourse community ⟨**n**⟩ 담화 공동체

특정 학문 분야나 전문 영역에 포함되기 위해 수단과 관행을 개발해 온 사람들의 집단. 담화 공동체가 사용하는 담화 유형을 장르GENRE라고 부른다. 담화 공동체라는 개념은 텍스트의 특정 수사적 자질들이 어떻게 특정 집단의 가치관, 목적, 이해를 표현하고, 그 집단의 표식이 되는가를 설명하려고 한다.

discourse competence ⟨**n**⟩ 담화 능력

☞ COMMUNICATIVE COMPETENCE

discourse completion test (DCT) ⟨**n**⟩ 담화 완성 테스트

특정 장면을 사회언어학적으로 기술한 후 특정한 발화 행위SPEECH ACT를 끌어내기 위해 담화의 일부를 설계하여 제공하는 설문 유형.

이렇게 해서 도출된 반응은 실제 발화 행위의 표본으로 간주하여 분석된다. 예를 들어, 사과 화행을 끌어낼 목적으로 설계된 담화 완성 테스트는 다음과 같은 반응을 산출할 것이다.

I'm sorry.

I won't do that again.

What can I do to fix the situation?

discourse marker ⟨**n**⟩ 담화 표지

단어(*however, still*)나 구(*as a matter of fact*), 절(*to make myself clear*)로 구성된 표현 범주로, 진행 중인 담화를 모니터하고 조직하는 기능을 한다. 담화 표지는 청자와 화자 간의 상호작용이 진행 중임을 보여줄 뿐만 아니라(*you know, you see, I mean*), 화제의 경계(*so, right*), 화제의 개시(*well then*), 화제의 종결이나 예비적 종결(*so*)을 나타내는 등, 구어 담화에서 다양한 기능을 제공한다.

discourse structure ⟨**n**⟩ 담화 구조

＝스키마SCHEME

discovery learning ⟨**n**⟩ 발견 학습

＝inquiring-based learning

(교육에서) 다음 원리에 기초하는 교수 학습 접근법

a. 학습자는 관찰하기, 추론하기, 가설 세우기, 예측하기, 전달하기를 통해, 발견과 탐구를 잇는 프로세스들을 계발한다.

b. 교사는 발견과 탐구 과정을 지원하는 교수 스타일을 사용한다.

c. 교과서가 학습을 위한 유일한 자원은 아니다.

d. 결론은 잠정적이지 최종적인 것은 아닌 것으로 간주된다.

e. 학습자는 서포터의 역할을 담당하는 교사와 더불어, 자신의 학습을 계획하고,

실행하고, 평가하는 데 관여한다.

특히 의사소통 중심의 언어교수법(☞ COMMUNICATIVE APPROACH)과 침묵 교수법SILENT WAY 등, 수많은 언어 교수 접근법이 발견 학습을 토대로 한 접근법을 이용하고 있다.

discrete ⟨*adj*⟩ 불연속적 discreteness ⟨*n*⟩ 불연속성/이산성

(언어 단위의) 명확하게 구별된 경계를 가지는 것. 음운론PHONOLOGY에서, 언어의 변별적 음성 단위PHONEMES는 불연속적 단위로 간주된다. 예를 들어, 영어 단어 *pin*은 /p/, /i/, /n/의 세 개의 불연속적 단위로 구성되어 있다.

discrete item ⟨*n*⟩ 분리 항목

언어교수에서, 항목 자체에 특별한 주의를 제공하기 위해 문맥 밖에서 분리하여 연습하는 소리, 단어, 문장, 패턴과 같은 학습 항목.

이 항목은 나중에 문맥 안에서 연습된다. 예를 들어, 교사는 최소 대립쌍MINIMAL PAIR을 이용하여 소리의 차이를 연습시킨 후, 나중에 대화 안에서 음의 차이를 연습시킨다.

discrete-point test ⟨*n*⟩ 분리식 테스트

언어 항목의 지식을 개별적으로 측정하는 언어 테스트. 예를 들어, 문법 시험을 시제, 부사, 전치사 섹션으로 나누어 실시하는 식이다. 분리식 테스트는 언어는 다양한 부분(즉, 문법, 발음, 어휘)과 다양한 기능(즉, 듣기, 말하기, 읽기, 쓰기)으로 구성되어 있고, 이것들은 개별적으로 테스트할 수 있는 요소들로 구성되어 있다는 이론을 기반으로 한다. 다지선다형 문항MULTIPLE-CHOICE ITEMS은 보통 분리식 테스트이다. 분리식 테스트는 통합 테스트INTEGRATIVE TEST와 대비된다.

discriminant validity ⟨*n*⟩ 변별 타당성

=divergent validity 판별 타당성

(평가에서) 구성개념 타당도CONSTRUCT VALIDITY의 한 유형으로, 다른 구성개념CONSTRUCT을 측정한다고 주장하는 둘 이상의 테스트가 실제로 어느 정도 그러한가를 보여주는 개념이다. 예를 들어, 다른 구성개념(예를 들어, L2 듣기와 L2 어휘)을 측정한다고 주장하는 두 테스트의 변별 타당성을 확립하기 위해, 동일한 수험자 집단을 대상으로 동일한 방법(예를 들어, 두 테스트에 있어서 선다형 문항)으로 두 테스트를 실시한 후, 테스트 득점 간을 상관시킨다. 만약 약한 상관이나 제로 상관을 얻는다면, 이 두 테스트가 사실은 다른 구성개념을 측정하고 있다는 것을 나타낸다.

☞ CONSTRUCT VALIDITY, CONVERGENT VALIDITY, MULTI-TRAIT MULTIMETHOD METHOD discrimination[1] 〈**n**〉 변별

☞ STIMULUS-RESPONSE THEORY

discrimination[2] 〈**n**〉 변별

＝discrimination power 변별력

(평가에서) 테스트나 테스트 문항이 실력 있는 수험자와 그렇지 않은 수험자를 변별해 낼 수 있는 정도. 예를 들어, 수험자 간에 능력차가 있다는 것을 알고 있는 데도 불구하고 모든 수험자들의 테스트 점수가 85% 정도라면, 이 테스트는 변별력이 없는 테스트이다. 테스트의 변별력 척도는 **변별지수**(discrimination index)라고 한다.

☞ ITEM DISCRIMINATION

discrimination index 〈**n**〉 변별지수

☞ DISCRIMINATION

discrimination power 〈**n**〉 변별력

＝변별DISCRIMINATION[2]

discursive practices 〈**n**〉 추론적 관행

텍스트를 둘러싸고 있는, 텍스트 분석에서 반드시 고려해야 하는 산출, 분포, 해석 프로세스를 가리키기 위해 비판적 담화분석CRITICAL DISCOURSE ANALYSIS에서 사용하는 용어. 이러한 관행은 그 자체로 권력이나 권위라는, 보다 넓은 사회적인 관행 안에 내포되어 있다고 간주되고 있다.

discussion method 〈**n**〉 토론법

교수 접근법의 하나로, 여러 개의 학생 집단이나 교실 전체가 관련하며, 목표를 명확히 하는 대화로 구성되며, 특정 주제에 대한 교사-학생 간의 상호작용이 수반되는 경우가 많다. 토론 절차에는 네 가지 유형이 있으며, 교사의 통제 정도에 따라 구분된다.

1. **설명**(recitation): 교사가 주도하는 고도로 구조화된 토론 유형으로, 교사는 학생이 어떤 사실을 학습하고 있는가를 체크한다.

2. **유도된 토론**(guided discussion): 구조화의 정도가 낮은 토론으로, 교사가 주요 개념의 이해를 촉진하려고 한다.

3. **성찰적 토론**(reflective discussion): 가장 작게 구조화된 토론 유형으로, 학생들 스스로가 비판적이고 창의적인 사고를 하고, 문제를 해결하고 탐구한다.

4. **소집단 토론**(small group discussion): 학생들을 소집단으로 나누고, 학생 스스로가 토론의 책임을 진다.

disjunct 〈**n**〉 이접사

=sentential adverb 문장 부사

☞ ADJUNCT

dispersion ⟨*n*⟩ 산포도/분산

(통계와 평가에서) 한 집단의 득점이 흩어져 있는 양.

예를 들어, 테스트에서 학생들의 점수가 저·중·고로 넓게 흩어져 있다면, 이 점수들은 산포도가 크다고 한다. 산포도를 나타내는 일반적인 통계적 측도에는 분산VARIANCE, 표준편차STANDARD DEVIATION, 범위RANGE 등이 있다.

display question ⟨*n*⟩ 전시 질문

진정한 의미의 질문은 아니지만(다시 말해, 교사가 모르는 정보를 찾기 위한 질문이 아니라), 언어 연습을 끌어내기 위한 질문.

It this a book?

Yes, it's a book.

교실을 보다 의사소통적(☞ COMMUNICATIVE APPROACH)으로 만드는 한 가지 방법은 교사가 전시 질문을 적게 하는 대신, 지시 질문REFERENTIAL QUESTION을 더 많이 하면 된다.

☞ RHETORICAL QUESTION

dissertation ⟨*n*⟩ 학위논문

작자 자신의 창조적 연구를 기술한 형식적인 글이나 리포트로, 보통 석사(M.A.)나 박사(Ph.D.) 학위의 취득 요건으로 작성된다. 논문THESIS도 학술논문과 유사하지만(두 단어를 동일한 의미로 사용하기도 한다), 범위가 넓지 않고, 반드시 독창적인 연구일 필요도 없다. 예컨대, 주어진 주제에 대한 설명적 쓰기를 확대한 것이라고 할 수 있다.

distance education ⟨*n*⟩ 원격 교육

=distance learning 원거리 교육

다른 장소에 있는 학습자와 교사를 전화나 텔레비전 방송, 위성, 컴퓨터, 다른 기술적 지원이나, 학습 패키지를 이용하여 실시간으로 연결하는 것.

원격 교육은 보통 네 가지 특징을 가진다.

(a) 교사와 학습자가 물리적으로 떨어져 있다.

(b) 교육 기관의 영향이나 통제를 받는다.

(c) 미디어가 관여한다.

(d) 특정 형식의 양방향 의사소통이 관련한다.

원격 교육은 언어 프로그램의 송신과 언어교사 교육과정에 폭넓게 활용되고 있다.

☞ E-LEARNING, ONLINE LEARNING

distinctive feature ⟨*n*⟩ 변별적 자질

(음운론PHONOLOGY에서) 언어에서 하나의 변별적 음성(☞ PHONEME) 단위를 하나의 음성 단위, 혹은 음성 집단과 구별하는 특징. 예를 들어, 영어 음성 체계에서 *pin*의 /p/와 *bin*의 /b/를 구별하는 변별적 자질은 소리VOICE[1]이다. /b/는 유성 폐쇄음STOP인 반면, /p/는 무성 폐쇄음이다(☞ VOICE[2]).

생성음운론GENERATIVE PHONOLOGY에서는 음운 규칙을 쓸 때 변별적 자질이 중요한 역할을 한다. 이 자질들은 일반적으로 이항 대립, 다시 말해 특정 자질이 존재하면 [+], 존재하지 않으면 [−]라는 형태로 제시된다. 예를 들어, 모음과 /l/, /n/, /m/과 같이, 공기가 구강이나 비강을 통해 비교적 자유롭게 통과하는 소리는 [+공명성] 자질을 가지는 반면, /p/, /k/, /s/와 같이, 공기가 완전히, 혹은 부분적으로 막히는 소리들은 [−공명성] 자질을 가진다.

　　☞ BINARY FEATURE

distractor ⟨*n*⟩ 교란용 선택지/교란항

선다형 문항MULTIPLE-CHOICE ITEM에서 오답 선택지의 하나

문항 분석ITEM ANALYSIS에서 교란지 유효성 분석(distractor efficiency analysis)은 교란용 선택지가 의도했던 기능을 수행하였는가(즉, 수험자가 정답을 모를 때 수험자를 오답 선택지로 유인할 수 있을 정도로 매혹적인가) 여부를 조사하기 위해 실시된다. 이 분석에서는 정답이나 오답을 선택한 높은 성적 집단, 중간 정도 집단, 낮은 성적 집단에 있는 수험자의 비율과 문항당 비율로 계산한다.

문항 난이도ITEM FAMILARITY 지수와 문항 변별ITEM DISCRIMINATION 지수 둘을 함께 사용하면, 이 분석 결과를 이용하여 테스트 개발자가 어떤 문항을 유지하고, 수정하고, 폐기해야 할지를 결정하는 데 도움이 된다.

　　☞ KEY, TEST ITEM, MULTIPLE-CHOICE ITEM

distractor efficiency analysis ⟨*n*⟩ 교란항 유효성 분석

　　☞ 교란항DISTRACTOR

distribution[1] ⟨*n*⟩ 분포

(통계에서) 한 집단의 득점이나 측정값의 패턴

득점의 빈도 분포는 표(a)나 히스토그램(b), 그래프(c)로 나타낼 수 있다.

a. 표

텍스트 득점	10	20	30	40	50	60	70	80	90	100
빈도수	1	1	3	7	10	6	5	2	2	0

b. 히스토그램

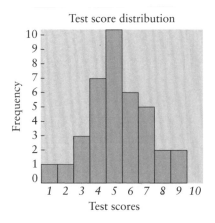

c. 꺾은선 그래프

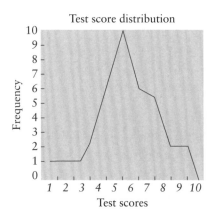

distribution² ⟨***n***⟩ 분포

특정 언어 단위, 예를 들어 음소나 단어가 나타날 수 있는 위치의 범위를 그것의
분포라고 부른다. 예를 들어, 영어에서 보통 *ng*라고 쓰는 음소 /ŋ/는 *sing*에서처럼
어두에 올 수 없지만, 광둥어와 같은 언어에서는 *ngoh*(나)와 같이 /ŋ/도 어두에
올 수 있다.

disyllabic ⟨***adj***⟩ 2음절로 된

영어 단어 *garden* /ˈgaː/＋/dən/과 같이, 2음절로 구성된 것

☞ MONOSYLLABIC

ditransitive verb ⟨***n***⟩ 이중 타동사

☞ TRANSITIVE VERB

divergence¹ ⟨***n***⟩ 분화

둘 이상의 언어나 언어 변종이 서로 달라져 가는 프로세스

예를 들어, 만약 어떤 언어의 화자가 다른 지역으로 이주하게 되면, 그들이 말하는 언어 변종이 원주민이 말하는 언어 변종과 달라진다. 즉, 분화가 일어난다. 영국 영어와 미국, 캐나다, 호주, 뉴질랜드 영어 변종이 그 예이다.

☞ CONVERGENCE[1]

divergence[2] ⟨*n*⟩ 분기

☞ ACCOMMODATION

divergent question ⟨*n*⟩ 확산적 질문

학생들로부터 다양하면서 서로 다른 응답을 끌어내는 질문. 예를 들어, 교사는 특정 화제에 대한 학생들의 생각을 비교하고자 할 때 확산적 질문을 사용한다. 확산적 질문은 정답도 오답도 없는 것이 일반적이다.

☞ CONVERGENT QUESTION, EVALUATIVE QUESTION,
QUESTIONING TECHNIQUES, CLASSROOM DISCOURSE

divergent validity ⟨*n*⟩ 확산적 타당도

=판별 타당도DISCRIMINANT VALIDITY

diversity ⟨*n*⟩ 다양성

많은 다양한 민족적, 문화적, 언어적 배경이나 신체적 능력을 가진 사람이나 학습자 집단의 특성을 가리킬 때 사용한다. 문화적 다양성을 인식하고 촉진하는 운동을 다문화주의MULTICULTURALISM라고 한다. 문화적, 종교적, 언어적 배경이 다른 소수 민족 집단이 있는 나라들이 많은데도, 교육과정이나 교재, 미디어 등은 지배 집단의 문화만을 홍보하고 있다. 다양성 지지자들은 사회 전체에서 문화적 다양성을 인정하고, 관용을 권장하고, 소수자에 대한 과거의 차별을 시정하여, 보다 포용력 있는 사회를 창조하기 위해 노력하고 있다.

DO ⟨*n*⟩ 직접목적어

=direct object, object relative clause

☞ NOUN PHRASE ACCESSIBILITY HIERARCHY

document analysis ⟨*n*⟩ 문서 분석

☞ DOCUMENTARY ANALYSIS

documentary analysis ⟨*n*⟩ 문서 분석

(질적 연구QUALITATIVE ANALYSIS에서) 연구 현장에서 근거가 될 이론GROUNDED THEORY을 구축하는 프로세스의 일부로서 문서를 수집하고 분석하는 것. 수집되는 문서에는 사적 문서, 공적 문서, 1차 문서(예를 들어, 편지, 일기, 보고서), 2차 문서(예를 들어, 전사물, 편집한 일기) 등이 있다.

dogme ELT ⟨*n*⟩ 도그미 ELT

영화 산업 분야(*dogme*)에서 가져온 용어로, 학생의 내적 삶과 실제적인 의사소통에 초점을 두기 위해 수업에서 과도한 자료와 재료를 제거해야 한다는 언어 교수 원리를 지지하는 데 사용된다.

domain[1] ⟨*n*⟩ 도메인/영역

하나 혹은 여러 개의 언어 변종이 정기적으로 시용되는 인긴의 활동 영역. 하나의 영역은 관련된 발화 장면(speech situations)(☞ SPEECH EVENT)의 집합으로 간주된다. 예를 들어, 이야기하고 있는 상대가 가족인 상황, 즉 엄마와 아이, 아빠와 엄마, 언니와 여동생인 상황에서는 모두가 가족 영역(Family Domain)에 속하게 된다. 이중언어BILINGUAL와 다중언어MULTILINGUAL를 사용하는 공동체에서는 언어가 각기 다른 영역에서 사용될 수 있다. 예를 들어, 미국에 사는 푸에르토리코인은 가족 영역에서는 스페인어를 사용하고, 고용 영역(Employment Domain)에서는 영어를 사용한다.

　　　☞ DIGLOSSIA, SPEECH EVENT

domain[2] ⟨*n*⟩ 도메인/영역

　　　☞ PROJECTION (PRINCIPLE)

domain[3] ⟨*n*⟩ 도메인/영역

교육 프로그램을 위한 목적과 목표OBJECTIVES를 설계할 때, 목표(들)가 언급해야 하는 특정 분야나 학습의 측면. 일반적으로 세 가지 목표 영역으로 구별된다.

1. **인지 영역**(cognitive domain): 학생의 지적인 능력과 기능의 계발을 목적으로 하는 목표
2. **정의 영역**(affective domain): 학생의 태도와 감정, 가치관의 계발을 목적으로 하는 목표
3. **심리운동 영역**(psychomotor domain): 학생의 운동과 협동 능력, 기능의 계발을 목적으로 하는 목표

　　　☞ BLOOM'S TAXONOMY

domain[4] ⟨*n*⟩ 도메인/영역

　　　☞ DOMAIN-REFERENCED TEST(ING)

domain-referenced test(ing) ⟨*n*⟩ 영역-참조 테스트

준거참조 테스트CRITERION-REFERENCED TEST의 특수한 유형으로, 수험자의 수행 능력이 특정 **영역**(domain)이나 명확한 교수 목표와 비교하여 그 영역을 어느 정도 학습하였는가를 평가한다.

dominant discourse ⟨*n*⟩ 지배 담화

☞ DISCOURSE

dominant language 〈**n**〉 지배 언어/우세 언어

한 사람에게 있어서 가장 자주 사용하고, 가장 능숙한 언어. 번역_{TRANSLATION}과 통역 INTERPRETATION에서는 종종 제1언어FIRST LANGUAGE나 모어MOTHER TONGUE와 같은 용어보다, 번역자나 통역자의 능력을 나타내는 지표로서 더 적절하다고 여겨지고 있다.

☞ LANGUAGE DOMINANCE

dominate 〈**v**〉 지배하다

☞ NODE

dorsal 〈**n/adj**〉 설배음

☞ VELAR

dorsum 〈**n**〉 설배

☞ PLACE OF ARTICULATION

do-support 〈**n**〉 do에 의한 지원

영어에서, *Do you want some tea?*와 *He doesn't want any tea*와 같은 의문문이나 부정문을 만들 때, '더미(dummy)' 조동사 *do*의 사용. 대부분의 언어에는 이에 대응하는 구문이 없다.

DOTE 〈**n**〉 해외 영어 교사 자격증

Diploma for Overseas Teachers of English(UCLES)의 약자. 현재는 DELTA를 사용한다.

doubled consonants 〈**n**〉 이중 자음

☞ GEMINATES

double negative 〈**n**〉 이중 부정

부정어가 두 개 사용되는 구문. 예를 들어, 비표준 영어에서는 *I haven't seen anything*이라고 하는 대신에, *I never seen nothing*이라고 한다. 이중 부정이 긍정이 되지는 않는다. 부정을 강조하기 위해 사용될 뿐이다.

double-object construction 〈**n**〉 이중 목적어 구분

☞ DATIVE ALTERNATION

downtoner 〈**n**〉 유화사

hardly, *partially*, *slightly*와 같이, 의미의 어떤 측면을 약화시키기 위해 사용하는 강조어

I am slightly deaf in one ear. (한쪽 귀가 약간 안 들려.)

drafting 〈**n**〉 초고 작성

☞ COMPOSING PROCESSES

D

drill ⟨**n**⟩ 드릴/연습

특히 **청각구두식 교수법**(audiolingual method)과 같이 오래된 언어교수법에서 주로 사용하는 기법으로, 유도된 반복이나 연습에 기초를 두며, 소리나 문형을 연습하기 위해 사용된다. 문법의 특정 측면이나 문장 형성을 연습하는 드릴을 **패턴 드릴**(pattern drill)이라고 한다. 보통 두 부분으로 구성된다.

a. 교사는 **자극**(stimulus)으로 단어나 문장을 제공한다(자극어[call word]니 큐[cue])
b. 학생은 반복이나 대체, 변형에 기초하여 다양한 유형의 반응을 한다.

드릴의 유형	교사의 큐	학생의 반응
대체 드릴(substitution drill)	*We bought a book.* *pencil*	*We bought a book.*
반복 드릴(repetition drill)	*We bought a book.* *We bought a pencil.*	*We bought a book.* *We bought a pencil.*
변형 드릴(transformation drill)	*I bought a book.*	*Did you buy a book?* *What did you buy?*

드릴은 유사-의사소통을 연습하며, 유의미한 상호작용을 수반하지 않는다는 주장으로 인해, 의사소통 중시 교수법에서는 그다지 사용하지 않는다.

D-structure ⟨**n**⟩ D구조

(지배·결속 이론GOVERNMENT/BINDING THEORY에서) 문장 표상의 추상적 레벨로, 동작주(행위자), 피동작주(동작에 영향을 받는 실체)와 같은 의미적 역할이 문장에 할당된다. 동작주는 가끔 문장의 **논리적 주어**(logical subject), 피동작주는 문장의 **주제**(theme)를 가리키기도 한다. 예를 들어, 다음 문장(단순화된 형식)에서,

Vera   *shoot*   *intruder*
동작주/논리적 주어   피동작주/주제

문장 표상의 다음 레벨은 S구조S-STRUCTURE, 여기에서는 주격/문법적 주어와 대격/문법적 목적어 등 통사적/문법적 격이 할당된다. 예를 들어, 다음 문장(단순화된 형식)에서,

Vera (동작주)   *shoot*   *intruder* (피동작주/주제)
문법적 주어   문법적 목적어

그런 다음, S구조를 표층 문장으로 바꾸기 위해 **음성 형식**(Phonetic form: PF) 부문과 **논리 형식**(logical form: LF) 부문이 필요하다. 음성 형식(PF) 부문은 S구조를 음성으로 제시하고, 논리 형식(LF) 부문은 문장의 통사적 의미를 제공한다. 의미역과 문법적 격, 그리고 이들 간의 상호작용이라는 개념은 제1언어 및 제2언어 습득 연구에서 이용되어 왔다(☞ θ-THEORY).

DTEFLA ⟨**n**⟩ 성인을 위한 외국어로서의 영어 교수 자격증

Diploma in Teaching English as a Foreign Language to Adults(UCLES).
현재는 DELTA로 바뀌었다.

dual 〈**adj/n**〉 쌍방향의
☞ LANGUAGE UNIVERSAL

dual immersion 〈**n**〉 쌍방향 이멀전
☞ TWO-WAY IMMERSION EDUCATION

duality of structure 〈**n**〉 구조의 이중성
언어가 두 개의 레벨로 조직되어 있다는 사실을 가리키는 언어의 독특한 특성.
하나의 레벨에서 언어는 그 자체로는 의미를 전달하지 못하는 분절이나 단위들(*g*,
d, *o*와 같은 글자)의 연속체로 구성되어 있다. 그러나 이러한 단위들이 특정한 연속
체로 결합하게 되면, 보다 큰 단위를 형성하여(*dog*이나 *god*) 의미를 전달하게 된다.

durative 〈**n**〉 지속상
☞ ASPECT

dyad 〈**n**〉 쌍, 양자관계
서로 의사소통하고 있는 두 사람. 쌍은 의사소통 네트워크 중에서 가장 작은 부분
이라고 할 수 있다. 예를 들어, 가족 내의 언어 사용을 기술할 때는 엄마-아이,
할머니-아이, 언니-여동생과 같은 쌍이 될 것이다.

dynamic verb 〈**n**〉 동작동사
☞ STATIC-DYNAMIC DISTINCTION

dynamic systems theory 〈**n**〉 역동적 시스템 이론
=dynamical systems theory
변수들이 서로 상호작용하고 시스템이 계속적으로 변화하는 복잡한 시스템을 설
명하려는 이론. 날씨와 교통 패턴을 역동적 시스템의 예로 볼 수 있다. 이러한
모델들이 SLA에 응용되기 시작하였다. 즉, 언어 학습은 하위 체계의 상호관련성(예
를 들어, 사회적, 인지적 시스템), 시간의 경과에 따른 발달과 변이 등을 포함하는
역동적 시스템의 핵심적 특징을 보여준다는 사실이 인정되기 때문이다.

dysfluency 〈**n**〉 유창성 장애
☞ FLUENCY

dysgraphia 〈**adj**〉 실서증
특정 연령이나 지능, 교육의 전형적인 수준에 상응하는 쓰기에 어려움을 가져오는
학습 장애. 철자나 문자 형성에 어려움을 겪으며, 쓰고자 할 때 심적이고 신체적인
불편함이 생긴다.

dyslexia 〈**n**〉 난독증

=word blindness 어맹증

문자의 형태와 단어를 구별하는 데 어려움이 있는 것과 같은, 읽기 학습에 지속적인 문제를 설명하기 위해 사용하는 일반적 용어. 그러나 독서 전문가들은 난독의 본질과 원인에 대해서는 동의하지 않는다. 이 용어가 지극히 일반적으로 자주 사용되고 있기 때문에, 많은 읽기 전문가들은 이 용어의 사용을 꺼려하며, 특수한 읽기 장애와 같은 관점에서 읽기 장애를 설명하려 하고 있다.

dysphasia 〈**n**〉 실어증

=실어증APHASIA

E

EAP ⟨n⟩

=학문 목적을 위한 영어ENGLISH FOR ACADEMIC PURPOSES

☞ ENGLISH FOR SPECIAL PURPOSES

early-exit/late-exit bilingual education programmes ⟨n⟩ 조기 종료/늦은 종료 이중언어 교육 프로그램

두 종류의 전이형 이중언어 교육 프로그램을 구별하는 용어. 조기종료 프로그램은 취학한 1~2학년 아이들을 대상으로 한 이중언어 수업을 말하며, 늦은종료 프로그램은 초등학교 3학년이나 그 이상의 학생들에게 이중언어 교육을 제공하는 수업을 말한다.

Ebonics ⟨n⟩ 흑인영어/에보닉스

미국 흑인영어를 달리 부르는 말로, *ebony*+*phonics*이나, *black sounds*(검은 소리)에서 온 말이다. 에보닉스는 특히 미국 영어 변종을 가리키는 USEB(United States Ebonics)와 함께, 서아프리카-유럽어 혼재를 나타내는 상의어로도 일반적으로 사용되어 왔다.

echo-correction ⟨n⟩ 메아리-수정/에코 수정

오류를 수정하는 기법의 하나로, 교사가 학생의 오류를 상승조로 반복하여 학생이 자신의 오류를 알아채서 스스로 수정하게끔 하는 오류 수정 기법

학생: She *wear* contact lenses.

교사: wear?

학생: She wears contact lenses.

echoism ⟨n⟩ 반향

=의성어ONOMATOPOEIA

echolalia ⟨n⟩ 반향언어증

언어 장애나 실어증APHASIA의 일종으로, 화자 발화가 전부, 혹은 거의 대부분이 들은 단어나 구를 단순 반복하거나 모방한 것으로 구성된다.

echo question ⟨n⟩ 반복 의문문

☞ QUESTION

eclectic method ⟨n⟩ 절충식 교수법

다른 몇 개의 언어교수법의 특징을 사용하는 교수법을 가리키는 용어로, 예를 들어, 청각구두식 교수법과 의사소통적 언어 교수 기법을 함께 사용할 수 있다. 절충식 교수법을 적절히 적용하기 위해서는 교사가 교수 기법이나 전략, 교수 절차를 선택하는 데 지침이 되는 핵심 원리가 필요하다.

☞ AUDIOLINGUAL METHOD, COMMUNICATIVE APPROACH

ecology of language 〈*n*〉

＝언어생태학LINGUISTIC ECOLOGY

economy principle 〈*n*〉 경제 원리

최소주의MINIMALISM에서, 통사 표시는 가능한 한 적은 구성소를 포함해야 하고, 파생은 가능한 한 적은 문법적 조작을 수반해야 한다는 원리

ED-form 〈*n*〉 *ed*-형

영어에서 동사의 단순 과거시제(예를 들어, *talked*)를 가리킬 때 사용하는 용어

editing[1] 〈*n*〉 수정

제2언어 쓰기 수업에서, 문법이나 어휘, 문장 구조, 철자 오류와 같이, 수정이 필요한 언어 오류를 학생들이 참여하여 수정하게 하는 연습

☞ REVISION

editing[2] 〈*n*〉 첨삭

☞ COMPOSING PROCESSES

education 〈*n*〉 교육

일반적인 의미에서, 특정 분야나 영역에서 사람들의 지식, 기능, 태도, 이해 등을 개발하기 위해 이용하는 공식·비공식적인 교수 학습 프로세스. 위에서 언급한 광의의 교육과 특정의 실용적 기술을 가르치기 위해 사용하는 프로세스인 훈련TRAINING을 구별하는 경우도 있다.

educational linguistics 〈*n*〉 교육언어학

언어와 교육 간의 관계를 다루는 응용언어학APPLIED LINGUISTICS의 한 분과를 가리키는 데 사용하는 용어

educational psychology 〈*n*〉 교육심리학

교육에 관한 이론과 문제를 연구하는 심리학의 한 분과로, 학습 이론을 교실에서 이루어지는 교수와 학습, 교육과정 개발, 테스트와 평가, 교사교육 등에 적용하는 문제들을 다룬다.

educational technology 〈*n*〉 교육공학

1. 다양한 교육 기기나 장치(예를 들어, 언어 실습실, 녹음기, 비디오 등)를 이용하

여 교사와 학습자를 지원하다.

2. (a) 학습자가 알아야 하거나, 할 수 있어야 하는 것들을 분석하고, (b) 그것을 행동 목표BEHAVIOURAL OBJECTIVES로 기술하고, (c) 위 (1)을 포함하는 교육 시스템

effect size ⟨*n*⟩ 효과량

하나의 변수가 다른 하나 이상의 변수 간의 관계에 있어서 효과의 강도를 나타내는 척도. 연구자가 귀무 가설을 기각하고, 독립 변수에 효과가 있었다로 결론 내릴 때, 종속 변수(예를 들어, 학업 성적)에 대해 독립 변수의 효과(예를 들어, 이중언어 프로그램의 유무)가 어느 정도 강하였나를 판정하기 위해 효과량을 계산한다. 효과량은 연구 결과를 동일 척도로 계산하기 때문에, 어떤 연구의 결과를 다른 연구 결과들과 비교할 때의 일반적 지수로 자주 사용된다.

☞ META-ANALSYS

EFL ⟨*n*⟩

=외국어로서의 영어ENGLISH AS A FOREIGN LANGUAGE

egocentric speech ⟨*n*⟩ 자기중심적 발화

다른 사람이 아닌 자기 자신에게 말을 거는 발화. 심리학자인 Piaget가 제1언어를 학습하는 아이들의 발화에서 관찰한 두 개의 발화 유형 중 하나이다. 자기중심적 발화는 아이들에게 즐거움을 선사하고 아이의 생각을 표현하고, 또 언어를 관찰하고 가지고 놀아볼 기회를 제공한다. **사회화된 발화**(socialized speech), 또는 타인에게 말을 걸고 의사사통을 위해 사용하는 발화와 대비된다.

egocentric writing ⟨*n*⟩ 자기중심적 글쓰기

☞ READER-BASED PROSE

EGP ⟨*n*⟩ 일반 목적을 위한 영어

=일반 목적을 위한 영어ENGLISH FOR GENERAL PURPOSE

☞ ENGLISH FOR SPECIAL PURPOSES

elaborated code ⟨*n*⟩ 정교화된 코드

☞ CODE[2]

elaborative rehearsal ⟨*n*⟩ 정교화된 반복

☞ REHEARSAL

e-language ⟨*n*⟩ E-언어

=externalized language 내재화된 언어

☞ I-LANGUAGE

e-learning ⟨*n*⟩ 이러닝

=electronic learning 전자 학습

교사와 학생이 시간적, 공간적으로 떨어져 있으나 온라인 기술을 이용하여 서로 연결하는 학습 형태. 이러닝에는 웹 기반 학습과 가상 교실, 디지털 협동, 인터넷을 통한 내용 발신 등이 포함된다. 블렌디드 러닝BLENDED LEARNING에서는 면대면 학습도 병행할 수 있다.

electronic discussion 〈*n*〉 전자 토론

게시판이나 리스트, 실시간 대화와 같이, 모든 참가자가 투고한 것을 문서의 형태로 제공하는 온라인 포럼

electronic literacy 〈*n*〉 전자 리터러시

전자 문서를 읽고 쓸 수 있는 능력. 전자 문서는 문서와는 다르다. 전자 문서는 보통 상호작용적이며, 비선형적 구조를 사용하며, 인쇄된 텍스트에서는 별로 사용하지 않는 상징적인 요소들을 포함할 수도 있다.

electronic portfolio 〈*n*〉 전자 포트폴리오

교사교육에서, 교사의 업적들을 전자 매체를 이용하여 모아둔 것. 다양한 분야에서 교사의 활동과 성장, 업적을 제시하거나 발표하는 데 사용된다. 포트폴리오PORTFOLIO와 마찬가지로, 전자 포트폴리오의 내용은 그 목적과 목표에 맞게 신중하게 계획하고 선정한다. 전문성 계발 측면에서 사용할 수도 있고, 평가의 근거로 이용할 수도 있다.

elementary school 〈*n*〉 초등학교

☞ SCHOOL SYSTEM

elicitation 〈*n*〉 유도

=elicitation technique 유도 기법, elicitation procedure 유도 절차

학습자가 능동적으로 구어나 문어를 산출할 수 있도록 설계한 어떤 기법이나 절차. 예를 들어, 그림을 묘사하게 한다거나, 줄거리를 말하게 한다거나, 불완전한 문장을 완성하도록 한다. 언어학에서는 모어화자를 촉발시켜 분석용 언어 데이터를 산출하게 할 목적으로 이용한다. 교수와 제2언어 연구에서는 학습자의 언어 능력을 더 잘 이해하기 위해서, 혹은 자연적 발화나 쓰기 연구보다 중간언어INTERLANGUAGE를 보다 완전하게 이해하기 위해, 이와 동일하거나 비슷한 기법을 사용한다.

elicited imitation 〈*n*〉 유도된 모방

유도 절차ELICITATION PROCEDURE의 하나로, 피험자는 자신이 보거나 들은 문장을 반복해야 한다. 자신이 사용할 수 없거나, 사용하지 않는 언어 규칙을 사용하는 문장을 반복하도록 요구 받았을 때 사람들은 자신의 고유한 발화에 더 가깝도록 문장을 바꾸는 경우가 많다. 유도된 모방은 피험자의 언어 지식을 연구하는 데 사용할

수 있다. 예를 들어,

자극문

Why *can't the man* climb over the fence?

유도된 모방

Why *the man can't climb* over the fence?

elision ⟨*n*⟩ 음생략/발음탈락 elide ⟨*v*⟩

발화에서 하나 이상의 소리를 생략하는 것. 예를 들어, *suppose*나 *factory*, *mostly*를 빠르게 말하면, 각각 [spəuz]와 ['fæktri], ['məusli]가 된다.

☞ ELLIPSIS, EPENTHESIS

ELL ⟨*n*⟩

=영어 학습자ENGLISH LANGUAGE LEARNER

ellipsis ⟨*n*⟩ 생략

이미 언급되었거나 지시되었기 때문에 불필요한 단어나 구를 문장에서 삭제하는 것. 예를 들어, 두 개의 등위절 내에서 동사의 주어가 동일할 때, 반복을 피하기 위해 하나를 생략할 수 있다.

The man went to the door and (he) opened it. (주어 생략)

Mary ate an apple and Jane (ate) a pear. (동사 생략)

☞ ELISION

ELT ⟨*n*⟩ 영어 교수법

English Language Teaching의 약자. 특히 영국에서 제2언어로서의 영어ENGLISH AS A SECOND LANGUAGE나 외국어로서의 영어ENGLISH AS A FOREIGN LANGUAGE 교수법을 가리킬 때 사용된다. 북미에서는 주로 TESOL을 가리킨다.

embedded sentence ⟨*n*⟩ 내포문

☞ EMBEDDING

embedding ⟨*n*⟩ 내포

(생성문법GENERATIVE GRAMMAR에서) 한 문장이 다른 문장 안에 나타나는 것. 예를 들어, *The news that he had got married surprised his friends*에서, 문장 (2)는 문장 (1)에 내포되어 있기 때문에 **내포문**(embedded sentence)이다.

(1) *The news* ↑ *surprised his friends.*
(2) *that he had got married*

embodiment ⟨*n*⟩ 신체화

인지언어학COGNITIVE LINGUISTICS에서, 언어 구조와 언어 처리를 포함하는 인지 측면은 대뇌를 포함한, 유기체의 생태학과 물리적·사회적 문맥의 시스템 측면들을 언급하지 않으면 완전히 이해할 수 없다.

emergentism ⟨**n**⟩ 창발론

고도의 인지 형식은 보다 단순한 인지 형식과 인간 뇌의 구조 사이의 상호작용에서 비롯된다는 견해. 예를 들어, 언어 습득LANGUAGE ACQUISITION에서, 품사PART OF SPEECH와 같은 범주들은 생득적인 것이 아니라 지가 시스템이 입력을 처리한 결과 발생한 것이라고 제안되어 왔다.

> ☞ CONNECTIONISM

emic approach ⟨**n**⟩ 문화내부적 접근법

언어학 용어인 음소론PHONEMIC과 관련하며, 문화내부적 접근법은 현상들을 내부자의 관점, 다시 말해 인간의 행위를 특정 언어 화자나 특정 문화의 구성원의 관점에서 의미 있게 기술하려는 접근법이다. 이 접근법은 대상의 행위를 객관적이고 문화 중립적으로 기술하려고 하는 (언어학 용어인 음성학PHONETICS과 관련하여) **문화일반적 접근법**(etic approach)과는 대비된다.

emotive meaning ⟨**n**⟩ 감정적 의미

> ≒ 내포CONNOTATION

empathy ⟨**n**⟩ 감정이입

타인의 생각과 느낌, 견해를 상상하고 공유할 수 있는 자질. 감정이입은 자신의 언어나 문화와 다른 언어, 문화를 가진 사람이나 집단에 대해 우리가 가진 태도와, 다른 언어를 배우는 사람의 성공 여부에 영향을 끼칠 수 있다고 여긴다.

emphatic pronoun ⟨**n**⟩ 대명사의 강조 용법

명사구를 부가적으로 강조하거나 주의를 기울이게 하는 대명사. 영어에서는 재귀대명사REFLEXIVE PRONOUN와 마찬가지로, 대명사에 *–self*, *–selves*를 추가하여 만든다.

> *I myself cooked the dinner.*
> *We spoke to the President herself.*

emphatic stress ⟨**n**⟩ 강조 강세

> ☞ STRESS

empirical investigation ⟨**n**⟩ 경험적 조사

> ☞ FIELDWORK

empirical validity ⟨**n**⟩ 경험적 타당도

하나 이상의 준거와 비교하여 얻는 테스트의 타당성 척도. 비교 대상 척도에는 다음과 같은 것들이 있다.

a. 다른 타당도 테스트나 동시에 구할 수 있는 다른 독립적인 척도(예를 들어, 교사에 의한 평가) (병존 타당도CONCURRENT VALIDITY)

b. 나중에 얻게 되는 다른 타당도 테스트나 다른 수행능력 기준 (예언 타당도PREDICTIVE VALIDITY)

이 타당성 접근법은 경험적 타당성과 같은, 관찰보다는 이론에 기초하는 내용 타당도CONTENT VALIDITY나 안면 타당도FACE VALIDITY와 같은 **판단 타당도**(judgemental validity)와 대비된다.

empiricism ⟨*n*⟩ 경험주의

모든 지식은 경험으로부터 온다는 철학적 신조. 이 신조는 지식은 생득적인 관념(☞ INNATIST HYPOTHESIS)처럼 추론을 통해 직관적으로 알고 있는 기본적인 개념으로부터 비롯된다고 주장하는 **이성론**(rationalism)과 대비된다.

empowerment ⟨*n*⟩ 임파워먼트

어떤 사람의 현재 조건을 개선하는 데 도움이 되는 기능과 능력, 지식, 정보를 제공하거나 개발시키는 것. 임파워먼트는 지위와 영향력, 힘이 없는 사람에게 전망, 힘, 명성 등을 얻을 기회를 확대하는 것을 돕는 것처럼 보이기도 한다. 일부 문맥에서는, 제2언어 코스는 단순히 언어 기능을 가르치는 것이 아니라, 학생들에게 그들이 경험하는 불공정을 시정하는 행동을 일으키기 위한 힘을 주는 것을 목적을 하기도 한다. 문식력과 이중언어 문식력은 개인과 집단에 능력을 부여하는 주요한 수단이 된다.

empty category ⟨*n*⟩ 공범주

(생성문법GENERATIVE GRAMMAR에서) 표층에 의한 구체화가 없는 범주
　　☞ TRACE

empty "it" ⟨*n*⟩ 공의 'it'

구체적인 지시대상은 없지만, 앞에서 무언가를 언급할 때의 *it*의 기능
It is very cold outside today (*It*이 날씨를 언급하고 있다).
It is getting late (*It*이 시간을 언급하고 있다).

empty word ⟨*n*⟩ 허어

　　☞ CONTENT WORD

enabling skills ⟨*n*⟩

　　＝세부 기술MICRO-SKILLS

encoding ⟨*n*⟩ 부호화

의사소통 행위의 일부로, 메시지를 기호체계로 전환하는 프로세스. 언어를 부호화

할 때, 화자는 다음 작업을 행해야 한다.

a. 전달하고자 하는 의미를 선택한다.

b. 의미 체계(개념, 명제PROPOSITIONS, 문법 체계(즉, 단어, 구, 절), 음운 체계(즉, 음소 PHONEMES, 음절SYLLABLE)를 이용하여, 의미를 언어 형식으로 변환한다.

의사소통 체계가 다르면 메시지를 부호화할 때에도 다른 유형의 기호(예를 들어, 그림 제시, 모스 부호, 북소리)를 사용한다.

☞ DECODING

encoding specificity principle 〈*n*〉 부호화 특수성 원리

부호화 시에 이용 가능한 정보를 회상 시에도 이용할 수 있다면, 기억이 향상된다는 기억 원리. 예를 들어, 자연적 상황에서 언어를 학습했다면, 학습한 환경을 벗어났을 때 특정 어휘를 재생하기가 상당히 어려워질 수 있다.

endangered language 〈*n*〉 위기에 처한 언어

모어화자가 줄어서 소멸될 위험에 처한 언어. UNESCO의 「위기에 처한 세계 언어 지도」는 최근 언어들을 '안전하지 않은', '분명히 위기에 처한', '심각한 위기에 처한' 언어 등으로 구분하고 있다. 세계 언어의 반 이상이 어느 정도는 위기에 처해 있다고 추정되고 있다.

En-form 〈*n*〉 en-형

영어 동사의 과거분사형을 가리키는 용어. 예) *fallen*

English as a foreign language (EFL) 〈*n*〉 외국어로서의 영어

☞ ENGLISH AS A SECOND LANGUAGE

English as a Lingua Franca (ELF) 〈*n*〉 공통어로서의 영어

영어의 지위를 나타낼 때 사용하는 용어로, 영어를 제1언어로 하지 않는 두 명 이상의 화자 간에 의사소통 언어로 영어가 사용될 때를 말한다. 이 경우, 화자의 제1언어의 특징들이 반영되는 경우가 많다.

☞ ENGLISH AS AN INTERNATIONAL LANGUAGE, ENGLISH AS A WORLD LANGUAGE

English as an international language (EIL) 〈*n*〉 국제어로서의 영어

세계의 주요한 제2언어이자, 국제 비즈니스, 무역, 여행, 의사소통 등에서 사용되는 가장 일반적인 언어라는 영어의 지위를 특징짓기 위해 사용하는 용어. **세계 언어** (World Languages)라는 용어와 마찬가지로, 국제어라는 개념에는 전 세계에서 사용되고 있는 영어에 다양한 표준이 존재한다는 인식이 담겨 있다. 다문화나 다언어를 사용하는 국가에서 학습이나 의사소통 시에 영국 영어나 미국 영어, 호주 영어, 혹은 다른 변종 영어가 반드시 목표가 될 필요는 없다. 예를 들어, 브라질과 일본의 비즈니스맨은 계약 협상을 위해 영어를 사용한다. 이때 사용하는 영어 유형은 영어 모어화자들이 사용하는 영어에 반드시 기초할 필요는 없으며, 화자의 모어와 영어를 사용하는 목적에 따라 다양할 것이다.

English as a second dialect (ESD) 〈*n*〉 제2방언으로서의 영어

영어 방언을 말하는 사람들을 위한 표준 영어(☞ STANDARD VARIETY)의 역할
☞ BIDIALECTAI, BILINGUAL EDUCATION

English as a second language (ESL) 〈*n*〉 제2언어로서의 영어

약간씩 다른 여러 개의 정의를 가지는 기본 용어. 넓은 의미에서는 유년기에 가정에서 제1언어FIRST LANGUAGE를 학습한 후 영어를 배우는 사람에게는 영어가 제2언어가 된다. 이런 식으로 용어를 사용하게 되면, 제2언어와 제3언어 간에 구별이 없어지게 된다. 그러나 제2언어SECOND LANGUAGE로서의 영어와 **외국어로서의 영어**(English as a foreign language)를 구별하는 경우가 많다. 형식적인 교실 환경에서 영어를 배우고 교실 밖에서는 영어를 사용할 기회가 없거나, 제한된 사람, 의사소통에서 영어가 중요한 역할을 하지 않는 나라(예를 들어, 중국, 일본, 한국 등)에서는 외국어로서 영어를 학습한다고 말한다. 반면, 일상생활에서 영어가 필요한 상황(예를 들어, 미국에서 영어를 배우는 이민자)이나, 영어가 교육, 비즈니스, 정치에서 중요한 역할을 하는 나라(예를 들어, 싱가포르, 필리핀, 인도, 나이지리아)에서 영어를 배우는 사람은 영어를 제2언어로서 학습한다고 말한다.

English as a second language programme (ESL/ESOL programme) 〈*n*〉 제2언어로서의 영어 프로그램

영어권 국가에서 타 언어권 화자에게 영어를 가르치기 위한 프로그램. ESL 프로그램은 일반적으로 특정 언어교수법에 기반하고 있으며, 언어 기능(말하기, 이해하기, 읽기, 쓰기)을 가르친다. 이민자 아동이나 비영어권 아동을 대상으로 한 학교 프로그램을 가리키기도 하며, 이중언어 교육BILINGUAL EDUCATION이나, 정규 학교 프로그램, 성인을 대상으로 지역사회 프로그램과 함께 운영되기도 한다.

Englishes 〈*n*〉 잉글리쉬

영어가 모어인 나라(예를 들어, 미국, 캐나다 등)에서 사용되는 영어, 제2언어로서 사용되는 나라(예를 들어, 인도, 필리핀 등)에서 사용하는 영어 등, 현재 다양한 영어 변종이 존재한다는 사실을 반영하여 사용되는 용어. 그래서 요즘은 많은 다양한 잉글리쉬가 사용되고 있다고 말하기도 한다.
☞ ENGLISH AS AN INTERNATIONAL LANGUAGE

English for Academic Purposes (EAP) 〈*n*〉 학문적 목적을 위한 영어

주로 대학이나 다른 고등교육 기관에서 공부하거나 영어로 연구를 수행하거나

가르치는 학습자를 돕기 위해 설계된 영어 코스. 이 코스에서는 학생들에게 TOEFL 이나 IELTS와 같은 시험 준비를 시키거나, 학문 분야에서 요구되는 듣기, 말하기, 읽기, 쓰기에 대응할 수 있도록 하거나, **학습 스킬**(study skills)을 다루기도 한다. EAP는 특별 목적을 위한 영어ENGLISH FOR SPECIAL PURPOSE나 특수 목적을 위한 영어ENGLISH FOR SPECIFIC PURPOSES의 한 분과로, 학문적인 목적을 위해 언어가 어떻게 사용되는가를 연구 기반으로 하다.

English for general purposes (EGP) 〈*n*〉 일반 목적을 위한 영어

☞ ENGLISH FOR SPECIAL PURPOSES

English for science and technology (EST) 〈*n*〉 과학과 기술을 위한 영어

☞ ENGLISH FOR SPECIAL PURPOSES

English for Speakers of Other Languages (ESOL) 〈*n*〉 타언어 화자를 위한 영어

☞ ENGLISH AS A SECOND LANGUAGE(1)

English for special purposes 〈*n*〉 특별 목적을 위한 영어

=English for specific purposes (ESP)

코스의 내용과 목적이 특정 학습자 집단의 특수한 필요성에 의해 결정되는 언어 코스나 교육 프로그램에서의 영어의 역할을 말한다. 예를 들어, 학문 목적을 위한 영어ENGLISH FOR ACADEMIC PURPOSES, 과학과 기술을 위한 영어ENGLISH FOR SCIENCE AND TECHNOLOGY, 간호사를 위한 영어 등의 코스가 있다. 이러한 코스는 일반적인 언어 능력을 가르치는 것을 목적으로 하는 코스인 일반 목적을 위한 영어ENGLISH FOR GENERAL PURPOSES와 구별된다.

☞ LANGUAGE FOR SPECIAL PURPOSES

English medium school 〈*n*〉 영어 전용 학교

영어를 주 지도 수단으로 사용하는 학교. 영어가 제2언어SECOND LANGUAGE인 나라에서 주로 사용된다.

English only 〈*n*〉 영어 전용

영어를 미국의 공식 언어로 만들고 이중언어 교육을 금지시키려고 하는 운동과 이념을 나타내는 용어

English plus 〈*n*〉 영어 플러스

모든 미국 거주자는 영어 이외의 언어에 능숙해질 기회를 가져야 한다는 신념을 주장하는 운동이나 이념을 가리키는 용어

enhanced input 〈*n*〉 강화된 입력

목표언어 내의 특정 자질을 예컨대, 빈도를 늘리거나, 발화에서 강세나 억양을

사용하여 보다 현저하게 만든 후 학습자에게 제공하는, 구어나 문어 입력 유형

entailment ⟨**n**⟩ 함의

두 개 이상의 문장들(엄밀히 말하면, 명제|PROPOSITIONS) 간의 관계. 한 문장이 참일 때 두 번째 문장도 반드시 참이라면, 첫 번째 문장은 두 번째 문장을 함의하는 것이 된다. 함의는 문장 그 자체의 의미와 관련되어 있으며(☞ UTTERANCE MEANING), 문장이 사용되는 문맥에 의존하지는 않는다.

☞ IMPLICATION, UTTERANCE MEANING, PRESUPPOSITION

entry ⟨**n**⟩ 도입

(교수에서) 수업의 한 일부로써, 시작되는 부분을 말한다. 효과적인 수업은 학습자의 주의를 수업에 집중시키고, 해당 차시의 목표와 학습 내용을 학습자에게 알려주고, '선행조직자'를 제공하여, 앞으로의 활동을 위해 준비시키는 것이라고 제안하고 있다.

☞ CLOSURE

entry test ⟨**n**⟩ 입학 시험

＝배치고사|PLACEMENT TEST

epenthesis ⟨**n**⟩ 음삽입

어두나, 음과 음 사이에 모음이나 자음을 첨가하는 것.

이 현상은 학습하고 있는 언어가 학습자의 제1언어와는 다른 자음이나 모음의 연쇄를 가질 때 발생한다. 예를 들어, 스페인어를 모어로 하는 영어 학습자들은 스페인어에 자음 연쇄|CONSONANT CLUSTER /sp/로 시작하는 단어가 없기 때문에, *speak* 대신에 *espeak*[espiːk]이라고 말한다. 많은 다른 언어 화자들도 영어의 /lm/, /lp/와 같은 음결합을 사용하지 않기 때문에, *film*을 filem[fɪləm], *help*를 helep[heləp] 식으로, 삽입 모음을 넣어서 발음한다.

☞ ELISION, INTRUSION

epiphenomenalism ⟨**n**⟩ 부수현상설/수반현상설

신경계의 사상은 의식에 영향을 주지만, 의식은 신경계의 사상에 영향을 줄 수 없다는 이론. 다시 말해, 사고는 행동에 아무런 영향을 끼치지 않는다는 뜻이다.

episodic memory ⟨**n**⟩ 에피소드 기억

개인적 경험이나 에피소드에 입각해 조직된 기억|MEMORY의 부분. 예를 들어, '금요일 밤 7시에 무엇을 했습니까?'고 물었을 때, 피험자는 그날 5시부터 7시 사이에 일어난 모든 것을 생각해 내려고 할 것이다. 요구된 정보를 알아내기 위해 일련의 사건이나 에피소드를 구축하는 것이다. 에피소드 기억은 **의미 기억**(semantic memory)과는 구별된다. 의미 기억은 단어가 의미 그룹이나 부류에 따라 조직된 기억의 부분

이다. 단어는 그 의미 속성에 따라 장기기억에 저장될 수 있다고 여겨진다. 그래서 예를 들어, 기억에서 *canary*는 *bird*, *rose*는 *flower*와 링크된다. 이와 같은 링크는 의미 기억의 한 부분이다.

equated forms ⟨*n*⟩ 등화 형식

한 테스트의 두 개 이상의 형식으로, 테스트 점수를 동일한 척도로 변환하여 다른 테스트 형식들과 비교할 수 있다. 에를 들어, 테스트 X와 Y가 모두 테스트 Z의 등화 형식이라면, 수험자의 득점은 그들이 치른 테스트 유형(즉, X인가, Y인가)에 의해 영향을 받지 않을 것이다.

equating ⟨*n*⟩ 등화

=test equating 테스트 등화

동일한 특성TRAIT을 측정하는 복수의 테스트 형식에서 점수를 똑같게 하는 과정. 등화를 통해 등화 테스트의 점수를 상호교체적으로 사용할 수 있게 된다.

equative ⟨*adj*⟩ 등가의

=equational 등식의

주어SUBJECT와 보어COMPLEMENT가 동일 인물이나 사물을 가리키는 문장

Susan   is the girl I was talking about.
주어   보어

equilibration ⟨*n*⟩

=평형ADAPTATION[2]

equivalent form reliability ⟨*n*⟩

=동형검사 신뢰도ALTERNATE FORM RELIABILITY

equivalent forms ⟨*n*⟩

=등가 형식PARALLEL FORMS

ERB ⟨*n*⟩

=윤리검토위원회ETHICAL REVIEW BOARD

ergative ⟨*adj*⟩ 능격의

본래는 타동사의 보어와 자동사의 주어에 동일한 격이 부여되는 언어를 가리키는 용어. 그 용법이 확장되어, *break*와 같은 영어 동사를 가리킬 때 사용되기도 한다. *break*는 He broke the window나, The window broke와 같은 문장에서 나타날 수 있다. 문장의 표층구조에서 *window*가 한쪽에서는 문장의 목적어이고, 다른 한쪽에서는 주어로 기능함에도, 두 문장에서 동일한 주제역THEMATIC ROLE을 담당하는 것으로 본다.

ergative verb 〈***n***〉 능력동사

타동사적으로도, 자동사적으로도 사용되는 동사. 자동사일 때의 주어가 타동사일 때의 목적어에 해당한다. 예를 들어, 다음 문장에서 *boil*과 같은 동사이다.

He boiled a kettle of water.

The kettle boiled.

error 〈***n***〉 오류

1. (제2언어/외국어 학습자의 발화나 쓰기에서), 유창한 화자나 모어화자가 결함이 있거나 불완전한 학습의 결과로 간주하는 언어 항목(즉, 단어, 문법 항목, 발화 행위SPEECH ACT 등). 오류는 불완전한 지식의 결과로 생기는 오류와, 쓰거나 말할 때 학습자의 주의력 부족이나 피로, 부주의, 다른 언어수행PERFORMANCE 상의 상황에 의해 발생하는 **실수**(mistake)와 구별되는 경우가 있다. 오류의 유형은 다음과 같이 분류할 수 있다: 어휘(**어휘적 오류**[lexical error]), 발음(**음운적 오류**[phonological error]), 문법(**통사적 오류**[syntactic error]), 화자의 의도나 의미의 오해(**해석적 오류**[interpretive error]), 잘못된 의사소통 효과의 산출, 다시 말해, 발화 행위나 대화 **규칙**RULES OF SPEAKING의 하나를 불완전하게 사용해서 의사소통상 오류가 생기는 것(**화용적 오류**[pragmatic error]). 제2언어/외국어 습득 연구에서는 오류를 학습자가 언어 학습이나 언어 사용 시 이용하는 프로세스를 규명할 목적으로 연구하고 있다(☞ ERROR ANALYSIS).

2. SPEECH ERROR 참조.

☞ DEVELOPMENTAL ERROR, GLOBAL ERROR

error analysis 〈***n***〉 오류분석

제2언어 학습자가 양산한 오류의 연구와 분석. 오류분석을 실시하는 목적은 다음과 같다.

a. 언어 학습 시 학습자가 사용하는 전략을 확인하기 위해

b. 학습자 오류의 원인을 파악하기 위해

c. 지도상의 도움이나 교수 자료의 준비를 위해, 언어 학습 시 흔히 발생하는 어려움에 대한 정보를 얻기 위해

오류분석은 1960년대 응용언어학APPLIED LINGUISTICS의 한 분과로 발달하였고, 학습자의 많은 오류가 학습자의 모어에서 비롯된 것이 아니라, 보편적인 학습 전략을 반영하고 있음을 입증하였다. 그래서 대조분석의 대안으로 제안되었다. 오류를 설명할 수 있을 것으로 생각되는 다양한 프로세스를 토대로 오류 유형을 분류하려는 시도가 있었다.

기본적으로는 언어 내 오류와 **언어 간 오류**(☞ INTERLINGUAL ERROR)로 구분되

었다. 언어 내 오류는 **과잉일반화**(overgeneralization)(부적절한 문맥에서 목표언어의 규칙을 확대 적용하여 생긴 오류), **단순화**(simplification)(학습자가 목표언어의 규칙보다 단순한 언어를 사용함으로써 생긴 오류), **발달 오류**(developmental error)(언어의 자연적인 발달 단계를 반영하는 오류), **의사소통상의 오류**(communication-based error)(의사소통 전략에서 비롯된 오류), **유발된 오류**(induced error)(훈련 전이[transfer error]에서 비롯된 오류), **회피 오류**(error or avoidance)(너무 어렵다고 생각되어 어떤 목표언어 구조의 사용을 회피함으로써 생기는 오류). **과잉산출 오류**(error of overproduction)(특정 구조를 지나치게 자주 사용하여 생기는 오류). 그러나 오류 원인을 특정하는 것이 쉽지 않다는 이유로, 이러한 분류 시도는 문제가 있다고 지적되어 왔다. 1970년대 후반에 이르러, 오류분석은 중간언어INTERLANGUAGE 연구나 제2언어 습득SECOND LANGUAGE ACQUISITION 연구로 대체되었다.

error correction 〈*n*〉 오류 수정

교사나 보다 상급의 학습자가 학습자의 발화 오류를 수정할 때 사용하는 전략들. 오류 수정은 직접적일 수도 있고(교사가 정확한 형태를 제공한다), 간접적일 수도 있다(교사가 문제점을 지적하고 학습자에게 가능하다면 스스로 수정하게 한다).

☞ FEEDBACK, RECAST

error gravity 〈*n*〉 오류의 심각성

제2언어/외국어 화자가 일으키는 오류가 의사소통이나 다른 화자에게 끼치는 영향의 정도. 오류의 유형(예를 들어, 발음, 문법, 어휘 등의 오류)에 따라 오류의 심각성 정도가 다르다; 거의 영향을 끼치지 않는 오류도 있고, 짜증을 불러일으키는 오류도 있는 한편, 의사소통의 어려움을 야기하는 오류도 있다. 예를 들어, 아래 예에서 (a)가 (b)보다 의사소통의 간섭을 더 많이 일으킨다. 즉, (a)의 오류 심각성 정도가 더 크다.

a. *Since the harvest was good, was rain a lot last year.*
b. *The harvest was good last year, because plenty of rain.*

error of measurement 〈*n*〉 측정 오차

=measurement error 측정 오차, error score 오차 점수

수험자의 참 점수TRUE SCORE와 관측 점수OBSERVED SCORE 간의 불일치의 추정치. 오차는 무작위적 오차와 체계적 오차로 분류할 수 있다. **임의적 오류**(random error)나 **비체계적 오류**(unsystematic error)는 단순히 우연적인 해프닝이기 때문에(예를 들어, 추측하기, 테스트 운영상에 발생하는 문제, 채점 오류 등) 수험자의 점수에 영향을 미치는 오류인 반면, **체계적 오류**(systematic error)는 테스트 수험자에 관련하는 요소나 측정하고 있는 특성TRAIT과 관련이 없는 테스트(예를 들어, 읽기 이해 테스트에 있어서

문화적 편견)인 관계로, 수험자의 점수에 일관적으로 영향을 끼치는 오류이다.
☞ CLASSICAL TEST THEORY, STANDARD ERROR OF MEASUREMENT

error score ⟨*n*⟩

=오차 점수ERROR OF MEASUREMENT

ESD ⟨*n*⟩

=제2방언으로서의 영어ENGLISH AS A SECOND DIALECT

ESL ⟨*n*⟩

=제2언어로서의 영어ENGLISH AS A SECOND LANGUAGE

ESOL ⟨*n*⟩

=다른 언어 화자를 위한 영어ENGLISH FOR SPEAKERS OF OTHER LANGUAGES(☞ ENGLISH AS A SECOND LANGUAGE)

ESP ⟨*n*⟩

=특수 목적을 위한 영어ENGLISH FOR SPECIAL PURPOSES

essay ⟨*n*⟩ 에세이/소논문

(작문에서) 약간 긴 글로, 특히 연구의 일부로서 학생이 쓴 글이나, 작가가 출판을 염두에 두고 어떤 화제에 관한 자신의 견해를 피력한 글
☞ METHODS OF DEVELOPMENT

essay test ⟨*n*⟩ 에세이 시험

수험자에게 정해진 주제에 대해 긴 문장을 쓰게 하는 주관식 테스트SUBJECTIVE TEST

essentialism ⟨*n*⟩ 본질주의

젠더GENDER나, 성별, 인종, 민족성ETHTICITY과 같은 어떤 집단의 특성은 그 집단의 모든 구성원에 보편한다고 믿음이나 인식.

예를 들어 (모든) 인간은 경쟁적이다, 남성은 경쟁적인 반면 여성은 협력적이다, 본질적으로 미국인이나 러시아인, 일본인적인 말하기 방식이 있다와 같은 믿음이다. 이러한 개념을 반대하는 **반본질주의**(Anti-essentialism)는 특히, 페미니스트 언어학FEMINIST LINGUISTICS이나 포스트모더니즘POSTMODERNISM의 특성이다.

EST ⟨*n*⟩

=과학과 기술을 위한 영어ENGLISH FOR SCIENCE AND TECHNOLOGY
☞ ENGLISH FOR SPECIAL PURPOSES

E-Tandem learning ⟨*n*⟩ E-탠덤 학습

☞ TANDEM LEARNING

ethical review board ⟨*n*⟩

=윤리위원회INSTITUTIONAL REVIEW BOARD (ERB)

ethnicity ⟨*n*⟩ 민족성

race(인종)이라는 용어보다 더 선호되는 용어이며, 조상, 언어, 종교, 관습, 생활양식과 같은 사회문화적인 특성에 기초하여 집단들을 구별하는 연구에서 하나의 카테고리로 사용된다.

ethnocentrism ⟨*n*⟩ 자민족중심주의

자기가 속한 집단의 가치관과 신념, 행동이 다른 집단의 그것보다 우수하다고 믿는 것

ethnographic interview ⟨*n*⟩ 민족지학적 인터뷰

제2언어/외국어 학습에서 문화적 이해를 깊게 하기 위해 설계되며, 내부자의 관점에서 문화를 탐구하려고 하는 연구 기법. 예를 들어, 멕시코계 스페인어를 배우는 미국 학생은 멕시코계 스페인어 화자에게 먼저 '멕시코 문화에서 가장 중요한 것은 무엇인가?'와 같은 개방형 질문을 할 수 있다. 이어진 질문은 피험자의 응답에 따라 설정된다. 구조화된 인터뷰STRUCTURED INTERVIEW와 달리, 질문을 사전에 준비하지 않는다.

ethnographic research ⟨*n*⟩ 민족지학적 연구

☞ ETHNOGRAPHY

ethnography ⟨*n*⟩ 민족지학

생활 문화를 상세히 기술하고자 하는 인류학의 한 분야. 관련 분야인 **민족학**(ethnology)은 다른 사회나 민족 집단의 문화를 비교한다. 연구 방법으로서 **민족지학적 연구**(ethnographic research)는 이론적 선입견과 가설 검증을 피하는 대신, 장기간에 걸쳐 직접 관찰하고(특히 참여자 관찰), 참여자의 시점에서 사회적 행위나 일상 활동들을 조사하고, 그 결과로써 관찰한 것을 길고 상세하게 기술하는 방법을 이용한다. 언어 학습과 언어 사용 연구에서 민족지학적 연구라는 용어는 특히, 연구나 분석에 강력한 문화적인 요소가 존재할 때 자연스럽게 발생한 언어(예를 들어, 엄마–아이나 교사–학생 간)를 관찰하거나 기술하는 연구를 가리킬 때 사용한다. 그러나 이러한 연구의 다수는 **유사민족지학적**(quasi-ethnographic)이라고 할 수 있다. 왜냐하면 장기간의 관찰과 심층 기술THICK DESCRIPTION이라는 조건을 충족하지 못하는 경우가 많기 때문이다.

ethnography of communication ⟨*n*⟩ 의사소통의 민족지학

문화 및 사회에 있어서 언어의 위치에 관한 연구. 언어를 고립시켜 연구하는 것이 아니라, 사회적, 문화적 배경 안에서 연구한다. 의사소통의 민족지학은 예를 들어, 특정 집단이나 공동체에 속한 사람들이 서로 어떻게 의사소통하고, 사람들 간의

사회적 관계가 그들이 사용하는 언어 유형에 어떻게 영향을 미치는가와 같은 문제를 연구한다. 의사소통의 민족지학이라는 개념은 미국의 사회인류학자이자 언어학자인 Hymes가 주창하였으며, 사회언어학SOCIOLINGUISTICS과 응용언어학APPLIED LINGUISTICS에서 매우 중요한 접근법이다.

☞ COMMUNICATIVE COMPETENCE, ETHNOMETHODOLOGY, ROLE RELATIONSHIP, SPEECH EVENT

ethnolinguistic ⟨*adj*⟩ 민족언어학의

문화나 민족, 언어학적 하위 그룹 구성원들이 공유하는 일련의 문화적, 민족적, 언어적 특성

ethnolinguistic identity ⟨*n*⟩ 민족언어학적 아이덴티티

민족적, 언어적 특성 양자를 포함하는, 특정 언어공동체가 가진 아이덴티티IDENTITY

☞ ETHNOGRAPHY

ethnomethodology ⟨*n*⟩ 민족지학방법론 ethnomethodologist ⟨*n*⟩

사람들이 어떻게 일상생활의 활동을 조직하고 이해하는가를 연구하는 사회학의 한 분야. 사람들 간의 상호적 관계와 사회적 상호작용이 사람들 사이에 어떻게 일어나는가에 대해 연구한다. 민족지학방법론자는 아이와 어른 간의 관계, 인터뷰, 전화 대화, 대화에서의 말차례 교대TURN TAKING와 같은 것들을 연구해 왔다. 민족지학방법론자에게 있어 언어는 주된 관심거리가 아니며, 대화와 같이 일상적 행동에서 언어가 사용되는 방식을 관찰하는 것은 언어학자와 사회언어학자에게 흥미 있는 주제이다.

☞ CONVERSATION ANALYSIS

etic approach ⟨*n*⟩ 문화일반적 접근

☞ EMIC APPROACH

etymology ⟨*n*⟩ 어원/어학 etymological ⟨*adj*⟩

단어의 기원과 역사, 의미의 변화를 연구한다. 예를 들어, 현대 영어의 명사 *fish*의 어원은 고대 영어의 *fisc*로 거슬러 올라간다. 의미 변화가 있는 경우도 있다. 예컨대, *meat*—지금은 '식용으로 이용되는 동물의 살'을 의미하지만—는 '음식 일반'을 의미하는 고대 영어 *mete*에서 유래하였다.

euphemism ⟨*n*⟩ 완곡어법

다른 단어보다 덜 공격적이고 덜 불쾌감을 유발한다고 여겨지는 단어의 사용. 예를 들어, *sick* 대신에 *indisposed*, *to die* 대신에 *to pass away* 등을 사용한다.

evaluation ⟨*n*⟩ 평가

일반적으로 의사결정을 목적으로 정보를 체계적으로 수집하는 것. 양적 방법(예를 들어, 테스트), 질적 방법(예를 들어, 관찰, 순위(☞ RATING SCALE)), 가치 판단을 이용한다. 언어 설계LANGUAGE PLANNING에서는 평가를 통해 언어 사용 패턴, 언어 능력, 언어 태도에 관한 정보를 수집한다. **언어 프로그램 평가**(language programme evaluation)에서는 평가를 통해 프로그램 자체의 질과, 프로그램에 참가하고 있는 개인의 질을 평가한다. 프로그램 평가에는 교육과정CURRICULUM, 목표 OBJECTIVES, 교재, 테스트나 등급 체계 연구가 포함된다. 개인 평가에는 프로그램의 참여 가능성, 분반, 학습 진도, 성취도에 대한 결정이 포함된다. 프로그램과 개인 둘 다를 평가할 때는 테스트(test)와 다른 측정 수단들을 이용한다.

☞ FORMATIVE EVALUATION, SUMMATIVE EVALUATION

evaluative comprehension 〈**n**〉 평가적 이해

☞ READING

evaluative question 〈**n**〉 평가적 질문

학생에게 평가를 요구하는 확산적 질문DIVERGENT QUESTION으로, 학생에게 어떤 유의 행위가 왜 옳거나 나쁜지에 대해 말하도록 요구하는 질문 유형이다.

☞ QUESTIONING TECHNIQUES

evidence 〈**n**〉 증거

언어 습득LANGUAGE ACQUISITION에서, 학습자에게는 두 종류의 증거가 중요하다. **긍정적 증거**(positive evidence)는 학습하고 있는 언어에서 어떤 것이 가능하다는 증거이다. 예를 들어, 스페인어 학습자가 주어가 없는 문장을 만났을 때, 스페인어에서는 주어가 (항상) 명시적으로 표현될 필요는 없다는 사실을 긍정적 증거로 제공해 준다. **부정적 증거**(negative evidence)는 어떤 것이 가능하지 않다고 하는 증거이다. 예를 들어, 영어에서는 *He sometimes goes there*나, *Sometimes he goes there*, *He goes there sometimes*라고 할 수 있지만, 일부 언어(예를 들어, 프랑스어)에서는 가능한 순서인 **He goes sometimes there*라고 말하는 것은 비문법적이다. 이러한 경우, **직접적 부정 증거**(direct negative evidence)는 교사나 대화 상대자에 의해 명시적으로 수정될 것이다. 입력 안에 이러한 문장이 나타나지 않는 것은 학습자에게 있어 **간접적 부정 증거**(indirect negative evidence)가 되지만, 학습자는 이러한 문장을 들은 적이 없더라도 가능한 문장이라고 생각할 수 있다. 일부 제2언어 습득 연구자들은 직접적 부정 증거와 간접적 부정 증거는 언어 학습에서 중요한 역할을 하지 않으며, 긍정적 증거만이 습득에 공헌한다고 믿고 있다.

exact replication 〈**n**〉 엄밀 재현

☞ REPLICATION

exact word method 〈*n*〉 동일 채점 방식

    ☞ CLOZE TEST

examination 〈*n*〉 시험

능력이나 지식, 언어수행을 측정하는 절차. 보통 어떤 기관이나 시험 위원회가 형식적으로 실시하는 총괄적 테스트나 능력테스트를 말한다.

'시험(examination)'과 '테스트(test)'라는 용어는 두 용어 간의 차이에 관한 일치된 합의가 없기 때문에, 상호치환적으로 사용할 수 있다.

    ☞ TEST

examinee 〈*n*〉

＝수험자/피험자TEST TAKER

exchange 〈*n*〉 교환

특히 교실이나 소집단 토론에서, 둘 이상의 담화에서 일어나는 상호작용 패턴. 가장 일반적인 패턴은 교사에 의한 시작(개시), 예를 들어, '피터, 6번 답 뭐예요?'에 대해 '*Taipei*요.'라는 학생의 대답이 이어지며, 이어서 교사의 피드백(혹은 평가), 예를 들어 '맞아요.'라는, 3단계의 기능적 이동 연속체이다. 교실 담화의 70% 이상을 점하고 있는 이러한 교환 패턴을 **시작**(initiation)-**응답**(response)-**피드백**(feedback)(IRF), 또는 **시작**(initiation)-**응답**(response)-**평가**(evaluation)(*IRE*)로 부르기도 한다.

exclamation[1] 〈*n*〉 감탄

완전한 문장의 구조를 가지지 않을 수 있으며, 강한 감정을 나타나는 발화

    Good God! 또는 *Damn!*

    ☞ INTERJECTION

exclamation[2] 〈*n*〉 감탄문

＝exclamatory sentence

화자나 작자의 감정을 나타내는 발화. 영어 감탄문은 *what*이나 *how*를 이용하는 구로 시작하지만, 주어와 조동사의 어순은 바뀌지 않는다.

    How clever she is!

    What a good dog!

    ☞ STATEMENT, QUESTION

exclamation mark 〈*n*〉 감탄 부호/느낌표

감탄문(exclamation) 뒤에서 사용되는 구두점. 예) *Well done!*

exclusive (first person) pronoun 〈*n*〉 제외적 (1인칭) 대명사

언급되는 사람을 포함하지 않는 1인칭 대명사. 일부 언어에서는 언급되는 사람을

포함하는 1인칭 복수 대명사(포괄적 대명사[inclusive pronouns])와 포함하지 않는 1인칭 복수대명사(제외적 대명사[exclusive pronoun]) 간을 구분하기도 한다. 다음은 말레이어의 예이다.

제외	포괄
kami	*kita*
we(우리)	'we(우리)'

☞ PERSONAL PRONOUNS

exercise ⟨*n*⟩ 연습

교수에서, 학습한 항목을 연습시키기 위해 설계하는 활동

☞ ACTIVITY, DRILL, TASK

existential ⟨*adj*⟩ 존재의

(언어학에서) 사람이나 동물, 사물, 생각의 존재나 위치를 나타내는 특정한 유형의 문장 구조. 영어에서 일반적인 존재문 구조는 '*There*+*be*동사 활용형'이다.

There are four bedrooms in this house.

높은 빈도로 사용되는 또 하나의 존재 구문은 동사 *have*를 사용한다.

(영어) *This house has four bedrooms.*

(말레이어) *Ada dua teksi di sini.* (Have two taxis here.)

exit test ⟨*n*⟩ 출구 테스트

코스 마지막에 실시하는 도달도 테스트ACHIEVEMENT TEST의 한 유형

expanded pidgin ⟨*n*⟩ 확장된 피진

☞ PIDGIN

expansion ⟨*n*⟩ 확대

☞ MODELLING

expectancy grammar ⟨*n*⟩ 예측 문법

☞ PRAGMATIC EXPECTANCY GRAMMAR

expectancy theory ⟨*n*⟩ 기대 이론

어떤 단어나 발화가 특정 문맥이나 상황에서 가능한지 아닌지를 아는 것이 언어 능력의 일부라는 이론. 예를 들어, 다음 문장에서 (1)과 (2)에 '기대되는' 단어는 *dress*와 *change*이다.

When the girl fell into the water she wet the pretty (1) she was wearing and had to go home and (2) it.

언어 항목의 출현을 예측하는 데 이용하는 지식은 언어 이해에도 활용된다.

☞ PRAGMATICS

expectancy-value theory ⟨*n*⟩ 기대·가치 이론

사람은 스스로 가치가 있다고 생각하는 일과 성공을 기대할 수 있는 일을 하는 데 동기화되어 있다고 주장하는, 동기MOTIVATION 이론의 한 유형

experiencer case ⟨*n*⟩ 경험 주격

☞ DATIVE CASE

experiential learning ⟨*n*⟩ 경험 학습

언어 학습에서, 실생활 장면의 언어를 사용하는 실제적인 체험을 토대로 한 학습 접근법. 경험 학습은 경험을 반드시 수반할 필요 없이 교과목을 학습하는, 학문적 학습과 구별된다. 예를 들어, 직장 언어를 배우게 하기 위해 학습자를 '작업관찰(workshadowing)'에 참가하게 하여, 직장에서 종업원과 동료들을 관찰하고 그들이 사용하는 언어나 상호작용을 경험하게 한다. 경험 학습은 학습 동기를 유발하고 필요한 언어 기능 지식을 향상시키며, 동시에 언어 기능 향상에 필요한 협업을 지원한다.

experiential verb ⟨*n*⟩ 경험 동사

영어 *feel*과 같이, 경험 주격EXPERIENCER CASE 명사를 그 주어로 취하는 동사

experimental design ⟨*n*⟩ 실험 설계

☞ EXPERIMENTAL METHOD

experimental group ⟨*n*⟩ 실험집단

☞ CONTROL GROUP

experimental method ⟨*n*⟩ 실험적 방법

다양한 피험자나 변수들 간의 관계(☞ DEPENDENT VARIABLE)를 알 수 있는 상황을 설정하여 아이디어나 가설HYPOTHESIS을 테스트하거나 검증하는 교육 연구 접근법. 실험 연구를 실시하기 위한 계획, 특히 피험자 선정, 종속 변수의 조작, 처치, 데이터 수집 방법을 계획하는 것을 **실험 설계**(experimental design)라고 한다.

expertise ⟨*n*⟩ 전문가

어떤 사람이 특정 유형의 과업이나 작업의 수행결과로 얻게 되는 특별한 지위로서, 그 결과

1. 무언가를 할 때 보다 높은 수준의 수행결과를 가져온다.
2. 특정 영역의 지식 레벨을 가지고 있다.
3. 목표 달성에 필요한 과업 수행에 대한 자동성이 개발되어 있다.
4. 문제를 해결할 때 과업 요구와 사회적 장면에 대해 고도한 감수성을 가지고

있다.
5. 수행에 있어서 상당히 유연하다.
6. 초보자에 비해 더 어려운 수준의 문제를 이해한다.
7. 빠르고 정확하게 문제를 해결한다.

교사 전문성 연구에서는 교수 접근법이 교사 중심에서 학습자 중심으로 이행됨으로써, 경험 많은 교사는 수업에 대한 정보를 신임교사와는 다르게 처리한다고 주장한다. 전문성 개발에서 경험의 역할은 문제가 많다. 경험과 전문성이 동일하지 않기 때문이다. 경험은 과업 수행시 능숙함을 개발시키지만 전문성까지 반드시 개발되는 것은 아니다. 유사한 교육 경험을 가진 두 교사를 비교할 때, 한쪽은 능숙하지만 비전문적인 교사, 한쪽은 능숙하면서 전문성을 가진 교사로 구분할 수 있다.

explanation text 〈*n*〉 설명문
☞ TEXT TYPES

explanatory adequacy 〈*n*〉 설명적 타당성
☞ GENERATIVE THEORY

explicit knowledge 〈*n*〉 명시적 지식
☞ IMPLICIT KNOWLEDGE

explicit learning 〈*n*〉 명시적 학습
암기 전략과 같은 명확한 전략을 통해 언어 항목(예를 들어, 어휘)을 학습하는 것. 주로 무의식적으로 입력에 노출됨으로써 학습하게 되는 암시적 학습IMPLICIT LEARNING과 대비된다.
☞ IMPLICIT LEARNING

explicit performative 〈*n*〉 명시적 수행
☞ PERFORMATIVE

explicit teaching 〈*n*〉 명시적 교수
교사나 교사에 의해 언어에 대한 정보가 직접 제공되는 접근법

exploitation 〈*n*〉 개발
언어교수에서, 특정 교수나 학습 목적을 달성하기 위해 교사가 교수 자료나 교재를 사용하는 방식. 예를 들어, 읽기 기능을 연습하거나 어휘력을 발달시키기 위해 잡지 기사를 개발하는 것이 그것이다.

exploratory factor analysis 〈*n*〉 탐색적 요인 분석
☞ FACTOR ANALYSIS

exponent ⟨**n**⟩ 언어 항목
  ☞ FUNCTIONAL SYLLABUS

exposition ⟨**n**⟩ 해설
  ☞ TEXT TYPES

expository writing ⟨**n**⟩ 설명적 글쓰기
  ☞ MODES OF WRITING

expression ⟨**n**⟩ 표현
  '*Goodness gracious me!*'와 같이, 흔히 고정된 의미로 사용되는 구나 단어 덩이

expressive ⟨**n**⟩ 표현적 화행
  ☞ SPEECH ACT CLASSIFICATION

expressive approach ⟨**n**⟩ (자기) 표현적 접근법
  제2언어 쓰기 교수 접근법의 하나로, 학생들은 자신의 개인적 경험에 초점을 두고 글을 쓴다.

expressive function ⟨**n**⟩ 표현적 기능
  ☞ FUNCTIONS OF LANGUAGE

expressive writing ⟨**n**⟩ 표현적 글쓰기
  편지나 읽기, 자전 등 글쓴이가 자신의 개인적인 느낌이나 감정, 경험을 표현하는 글쓰기

expressivist approach ⟨**n**⟩ 표현주의자 접근법
  쓰기 교수에서, 생각을 자유롭게 표현하는 것이 자기 발견으로 이어지기 때문에 교사는 학생이 신선하고 자발적인 문장을 쓸 수 있게 생각이나 의견, 입장을 개발할 수 있도록 도와야 한다는 접근법

extension task ⟨**n**⟩ 발전 과제
  언어교수에서, 새로운 교수 항목에 대해서 더 발전적이고, 종종 더 많은 연습을 요구하는 활동

extensive reading ⟨**n**⟩ 다독/확장형 읽기
  언어교수에서, 읽기 활동은 다독과 정독으로 분류된다. 다독은 많이 읽는 것, 그리고 읽은 것에 대한 전반적인 이해를 얻기 위해 읽는 것을 의미한다. 또 좋은 독서 습관을 개발하고, 어휘와 구조에 관한 지식을 구축하고, 책 읽기가 좋아지도록 하는 것을 의도한다. 정독(intensive reading)은 일반적으로 느린 속도로 읽으며, 다독에 비해 높은 수준의 이해가 요구된다.

external speech ⟨**n**⟩ 외적 발화

☞ INNER SPEECH

external validity 〈**n**〉 외적 타당도

(연구 설계에서) 실험 연구의 결과를 피험자를 추출한 모집단으로까지 일반화할 수 있는 정도.

외적 타당도를 위협하는 예로는 **선택 편중**(selection bias)이 있다. 이것은 피험자 집단을 편향되게BIAS 선택하였거나, **예비테스트 민감성**(pre-test sensitization)을 가진 상태로 표본 추출한 경우를 말한다. 예비테스트에 민감하면, 실험처치TREATMENT에 대한 참가자의 반응에 영향을 미칠 수 있다.

☞ INTERNAL VALIDITY, GENERALIZABILITY

extinction 〈**n**〉 소거

☞ STIMULUS-RESPONSE THEORY

extinct language 〈**n**〉

＝소멸 언어DEAD LANGUAGE

extraction 〈**n**〉 추출

한 개의 구성소를 다른 구성소로부터 추출하는 문법적 조작. 예를 들어, *Who did you say that you saw?*라는 문장에서 대명사 *who*는 안긴절(*you saw ___*)에서 추출되어 문두로 이동하였다.

extralinguistic 〈**adj**〉 언어 외적

구어 발화의 직접적인 부분은 아니나, 예를 들어 손의 움직임, 얼굴 표정 등과 같이 메시지MESSAGE를 전달하는 기능을 하거나, 화자의 연령이나 성별, 사회 계급과 같이 언어 사용에 영향을 미치는 의사소통 자질들을 말한다.

☞ PARALINGUISTICS, SIGN LANGUAGE

extraposition 〈**n**〉 외치

문장 내의 정상적 위치에서 문말이나 문말 근처로 단어나 구, 절을 이동하는 것. 예를 들어, 문장에 따라 주어가 문말로 이동하기도 한다.

a. *Trying to get tickets was difficult*.

b. *It was difficult trying to get tickets*.

문장 b에서, *It*을 **선행 주어**(anticipatory subject), *trying to get tickets*을 **후치 주어**(postponed subject)라고 부른다. '무거운' 구성소는 '가벼운' 구성소보다 더 문말 근처에 놓이는 경향이 있다. *He picked the book up*과 *He picked up the first book he saw*를 비교해 보라.

extrinsic motivation 〈**n**〉 외적 동기

☞ MOTIVATION

extrovert (= extravert) ⟨*n*⟩ 외향적인 사람; extroversion (= extraversion) ⟨*n*⟩ 외향성
의식적인 관심과 에너지가 자기 자신이나 자신의 내적 경험보다는 다른 사람, 사건
과 같은 외적으로 향해 있는 사람. 이와 같은 성격 유형은 타인과의 사회적 접촉을
피하고 자신의 내적 기분과 생각, 경험에 집착하는 경향이 있는 내향적인 성격과
비교된다. 현재 심리학자들은 성격 유형이 이 둘로 명확하게 구분된다고 믿지는
않는다. 많은 사람들이 양쪽 측면을 모두 보이고 있기 때문이다. 외향성과 내향성
은 제2언어 학습에서 성격PERSONALITY 요인으로 논의된다. 다만, 학습에 대한 각 요인
들의 영향은 명확히 알려져 있지 않다.

eye span ⟨*n*⟩ 시각 범위
☞ READING SPAN

eye tracking ⟨*n*⟩ 눈동자 추적
읽기와 같은 과업을 수행할 때 피험자의 눈의 움직임을 관찰하고 기록하는 특별한
장치를 사용하는 기술

E

face ⟨*n*⟩ 체면

둘 이상 간의 의사소통에서, 다른 참여자PARTICIPANT에게 보이거나 보이려고 하는 자신의 긍정적인 이미지나 인상. 사람들 간의 모든 사회적 만남에서 참여자는 자신들의 가치관과 신념을 반영하는 긍정적인 이미지를 전달하려고 한다. 예를 들어, 특정 만남에서 *Smith* 씨의 '체면'은 '세련되고, 지적이며, 위트가 있고, 교양 있는 사람'이라고 해보자. 만약 이 이미지가 다른 참가자에게 받아들여지지 않으면, 감정이 상하게 되고, 결과적으로 '체면을 손상하'게 될 것이다. 따라서 사람들 간의 사회적인 접촉은 사회언어학자인 Goffman이 **체면행위**(face-work)라고 부르는, 즉 참여자들이 긍정적인 체면을 전달하고, 체면 손상을 회피하기 위한 노력을 요구한다. 체면과 체면행위 연구는 언어가 공손성POLITENESS을 어떻게 표현하는가를 논할 때 중요하다.

☞ POSITVE FACE, NEGATIVE FACE

face-saving ⟨*adj*⟩ 체면 유지

체면FACE 손상이나 체면 손상의 잠재적 가능성을 줄이기 위해 상호작용에서 화자가 사용하는 전략. 예를 들어, *Would you like to go out tonight?*과 같이, 직접적인 초대 대신에 *Are you free tonight?*와 같이 간접적으로 질문을 하거나, *Can I talk to you for a minute?* 대신에 *Can I have half an hour of your time?*와 같이 요청의 강도를 줄이거나 한다.

face threatening act (FTA) ⟨*n*⟩ 체면 위협 행위

화자나 청자의 체면FACE을 위협하거나, 화자나 청자의 행동의 자유를 위협할 잠재적 가능성이 있는 발화 행위SPEECH ACT. 예를 들어, 사죄는 잠재적으로 화자의 좋은 이미지를 위협할 가능성이 있고, 불평은 청자의 좋은 이미지를 위협한다. 요청은 청자의 행동의 자유를 위협할 가능성이 있는 반면, 약속은 화자의 행동의 자유를 위협한다. Brown과 Levinson의 공손성POLITENESS 이론에 따르면, 체면 위협 가능성은 사회적 거리SOCIAL DISTANCE와 화자와 청자 간의 힘의 관계에 의해서도 영향을 받는다.

face to face interaction ⟨*n*⟩ 면대면 상호작용

=face to face communication 면대면 의사소통

참여자들PARTICIPANTS이 실제로 있는 장소에서 행해지는 의사소통. 대조적으로, 전화

대화와 같이 화자와 청자가 다른 장소에 있는 경우도 있다.

face-to-face test ⟨***n***⟩ 면대면 테스트

☞ DIRECT TEST

face validity ⟨***n***⟩ 안면 타당도

(테스트에서) 테스트가 그것이 측정하려는 지식이나 능력을 실제로 측정하고 있는 것처럼 보이는 정도. 관찰자의 주관적인 판단에 기초한다. 예를 들어, 만약 읽기 이해 테스트에 수험자가 모를 수 있는 방언 단어가 많이 포함되어 있다면, 그 테스트는 안면 타당도가 결여되어 있다고 말할 수 있다.

☞ VALIDITY

face-work ⟨***n***⟩ 체면 행위

☞ FACE

facility ⟨***n***⟩ 난이도/용이도

☞ ITEM FACILITY

facility index ⟨***n***⟩ 용이도 지수/난이도 지수

☞ ITEM FACILITY

facility value ⟨***n***⟩ 용이도값/난이도값

☞ ITEM FACILITY

factitive case ⟨***n***⟩ 행위격

(격 문법CASE GRAMMAR에서) 동사의 행위에 의해 만들어지거나 창조되는 어떤 것을 가리키는 명사, 또는 명사구

Tony built the shed.

위 문장에서는 *the shed*가 행위격이지만,

Tony repaired the shed.

위 문장에서는 *the shed*는 그것이 수리 작업이 끝났을 때 이미 존재하고 있었기 때문에 행위격이 아니다. 이 경우, *the shed*는 대상격OBJECTIVE CASE이 된다. 행위격은 종종 **결과격**(result/resultative case)이라고 부르기도 한다.

factive verb ⟨***n***⟩ 사실적 동사

화자나 작자가 사실을 표현한다고 생각하는 절의 뒤에 오는 동사. 아래 문장에서는 *remember*가 사실적 동사이다.

I remember that he was always late.

이외에도 영어의 사실적 동사에는 *regret, deplore, know, agree*가 있다.

factor analysis ⟨***n***⟩ 요인 분석/인자 분석

요인이라 부르는, 관찰할 수 없는 잠재 변수VARIABLE 중에서, 관찰된 다양한 변수 간의 상관CORRELATION을 설명해 주는 요인이 어떤 것인지를 결정하기 위해 이용하는 통계 절차. 예를 들어, 학생 집단을 대상으로 기하학, 대수, 연산, 읽기와 쓰기 테스트를 실시하였다면, 요인 분석을 통해 모든 테스트 결과에 공통하는 근본적 요인이 무엇인지 알 수 있다. 요인 분석을 이용하면, 이 테스트에 두 가지 요인-하나는 수학, 다른 하나는 언어 숙달도와 관련이 있다-이 있음을 보여줄 수 있다. 이 요인들은 이 테스트들이 정도를 달리하여 측정하는 능력이나 특성으로 해석된다. 요인 분석에는 기본적으로 두 가지 유형이 있다. 설명적 요인 분석과 확인적 요인 분석이다. **설명적 요인 분석**(exploratory factor analysis)은 그 이름처럼, 관찰된 변수 집단을 탐색하여 관찰된 변수 간의 관계를 설명해 주는 근본적인 변수를 확인하는 데 사용된다. 반면, **확인적 인자 분석**(confirmatory factor analysis)은 이 역시 그 이름처럼, 선행 연구나 이론을 토대로 미리 특정된 관찰된 변수 집단의 추정적인 요인 구조를 검증하거나 확인하는 데 사용된다. 이것을 통해서 제안된 요인 구조가 관찰된 변수들 간의 관계를 설명하는 데 적절한가를 알 수 있다.

factual recount ⟨*n*⟩ 사실적 진술

☞ TEXT TYPES

false beginner ⟨*n*⟩ 유사 초보자

(언어교수에서) 약간의 언어교육을 받은 적은 있지만 극히 제한된 언어 능력만을 가진 관계로, 언어 교수의 초급 단계로 분류되는 학습자. 유사 초보자는 **진짜 초보자** (true beginner), 즉 해당 언어의 지식을 전혀 가지고 있지 않은 학습자와 구분된다.

false cognate ⟨*n*⟩ 가짜 동족어

=FAUX AMIS, false friend

두 언어에서 형태가 같거나 매우 유사하지만 의미가 다른 단어. 이러한 유사성으로 인해, 제2언어 학습자가 이 단어들을 잘못 사용하는 경우가 있다. 예를 들어, 프랑스어 *expérience*는 '경험(experience)'이 아니라, '실험(experiment)'을 의미하기 때문에, 영어를 배우는 프랑스어 모어화자가 다음과 같이 쓰거나 말하는 경우가 있다: *Yesterday we performed an interesting experience in the laboratory.* 가짜 동족어는 대조 분석CONTRASTIVE ANALYSIS을 통해 식별할 수 있다.

familiarity ⟨*n*⟩ 친숙성

한 언어 항목을 얼마나 빈도 높게 사용하는가, 혹은 어느 정도 알고 있는가를 나타내는 척도. 사람들이 주어진 단어나 구조를 어느 정도 사용한다고 생각하는지 묻는 평정 척도RATING SCALE('전혀', '가끔', '자주' 등)를 제시한 후 응답하도록 하는 방법으로 친밀도를 측정한다. 단어 친밀도는 언어 교수를 위한 어휘 선정 방법으로 이용

된다.

faux amis ⟨***n***⟩

=가짜 동족어FALSE COGNATE

FCE

=케임브리지 ESOL 자격증Cambridge ESOL First Certificate in English

☞ CAMBRIDGE EXAMS

feature ⟨***n***⟩ 자질/속성

한 언어 항목을 유사 항목과 구별하거나 그것을 다른 항목과 함께 하나의 그룹으로 분류하게 해주는 속성. 예를 들어, 영어 음소 /b/는 **유성**(voice)이라는 자질을 가지며, 유성폐쇄음이다. /b/는 이 자질에 의해 무성폐쇄음 /p/와 구별되거나, /d/와 /g/ 등과 함께 다른 유성폐쇄음으로 분류된다. 자질은 음성학, 형태론, 통사론 등 모든 레벨의 언어 분석에 이용된다.

☞ DISTINCTIVE FEATURE, COMPONENTIAL ANALYSIS

feedback ⟨***n***⟩ 피드백

행위의 결과에 대한 정보를 제공해 주는 것. 예를 들어, 음성학PHONETICS에서, 피드백은 공기 전이와 골 전이에 의해 발생한다. 이 때문에 테이프 녹음한 목소리가 다른 사람에게 들리듯이 들리지 않고, 이상하고 어색하게 들린다.

담화분석DISCOURSE ANALYSIS에서, 상대가 말하고 있는 동안 제공되는 피드백은 **맞장구**(back channelling)라 부른다. 예를 들어, *uh*, *yeah*, *really*와 같은 코멘트, 웃음, 머리 끄덕임, 의사소통의 성공이나 실패를 나타내는 '응응' 소리 등과 같은 것이다. 교수 분야에서, 피드백은 학습자가 학습 과업이나 테스트와 관련하여 교사나 다른 사람으로부터 받는 코멘트나 정보를 가리킨다.

☞ AUDITORY FEEDBACK, EVIDENCE, ERROR CORRECTION,
KINESTHETIC FEEDBACK, PROPRIOCEPTIVE FEEDBACK, RECAST

feeding order ⟨***n***⟩ 공급 순서

☞ BLEEDING ORDER

felicity conditions ⟨***n***⟩ 적절성 조건

(화행이론SPEECH ACT THEORY에서) 어떤 화행이 만족스럽게 수행되거나 실현되기 위해서 충족되어야 하는 조건들. 예를 들어, *I promise the sun will set today*라는 문장은 진정한 의미의 약속이라고 볼 수 없다. 왜냐하면 우리는 우리가 통제할 수 있는 미래 행위에 대해서만 약속을 할 수 있기 때문이다. 약속에 필요한 적절성 조건은 다음과 같다.

a. 화자의 미래 행위를 진술하는 문장이 사용된다.

b. 화자는 그 행위를 할 능력이 있다.

c. 청자는 화자가 그 행위를 하지 않는 것보다 하는 것을 더 좋아한다.

d. 화자는 약속하지 않았으면 보통은 그 행위를 하지 않는다.

e. 화자는 그 행위를 할 작정이다.

feminine ⟨*adj*⟩ 여성의

☞ GENDER²

feminist linguistics ⟨*n*⟩ 페미니스트 언어학

언어 이론의 몇 가지 측면들(예를 들어, 의미론SEMANTICS, 화용론PRAGMATICS, 담화분석 DISCOURSE ANALYSIS)을 남성어와 여성어 간의 차이, 언어와 사회적 억압, 그리고 맥락에 따른 성 아이덴티티의 가변성 등과 같은 주제 연구에 응용하는 것

FFE ⟨*n*⟩

=형태-초점 에피소드FORM-FOCUSED EPISODE

field ⟨*n*⟩ 장

☞ LEXICAL FIELD

field dependence ⟨*n*⟩ 장 의존 field dependent ⟨*adj*⟩

항목들이 포함된 학습 과업의 전체를 조망하는 경향이 있는 학습자의 학습 스타일. 이러한 학습자는 특정 항목이 다른 항목들의 '장(field)'에 나타나게 되면, 학습에 어려움을 느낀다.

장 독립적(field independent)인 스타일의 학습자는 배경이나 맥락 속의 특정 항목을 식별하거나 초점을 둘 수 있고, 다른 항목에 주의를 분산하지 않는다. 장 의존과 장 독립은 언어 학습에서 인지 스타일COGNITIVE STYLE의 차이로 연구되어 왔다.

field experiences ⟨*n*⟩ 현장 경험

(교사교육에서) 교육 실습생에게 제공하는 실제 교수 현장에 참여할 기회, 즉 실습생이 학교나 교실에서 학생들을 가르치고, 교사의 역할을 맡고, 교수 경험을 얻고, 직업으로서의 교육을 경험할 수 있게 한다.

field independence ⟨*n*⟩ 장 독립

☞ FIELD DEPENDENCE

field methods ⟨*n*⟩ 현장 조사법

☞ FIELDWORK

field of discourse ⟨*n*⟩ 담화의 장

☞ SOCIAL CONTEXT

field research ⟨*n*⟩ 현지 조사

☞ FIELDWORK

field testing ⟨**n**⟩ 필드 테스트

=field trial, pilot testing

교육 자료를 출판할 때, 자료의 적절성이나 유효성을 결정하고 교사와 학습자의 반응을 알아보기 위해, 출판 전이나 추가적인 개발 전에 교재를 시험적으로 사용해 보는 것.

fieldwork ⟨**n**⟩ 현지조사

=field research

가능한 한 자연스러운 장면에서 관찰이나 녹음을 통해 데이터를 수집하는 것. 다양한 절차들을 이용하여 데이터 수집을 한다(현지 조사법[field methods]이라 한다).

a. 음성, 문장 구조, 어휘 사용 등을 분석하기 위한 발화 샘플을 얻기 위해 화자의 발화를 녹음한다. 녹음 대상은 특정 언어의 모어화자나 제2언어 화자이다.

b. 예를 들어, 이중언어나 다중언어 사용 공동체에서 언어 선택이나 언어 태도에 대한 정보를 얻기 위해 인터뷰를 한다.

c. 특정 장면에서 언어 행동, 혹은 비언어 행동을 관찰하거나 비디오로 녹화한다. (☞ PARTICIPANT OBSERVATION)

데이터 수집 및 사용(경험적 조사[empirical investigation])은 응용언어학자나 사회언어학자의 조사연구에서 중요한 부분을 차지한다.

figure of speech ⟨**n**⟩ 비유적 표현

특별한 효과를 내기 위해 사용되며, 통상의, 문자 그대로의 의미를 가지지 않는 단어나 구. 완곡EUPHEMISM, 과장HYPERBOLE(*I'm so hungry. I could eat a horse*와 같이, 과장된 진술), **비꼼**(sarcasm)(시원찮은 생각에 대해 *Great idea!*라고 말하는 것처럼, 화자의 말과 반대되는 것을 의미하는 것), **제유**(synecdoche)(자동차를 구입한 것을 *I got some new wheels*로 말하는 것처럼, 그것 자체를 대표하는 한 가지 요소를 언급하는 방식), **환유**(metonymy)(예를 들어, 영국의 군주제를 가리킬 때 *the Crown* 이라고 하는 것처럼, 어떤 것에 연상되는 단어를 사용하는 것), **직유**(simile)(*Tom eats like a horse*처럼, *like, as* 등의 기능어FUNCTION WORD를 사용하여 다른 것과 비교하는 표현)이 그 예이다.

☞ METAPHOR

filled pause ⟨**n**⟩ 휴지 보충어

☞ PAUSING

fillers ⟨**n**⟩ 간투사/필러

'*well*', '*I mean*', '*Actually*', '*You know*', '*Let me think*' 등, 화자가 대화 도중에 어려움이

생겼을 때 대화를 이어가기 위해 잠시 지연하거나 주저할 때 사용하는 표현. 간투사 사용은 제2언어 의사소통에 있어 전략적 능력STRATEGIC COMPETENCE의 한 측면이다.

☞ PAUSING

final 〈*adj*〉 문말의

언어 단위의 끝, 예컨대 단어나 절의 끝에 나타나는 것, 예를 들어, 영어 단어 *list*의 *st*와 같이, 어말 자음 연쇄는 어미 자음 연쇄CONSONANT CLUSTER라고도 부른다.

☞ INITIAL, MEDIAL, SYLLABLE

final e 〈*n*〉 어말 e

=silent e 묵음 *e*

*bite, late*에서와 같이, *e*가 단어의 마지막 문자일 때 그 *e*는 발음되지 않는다고 하는 영어의 철자 패턴. 어말 *e*는 그것 앞에 오는 모음이 장모음이라는 것을 나타내기도 한다.

final intake 〈*n*〉 최종적인 흡입

☞ INTAKE

finger spelling 〈*n*〉 지화법

청각 장애자의 의사소통을 돕기 위해 개발된 수화 행동의 한 가지(☞ SIGN LANGUAGE). 지화법에는 손가락을 이용하여 단어를 말하는 데 사용하는 수화 문자가 있다.

finite verb 〈*n*〉 정동사

인칭PERSON, 수NUMBER, 시제TENSE[1]에 따라 표지가 붙어, 그것이 주어와 관련이 있음을 나타내는 동사의 한 형태. **비정형동사**(non-finite verb)는 주어의 인칭이나 수에 따라 구분되지 않고, 시제가 표시되지도 않는다. 영어에서는 부정사INFINITIVE와 분사PARTICLE가 동사의 비정형이다.

We	want	
She	wants	
I	wanted	to leave.
	동사의 정형	비정형

first conditional 〈*n*〉 제1조건형

☞ CONDITIONAL FORMS

first language 〈*n*〉 제1언어

(일반적으로) 한 사람의 모어나 첫 번째로 습득한 언어. 그러나 아이가 사용하는 기본 언어가 (학교에서 사용하는 언어의 영향으로) 점차 다른 언어로 전환되어 가는 다언어공동체에서 제1언어는 아이가 사용하기에 가장 편안하다고 여기는

언어를 가리키기도 한다. 이 용어는 모어NATIVE LANGUAGE와 동의어로 사용되기도 한다. 제1언어는 L1이라고도 한다.

first language acquisition 〈*n*〉 제1언어 습득

모어를 학습하는 프로세스. 제1언어 습득은 주로 언어학자, 발달심리학자, 심리언어학자에 의해 연구되어 왔다. 아이가 어떻게 언어를 말하고, 이해한 것을 학습하게 되는가에 관한 대부분의 설명에서는 부모와 다른 보육자와의 사회적 상호작용 시에 노출되는 언어 입력과, 인간 고유의 생득적인 능력이 함께 관여한다고 제안한다. 그러나 보편문법UNIVERSAL GRAMMAR과 생득적 입장INNATIST POSITION의 지지자, 인지심리학COGNITIVE PSYCHOLOGY과 창발주의EMERGENTISM의 지지자, 언어 습득을 언어 사회화SOCIALIZATION의 관점에서 보는 연구자들은 이러한 요소들의 상대적인 중요성에 대해서는 입장이 많이 다르다.

first language attrition 〈*n*〉 제1언어 상실

☞ LANGUAGE ATTRITION

fixation pause 〈*n*〉 안구 휴지

(읽기에서) 읽기에 필요한 시각적 입력이 일어나서 그것에 눈동자가 고정되는 짧은 시간. 안구가 하나의 고정체에서 다른 고정체로 이동하는 것은 **단속성운동**(saccade)이라고 한다.

☞ READING SPAN

fixed expression 〈*n*〉 고정 표현

☞ ROUNTINE

fixed ratio deletion 〈*n*〉 고정 비율 삭제

=nth word deletion *n*번째 단어 삭제

☞ CLOZE TEST

fixed response item 〈*n*〉 고정된 응답 항목

☞ TEST ITEM

fixed stress 〈*n*〉 고정 강세

특정 언어에서, 한 단어의 동일 음절에 규칙으로 일어나는 강세STRESS. 고정 강세 패턴을 엄격하게 따르는 언어는 드물다. 예를 들어, 헝가리어에서는 단어의 제1음절에 보통 강세가 오고, 폴란드어에서는 단어의 **끝에서 두 번째 음절**(penultimate syllable)에 강세가 온다.

☞ FREE STRESS

flap 〈*n*〉 탄음

F

=tap

혀가 구강의 천정을 짧게 한번 건드려서 나는 조음. /t/의 이음ALLOPHONE인 치경ALVEOLAR 탄음은 미국 영어 단어 *little*, *city*, *dirty* 등의 발음에서 많이 들리는 반면, 영국 영어에서는 *very*의 /r/이 그와 같은 탄음, 혹은 단타음이다.

☞ FRICTIONLESS, CONTINUANT, MANNER OF ARTICULATION, PLACE OF ARTICULATION, ROLL

flashcard ⟨*n*⟩ 플래시카드

(언어교수에서) 단어나 문장, 그림이 그려져 있는 카드로, 언어 수업에서 보조교구나 큐로 많이 사용된다.

FLES ⟨*n*⟩ 초등학교에서의 외국어

=초등학교에서의 외국어FOREIGN LANGUAGES IN THE ELEMENTARY SCHOOL

floor effect ⟨*n*⟩ 천장 효과

☞ BOUNDARY EFFECT

fluency ⟨*n*⟩ 유창성

발화의 질이 자연적이고 정상적임을 나타내는 특징. 여기에는 모어화자와 유사한 휴지PAUSE, 리듬, 억양INTONATION, 강세STRESS, 발화 속도, 간투사, 발화 중단 등이 포함된다. 언어 장애(예를 들어, 실어증APHASIA이나 말더듬SHUTTERING)로 인해 정상적인 발화가 이루어지지 않는다면, 그 언어는 유창성 결여나(dysfluent) **유창성이 부전**(dysfluence)된 예라고 할 수 있다.

제2언어/외국어 교수에서, 유창성은 의사소통에서의 숙달도 레벨을 나타내며, 다음과 같은 능력들을 포함한다.

a. 구어와 문어를 쉽게 산출할 수 있는 능력

b. 꼭 완벽해야 할 필요는 없지만, 억양과 어휘, 문법을 훌륭하게 사용할 수 있는 능력

c. 생각을 효과적으로 전달할 수 있는 능력

d. 이해의 어려움이나 의사소통상의 단절 없이 연속적인 발화를 산출할 수 있는 능력

종종 **정확성**(accuracy)과 대비되기도 한다. 정확성은 문법적으로 정확한 문장을 산출할 수 있는 능력을 가리키지만, 유창하게 말하거나 쓸 수 있는 능력은 포함되지 않는다.

fluent reader ⟨*n*⟩ 유창한 독자

힘들이지 않고, 머뭇거림없이, 충분히 이해하면서 읽는 사람

focus ⟨*n*⟩ 초점

신정보를 포함하는 요소나 구는 다양한 방식으로 '초점화'될 수 있다. 예를 들어, *I saw John at the market*이라는 문장에서 *John*이 신정보임을 표시하기 위해 강조나 대조 강세|stress(*I saw John at the market*), 또는 분열문|cleft sentence(*It was John who I saw at the market*)을 이용할 수 있다.

    ☞ FUNCTIONAL SENTENCE PERSPECTIVE, GROUNDING

focused interview ⟨*n*⟩ 집중 인터뷰

유사한 사건 경험을 가진 집단에 대해서 어떤 사건이나 상황의 특정 측면을 탐구하는 인터뷰. 예를 들어, 언어 프로그램 평가에서, 교사가 새로운 교재에 대해서 학생들이 어떤 반응을 보이는가를 알아보기 위해 집중 인터뷰를 실시할 수 있다.

    ☞ DEPTH INTERVIEW, GUIDED INTERVIEW

focus on form ⟨*n*⟩ 형태초점 교수법

일반적인 의미에서, 언어의 형식적인 언어학적 특징에 주의를 집중하는 것. 순전히 의미에 초점을 두는 방식과는 구별된다. 보다 전문적인 의미에서, 의미기반 형태초점 교수는 의사소통 문맥에서 필요에 따라 이따금 언어 형식에 짧은 주의를 할당하는 것으로 정의된다. 교사나 교재에 의해 미리 설정된 '그날의 구조'를 한 번에 하나의 형식(규칙)에 초점을 두는 **형태 중심 교수법**(focus on forms)과 구별된다.

    ☞ CONSCIOUSNESS RAISING

focus on forms ⟨*n*⟩ 형태 교수법

    ☞ FOCUS ON FORM

folk linguistics ⟨*n*⟩ 민속언어학

언어와 제언어에 대한 통속적인 신념

foreground(ed) information ⟨*n*⟩ 전경 정보

    ☞ GROUNDING

foreigner talk ⟨*n*⟩ 외국인 말투

한 언어의 모어화자가 그 언어에 능숙하지 않은 외국인과 말할 때 자주 사용하는 발화. 외국인 말투의 특징은 다음과 같다.

a. 정상적인 발화보다 느리고, 더 크며, 가끔 과장된 발음을 한다.

b. 간단한 단어나 문법을 사용한다. 예를 들어, 관사나 기능어, 굴절|inflection은 생략하고, 복잡한 동사형을 단순한 것으로 대체한다.

c. 화제가 반복되거나 문두로 이동하는 경우가 많다.

    예) *Your bag? Where you leave your bag?*

모어화자는 외국인에게는 이러한 유형의 발화가 더 이해하기 쉽다고 생각하는 경우가 많다.

☞ ACCOMMODATION, CARETAKER SPEECH, INTERLANGUAGE

foreignism ⟨*n*⟩ 외국어주의

화자가 모어로 말을 하는 동안, 특별한 효과를 내거나 특정 지식을 과시하기 위해 다른 언어의 단어나 표현을 사용하는 것. (차용어LOAN WORD 사용과 혼동해서는 안 된다.) 예를 들어, 인도네시아어 화자가 네덜란드어나 영어 단어를 사용하여 이 언어에 익숙하다는 것을 과시한다거나, 영어 화자가 I think he lacks a certain *panache*에서처럼 프랑스어나 독일어에서 온 단어를 (프랑스어나 독일어 발음으로) 사용하는 경우이다.

foreign language ⟨*n*⟩ 외국어

=non-native language 비모어

특정 국가나 지역의 대다수 사람들이 사용하는 모어NATIVE LANGUAGE가 아닌 언어를 가리키며, 학교 교육의 수단으로도 사용되지 않으며, 정부나 미디어 등의 의사소통 수단으로도 사용되지 않는 언어. 외국어는 외국인과의 의사소통이나 그 언어의 인쇄물을 읽기 위한 목적으로 학교에서 교과목의 하나로 배운다.

☞ INDIGENOUS LANGUAGE, SECOND LANGUAGE, TARGET LANGUAGE

foreign language anxiety ⟨*n*⟩ 외국어 불안

☞ LANGUAGE ANXIETY

foreign language experience (FLEX) ⟨*n*⟩ 외국어 체험

아이들에게 외국어와 외국 문화를 경험시키고, 제한된 수의 단어와 구, 대화 표현을 가르치는 것을 목적으로 하는 미국 초등학교의 외국어 교수 접근법. 일반적으로 FLEX 프로그램보다는 덜 집중적이다.

☞ FOREIGN LANGUAGE IN THE ELEMENTARY SCHOOL

foreign languages in the elementary school (FLES) ⟨*n*⟩ 초등학교에서의 외국어

1. 초등학교에서의 외국어 교수

2. 미국 초등학교에서 외국어 교수 시간을 늘리려고 하는 운동의 명칭

Foreign Service Institute (FSI) ⟨*n*⟩ 미국외국어연구소

언어교육과 국무부 직원의 승인에 책임을 가진 미국 정부 기관으로, 레벨 0(기능적인 숙달도를 전혀 갖추지 못한 레벨)에서 레벨 5(모어화자에 준하는 레벨)에 이르는 언어 숙달도 척도로 널리 알려져 있다.

☞ INTERAGENCY LANGUAGE ROUND TABLE,
ACTFL PROFICIENCY GUIDELINES,
AUSTRALIAN SECOND LANGUAGE PROFICIENCY RATINGS

Foreign Service Institute Oral Interview (FSI) 〈**n**〉 FSI 구두 면접 테스트

성인 외국어 학습자의 구어 숙달도를 테스트하는 기법. 미국외국어연구소FSI에 의해 개발되었으며, 발음, 문법, 어휘, 유창성을 판단하는 데 사용하는 평가 척도RATING SCALE로 구성되어 있다. 면접은 30분 동안 학습자와 두 명의 면접관 사이에 행해진다.

forensic identification 〈**n**〉 법의학적 식별

☞ FORENSIC LINGUISTICS

forensic linguistics 〈**n**〉 법의학적 언어학

=language and the law 언어와 법

법률 관계의 언어 문제를 의미론SEMANTICS, 음향음성학ACOUSTIC PHONETICS, 담화분석 DISCOURSE ANALYSIS, 화용론PRAGMATICS, 사회언어학SOCIOLINGUISTICS 등의 분야의 방법을 이용 하여 조사하는 응용언어학 분야. 주로 **법의학적 식별**(공소 사건에 있어서 필적 분석 이나 음성 분석을 통해 범인을 특정하는 것), 경찰이나 법정 통역INTERPRETATION, 법률 용어의 의미론(예를 들어, *murder*, *manslaughter*, *homicide*의 법률상 의미), 경찰의 탐문과 법적 절차 담화, 억양 차별ACCENT DISCRIMINATION, 재판 체계를 다룰 때 비모어화 자와 소수 언어공동체 화자가 직면하는 문제 등을 다룬다.

form 〈**n**〉 형식

음성이나 문자에 의해 표현되는 언어 단위를 나타내는 수단. 형식은 언어의 표준 표기체계나 음성, 음운 기호에 의해 표시된다. 다음은 영어의 예이다.

표기형식　음성형식

house　　　/haus/

언어 단위의 표기 형식이나 음성 형식과 그 의미 및 기능 간을 구별하는 경우가 많다. 예를 들어, 영어의 표기 형식인 −*s*와 음성 형식인 /s/, /z/는 공통적인 기능을 가진다. 모두 명사 복수형을 나타낸다.

/kæts/　　　*cats*　　　/dɒgz//dɔːgz/　　　*dogs*

formal assessment 〈**n**〉 형식적 평가

각 분야에서 개인의 수행에 관한 평가를 보증할 수 있는 조건 하에서 실시되는 평가

☞ INFORMAL ASSESSMENT

formal competence 〈**n**〉 형식적인 언어능력

☞ COMPETENCE, COMMUNICATIVE COMPETENCE

formal grammar 〈**n**〉 형식 문법

문법을 분석하고 기술하는 접근법의 하나로, 문법 구조를 언어의 체계적 특성에 대한 기여라는 관점에서 설명하는 것을 목적으로 한다.

formal operational stage 〈*n*〉 형식적 조작기

☞ COGNITIVE DEVELOPMENT

formal schema 〈*n*〉 형식 스키마

☞ CONTENT SCHEMA

formal speech 〈*n*〉 형식적 발화

주의 깊고, 딱딱하며, 공적인 방식의 구어 발화로, 참여자들 간에 공손한 거리를 표현하기 위해 사용되며, 발음이나 단어, 문법 구조를 선택하는 데 영향을 미치기도 한다. 다음 두 문장을 비교해 보라.

(형식적이고 격식적인 장면에서) *Ladies and gentlemen, it gives me great pleasure to be here tonight.*

(친구 간의 비격식적인 장면에서) *Nice to be here.*

☞ COLLOQUIAL SPEECH, STYLE, STYLISTIC VARIATION

formal universal 〈*n*〉 형식적 보편성

☞ LANGUAGE UNIVERSAL

formant 〈*n*〉 포먼트/음형대

음향음성학ACOUSTIC PHONETICS에서, 성도에서 공기의 공명주파수에 대응하는 배음 (overtones) 그룹으로, 모음을 분류할 때 사용한다.

format 〈*n*〉 형식/포맷

언어 테스트에서, 수험자에게 요구하는 과업과 활동(즉, 정오판단 문항TRUE/FALSE ITEM 이나 선다형 문항MULTIPLE-CHOICE ITEM 형식)

formative 〈*n*〉 형성소

(생성문법GENERATIVE GRAMMAR에서) 어떤 언어의 최소 문법 단위. 예를 들어, *The drivers started the engines*이라는 문장에서, 형성소는 *the+drive+er+s+start+ed+the+ engine+s*이다.

☞ MORPHEME

formative evaluation 〈*n*〉 형성 평가

교육과정이나 프로그램을 개발하는 교육과정 개발자에게 개선을 위한 정보를 제공하는 프로세스. **형성 평가**(summative evaluation)는 교수요목 설계와 언어 교수 프로그램, 교재 개발에도 이용된다.

☞ EVALUATION

formative test 〈*n*〉 형성 평가

프로그램이 진행되는 사이에 실시하며, 학생과 교사에게 학생이 얼마나 잘 학습하

고 있는가를 알려주는 테스트. 형성 평가에서는 가르친 주제만을 출제하며, 학생에게 보충 학습이나 배려가 필요한가를 보여준다. 보통은 합격-불합격 테스트이다. 시험에서 떨어졌다면, 다시 공부해서 재시험을 칠 수 있다.

    ☞ TEST, SUMMATIVE TEST

form class 〈*n*〉 형식 범주

(언어학에서) 문장 구조 내의 유사한 위치에서 사용될 수 있는 일단의 항목들. 예를 들어, *The ... is here*라는 문장에서, 빈곳에는 *dog*, *book*, *evidence* 등을 사용할 수 있다. 이 단어들이 모두 명사라는 동일 형식 범주에 속하기 때문이다.

    ☞ WORD CLASS, OPEN CLASS

form-focused episode (FFE) 〈*n*〉 형태-초점 에피소드

언어 형식에 주의의 초점이 놓이는 학습자-학습자, 또는 학습자-교사 간의 상호작용

form-focused instruction 〈*n*〉 형태초점 교수법

특정 담화 유형이나 텍스트 유형(예를 들어, 서술문)의 문법적 자질 등, 언어의 형식적 측면을 통제하는데 초점을 두는 교수 방법

form-function relation 〈*n*〉 형식-기능 관계

현상의 물리적인 특징(예를 들어, 그 형태)과 그 역할, 또는 기능 간의 관계. 언어 사용을 연구할 때 주로 언급되는데, 하나의 언어 형식(예를 들어, 명령문)은 다음 예에서 보듯이, 다양한 기능을 수행할 수 있기 때문이다.

명령형	의사소통 기능
Come round for a drink.	초대
Watch out.	경고
Turn left at the corner.	지시
Pass the sugar.	요청

form of address 〈*n*〉 호칭

＝호칭 형식ADDRESS FORM

formula 〈*n*〉 (복수형은 formulae, formulas) 공식

＝상투어FORMULAIC LANGUAGE

formulaic expression 〈*n*〉 상투적 표현

＝상투어FORMULAIC LANGUAGE

formulaic language 〈*n*〉 상투어

＝formulae (＝formulas), formulaic expression, formulaic sequence
한 언어의 문법 자원을 최대로 이용하여 온라인으로 생성되는 것이 아니라, 하나의

단위로서 기억 속에 저장되거나, 기억으로부터 인출되는 단어의 연속체. 연구자들은 이 현상을 다양한 용어로 표현해 왔다. **기성 표현**(prefabricated routine), **정형화된 표현**(routine formulae), **축적 발화**(stock utterance), **어휘적 구/어휘화된 구**(lexical phrase/lexicalized phrase), **관습화된 발화**(institutionalized utterance), **미분석된 덩이**(unanalyzed chunk) 등.

정형화된 연속체는 의미적으로 투명하고 문법적으로 규칙적인 경우도 있고(예를 들어, *I'll see you tomorrow, with best wishes, thank you very much*), 숙어IDIOM와 같이, 형식과 의미가 불규칙적인 경우도 있다. 정형화된 연쇄는 초기에는 그 내부 구조를 이해하지 않고 하나의 단위로서 학습되었다가, 나중에 분석되어 내부 요소들을 생산적으로 사용할 수 있게 된다. 정형화된 연쇄는 작은 단위로 구축되기도 하지만, 나중에 사용하기 위해 하나의 큰 단위로 저장된다. 이 프로세스를 융합(fusion)이라고 부른다.

정형표현 중에는 예를 들어, '*Who the*(욕설 표현) *does*(대명사) *think*(대명사) *is?*'와 같이, 개방 슬롯(slot)을 가지며, 이를 **어휘화된 문장 어간**(lexicalized sentence stem)이라고 한다. 정형 표현은 처리 자원을 절약하고, 유창성FLUENCY과 관용성IDIOMATICITY을 고양하는 기능, 특정한 상호작용적 기능을 실현하는 기능을 한다고 여겨진다. 주로 담화를 조직하는 기능을 하는 정형화된 연쇄(예를 들어, *In the first place, So what you are saying is X*)는 **대화적 일상표현**(conversational routine), 또는 **대화시작말**(gambit)로 불리기도 한다. 특정 발화 행위SPEECH ACT와 관련하는 정형화된 연쇄(예를 들어, *I really like your* [N], *If it's not too much trouble, could you X?*)는 **정형화된 공손 표현**(politeness formula)이라고 부르기도 한다.

formulaic sequence 〈***n***〉 정형화된 연쇄

　　=상투어FORMULAIC LANGUAGE

formulaic speech 〈***n***〉 정형 표현

　　=상투어FORMULAIC LANGUAGE

form word 〈***n***〉 형식어

　　☞ CONTENT WORD

fortis 〈***adj***〉 경음의

　　근력과 호흡의 긴장도가 비교적 높은 상태에서 산출되는 자음CONSONANT을 뜻한다. 영어의 /p/, /t/, /k/가 경음이다. 경음의 반대는 **연음**(lenis)으로, 근육을 크게 긴장하지 않고 기식ASPIRATION도 존재하지 않는 자음이다. 영어의 /b/, /d/, /g/가 경음이다.

　　☞ MANNER OF ARTICULATION, VOICE[2]

fossilization 〈***n***〉 화석화 **fossilized** 〈***adj***〉

(제2언어/외국어 학습에서) 부정확한 언어적 특징이 언어를 말하거나 쓸 때 지속적으로 나타나는 프로세스. 제2언어/외국어 학습에서는 발음, 어휘 사용, 문법이 고정되거나 화석화된다. 화석화된 발음의 특징은 학습자의 외국인 억양에 영향을 끼친다. 연구자 중에는 진정한 의미에서 화석화가 존재하는가에 대해서 회의적인 연구자도 있다. 화석화라는 의미는 나중에도 변하지 않는다는 것을 함의하기 때문에, **안정화**(stabilization)라는 용어를 선호하는 이도 있다.

☞ INTERLANGUAGE

fragment 〈***n***〉 조각/불완전한

☞ SENTENCE FRAGMENT

frame 〈***n***〉 틀

=스크립트SCRIPT

frame semantics 〈***n***〉 틀 의미론

언어학적 의미론을 백과사전적 지식이나 세상사 지식에 관련시키는 이론. 인지언어학COGNITIVE LINGUISTICS의 한 형식이다.

framing 〈***n***〉 프레이밍

(교수에서) 교사가 질문을 할 때 질문하기, 멈추기, 학생 응답하기와 같은 틀을 제공하는 질문 테크닉QUESTION TECHNIQUE. 이를 통해 질문에 대한 학생의 주의 집중이 증가하고, 그 결과 질문 효과가 높아진다.

☞ QUESTIONING TECHNIQUES, WAIT TIME

free composition 〈***n***〉 자유 작문

☞ COMPOSITION

free form 〈***n***〉 자유 형식

=free morpheme

☞ BOUND FORM

free practice 〈***n***〉 자유 연습

☞ PRACTICE ACTIVITIES

free reading 〈***n***〉 자유롭게 읽기

즐거움을 위한 의미중심의 읽기

☞ EXTENSIVE READING

free recall 〈***n***〉 자유 회상

☞ RECALL

free response item 〈***n***〉 자유 응답형 문항

☞ TEST ITEM

free stress ⟨***n***⟩ 자유 강세

특정 언어에서, 위치가 고정되어 있지 않은 강세|STRESS. 영어는 자유 강세를 가진다. 주요 강세는

첫 번째 음절: *ínterval*

두 번째 음절: *intérrogate*

세 번째 음절: *interférence*

☞ FIXED STRESS

free translation ⟨***n***⟩ 의역

☞ TRANSLATION

free variation ⟨***n***⟩ 자유 변이

두 개 이상의 언어 항목이 동일한 위치에 나타나면서 의미에 명확한 변화가 없을 때, 이 항목들을 자유 변이라고 한다. 예를 들어, 다음 영어 문장에서 *who*와 *whom*이 그렇다.

The man who   we saw.

whom

이러한 변이들은 지금은 사회적 변이나 문체적 변이로 간주되고 있다.

☞ VARIABLE, VARIATION

freewriting ⟨***n***⟩ 자유글쓰기

=timed freewriting, quickwriting, quickwrite

(작문 교육에서) 쓰기 전 활동(☞ COMPOSING PRECESSES)으로, 주어진 시간 내 (예를 들어, 3분)에 학생들은 멈추지 않고 주제에 대해 가능한 한 많이 쓴다. 쓰기 유창성을 개발하고 나중에 쓰기 과업에서 사용할 아이디어를 얻기 위해 문법이나 정확성에 대해 걱정하지 않고 가능한 한 많이 쓰는 것에 목표를 둔다.

Frege's principle ⟨***n***⟩ 프레게의 원리

=합성성의 원리COMPOSITIONALITY PRINCIPLE

frequency[1] ⟨***n***⟩ 진동수

☞ SOUND WAVE

frequency[2] ⟨***n***⟩ 빈도

텍스트나 코퍼스CORPUS에서 언어 항목이 출현하는 수. 언어 항목에 따라 구어와 문어에서 출현하는 빈도가 다르다. 영어에서는 기능어FUNCTION WORDS(예를 들어, *a*, *the*, *to* 등)가 동사, 명사, 형용사, 부사보다 더 높은 빈도로 출현한다. **단어 빈도수**

(word frequency count)는 언어 교수를 위한 어휘 선택, 사전학, 문체론STYLISTICS에서 문체 연구, 텍스트 언어학TEXT LINGUISTICS에 이용된다. Kučera와 Francis의 미국 문어 연구에 따르면, 100만어 코퍼스에서 가장 높은 빈도로 출현하는 단어들은 *the, of, and, to, a, in, that, is, was, he, for, it, with, as, his, on, be, at, by, I*이다.

frequency count 〈***n***〉 빈도수

문어 텍스트나 구어 샘플 등의 언어 코퍼스에서 출현하는 단어 항목들(음절, 음소, 단어 등)의 총 수를 셈한 것. 언어 항목의 출현 빈도수 연구는 언어통계학으로 알려져 있고, 전산언어학COMPUTATIONAL LINGUISTICS과 수리언어학MATHEMATICAL LINGUISTICS의 일부이다. 텍스트나 코퍼스에 출현하는 어휘의 빈도수는 **단어 출현 빈도수**(word frequency count)라고 부른다.

frequency hypothesis 〈***n***〉 빈도 가설

언어 항목의 습득 순서는 입력 내 빈도에 따라 결정된다는 가설

frequency polygon 〈***n***〉 빈도 다각형

☞ DISTRIBUTION

fricative 〈***n***〉 마찰음

=spirant

두 개의 조음체 사이의 거리를 좁혀서 공기의 흐름을 완전히 차단하는 것이 아니라, 난기류가 만들어질 정도로 충분히 방해하는 것. 이를 통해 산출되는 언어음이 마찰음이다. 예를 들어, 영어의 *enough, valve, sister, and zoo*에서 나타나는 /f/, /v/, /s/ and /z/가 마찰음이다.

frictionless continuant 〈***n***〉 무마찰 계속음

폐에서 나온 공기를 마찰 없이 구강이나 비강을 통과시켜 산출하는 언어음(자음 CONSONANT). 예를 들어, 일부 영어 화자들은 *rose*/rəʊz/의 *r*을 무마찰 계속음으로 발화한다. 조음의 관점에서, 무마찰 계속음은 모음과 매우 비슷하지만 자음으로 기능한다.

☞ FRICATIVE, LATERAL, NASAL, STOP

fronting 〈***v***〉 전치

강조하기 위해 단어나 구를 문장 앞에 놓는 것.

I would really love to try that. (동사 뒤에 목적어)

That I would really love to try. (강조를 위한 목적어 전치)

front vowel 〈***n***〉 전설모음

☞ VOWEL

FSI¹ ⟨**n**⟩ 미국 외국어 연수소

☞ FOREIGN SERVICE INSTITUTE

FSI² ⟨**n**⟩

＝FSI 구어 인터뷰FOREIGN SERVICE INSTITUTE ORAL INTERVIEW

FSP ⟨**n**⟩

＝기능적 문장 관점FUNCTIONAL SENTENCE PERSPECTIVE

FTA ⟨**n**⟩

＝체면 위협 행위FACE THREATENING ACT

full transfer/full access hypothesis ⟨**n**⟩ 완전 전이/완전 접근 가설

SLA에서, 통사론과 관련하여 제1언어로부터 전이될 수 있는 생득적인 제약들은 없으며, 제2언어 학습자가 보편문법에 접근하는 데도 아무런 생득적인 제약이 없다는 가설

full verb ⟨**n**⟩ 일반 동사

☞ AUXILIARY VERB

full word ⟨**n**⟩ 실질어

☞ CONTENT WORD

function ⟨**n**⟩ 기능

발화나 언어 단위가 사용되는 목적. 언어교수에서, 언어 기능은 요청, 사죄, 불평, 제안, 칭찬과 같은 행위의 카테고리로 기술된다. 언어의 기능적 사용은 단순히 문장의 문법 구조를 학습하는 것만으로는 해결될 수 없다. 예를 들어, 명령문(☞ MOOD)은 다양한 다른 기능을 수행한다.

Give me that book. (명령)

Pass the jam. (요청)

Turn right at the corner. (지시)

Try the smoked salmon. (제안)

Come round on Sunday. (초대)

언어학에서 언어의 기능적 사용은 화행SPEECH ACT 이론, 사회언어학SOCIOLINGUISTICS, 화용론PRAGMATICS에서 연구된다. 언어 교수의 의사소통 접근법COMMUNICATIVE APPROACH에서는 학습자가 표현하거나 이해해야 하는 다양한 언어 기능을 기반으로 교수요목SYLLABUS을 조직하기도 한다.

☞ FUNCTIONS OF LANGUAGE, FUNCTIONAL SYLLABUS,
　　NOTIONAL SYLLABUS, SPEECH ACT, SPEECH ACT CLASSIFICATION

functional grammar ⟨*n*⟩ 기능 문법

다양한 의미로 사용된다. 일반적으로, 한 언어에서 의미와 기능FUNCTION이 구현되는 방식을 기술하려는 문법 기술 접근법의 하나이다. 예를 들어, 문법적 개념인 '시제'를 기술하는 대신, 의미적 개념인 '시간 말하기(time reference)'가 언어에서 어떻게 구현되는가를 조사한다. 영어의 경우, 시간 말하기를 나타내는 언어적 수단에는 시제TENSE, 상ASPECT뿐만 아니라, 법조동사MODAL, 부사ADVERB, 부사구ADVERBIAL PHRASE, 부사절ADVERBIAL CLAUSE 등이 포함한다. 보다 전문적으로는 1970년대 네덜란드 학자인 Simon Dik가 고안한 문법의 형식적 모델을 가리키는 데 사용된다. 이 모델은 어휘 항목이 삽입되는 계층적으로 다층화된 형식인 일련의 **서술 틀**(predicate frames)로 구성된다.

☞ LEXICAL FUNCTIONAL GRAMMAR

functional illiteracy ⟨*n*⟩ 기능적 문맹

☞ LITERACY

functional linguistics ⟨*n*⟩ 기능언어학

언어학 접근법의 하나. 언어를 의사소통에서의 사용과 분리된 것으로 간주하는 형식적인 규칙 체계가 아니라, 사회적 상호작용의 도구로서의 언어에 관심이 있는 언어학 접근법. 개인을 사회적 존재로 간주하며, 한 개인이 사회적 환경 안에서 타인과 의사소통하기 위해 언어를 습득하고 사용하는 방법을 연구한다.

☞ PRAGMATICS, SOCIAL CONTEXT, SPEECH EVENT

functional literacy ⟨*n*⟩ 기능적 문식성

☞ LITERACY

functional load ⟨*n*⟩ 기능 부담량

한 언어에서 언어적 대립의 상대적 중요성. 언어 구조 내의 차이나 대립이 모두 똑같이 중요하지는 않다. 예를 들어, 영어 어두의 /p/와 /b/ 간의 대립은 *pig-big*; *pack-back*; *pad-bad* 등과 같은 많은 다른 단어들을 구별하게 해준다. 그래서 /p/와 /b/의 차이는 높은 기능 부담량을 가진다고 할 수 있다. 그러나 예를 들어, *wreathe-wreath*와 같은 단어에서, /u/와 /θ/ 간의 차이는 영어의 다른 단어들을 구별하는 데 많이 사용되지 않는다. 그래서 낮은 기능 부담량을 가진다고 할 수 있다.

functional sentence perspective (FSP) ⟨*n*⟩ 기능적 문장 관점

문장 내에서 정보가 어떻게 분포되는가를 설명하는, 프라그학파와 관련된 언어 분석 유형. FSP는 특히 담화DISCOURSE 상에서 구정보(혹은 주어진 정보)와 신정보의 분포 효과를 다룬다. 구정보(FSP에서는 **주제**(theme)라고 부른다)는 독자나 청자에게 새롭지 않은 정보를 가리키며, **서술**(rheme)은 새로운 정보를 나타낸다. FSP에서는 주어-술어가 주제-서술과 항상 동일한 것은 아니기 때문에, 전통적인 문법 분석과는 차이가 있다. 예를 들어, 다음 두 문장을 비교해 보자.

1. *John   sat in the front seat.*   2. *In the front seat sat John.*
   주어부 술어부   술어부   주어부
   주제   서술   서술   주제

*John*은 두 문장에서 모두 문법적 주어이지만, 문장 1에서는 주이이고, 문장 2에서는 서술어이다. 주제-서술을 구분하는 데 사용하는 용어로 주제-평언(☞ TOPIC²), **배경**(background)-**초점**(focus), **구정보-신정보**(given-new information)가 있다.

functional syllabus ⟨*n*⟩ 기능 교수요목

(언어교수에서) 언어 내용이 기능이나 발화 행위SPEECH ACT, 그리고 그것에 필요한 언어 항목이라는 관점으로 배열되는 교수요목SYLLABUS. 예를 들어, 기능에는 다양한 유형의 담화DISCOURSE(즉, 구어인가, 문어인가)에서 확인하기, 묘사하기, 초대하기, 제안하기 등이 있다. 이와 관련하는 언어 스킬(skill)은 듣기, 말하기, 읽기, 쓰기이다. 이러한 기능들을 표현하는 데 필요한 언어 항목을 **언어표현**(exponent), 혹은 구현형이라 부른다.

담화 유형	스킬(skill)	기능(function)	언어표현	
			어휘	구조
구어	말하기 듣기	방향 묻기	*bank* *harbour* *museum*	*Can you tell me where X is?* *Where is X?*

이 용어는 개념 교수요목NOTIONAL SYLLABUS를 가리키는 데 사용되기도 한다.
    ☞ COMMUNICATIVE APPROACH

functional-systemic linguistics ⟨*n*⟩

=기능-체계 언어학SYSTEMIC-FUNCTIONAL LINGUISTICS

functions of language ⟨*n*⟩ 언어의 기능

=language functions 언어 기능
대부분의 언어학자들은 주로 언어의 형식적인 특징들에 관심을 두지만, 본래 인류학 연구에서 비롯된 오랜 전통인 언어의 기능에도 관심을 두는 방법도 있다. 이 전통에서는 언어가 다음과 같은 주요한 기능을 가진 것으로 기술된다.

a. **기술적 기능**(descriptive function)(또는 Halliday 이론의 **관념화 기능**[identification function]: 화자나 작자의 세상사 경험을 체계화하고, 진술되거나 부정되고, 경우에 따라서는 시도할 수 있는 정보를 전달하는 것.

b. **사회적 기능**(social function)(Halliday의 용어로 대인관계 기능[interpersonal function]: 사람들 간의 관계를 구축하고, 유지하고, 의도를 표현하기 위해 사용되는 것.

c. **표현적 기능**(expressive function): 화자가 자신의 의견이나 선입견, 과거 경험 등에 대한 정보를 표현하는 것.

d. **텍스트적 기능**(textual function): 문어 텍스트와 구어 텍스트TEXT를 산출하는 것. 기능들은 중복되는 경우가 많기 때문에, 대부분의 발화가 두 개 이상의 기능을 동시에 달성한다. 예를 들어, *I'm not inviting the Sandersons again*과 같은 발화를 적절한 억양으로 말하면, 의도된 미래의 행위를 표시하고(관념적, 혹은 기술적 기능), 화자가 *Sanderson*가의 사람들을 좋아하지 않는다는 것을 표시할 수도 있으며(표현적 기능), 대화상대자가 아마도 '싫다'와 같은 표현을 허용하는 관계를 공유하고 있는(사회적 기능) 대화의 부분이 된다(텍스트 형성 기능).

function word 〈*n*〉 기능어

☞ CONTENT WORD

functor 〈*n*〉 기능사

☞ CONTENT WORD

fundamental difference hypothesis 〈*n*〉 근본적 차이 가설

SLA에서, 제1언어와 제2언어 습득은 근본적으로 다른 프로세스라는 가설; 제1언어 습득은 보편문법UNIVERSAL GRAMMAR과 그것이 관련하는 습득 원리의 결과이다. 반면, 제2언어 습득은 문제 해결PROBLEM SOLVING과 가설 검증HYPOTHESIS TESTING과 같은, 일반적인 (언어 특유적이지 않은) 인지 프로세스의 결과이다.

fundamental frequency 〈*n*〉 기본 주파수

☞ SOUND WAVE

further education 〈*n*〉 계속 교육/사회 교육

특히 영국에서 사용되는 용어. 중등학교에서 제공되는 추가 교육을 가리키며(고등 교육[higher education]이라 알려진), 대학에서 제공하는 것과는 다른 교육을 말한다. 레벨과 관계없이, 직업 과정이나 자격증 과정, 프로그래머 과정에서 행해지는 학습을 가리키는 경우도 있다.

fused sentence 〈*n*〉 융합문

=무종지문RUN-ON SENTENCE

fusion 〈*n*〉 융합

☞ CHUNKING

fusional language 〈*n*〉 융합어

=굴절어INFLECTING LANGUAGE

future forms ⟨*n*⟩ 미래형

다음과 같은 미래 의미를 표현할 수 있는 문법 형식

- -을 것이다(be going to): *It's going to rain.*
- 현재 진행형: *I'm leaving tonight.*
- 단순 현재: *The show starts at 6 pm.*
- -을 것이다(will/shall): *It will be fine tomorrow.*

future perfect ⟨*n*⟩ 미래완료

☞ PERFECT

future tense ⟨*n*⟩ 미래시제

동사에 의해 표시되는 사건이 미래시에 일어날 것이라는 것을 보이기 위해 사용하는 시제 형식

Je	*partirai*	*demain.*
I	leave+미래	tomorrow.

위의 프랑스어 문장에서, 부정사 *partir*(=leave)에 미래시제 어미 *-ai*가 붙어 있다. 영어에는 미래시제는 없지만, 미래시를 표현하기 위해 다양한 동사 형식을 사용한다(예를 들어, *I leave tomorrow*; *I am leaving tomorrow*; *I will leave tomorrow*; *I am going to leave tomorrow*). 영어에서 *Will*은 미래시를 나타내기 위해 사용되기도 하지만(예를 들어, *Tomorrow will be Thursday*), 다른 기능도 많이 가지고 있으며, 보통은 법조동사MOOD라고 기술된다.

fuzzy ⟨*adj*⟩ 퍼지

명확히 정의된 경계를 가지지 않는 언어 단위. 이 단위들은 예를 들어, 영어의 *hill*과 *mountain*과 같이, '모호한(fuzzy) 경계'를 가진다. 한 언어 단위에서 다른 단위로 서서히 전이되는 것을 가리키는 다른 용어로는 **점차성**(gradience)이 있다.

G

gain score 〈**n**〉 증가 점수

사전 테스트 점수와 사후 테스트 득점 간의 차이.

이 경우, 두 테스트는 동일하거나 동등한 것이어야 한다. 증가 점수는 학습의 지표로 해석된다.

gambit 〈**n**〉 대화시작말

(대화분석CONVERSATIONAL ANALYSIS에서) 대화에서 화자가 다음 차례에서 할 발언의 기능을 표시하기 위해 사용하는 단어나 구를 나타내는 용어.

대화시작말은 화자가 새로운 정보를 더하거나, 이전 화자가 말한 것을 발전시키거나, 의견을 말하거나, 동의를 표시하는 것 등에 기여할 것이라는 것을 나타내기 위해 사용한다.

예를 들어, 화자가 의견을 진술하고자 한다는 것을 보이기 위해 사용하는 대화시작말에는 다음과 같은 것이 있다.

The way I look at it...

To my mind...

In my opinion...

이 예들은 대화적 일상표현ROUTINE으로 간주될 수도 있다.

game¹ 〈**n**〉 게임

(언어교수에서) 보통 다음과 같은 특징을 가지는 조직화된 활동을 말한다.

a. 특정 과업과 목표가 있다.

b. 일련의 규칙이 있다.

c. 참여자 간의 경쟁이 있다.

d. 구어나 문어에 의한, 참여자 간의 의사소통이 있다.

게임은 의사소통적 언어교수법이나 인본주의적 교수법에서 유창성 활동으로 자주 사용된다.

game² 〈**n**〉 게임

(컴퓨터 지원 언어 학습COMPUTER ASSISTED LANGUAGE LEARNING에서) 규칙에 기초한 경쟁적 활동으로, 보통 시간적 제한과 영상 표시 기능을 갖추고 있으며, 성공하기 위해서 참여자는 지식을 습득하고 그 지식을 조작할 수 있어야 한다.

gap-filling 〈**n**〉 빈칸채우기

　=gap-fills

언어교수에서, 텍스트에서 삭제된 단어를 학습자가 메워야 하는 연습문제. 삭제된 단어는 특정 언어 항목(예를 들어, 과거시제, 접속사)을 연습시키기 위해 선택된다. 이 테스트는 단어가 규칙적인 간격으로 삭제되는 규칙빈칸채우기 테스트/**클로즈 테스트**(cloze test)와 구별된다.

gatekeeper 〈**n**〉 문지기 **gatekeeping** 〈**n**〉

어떤 사회 내부의 권력 관계를 설명할 때, 일부 시민에 대해 어떤 형태의 통제를 가하거나 접근을 제한하는 것. 표준 영어나 우월한 영어 변종을 사용할 수 있는 능력이 문지기의 역할을 담당하기도 하는데, 그것은 영어 변종을 사용할 수 없는 사람들은 특정 직업이나 서비스로의 접근이 제한되기 때문이다.

gating 〈**n**〉 게이팅

피험자가 단어의 일부를 듣고 단어 전체를 특정하는 연구 기법으로, 단어를 특정할 때 필요한 음성 정보의 양을 결정하는 데 사용한다.

GB theory; G/B theory 〈**n**〉

　=GB 이론GOVERNMENT/BINDING THEORY

geminate 〈**adj**〉 중복하는

음운론에서, 이탈리아어의 *folla*[folla] (군집)이나 일본어의 [nippon] (일본) 안의 두 자음과 같이, 인접한 동일 분절음. 중복 자음은 **장자음**(long consonant), 혹은 **이중자음**(doubled consonants)으로 불리기도 한다.

GEN 〈**n**〉

　=소유격 관계절GENITIVE RELATIVE CLAUSE

　　　☞ NOUN PHRASE ACCESSIBILITY HIERARCHY

gender[1] 〈**n**〉 젠더/성

생물학적이나 사회적으로 구축된 카테고리로서의 성.

예를 들어, **성별방언**(genderlect)이라는 용어는 남성과 여성의 발화를 가리키며, 그 연장선에서 동성애자의 언어 사용역REGISTER과 같은 변종(만약 이러한 변종들이 존재하거나 인정되는 공동체가 있다면)을 가리킨다.

gender[2] 〈**n**〉 성

일부 언어에서 고유의 성(☞ GENDER[1])을 가지는 명사에 한정하지 않고, 굴절과 일치와 같은 특성에 기반하여 단어들을 남성형(masculine)이나 여성형(feminine), 중성형(neuter)과 같은 범주로 나누는 문법적 구별. 예를 들어, 스페인어에서는 *-a*

로 끝나는 대부분의 명사는 여성형이고, -o로 끝나는 명사는 대부분 남성형이다. 그리고 관사와 형용사는 그것이 수식하는 명사와 성이 일치한다. 영어는 대명사 *he*, *she*, *it* 간의 구별, *actor*:*actress*, *waiter*:*waitress*, *chairman*:*chairwoman*과 같이 지칭하고 있는 사람의 성을 반영하는 일부 명사, *mailman*와 같이 명사와 스테레오타입적으로 결합하는 성에 한정되어 있다. 20세기 후반에 일부 영어권 국가에서 이러한 용어들은 성적으로 중립적인 형태로 바뀌었다(예를 들어, 남성과 여성 양자를 가리키는 *actor*, *waiter*나 *waitress* 대신에 *server*로, *chairman* 대신에 *chairperson*이나 *chair*로, *mailman* 대신에 *mail carrier*으로 치환하였다).

gendered domain ⟨*n*⟩ 성별 영역

한쪽 성에 특유한, 혹은 보다 전형적인, 혹은 그렇게 생각되는 언어적 행동이나 문맥. 예를 들어, 수학은 남성 영역으로 고정관념화될 수 있는 반면, 가족은 상대적으로 여성의 성별 영역으로 보일 수 있다.

genderlect ⟨*n*⟩ 성별방언

☞ GENDER

General American English ⟨*n*⟩ 일반미국 영어

=standard American English 표준 미국 영어

대부분의 미국인이 표준적이고 (지역적 특성이 없는) 중립적이라고 인식하는 미국 영어 억양.

미국 영어 학습자를 위한 교과서와 미국 영어 사전이 제공하고 있는 발음과 같이, '일반미국 영어(General American)'는 본래 중서부 방언을 모델로 하고 있지만, 이 개념이 엄밀히 규정되어 있지는 않다. 미국 내 다른 지역 화자들도 일반적이거나 표준적인 미국 영어를 구사한다고 주장한다.

generalization ⟨*n*⟩ 일반화 generalize ⟨*v*⟩

1. (언어학에서) 관찰된 언어 데이터를 설명하는 규칙이나 원리
2. (학습 이론에서) 모든 유형의 학습에 공통하는 프로세스로, 특정 사례들의 관찰로부터 일반적인 규칙이나 원리를 형성하는 것. 예를 들어, 영어 단어 *book-books*와 *dog-dogs*를 본 아이들이 영어에서 복수라는 개념은 단어에 *-s*를 붙여서 만든다고 일반화하기도 한다.

☞ OVERGENERALIZATION

general nativism ⟨*n*⟩ 일반 생득설

☞ NATIVISM

generate ⟨*v*⟩ 생성하다

일련의 규칙을 적용한 결과로 특정 구조나 문장이 만들었다면, 그 규칙이 이 구조

나 문장을 '생성하였다'고 말한다.

☞ GENERATIVE GRAMMAR, GENERATIVE THEORY

generative grammar ⟨*n*⟩ 생성문법

한 언어의 전체 문법적GRAMMATICAL 문장을 규칙 집합이나 원리 집합으로 정의하고 기술하고자 하는 문법 이론. 이 문법론은 문법적인 문장을 **생성한다**(generate), 혹은 산출한다고 말한다.

generative phonology ⟨*n*⟩ 생성음운론

모어화자가 모어의 음운 체계를 산출하고 이해하기 위해서 가지고 있다고 여겨지는 지식(언어능력COMPETENCE)을 설명하려고 하는 음운론 접근법. 생성음운론에서, 어떤 언어의 변별음(음소PHONEME)은 일단의 음 자질(변별적 자질DISTINCTIVE FEATURE)로 표시된다. 개별 음들은 각기 다른 자질 집합으로 간주된다. 예를 들어, 음소 /e/는 다음과 같은 자질로 표시된다.

- −고활성(high)
- −저활성(low)
- +긴장성tense

음운 규칙(phonological rules)은 이러한 추상적 단위들이 발화에서 사용될 때 어떻게 결합되고 다양화되는지를 설명한다.

☞ GENERATIVE GRAMMAR, SYSTEMATIC PHONEMICS

generative semantics ⟨*n*⟩ 생성 의미론

Chomsky의 통사 기반의 변형생성문법TRANSFORMATIONAL GENERATIVE GRAMMAR에 대한 반동으로 발전한 언어 이론 접근법. 이 이론에서는 모든 문장은 의미 구조에서 생성된다고 주장한다. 의미 구조는 종종 철학의 논리 명제와 유사한 명제로 표현된다. 예를 들어, 이 이론의 틀 안에서 연구하는 언어학자들은 다음 두 문장 사이에 의미론적 관계가 있다고 제안한다.

This dog strikes me as being like her master.

This dog reminds me of her master.

왜냐하면 두 문장 모두 'X는 Y가 Z와 비슷하다고 인식한다'와 같은 의미 구조를 가지고 있다고 생각하기 때문이다.

☞ INTERPRETIVE SEMANTICS

generative theory ⟨*n*⟩ 생성이론

다음을 공통의 목표로 가지는 언어 이론들을 포괄하여 이르는 용어

(a) 어떤 언어의 모든 문법적인 문장을 생성하는 방법을 특정하는 규칙들을 가정하여, 언어의 형식적인 특성을 설명하려는 목표(**기술적 타당성 원리**[the principle of descriptive adequacy])

(b) 반면, 왜 문법이 그러한 특성들을 가지고 있는지, 그리고 아이들은 어떻게 그렇게 짧은 기간 동안 문법을 습득할 수 있는가를 설명하려는 목표(설명적 타당성 원리[the principle of explanatory adequacy])

제1언어와 제2언어 습득 분야에 영향을 끼친 주요 생성이론(모두 언어학자 Noam Chomsky의 선험적인 연구와 관련한다)에는 다음과 같은 것들이 있다:

(1) **변형문법**(transformational grammar(또는 **변형생성문법**[transformational-generative grammar], **TG**, 생성변형문법[generative-transformational grammar]): 초기 생성이론으로, **변형체**(transforms)나 변형으로 여겨지는 문장들 간의 관계, 예를 들어, 단순 능동태 평서문(즉, *He went to the store*)과 부정문(*He didn't go to the store*), 의문문(*Did he go to the store?*) 사이의 관계를 강조한다. 이러한 관계는 **변형 규칙**(transformational rules)에 의해 설명될 수 있다.

(2) **표준이론**(Standard Theory(또는 **시상모델**[Aspects Model])은 1960년대 중반에 제안되었고, 다음과 같은 부문들을 규정하고 있다.

　i. **기저부**(base component): **심층 구조**(deep structure)라고 불리는 기본적인 통사 구조를 생성한다.

　ii. **변형부**(transformational component): 이러한 기본 구조들을 **표층 구조**(surface structure)라 불리는 문장으로 바꾸거나 변형시킨다.

　iii. **음운부**(phonological component): 문장에 음운 표시(☞ GENERATIVE PHONOLOGY)를 제공하여 그 문장들이 발음되게 한다.

　iv. **의미부**(semantic component): 문장들의 의미를 다룬다(☞ INTERPRETIVE SEMANTICS).

지배·결속 이론GOVERNMENT/BINDING THEORY은 1980년대와 1990년대 동안 형식적 측면에 초점을 둔 제1언어 및 제2언어 습득 연구에 큰 영향을 끼쳤고, 최소주의MINIMALISM는 1990년대 후반에 전개된 생성이론이다.

generative-transformational grammar 〈***n***〉 생성변형문법
　☞ GENERATIVE GRAMMAR, GENERATIVE THEORY

generic 〈***adj***〉 총칭적인
　문법에서, 총칭적인 의미를 가지는 문장을 지칭한다. 예를 들어, 영어의 *Elephants like peanuts. The elephant likes peanuts. An elephant likes peanuts*.라는 문장은 모든 코끼리, 혹은 코끼리 일반에 적용되는 총칭적 의미를 가진다.

generic reference 〈***n***〉 총칭 지시
　어떤 범주에 속하는 특정 사물이나 동물을 가리키는 것이 아니라, 어떤 범주에

속하는 전체를 가리킬 때 사용하는 지시 표현. 다음은 영어의 예이다.

특정 지시	총칭 지시
The bird is sick.	*A tiger* is a dangerous animal.
The birds are sick.	*Tigers* are dangerous animals.
There is *a bird* in the cage.	*The tiger* is a dangerous animal.

genetic epistemology ⟨*n*⟩ 발생적 인식론

스위스의 심리학자 Jean Piaget(1896~1980)의 발달심리학DEVELOPMENTAL PSYCHOLOGY 이
론을 설명하는 데 사용되는 용어. Piaget는 아이들이 경험하는 심리발달 단계를
몇 개로 목록화하였다. 제1단계는 **감각운동기**(sensormotor stage)로, 출생 후부터
약 24개월 기간에 해당한다. 이 시기에 아이들은 주로 환경에 반응함으로써 자신의
주변 환경을 이해한다. 아이들은 촉각, 시각을 통해 자신에게 영향을 끼치는 기본
적인 관계를 이해하고, 경험 안에서 대상물을 이해하기 시작한다. 기본적인 관계에
는 공간, 사물의 위치, 인과 관계가 포함된다. 그러나 아직 추상적인 개념은 사용할
수는 없는 단계이다. 그 다음 세 단계는 보다 추상적 처리를 할 수 있는 단계이다.
2세~7세 사이의 **전조작기**(pre-operational stage) 동안 아이들은 언어와 심적 이미
지, 그림 그리기 등과 같은 상징적 기능을 발달시킨다. 또한 심적 능력을 발달시키
기 시작하여, 수나 분류, 순서, 시간 등을 다룰 수 있는 개념CONCEPT을 사용할 수
있게 되지만, 이 개념들을 단순하게만 사용할 수 있을 뿐이다. 7세~11세 사이의
구체적 조작기(concrete operational stage)는 심적 조작을 사용하고, 다양한 보존 개념
들을 습득하기 시작하는 시기이다. 11세 이후의 **형식적 조작기**(formal operational
stage)에서는 아이들은 추상적인 개념과 명제PROPOSITION를 다룰 수 있게 되고, 가설
구축, 추론, 연역적 사고도 가능해진다. Piaget가 연구한 심적 과정들은 언어 발달에
있어 중요한 단계이기 때문에, 언어학자 및 심리언어학자들은 심적 발달과 언어
발달이 어떻게 관련되어 있는가를 연구할 때 이 가설을 이용해 왔다.

genitive case ⟨*n*⟩ 속격

어떤 명사나 명사구가 문장 내의 다른 명사나 대명사와 소유POSSESSIVE 관계에 있음
을 나타내는 명사나 명사구의 형태. 다음은 독일어의 예이다.

Dort druben ist das Haus des Burgermeisters
Over there is the house of the mayor
  the mayor's house

명사구 *des Burgermeisters*에서, 관사는 굴절어미 -*es*를, 명사는 굴절어미 -*s*를 취하
여, 그것들이 *das Haus*(집)의 소유자를 가리키기 때문에 소유격임을 보여주고 있
다. 다음 영어 문장에서,

She took my father's car

일부 언어학자들은 *my father's*를 속격의 예로 간주하기도 한다.

☞ CASE[1]

genitive relative clause (GEN) 〈*n*〉 속격 관계절

☞ NOUN PHRASE ACCESSIBILITY HIERARCHY

genre[1] 〈*n*〉 장르

특정 장면에서 사용되고, 독특하고 인식 가능한 패턴이며, 표준적인 구성과 구조를 가지며, 특별하고 구별적인 의사소통 기능을 가지는 담화의 유형. 예를 들어, 비즈니스 문서, 뉴스 보도, 연설, 편지, 광고 등이 그것이다. 텍스트를 구성할 때, 작자는 자신이 쓰고 있는 장르의 텍스트에서 관습적으로 사용되는 특징들을 이용해야 한다. 텍스트를 읽을 때, 독자 또한 장르에 대한 예상을 토대로 그 텍스트의 어떤 특징들을 예측한다.

genre[2] 〈*n*〉 장르

비극, 픽션, 코미디 등 문학 작품의 카테고리

genre analysis 〈*n*〉 장르 분석

비즈니스 통신문, 법률 문서, 스텝 회의 등의 특정한 문맥에서 언어가 어떻게 사용되는가에 대한 연구. 장르들은 각각 서로 다른 목표를 가지며, 그 목표를 달성하기 위해 각기 다른 문법 구조나 구성 패턴을 가진다는 점에서 서로 다르다. 문어 텍스트 연구에서, 장르 분석은 작자들이 특정 목적을 달성하기 위해 소재들을 관습적으로 어떻게 배열하는가에 대해 연구한다. 특정 유형의 스키마를 확인하고 그것이 언어학적으로 어떻게 구현되고 있는가에 대한 연구들이 여기에 포함된다.

genre approach 〈*n*〉 장르 접근법

=genre-based approach

쓰기 교수−특히 제1언어 쓰기−접근법의 하나로, 쓰기 교육과정을 아이가 학교에서 만나게 되거나 학교에서 성공하는 데 중요한 다양한 유형의 텍스트 구조나 장르에 기초하여 구성한다. 장르 접근법은 Hallday와 Martin 등의 기능언어학자들의 활약으로 특히 호주에서 많이 연구되었다. 학교 수업에서 경험하게 되는 장르에는 관찰과 논평, 열거, 서술, 보고 등이 있다. 예를 들어, 보고는 일반적인 분류 가능한 진술 구조와 설명, 최후 논평 구조를 가진다. 장르 접근법의 지지자들은 사회 프로세스에 완전히 참여하기 위해서는 통제된 특정 유형의 글쓰기가 필요하다고 주장한다.

성인의 제2언어교수에서 장르 접근법은 학습자가 생활할, 예를 들어 호텔, 공장, 병원 등과 같은 담화 공동체를 인식하는 것에서부터 출발한다. 목표언어공동체의 담화는 그것을 특징짓는 텍스트 유형과 텍스트의 역할이라는 관점에서 연구되고 있다.

☞ TEXT-BASED SYLLABUS DESIGN

genre-scheme 〈*n*〉 장르 계획

=계획SCHEME

gerund 〈*n*〉 동명사

=gerundive

*-ing*로 끝나는 동사형이지만, 문장에서 명사처럼 사용되는 것.

다음은 영어의 예이다.

> *Swimming is good for you.*
> *I don't like smoking.*

☞ PARTICIPLE

gesture 〈*n*〉 제스처/몸짓

동의를 표하기 위해 머리를 끄덕이는 것과 같이, 의미 전달을 위한 얼굴이나 몸의 움직임. 음성 발화는 그 의미를 더하거나 지지하기 위해 제스처를 동반하는 경우가 많다. 수화SIGN LANGUAGE는 오롯이 제스처에 기반하는 의사소통 체계이다. 의사소통에 있어서 제스처의 역할에 관한 연구는 비언어적 의사소통 연구의 하나이다.

☞ PARALINGUISTICS

gist 〈*n*〉 개요

텍스트 전체를 관통하는 의미. **개요 듣기**(gist listening)는 문장의 요지를 이해하기 위한 듣기를 뜻한다. 개요 파악을 위한 읽기는 **스키밍/훑어읽기**(skimming)이라고 부른다.

gisting 〈*n*〉 개요 번역

번역TRANSLATION에서, 텍스트를 거칠게 대략적인 요점만을 번역하는 것. 이것은 완전한 번역을 하는 것이 유효한지, 혹은 바람직한지를 결정하기 위해 행하는 경우가 많다.

gist listening 〈*v*〉 개요 듣기

☞ GIST

given-new information 〈*n*〉 구정보–신정보

☞ FUNCTIONAL SENTENCE PERSPECTIVES

glide 〈*n*〉 활음

영국 언어학계에서 이중모음DIPHTHONG을 다르게 부르는 말. 미국 언어학계에서는 기류가 거의, 혹은 전혀 방해하지 않고 산출되는 소리로, 음절 핵으로 기능하지 않는, 다시 말해 항상 모음 앞에 오거나 뒤에 오는 소리를 말한다. 예를 들어, 활음 /j/와 /w/는 *you*와 *we*에서는 모음 앞에 오지만, *bite*나 *out*에서는 (이중모음의 제2요소로) 모음 뒤에 온다.

   ☞ SEMI-VOWEL

global education ⟨*n*⟩ 국제교육

=multicultural education 다문화교육

한 사회의 지배 문화의 가치만이 아니라 다양한 문화를 인정하고 존중하는 학생을 육성하고자 하는 교육 철학이나 이데올로기ɪᴅᴇᴏʟᴏɢʏ. 학습자가 문화 간의 차이를 존중하고 다른 문화, 특히 소수 집단의 사람들과 공통성을 인식할 수 있게 한다. 이 접근법은 관용을 가르치고 인종 차별이나 편협주의를 회피하기 위한 것이다.

Global English ⟨*n*⟩ 국제 영어

=English as an International Language (EIL)

단순히 영어 모어화자의 언어가 아니라, 세계어로서의 영어의 사용을 기술하기 위해 사용하는 용어. 국제영어는 영어가 국내만이 아니라 국경을 넘어 전 세계의 제1언어, 제2언어, 외국어로 사용된다는 점, 그리고 많은 상황에서 '모어화자' 악센트가 필요하지 않거나 선호되지 않는다는 점을 강조한다.

global error ⟨*n*⟩ 전반적 오류

(오류분석ᴇʀʀᴏʀ ᴀɴᴀʟʏsɪs에서) 문장 구조의 주요 요소가 잘못 사용된 오류로, 문장이나 발화를 이해하기 어렵거나 불가능하게 한다.

   I like take taxi but my friend said so not that we should be late for school.
문장 구조의 한 요소를 잘못 사용한 오류이지만 이해에는 문제를 일으키지 않는 오류인 **부분적 오류**(local error)와 대비된다.

   If I heard from him I will let you know.

global issues ⟨*n*⟩ 국제 문제

언어교수에서, 지구온난화, 분쟁 해결, 인권 문제 등, 국제적으로 중요한 이슈에 초점을 두는 것. 언어교육의 목표는 단순히 언어 기능을 가르치는 것이 아니라, 학습자에게 국제 문제를 인식하고 그것들에 대처할 수 있는 수단을 제공하는 것으로 본다.

   ☞ CURRICULUM IDEOLOGIES

globalization ⟨*n*⟩ 세계화

한 지역에서 일어난 사건이 세계 여러 지역 사회에 영향을 끼치듯이, 세상의 다른 지역의 사람들이 차츰 연결되어 가는 현상. 영어의 확대가 세계화와 결부되는 경우

가 많다. 영어가 국가와 지역 경제, 문화 간에 고도의 상호관련성을 가져오기 때문이다.

global learning ⟨*n*⟩ 종합적 학습

학습자가 어떤 것을 전체로서 기억하려고 하는 인지 스타일COGNITIVE STYLE. 예를 들어, 학습자가 외국어 문장을 통째로 암기하려고 하는 것이다. 학습자가 어떤 것을 부분으로 나누어서 기억하려고 하는 것을 **분석적 학습법**(analytic style), 혹은 **부분 학습**(part learning)이라 부른다. 예를 들어, 학습자가 문장을 몇 개의 단어로 나눠서 암기하고, 다시 그 단어들을 합쳐서 문장을 만들려고 하는 학습 스타일을 말한다.

global question ⟨*n*⟩ 전체 이해 질문

(언어교수에서) 읽기 이해 연습문제에 사용되는 질문. 전체 이해 질문에 답하기 위해서 학생은 텍스트나 단락을 전체적으로 이해하고 있어야 한다. 텍스트의 세부적인 사항에 대해 학습자가 이해하고 있는가에 대해서는 **구체적 질문**(specific question)으로 테스트할 수 있다.

gloss ⟨*n*⟩ 주석

텍스트에 사용된 단어의 의미를 요약해 놓은 것으로, 보통 텍스트의 여백이나 행간에 메모의 형태로 제시하여, 텍스트에서 독자가 난해하거나 모를 것 같은 단어들의 이해를 돕기 위해 제공된다. 보통 해설이나 설명, 번역의 형태로 제시된다.

glossary ⟨*n*⟩ 용어 사전

주제 특정적인 용어와 정의를 목록화해 놓은 사전

glottal ⟨*n*⟩ 성문음

성대 사이의 공간인 **성문**(glottis)이 관여하는 조음

☞ PLACE OF ARTICULATION

goal[1] ⟨*n*⟩ 착점

(전통 문법TRADITIONAL GRAMMAR에서) 일부 언어학자들이 동사가 나타내는 행위에 영향을 받는 사람이나 사물을 가리키기 위해 사용하는 용어. 다음 영어 예에서는 *vase*가 착점이다.

Elizabeth smashed the vase.

goal[2] ⟨*n*⟩ 목표격

(격 문법CASE GRAMMAR에서) 사람이나 사물이 이동하거나 이동되는 장소를 지칭하는 명사나 명사구. 예를 들어, 다음 문장에서는 *the truck*이 목표격이다.

He loaded bricks on the truck.

He loaded the truck with bricks.

goal setting ⟨*n*⟩ 목표 설정

명확한 목표가 없거나 목표가 지나치게 쉬울 때보다, 명확하고 구체적이고 어렵지만 달성 가능한 목표를 가지고 있을 때 과업 성취를 위한 동기가 더 강해진다는 이론

☞ MOTIVATION

goal θ-role ⟨*n*⟩ 착점 θ역

☞ Q-THEORY

government ⟨*n*⟩ 지배 **govern** ⟨*v*⟩

문장 내 두 개 이상의 요소 간의 문법적 관계 유형으로, 지배 관계에서는 한 요소의 선택이 다른 요소의 특정 형식의 선택을 야기한다는 뜻.

전통문법에서, *government*은 전형적으로 동사와 명사 사이의 관계나 전치사와 명사 간의 관계를 가리키기 위해 사용되었다.

예를 들어, 독일어에서 전치사 *mit(with)*은 뒤에 오는 명사 여격DATIVE CASE[1]을 지배한다(즉, 요구한다).

Peter kam mit seiner Schwester.

Peter came with his sister.

위 문장에서 *sein*(his)에는 여격 여성의 격표지 *er*이 붙어 있다.

지배/결속 이론GOVERNMENT/BINDING THEORY에서, *government*의 개념은 전통 문법에 기반하지만, 문장 내 요소 간의 관련성을 나타내기 위해 보다 엄격히 정의되고 구조화된다. 예를 들어,

She will give them to me.

위 문장에서 동사 *give*는 *them*을 지배하고 있다. 그 이유는 다음과 같다.

1. *give*는 어휘 범주LEXICAL CATEGORY이며, 그렇기 때문에 지배자GOVERNOR가 될 수 있다.

2. *give*와 *them* 모두 최대 투사(즉, 동사구 ☞ PROJECTION (PRINCIPLE)) 내부에 있다.

3. *give*와 *them* 모두 어떤 상호 구조적 관계에 있다.

Government/Binding Theory ⟨*n*⟩ 지배/결속 이론

Chomsky가 제안한 언어 이론으로, 보편문법UNIVERSAL GRAMMAR 개념을 토대로 한다. 어떤 원리들과 조건들(매개변수PARAMETER)로 구성된 다양한 하위원리들의 네트워크로 볼 수 있다. 하위원리에는 다음과 같은 것들이 있다.

1. 속박이론BINDING THEORY: 명사구 간의 지시 관계를 나타낸다.

2. 경계이론BOUNDING THEORY: 문장 내부의 이동에 제약을 제공한다.

3. 격 이론CASE THEORY: 문장 내에서 명사구에 격을 부여한다.

4. θ-이론θ-THEORY: 문장 내의 요소들에 의미적인 역할을 부여한다.

5. X바 이론X-BAR THEORY: 구의 구조를 기술한다.

지배/결속 이론의 몇 가지 측면들과 하위 이론들은 제1언어와 제2언어 습득 연구에도 이용되어 왔다(예를 들어, 인접조건 매개변수ADJACENCY PARAMETER, pro-탈락 매개변수PRO-DROP PARAMETER)

☞ PROJECTION (PRINCIPLE)

governor ⟨*n*⟩ 지배어

(지배/결속 이론GOVERNMENT/BINDING THEORY에서) 다른 요소를 **지배하는**(govern), 다시 말해 영향력이 있는 문장의 요소. 구의 주요부HEAD가 될 수 있는 것은 모두 지배어로 기능할 수 있다. 예를 들어, 명사, 동사, 형용사, 전치사가 그것이다.

gradable ⟨*adj*⟩ 단계적인 gradability ⟨*n*⟩ 단계성

(사물, 인간, 개념 등에 관하여) 어떤 유의 특성을 상당히 많이, 혹은 상당히 적은 정도로 가지는 것. 영어에서, 이 특성은 보통 *hot*, *cold*, *rich*, *poor*와 같은 형용사에 의해 표현된다.

> *Was it really as cold last night as Thursday night?*
>
> *Your plate is hotter than mine.*

표현되지 않더라도 비교의 의미가 함의되어 있는 경우가 많다. *It's hot in here*는 '바깥과 비교해서'나, '나한테 적당한 실내 온도와 비교해서'라는 의미를 나타낸다. 정도로 기술될 수 있는 어떤 것을 가리키는 형용사를 **단계성 형용사**(gradable adjective)라고 한다. 단계적 형용사의 부정이 반드시 반의적 의미를 함의하는 것은 아니다. 예를 들어, *not hot*이 반드시 *cold*를 의미하는 것은 아니며, *not rich*가 반드시 *poor*를 뜻하는 것은 아니다.

☞ ANTONYM

gradable adjective ⟨*n*⟩ 단계성 형용사

☞ GRADABLE

gradable pair ⟨*n*⟩ 단계 쌍

☞ ANTONYM

gradation ⟨*n*⟩ 등급화

=grading, sequencing 등급화, 위계화

배우기 쉬운 방식으로 언어 코스나 교과서 내용을 배열하는 것 등급화는 단어나 단어의 의미, 시제, 구조, 화제, 기능, 스킬 등의 제시 순서에 영향을 준다. 등급화는 항목의 복잡성, 구어나 문어에서의 빈도, 학습자에게 있어서의 중요성 등과 같은 다양한 기준에 기초한다.

☞ SELECTION

grade ⟨***n***⟩ 등급

숫자나 문자를 사용하여 테스트 전체 결과를 표시하는 방법

graded objectives ⟨***n***⟩ 등급별 목표

(언어교수에서) 언어 프로그램 내 각 단계별 도달 레벨을 기술한 목표. 등급별 목표는 학습자에게 실제적인 단기 목표를 제시하고, 학습자가 비교적 단기간의 학습을 통해 도달 가능한 실제적인 레벨을 제공해 주는 것을 의도한다. 등급별 목표는 특히 영국의 외국어 학습 프로그램에서 이용되어 왔다.

graded reader ⟨***n***⟩ 등급별 읽기 교재

=simplified reader 단순화 읽기 교재

모어를 학습하는 아동이나, 제2언어/외국어 학습자를 위해 작성된 텍스트로, 등급별 계획(☞ GRADUATION)에 따라 언어 내용이 선택된다. 등급별 읽기 교재는 제한된 어휘나 문법 구조를 사용한다.

grade point average (GPA) ⟨***n***⟩ 평가 평균점

미국 등지에서, 문자 등급에 할당된 수치의 평균점(예를 들어, A=4, B=3)에 기초한 학업 성취도 척도

gradience ⟨***n***⟩ 연차성

☞ FUZZY

grading ⟨***n***⟩ 등급화

=단계적 변화GRADATION

grammar[1] ⟨***n***⟩ 문법

한 언어의 구조를 설명하거나, 단어나 구와 같은 언어 단위가 결합하여 문장을 산출하는 방식을 설명하는 것. 문법은 보통 그 언어의 전체 체계에서 문장들이 가지는 의미와 기능을 고려한다. 음성은 문법에 포함되는 경우도 있고, 포함되지 않는 경우도 있다(☞ PHONOLOGY, PHONETICS).

☞ MORPHOLOGY, SEMANTICS, SYNTAX

grammar[2] ⟨***n***⟩ 문법

(생성문법GENERATIVE GRAMMAR에서) 언어에 대한 화자의 지식을 기술하는 문법. 이 문법에서는 언어가 화자의 마음속에 어떻게 구조화되어 있으며, 언어를 산출할 때 화자가 어떤 원리들(☞ UNIVERSAL GRAMMAR)과 매개변수PARAMETER를 이용할 수 있는가는 관점에서 언어를 조사한다.

☞ CORE GRAMMAR, I-LANGUAGE, UNIVERSAL GRAMMAR

grammar checker 〈**n**〉 문법 검사기

수동태의 사용, 일치|CONCORD, 구두점 등과 같이, 쓰기에서 문법적이고 기계적인 측면을 체크하는 프로그램(☞ MECHANICS). 모어화자에게는 유용하지만, 이 프로그램이 제공하는 선택지가 너무 많은 탓에 제2언어 사용자에게는 유용하지 않은 경우가 많다.

grammar clusters 〈**n**〉 문법 다발

쓰기에서, 특정 장르(유형)의 글에서 특정 문법 형식이 공기하는 것. 예를 들어, 서사적 글쓰기에서는 연대기적 이행, 인칭대명사의 사용, 현재형·과거형·과거진행형 등 특정 시제 형식이 자주 사용된다.

grammaring 〈**v**〉 문법하기

언어 학습자가 문법적 처리를 통해 메시지를 작성하기 위해 문법을 이용하거나, 의미를 보다 정교하게 구별하기 위해 문법에 단어 연속체를 더하거나 하는 과정을 가리킬 때 사용하는 용어. 언어학자 Larsen-Freeman은 제2언어 습득의 중요한 과정으로 문법하기를 제안하였다. 문법하기는 규칙 체계라기보다는 동적 과정으로서의 문법을 강조한다.

Grammar Translation Method 〈**n**〉 문법 번역식 교수법

주요 교수 학습 활동으로 번역과 문법 연구를 이용하는 외국어/제2언어 교수 방법. GTM은 유럽의 전통적인 라틴어, 그리스어 교수 방법이었다. 19세기에 들어서는 프랑스어, 독일어, 영어와 같은 '현대'어를 가르치는 데도 사용되기 시작하였고, 지금도 여전히 일부 나라에서 사용되고 있다. 전형적인 수업은 문법 규칙 제시, 어휘 목록 학습, 그리고 번역 연습으로 구성된다. GTM은 의사소통 능력보다는 읽기를 강조하기 때문에, 19세기에는 이 교수법에 대한 반동이 일어났고(☞ NATURAL APPROACH, DIRECT METHOD), 이후에 구어 언어의 교수를 강조하는 교수법들이 나타나게 되었다.

grammatical[1] 〈**adj**〉 문법적인 **grammaticality** 〈**n**〉 문법성

문법 규칙(☞ GRAMMAR)을 따르기 때문에 용인가능한ACCEPTABLE 구나 절, 문장을 문법적이라고 한다. 예를 들어,

They walk to school.

이 문장은 영어의 표준 문법에서 문법적인 문장이다. 그러나

They walks to school.

이 문장은 표준 문법에서 **비문법적인**(ungrammatical) 문장으로 간주된다.

☞ ACCEPTABLE

grammatical[2] 〈**adj**〉 문법적인 **grammaticality** 〈**n**〉

생성문법GENERATIVE GRAMMAR에서, 어떤 문장이 모어화자의 언어능력COMPETENCE의 규칙을 따른다면, 그 문장은 문법적이라고 말한다. 예를 들어, 다음 문장은 문법 규칙에 의해 생성되었기 때문에 문법적인 문장이라고 할 수 있다.

The teacher who the man who the children saw pointed out is a cousin of Joan's.
그러나 청자가 관련 구조를 쉽게 이해할 수 없기 때문에, 이 문장은 **용인 불가능하다**(unacceptable)고 간주된다.

grammatical ambiguity 〈*n*〉 문법적 모호성
☞ AMBIGUOUS

grammatical aspect 〈*n*〉 문법 상
☞ ASPECT

grammatical category[1] 〈*n*〉 문법 범주
특정 언어에서 동일하거나 유사한 기능을 하는 항목 집단이나 범주. 예를 들어, 격CASE[1], 인칭PERSON, 시제TENSE, 상ASPECT 등은 문법 범주이다. 언어학자 중에는 명사와 동사, 형용사와 같은 단어 범주를 문법 범주로 부르기도 하지만, 전통문법TRADITIONAL GRAMMAR에서는 이 범주를 보통 품사PARTS OF SPEECH라고 부른다.

grammatical category[2] 〈*n*〉 문법 범주
(생성문법GENERATIVE GRAMMAR에서) 문장SENTENCE, 명사구NOUN PHRASE, 동사VERB와 같은 개념. 문법 범주는 S, NP, V와 같은 **범주 기호**(category symbol)로 표시된다.

grammatical competence 〈*n*〉 문법적 능력
☞ COMMUNICATIVE COMPETENCE

grammatical function 〈*n*〉 문법적 기능
문장 내 어떤 구성소CONSTITUENT가 다른 구성소와 가지는 관계. 예를 들어, 다음 문장에서 *Peter*는 동사 *throw*의 주어SUBJECT로 기능하며, *the ball*은 동사의 목적어OBJECT 기능을 하고 있다.

Peter threw the ball.

grammaticality judgment task 〈*n*〉 문법성 판단 테스트
어떤 언어의 화자에게 언어적 자극(전형적인 문)을 제시한 후, 그 자극이 자신의 언어에서 타당한지 판단을 요구하는 과업. 이러한 과업은 언어 이론에서 화자—청자의 내적 문법이나 언어능력COMPETENCE에 대한 가설을 세우고 정밀화하기 위해 폭넓게 이용된다.
☞ ACCEPTABILITY JUDGEMENT TASK

grammatical meaning 〈*n*〉 문법적 의미

☞ CONTENT WORD

grammatical metaphor ⟨**n**⟩ 문법적 은유

☞ METAPHOR

grammatical morpheme ⟨**n**⟩ 문법 형태소

☞ MORPHEME

grammatical sensitivity ⟨**n**⟩ 문법적 민감성

☞ LANGUAGE APTITUDE

grammatical syllabus ⟨**n**⟩ 문법 교수요목

＝구조 교수요목STRUCTURAL SYLLABUS

grammatical word ⟨**n**⟩ 문법어

☞ CONTENT WORD

grave accent ⟨**n**⟩ 낮은 악센트표지

프랑스어 *prés*(near)에서 악센트 기호 ′

☞ ACCENT²

grounded theory ⟨**n**⟩ 근거 이론

질적 연구QUALITATIVE RESEARCH에서 사용되는 일반적인 분석 방법론. 분석의 첫 번째 단계는 체계적으로 수집된 데이터이며, 두 번째 단계는 그 데이터를 범주와 특성별로 개념화하는 것이다(☞ CONSTANT COMPARISON METHOD). 그리고 세 번째 단계는 귀납적인 이론(☞ ANALYTIC INDUCTION)으로, 보통 데이터의 특징적인 예들이 제시된다.

grounding ⟨**n**⟩ 배경화

의사소통 행위에서 화자가 어떤 정보를 다른 정보보다 더 중요하다고 추정하는 문장 내 정보 구조INFORMATION STRUCTURE의 한 측면을 말한다. 청자가 신정보를 처리하는 데 필요한 정보는 **배경 정보**(background information)이며, 새롭거나 보다 중요하다고 간주되는 정보는 **전경화된**(foregrounded), 혹은 **전경**(foreground) 정보이다. 예를 들어, *As I was coming to school this morning, I saw an accident*라는 문장에서는 *I saw an accident*가 전경화된 정보이며, *As I was coming to school is background information*은 배경 정보이다. 전경화된 정보는 문장의 주절에 포함되며, 배경 정보를 포함하는 절 뒤에 온다.

group discussion ⟨**n**⟩ 집단 토론

다음과 같은 특징을 가지는 교수 활동이다.

1. 소인수의 학생들(4~12명)이 참여한다.

2. 공통의 화제나 문제, 목표, 목적이 제공되거나 선택된다.

3. 화제에 대해 정보나 생각을 교환하거나 평가한다.

    ☞ CO-OPERATIVE LEARNING

group dynamics ⟨*n*⟩ 집단 역학

집단 내에서 발생하는 상호작용, 리더십과 상호작용, 의사 결정과 같은 요인들이 집단의 구조에 어떤 영향을 끼치는지를 연구하는 것. 집단 역학은 교실에서 그룹을 편성할 때(☞ CO-OPERATIVE LEARNING), 학습 과업과 학습 자료를 설계할 때 중요하다.

    ☞ SMALL-GROUP INTERACTION

grouping ⟨*n*⟩ 그룹 편성

(교수에서) 보다 잘 학습할 수 있도록 학생들을 집단으로 나누는 것. 교수에서는 학습 과업에 맞게 그룹을 적절하게 편성하는 것이 중요하다. 그룹 편성 유형에는 다음과 같은 것들이 있다.

1. **전체 집단을 대상으로 한 교수**(whole-group instruction): 전체로서 학급을 가르친다.
2. **소집단 토론**(small-group discussion): 6~8명의 학생 그룹이 토론 주제에 대해 논의한다.
3. **개별지도 토론 그룹**(tutorial discussion group): 보통 5명 이하의 작은 그룹이 학습에 어려움을 느끼는 학습 자료의 좁은 범위에 초점을 두고, 보강의 형태로 실시된다.

그룹 편성 시 중요한 문제는 그룹 사이즈(그룹 활동에 있어서 학습자의 참여도에 영향을 끼치는 요인)와, 학습자가 혼합 능력 그룹과 동일 능력 레벨 그룹 중에서 어느 쪽에서 더 잘 학습할 수 있을까를 결정하는 것이다. 소집단은 **의사소통적 교수법**(Communicative Language Teaching)과 **협동적 언어 학습**(Collaborative Language Learning)에서 사용되는 특징 중 하나이다. 소집단이 실제적인 의사소통과 자연적인 언어 사용을 촉진시킨다고 알려져 있기 때문이다.

    ☞ CO-OPERATIVE LEARNING, SMALL-GROUP INTERACTION

group work ⟨*n*⟩ 집단 과업

(언어교수에서) 소집단의 학습자가 함께 참여하는 학습 활동. 소집단이 하나의 과업만을 수행하는 경우도 있고, 보다 큰 과업의 다른 부분을 수행하는 경우도 있다. 집단 과업은 그 집단의 구성원이 선택하는 것이 일반적이다.

    ☞ PAIR WORK

guessing parameter ⟨*n*⟩ 추측 모수/추측 패러미터

    ☞ ITEM RESPONSE THEORY

guided discovery 〈**n**〉 유도 발견

교사가 목표언어 항목의 예를 제시한 다음, 학습자에게 그 의미나 기저 규칙을 스스로 알아내도록 유도하는 귀납적 교수 기법. 예를 들어, 교사가 과거완료의 예가 여러 개 포함된 텍스트를 제공하고, 학생들이 시간 지시에 대해 생각하게 하는 질문들을 한 다음, 과거완료의 의미를 알아내도록 요구한다.

☞ DEDUCTIVE LEARNING

guided discussion 〈**n**〉 유도된 토론

☞ DISCUSSION METHOD

guided interview 〈**n**〉 유도된 인터뷰

면접관이 인터뷰를 유도하고 구조화하기 위해 사용하는 질문 항목들을 사전에 준비하여 실시하는 인터뷰. 면접관이 사용하는 질문 목록은 **인터뷰 스케줄/인터뷰 프로토콜**(interview schedule/protocol)이라고 부른다. 인터뷰를 하는 동안 면접관은 질문에 대한 답을 스케줄에 기록한다.

☞ FOCUSED INTERVIEW, DEPTH INTERVIEW, STRUCTURED INTERVIEW, UNSTRUCTURED INTERVIEW

guided practice 〈**n**〉 유도된 연습

☞ PRACTICE ACTIVITIES

guided reading 〈**n**〉 유도된 읽기

교사가 텍스트 읽기를 통해 학습자를 리드해 가면서 활동의 목적과 구조, 응답의 방향을 지시하는 교수 중심 읽기 지도 방법. 이 접근법은 읽기 행위와 전략의 시범을 보이는 데 사용할 수 있다.

guided writing 〈**n**〉 유도 작문

교사가 질문이나 개요, 모델, 혹은 학생들의 쓰기에 초점을 두거나 방향을 제공하는 방식 등을 통해서 가이드라인을 상세하게 제공하는 교사 중심 쓰기 교수 기법. 유도 작문은 오류의 수를 줄이고, 학생들이 작문의 형식이나 내용 측면에 초점을 두도록 하기 위해 제공된다.

H

habit 〈**n**〉 습관

규칙적이고, 반복의 결과로 거의 자동화된 행동 패턴. 언어 학습을 습관 형성의 과정이라고 보는 행동주의BEHAVIOURISM의 견해는 모든 언어 습득LANGUAGE ACQUISITION 연구자에 의해 거부되었으나, 언어 학습에서 자동성AUTOMATICITY이 발달하는 메커니즘과 같은 과제는 계속 연구되고 있다.

half-close vowel 〈**n**〉 반-폐모음

☞ VOWEL

half-open vowel 〈**n**〉 반-개모음

☞ VOWEL

halo effect 〈**n**〉 후광 효과

(조사연구에서) 평가의 대상은 아니지만, 결과를 바꾸거나 영향을 끼칠 수 있는 특성의 효과. 예를 들어, '영어 학습에 대한 흥미'에 따라 아이를 순위매기는 교사가 교실에서의 태도가 좋다는 이유로 그 아이에게 높은 점수를 주는 경우이다.

handout 〈**n**〉 핸드아웃

=worksheet 워크시트

연습문제나 활동, 과업, 설명 등, 교사가 교과서에서 제공하는 활동이나, 연습을 보충하기 위해 학생들에게 배포되는 종이

hard palate 〈**n**〉 경구개

☞ PLACE OF ARTICULATION

hardware 〈**n**〉 하드웨어

컴퓨터, 비디오-카세트 플레이어, 필름 프로젝터, 테이프레코더, 카세트, 레코드플레이어와 같이, 교육에 사용하는 물리적 장치. 이러한 장치에서 사용하는 프로그램이나 테이프, 영화 등의 자료를 **소프트웨어**(sofeware)라고 한다.

Hawthorn effect 〈**n**〉 호손 효과

(조사연구에서) 자신들이 관찰되고 있다는 것을 알게 되었을 때 피험자들의 통상적인 행동이 변하는 것을 포함하여, 학습 상황에 새로운 요소가 도입됨으로써 발생하는 효과. 예를 들어, 새로운 교수법을 사용했을 때 학습의 효과가 나타났다면, 그것이 교수법에 의한 것이 아니라 단지 새롭다는 사실에서 기인했을 수도 있다.

이러한 효과는 시간이 지나면 사라지게 된다.

head 〈*n*〉 주요부/머리어

구의 중심 부분. 구의 다른 요소는 주요부에 대해 어떤 문법적이거나 의미적인 관계에 있다. 예를 들어, 다음 명사구에서는 명사 *lady*가 이 구의 주요부이다.

the fat lady in the floral dress

☞ MODIFIER, CLASSFIER[2]

head-first language 〈*n*〉 선핵 언어

☞ PARAMETER

head-last language 〈*n*〉 후핵 언어

＝패러미터PARAMETER

head parameter 〈*n*〉 머리어 패러미터

☞ PARAMETER

hearing impaired 〈*adj*〉 청각이 손상된

청각 손실을 기술할 때 사용하는 용어로, 심한 난청을 가진 거의 대부분의 사람들이 잔존 청각(residual hearing)이라 불리는 약간의 청각을 유지하고 있는 것이 확인되었다. 청각 손상 정도는 다양한 강도 레벨에서 발화 빈도(☞ SOUND WAVE)에 따라 다르다. 청각 장애인들은 보청기를 이용하여 잔존 청각의 이용법을 배우거나 자신들의 의사소통 기능을 유지하거나 향상시킨다.

hedging 〈*n*〉 헤지 hedges 〈*n*〉

＝weakeners, downtoners, detensifiers, understatements

구어와 문어에서, 진술/발언의 진실성에 대한 필자/화자의 책임이 없다거나, 그 책임을 명확히 표현하고 싶지 않다는 것을 나타내기 위해 사용하는 언어 수단. 헤지에는 *perhaps*, *somewhat*, *sort of*, *might*, *to a certain degree*, *it is possible*과 같은 언어 항목이 포함된다. 이 항목들은 의사소통 문맥에 따라서는 대화 중에 15초에 한 번씩 일어나기도 한다.

hegemony 〈*n*〉 헤게모니/지배권

한 사회의 경제적, 사회적, 정치적, 문화적, 이데올로기 영역 내부의 지배적이고 조직적인 권력과 지배의 형태. 한 문화가 지나치게 우세한 나머지, 그 문화의 신념과 가치, 관행이 자연스럽거나 보편적인 것으로 간주되면, 그것이 헤게모니가 된다. 예를 들어, 다양한 문화적 배경을 가진 사람의 글쓰기가 문화적으로 존중되는 수사적 기준에서 벗어나 있다면, 그 사람의 사고가 명확하지 않다고 간주되기도 한다.

heritage language ⟨*n*⟩ 계승어

어떤 사람이 자신의 모어나 가족 언어, 선조 언어로 간주하는 언어를 가리킬 때 사용하는 용어. (웨일즈에서 사용하는 웨일스어와 같이) 토착 언어나 (미국의 스페인어와 같이) 이민 언어가 여기에 속한다.

    ☞ LANGUAGE MAINTENANCE

heritage language learner ⟨*n*⟩ 계승 언어 학습자

＝heritage learner

가정에서 언어를 제1언어로서 습득한 후 그 언어를 계속해서 공부하는 사람들을 가리킬 때 사용하는 용어. 이러한 학습자를 위한 특별 코스, 예를 들어 미국에서는 스페인어 모어화자를 위한 스페인어 강좌가 개설되기도 한다. 이들은 스페인어의 구어 유창성이 (영어로 교육을 받아왔기 때문에) 읽기·쓰기 능력에 비해 훨씬 더 높은 경우가 많다. 어떤 연구자들은 이 용어를 더 일반적인 의미로 사용하여, 언어가 자신의 문화적 유산의 일부라고 생각하는 학습자를 가리킬 때 사용하기도 한다.

hesitation phenomena ⟨*n*⟩ 주저 현상

＝포즈/일시멈춤PAUSING

heterogeneous class ⟨*n*⟩ 이질 학급

연령, 언어 숙달도 레벨 등과 특징이 서로 매우 다른 학습자로 구성된 학급. 서로 유사한 학습자로 구성된 학급은 동질 학급HOMOGENEOUS CLASS이라 부른다.

heteroglossia ⟨*n*⟩ 이종어

Bakhtin이 제안한 개념으로, 인간은 끊임없이 타인의 담화를 흡수하여 자신의 것으로 만들어 가기 때문에, 하나의 언어 코드(예를 들어, 방언IDIOLECT)에조차도 그 안에 많은 구별되는 변종이 포함되어 있다고 여겨진다.

heuristic ⟨*adj*⟩ 발견적 heuristics ⟨*n*⟩

1. (교육에서) 학습자가 경험이나 자신의 개인적인 발견을 통해 학습하는 것을 권장하는 교수 절차
2. (학습에서) 의식적, 혹은 무의식적인 질문이나 발견 프로세스. 예를 들어, 외국어 단어의 의미를 발견하려고 할 때 학습자는 그 의미를 알아내기 위해 그 단어가 포함된 문장을 여러 번 큰 소리로 반복하여 읽을 것이다.

제1언어FIRST LANGUAGE 습득에서 이러한 발견적 과정은 **조작 원리**(operating system), 즉 학습자가 목표언어TARGET LANGUAGE의 구조에 대해 이해하고 있는 것들에 기초하여 발화의 의미를 찾아내는 방법을 뜻한다. 예를 들어, 아이들은 조작 원리 중에서 다음과 같은 원리들을 이용할 것이다.

    • *-ing*로 끝나는 단어는 동사이다.

- 두 개의 명사 연속체(예를 들어, *Jane's doll*)에서, 첫 번째 명사는 소유자이고 두 번째 명사는 소유되는 사물이다.

heuristic function 〈*n*〉 발견적 기능
  ☞ DEVELOPMENTAL FUNCTIONS OF LANGUAGE

hidden curriculum 〈*n*〉 숨은 교육과정
  교육과정이나 교육 시스템에서, 특정 사회의 가치나 이데올로기를 전달하거나, 지배적인 정치 시스템과 경제 시스템, 그리고 그 시스템의 가치에 학생들을 사회화시키기 위하여 명시적으로 제시되어 있지 않은 가치나 목표를 가리킬 때 사용되는 용어

hierarchical chunks 〈*n*〉 계층적 청크
  ☞ CHUNKING

higher education 〈*n*〉 고등교육
  =tertiary education
  전문대학, 공업기술전문학교, 대학교와 같이, 중등학교 레벨 이상에서의 교육
  ☞ FURTHER EDUCATION

high frequency word 〈*n*〉 고빈도어
  구어나 문어 텍스트 코퍼스에서 높은 빈도로 출현하는 단어. 이러한 단어들은 **단어 빈도 목록**(word frequency list)에 오른다.

high-inference category 〈*n*〉 고-추론 범주
  =high-inference behaviour 고-추론 행위
  (교실 내 교수 연구나 그 외의 교실 행동 연구에서) 직접적으로 관찰되지 않아서 추론해야 하는 행동의 범주. 예를 들어, 학생들이 '수업에 흥미가 있다', '수업 중에 고도의 사고활동을 하고 있다' 등은 직접적으로 관찰될 수 없기 때문에, 교실 행동의 고-추론 범주에 속한다. 반대로, '수업 중에 질문을 한다'와 같은 범주는 쉽게 관찰되며, 바로 정량화할(셈하거나 계산하거나) 수 있다. 교실 행동의 **저-추론 범주**(low-inference behavior)의 실례이다. 고-추론 범주와 저-추론 범주 간을 구별하는 것은 교실 내 행동연구에서 연구자가 그러한 행동들을 정량화하고자 할 때 특히 중요하다.

highlighting 〈*n*〉 강조
  (읽기에서) 색깔 펜으로 단락 내 중요어나 주요부를 표시하여, 공부할 때나 복습할 때 그것을 확인하거나 기억하기 쉽게 하는 것.

high stakes language test 〈*n*〉 고부담 언어 테스트

테스트 수험자에게 중요한 어떤 결과를 초래하는 언어 테스트. 예를 들어, 유명 대학의 합격/불합격이나, 언어 숙달도에 따라 급료나 승진 등에 영향을 끼친다.

High variety 〈**n**〉 권위 있는 언어 변종

☞ DIGLOSSIA

high vowel 〈**n**〉 고모음

☞ VOWEL

histogram 〈**n**〉 히스토그램

☞ DISTRIBUTION

historical linguistics 〈**n**〉

=역사비교언어학COMPARATIVE HISTORICAL LINGUISTICS

historic present 〈**n**〉 역사적 현재

정상적이라면 과거시제가 사용될 문맥에서 보다 생생한 효과나 비격식성을 보이고자 할 때, 혹은 화자와 청자 간의 '친밀감'을 나타낼 때 사용하는 현재시제 용법. 예를 들어, *Do you know what happened to me last night? I'm sitting in a restaurant when this guy comes up and pours water over me.*

history 〈**n**〉 역사

☞ INTERNAL VALIDITY

holistic approach 〈**n**〉 전체적 접근

언어를 읽기, 듣기, 쓰기, 문법 등으로 구분짓기보다 전체로서의 언어에 초점을 두고자 하는 언어 교수 접근법. 이 접근법은 언어 과목을 가르치는 일부 접근법과 마찬가지로, 총체적 언어WHOLE LANGUAGE 접근법 원리의 하나이다.

holistic evaluation 〈**n**〉 전체적 평가

(쓰기 교수에서) 쓰기를 부분으로서가 아니라 전체로서 평가하는 방법

holistic scoring 〈**n**〉 전체적 채점

쓰기나 말하기 샘플에 대해, 수험자의 쓰기와 말하기 과업에 대한 전체적인 인상 평가를 토대로 하여 전체로서 하나의 점수만이 할당되는 채점 방법

☞ ANALYTIC SCORING

holophrase 〈**n**〉 일어문 holophrastic 〈**adj**〉

복잡한 개념이나 문장으로 기능하는 한 단어. 일어문 발화는 아이의 언어 습득의 첫 번째 단계에서 나타난다.

일어문	의도된 의미
Water!	*I want some water.*

More. *Give me some more.*

home-school language switch 〈**n**〉 가정-학교 언어의 스위치

교육 현장에서, 가정에서 사용하는 언어를 학교의 교수 매개어MEDIUM OF INSTRUCTION로
사용하는 다른 언어로 바꿀(스위치할) 필요가 있음을 언급하기 위해 사용하는 용
어이다.

☞ BILINGUAL EDUCATION, IMMERSION PROGRAMME

homogeneous class 〈**n**〉 동질 학급

☞ HETEROGENEOUS CLASS

homographs 〈**n**〉 동음이의어

철자는 동일하지만 발음과 의미가 다른 단어. 예를 들어, *Does this road lead to
town?*의 단어 *lead*/liːd/와, *Lead in a heavy metal*의 *lead*/led/는 동음이의어이다.
동철동음이의어(homonyms)로 부르기도 한다.

☞ HOMEPHONES

homonyms[1] 〈**n**〉 동철동음이의어

☞ HOMOGRAPHS

homonyms[2] 〈**n**〉 동철동음이의어

☞ HOMOPHONES

homonyms[3] 〈**n**〉 (동철)동음이의어 homonymy 〈**n**〉

철자와 발음은 같지만 의미가 다른 단어. 예를 들어, *You have to lie down*의 *lie*와
*Don't lie, tell the truth!*의 *lie*가 그것이다. 동음이의어(형식은 같지만 의미가 다른
몇 개의 단어)와 다의어POLYSEMY(하나의 단어가 하나 이상의 의미를 가지는 경우)
간을 구별하는 것은 의미론SEMANTICS 분야에서 잘 알려진 문제이다.

homophones 〈**n**〉 동음이철자어

발음은 같지만 철자가 다르고, 의미도 가끔 다른 단어. 예를 들어, 영어의 *no*와
*know*는 영국 영어의 일부 변종에서 모두 /nəʊ/로 발음된다. 동음이철자어는 **동철동
음이의어**(homonyms)로도 불린다.

☞ HOMOGRAPHS

homorganic 〈**adj**〉 동기관적인

동일한 조음 위치PLACE OF ARTICULATION에서 만들어지는 음. 영어 *hands*의 /n/, /d/, /s/는
치경음ALVEOLAR 자질을 공유하고 있기 때문에, 동기관음이다. /p/와 /m/도 전자는
폐쇄음STOP, 후자는 비음NASAL이지만, 모두 양순BILABIAL에서 발음되는 동기관음이다.

☞ ASSIMILATION, MANNER OF ARTICULATION

honorifics 〈*n*〉 경어

특정 언어에서 정중함을 나타내는 결정된 형식으로, 특정 접사를 사용하는 경우도 있고, 단어나 문 구조를 사용하는 경우도 있다. 복잡한 경어 체계를 갖춘 언어로는 일본어, 마두라어(동자바계 언어), 힌디어 등이 있다. 영어에는 복잡한 경어 체계는 없으나, *would you...*, *may I...* 와 같은 표현과, 정중한 호칭 형식ADDRESS FORM이 유사한 기능을 한다.

horizontal construction 〈*n*〉 횡구조

☞ VERTICAL CONSTRUCTIONS

HTML 〈*n*〉

웹페이지를 작성할 때 사용하는 웹사이트 구축 언어로, Hypertext Markup Language 의 머리글자이다. 언어 교사가 웹페이지를 구축하기 위해서는 알아둘 필요가 있지만, 현재는 웹페이지 작성용 소프트웨어에 내장되어 있는 경우가 많다.

humanistic approach 〈*n*〉 인본주의 접근법

(언어교수에서) 교수법METHOD의 기저에 있는 사상을 나타내기 위해 사용하는 용어로, 다음의 원리들을 중요시한다.

a. 인간적 가치의 개발

b. 자의식과 타인에 대한 이해의 성장

c. 타인의 기분이나 감정에 대한 민감성

d. 학습과 학습이 일어나는 장면에 학생들의 적극적인 관여(d로 인해, 이 접근법을 학생 중심이라고도 일컫는다.)

인본적의 접근법의 일례는 공동체 언어 학습법COMMUNITY LANGUAGE LEARNING이다.

☞ APPROACH

human subjects committee 〈*n*〉 피험자위원회

＝기관감사위원회INSTITUTIONAL REVIEW BOARD

H-variety 〈*n*〉 위신이 높은 변종

☞ DIGLOSSIA

hybrid course 〈*n*〉 하이브리드 코스

면대면 수업과 온라인(인터넷) 양쪽 모두를 활용하는 언어 코스

hybridity 〈*n*〉 혼종

국제화의 결과로써의 문화적인 혼합. 혼종이라는 개념은 아이덴티티, 다문화주의, 인종 차별 등의 사회학 이론에 응용되어 왔다.

hyperbole 〈*n*〉 과장법

☞ FIGURE OF SPEECH

hypercorrection[1] 〈*n*〉 과잉수정

언어 사용에 있어서 규칙의 과잉일반화. 예를 들어, 부사ADVERB가 동사VERB를 수식한다는 규칙이 과도 적용되어, 형용사가 사용되는 *This meat smells fresh*과 같은 상황에서도 **This meat smells freshly*와 같이 부사를 사용하는 것을 말한다.

☞ COPULAR

hypercorrection[2] 〈*n*〉 과잉수정

말할 때 교양 있는 말투를 사용하려고 노력한 결과로써, 정확한 형식을 대체하는 과정에서 단어나 발음, 언어 자질들을 잘못 사용하는 것. 예를 들어, *Whom do you think painted that picture?*에서 *who* 대신에 *whom*을 사용하는 것이 그것이다. 과잉수정은 정확하게 말하고자 하는 제2언어 학습자, 비표준적인 변종어 화자 등이 정중하게 말하고자 할 때 사용되기도 한다. 그 결과, 표준 언어 변종의 화자보다 자기 수정과 정중한 어휘들을 더 많이 사용하게 되기도 한다.

hyponymy 〈*n*〉 상하관계 **hyponym** 〈*n*〉 하위어

한쪽 단어의 의미가 다른 쪽 단어의 의미를 포함하는 단어들 간의 관계.
예를 들어, 영어의 *animal*과 *dog*의 관계가 그것인데, *dog*은 개와 다른 동물을 포함하는 일반 용어이다. 특정 단어 *dog*를 하위어라고 하고, 일반 단어 *animal*을 **상위어**(superordinate)라 부른다. 상위어는 여러 개의 하위어를 가질 수 있다.

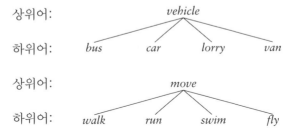

hypothesis 〈*n*〉 (*pl.* hypotheses) 가설

현상들 간에 관찰되거나 예상되는 관련성에 관한 추정.
양적 연구QUANTITATIVE RESEARCH와 질적 연구QUALITATIVE RESEARCH를 통해 가설이 구축되고 평가된다. 양적 연구에서는 이론과 선행 연구에 기초하여 가설이 세워지는 반면, 질적 연구에서는 연구 그 자체가 진행되면서 서서히 가설이 나타나게 된다(☞ GROUND THEORY, ANALYTIC INDUCTION). 연구 목적은 추정을 양적 연구에 의해 검정될 수 있는 진술문 형태로 전환하여 작성하며—이 진술문을 **통계적 가설**

(statistical hypothesis)이라 부른다―, 모집단 패러미터(예를 들어, 모집단 평균)에 관해 언급하고, 두 개의 대립적이나 관련된 가설―즉, **귀무 가설**(null hypothesis)과 **대립 가설**(alternative hypothesis)―의 형식을 취한다: 귀무 가설은 H0, 대립 가설은 Ha나 H1으로 각각 표기하며, 이 두 가설은 상호 배타적이면서 망라적이다. 귀무 가설은 '집단 A와 집단 B는 차이가 없다'나, '변수 A와 변수 B 간에는 상관관계가 없다'와 같은 진술문을 사용하는 반면, 대립 가설은 '집단 A의 평균은 집단 B의 평균보다 높다'라든가, '변수 A와 변수 B 간에는 정의 상관이 있다'와 같은 진술문 형태를 취한다. 연구 결과의 통계 분석은 귀무 가설이 기각되어야 하는지, 만약 그렇다면 그 결과 대립 가설이 지지될 수 있도록 설계된다.

☞ HYPOTHESIS TESTING

hypothesis formation 〈*n*〉 가설 형성

(언어 학습에서) 학습하고 있는 언어에 대해 학습자가 생각(가설)을 형성하는 것. 이 가설들은 의식적일 수도 있고, 무의식적인 것일 수도 있다. 대부분의 연구자들은 적어도 이 가설들 중에 몇 개는 학습자가 자신의 주변에서 보거나 듣게 되는 언어로부터 오는 것이라는 데 동의하지만, 생득 가설INNATIST HYPOTHESIS 입장의 연구자들은 인간이 가진 가장 중요하고 기본적인 가설들은 일반적으로 태어날 때부터 존재한다고 주장한다.

hypothesis testing 〈*n*〉 가설 검정

통계적 가설을 검증하는 절차. 5단계의 가설 검정은 다음과 같은 순서로 진행된다.

a. 귀무 가설(H_0)과 대립 가설(H_a)을 진술한다.

b. 통계적 유의수준(α)을 설정한다(☞ ALPHA).

c. 적절한 **검정 통계치**(test statistics)를 선택하여 계산한다. 검정 통계치는 모집단에서 수집한 샘플 데이터로부터 산출되는 값으로, H_0가 기각되어야 하는가를 결정할 때 사용하며, 계산값이 된다.

d. 3단계에서 얻은 샘플 증거와 기준(즉, 결정값에 대한 계산값이나 α 값에 대한 p값)을 비교한다.

e. 귀무 가설과 관련한 판단을 내린다(즉, H_0을 기각하고 H_a를 선택할 것인지, H_0를 기각할 수 없는지). (☞ STATISTICAL SIGNIFICANCE)

I

i + 1 ⟨**n**⟩

Krashen의 제2언어 습득 이론에서, 'i'는 학습자의 현재의 언어 능력 레벨, '$i+1$'은 이 'i' 단계를 살짝 넘는 수준을 나타낸다.

IATEFL ⟨**n**⟩

The International Association of Teachers of English as a Foreign Language의 약자로, 영국에 본부를 두고 있는 영어 교사를 위한 전문학회

ice-breaker ⟨**n**⟩ 어색함깨기/아이스브레이커

교수에서, 새로운 학급에서 학습자끼리 만나서 서로 정보를 교환하는 기회를 제공하고 긍정적인 학습 **분위기**(climate)를 만들기 위한 활동

iconicity ⟨**n**⟩ 도상성

☞ COGNITIVE LINGUISTICS

ideal speaker/hearer ⟨**n**⟩ 이상적인 화자/청자

☞ COMPETENCE

ideational function ⟨**n**⟩ 관념화의 기능

☞ FUNCTIONS OF LANGUAGE[2]

ideational meaning ⟨**n**⟩ 관념적 의미

텍스트 안에 포함되어 있는 아이디어나 개념, 명제 등과 관련한 의미. 텍스트의 화제에 대한 화자나 작자의 태도나 감정과 관련된 의미인 **대인관계적 의미**(interpersonal meaning)와 구별된다.

ideational semantics ⟨**n**⟩ 관념적 의미론

☞ SYSTEMIC-FUNCTIONAL LINGUISTICS

identity ⟨**n**⟩ 아이덴티티

개별적인 개인으로서의 자기 인식. 자화상과 자기 인식이 포함되며, 사회문화 이론 SOCIOCULTURAL THEORY의 중요한 개념이다. 아이덴티티는 사람들이 개인으로서, 그리고 타자와의 관계에서 자기 자신을 바라보는 방식에 영향을 준다. 예를 들어, 언어 교사가 된다는 것은 교사의 아이덴티티 개발이 관련하며, 교사의 아이덴티티에는 연령과 성별, 민족성, 경험, 언어 숙달도가 반영된다. 포스트모더니즘POSTMODERNISM과 페미니즘 언어학FEMINIST LINGUISTICS에서 아이덴티티는 영속적인 것이 아니라, 불안정

하고, 단편적이고, 자의식적이며, 상호작용을 통해 구축된다고 본다. 비판적 응용언어학CRITICAL APPLIED LINGUISTICS에서 아이덴티티의 역할은 화자를 과소평가하거나 권한을 제공할 수 있는 언어 및 담화가 가진 역할과 관련하여 연구되어 왔다.

ideogram ⟨*n*⟩ 표의문자

    ☞ IDEOGRAPHIC WRITING

ideographic writing ⟨*n*⟩ 표의문자

기호(ideogram)를 이용하여 단어나 개념들('관념들')을 표현하는 문자 체계WRITING SYSTEM. 중국어 표기체계가 대표적인 예이다. 예를 들어, 중국어에서 표의문자 水는 '물'을 의미한다. 중국어에서는 기존의 표의문자를 조합하여 합성어COMPOUND WORD를 형성할 수도 있고, 새로운 어휘소LEXEME를 만들어 낼 수도 있다. 또한 기존의 표의문자 몇 개를 결합하여 차용하고자 하는 단어와 발음을 비슷하게 연결하여 외국어 단어를 중국 한자로 '문자전사할(transliterating)' 수도 있다.

ideology ⟨*n*⟩ 이데올로기

정치, 교육, 경제 체계의 토대를 형성하는 일련의 개념이나 독트린, 신념. 이데올로기, 언어, 담화 간의 관계는 비판 이론과 비판언어학에서 중요하게 다루어지는 개념이다.

    ☞ CURRICULUM IDEOLOGIES

ideophones ⟨*n*⟩ 표의음

영어의 *zig-zag*, *shilly-shally*나 *topsy-turvy*와 같이, 사물이나 이미지 고유의 음향적 특성을 나타내는 것은 아니지만, 그것들을 생생하게 표현하기 위해 사용하는 음 표상SOUND SYMBOLISM 유형

    ☞ ONOMATOPOEIA

idiolect ⟨*n*⟩ 개인방언 idiolectal ⟨*adj*⟩

특정 언어의 전체 체계 내에서 말하거나 쓰는 방식을 통해 표현되는 개인의 언어 체계. 넓은 의미에서 개인방언에는 발화의 선택이나 타인이 한 발화의 해석과 같은, 의사소통 방식이 포함된다. 좁은 의미에서는 구어나 문어에서 음질VOICE QUALITY과 음높이PITCH, 발화 리듬SPEECH RHYTHM과 같이, 한 개인을 다른 개인과 구별하는 특징들을 포함한다.

    ☞ DIALECT, SOCIOLECT, IDOLECT

idiom ⟨*n*⟩ 숙어/관용표현 idiomatic ⟨*adj*⟩

하나의 단위로 기능하며 분리된 부분으로부터 그 의미를 추측할 수 없는 표현. 예를 들어, *She washed her hands of the matter*라는 표현은 '그녀는 그 일에서 손을 뗐다'는 것을 의미한다.

idiomatic ⟨*adj*⟩ 숙어적인 idiomaticity ⟨*n*⟩ 숙어성/관용성

발화가 문법적이지도 않고, 그 사용에 있어 모어화자 같지도 아닌 정도. 예를 들어, (파티에서 주인이 손님에게) *It pleases me that Harry was able to be brought by you*라는 표현은 문법적이긴 하지만, 모어화자 같지도 않고 관용적이지도 않지만, *I'm so glad you could bring Harry*는 문법적이면서 관용적이다.

IDLTM ⟨*n*⟩

=영어 교수 관리에 관한 국제학위International Diploma in English Language Teaching Management (UCLES)

IELTS ⟨*n*⟩

☞ INTERNATIONAL ENGLISH TESTING SYSTEM

IEP ⟨*n*⟩

=집중 영어 프로그램INTENSIVE ENGLISH PROGRAMME

I-language ⟨*n*⟩ I-언어

=internalized language 내재적 언어

인간 마음의 내적 속성이나 인간 뇌의 계산 시스템으로 간주되는 언어. 이 입장에 있는 언어학자들은 마음이 어떻게 언어를 구성하고, 어떤 보편적 원리가 관련되는가를 보여주는 문법(☞ UNIVERSAL GRAMMAR, GENERATIVE THEORY)을 구축하고자 한다. I-언어는 언어를 텍스트나 사회 현상의 집합체로 보는 **E-언어**(외재적 언어[externalized language])와 구별된다.

illiteracy ⟨*n*⟩ 문맹

☞ LITERACY

illocutionary act ⟨*n*⟩ 언표 내적 행위

☞ LOCUTIONARY ACT

illocutionary force ⟨*n*⟩ 언표 내적 힘

☞ SPEECH ACT, LOCUTIONARY ACT, PERFORMATIVE

illuminative evaluation ⟨*n*⟩ 해명적 평가

=process evaluation 과정 평가

코스의 다양한 측면이 어떻게 작용하는지, 코스가 어떻게 실시되고 있는지, 그리고 코스가 작성한 교수와 학습 과정이 어떠한지를 발견하려는 평가 접근법. 이를 통해, 프로그램 운영 과정에서 발생하는 교수와 학습 프로세스를 더 깊이 이해할 수 있다. 코스를 어떤 식으로든 반드시 변화시키고자 하지는 않는다.

☞ EVALUATION

ILR ⟨*n*⟩

=유관기관언어원탁회의INTERAGENCY LANGUAGE ROUND TABLE

ILTA 〈n〉

=국제언어평가협회INTERNATIONAL LANGUAGE TESTING ASSOCIATION

imagery 〈n〉 심상

단어나 문장에 의해서 생기거나, 그것에 동반하는 심적 영상이나 인상('이미지'). 강한 회화적인 이미지를 만들어내는 단어나 문장은 시각적 심상이 없을 때보다 기억하기가 더 쉽다. 예를 들어, 다음 두 문장에서는 (a)가 (b)보다 더 기억하기 쉬울 것이다. 왜냐하면, (a)가 보다 강한 심적 이미지를 만들어 내기 때문이다.

(a) *The gloves were made by a tailor.*

(b) *The gloves were made by a machine.*

제2언어 학습에서, 심상은 학습 전략의 하나로 사용될 수 있다. 예를 들어, 농업 기계에 관한 단락을 읽을 때, 학생들은 사람들이 다양한 기계들을 사용하고 있는 농장의 풍경을 떠올린다. 나중에 읽은 단락을 떠올리려고 할 때 이 학생은 이 이미지나 광경을 생각해서 그것을 교과서의 정보를 모으는 촉매제로 사용할 수 있다.

☞ DEVELOPMENT FUNCTIONS OF LANGUAGE

imaginative recount 〈n〉 상상적 설명문

☞ TEXT TYPES

imitation 〈n〉 모방

(언어 학습에서) 다른 사람의 발화를 따라하는 것.

전통적인 언어 학습관에서는 모방의 역할을 강조하였고, 일부 외국어 교수법(☞ AUDIOLINGUAL METHOD, SITUATIONAL LANGUAGE TEACHING)에서는 그것이 언어 학습의 기본이라고 생각하였다. 그러나 제1언어와 제2언어 습득 연구에서는 학습자가 언어를 생산적이고 창조적으로 사용하며, 단순히 타인의 발화를 모방하는 것은 아니라고 기본적으로 추정하고 있다.

☞ MODELLING, CREATIVE CONSTRUCTION HYPOTHESIS

immediate recall 〈n〉 즉시 회상

학습한 바로 직후에 학습한 것을 기억해 내는 것. 학습 후 약간의 시간이 경과한 후에 학습한 것을 기억해 내는 것은 지연 회상DELAYED RECALL이라고 부른다.

immersion programme 〈n〉 이멀전 프로그램

이중언어 교육BILINGUAL EDUCATION의 한 형태로 **다수파 언어 학생**(language majority students)에게 제공되는 프로그램. 초등학교나 중학교 기간 동안 적어도 교육과정의 50%를 제2언어/외국어로 가르친다. 예를 들어, 캐나다에는 대상은 영어 모어화자이지만, 교수 언어로 프랑스어를 사용하는 학교들이 있다.

265

만약 이 학생들이 하루 종일 프랑스어로 교육을 받는다면, 이것을 **전면적 이멀전 프로그램**(total immersion programme)이라 하고, 하루 중 일부만을 프랑스어로 배운다면, **부분적 이멀전 프로그램**(partial immersion programme)이라고 한다.

☞ SUBMERSION PROGRAMME

impact ⟨**n**⟩ 영향력

테스트가 수험자, 이해관계자_{STAKEHOLDER}(예를 들어 교사, 부모, 학교 경영자, 테스트 개발자), 교육 제도, 사회에 미치는 효과

☞ BACKWASH, WASHBACK

impact evaluation ⟨**n**⟩ 영향력 평가

코스나 연수 프로그램, 교육과정 개혁 등에 쇄신책이 도입된 후의 효과를 측정하는 것. 영향력 평가는 이해관계자를 대상으로 프로그램의 이점을 평가하며, 설명책임의 측도가 되며, 본질적으로 총괄적이며, 해당 프로그램의 최종 단계에 실시되며, 질적 데이터와 양적 데이터를 모두 활용한다,

imperative ⟨**n**⟩ 명령법

☞ MOOD

imperative sentence ⟨**n**⟩ 명령문

명령 형식의 문장

Pick up the book!

그러나 명령문이 명령의 기능만을 가지는 것은 아니다. 예를 들어, *Look what you've done now!*과 같이, 짜증을 나타내는 표현으로 기능하는 경우도 있다.

☞ DECLARATIVE SENTENCE, INTERROGATIVE SENTENCE

impersonal construction ⟨**n**⟩ 비인칭 구문

누가, 무엇을 했고, 무엇을 경험했는가에 대한 언급이 없는 문장 유형. 예를 들어, 영어의 *It's cold*, *It's raining*이나, 프랑스어의 *French Ici on parle anglais*(직역하면, '여기에서 사람들은 영어로 말한다').

implication ⟨**n**⟩ 함축/함의

일상적 의사소통에서, 상당량의 정보는 화자에 의해 단언되는 것이 아니라, 함의된다. 예를 들어, 만약 어떤 사람이 *Rita was on time this morning*이라고 말한다면, 여기에는 *Rita*가 늘 지각한다는 것이 함의되어 있다. 청자는 발화가 함의하는 바를 화자의 의도대로 이해한 후 적절히 응답하지만, 오해하거나 잘못 해석하기도 한다.

A: *I'm rather short of cash at the moment.* (함의: '점심을 얻어먹고 싶'지만)

B: *Oh, I'm sure they accept credit cards here.*

implicational scaling ⟨*n*⟩ 함축적 척도

함축 도표, 혹은 **스캘러그램**(scalogram)을 이용하여 관계성을 표시하는 방법. 예를 들어, 어떤 영어 학습 집단은 부정관사INDEFINITE ARTICLE 규칙보다 정관사DEFINITE ARTICLE 사용 규칙을 먼저 습득할 수도 있으며, 이 두 가지 규칙을 명사 복수형PLURAL 형성 규칙보다도 먼저 습득할 수도 있다. 이것은 학생의 구어나 문어를 조사한 후 그 결과를 표로 나타내 보일 수 있다. [+] 기호는 그 규칙을 100% 정확하게 사용하고 있음을 의미하고, [×]는 규칙의 적용이 일정하지 않다는 것을 나타낸다.

학생	명사 복수형	부정관사	정관사
C	×	×	×
A	×	×	+
D	×	×	+
B	×	+	+
F	×	+	+
E	+	+	+

표에서, 행에 있는 [+] 기호는 그 행의 우측 열이나 아래 행의 [+] 기호를 함축한다. 이런 방식으로, 학생C에서 모든 규칙을 정확하게 사용하고 있는 가장 우수한 학생인 E까지 순위가 매겨진다. 함축적 척도는 외국어FOREIGN LANGUAGE와 제2언어SECOND LANGUAGE 학습자, 그리고 크리올CREOLE에서 표준 변종STANDARD VARIETY으로 사용하는 사람들의 언어 규칙 습득 순서를 보여주는 데 이용되어 왔다.

☞ VARIABLE[1]

implicational universal ⟨*n*⟩ 함축적 보편성

☞ LANGUAGE UNIVERSAL

implicature ⟨*n*⟩ 함의

☞ CONVERSATIONAL MAXIM

implicit knowledge ⟨*n*⟩ 암시적 지식

=tacit knowledge 암묵적 지식, intuitive knowledge 직관적 지식

(행동이나 문법성 판단 등을 통해서) 사람들이 직관적으로 그것을 가지고 있음을 보일 수는 있지만, 그것을 분명하게 설명하지는 못하는 지식. 말로 설명할 수 있는 지식인 **명시적 지식**(explicit knowledge)과 구별된다. 예를 들어, 영어 모어화자는 직관적으로 관사 사용 규칙(정관사, 부정관사, 무관사를 언제 사용하는가)에 대해 알고 있지만, 그 원리가 무엇인가에 대해서는 잘 설명하지 못한다. 반대로, 영어 학습자들은 영어 관사의 사용 규칙에 대해서 상당한 명시적 지식을 가지고 있지만, 모니터되지 않은 발화를 살펴보면, 이 명시적 지식이 내재화되지 않았다(정착되지

않았다)는 것을 확인하게 된다.

implicit learning ⟨***n***⟩ 암시적 학습

일반적으로 무의식적인 학습을 가리키며, 보다 의식적인 **명시적 학습**(explicit learning)
과 구별된다. 연구자에 따라 암시적 학습과 명시적 학습의 정의에 차이가 있다.

1. 명시적 학습은 가설 형성, 가설 검증과 같은 의식적인 조작이 관여하는 반면,
   암시적 학습은 그러한 조작이 관여하지 않는다.

2. 암시적 학습은 학습해 온 것에 대한 자각이 없는 학습인 반면, 명시적 학습은
   학습자가 무엇을 학습하였는가를 알고 있다.

3. 명시적 학습은 학습하고 있다는 자각을 수반하는 반면, 암시적 학습에는 그러한
   자각이 없다.

서로 다른 정의, 그리고 '자각(awareness)'과 같은 용어를 조작하는 어려움 때문에
오랜 기간 동안 많은 논쟁이 진행되고 있다.

implicit memory ⟨***n***⟩ 잠재 기억

비의도적 무의식적 기억(unintentional unconscious memory)라고도 하며, 의식적인
재조합이 수반되지 않을 때조차도 이전 경험이 수행을 촉진하는 데 도움을 주는
기억MEMORY의 유형을 말한다. 예를 들어, 제1언어/제2언어 독자들은 최근에 만나지
않은 단어보다 최근에 만난 단어를 더 빨리 처리할 수 있지만, 이러한 고속화된
처리(☞ PRIMING)가 이전에 그 단어를 본 적이 있다는 독자의 기억에 의존하는
것은 아니다.

implicit negative feedback ⟨***n***⟩ 암시적인 부정적 피드백

☞ RECAST

implicit performative ⟨***n***⟩ 암시적 수행문

☞ PERFORMANCE

implosive ⟨***n***⟩ 내파음

조음 시, 폐에서 나온 공기를 사용하지 않고 조음하는 폐쇄음

☞ TRANSCRIPTION

inalienable possession ⟨***n***⟩ 양도 불가능한 소유

많은 언어에서는 집이나 동물과 같이 소유권을 변경할 수 있는 대상과, 신체의
부분, 그림자, 발자국처럼 일반적으로 소유권을 변경할 없는 대상 간을 구별한다.
전자와 같은 소유 유형을 **양도 가능한 소유**(alienable possession)라 하고, 후자를 양도
불가능한 소유라고 한다. 예를 들어, 영어에서 동사 *own*은 보통 양도 불가능한
소유와는 함께 쓰이지 않는다: *George owns a car*라고는 하지만, **George owns a
big nose*(만약 자신의 코를 가리키는 것이라면)라고는 하지 않는다. 반대로, 동사

*have*는 두 가지 소유 유형과 모두 쓰일 수 있다: *George has a car*와 *George has a big nose.*

inanimate noun 〈***n***〉 무생물명사

☞ ANIMATE NOUN

inchoative verb 〈***n***〉 기동 동사

상태 변화를 나타내는 동사. 예를 들어, *The leaves yellowed*의 *yellowed*와, *The cheese matured*의 *matured*는 기동 동사이며, 잎이 '노래졌다', 치즈가 '숙성되었다'는 의미를 나타낸다.

☞ CAUSATIVE VERB

incidental learning 〈***n***〉 우연적 학습

학습할 의도가 없었는데 학습되었거나, 다른 것을 학습할 의도였는데 다른 어떤 것이 학습되어 버리는 것. 예를 들어, 상호작용이나 의사소통 활동, 즐거움이나 내용 이해를 위한 읽기 중에 의도치 않게 어휘나 문형, 철자 등이 학습되는 것을 말한다. 어휘나 문법 능력 향상을 위해 설계된 프로그램을 따라 학습을 하는 **의도적 학습**(intentional learning)과는 구별된다. 통제된 실험에서는 보다 제한적 의미로 사용된다. 즉, 우연적 학습은 학습자가 실험 처치 후 시험을 치른다는 사실을 모르는 실험 조건으로 조작화되고, 피험자에게 실험 후 학습자에 무엇을 테스트할 것인지를 사전에 알려주는 의도적 조건과 구별된다.

incipient bilingualism 〈***n***〉 초기 이중언어

언어가 아직 충분히 발달되지 않은 초기 단계의 이중언어나 제2언어 습득

inclusion 〈***n***〉 혼합

교육에서, 제2언어 학생이나 학습 장애가 있는 학생들을 분리하여 따로 가르치는 것이 아니라, 모든 학생들을 함께 배치하여 가르치는 것

inclusive (first person) pronoun 〈***n***〉 포괄적 (1인칭) 대명사

☞ EXCLUSIVE (FIRST PERSON) PRONOUN

indefinite article 〈***n***〉 부정관사

☞ ARTICLE

indefinite pronoun 〈***n***〉 부정 대명사

somebody, something, anybody, anyone, one, anything, everybody, everything 등과 같이, 분명하거나 특정하다고 생각되지 않는 대상을 가리키는 대명사

independent clause 〈***n***〉 독립절

☞ DEPENDENT CLAUSE

independent variable ⟨**n**⟩ 독립 변수

    ☞ DEPENDENT VARIABLE

indexical information ⟨**n**⟩ 지표적 정보

(의사소통에서) 화자나 작자의 사회적 계급, 연령, 성별, 국적, 인종이나, 감정 상태 (흥분해 있다, 화가 나 있다, 놀라다, 지루해 하다 등) 등이 간접적으로 전달되는 정보

indicative ⟨**n**⟩ 직설법

    ☞ MOOD

indicator ⟨**n**⟩ 지표

=performance indicator 수행 지표

표준에 기반한 교육에서, 표준을 만족시키고 있음을 보이기 위해 이용하는, 구체적 이고 관찰 가능한, 그리고 측정 가능한 행동이나 활동을 기술해 놓은 것. 예를 들어,

    • **표준**(standard): 교사는 다양한 교수 전략과 자료들을 적절히 사용하고 있다.

    • **지표**(indicator): 교사가 수업 시에 교과서를 일제 수업과 그룹 활동, 짝 활동 등에 성공적으로 활용하고 있다.

    ☞ STANDARDS

indigenization ⟨**n**⟩ 토착화

=토착화NATIVIZATION

indigenous language ⟨**n**⟩ 토착 언어

한 나라의 토착인(원주민)이 사용하는 언어. 예를 들어, 미국의 하와이어와 미국 인디언 제어, 호주의 원주민 언어

indirect negative evidence ⟨**n**⟩ 간접적인 부정적 피드백

    ☞ EVIDENCE

indirect object ⟨**n**⟩ 간접목적어

    ☞ OBJECT[1]

indirect object relative clause (IO) ⟨**n**⟩ 간접목적어 관계절

    ☞ ACCESSIBILITY, NOUN PHRASE, HIERARCHY

indirect question ⟨**n**⟩ 간접 의문

    ☞ DIRECT SPEECH

indirect speech ⟨**n**⟩ 간접 화법

    ☞ DIRECT SPEECH

indirect speech act 〈*n*〉 간접적 발화 행위

의사소통적 의도가 발화의 언어 형식에 반영되어 있지 않은 발화 행위. 예를 들어, *It is very hot in here*라는 발화는 '에어컨을 켰으면 좋겠다'는 요청을 표현하는 데 사용되기도 한다.

☞ SPEECH ACT

indirect test 〈*n*〉 간접 테스트

실제적인 목표언어 사용 장면을 반영하지 않은 과업을 테스트 수험자에게 부과하여 수험자의 언어 능력을 간접적으로 측정하는 테스트. 테스트 수행 결과에 기초하여 언어 능력을 추론해 낸다. 예를 들어, 작문 간접 테스트에서는 수험자에게 작문 안에 포함되어 있는 오류를 발견하게 하며, 발음 간접 테스트에서는 수험자에게 어간STEM과 동일하게 발음되는 것을 찾도록 하는 방법이다.

☞ DIRECT TEST, SEMI-DIRECT

individual bilingualism 〈*n*〉 개인적 이중언어

☞ BILINGUALISM

individual differences 〈*n*〉 개인차

=individual learner differences

학습자의 학습 속도와 도달도 레벨 차이를 설명해 줄 수 있는 개별 학습자 특유의 요인. 제2언어 학습SECOND LANGUAGE LEARNING의 많은 연구가 모든 학습자에 공통하는 발달 과정과 단계를 발견하려는 목표를 가지는 반면, 학습자 간의 차이라고 하는 보충적인 관심도 항상 함께 연구되어왔다. 동일한 학습 환경이 제공되더라도 어떤 학습자들은 큰 성과를 얻는 반면, 그렇지 않은 학습자도 있다는 것이 관찰되어 왔다. 성과가 다른 학습자 요인으로는 연령(☞ CRITICAL PERIOD), 적성, 동기, 인지 스타일, 학습 전략의 사용, 성격이 있다.

individualization 〈*n*〉 개별화

=individualized instruction, 개별 지도 individualized learning 개별 학습

다음과 같은 학습자 중심 교수 접근법을 말한다.

a. 목표와 목적이 개별 학습자의 요구에 기반한다.

b. 학습자가 배우고 싶어 하는 것, 배우는 방법, 배우는 속도와 같은 개인적 차이를 고려하여 교육과정CURRICULUM을 설계한다.

언어 교수에 대한 개별화된 접근법은 다음과 같은 추정에 기반하고 있다.

1. 사람마다 학습 방식이 다르다.

2. 많은 다양한 소재로부터 학습할 수 있다.

3. 학습자는 언어 학습에 대한 다양한 목적이나 목표를 가지고 있다.

271

4. 교사에 의한 직접적 교수가 학습에 반드시 필요한 것은 아니다.

개별화에는 1대 1 교수, 가정 학습, 자습 시설, 자기주도적 학습, 학습 자율성 계발과 같은 것들이 포함된다.

Indo-European languages 〈*n*〉 인도-유럽어/인구어

서로 관계가 있고, 인도-유럽 조어('Proto Indo-European')라는 공통의 조어를 가진다고 여겨지는 언어들. 이 어족에는 영어, 프랑스어, 독일어, 셀틱어, 슬라브어 등 유럽 대다수의 언어가 포함된다. 고대 인도 언어인 산스크리트어와 팔리어, 그리고 힌디어, 우르두어, 벵골어, 싱할라어, 페르시아어와 같은 언어들도 포함된다.

induced error 〈*n*〉 유도된 오류

=transfer of training 훈련 상의 전이

(언어 학습에서) 언어 항목이 제시된 방법이나, 훈련 방법으로 인해 야기되는 오류 ERROR. 예를 들어, *at*을 가르칠 때 교사가 상자를 들고, *I'm looking at the box*라고 말한다면, 학습자는 *at*가 '아래(*under*)'를 뜻한다고 추론할 수도 있다. 만약 나중에 학습자가 *under* 대신에 *at*을 사용한다면(그래서 *The cat is under the table*이 아니라 **The cat is at the table*라고 말한다면), 이 오류는 유도된 오류가 된다.

☞ ERROR ANALYSIS, INFERENCING, INTERLANGUAGE

induction 〈*n*〉 귀납

☞ DEDUCTION

inductive learning 〈*n*〉 귀납적 학습

=learning by induction 귀납에 의한 학습

☞ DEDUCTIVE LEARNING

inductive statistics 〈*n*〉 귀납적 통계

☞ INFERENTIAL STATISTICS

inferencing 〈*n*〉 추론

(학습과 이해에서) 지식이나 아이디어, 판단에 기초하여 (다시 말해, 추측하거나 추론해서) 어떤 가설이나 아이디어, 판단에 도달하는 프로세스. 언어 학습에서 추론은 문법 규칙과 다른 규칙들을 이해하기 위해서 학습자가 이용하는 학습 전략 LEARNING STRATEGY의 일환으로 논의되어 왔다. 구어/문어 텍스트의 이해에는 몇 가지 추론이 역할을 담당하고 있다고 여겨지고 있다.

1. **명제적 추론**(propositional inferences): 주어진 진술로부터 논리적으로 유도하는 추론
2. **권한적 추론**(enabling inferences): 사건이나 개념 간의 인과관계와 관련하는 추론
3. **화용적 추론**(pragmatic inferences): 텍스트 이해에 필수적이지는 않으나, 텍스트를

확대하는 추가적인 정보를 제공하는 추론

4. **다리놓기 추론**(bridging inferences): 텍스트를 일관성 있게 이해하는 데 필요한 추론

5. **정교화 추론**(elaborative inferences): 텍스트를 이해하는 데 실제로 필요하지 않은 추론

inferential comprehension 〈***n***〉 추론적 이해

☞ READING

inferential statistics 〈***n***〉 추론 통계

=inductive statistics 귀납적 통계

데이터로부터 모집단에 관해 추측하거나 일반화하기 위해 이용하는 통계 절차. 추론 통계는 확률 이론에 기반한다. 표본이나 샘플데이터로부터 추출되는 모집단에 대한 일반화가 어느 정도 정확할 것인가를 결정하기 위해 다양한 통계적 기법을 이용한다.

☞ DESCRIPTIVE STATISTICS, STATISTICS, T-TEST, ANALYSIS OF VARIANCE

infinitive 〈***n***〉 부정사

동사의 기본 형식BASE FORM(즉, *go*, *come*). 영어에서 부정사는 보통 부정사 표지 *to*와 공기하지만(*I want to go*), 조동사AUXILIARY VERB와 사용될 때는 *to* 없이 사용된다(*Do come! You may go*). *to* 없는 부정사를 **원형부정사**(bare infinitive), 또는 **단일 형식**(simple form)이라고 한다. *to*를 수반하는 부정사는 '*to*부정사'라고 부르기도 한다. 부정사는 동사의 비정형이다(☞ FINITE VERB).

infinitive of purpose 〈***n***〉 목적의 부정사

이유나 목적을 나타내기 위한 부정사 사용. 예) I went to France *to study French*.

infix 〈***n***〉 삽입사

단어 내부에 더해지는 문자(연쇄)나 소리(연쇄)를 가리키며, 그 단어의 의미나 기능을 변화시킨다.

☞ AFFIX

INFL 〈***n***〉 굴절요소

생성문법GENERATIVE GRAMMAR에서 (시제와 일치로 활용되는) 정조동사와 부정사의 불변화사 *to*를 포함하는 범주

inflecting language 〈***n***〉 굴절어

=fusional language 〈***n***〉 융합어

단어의 형태 변화를 통해 의미나 문법 기능의 변화를 보여주는 언어. 때에 따라서

는 단어의 기본적인 부분과 문법 기능을 나타내는 부분, 즉 어간과 수, 시제 사이가 명백히 구분되지 않는 경우도 있다.

mice（＝mouse＋복수）

came（＝come＋과거시제）

굴절어와 교착어AGGLUTINATING LANGUAGE, 독립어ISOLATING LANGUAGE가 명확히 구별되는 것은 아니지만, 그리스어와 라틴어도 굴절어이다. 굴절어와 교착어를 **종합적 언어**(synthetic language)라고 부르기도 한다.

☞ INFLECTION

inflection/inflexion 〈***n***〉 굴절 inflect 〈***v***〉

(형태론MORPHOLOGY에서) 단어에 접사AFFIX를 붙이거나, 개별 언어의 문법 규칙에 따라 다양한 방식으로 단어를 변화시키는 프로세스. 예를 들어, 영어에서 동사는 주어가 3인칭 단수일 때 *I work, he/she works*, 과거일 때 *I worked*로 굴절한다. 대부분의 명사는 복수형 굴절을 한다: *horse-horses, flower-flowers, man-men.*

☞ DERIVATION, CONJUGATION[2]

informal assessment 〈***n***〉 비형식적 평가

표준화된 평가나, 다른 통제된 평가 기법을 이용해서가 아니라, 통상적인 교실 조건 하에서 학생들의 수행을 체계적으로 관찰하고 데이터를 수집하기 위해 사용하는 절차

☞ FORMAL ASSESSMENT

informal speech 〈***n***〉 비형식적 발화

＝구어체 발화COLLOQUIAL SPEECH

informant 〈***n***〉 인포먼트/정보제공자

(연구에서) 연구자에게 분석을 위한 데이터를 제공하는 사람. 데이터는 예를 들어, 인포먼트의 발화를 녹음하거나 언어 사용에 대한 질문 등을 통해 수집한다.

☞ FIELD WORK

information content 〈***n***〉 정보 내용

☞ INFORMATION THEORY

information gap 〈***n***〉 정보차

(두 사람 이상의 의사소통에서) 정보를 참여자 중 일부만 알고 있는 상황. 의사소통적 언어교수법COMMUNICATIVE LANGUAGE TEACHING에서, 학생들 간의 실제적인 의사소통을 촉진하기 위해서는 학생들 간, 혹은 학생과 교수 간에 정보의 차이가 있어야 한다. 이와 같은 차이가 없으면 교실 활동과 연습이 기계적이고 인공적이 된다. **정보차 과제**(information gap task)나 차이점찾기 과제SPOT THE DIFFERENCE TASK와 같은 활동에서,

각 학습자들은 다른 학습자가 가지고 있지 않은 특정 정보를 가진다. 정보 공유를 통해 학생들은 문제를 해결하거나 의도된 과업을 협동해서 완수한다.

information processing ⟨*n*⟩ 정보처리

(심리학과 심리언어학PSYCHOLINGUISTICS에서) 의사소통에서 의미가 확인되고 이해되는 프로세스, 정보와 의미가 저장되고, 체계화되고, 기억MEMORY에서 인출되는 프로세스, 읽기나 듣기 중에 발생하는 다양한 종류의 해독DECODING 프로세스 등을 가리키는 용어. 정보처리 연구에는 기억, 해독, 가설 검정HYPOTHESIS TESTING 연구, 그리고 학습자가 목표어TARGET LANGUAGE[1]의 의미를 해결할 때 이용하는 프로세스와 전략(☞ STRATEGY) 연구가 포함된다.

☞ HEURISTIC, HYPOTHESIS TESTING, INFORMATION THEORY, INPUT, COGNITIVE THEORY

information report ⟨*n*⟩ 정보 보고문

☞ TEXT TYPES

information retrieval ⟨*n*⟩ 정보 인출

1. 기억이나, 컴퓨터와 같은 다른 자원에 저장되어 있는 것으로부터 정보를 인출하는 프로세스
2. 그러한 프로세스가 발생하는 방법을 다루는 연구

information science ⟨*n*⟩ 정보 과학

정보의 생성, 조직, 전달, 사용에 관한 연구. 정보 과학은 학제적이며, 언어학, 공학, 컴퓨터 과학, 물리학, 커뮤니케이션학 등을 이용한다.

information structure ⟨*n*⟩ 정보 구조

문장에 의해 표현되는 메시지가 어떻게 이해되는가를 보이기 위해 어순WORD ORDER, 인토네이션INTONATION, 강세STRESS 등의 도구를 이용하는 것. 정보 구조는 다음과 같은 것을 나타내는 도구에 의해 전달된다.

a. 메시지: 청자가 이미 알고 있다고 화자가 상정하는 메시지와 새로운 메시지
(☞ FUNCTIONAL SENTENCE PERSPECTIVES)
b. 대비: 강세 표시의 유무에 의해 표시된다(즉, *I broke MY pen*; *I broke my PEN*; *I BROKE my pen*).
☞ GROUNDING

information technology (IT) ⟨*n*⟩ 정보 기술

컴퓨터나 기술과 관련된 것을 지칭하는 광의의 용어

information theory ⟨*n*⟩ 정보이론

=communication theory 의사소통 이론

의사소통 체계가 어떻게 정보를 전달하는가를 설명하고, 우리가 정보를 보낼 때 선택이 관여하는 양에 따른 정보의 양을 측정하는 이론. 잘 알려진 Shannon과 Weaver 모델에서는 의사소통을 다음과 같은 요소들로 구성된 프로세스로 설명한다: 정보원(information source: 예를 들어, 화자)이 여러 메시지들 중에서 필요한 메시지를 선택한다. '송신기'가 이 메시지를 신호(signal)로 바꿔서 의사소통 채널 CHANNEL(예를 들어, 전화선)을 통해 수신기RECEIVER(예를 들어, 전화기나 이어폰)로 보내고, 이것이 메시지로 되돌아와 '착점'(예를 들어, 청자)으로 보내진다. 수신 과정에서 메시지의 일부가 아닌 원치 않는 소리(예를 들어, 조악한 전화선에서 발생하는 간섭)가 신호에 더해지는 경우도 있다. 이것을 잡음NOISE[2]이라 한다. 어떤 단위(예를 들어, 단어나 문장)의 정보 내용(information content)은 그것이 특정 의사소통에 있어서 어느 정도 발생 가능성이 높은가에 따라 추측된다, 예측 가능한 단위일수록 더 적은 정보가 전달된다. 정보이론에서 이용되는 정보 단위는 '이진법', 혹은 '비트(bit)'이다. 관련 용어인 잉여성REDUNDANCY이라는 개념은 메시지의 이해에 필요 이상의 정보가 포함되는 정도를 가리킨다.

information transfer ⟨*n*⟩ 정보 전이

의사소통적 언어교수법COMMUNICATIVE LANGUAGE TEACHING에서 종종 사용하는 활동 유형이다. 이 활동에서 학생들은 의미를 A형식에서 B형식으로 치환한다. 예를 들어, 읽기나 듣기 텍스트에서 의미를 선택한 다음, 그것을 다른 형식, 예를 들어 그림이나 표로 재생하거나, 그 역의 형태로 재생한다.

informative function ⟨*n*⟩ 정보적 기능

☞ DEVELOPMENTAL FUNCTIONS OF LANGUAGE

informed consent ⟨*n*⟩ 고지 동의

언어 학습LANGUAGE LEARNING이나 다양한 교수 방법의 효율성에 대한 연구를 포함한, 모든 조사 연구의 기본적인 윤리 조건. 모든 연구 주체들은 대상자 목록(subject pool)에 포함되어 있는 동의서를 제공해야 하며, 동의서는 연구 목적과 그 결과의 활용 방식의 이해에 관한 것이어야 한다. 동의를 받기에 앞서, 연구자는 피험자에게 연구 참여로 인해 발생할 수 있는 모든 위험성, 예를 들어 연구자에게는 사소하겠지만 피험자에게는 불쾌감이나 당황감 등을 줄 수 있는 위험성 등을 미리 고지해야 한다. 연구 지원 기관은 윤리적 연구를 위한 상세한 가이드라인을 제공하고, 동의서(consent forms)를 작성하여 기록으로 남기도록 요구하고 있다.

inherent lexical aspect hypothesis ⟨*n*⟩ 내재적 어휘상 가설

☞ LEXICAL ASPECT HYPOTHESIS

inhibition 〈*n*〉 억제/방해

     ☞ ATTENTION, PROACTIVE INHIBITION

initial 〈*adj*〉 어두의

단어 앞이나 구의 앞과 같이, 어떤 언어 단위의 앞 위치에 발생하는 것. 예를 들어, 영어 *spray*의 /spr/과 같은 어두 자음 연쇄는 어두 자음군initial CONSONANT CLUSTER이라고 부른다.

     ☞ MEDIAL, FINAL

initial state 〈*n*〉 초기 상태

언어 습득LANGUAGE ACQUISITION에서, 습득이 시작되는 출발점

행동주의에서는 제1언어 습득의 출발점을 제로(백지 상태[blank slate])라고 추정하며, 생성이론GENERATIVE THEORY에서는 아동은 초기 상태에 보편문법UNIVERSAL GRAMMAR을 갖추고 있다고 추정한다. 제2언어 습득에서는 초기 상태에는 적어도 제1언어로부터 전이되는 자원을 포함하고 있다고 추정한다. 제2언어/외국어 학습자들도 보편문법을 이용할 수 있는가에 관한 문제는 제2언어 습득SECOND LANGUAGE ACQUISITION 연구의 중요한 과제 중 하나이다.

initiation-response-evaluation 〈*n*〉 시작-응답-평가

     ☞ EXCHANGE

initiation-response-feedback 〈*n*〉 시작-응답-피드백

     ☞ EXCHANGE

innateness position 〈*n*〉 생득주의적 입장

=생득주의 가설INNATIST HYPOTHESIS

innatist hypothesis 〈*n*〉 생득주의 가설

=innatist position, nativist position, innateness position, rationalist position
일부 철학자 및 언어학자의 지지를 받고 있는 이론의 하나로, 인간 지식은 환경으로부터 얻어지는 것이 아니라 태어나면서부터 가지고 있는 (즉 생득적인) 구조, 프로세스, 개념(idea)으로부터 발달하며, 이 요인들은 언어의 기본 구조와 그 습득 방법에 중요한 역할을 담당한다고 주장한다. 이 가설은 아이가 어떻게 언어를 습득할 수 있는가(☞ LANGUAGE ACQUISITION DEVICE)를 설명하는 데 이용되어 왔다. 생득주의 가설은 모든 인간 지식은 경험으로부터 비롯된다고 주장하는 생각(☞ EMPIRICISM)과 대비된다.

     ☞ MENTALISM

inner circle 〈*n*〉 이너서클

세계 여러 지역에서 사용되는 영어의 지위를 구별하기 위해 Kachru가 만든 용어. **이너서클**은 영국, 미국, 캐나다, 호주 등과 같이, 영어가 제1언어로 사용되는 국가를 가리킨다. 이 나라에서 사용하는 영어는 영어가 제2언어로 사용되는 나라(예를 들어, 싱가포르, 인도, 나이지리아 등), 교육, 행정, 비즈니스 분야에서 사용하는 나라, 이중언어 사용자의 비율이 높은 나라에서의 영어의 지위와 비교된다. 후자는 **아우터서클**(outer circle)이라 한다. 이 두 문맥은 **확장서클**(expanding circle)이라고 부르는 문맥과 구별된다. 즉, 영어가 과거에는 중심적인 역할을 담당한 적이 없었지만 현재는 비즈니스와 기술의 목적으로 넓게 사용되는 국가(중국이나 러시아)를 뜻한다.

☞ WORLD ENGLISHES

inner speech ⟨*n*⟩ 내언

러시아 심리학자 Vygotsky가 제안한 '발화(speech)'의 한 유형. Vygotsky는 **외언**(external speech)과 내언을 구별하였다. Vygotsky에 따르면, 외언은 말해지거나 써진 말이며, 단어나 구문으로 표현되는 것이다. 내언은 자기 자신을 위한 언어로, 머리 안에서 일어나며, 단어나 문장으로 표시되기보다는 '순수한 단어 의미(pure word meanings)'로 일어나는 경우가 많다.

innovation ⟨*n*⟩ 혁신/이노베이션

개인이나 여러 사람들이 새롭다고 인식하는 것으로, a) 의도적인 계획의 결과이며, b) 목표 달성을 위해 개선을 추구하고자 하는 생각, 실천, 목적을 말한다. 예를 들어, 언어교육에서 최근의 혁신으로는 화이트보드 사용, 이러닝E-LEARNING 도입 등을 들 수 있다.

input ⟨*n*⟩ 입력

(언어 학습에서) 학습자가 듣거나 받아들이는 언어로, 그 언어로부터 학습을 할 수 있게 된다. 학습자가 산출하는 언어는 유추를 이용하며, 출력(output)이라고 부른다.

☞ COMPREHENSIBLE INPUT, INTAKE

input enhancement ⟨*n*⟩ 입력 강화

☞ ENHANCED INPUT

input hypothesis ⟨*n*⟩ 입력 가설

학습자의 현재 언어능력COMPETENCE을 약간 넘는 정도의 구조를 포함하고 있는 이해 가능한 입력에 노출되는 것이 제2언어 습득SECOND LANGUAGE ACQUISITION에 필요, 혹은 습득의 충분조건이라고 주장하는 가설

☞ COMPREHENSIBLE INPUT, INTAKE, MONITOR HYPOTHESIS

inquiry learning 〈*n*〉 탐구 학습

☞ DISCOVERY LEARNING

insertion sequence 〈*n*〉 끼워넣기 연쇄

대화에서, 화자가 자신의 발화를 스스로 중단하고 대화 내용과는 별로 관계가 없는 발화를 끼워넣는 것. 이 발화를 끼워넣기 연쇄라 부른다. 이 연쇄가 일어나는 원인은 여러 가지가 있다. 외적인 사건, 예를 들어 문의 초인종 소리, 노크, 전화 수화음 등에 의해 야기되는 경우가 많다.

A: *...and I actually told her that...* (초인종 소리)

Excuse me, that must be Al. He's probably forgotten his key.

A: (돌아와서) *Now, what was I saying before? Ah, yes. She said...*

많은 경우, 끼워넣기 연쇄 다음에는 본래의 대화가 이어진다. 가끔은 다음과 같은 발화가 짧게 언급되기도 한다.

Sorry for the interruption. Now where were we? what was I saying? 등.

☞ SEQUENCING[1], SIDE SEQUENCE

inservice education 〈*n*〉 현직교사대상(보수) 교육

☞ PRESERVICE EDUCATION

Institute of Translation and Interpreting (ITI) 〈*n*〉 통번역연구소

☞ TRANSLATION, INTERPRETATION

institutional discourse 〈*n*〉 제도 담화

=institutional language 제도 언어

참여자가 체면, 기관, 권력, 조직의 아이덴티티 등을 만들어 내야 할 필요성과, 제도의 전통에 의해 상호작용이나 언어 사용이 어떻게 모습을 갖추게 되는가를 반영하는, 제도적 문맥에서 사용되는 담화 패턴

institutional review board (IRB) 〈*n*〉 기관생명윤리위원회

=human subjects committee 피험자위원회, ethical review board (ERB) 윤리위원회

연구 제안서에 대해, 연구 주체와 참여자의 권리와 안녕을 보호하기 위한 윤리적, 법적인 가이드라인이 지켜지고 있는가를 심사하는 회의나 위원회

instructed second language learning 〈*n*〉 교실 제2언어 학습

=instructed SLA

부분적으로, 혹은 전면적으로 교실 환경에서 제2언어/외국어를 학습하는 것. 자연적 제2언어 습득NATURALISTIC SECOND LANGUAGE LEARNING과 대조된다. 후자는 지도의 도움 없이 모어화자와의 상호작용을 통해 학습이 일어난다.

instructional framework 〈**n**〉 교수 계획

수업이나 교수 자료의 단원을 설계하기 위해서, 혹은 교수 분석을 위해 이용하는
전반적인 개념 계획과 구성 체계

instructional objective 〈**n**〉 교수 목표

=behavioural objective 행동 목표

instruction tcxt 〈**n**〉 지시문

☞ TEXT TYPES

instrumental case 〈**n**〉 도구격

(격 문법CASE GRAMMAR에서) 동사가 나타내는 행위가 수행되는 수단을 지칭하는 명사
나 명사구는 도구격이다.

He dug the hole with a spade.

The hammer hit the nail.

위 문장에서 *a spade*와 *the hammer*가 도구격이다.

instrumental function 〈**n**〉 도구적 기능

☞ DEVELOPMENTAL FUNCTIONS OF LANGUAGE

instrumental motivation 〈**n**〉 도구적 동기

☞ MOTIVATION

intake 〈**n**〉 흡입

학습자에게 노출되고(☞ INPUT), 그것이 실제로 '흡입'되어, 언어가 학습되는 데
중요한 역할을 하는 언어 일부. 일부 이론가들은 입력을 처리하는 동안 제2언어
학습자가 알아차리고 주의가 향하는 입력의 일부분이 흡입이라고 믿고 있다(☞
NOTICING HYPOTHESIS). 흡입은 다시 입력 내의 일부 자질을 알아차리는 프로
세스인 **예비적 흡입**(preliminary intake)과, 흡입된 항목의 지식을 학습자의 중간언어
INTERLANGUAGE에 통합시키는 프로세스인 **최종 흡입**(final intake)을 구별할 수도 있다.

integrated approach 〈**n**〉 통합적 접근법

(언어교수에서) 수업 시, 듣기/말하기를 읽기/쓰기와 관련시키는 과업이 수반되는
활동과 같이, 읽기와 쓰기, 듣기, 말하기 등의 언어 기능을 상호적으로 관련시켜
가르치는 교수법

☞ LANGUAGE ARTS

integrated skills 〈**n**〉 통합적 기술

읽기, 쓰기, 듣기, 말하기 기능을 통합하고 다른 기능들과 서로 관련시키려고 노력
하는 언어 수업

integrated syllabus 〈*n*〉 통합적 교수요목

=integrated skills approach 통합적 기능 접근법, multi-skilled syllabus 다기능 교수요목

언어교수에서, 언어의 다양한 단위들(예를 들어, 문법, 기능, 스킬) 간의 밀접한 관련성을 토대로 하고, 교수요목의 다른 구성요소들이 상호적으로 강화될 수 있는 방법을 추구하는 교수요목

integrated whole language approach 〈*n*〉 통합적 총체적 언어 접근법

☞ WHOLE LANGUAGE APPROACH

integrative motivation 〈*n*〉 통합적 동기

☞ MOTIVATION

integrative orientation 〈*n*〉 통합 지향

☞ MOTIVATION

integrative test 〈*n*〉 통합 테스트

테스트 수험자에게 받아쓰기 테스트와 같이 몇 개의 언어 스킬, 예를 들어 문법, 어휘, 듣기 이해와 같은 지식을 동시에 사용하도록 요구하는 통합적 테스트

☞ DISCRETE-POINT TEST

intelligibility 〈*n*〉 이해도

메시지가 이해될 수 있는 정도. 발화 인식PERCEPTION 연구에 따르면, 발화 이해도에는 악센트ACCENT[3], 억양INTONATION, 메시지의 일부를 예측하는 청자의 능력, 발화 휴지PAUSE 의 위치, 문장의 문법적 복잡성, 발화가 산출되는 속도 등의 다양한 요인이 관여한다.

intensifier 〈*n*〉 강조어

단어의 한 범주로, 일반적으로는 부사를 가리킨다. 단계적 형용사, 부사, 동사, *-ed* 가 붙은 분사PARTICLE를 수식하는 데 사용된다.

It is <u>very</u> good.

It was <u>completely</u> destroyed.

I <u>absolutely</u> detest it.

☞ GRADABLE

intensive course 〈*n*〉 집중 강좌

단기간 동안 실시되나, 많은 지도 시간으로 구성된 언어 코스

intensive language programme 〈*n*〉 집중 언어 프로그램

=intensive English programme, service English programme

대학에서 정규 학문 과정을 수강하기 위해 언어 지도를 필요로 하는 외국인 학생들

을 지원하기 위해 설계된 언어 프로그램

intensive reading 〈*n*〉 정독

☞ EXTENSIVE READING

intentional learning 〈*n*〉 의도적 학습

☞ INCIDENTAL LEARNING

interaction 〈*n*〉 상호작용

언어가 대화자들 간에 사용되는 방식

interactional and transactional functions of language 〈*n*〉 언어의 상호작용적이고 상호교섭적인 기능들

화자들 간의 사회적 상호작용과 신뢰, 공감, 관심, 사회적 조화와 같은 것을 전달할 필요성에 주된 초점을 두는 언어 사용(상호작용적 기능)과, 정보를 전달하고 다양한 종류의 실세계의 교섭을 완수하는 데 주된 초점을 두는 언어 사용(상호교섭적 기능) 간을 구별하기도 한다. 상호작용적 의사소통은 주로 사람 중심인 반면, 상호교섭적 의사소통은 메시지가 중심이다. 상호작용적 언어와 상호교섭적인 언어는 발신교체, 화제, 담화 관리와 같은 관습에 있어서 다르다.

interactional function 〈*n*〉 상호작용적 기능

☞ DEVELOPMENTAL FUNCTIONS OF LANGUAGE

interaction analysis 〈*n*〉 상호작용 분석

=interaction process analysis 상호작용 프로세스 분석

교실 내 학생과 교사의 행동을 측정하고 설명하기 위한 절차로, (a) 수업 중에 일어나는 것을 기술하기 위해, (b) 수업을 평가하기 위해, (c) 교수와 학습 간의 관련성을 연구하기 위해, (d) 교육실습생이 지도 과정을 배우는 것을 돕기 위해 실시한다. 상호작용 분석에서는 교실 행위를 관찰하고, 분류 계획(scheme)을 이용하여 다양한 유형의 학생-교사 간의 교실 활동을 구분한다. 지금까지 몇 가지 분류 계획이 제안되어 있다.

interaction hypothesis 〈*n*〉 상호작용 가설

언어 습득에는 상호작용, 의사소통, 특히 **의미 교섭**(negotiation of meaning)이 요구되거나, 혹은 의미 교섭을 통해 얻는 것이 상당히 많다고 제안하는 가설. 의미 교섭은 대화자가 자신의 의미를 전달할 때 생기는 문제를 극복하려고 시도할 때 발생하며, 그 결과 학습자는 자신의 산출을 위해 추가적인 입력을 제공하고, 이는 다시 유용한 피드백이 된다.

interactionism 〈*n*〉 상호작용주의

=interactionist position 상호작용주의자 입장

(심리학, 언어학, 언어 습득 연구에서) 언어 발달과 사회적 발달은 서로 연관되어 있기 때문에 어느 한쪽 없이는 이해가 어렵다고 보는 견해. 상호작용주의자 입장을 취하는 연구자는 언어 발달의 사회적 문맥, 언어 학습자와 언어 학습자가 상호작용하는 대상 간의 관계가 어떻게 언어 습득에 영향을 끼치는가 등의 이슈에 관심을 가진다. 이 관점은 언어학적 접근법과 대조된다. 후자에서는 언어 습득은 학습자의 인지 발달이나 사회생활과 분리하여 학습자의 발화 분석을 통해서 이해할 수 있다고 주장한다.

interaction patterns ⟨*n*⟩ 상호작용 패턴

교수에서, 일제 수업, 짝 활동, 그룹 활동, 개인적 과업 등과 같이 교실에서 학생이 활동하는 방식

interactive ⟨*adj*⟩ 쌍방향적인

(컴퓨터지원학습COMPUTER ASSISTED INSTRUCTION에서) 이용자가 컴퓨터와 '의사소통하는 (상호작용하는)' 능력을 말한다. CAI 교재를 이용한 수업은 컴퓨터상에서의 질문, 학습자의 응답, 그리고 그 응답이 정확한가에 대해 컴퓨터가 학습자에게 전달하는 피드백으로 구성된다. CAI에서는 이러한 활동들을 '쌍방향적'이라고 한다.

interactive listening ⟨*n*⟩ 상호작용적 듣기

듣기 교수에서, 듣기에는 청자와 텍스트, 청자와 화자 간의 능동적인 상호작용이 관련한다는 것을 강조하는 것

interactive model of reading ⟨*n*⟩ 읽기의 상호작용적 모델

읽기를 상향식 프로세스와 하향식 프로세스 양쪽이 합해진 것이라고 보는 모델. 읽기는 독자가 자신이 읽고 있는 텍스트와 상호작용을 해가는 능동적인 프로세스라고 본다. 하향식과 상향식 프로세스가 모두 이용되며, 그 순서는 화제와 독자의 배경지식에 따라 다르다.

interactive processing ⟨*n*⟩ 상호작용적 프로세스

읽기 이해 이론의 하나로, 읽기는 텍스트의 단어와 문장의 의미를 확인하고 그것을 토대로 텍스트를 정확하게, 순차적으로 이해하는 프로세스(상향식 처리BOTTOM-UP PROCESSING)와, 독자가 텍스트 이해를 위해 가지고 온 경험, 배경적 정보, 예측(하향식 처리TOP-DOWN PROCESSING)이 함께 관여하는 프로세스라고 본다. 이 두 가지 프로세스는 상호 관련되어 있고, 상호 수정하고, 상호 영향을 미친다.

☞ TOP-DOWN PROCESSING

interactive reading ⟨*n*⟩ 상호작용적 읽기

읽기 교수에서, 읽기에는 독자와 텍스트 간의 상호작용이 수반한다는 것을 강조하

는 것

interactive whiteboard 〈*n*〉 대화식 화이트보드

전통적인 화이트보드와 유사하지만, 컴퓨터나 프로젝터에 접속하여 비디오레코더와 DVD에도 연결할 수 있는 대형 인터렉티브 디스플레이를 말한다. 다양한 교실 환경 유형에서 사용할 수 있으며, 교과서 중심의 수업을 보완하거나 대체할 수 있다. 사용자가 연결된 컴퓨터에 다운로드한 소프트웨어를 이용하여 디지털 잉크로 대화식 화이트보드에 쓰거나, 컴퓨터의 마우스처럼 가리키거나, 클릭하거나, 드래그해서 컴퓨터 애플리케이션을 조작할 수 있다. 현재 많은 언어 강좌에 대화식 화이트보드용 소프트웨어가 설치되어 있다.

Interagency Language Round Table (ILR) 〈*n*〉 부처간 언어원탁협의회

미국 정부 기관에서 언어교육과 언어 사용에 관련한 그룹, 예를 들어 Foreign Service Institute, Federal Bureau of Investigation, Defense Language Institute 등의 총칭. ILR Language Skill Level Descriptions에서는 4가지 언어 기능을 평가하고 있다.

intercultural communication 〈*n*〉 문화 간 의사소통

=interdiscourse communication/intercultural discourse 담화 간 의사소통/문화간 담화

국가적, 지리적, 언어적, 민족적, 직업적, 계급적, 성별적 경계를 포함하는 집단 경계나, 다양한 종류의 담화 체계에 걸쳐 사람들이 서로 의사소통하고 이해하는 방식, 그리고 경계가 언어 사용에 영향을 미치는 방식 등을 연구하는 학제적 분야. 기업 문화, 전문가 집단, 성별 간 담화 체계, 세대별 담화 체계 등에 대한 연구도 포함된다.

interdental 〈*adj*〉 치간음의

아랫니와 윗니 사이에서 혀끝을 좁혀서 산출하는 발화음(자음CONSONANT). 영어 *thick*/θɪk/의 θ, *this*/ðɪs/의 ð 등.

interface 〈*n*〉 인터페이스

SLA에서, 암시적 학습과 암시적 지식, 명시적 학습과 명시적 지식 간의 관계. **강한 인터페이스**(strong interface) 입장에서는 명시적 지식은 연습의 결과로 얻은 자동화 프로세스를 통해 암시적 지식으로 치환될 수 있다고 주장한다. **비인터페이스** (no-interface) 입장에서는 명시적 지식과 암시적 지식은 독립적으로 발달하며, 분리된 체계, 즉 한쪽의 변화가 다른 쪽의 변화를 가져오지 않는다고 주장한다. 이 관점에서는 어떤 영어 학습자가 특정 현상(예를 들어, 시제와 상의 사용법)에 대해 직감과 명시적 지식 둘 다를 가지고 있다고 한다면, 그것은 단지 우연의 일치일 뿐이다. **약한 인터페이스**(weak interface) 입장에도 여러 종류가 있다. 예를 들어,

암시적 체계의 발달에 딱 맞추어 명시적 지식을 사용할 수 있다면, 명시적 지식이 암시적 지식 체계로 성공적으로 통합될 수 있으며, 어떤 언어의 규칙성에 대한 명시적 지식은 학습자가 입력을 처리할 때 이러한 규칙들을 알아차리는 데 도움을 줄 수 있으며, 이를 통해 암시적 지식의 발달로 이어진다고 주장한다.

interference ⟨*n*⟩ 간섭

☞ LANGUAGE TRANSFER

intergroup communication ⟨*n*⟩ 집단 간 의사소통

집단 간, 특히 사회적, 인종적, 언어적으로 다른 집단들 사이의 의사소통. 집단 간 의사소통은 국제어LINGUA FRANCA, 즉 양쪽 집단의 화자가 모두 알고 있는 언어로 진행되기도 한다. 예를 들어, 다양한 언어가 사용되는 인도네시아에서는 공용어인 바하사 인도네시아어(Bahasa Indonesia)가 집단 간 의사소통에 가장 많이 사용되는 언어이다.

☞ INTRAGROUP COMMUNICATION

interim grammar ⟨*n*⟩ 중간 문법

제1언어를 습득하는 아이가 언어 발달의 특정 단계에서 사용하는 일시적인 문법 체계. 아이들의 문법 체계는 새로운 문법 규칙이 발달해감에 따라 변화한다. 즉 일련의 중간 문법을 경험한다고 말할 수 있다.

☞ INTERLANGUAGE

interjection ⟨*n*⟩ 간투사

ugh!, *gosh!*, *wow!*와 같이, 기쁨, 놀람, 충격, 역겨움 등의 감정적 상태나 태도를 나타내지만, 지시적 의미(☞ REFERENCE)는 가지지 않는 것. 간투사는 품사PARTS OF SPEECH의 하나로 간주되는 경우가 많다.

☞ EXCLAMATION[1]

interlanguage ⟨*n*⟩ 중간언어

제2언어/외국어 학습자가 언어를 학습하는 과정에서 생산하는 언어 유형. 언어 학습에서 학습자 언어는 몇 가지 다른 프로세스의 영향을 받는다. 그 중에는 다음과 같은 것이 있다.

a. 모어의 패턴을 차용한다(☞ LANGUAGE TRANSFER).

b. (예를 들어, 유추를 이용하여) 목표어의 패턴을 확장한다.

(☞ OVERGENERALIZATION).

c. 이미 알고 있는 단어나 문법을 이용하여 의미를 표현한다.

(☞ COMMUNICATION STRATEGY).

학습자가 이러한 프로세스를 이용하여 산출하는 언어는 모어와도 다르고 목표어

TARGET LANGUAGE[1]와도 다르기 때문에 중간언어라고 부르기도 하고, 학습자의 중간언어 체계나 **근사 체계**(approximative system)에서 비롯된 결과로 부르기도 한다.

☞ INTERIM GRAMMAR

interlanguage hypothesis 〈*n*〉 중간언어 가설

언어 학습자는 제1언어와도 다르고 목표언어와도 다른, 자연언어의 문법 체계를 가진다는 가설. 즉, 중간언어는 모든 언어와 동일한 원리의 제약을 받는다고 여겨진다.

interlingual error 〈*n*〉 언어 간 오류

(오류분석ERROR ANALYSIS에서) 언어 전이LANGUAGE TRANSFER의 결과로 생기는, 즉 학습자 모어에 의해 생기는 오류. 예를 들어, 정확한 프랑스어 문장 *Elle les regarde*(축어적으로는 'She them sees') 대신에 영어 어순을 따라 산출한 오류문 *Elle regarde les*('She sees them').

언어 내 오류(intralingual error)는 언어 전이 오류라기보다는 목표어TARGET LANGUAGE의 불완전하거나 부분적인 학습의 결과로써 생기는 오류이다. 언어 내 오류는 목표어의 한 항목이 다른 항목에 영향을 줌으로써 발생한다. 예를 들어, 학습자가 *He is coming*과 *He comes*라는 영어 구조를 혼성하여 *He is comes*라는 문장을 산출하기도 한다.

interlingual identification 〈*n*〉 언어 간 동일시

(제2언어/외국어 학습에서) 두 언어에서 구조의 일치나 유사성에 대해 학습자가 내리는 판단. 예를 들어, 새로운 언어의 음 체계를 학습할 때 학습자는 새로운 언어의 '*d*'가 모어의 '*d*'와 동일한지, 다른지를 결정해야 한다. 학습자는 음을 제1언어의 음운 체계에 따라 분류하는 경우가 많아서 목표어 음을 습득하기가 어려워진다.

☞ PHONEME, LANGUAGE TRANSFER

interlocutor 〈*n*〉 대화자

누군가가 말을 하는 상대방을 일컫는 중립적인 용어. 대화에는 적어도 두 명의 대화자가 필요하다. 언어 테스트에서는 테스트 중에 말하기 과업을 완수하기 위해 학생이나 텍스트 수험자의 상호작용 상대가 되는 교사나 다른 훈련 받은 사람을 지칭하는 데 사용하기도 한다.

internal consistency reliability 〈*n*〉 내적 일관성 신뢰도

(테스트에서) 테스트 문항이나 일부가 서로 균질하거나 수미일관하는 정도를 측정하는 척도. 이 신뢰도는 테스트를 한 번 시행한 결과에 기반하며, 개발이 어렵고 고가로 알려진 동형테스트PARALLEL FORM를 필요로 하지 않는다. 내적 일관성 신뢰도는 크론바흐 알파CRONBACH'S ALPHA 큐더 리차드슨 공식KUDER-RICHARDSON FORMULAS, 반분검사 신

뢰도SPLIT-HALF RELIABILITY로 측정한다.

internalization ⟨*n*⟩ 내재화

심리학에서, 외적 표준을 자신의 것으로 받아들이는 프로세스. 한 개인은 사회적인 기준을 배우는 것에서부터 시작해서 그것이 왜 가치가 있는지를 이해하는 과정을 거쳐, 최종적으로 그 기준을 자기 자신의 관점으로 수용한다. 사회문화 이론에서 내재화는 어떤 사람의 활동이 처음에는 다른 사람들이나 문화적 모방의 중개를 받지만, 나중에는 그러한 자원을 자기 자신의 활동에 적합하도록 스스로 통제할 수 있게 되는 프로세스를 뜻한다.

☞ SELF DETERMINATION THEORY

internalized language (I-LANGUAGE) ⟨*n*⟩ 내재적 언어

internal validity ⟨*n*⟩ 내적 타당도

(실험 설계에서) 실험 연구에서 피험자에게 제공된 처치가 관찰하고 있는 참가자의 행동 변화에 책임이 있는 정도. 내적 타당도를 위협하는 (즉, 처치 이외 변화의 원인을 설명할 수 있는) 예로 피험자에게 환경적인 영향을 끼치는 **경력**(history), 예비 테스트와 사후 테스트 간에 피험자가 성장하는 **성숙**(maturation) 등이 있다. 이 요소들은 변화가 처리 자체가 아닌 그 이외의 것에서 기인할 수 있음을 시사한다.

☞ EXTERNAL VALIDITY

International Corpus of English ⟨*n*⟩ 국제영어 코퍼스

영어를 제1언어나 제2공용어로 하는 20개국 이상의 영어 변종을 대표하는 코퍼스. 각국의 연구팀이 자국이나 지역의 영어 변종을 전자코퍼스화하고 있다.

International English Language Testing System (IELTS) ⟨*n*⟩ 국제영어 능력 시험 제도

학문적 목적의 영어 시험으로, 호주, 캐나다, 뉴질랜드, 영국 등의 대학에 입학하기를 희망하는 영어를 비모어로 하는 외국인 유학생의 영어 숙달도를 측정하기 위해 널리 사용되고 있다.

international language ⟨*n*⟩ 국제어

외국어FOREIGN LANGUAGE나 제2언어SECOND LANGUAGE로서, 즉 국제적인 의사소통 언어로서 널리 사용되고 있는 언어. 영어는 가장 광범위하게 사용되고 있는 국제어이다.

International Phonetic Alphabet (IPA) ⟨*n*⟩ 국제 음성 기호

국제음성학협회(International Phonetic Association)가 공통의 원리를 이용하여 모든 인간 언어의 발음을 표기하기 위해 설계한 기호체계. 기호는 문자와 발음구별부호 DIACRITICS로 구성되어 있다. 일부 문자는 로마자에서 가져왔고, 영어 *show*/ʃəʊ/에서 와 같이, /ʃ/, /ə/, /ʊ/와 같은 특수 기호도 있다.

International Second Language Proficiency Ratings (ISLPR) ⟨*n*⟩ 국제 제2언어 숙달도 등급

이전에 **호주 제2언어 숙달도 등급**(Australian Second Language Proficiency Ratings) (ASLPR)로 부르던 것으로, ISLPR은 언어의 4기능을 '0'(숙달도 0)에서 '5'(모어화자 레벨의 숙달도)까지의 12단계로 평가하는 숙달도 척도로 구성되어 있다. 각 단계의 수험자가 어떤 언어 형식을 사용하여 어느 정도 수행능력을 보이는가를 기술하고 있다.

☞ Foreign Service Oral Interview

international teaching assistant (ITA) ⟨*n*⟩ 외국인 조교/TA

미국의 많은 대학 강좌는 영어를 제2언어/외국어로 하는 국가, 혹은 학생들에게 익숙하지 않은 악센트를 가진 국가에서 온 TA가 담당한다. 일부 대학에서는 특별 훈련 프로그램을 설치하여 TA가 언어적, 전통적, 사회문화적인 이슈를 다룰 수 있도록 지원하고 있다.

Internet Relay Chat (IRC) ⟨*n*⟩ 인터넷 릴레이 채트

interpersonal function ⟨*n*⟩ 대인관계 기능

☞ FUNCTIONS OF LANGUAGE[2]

interpersonal semantics ⟨*n*⟩ 대인적 의미론

☞ SYSTEMIC-FUNCTIONAL LINGUISTICS

interpretation ⟨*n*⟩ 통역

=interpreting

한 언어에서 사용되고 있는 구어, 즉 기점 언어(☞ SOURCE LANGUAGE)를 그 언어를 이해하지 못하는 (혹은 부분적으로만 이해하는) 청자의 편의를 위해 다른 언어TARGET LANGUAGE[2]로 치환하는 행위. 화자가 통역을 위해 말을 끝내거나 휴지를 둔 후에 하는 통역을 **순차통역**(consecutive interpretation)이라고 한다. 만약 통역이 화자가 말을 하고 있는 동안에 진행되고 화자의 발화와 평행하게 계속된다면, 이는 **동시통역**(simultaneous interpretation)이라고 부른다. 통역은 학회, 법정 등 다양한 상황에서 필요하다.

☞ TRANSLATION

interpreter ⟨*n*⟩ 통역사

일반적으로, 화자의 말을 한 언어에서 다른 언어로 옮기는 사람. **공인 통역사** (accredited interpreter; certified interpreter)는 통번역협회(ITI)와 같은 전문적 기관에서 훈련, 경험, 시험을 토대로 발행한 자격증을 가진 사람이다. 통역사 중에는 고도의 전문적 스킬을 가지고 있는 사람도 있고, 회의 통역사CONFERENCE INTERPRETER나

법정 통역사COURT INTERPRETER 자격을 가지고 있는 사람도 있다.

interpreting 〈*n*〉 통역

    ☞ INTERPRETATION

interpretive error 〈*n*〉 해석 오류

    ☞ ERROR

interpretive semantics 〈*n*〉 해석의미론

생성문법GENERATIVE GRAMMAR 모델에서, 의미의 위치에 관한 이론. 해석의미론에서는 **의미 부문**(semantic component)이라 불리는 의미 부문(meaning component)을 문법의 일부로 간주한다. 이 부문은 문장의 의미를 해석하는 규칙들을 포함하고 있다. 이 이론은 의미 부문이 문법의 가장 기본적인 부분이며 여기에서 어떤 언어의 모든 문장들이 '생성될' 수 있다고 주장하는 생성의미론GENERATIVE SEMANTICS과는 입장이 다르다(☞ GENERATIVE GRAMMAR, RULE[2]). 생성의미론에서는 통사 규칙이 문장의 의미에 적용되어 그 형태를 산출한다고 주장한다. 해석의미론에서는 의미 규칙이 문장의 단어와 통사 구조에 적용되어 그 의미를 분명히 한다.

inter-rater reliability 〈*n*〉 평정자 간 신뢰도

(평가에서) 다른 시험관이나 평정자가 능력(예를 들어, L2 쓰기 숙달도)에 대해 각기 주관적 평정을 할 때 그 능력에 대한 평가가 일치하고 있는 정도. 다른 평정자가 숙달도의 다양한 측면을 측정하는 평정 척도RATING SCALE를 이용하여 수험자를 대략 동일한 순서로 서열화한다고 한다면, 그 평정 척도는 높은 평정자간 신뢰도를 가진다고 말할 수 있다.

    ☞ INTRA-RATER RELIABILITY

interrogative pronoun 〈*n*〉 의문대명사

의문문을 형성하기 위해 사용하는 *wh*-대명사(*who, which, what, whose, who(m)* 등)

    Which is your book?

    What is your name?

    ☞ WH-QUESTION

interrogative sentence 〈*n*〉 의문문

의문 형식의 문장. 예) *Did you open the window?*

그러나 의문문이 항상 질문 기능을 하는 것은 아니다.

    Could you shut the window?

위 문장은 누군가가 창문을 닫아주기를 요청하고 있는 것이지, 그 사람이 그렇게 할 수 있는지를 묻고 있는 것이 아니다.

    ☞ DECLARATIVE SENTENCE, IMPERATIVE SENTENCE

intertextuality ⟨*n*⟩ 상호텍스트성

어떤 텍스트의 사용을 다른 텍스트의 지식에 의존하게 하는 제 요인들. 텍스트 해석 시, 독자는 그 텍스트와 자신이 이전에 만난 적이 있는 다른 텍스트를 관련짓는다. 따라서 예를 들어, 이야기책을 읽을 때 독자는 이전에 만난 다른 이야기에 의존해야만 그 이야기를 이해할 수 있다. 이처럼 독자가 텍스트로부터 끌어내는 의미는 텍스트와, 그 텍스트가 속한 장르와 관련된 사회적·문학적 관습에 관한 독자의 지식, 텍스트 자체의 내용, 그리고 텍스트와 다른 텍스트와의 관계 등과 같은 제 요인들 간의 상호작용의 결과이다.

interval scale ⟨*n*⟩ 간격 척도

☞ SCALE

interview ⟨*n*⟩ 인터뷰/면담

정보 수집을 위해 조사자와 개인, 혹은 집단 사이에 행해지는 대화. 인터뷰는 언어 분석을 위한 자료 수집에 이용되며(☞ FIELDWORK), 요구분석NEEDS ANALYSIS에도 이용된다.

☞ DEPTH INTERVIEW, FOCUSED INTERVIEW, GUIDED INTERVIEW, INTERVIEW

interview guide ⟨*n*⟩ 인터뷰 가이드

인터뷰 동안 면접관이 사용하는 화제의 목록. 인터뷰 가이드는 면접관이 인터뷰 동안 중요한 화제를 커버하고 있음을 확인하는 데 도움을 주며, 인터뷰 스케줄과는 다르다(☞ GUIDED SCHEDULE). 후자는 질문할 화제만을 커버하고 물을 실제적인 질문은 들어 있지 않다.

interview schedule ⟨*n*⟩ 인터뷰 스케줄

☞ GUIDED INTERVIEW

intervocalic ⟨*adj*⟩ 모음 간의

두 모음 사이에 생기는 자음CONSONANT. 예를 들어, 영어 *lady*의 *d*는 모음 간 자음이다.

intimate speech/intimate speech style ⟨*n*⟩ 친밀한 발화/친밀한 발화 스타일

가족, 친한 친구 등과 같이, 가깝고 개인적 관계에 있는 사람들끼리 사용하는 발화 형식. 친밀한 발화에는 다음과 같은 특징이 있다.

1. 공유된 지식이 많기 때문에 의미가 간접적이거나 함축적으로 많이 전달된다.
2. 정교한 언어 형식이 결여되어 있다.

intonation ⟨*n*⟩ 인토네이션/음조

말을 할 때 사람들은 보통 자신의 목소리 높이PITCH를 높이거나 낮춰서 피치 패턴을

형성한다. 그리고 발화의 일부 음절을 크게 말하거나 발화 리듬SPEECH RHYTHM을 바꾸기도 한다. 이러한 현상을 인토네이션이라고 부른다. 인토네이션은 무작위로 생기는 것이 아니라 일정한 패턴(☞ INTONATION CONTOUR)을 가진다. 인토네이션은 문장 내의 단어에 의해 표현된 정보를 전달하는 데 사용된다.

☞ KEY², PITCH LEVEL, TONE UNIT

intonation contour ⟨*n*⟩ 음조 곡선

=intonation pattern 음조 패턴, pitch contour 피치 곡선, pitch pattern 피치 패턴

발화UTTERANCE에 생기는 피치 변화 패턴. 소리의 크기와 발화 리듬SPEECH RHYTHM의 차이를 동반하기도 한다. 음조 곡선은 문법적 기능을 가질 수 있다. 예를 들어, *ready?*를 상승조로 말하면 의문문인 반면, 하강조로 말하면 진술문이 된다. 인토네이션은 화제에 대한 화자의 태도를 표시하기도 한다. 예를 들어, *I TOLD you so*에서 단어 *told*에 강세와 피치 상승을 주고, 그 뒤의 문말까지 하강 피치로 말하면, 짜증을 나타내게 된다. 일부 음조 곡선은 특정 문장 유형과 결합한다.

일반적으로 말해, 하강 인토네이션은 확실성과 연결되고, 상승 인토네이션은 불확실성과 연결된다. 영어 평서문은 전형적으로 문장의 마지막 강세 단어에서 피치가 급격하게 상승하고 나서 다시 하강한다. 예를 들어, *Language is a social phenomenon*은 전형적으로 *social*의 제1음절에서 상승했다가 그 뒤 문장의 남은 음절에서 서서히 하강하는 음조 곡선을 취한다.

*Is language a social phenomenon?*과 같은 *yes-no* 의문문에서는 문장의 시작부터 끝까지 길고 점진적인 상승 피치를 가진다. *wh-*의문문은 보통 평서문과 동일한 음조 곡선을 취한다. 예를 들어, 의문문 *What kind of phenomenon is language?*에서는 급격한 상승이 단어 *language*의 제1음절에서 나타난다.

*Is language a social, psychological, or biological phenomenon?*과 같은 선택의문문은 전형적으로는 **열거 음조**(list intonation), 즉 화자가 제시한 마지막 선택지 (*biological*)를 제외하고 각 선택지 (*social, psychological*)에 짧은 상승 피치를 가지며 마지막 선택지에는 상승–하강 인토네이션을 가진다. *Language is a social phenomenon, isn't it?*과 같은 부가의문문은 전형적으로 주절은 평서문의 음조 곡선을 가지고, 만약 화자가 청자에게 확인을 요구한다면, 부가의문문 부분 (*isn't it?*)의 인토네이션을 높이고, 화자가 청자에게 동의를 구하는 것이라면, 부가의문문 부분을 하강 인토네이션으로 말한다.

음조 패턴은 언어에 따라 다르며, 동일 언어의 변종 사이에서조차 다른 경우가 있다. 예를 들어, 현대 영어의 평서문에서 *yes-no* 의문문의 음조 패턴을 사용하는

관행은 젊은 화자의 특성으로 알려져 있다.
> ☞ TONE UNIT

intonation pattern ⟨*n*⟩ 음조 패턴
=음조 곡선INTONATION CONTOUR

intragroup communication ⟨*n*⟩ 집단 내 의사소통

한 집단의 구성원 간의 의사소통. 다민족 국가나 공동체에서 대다수의 국민이 모르거나 잘 사용하지 않는 언어가 특정 민족 집단 내에서 의사소통을 위해 사용되기도 한다. 미국 일부에서 멕시코계 미국인들 사이에서 사용하는 스페인어가 대표적인 예이다.

> ☞ COMMUNITY LANGUAGE, INTERGROUP COMMUNICATION

intralingual error ⟨*n*⟩ 언어 내 오류
> ☞ INTERLINGUAL ERROR

intransitive verb ⟨*n*⟩ 자동사
> ☞ TRANSITIVE VERB

intra-rater reliability ⟨*n*⟩ 평가자 내 신뢰도

(평가에서) 능력(예를 들어, L2 말하기 숙달도)을 주관적으로 평정하는 시험관이나 평가자가 동일 능력에 대해 다른 평가를 두 번 이상 반복했을 때 동일한 평가를 내릴 수 있는 정도

> ☞ INTER-RATER RELIABILITY

intrinsic motivation ⟨*n*⟩ 내재적 동기
> ☞ MOTIVATION

introduction ⟨*n*⟩ 서론/도입
> ☞ ESSAY

introspection ⟨*n*⟩ 성찰
> ☞ VERBAL REPORTING

introvert ⟨*n*⟩ 내향적인 사람
> ☞ EXTROVERT

intrusion ⟨*n*⟩ 침입(음) intrusive ⟨*adj*⟩

모음으로 시작하는 후속 단어와 연결하기 위해 단어 끝에 자음을 추가적으로 더할 때, 이를 침입이라고 한다. 영어에서는 침입적인 /r/을 특히 *and* 앞에 자주 더한다.

China and Japan /ˈtʃaɪər ən dʒəˈpæn/
Lena and Sue /ˈliː nər ən ˈsuː/

☞ LINKING

intuitive knowledge ⟨***n***⟩ 직관적 지식

☞ IMPLICIT KNOWLEDGE

inversion ⟨***n***⟩ 도치

두 표현의 순서가 바뀌는 이동 조작. 예를 들어, 영어 평서문에서는 조동사가 주어 명사의 뒤에 오지만(*He will come by at 8 o'clock*), 의문문에서는 주어 앞에 온다(*Will he come by at 8?*) 이 특수 조작을 **주어·동사 도치**(subject·verb inversion)라 부른다.

investment ⟨***n***⟩ 투자

☞ SOCIAL CAPITAL

IO ⟨***n***⟩

=간접목적어 관계절INDIRECT OBJECT RELATIVE CLAUSE

☞ NOUN PHRASE ACCESSIBILITY HIERARCHY

IPA ⟨***n***⟩

1. 국제음성협회INTERNATIONAL PHONETIC ASSOCIATION

2. 국제음성기호INTERNATIONAL PHONETIC ALPHABET

IRB ⟨***n***⟩

=기관윤리심의위원회INSTITUTIONAL REVIEW BOARD

IRC ⟨***n***⟩

인터넷 릴레이 채팅(Internet Relay Chat)의 머리글자로, 전세계적으로 동시에 다중 이용자가 실시간으로 타인과 대화할 수 있는 채팅할 수 있는 프로토콜. IRC는 무료 다운로드할 수 있는 프로그램이며, 동시적 커뮤니케이션SYNCHRONOUS COMMUNICATION에 관심 있는 키팔KEYPALS(키보드로 쓰는 전자우편 친구)을 구축하기 위해 언어 교실에서 활용되고 있다.

IRE ⟨***n***⟩ IRE

=시작INITIATION-응답RESPONSE-평가EVALUATION

☞ EXCHANGE

IRF ⟨***n***⟩

=시작INITIATION-응답RESPONSE-피드백FEEDBACK

☞ EXCHANGE

irregular verb ⟨***n***⟩ 불규칙동사

☞ REGULAR VERB

IRT ⟨***n***⟩

=문항응답 이론ITEM RESPONSE THEORY

ISLPR ⟨*n*⟩

=국제 제2언어 숙달도 등급THE INTERNATIONAL SECOND LANGUAGE PROFICIENCY

isogloss ⟨*n*⟩ 등어선

지도상에 특정 언어 이론의 경계를 표시한 선. 이러한 등어선 꾸러미는 방언DIALECT 의 경계를 표시하는 데 자주 사용된다.

isolating language ⟨*n*⟩ 고립어

=analytic language 분석적 언어

어형 변화가 없으며, 어순WORD ORDER과 기능어FUNCTION WORD 사용에 의해 문법적 기능 이 표시되는 언어. 예를 들어 표준 중국어에서,

júzi	*wǒ*	*chī*	*le*
orange	I	eat(완료를 나타내는 기능어)	

=I ate the orange.

wǒ	*chī*	*le*	*júzi*	*le*
I	eat(기능어)		orange(기능어)	

=I have eaten an orange.

고립어, 굴절어INFLECTING LANGUAGE, 교착어AGGLUTINATING LANGUAGE 간의 구별이 명확하지는 않지만, 중국어와 베트남어는 고도로 고립적인 언어에 속한다. 영어는 프랑스어, 독일어, 러시아어와 같은 다른 유럽 언어에 비해 상대적으로 고립적이지만, 마찬가 지로 굴절어이다.

IT ⟨*n*⟩ 정보기술

☞ INFORMATION TECHNOLOGY

ITA ⟨*n*⟩

=외국인 조교INTERNATIONAL TEACHING ASSISTANT

item ⟨*n*⟩ 항목/문항

테스트에서 학생에게 해답을 요구하는 개별 질문

item analysis ⟨*n*⟩ 문항 분석/항목 분석

(테스트에서) 테스트 문항이 어느 정도 유효한가, 혹은 테스트 문항이 수준 높은 수험자와 낮은 수험자 간의 차이를 보여주고 있는가를 조사하기 위해, 테스트 문항 에 대한 응답을 분석하는 것

☞ DISTRACTOR EFFICIENCY ANALYSIS, ITEM FACILITY,
   ITEM DISCRIMINATION

item difficulty ⟨***n***⟩ 문항 난이도

☞ ITEM FACILITY

item discrimination (d-index) ⟨***n***⟩ 문항 변별력

(테스트에서) 테스트 문항이 수험자들 간의 능력 차에 어느 정도 민감한가를 나타내는 측도. 테스트의 특정 문항에 대해 전반적으로 시험을 잘 본 수험자와 그렇지 않은 수험자가 모두 동일한 방식으로 답하였다면, 그 문항은 변별력이 낮다고 할 수 있다. 문항 분석ITEM ANALYSIS에서는 개별 항목에 대한 응답(즉, 문항)과 테스트 전체 득점(즉, 전체) 간의 문항-전체 점양류상관item-total POINT-BISERIAL CORRELATION이 변별력 평가값으로 자주 이용된다. 혹은 대안으로 다음 공식을 이용하여 문항 변별력 지수를 계산할 수 있다.

$$ID = IF_{upper} - IF_{lower}$$

위 공식에서 ID=개별 항목의 문항 변별력, IF_{upper}=전체 테스트에서 상위 1/3(33%) 집단에 대한 문항 난이도, IF_{lower}=테스트 전체에서 하위 1/3(33%) 집단에 대한 항목 난이도이다. ID 지수는 +1.00에서 -1.00 범위이다.

규준참조 평가NORM-REFERENCED TEST에서 낮고 부정적인 ID 지수를 보인 문항은 수정이 필요하다.

item facility ⟨***n***⟩ 항목 용이도

=difficulty index 난이도 지수, facility 용이도, facility index 용이도 지수, facility value 용이도값, item difficulty 문항 난이도, p-value p값

(테스트에서) 테스트 문항의 용이도 측도. 테스트 문항에 정확히 답한 수험자의 비율로, 다음 공식을 이용하여 구한다.

$$항목\ 용이도(IF) = \frac{R}{N}$$

위 공식에서 R=정답수, N=수험자 수이다. N에 대한 R의 비율이 높을수록 문항 용이도가 높다.

item pool ⟨***n***⟩ 문제 은행

☞ ITEM BANK

item response theory (IRT) ⟨***n***⟩ 문항반응 이론

고전적 테스트 이론CLASSICAL TEST THEORY에 대립되는 현대적 측정 이론으로, 어떤 기저의 능력을 가진 수험자가 특정 문항을 정확히, 혹은 틀리게 답하는 확률에 기초한다. 중요한 세 종류의 IRT 모델 간의 차이는 각 모델에서 평가되는 패러미터의 수이다.

1-패러미터 모델(one-parameter model), 혹은 **라쉬 모델**(Rasch model)이라 부르는

모델은 문항 난이도(b-패러미터[b-parameter])만을 평가한다.

2-패러미터 모델(two-parameter model)은 문항 난이도와 문항 변별력(a-패러미터 [a-parameter])을 고려한다.

3-패러미터 모델(three-parameter model)에서는 문항 변별력과 문항 난이도의 패러 미터에 더해 추량 인자(c-패러미터[c-parameter])를 평가한다.

IRT 모델에서는 패러미터기 많을수록 디 복잡해지고, 더 큰 표본 사이즈가 요구된 다. IRT는 테스트 편향성(예를 들어, 차이항목 반응DIFFERENTIAL ITEM RESPONSE)을 추출하 거나, 컴퓨터 적응형 테스트COMPUTER-ADAPTIVE TEST를 개발할 때 이용된다.

☞ CLASSICAL TEST THEORY

item specifications ⟨*n*⟩ 문항 명세서

테스트 문항 작성 시의 지침으로, 다음과 같은 요소들로 구성된다: (a) 문항을 통해 측정해야 할 스킬에 대한 짧고 일반적인 설명, (b) 문항 내에서 수험자가 응답할 소재(즉, **프롬프트**[prompt]의 기술), (c) 프롬프트에 대해 수험자에게 기대되 는 사항(예를 들어, 다지선다형MULTIPLE-CHOICE ITEM으로 네 선택지 중에서 정답 하나를 고른다)과 응답의 평가 방법(예를 들어, 에세이의 평가 기준RANKING CRITERIA 등)의 기 술, (d) 이 명세서에 따라 작성된 샘플 문항

☞ TEST ITEM, TEST SPECIFICATIONS

ITI ⟨*n*⟩

=통번역협회THE INSTITUTE OF TRANSLATION AND INTERPRETING

J

jargon 〈**n**〉 전문어

특정 직업이나 전문가 혹은 공통의 관심사를 가진 사람들의 집단이 사용하는 구어나 문어.

예) 법 전문어(the jargon of law), 의학 전문어(medical jargon)

특정 전문어에는 특유의 단어와 표현이 있고, 외부자는 이해할 수 없는 경우가 많다. jargon이라는 용어는 보통은 그 집단 내에서는 사용되지 않고, 그 특정 언어에 익숙하지 않은 사람과 그것을 좋아하지 않는 사람들이 주로 사용한다. jargon은 피진어의 제1 (발달) 단계를 나타내기 위해 사용되는 경우도 있다. 제1 발달 단계에서는 큰 개인차, 단순한 음 체계, 짧은 문장, 제한된 수의 단어와 같은 특징이 있다.

jigsaw activity 〈**n**〉 직소 활동

언어교수에서 학습자 그룹이 각기 필요한 다른 정보를 특정 과업을 완수하기 위해 그것을 조합해야 하는 일종의 정보차INFORMATION GAP 활동. 직소 듣기 활동이나 읽기 활동에서, 그룹들은 나누어져 있지만 서로 연결된 부분들을 처리한 다음, 교실 토의나 그룹 상호작용을 통해 자신들의 정보를 결합하여 텍스트 전체를 재구성한다.

☞ CO-OPERATIVE LEARNING

journal 〈**n**〉 저널

☞ LEARNING LOG

juncture 〈**n**〉 연접

발화에서, 음성 사이의 흐름과 휴지를 설명하는 두 음소PHONEME 간의 경계. 일반적으로 세 유형의 연접이 인정되고 있다.

1. **닫힌 연접**(close juncture): *speak*에서 /s/와 /p/처럼, 두 음 사이의 빠른 전이에 의해 구분되는 것

2. **열린 연접**(open juncture): *ice cream*과 *I scream*에서처럼, 두 음 간의 짧은 휴지에 의해 구분되는 것

3. **말미 연접**(terminal juncture): *My employer, Mrs Brown, is from Canada*에서 *Mrs Brown*의 전후에서처럼, 음 뒤의 휴지에 의해 구분되는 것.

K

Kendall rank-order correlation 〈**n**〉 켄달의 순위 상관계수

=Kendall's tau (t)

☞ CORRELATION

Kendall's coefficient of concordance 〈**n**〉 켄달의 일치도 계수

=Kendall's W

데이터 군(예를 들어, ESL 학생들이 쓴 에세이 10편)의 순위를 매길 때 둘 이상의 평가자 간의 일치AGREEMENT 정도를 측정하는 척도로, 일치 계수coefficient of CONCORDANCE로 도 불린다. 값은 0.00(평가자 간에 전혀 일치하지 않는다)에서 +1.00(평가자 간에 완전히 일치한다) 사이에 있고, 부(negative)의 값은 없다. Kendall's W는 두 개 이상 의 순서나 순위가 매겨진 변수들 간의 관계를 조사할 수 있는 반면, 스피어만 순위 상관SPEARMAN'S RANK-ORDER CORRELATION은 두 순서 변수 간의 관계만을 측정한다.

Kendall's tau (τ) 〈**n**〉

=켄달의 순위 상관계수KENDALL RANK-ORDER CORRELATION

Kendall's W 〈**n**〉

=켄달의 일치도 계수KENDALL'S COEFFICIENT OF CONCORDANCE

KET (Key English Test) 〈**n**〉 핵심 영어 테스트

☞ CAMBRIDGE EXAMS

key[1] 〈**n**〉 어감

발화 행위SPEECH ACT가 행해질 때의 어조, 방식, 혹은 기분. 예를 들어, 조롱조로 말하 는가, 진지하게 말하고 있는가 등. 어감의 선택은 상황과 화자 간의 관계에 의해 결정된다. 예를 들어, *If you do that I'll never speak to you again*이라는 진술은 실제적인 위협일 수도 있고 거짓 위협일 수도 있다. 어감의 표시는 언어적일 수도 있고(예를 들어, 인토네이션INTONATION), 비언어적일 수도 있다(예를 들어, 윙크, 제스 처).

key[2] 〈**n**〉 어조

(인토네이션INTONATION에서) 특정한 의미를 청자에게 전달하기 위해 음조 곡선(☞ TONE UNIT)과 함께 화자에 의해 선택된 음높이PITCH 레벨을 말한다. 영어에는 고어조, 중어조, 저어조 간의 구별이 가능하다. 예를 들어, 다음 예와 같이 고어조를

선택하면, 대조를 나타내는 경우가 많다.

> *But she's Peter's WIFE* (*wife*는 하강조도 동반한다)

이 예는 그녀가 *Peter*의 여동생이라고 막 진술한 사람에 대한 응답일 것이다.

☞ PITCH LEVEL

key[3] 〈*n*〉 정답

(테스트에서) 선다형MULTIPLE-CHOICE ITEM 문항에서 정확한 선택항

☞ DISTRACTOR

keypals 〈*n*〉 키팔

(*keyboard*와 *penpal*에서 유추되어) 전자메일을 교환하는 사람. 키팔은 제2언어 코스에서 인기 있으며, 쉽게 구축할 수 있는 방법 중 하나이다.

keyword 〈*n*〉 핵심어/키워드

어떤 텍스트에서 높은 빈도로 출현하고, 보통은 그 텍스트의 화제를 반영하는 단어

keyword technique 〈*n*〉 핵심어 기법

(제2언어 학습에서) 학습자가 목표언어로 단어를 기억하기 위해 모어의 동음이철자어HOMOPHONES(기준어[key word])를 생각해 내는 학습 전략.

그런 다음, 학습자는 동음이철자어와 목표언어의 단어가 어떤 방식으로 관련되어 있는 상황을 상상한다. 목표 단어를 기억해 낼 때 학습자는 동음이철자어와 그것이 사용되는 상황을 떠올린다. 예를 들어, *door*에 상당하는 프랑스어 단어 *porte*를 학습할 때 학습자는 영어에서 그것과 비슷한 동음이철자어, 예컨대 *porter*(짐꾼)를 떠올린다.

그런 다음, 이 학습자는 *porter*와 관련된 상황—예를 들어 가방을 옮기기 위해 문을 여는 *porte*—을 떠올린다. 이 학습자가 *door*에 해당하는 프랑스어 단어를 떠올렸을 때는 그 상황과 기준어인 *porter*가 떠오를 것이다. 이렇게 해서 프랑스어 *porte*를 더 쉽게 기억해 낸다.

kinesics 〈*n*〉 동작학 kinesic 〈*adj*〉

☞ PARALINGUISTICS

kinesthetic experience 〈*n*〉 운동감각적 경험

음의 인지 및 산출과 연동하는 신체적 움직임의 감각

kinesthetic feedback 〈*n*〉 운동감각적 피드백

(말하기나 쓰기에서) 구어나 문어를 산출할 때 사용하는 근육이나 기관 등의 움직임과 위치로부터 받는 피드백. 예를 들어, 입 안에서 혀의 위치가 어디에 있는가를 느낄 수 있는 능력은 명료하게 말하는 데 있어서 중요한 요소이다. 반대로 이 운동

K

감각적 피드백이 (예를 들어, 혀의 감각을 마비시키는 치과 주사를 맞은 결과)
방해를 받게 된다면, 발화가 불분명해진다. 의사소통을 모니터하는 데 사용되는
다른 피드백 유형으로 청각 피드백AUDITORY FEEDBACK이 있다.

Kinesthetic learner ⟨*n*⟩ 운동감각적 학습자

듣거나 보면서 학습하는 것보다 신체적인 활동을 통해 배우는 것을 좋아하는 학습
스타일

     ☞ LEARNING STYLE

koineization ⟨*n*⟩ 코이네화/방언 간의 혼종

     ☞ DIALECT LEVELLING

Knowledge About Language (KAL) ⟨*n*⟩ 언어에 대한 지식

교사교육과 교사 인지TEACHER COGNITION 이론에서, 교사가 자신의 교수에서 활용하는
언어에 대한 모든 유형의 지식, 예를 들어 문법, 언어 사용, 제2언어 학습 등에
관한 지식. 교사교육에서 중요한 이슈는 언어 교사의 교육에 대한 지식 기반 일부
를 형성하는 언어에 대한 지식(KAL) 유형과 교사가 자신의 교수에서 그러한 지식
에 어느 정도 접근하여 사용하는가 등이다.

KR20 ⟨*n*⟩

   =쿠더-리처드슨 공식 20KUDER-RICHARDSON FORMULA 20

KR21 ⟨*n*⟩

   =쿠더-리처드슨 공식 21KUDER-RICHARDSON FORMULA 21

K through 12 (K-12) ⟨*n*⟩

미국에서, 유치원에서 고등학교 최종학년에 걸친 12년간의 취학 기간

Kuder-Richardson formulas ⟨*n*⟩ 쿠더-리처드슨 공식

내적 일관성 척도로, 이분법적으로 채점되는 문항들(즉, 정답에는 1점, 오답에는
0점)이 포함된 테스트의 신뢰성RELIABILITY을 추정할 때 사용된다.
쿠더-리처드슨 공식 20(Kuder-Richardson formula 20: KR20)과 **쿠더-리처드슨 공식
21**(Kuder-Richardson 21: KR21)의 두 종류가 있다.
KR20은 (a) 테스트 문항 수, (b) 문항별 난이도, (c) 테스트의 총 득점의 분산VARIANCE
에 대한 정보에 기반한다. KR21보다 사용하기 쉽지만(문항 용이도ITEM FACILITY를 계산
할 필요가 없다), 정확성이 낮은 것이 KR21이다. KR21은 (a) 테스트 문항 수, (b)
테스트의 평균MEAN, (c) 테스트 총 득점의 분산VARIANCE에 대한 정보에 기반한다.
이 정보들은 모두 쉽게 얻을 수 있지만, 문항 난이도 측면에서 모든 문항들이 동일
하다는 가정이 필요하다.

☞ CRONBACH ALPHA, INTERNAL CONSISTENCY RELIABILITY

kurtosis ⟨***n***⟩ 첨도

특정 분포DISTRIBUTION의 봉우리가 정규분포NORMAL DISTRIBUTION의 봉우리로부터 어느 정도 떨어져 있는가를 나타내는 척도. 분포 봉우리가 정규분포보다 더 뾰족할 때의 봉우리 형태를 **급첨적**(leptokurtic)이라고 하고, 봉우리가 더 평평할 때는 모양이 **평첨적**(platykurtic)이라고 한다.

K

L

L1 〈**n**〉 제1언어

☞ FIRST LANGUAGE

L2 〈**n**〉 제2언어/L2

labeled bracketing 〈**n**〉 대괄호 구분

구나 문장의 구 구조(구성소 구조)를 표시하는 한 가지 기법. 예를 들어, 영어 명사
구 *an experienced journalist*의 구조는 [D *an*] [A *experienced*] [N *journalist*]와 같이
표시할 수 있다. 이때 D는 결정사, A는 형용사, N은 명사를 각각 나타낸다.

labial 〈**n**〉 순음

입술을 이용하여 조음하는 소리

☞ BILABIAL, LABIO-DENTAL

labialization 〈**n**〉 순음화

영어의 /w/나 /ʃ/에서와 같이, 소리에 입술을 오므리는 것이 더해지는 2차 조음.
영어 변종에 따라서는 /l/과 /r/이 강하게 **순음화되기도**(labialized) 한다.

labio-dental 〈**adj**〉 순치음의

아랫입술을 윗니에 대거나 접근시켜 산출하는 소리(자음CONSONANT)이다. 예를 들어,
영어 *fat*/fæt/의 /f/와 *vat*/væt/의 /v/는 순치마찰음이다.

☞ PLACE OF ARTICULATION, MANNER OF ARTICULATION

laboratory experiences 〈**n**〉 실험실 실험

(교사교육에서) 직접적이거나 모의적인 교수·학습 활동으로, 통제되고 단순화된
상황에서 교실에서의 교수나 학습의 측면들을 관찰, 응용, 탐구, 분석하는 활동을
말한다. 통제의 정도, 현실성, 복잡성의 정도에는 차이가 있을 수 있다. 교사교육에
이용되는 것으로는 오디오나 비디오 녹화, 사례 연구, 미시적 교육기법, 롤플레이,
시뮬레이션 등이 있다. 실험실 실험은 교수와 관련한 다양한 측면들이 통제되기
때문에 실제적인 교육 실험이 더 선호된다.

laboratory research 〈**n**〉 실험실 연구

실험실에서와 같이, 통제된 조건 하에서 행해지는 연구를 말한다. 학교나 형식적인
제2언어 교수·학습은 복잡하기 때문에 실제 교실에서 조사하기가 쉽지 않다. 교수
와 학습에 관한 가설이나 이론을 검증하기 위해 독립 변수INDEPENDENT VARIABLES를 주의

깊게 정의하고, 다른 영향 변수들을 최대한 배제하는 실험이 행해진다.

LAD ⟨**n**⟩

＝언어습득장치|LANGUAGE ACQUISITION DEVICE

laminal ⟨**adj**⟩ 설단음

설단(혓날[lamina])이 위 앞니나 윗니 뒤의 **치경**(alveolar ridge)에 닿아서 나는 소리 (자음). 영어에서 *shoe*/ʃuː/의 /ʃ/가 설단마찰음|laminal FRICATIVE이다.

☞ PLACE OF ARTICULATION, MANNER OF ARTICULATION

LAN ⟨**n**⟩ 근거리통신망/랜

근거리통신망|LOCAL AREA NETWORK의 약자로, 컴퓨터를 교실이나 캠퍼스 단위로 묶어 인터넷에 접속하지 않고 접근할 수 있는 시스템

language[1] ⟨**n**⟩ 언어

소리(혹은 그것을 문자화한 것)와 그것을 구조적으로 배열한 더 큰 단위인 형태소 MORPHEMES, 단어|WORDS, 문장|SENTENCES, 발화|UTTERANCES로 구성된 인간의 의사소통 체계. 꿀벌의 '언어', 돌고래의 '언어'와 같이, 인간 이외의 의사소통 체계를 가리킬 때도 사용된다.

language[2] ⟨**n**⟩ 언어

프랑스어, 힌디어와 같이, 인간 의사소통의 특정 체계(☞LANGUAGE[1]). 일본의 일본어와 같이, 특정 국가의 국민 대다수가 사용하는 언어가 있는가 하면, 인도의 타밀어나 캐나다의 프랑스어처럼, 일부 국민만이 사용하는 언어도 있다.

언어는 한 국가 내에서 지역에 따라 다른 방식으로 사용되기도 한다. 어떤 언어가 사람에 따라 달리 사용될 때는 지역적, 사회적 변이로 기술된다(☞ DIALECT, SOCIOLECT). 경우에 따라서는 언어들 간의 연속체가 존재하기도 한다. 언어 X와 언어 Y가 계통적으로 관련이 있다면, 언어 X의 방언 A와 다른 국가의 언어 Y의 방언 B가 매우 유사할 수도 있다. 스웨덴과 노르웨이의 국경 지대나 독일과 네덜란 드의 국경 지대에서 그 예를 찾을 수 있다.

☞ REGISTER

language achievement ⟨**n**⟩ 언어 도달도

제2언어|SECOND LANGUAGE와 외국어|FOREIGN LANGUAGE에서, 학습자가 특정 교수 기간 후에 학습하였거나 습득하게 된 정도. 언어 도달도는 특정 언어 코스의 시작 전에 측정 하는 언어 적성과는 구별된다.

language acquisition ⟨**n**⟩ 언어 습득

＝language learning 언어 학습

언어의 학습과 발달을 말한다. 모어 학습을 제1언어 습득FIRST LANGUAGE ACQUISITION이라 부르고, 제2언어/외국어 학습을 제2언어 습득SECOND LANGUAGE ACQUISITION이라 한다. 연구자에 따라서는 'learning(학습)'과 'acquisition(습득)'을 동일한 의미로 사용하기도 하며, 이 두 용어를 구별하여 'learning'은 외국어FOREIGN LANGUAGE 상황에서 전형적이고, 언어에 대한 명시적 규칙 학습과 수행의 모니터링MONITORING이 관여하는 의식적인 과정으로, 'acquisition'은 제2언어SECOND LANGUAGE 상황에서 보다 일반적이고, 학습자의 주의가 형식보다는 의미에 있을 때 이해 가능한 입력에 노출된 결과로써 생기는 규칙 내재화의 무의식적인 과정을 가리킬 때 사용한다. 그중에는 제1언어의 학습에 한해 'acquisition'을 사용하는 연구자도 있다.

language acquisition device (LAD) ⟨*n*⟩ 언어습득장치

언어능력LANGUAGE FACULTY의 별칭. 요즘은 이 용어를 대신하여 보편문법UNIVERSAL GRAMMAR이라는 개념을 많이 사용하고 있다.

language across the curriculum ⟨*n*⟩ 교육과정 횡단형 언어 학습

(영어와 언어기술과목LANGUAGE ARTS 교수에서) 학교의 전체 교육과정과 관련하여, 교육과정과 분리하여 언어를 별도로 가르치는 것이 아니라, 특히 내용 영역CONTENT AREAS에서 언어 기능의 교수를 강조하는 접근법. 이 접근법은 기능적인 언어관을 반영하고 있으며, 다른 학교 교과목을 가르칠 때 관련하는 활동들을 통하여 언어를 가르치려고 한다. 읽기 교수와 쓰기 교수를 위한 접근법은 **교육과정 횡단형 쓰기**(writing across the curriculum)와 **교육과정 횡단형 읽기**(reading across the curriculum)라고 한다.

language and the law ⟨*n*⟩ 언어와 법

=법언어학FORENSIC LINGUISTICS

language anxiety ⟨*n*⟩ 언어 불안

언어의 학습, 사용과 관련된 불안과 두려움 등의 주관적인 감정. 외국어 불안은 장면 특유의 불안으로, 공적인 자리에서 말하는 것에 대한 불안과 유사하다. 언어 불안 연구의 이슈로는 불안이 낮은 학습 성과의 원인이나 결과인지, 특정 교수 조건 하에서의 불안, 그리고 일반적인 언어 불안과 말하기, 읽기, 시험 등과 관련한 보다 구체적인 불안 간의 관계 등이 포함된다.

language aptitude ⟨*n*⟩ 언어 적성

언어 학습을 위한 선천적인 능력으로, 지능이나 동기MOTIVATION, 흥미 등은 여기에 포함되지 않는다. 언어 적성은 **구두 모방 능력**(oral mimicry ability)(이전에 들어본 적이 없는 소리를 흉내 내는 능력), **음성 부호화 능력**(phonemic coding ability)(새로운 언어의 소리 패턴을 식별할 수 있는 능력), **문법적 감수성**(grammatical sensitivity)(문장 내 단어들의 문법적 기능을 구별하는 능력), 암기학습 능력ROTE-LEARNING ABILITY, 언어 규칙의 추론 능력(☞ INFERENCING, DEDUCTIVE LEARNING) 등이 결합된 것으로 여겨지고 있다. 모든 다른 요인이 동등하다면, 높은 언어 적성을 가진 사람이 그렇지 않은 사람보다 언어를 보다 빠르고 쉽게 학습할 수 있다.

> ☞ LANGUAGE APTITUDE TEST

language aptitude test ⟨*n*⟩ 언어적성테스트

제2언어SECOND LANGUAGE나 외국어FOREIGN LANGUAGE 학습에 대한 개인의 적성을 측정하는 테스트로, 학습에 성공할 가능성이 높은 사람을 확인하는 데 사용하기도 한다(☞ LANGUAGE APTITUDE). 언어적성테스트는 보통 다음과 같은 능력들을 측정하는 몇 개의 다른 테스트로 구성되어 있다.

a. 음성 부호화 능력: 외국어나 제2언어의 새로운 음을 식별하고 기억하는 능력

b. 문법 부호화 능력: 문장의 문법 기능을 식별하는 능력

c. 귀납적 학습능력: 새로운 언어를 만났을 때 설명 없이도 의미를 추론할 수 있는 능력(☞INDUCTIVE LEARNING)

d. 암기: 새로운 언어의 단어, 규칙 등을 기억하는 능력

잘 알려진 언어적성테스트로는 *The Modern Language Aptitude Test*와 *The Pimsleur Language Aptitude Battery*가 있다.

language arts ⟨*n*⟩ 언어기술과목

교육과정CURRICULUM의 일부로, 읽기, 쓰기, 철자, 듣기, 말하기와 같은 언어 사용과 관련한 기능의 발달을 꾀하는 과목. 이 용어는 특히 제1언어FIRST LANGUAGE 교수에서 언어 스킬LANGUAGE SKILLS을 개별적이 아니라 종합적으로 발달시키고자 하는 접근법을 가리키는 데 사용된다.

language attitudes ⟨*n*⟩ 언어 태도

다른 언어나 언어 변종의 화자가 서로의 언어나 자기 자신의 언어에 대해 가지는 태도. 한 언어에 대한 긍정적이거나 부정적인 감정을 나타내는 표현들은 언어적인 난이나 단순성, 학습의 난이나 용이, 중요도, 품위, 사회적 지위social STATUS 등에 대한 인상을 반영하기도 한다. 어떤 언어에 대해 가지는 태도는 그 언어를 사용하는 화자에 대한 감정을 보이기도 한다. 언어 태도는 제2언어SECOND LANGUAGE나 외국어FOREIGN LANGUAGE 학습에 영향을 준다. 언어 태도를 측정함으로써 언어를 교수하고 설계하는 데 유용한 정보를 얻을 수 있다.

> ☞ LANGUAGE EGO, MATCHED GUISE TECHNIQUE, MOTIVATION, SEMANTIC DIFFERENTIAL

language attrition ⟨*n*⟩ 언어 상실

갑자기가 아니라 단계적으로 일어나는 언어 소실. 이 용어는 언어 학습 후 목표언어가 공동체에서 사용되지 않는 상황에서 가끔 발생하는 제2언어/외국어의 상실을 가리킬 수도 있고(제2언어 상실[second language attrition]이나 L2 상실[L2 attrition]), 이민자들 사이에서의 언어 상실과 같이, 공동체가 다른 언어를 사용하는 상황에서의 **제1언어 상실**(L1 attrition)을 가리키기도 한다. 이 경우, 소실되었거나 소실 중인 언어를 **상실 언어**(attring language)라 하고, 상실을 경험한 개인을 **언어상실자**(attriters)라고 부른다. 언어 상실은 나이로 인한 제1언어/제2언어의 상실을 의미하기도 한다. 제2언어 상실 연구에서는 언어 습득 연구와 유사하게, 나이의 역할, 개인차, 사회심리학적 요인, 언어 환경과 같은 주제들을 주로 다룬다.

language audit ⟨**n**⟩ 언어 감사

기관 종사자의 언어 능력을 높이고, 그를 통해 외국 고객과의 거래를 향상시키기 위해 취해야 할 행동을 결정하기 위해 해당 기관의 언어 필요성을 조사하는 것

language awareness ⟨**n**⟩ 언어 인식

1980년대 영국에서 발달한 운동으로, 언어에 대한 호기심을 자극하고, 아이들이 학교에서 전형적으로 만나게 되는 다양한 언어 경험들(과학과 문학, 외국어 수업 등에서)을 서로 연결시키고자 하였다. 언어 인식 코스는 아동 교육의 중요한 요소로, 개별 언어와 언어 일반에 대한 지식을 발달시키고자 하였다.

language change ⟨**n**⟩ 언어 변화

시간의 경과에 따라 발생하는 언어 변화. 현재 사용 중인 모든 언어들은 변화를 거듭해 왔고, 지금도 변화해 가고 있다. 예를 들어, 영어에서 최근 일어난 변화의 예로는 다음과 같은 것들이 있다:

a. *which*와 *witch*, *pour*와 *pore*, *poor*와 같은 단어들 간의 발음 구별이 영어 변종에서 사라졌거나 사라지고 있다.

b. *who*(the person who bought the painting)와 *whom*(the person whom I like best) 간의 구별이 사라지고 있다. 두 경우 모두 *who*를 사용하는 화자들이 많고, 어린 화자들은 둘 다 *that*을 사용하는 경향이 있다.

c. 새로운 단어나 표현이 끊임없이 언어에 유입되고 있다. 예를 들어, *subprime*(위험성이 높은 융자나 모기지, 투자), *bailout*(정부의 도산 위험에 처한 기업 구제), *blogosphere*(전세계 블로그와 블로그 간의 상호 연결).

언어 변화를 언어 교체LANGUAGE SHIFT와 혼동해서는 안 된다.

☞ COMPARATIVE HISTORICAL LINGUISTICS,
DIACHRONIC LINGUISTICS, NEOLOGISM, SOUND CHANGE

language classroom research ⟨**n**⟩ 언어 교실 연구

☞ CLASSROOM-CENTRED RESEARCH

language comprehension ⟨*n*⟩ 언어 이해

문어나 구어의 의미 이해에 관련하는 프로세스. 언어 이해에 관한 이론들은 심리언어학, 인지심리학, 제2언어 습득 분야의 중요한 한 측면이다. 언어 이해에 관련하는 프로세스에는 다음과 같은 것들이 있다.

a. **지각적 처리**(perceptual processing): 주의 초점이 구어나 문어 텍스트에 놓이며, 그 일부는 단기기억SHORT TERM MEMORY에 저장된다. 텍스트의 초기적 분석이 일부 시작되며, 주의의 초점이 해당 텍스트의 구성요소나 유의미한 부분을 특정하는 데 도움이 되는 단서들CUES에 놓인다. 이 단서들은 구어 텍스트에서는 휴지(pause)와 음향적 강조로 나타나며, 문어 텍스트에서는 구두점이나 단락 구분으로 표시된다.

b. **분석**(parsing): 단어가 식별되며, 명제PREPOSITIONS라고 불리는 기본적인 의미 단위를 만들어 내는 장기기억(☞ MEMORY) 내의 표상과 결합된다. 목표언어의 문법 구조에 대한 지식은 구성요소의 식별을 도와 명제의 이해에 도달한다.

c. **활용**(utilization), 혹은 **정교화**(elaboration): 명제는 장기기억 속의 다른 정보와 개념에 연결되며, 기존의 개념들과 스키마(☞ SCHEME)와 통합된다.

☞ LANGUAGE PRODUCTION, INFORMATION PROCESSING, LISTENING COMPREHENSION

language conflict ⟨*n*⟩ 언어 갈등

한 국가나 주, 혹은 다른 정치적 독립체 내부에서 어떤 언어를 공식적으로 인정할 것인지, 보호하거나 추진할 것인지에 대해 집단 내의 불일치. 전형적으로, 하나의 언어(혹은 그 변종)를 지지하는 집단이 있는 반면, 거부하는 집단도 있다. 특정 언어의 채택에는 국가적, 지역적 정체성 문제가 밀접하게 관련되기 때문에 언어 갈등이 정치적 불안을 야기할 잠재적 가능성을 가지기도 한다. 20세기의 잘 알려진 예로, 영국에서 독립한 인도가 정치적인 경계선을 설정하는 방식에 있어서의 마찰과, 캐나다에서 공적 활동을 함에 있어 프랑스어와 영어의 역할에 관한 정책 등이 있다.

language contact ⟨*n*⟩ 언어 접촉

서로 다른 언어들 간의 접촉, 특히 언어들 중에서 적어도 하나의 언어가 접촉에 의해 영향을 받는 경우를 말한다.

이러한 영향은 복수의 언어들이 동일, 혹은 인접 지역에서 사용될 때, 그리고 이 언어들을 사용하는 화자들 간에 고도의 의사소통이 일어나는 경우에 전형적으로 나타난다. 음성학PHONETICS, 통사론SYNTAX, 의미론SEMANTICS, 혹은 호칭 형식ADDRESS FORMS

L

과 인사표현 등의 의사소통 전략에 영향을 미치기도 한다. 언어 접촉은 인도 일부의 언어 접경 지역이나 미국, 라틴아메리카, 호주, 아프리카 일부 지역과 같이, 이민자가 산재해 있는 지역에서 발생한다.

☞ PIDGIN 항의 접촉 언어CONTACT LANGUAGE

language corpus ⟨***n***⟩ 언어 코퍼스

☞ CORPUS

language death ⟨***n***⟩ 언어 소멸

=language decline 언어 쇠퇴

어떤 언어의 화자가 다른 언어를 사용하거나, 아이들이 그 언어를 더 이상 학습하지 않게 되어, '살아 있는' 언어가 사라지게 되는 것.

☞ LANGUAGE LOSS, LANGUAGE MAINTENANCE,
LANGUAGE REVITALIZATION

language decline ⟨***n***⟩ 언어 쇠퇴

☞ LANGUAGE DEATH

language distance ⟨***n***⟩ 언어적 거리

두 언어 간 유사성의 상대적인 정도.

유사한 언어적 자질을 가지고 있어 '가까운' 언어가 있는 반면, 상당히 다른 언어적 특성을 가지고 있어 '먼' 언어들도 있다. 예를 들어, 두 언어가 유사한 어순 규칙과 유사한 통사 구조나 음운 구조 규칙을 가지는 경우가 있다. 영어와 프랑스어 사이의 언어적 거리는 (프랑스어와 스페인어 간의 언어적 거리보다) 상당히 멀다고 알려져 있다. 언어적 거리는 학습자가 새로운 언어를 습득할 때의 난이나 용이에 영향을 끼치는 한 요인으로 여겨진다.

language dominance ⟨***n***⟩ 언어적 우세

한 언어의 능력이나 중요도가 다른 언어의 그것보다 더 높은 것.

1. 개인에게 있어서, 둘 이상의 언어나 방언을 사용하는 사람의 경우 한쪽 언어를 다른 언어보다 더 잘 알고 있다거나, 보다 빈번하게, 훨씬 쉽게 사용한다는 것을 의미한다. 이때 **우세 언어**(dominant language)는 화자의 모어NATIVE LANGUAGE이거나, 학교나 직장에서 나중에 습득된 것이다.

2. 둘 이상의 언어나 방언이 사용되는 나라나 지역의 경우, 여러 언어나 방언 중에서 하나가 다른 것보다 더 중요한 언어라는 것을 의미한다. 한 나라 안에서 더 위신이 있거나(지위STATUS가 높거나), 정부가 선호하거나, 사용하는 화자 수가 가장 많을 때, 그 언어는 우세 언어가 된다.

language education policy ⟨***n***⟩ 언어교육정책

교육 장면에서 언어의 교수와 사용에 관한 다양한 결정. 예를 들어, 교수 매개물로서 사용이 인정된 언어가 있는 한편(예컨대, 캘리포니아의 어떤 중국어 이멀전 학교에서는 수학을 북경어로 가르친다), 교과목으로서 교수되는 언어들도 있다(예를 들어, 영어 사용 대학에서 초급 중국어 과정을 이수한다).

language ego ⟨*n*⟩ 언어 자아

(제2언어SECOND LANGUAGE/외국어FOREIGN LANGUAGE 학습에서) 개인의 정체성, 독자성, 가치에 대한 느낌(즉 자아)과 제1언어FIRST LANGUAGE의 여러 측면들 간의 관계

language enrichment ⟨*n*⟩ 언어 강화

언어 교수를 보상 교육COMPENSATORY INSTRUCTION 프로그램의 일부로 설명할 때 사용하는 용어

language experience approach ⟨*n*⟩ 언어 경험 접근법

어린 아이들의 읽기 지도에 사용하는 접근법의 하나로, 교실 밖에서 습득한 언어 기능과 어휘뿐만 아니라, 아이들의 개인적인 경험을 이끌어 낸다. 이 접근법에서 아이들은 교사에게 구두로 스토리와 경험들을 설명하고, 교사는 그것을 차트나 다른 시각적 교구에 받아 적은 후, 그것을 읽기 지도의 소재로 이용한다.

language faculty ⟨*n*⟩ 언어능력

=language acquisition device (LAD) 언어습득장치

생성이론GENERATIVE THEORY에서는 인간이 자신의 모어 문법을 발달시키기 위한 일련의 절차를 제공해 주는 특별한 언어능력이나 심적 모듈을 선천적으로 가지고 태어났다는 견해가 폭넓게 받아들여지고 있다.

language family ⟨*n*⟩ 어족

하나의 공통 뿌리에서 발달되었다고 여겨지는 언어 그룹. 예를 들어, 로망스어족 (프랑스어, 이탈리아어, 스페인어, 포르투갈어, 루마니아어)은 모두 중세 라틴어에서 파생하였다.

language for academic purposes ⟨*n*⟩ 학문적 목적을 위한 언어

☞ ACADEMIC DISCOURSE, ENGLISH FOR ACADEMIC PURPOSES

language functions ⟨*n*⟩

=언어 기능FUNCTIONS OF LANGUAGE[1,2]

language laboratory ⟨*n*⟩ 어학실습실

=language lab

어학 교육에 사용하기 위해, 테이프레코더나 카세트레코더가 딸린 책상, 개인용 부스, 교사나 관찰자를 위한 컨트롤 부스 등이 있는 방

레코더에는 녹음과 청취, 재생 기능이 있다. 학생들은 녹음된 연습문제를 연습하고, 혼자서, 또는 집단으로 언어프로그램을 따라 학습하며, 교사는 이어폰을 통해 학생들의 활동을 들을 수 있다. 어학실습실은 청화식 교수법AUDIOLINGUAL METHOD과 특히 관련이 있으며, 현재는 멀티미디어 실습실MULTI-MEDIA LABORATORY로 대체되었다.

language learning 〈*n*〉 언어 학습

　　☞ FIRST LANGUAGE ACQUISITION, LANGUAGE ACQUISITION,
　　　SECOND LANGUAGE ACQUISITION

language loss 〈*n*〉 언어 소실

언어 스킬의 소실이나 저하를 가리키는 일반적인 용어. 이민자들이 자신의 제1언어가 사용되지 않거나 중요시되지 않은 환경에서 그 언어를 사용할 기회가 제한되어 있을 때, 혹은 제2언어 학습자가 사용할 기회가 없어 배운 언어를 잊어버릴 때 일어난다. 개인에 초점이 놓이는 경우에는 더 구체적인 용어인 언어 상실이 자주 사용되며, 화자 집단에 초점이 맞춰지는 경우에는 언어 대체라는 용어가 보다 일반적으로 사용된다. 언어 소실이라는 용어는 사고나 질병, 고령 등으로 인해 발생하는 병리학적인 의미로도 사용된다(☞ APHASIA).

　　☞ LANGUAGE MAINTENANCE

language loyalty 〈*n*〉 언어 충성

다른 언어가 지배적인 언어로 사용되는 국가에서 소수자인 화자가 자신의 언어를 그대로 유지하고 있는 것

language maintenance 〈*n*〉 언어 유지

특히, 이중언어BILINGUAL나 다언어MULTILINGUAL 사용 지역, 이민자 집단 내의 개인이나 집단이 자신들의 모어를 계속해서 사용하는 정도. 언어 유지에는 여러 요인들이 영향을 끼친다. 예를 들어,

a. 해당 언어가 공용어인가(☞ NATIONAL LANGUAGE), 그렇지 않은가

b. 해당 언어가 미디어에서, 혹은 종교적 목적으로, 혹은 교육에서 사용되고 있는가 여부

c. 동일 지역 내에 해당 언어 사용자가 얼마나 살고 있는가. 특정 언어의 사용이 크게 감소한 지역, 예를 들어 뉴질랜드의 마오리어나 하와이의 하와이어 같은 경우처럼, 언어를 되살리기 위한 노력들을 계속해 오고 있다.

　　☞ DIGLOSSIA, LANGUAGE SHIFT,
　　　LANGUAGE REVITALIZATION PROGRAMME

language majority student 〈*n*〉 언어적 다수파 학생

미국에서 영어를 주 언어로 사용하는 가정 출신의 학생들을 이르는 용어. 가정에서

영어 이외의 언어를 사용하는 **언어적 소수파 출신 학생**(language minority students)과 구별된다.

language minority group 〈*n*〉 언어적 소수파 집단

=minority language group

한 국가나 공동체에서, 그 나라나 공동체의 주된, 혹은 지배적인 언어 이외의 언어를 사용하는 사람들의 집단

☞ COMMUNITY LANGUAGE, MAJORITY LANGUAGE

language mixing 〈*n*〉 언어 혼합

☞ CODE MIXING

language norm 〈*n*〉 언어 표준

☞ NORM

language of wider communication 〈*n*〉 광범위한 의사소통 언어

어떤 지역이나 국가 내에서 여러 언어 집단이 의사소통을 위해 사용하는 언어. 인도에서는 영어를 광범위한 의사소통 언어로 사용하는 사람이 많다. 다양한 지역 언어와 언어 변종들이 사용되는 파푸아뉴기니아의 톡 피진(Tok Pisin)도 광범위한 의사소통 언어이다.

language pathology 〈*n*〉 언어병리학

☞ SPEECH PATHOLOGY

language pedagogy 〈*n*〉 언어교육(학)

=language didactics 언어교수법

제1언어FIRST LANGUAGE, 제2언어SECOND LANGUAGE, 외국어FOREIGN LANGUAGE의 교수를 설명할 때 사용하는 일반적 용어

language planning 〈*n*〉 언어 계획

국어나 공용어의 선택, 소수 언어와 지역 언어에 대한 지원, 언어 사용의 보급 방식, 철자 개혁, 신어 추가 등의 언어 문제와 관련하여, 정부나 정부 기관이 가진 계획.

언어 계획을 통해 공용어 정책이 수립되고/수립되거나 실시된다. 예를 들어, 인도네시아는 국어로 말레이어를 채택하였고, 바하사 인도네시아(인도네시아어)로 명명하였다. 그리고 교육을 위한 주요어가 되었다. 수차례의 철자 개혁이 있었고, 과학 용어의 개발과 같은 문제를 다루기 위해 국립계획기관이 설립되었다. 다원주의적 국가나 연방국가에서는 획일적이 아니라, 복수의 언어 '계획'이 공존하는 경우도 있다. 이중언어 교육BILINGUAL EDUCATION과 같은 프로그램의 실시, 혹은 반대에

L

대한 교사의 의견이 지역이나 미시적 단계의 언어 계획에 영향을 미치기도 한다.
☞ LANGUAGE TREATMENT, SOCIOLINGUISTICS,
SOCIOLOGY OF LANGUAGE

language policy ⟨*n*⟩ 언어정책

한 사회의 내부에서 언어와 언어 사용에 대해 내리는 결정. 법률이나 조례, 판결 등의 수단을 통해 정부가 내리는 결정이라는 좁은 의미로 사용되기도 하며, 특정 언어의 사용을 장려/제약하거나, 언어 사용이나 보지에 관한 개인이나 집단의 권리를 확립한다. 보다 넓은 의미로는 여러 사회적 장면에서 개인이나 집단이 내리는 언어에 대한 결정을 가리키기도 한다. 명시적이고 명문화된 공개적 언어정책OVERT LANGUAGE POLICIES은 암시적이고 비형식적이며 명문화되지 않은 은닉적 언어정책COVERT POLICIES과 구분된다. 예를 들어, 미국 하와이주는 헌법에 따라 하와이어와 영어, 두 개의 공용어를 채택하고 있다. 그러나 은닉적 언어정책은 모든 분야에서 영어 사용을 선호한다.
☞ LANGUAGE PLANNING

language production ⟨*n*⟩ 언어 산출

언어를 이용해 의미를 형성하고 표현하는 데 관련하는 프로세스. 심리언어학과 인지심리학의 수많은 이론들은 언어 산출에 관련하는 다양한 프로세스들을 설명하려고 한다. 이 프로세스에는 다음과 같은 단계들이 관계한다.
- **개념구축**(construction): 화자나 필자가 의사소통 목표를 선택하고, 의도한 의미를 표현하는 명제를 형성한다.
- **변형**(transformation)/**조음**(articulation): 목표언어의 문법에 따라 의미가 언어적 형식으로 부호화된다.
- **실행**(execution): 메시지가 발화나 글을 통해 보거나 들을 수 있는 형태로 표현된다.
언어 산출 이론에서 중요한 이슈 중 하나는 산출에 관련하는 프로세스가 언어 이해에 관련하는 프로세스(역순이지만)와 유사한가 하는 점이다.
☞ LANGUAGE COMPREHENSION

language proficiency ⟨*n*⟩ 언어 숙달도/언어 숙달도

어떤 언어를 사용할 수 있는 정도. 예를 들어, 얼마나 잘 읽는가, 잘 쓰는가, 잘 이해하는가. 언어 숙달도는 학습 결과로서의 언어 능력을 나타내는 언어 성취도LANGUAGE ACHIEVEMENT와 구별된다. 숙달도는 숙달도 테스트PROFICIENCY TEST를 통해 측정한다.

language programme design ⟨*n*⟩ 언어 프로그램 설계

＝코스 설계COURSE DESIGN

language programme evaluation ⟨*n*⟩ 언어 프로그램 평가

☞ EVALUATION

language revitalization programme 〈**n**〉 언어 활성화 계획

소멸 위기에 처한 언어의 활성화나 강화를 돕자는 계획으로, 아일랜드에 있어서 아일랜드어 교육이나 미국 인디언 언어교육 계획이 한 예이다.

languages for special purposes 〈**n**〉 특수 목적을 위한 언어

=languages for specific purposes (LSP) 특수 목적을 위한 언어

특정의 한정된 유형의 의사소통(예를 들어, 진료 기록, 과학 저작물, 항공 관제 등)을 위해 사용되며, 일상 언어와는 다른 어휘나 문법 등의 언어적 특징을 포함하는 제2언어/외국어를 말한다(☞ REGISTER). 언어교수에서는 학습자나 학습자 집단이 일반적인 목적을 위해서 그 언어를 필요로 하는지, 아니면 특수 목적을 위해 필요로 하는지를 결정해야 한다.

☞ ENGLISH FOR SPECIAL PURPOSES

language shift 〈**n**〉 언어 교체

공동체의 제1언어가 소실된 후, 그 공동체가 새로운 언어를 획득해 가는 프로세스. 제1언어가 차츰 영어로 대체되어 감에 따라 많은 소수언어공동체(예를 들어, 뉴질랜드의 마오리어, 하와이의 하와이어)는 언어 교체를 경험해 왔다. 언어 교체를 막기 위한 시도를 언어 유지LANGUAGE MAINTENANCE라고 부른다.

language skills 〈**n**〉 언어 기능/스킬

=skills

(언어교수에서) 언어가 사용되는 방식이나 형식. 일반적으로 듣기/말하기/읽기/쓰기를 언어의 4기능이라고 한다.

말하기와 쓰기는 능동적/**생산적 스킬**(productive skills)이라 하고, 읽기와 듣기를 수동적/**수용적 스킬**(receptive skills)이라 부르기도 한다. 이 스킬들은 연속된 발화에서 소리 식별하기, 문장 내부의 관계 이해하기와 같은 하위 스킬로 세분화되기도 한다.

☞ MICRO-SKILLS

language socialization 〈**n**〉 언어 사회화

어린이나 어떤 사회 집단에 새로 가입한 사람이 언어를 매개로 한 사회 활동에 노출되거나 참가함으로써 그 집단의 문화에 사회화되어가는 프로세스. 언어 사회화는 언어 지식과 사회문화적 지식 둘을 모두 습득할 수 있는 열쇠라 여겨진다. 즉, 언어에 포함된 특정 기능의 습득은 이 기능들이 사용되는 문화 특유적인 활동을 통해 구현된다.

language survey 〈**n**〉 언어 조사

어떤 국가나 지역의 사용 언어 조사. 보통 다음과 같은 것들을 결정하기 위해 실시된다.

a. 이 지역에서는 어떤 언어가 사용되는가?

b. 이 언어들은 어떤 목적을 위해서 사용되고 있는가?

c. 연령 집단별로 어떤 숙달도 차이를 보이는가?

☞ LANGUAGE PLANNING

language transfer ⟨*n*⟩ 언어 전이

한 언어가 다른 언어의 학습에 미치는 효과.

두 종류의 언어 전이가 있다. **긍정적 전이**(positive transfer)는 학습을 보다 용이하게 하는 전이로, 모어와 목표어 양쪽이 동일한 형식을 가질 때 일어난다. 예를 들어, *table*이라는 단어는 프랑스어에도 있고 영어에도 있으며, 두 언어에서 같은 의미를 가진다. **부정적 전이**(negative transfer)는 **간섭**(interference)으로도 불리며, 모어의 패턴이나 규칙을 그대로 사용한 결과, 목표어TARGET LANGUAGE의 부적합한 형식이나 오류 ERROR를 야기하게 되는 것을 말한다. 예를 들어, 프랑스인 영어 학습자는 *I have been here since Monday*라 하지 않고, 프랑스어의 *Je suis ici depuis lundi*('I am here since Monday')를 전이시켜, *I am here since Monday*와 같은 틀린 문장을 산출하기도 한다.

L1에서 L2로의 전이는 폭넓게 연구되어 왔으나, L2에서 모어로의 전이나 L2에서 L3로의 전이 또한 일어날 수 있다고 일반적으로 인식되고 있다.

☞ COMMUNICATIVE INTERFERENCE, CROSS-LINGUISTIC INFLUENCE, ERROR ANALYSIS, INTERLANGUAGE

language treatment ⟨*n*⟩ 언어 처리

언어적 문제에 대해 사람들이 취하는 모든 유형의 행동. 여기에는 정부나 정부 지정 기관이 수립한 언어 계획LANGUAGE PLANNING뿐만 아니라, 민간 기업 취업 시의 언어 요구, 상업 서신의 서식, 상표명의 철자, 출판사의 인쇄 스타일, 사전과 문법서에서 언어를 다루는 방식 등까지 포함된다(☞ USAGE²).

language typology ⟨*n*⟩ 언어유형론

☞ TYPOLOGY

language universal ⟨*n*⟩ 언어 보편성

(언어 사용에서) 알려진 모든 언어에서 공통적으로 발생하는 언어 패턴이나 언어 현상. 예를 들어,

a. 어떤 언어에 두 개를 가리키는 **양수**(dual number)가 있다면, 그 언어에는 복수(둘 이상을 지칭하는)도 있다. 이 유형을 **함축적 보편성**(implicational universal)이라

부른다.

b. 부모 중 여자를 지칭하는 단어는 비음_{NASAL CONSONANT}으로 시작할 가능성이 매우 높다. 예를 들어, 영어 *mother*의 (m), 독일어 *Mutter*, 스와힐리어 *mama*, (표준) 중국어 *muqin*.

☞ BIOPROGRAM, UNIVERSAL GRAMMAR

language usage ⟨*n*⟩ 언어 용법

☞ USAGE

language use ⟨*n*⟩ 언어 사용

☞ USAGE

language use survey ⟨*n*⟩ 언어 사용 조사

어떤 공동체나 국가의 다양한 지역에서 언어들이 어떤 사용되고 있는지, 언어 사용의 다양한 영역에서 언어들의 기능과 사용, 그리고 소수 언어나 다수 언어 집단 간의 언어 숙달도를 결정하기 위해 행하는 조사. 예를 들어, 네 개의 공용어(영어, 중국어, 말레이어, 타밀어)를 사용하는 싱가포르와 같은 다언어 국가에서는 누가, 어떤 언어를, 어떤 목적으로, 어느 정도의 숙달도로 사용하는가 등을 결정하기 위해 언어 사용 조사를 실시한다.

language variation ⟨*n*⟩ 언어 변이

☞ VARIATION

langue ⟨*n*⟩ 랑그

'언어'를 뜻하는 프랑스어.

언어학자인 Saussure가 사용한 용어로, 언어 체계, 다시 말해 어떤 언어의 화자들이 동일한 지식을 가지고 있거나, Saussure에 말을 빌리자면 '사용에 동의한' 소리와 단어들의 배열 방법을 의미한다. 랑그는 한 언어의 '이상적인' 형식이다. Saussure는 사람들이 말하기나 글쓰기에서 사용하는 실제의 언어 사용은 '빠롤(parole)'이라 불렀다. Saussure의 '랑그'와 '빠롤' 간의 구별은 Chomsky의 언어능력_{COMPETENCE}과 언어 사용_{PERFORMANCE} 간의 구분과 유사하다. 그러나 Saussure에 있어 '랑그'의 보고 (repository)는 언어공동체_{SPEECH COMMUNITY}인 데 반해, Chomsky의 '언어 능력'은 '이상적인 화자/청자'이다.

따라서 Saussure의 구분은 기본적으로 사회언어학적(☞ SOCIOLINGUISTICS)인 반면, Chomsky는 심리언어학적(☞ PSYCHOLINGUISTICS)인 것이다.

☞ USAGE[1]

larynx ⟨*n*⟩ 후두 laryngeal ⟨*adj*⟩

(인후의) 호흡 기관 상부에 연골과 근육으로 덮인 구조물로, 성대를 보유하고 있다.

☞ PLACE OF ARTICULATION

latent trait theory ⟨**n**⟩ 잠재적 특성 이론

　　　　☞ ITEM RESPONSE THEORY

lateral ⟨**n**⟩ 측음

폐에서 나온 공기를 혀를 이용하여 부분적으로 차단하는 한편, 폐쇄의 한쪽 년이나 양쪽 년으로 공기를 흐르게 함으로써 생성하는 소리(자음CONSONANT). 예를 들어, 영어 *light*/laɪt/에서 /l/이 측음이다.

　　　　☞ MANNER FOR ARTICULATION, PLACE OF ARTICULATION

lateralization ⟨**n**⟩ 반구편중화

　　　　☞ CEREBRAL DOMINANCE

lateral plosion ⟨**n**⟩ 설측파열음

　　　=측음 개방(파열)LATERAL RELEASE

lateral release ⟨**n**⟩ 측음 개방/파열

*saddle*의 어말에서와 같이, 혀의 양쪽을 내려서 파열음을 개방하는 것

latin alphabet ⟨**n**⟩

　　　=로마자ROMAN ALPHABET

lax vowel ⟨**n**⟩ 이완 모음

　　　　☞ TENSE/LAX

L-colouring ⟨**n**⟩ L-음색

동화ASSIMILATION의 일종으로, 자음 /l/ 앞에 위치하는 전설모음을 입속으로 당겨서 내는 소리로, /l/ 앞에 위치하지 않는 전설모음보다 더 중설화한 음색을 띤다. 예를 들어, *feel*의 모음은 *fee*의 모음보다 더 중앙 위치로 미끄러져 소리난다.

LCTL ⟨**n**⟩

　　　=비인기 언어LESS COMMONLY-TAUGHT LANGUAGE

lead-in activity ⟨**n**⟩ 도입 활동

학습자가 화제나 텍스트, 과업을 수행할 준비를 시킬 목적으로 행하는 활동(들). 주로 텍스트나 과업의 화제를 도입한다든지, 배경 지식을 활성화시킨다든지, 과업을 수행하는 데 필요한 핵심어 등을 미리 가르치는 활동들이 포함된다.

learnability ⟨**n**⟩ 학습가능성

언어 이론의 기준. 타당한 이론이라면, 아이들이 모어 문법을 어떻게 학습할 수 있는가를 설명할 수 있어야 하며, 따라서 쉽게 학습할 수 있는 문법을 제공할 수 있어야 한다.

learnability hypothesis ⟨***n***⟩ 학습가능성 가설

Manfred Pienemann이 제안한 가설로, 제2언어/외국어 학습자의 언어 구조 습득은 의미와 표층 구조를 연결할 때 심리학적 처리 관점에서 그 구조들이 얼마나 복잡한가에 달려 있으며, 심리학적 처리의 난이에 따라 교재의 순서를 바꾸거나 재편성해야 한다고 제안한다. 즉, 앞 단계에서 습득한 심리언어학적 처리 기제가 다음 단계의 학습을 위한 토대가 된다. 이는 **교수가능성 가설**(teachability hypothesis)로도 연결된다. 왜냐하면 학습자가 만약 이전 단계에 속한 구조를 산출할 수 없다면, 새로운 구조를 성공적으로 가르칠 수 없기 때문이다.

learnability theory ⟨***n***⟩ 학습 가능성 이론

아이들은 비문법적인 문장들(☞ EVIDENCE)에 대한 체계적 정보를 받지 못한다는 전제 아래, 그들이 모어를 어떻게 학습할 수 있는가를 설명하고자 하는 이론들 중 하나.

생성문법(generative grammar)의 틀 안에서 발전된 제안 중 하나는 **부분집합 원리** (subset principle)로, 이 제안에 따르면, 언어 학습자들은 최소의 문법적 문장을 허용하는 옵션들을 선택한다. 일반생득론GENERAL NATIVISM에서는 아이들은 자신의 경험과 일치하는 가장 보수적인 가설을 구축하기 위해 이용할 수 있는 개념들을 활용한다는 가설인 **보수주의 이론**(conservatism thesis)과, 실세계에서 방아쇠가 되는 자극없이는 문법에 어떤 변화도 일어나지 않는다고 제안하는 **방아쇠 요건**(trigger requirement)에 의해서 동일한 효과를 얻을 수 있다고 제안한다.

learner autonomy ⟨***n***⟩ 학습자 자율성

언어교수에서, 학습자들이 학습 내용과 학습 방법에 대해 최대한의 책임감을 가지도록 격려해야 한다는 원리. 학습자 자율성 원리는 요구분석, 내용 선택, 학습 자료와 학습 방법의 선택 시에 반영된다.

learner beliefs ⟨***n***⟩ 학습자 신념

=learner belief systems 학습자 신념체계

학습자가 언어의 다양한 측면과 언어 학습, 언어 교수와 관련하여 가진 생각들. 학습자 신념은 학습자들의 학습 태도, 학습 동기, 학습 전략, 학습 결과에 영향을 미친다. 학습자 신념체계는 언어 학습 방법, 효과적인 교수 전략, 적절한 교실 행동, 자신이 가진 능력, 언어 학습의 목표 등에 대해 가진 비교적 안정된 생각과 태도이다. 요구분석NEEDS ANALYSIS의 한 구성요소로 학습자 신념(인터뷰나 설문조사를 통해서) 조사가 포함되기도 한다.

　　　☞ TEACHER BELIEF SYSTEMS

learner-centred approach ⟨***n***⟩ 학습자 중심 접근법

(언어교수에서), 수업 계획과 평가를 포함한 언어 교수의 모든 측면에 있어 학습자가 중심에 있어야 한다는 신념.

학습은 학습자 특성에 의존하며 또 의존하게 될 것이다. 학습자 중심성에는 다음과 같은 생각들이 반영될 수 있다.

1. 학습자의 이전 지식을 파악함으로써
2. 학슈자의 요구와 목표, 희망을 파악함으로써
3. 학습자의 학습 스타일과 기호를 파악함으로써
4. 교수와 교실 과업의 본질에 대한 학습자의 견해를 파악함으로써

학습자 중심 접근법에서 코스 설계와 교수법은 종종 협상적 과정이다. 집단에 따라 요구와 기대 등이 모두 다르기 때문이다. 학습자 중심 교수는 교수와 관련한 주요 결정들이 교사의 우선사항에 기초하여 결정되는 교사 중심 교수와 구별된다.

☞ TEACHER-DIRECTED INSTRUCTION

learner characteristics 〈*n*〉 학습자 특성

학습에 영향을 미치는 개별 학습자 특유의 특성-예를 들어, 연령, 이전 학습 경험, 학습 스타일, 동기

learner corpora 〈*n*〉 학습자 코퍼스

어떤 언어를 학습하는 동안 화자나 작자가 산출한 텍스트의 집합으로, 중간언어 발달 연구와 언어 전이 연구, 학습자 오류 연구 등에 활용된다. 국제영어학습자 코퍼스(International Corpus of Learner English)가 일례이다.

learner diary 〈*n*〉 학습자 일기

=learner journal 학습자 저널

(언어교수에서) 학습자가 자신의 학습 경험, 예를 들어 교실에서 행한 활동, 학습 진도, 학습 상의 문제점 등을 적어놓은 기록

learner dictionary 〈*n*〉 학습자 사전

제2언어 학습자를 위한 사전으로, 보통 학습자들이 가장 어려워할 것으로 보이는 단어나, 가장 빈도가 높은 단어들이 등재되며, 표제어의 정의는 정의용 어휘DEFINING VOCABULARY를 이용하여 작성된다.

learner profile 〈*n*〉 학습자 프로파일

학생의 능력과 요구, 지식 등에 대해 기술해 놓은 것.

학습자 프로파일은 학습자의 요구를 확인하고, 학생들에게 가장 적절한 코스나 학습 경험을 설계하는 데 활용된다.

learner training 〈*n*〉 학습자 훈련

(언어교수에서) 다음과 같은 것을 목표로 하는 절차나 활동

1. 제2언어 학습 과정에 관련된 사항에 대해 학습자의 의식을 고양한다.
2. 학습자가 자신의 학습에 더 많이 관여하고 책임을 지도록 돕는다.
3. 학습자가 자신의 언어 학습 전략을 개발하고 강화하도록 돕는다.

learning 〈*n*〉 학습

연습이나 교수, 경험을 통해 행동, 지식, 기술 등이 변화해 가는 과정, 그리고 그러한 과정의 결과

☞ LANGUAGE LEARNING, FIRST LANGUAGE ACQUISITION,
LANGUAGE ACQUISITION, SECOND LANGUAGE ACQUISITION

learning by deduction 〈*n*〉 연역법에 의한 학습

=연역적 학습DEDUCTIVE LEARNING

learning by induction 〈*n*〉 귀납법에 의한 학습

=귀납적 학습INDUCTIVE LEARNING

☞ DEDUCTIVE LEARNING

learning centre 〈*n*〉 학습 센터

자율 학습을 위한 다양한 학습 자료와 설비를 갖춘 교실이나 학교 내의 장소. 학습 자료는 보통,
1. 구체적인 목표가 있다.
2. 사용법에 대한 구체적인 방향을 제시되어 있다.
3. 난이도별로 단계가 나뉘어져 있다.
4. 자기 평가 수단을 포함하고 있다.

learning contract 〈*n*〉 학습 계약

학습자-교사 간의 문서에 의한 협정을 말하며, 보통 다음과 같은 내용을 포함한다.
1. 달성하고자 하는 학습 계획을 기술
2. 학습을 위한 시간 설정
학습 계약은 자주적 학습, 자기주도 학습을 계발하고, 학습자 스스로 동기 부여와 자기 규율의 촉진을 목표로 한다.

learning curve 〈*n*〉 학습 곡선

=acquisition curve 습득 곡선

학습자가 새로운 교재를 학습할 때 시간의 경과에 따라 어떻게 향상되어 가는지를 그래프로 보인 것.
다음 그래프는 스페인어를 모어로 하는 영어 학습자의 부정 구문의 발달 과정을 보인 것이다. 20회에 걸쳐 녹음한 샘플에서, 부정을 나타내는 구조인 *no*+V(예를 들어 *I no want*)와 *don't*+V(예를 들어 *I don't want*)의 시간의 경과에 대한 비율을

L

보여준다.

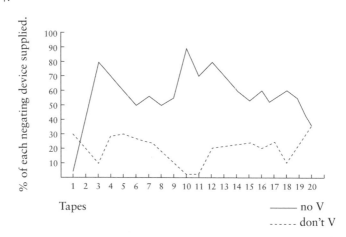

learning disability ⟨***n***⟩ 학습 장애

다른 학습 능력은 정상인 학습자가 특정 학습 측면에서 보이는 학습 장애. 예를 들어, 읽기 학습 장애(난독증DYSLEXIA)나 쓰기 학습 장애(실서증DYSGRAPHIA)

learning log ⟨***n***⟩ 학습 기록/학습 로그

=journal, learning journal 저널, 학습 저널

학생들이 노트나 책을 활용하여, 교내외에서의 경험이나, 학습과 학습 활동에 대한 보고, 반응을 기록해 놓은 것. 학습 기록은 학생이 학습을 반성할 수 있는 기회를 제공한다. 보통 정기적으로 교사와 공유하지만, 등급이 매겨지거나 하지는 않는다. 학습 기록을 통해, 교사는 학생이 어떻게 향상되고 있는가를 알 수 있으며, 학생은 추가적으로 쓰기 연습을 할 기회를 얻는다. 쓰기 수업에서 학습 기록은 쓰기 전 활동(☞ COMPOSING PROCESSES)으로 활용될 수 있으며, 학생이 스스로 선택한 화제를 정기적으로 써보는 활동을 통해 쓰기 유창성을 개발하는 방법으로도 활용할 수 있다. 학습 기록이 (코멘트와 질문, 응답을 통해) 교사와 학생 간의 대화를 구축하는 방법으로 사용될 때는 **대화 저널**(dialogue journal), 혹은 일기라고 부르기도 한다.

learning management system (LMS) ⟨***n***⟩ 학습관리시스템

=course management system (CMS) 코스관리시스템,

  virtual learning environment 유사학습환경

채팅룸, 토론판과 같은 기능을 활용하여 학습자–교사, 학습자–학습자 간의 의사소통을 촉진하고, 사용자의 행동을 추적하고, 교사와 학생 쌍방이 진도를 모니터할 수 있는 소프트웨어. Blackboard, WebCT, Moodle 등이 대표적인 학습관리시스템

이다.

learning module ⟨*n*⟩ 학습 모듈

교재와 교사용 지도서에서, 특정 목표와 관련된 일련의 활동이나 교재를 가리키며, 보통 과나 단원보다 크다.

learning outcome ⟨*n*⟩ 학습 성과

=student learning outcome (SLO) 학생의 학습 성과

학습 활동의 결과로써 학생이 할 수 있게 될 것으로 기대되는 것을 진술해 놓은 것. 학습 성과를 이용하여 교사나 코스 설계자는 학생들이 해당 코스나 프로그램을 이수함으로써 무엇을 할 수 있게 되고, 무엇을 익히기를 기대하는가를 전달할 수 있다.

learning plateau ⟨*n*⟩ 학습 침체기

학습 과정에서 종종 일어나는 현상으로, 학습자가 초기 단계에 향상을 보인 후로 (학습 곡선LEARNING CURVE의 평평한 부분에서 볼 수 있듯) 그 이상은 거의/전혀 진전을 보이지 않는 일시적인 시기. 학습 침체기 이후에는 다시 학습이 진행된다. 학습 침체기는 제2언어 학습과 외국어 학습에서도 관찰된다.

learning resources ⟨*n*⟩ 학습 자원

책, 컴퓨터, DVD, CD와 같이, 언어프로그램에서 사용되는 학습 자료와 기타 자원

learning rule ⟨*n*⟩ 학습 규칙

연결주의CONNECTIONISM에서, 어떤 네트워크에서 연결 강도의 변화는 학습 규칙, 즉 경험에 기초하여 연결들이 어떻게, 어느 정도 강화/약화되는가에 따라 지배된다는 생각. 네트워크의 특정 경로가 성공적인 결과를 낳을 때마다 그와 관련된 연결은 강화된다. 반면, 특정 경로가 실패했을 때에는 일부 네트워크 구조가 **역전파**(back propagation)라 불리는 절차를 수행하게 되고, 그 절차를 통해 연결을 약화시킨다. 이러한 학습 규칙들이 수많은 연습 세션을 통해 반복적으로 응용되기 때문에, 시스템이 점차 정교화되고, 실수도 감소하게 된다.

learning strategy ⟨*n*⟩ 학습 전략

일반적으로, 학습자가 자신이 학습 중인 언어에서 단어의 의미와 사용, 문법 규칙 등을 이해하려고 시도하는 방식들. 제1언어FIRST LANGUAGE 학습에서, '전략'은 아이들이 의도적이거나 지식 없이 언어를 처리하는 방식을 가리키는 데 사용된다. 예를 들어, 아이들이 문장을 이해할 때, 어떤 문장의 첫 번째 명사가 행위자나 행위 대상을 가리킨다는 학습 전략을 '사용'한다. 그래서 아이들은 *The boy was chased by the dog*과 *The boy chased the dog*이 동일한 의미라고 생각하기도 한다. 제2언어 학습에서, 전략은 학습의 목표를 가지고 수행되는 의도적인 행위를 가리킨다. 학습

L

전략에는 다음과 같은 것들이 있다.

- **인지 전략**(cognitive strategy): 목표어를 분석하고, 새로 학습한 것을 제1언어나 제2언어의 기존 지식과 비교하고 정보를 조직하는 것.
- **메타인지 전략**(metacognitive strategy): 자신의 학습을 인지하고, 조직적으로 계획을 세우고, 자신의 학습 과정을 모니터하는 것.
- **사회적 전략**(social strategy): 예컨대 목표가 화자 친구를 구하거나, 교실 상황에서 동료와 함께 작업하거나 하는 것.
- **자원 관리 전략**(resource management strategy): 언어 학습을 위해 정기적인 시간과 장소를 준비하는 것 등.

학습 전략은 단어 목록 학습과 같은 단순한 과업에 적용될 수도 있고, 언어 이해와 산출이 관련하는 보다 복잡한 과업에 적용될 수도 있다.

☞ COMMUNICATION STRATEGY, COGNITIVE STYLE, HEURISTIC, INFERENCING, STRATEGY TRAINING

learning style ⟨*n*⟩ 학습 스타일

=cognitive style 인지 스타일, cognitive strategy 인지 전략

학습자가 선호하는 특정 학습 방법. 학습자는 다양한 방식으로 학습에 접근한다. 시각적인 학습법을 선호하는 학습자의 성공적인 학습 활동이 청각적인 학습이나 운동감각적인 학습을 선호하는 학습자에게는 성공적이지 않을 수 있다. 따라서 교사는 학생들의 다양한 학습 스타일을 인식할 필요가 있다. 주로 다음과 같은 학습 스타일이 있다.

1. '**분석적**(analytic)' vs. '**전체적**(global)' 학습: 학습자가 학습 시 세부사항에 초점을 두는지, 중심 내용이나 개요에 집중하는지를 나타낸다.
2. '**시각적**(visual)' vs. '**청각적**(auditory)' vs. '**촉각적**(hands-on/tactile)' 학습: 학습 시 선호하는 다양한 감각을 가리킨다.
3. '**직관적**(intuitive)/**무작위적**(random)' vs. '**구체적**(concrete)/**순차적**(sequential)' 학습: 학습 시 추상적, 혹은 비순차적인 방식으로 사고하는가, 아니면 구체적인 사실에 초점을 두고 단계적으로 조직해 가는 학습 접근법을 선호하는가

학습 스타일의 차이는 학습자가 과업에 접근하는 방식과 그 과업의 성공 여부에 영향을 미친다고 알려져 있다.

☞ FIELD DEPENDENCE, GLOBAL LEARNING

learning to learn ⟨*n*⟩ 학습 방법의 학습

향후의 학습 상황에 응용할 수 있고, 향후의 학습을 보다 효과적으로 만들어 주는 태도와 학습 전략, 학습 스킬의 습득

left brain 〈*n*〉 좌뇌

=(뇌의) 좌반구LEFT HEMISPHERE

left branching direction 〈*n*〉 좌분지 방향

☞ BRANCHING DIRECTION

left dislocation 〈*n*〉 좌향전위

문장 내에서 어떤 언어 형식이 정상적인 위치의 왼쪽에 나타나는 것. 예를 들어, 다음 문장에서 *the pizza*는 정상적인 목적어 위치에 있다.

Madge made the pizza.

반면, 다음 문장에서는 *the pizza*가 좌향전위되어 있다.

The pizza, Madge made it.

좌향전위는 일종의 어순WORD ORDER 장치로, 새로운 화제(☞ TOPIC²)를 알려주거나, 특별히 강조하기 위해 사용된다. **우향전위**(right dislocation)는 언어 형식이 통상적인 위치의 오른쪽에 나타난다. 예) *She made the pizza, Madge did.*

left-ear advantage 〈*n*〉 왼쪽 귀 우위

☞ DICHOTIC LISTENING

left hemisphere 〈*n*〉 좌반구

대뇌는 좌반구와 우반구로 나눠진다. 좌반구는 언어 처리에 특히 중요한 역할을 한다고 알려져 있다. 좌반구에는 브로카 영역BROCA'S AREA과 베르니케 영역WERNICKE'S AREA이 위치해 있다.

☞ CEREBRAL DOMINANCE

lenis 〈*adj*〉 연음의

☞ FORTIS

LEP 〈*n*〉

=제한된 영어 숙달도LIMITED ENGLISH PROFICIENCY

leptokurtic distribution 〈*n*〉 급첨적 분포

☞ KURTOSIS

LES 〈*n*〉

=제한된 영어 구사자LIMITED ENGLISH SPEAKER

less commonly-taught language (LCTL) 〈*n*〉 희소 언어

지구상에서 사용되는 약 7,000개의 언어 중에서 널리 가르쳐지고 있는 언어는 손으로 꼽을 정도이며, 거의 대부분은 가르쳐지지 않는 언어들이다. 그 결과, 희소 언어는 교육 제도에 의해 오랫동안 지원을 받아온 언어들에 비해 교육 자원(교과서,

훈련 받은 교사, 안정된 고용 기회, 희소 언어 연구자)이 거의 마련되어 있지 않다.

lesson plan/lesson planning ⟨*n*⟩ 수업 계획/수업 지도안

(a) 수업을 위해 교사가 설정한 목표나 목적OBJECTIVES, (b) 그것을 달성하기 위해 교사가 사용할 활동과 절차, 활동별로 배분된 시간 및 순서, (c) 수업 중에 사용할 교재와 자료에 대한 설명서나 개요서

lesson structure ⟨*n*⟩ 수업의 구조

☞ STRUCTURING

level[1] ⟨*n*⟩ 레벨

단어 레벨, 구 레벨과 같이, 언어 체계에서의 층위. 이 레벨들은 보다 작은 언어 단위를 포함하는 하위 레벨에서부터 보다 큰 언어 단위를 포함하는 상위 레벨까지 단계나 위계를 형성한다고 여겨진다. 예) 형태소MORPHEME 레벨-단어 레벨-구PHRASE 레벨-절CLAUSE 레벨

또 각 레벨의 항목들은 직전 하위 레벨의 항목으로 구성된다고 말하기도 한다. 예) 절은 구, 구는 단어, 단어는 형태소로 구성된다.

☞ RANK, TAGMENICS

level[2] ⟨*n*⟩ (음 높이) 레벨

☞ PITCH LEVEL

level[3] ⟨*n*⟩ 레벨/등급

(평가에서) 수험자가 척도 상(예를 들어, '초급', '중급', '상급')의 어떤 등급에서 요구되는 숙달도 정도를 기술한 것

☞ BAND

level of comprehension ⟨*n*⟩ 이해 레벨

1. 읽기에서 텍스트 이해도, 예를 들어 '축자적 이해', '추론적 이해', '평가적 이해' 등
2. 평가에서 시험 성적에 의해 측정된 텍스트 이해도

levels of processing ⟨*n*⟩ 처리 레벨

☞ REHEARSAL

levels of significance ⟨*n*⟩ 유의수준

☞ STATISTICAL SIGNIFICANCE

level tone ⟨*n*⟩ 평판 성조

=register tone 수평조 성조

성조 언어에서, 비활강 피치(pitch)를 동반하는 상대적으로 안정적인 성조

☞ TONE[1], CONTOUR TONE

lexeme 〈*n*〉 어휘소

=lexical item 어휘 항목

한 언어의 의미 체계에서 다른 유사한 단위와 구별될 수 있는 최소 단위. 어휘소는 추상적 단위이다. 실제 대화나 글에서는 다양한 형태로 나타나며, 굴절 형태(☞ INFLECTION)라도 동일 어휘로 간주된다. 예를 들어, 영어에서 *give, gives, given, giving, gave*와 같은 굴절 형식들은 모두 하나의 어휘소 *give*에 속한다. 마찬가지로 *bury the hatchet*(화해하다), *hammer and tongs*(격하게), *give up*(포기하다), *white paper*(백서)와 같은 표현들도 단일 어휘소이다. 사전에서는 각 어휘소가 별개의 표제어, 혹은 준-표제어의 지위를 가진다.

lexical access 〈*n*〉 어휘 접근/어휘 액세스

(구어 산출에서) 화자의 심적어휘집(☞ LEXICON[4])으로부터 단어들을 검색하는 것. 심리언어학의 언어 산출 모델에 따르면, 어휘는 특정한 형식으로 화자의 심적 어휘집에 저장되며, 의사소통 프로세스 동안 사용하기 위해 접근되어야 한다. 이중 언어BILINGUALISM 연구자들은 이중언어 사용자들이 단어들을 각기 다른 언어의 심적 어휘집에 저장하는지를 밝히고자 하였다. 어휘집에의 접근 속도는 언어에 따라 차이가 난다.

lexical ambiguity 〈*n*〉 어휘적 모호성

☞ AMBIGUOUS

lexical approach 〈*n*〉 어휘 접근법

언어 교수 접근법의 하나. 교수·학습의 기본적 구성 요소는 문법이나 기능, 혹은 다른 구성 단위가 아니라, 단어와 **어휘구**(lexical phrases)라고 제안한다. 어휘는 예를 들어, 언어 조직과 언어 학습 및 교수에서 문법보다 훨씬 중심적인 역할을 수행하며, 교수요목 설계와 교육 내용, 교수 활동에서 보다 중심적인 역할을 한다고 여겨진다.

lexical aspect hypothesis 〈*n*〉 어휘적 상 가설

cf. aspect hypothesis 시상가설; inherent lexical aspect hypothesis 내재적 어휘 상 가설

(언어 습득LANGUAGE ACQUISITION에서) 시제TENSE와 문법적 상의 습득은 어휘 상(☞ ASPECT)에 영향을 받는다는 가설. 예를 들어, 이 가설에 따르면 학습자는 영어의 진행 상 접사 *-ing*를 '갑자기', '비지속적인' 행동을 나타내는 *fall*과 같은 동사보다는(움직임이 '지속적'이라고 봐서 *I was falling*이라고 말할 수는 있겠지만) '계속적인' 움직임을 나타내는 *play*나 *read*와 같은 동사와 함께 먼저 습득한다. 또한 이 가설에 따르면, 시제TENSE가 언어 학습의 초기 단계에서 습득되는 것은 상(aspect)의 부호화

가 반영되었기 때문이다.

lexical bundle ⟨*n*⟩ 어휘 묶음

학문적 글쓰기와 같은 특정 쓰기 유형에서 높은 빈도로 자주 출현하는 3어 이상의 단어 연쇄로 된 고정된 구 형식의 표현. 예) *a wide variety of, one of the most, the relative importance of*

lexical category ⟨*n*⟩ 어휘 범주

네 개의 주요 어휘 범주는 n(명사), v(동사), a(형용사), p(전치사)이다. 어휘목록(☞ LEXICON²)이나 사전의 표제어에는 어휘 범주가 명시된다.

lexical corpus ⟨*n*⟩ 어휘 코퍼스

언어 분석을 위해 단어들을 수집한 것. 어휘 코퍼스는 보통 수백만 어로 이루어지며, 컴퓨터에 의한 분석이 가능하다.

　　☞ CORPUS

lexical decision task ⟨*n*⟩ 어휘 판단 과제

　　☞ PRIMING

lexical density ⟨*n*⟩ 어휘 밀도

=Type-Token Ratio 타입-토큰 비율, concept load 개념 부하

텍스트 내 전체 단어수에 대해 다른 단어들이 차지하는 비율을 말하며, 단락이나 텍스트의 난이도 측도로 이용되기도 한다. 어휘 밀도는 보통 퍼센트로 제시되며, 다음과 같이 계산한다.

$$어휘밀도 = \frac{다른\ 단어의\ 수}{텍스트\ 내\ 전체\ 단어수} \times 100$$

예컨대, 전체 단어수가 57개, 다른 단어의 수가 29개인 경우, 밀도는

$$\frac{29}{57} \times 100 = 50.88이\ 된다.$$

　　☞ TYPE

lexical entry ⟨*n*⟩ 어휘 목록

변형생성문법TRANSFORMATIONAL GENERATIVE GRAMMAR에서, 문법의 어휘부(☞ LEXICON)에 기재되어 있는 단어나 구를 가리킬 때 사용하는 용어. 어휘 목록에 제공되는 정보에는 다음이 있다.

a. 발음(☞ DISTINCTIVE FEATURE)
b. 의미. 형식화된 방식으로 제공된다.
　예) ⟨+인간⟩⟨+남성⟩(☞ SEMANTIC FEATURES)

c. 어휘 범주. 예) n(명사), v(동사), a(형용사).

d. 문장 내 공기하는 다른 언어 항목. 예를 들어, 동사 뒤에 목적어가 올 수 있는가 (☞ OBJECT[1])

변형생성문법의 후속 모델에서는 어휘 목록이 문장 내 명사구에 할당되는 동작주와 피동작주, 도착점(goal)과 같은 의미적 역할도 포함하고 있다(☞ θ-THEORY).

☞ PROJECTION PRINCIPLE

lexical field 〈*n*〉 어휘장

=semantic field 의미장

관련 단어와 표현들(☞ LEXEME)이 상호 관련되어 있음을 보여주는 하나의 체계로 조직된 것. 예를 들어, *father*, *mother*, *brother*, *sister*, *uncle*, *aunt*와 같은 친족 명칭은 세대, 성별, 부계나 모계 소속 관계 등을 포함하는 속성의 어휘장에 속한다. 어떤 언어에서 어휘장의 특정 장소에 단어가 빠져 있을 때, 이를 어휘적 공백(lexical gap)이라 부른다. 예를 들어, 영어에는 *stallion*(종마)과 *mare*(암말) 양쪽을 모두 커버하는 단어로 *horse*는 있지만, *cow*(수소)와 *bull*(암소) 모두를 커버하는 단수명사는 없다.

lexical functional grammar (LFG) 〈*n*〉 어휘 기능 문법

통사 표상에 두 개의 병렬된 레벨이 존재한다는 입장을 취하는 문법 이론: 문맥에 구애받지 않는 구 구조 트리인 구성소 구조CONSTITUENT STRUCTURE(c-structure)와, 시제, 성(gender), 기능(주어, 목적어)과 같은 속성으로 구성된 **기능적 구조**(functional structure: f-structure).

LFG는 촘스키 문법에서 발달한 것이다. 그러나 촘스키 문법과의 중요한 차이는 촘스키 문법에서 변형으로 취급되는 많은 현상들(예를 들어, 수동문 vs. 능동문)이 LFG에서는 어휘부에서 다루어진다는 점이다.

lexical gap 〈*n*〉 어휘 공백

☞ LEXICAL FIELD

lexical item 〈*n*〉 어휘 항목

=어휘소LEXEME

lexical meaning 〈*n*〉 어휘적 의미

☞ CONTENT WORD

lexical phonology 〈*n*〉 어휘음운론

어휘부가 복수의 레벨이나 층위(strata)로 나눠지는 형태론, 음운론, 어휘부문 모델. 음운적 규칙은 **어휘 규칙**(lexical rules)과 **후어휘 규칙**(postlexical rules)으로 나눠진다. 음운적 규칙은 어휘부문에서 적용되며, 형태론적 조건부여를 포함한다. 후어휘 규칙은 통사 규칙이 적용된 뒤에 다른 부문의 순서에 따라 단어의 경계를 넘어

적용된다.

lexical phrases ⟨**n**⟩ 어휘구

빈번한 사용으로 인해 관용화되고 반복되는 언어 사용 패턴들과 구

예) *Have you met?*, *You must be joking.*

lexical priming ⟨**n**⟩ 어휘 프라이밍

☞ RPIMING

lexical semantics ⟨**n**⟩ 어휘 의미론

의미론SEMANTICS의 하위분야로, 단어의 의미를 다룬다.

lexical set ⟨**n**⟩ 어휘 세트

동일한 내용이나 화제, 주제와 관련된 일단의 단어나 구. 예를 들어, *weather*(기후) 주제와 관련하여, *storm*, *rain*, *wind*, *snow*, *ice*와 같은 단어들이 그것이다.

lexical syllabus ⟨**n**⟩ 어휘 교수요목

어떤 언어에서 가장 중요하거나, 빈도가 높거나, 유용한 어휘 항목이라는 관점에서 조직된 어휘적 교수요목. 어휘 교수요목은 레벨별(예를 들어 첫 번째 1,000어, 두 번째 1,000어 등)로 조직되는 경우가 많다.

lexical verb ⟨**n**⟩ 어휘적 동사

☞ AUXILIARY VERB

lexical word ⟨**n**⟩ 어휘어/내용어

☞ CONTENT WORD

lexicogrammar ⟨**n**⟩ 어휘문법

=lexico-grammar

1. 제2언어에서 화자가 의미를 표현하거나 전달할 때 사용하는 (문법적/어휘적) 언어 자원

2. 어휘와 문법 간의 관계. 어휘·문법이라는 언어 조직의 두 가지 형식은 보통 별개로 학습되지만, 점차 어휘·문법적 패턴이 언어 기술(description)과 언어 학습의 핵심으로 여겨지고 있다.

☞ SYSTEMIC-FUNCTIONAL LINGUISTICS

lexico-grammatical associations ⟨**n**⟩ 어휘-문법적 결합

☞ CORPUS LINGUISTICS

lexicography ⟨**n**⟩ 사전학; lexicographic(al) ⟨**adj**⟩ 사전학의; lexicographer ⟨**n**⟩ 사전 편집자; lexicology ⟨**n**⟩ 사전학; lexicological ⟨**adj**⟩ 어휘적인

사전 편찬법 연구. 외국어 사전학은 언어 학습자 사전의 발달을 가져왔다.

lexicologist ⟨***n***⟩ 어휘연구자

어휘의 의미와 관계(☞ LEXEMES), 어휘의 형식과 의미의 시대적 변화 연구를 포함하는, 한 언어의 어휘 항목(☞ LEXICAL FIELD)을 연구하는 학자. 어휘연구자의 연구 성과는 사전편집자에게 매우 유용하다.

☞ ETYMOLOGY, LEXICOGRAPHY

lexicon[1] ⟨***n***⟩ 어휘부

한 언어의 단어와 숙어를 모두 모아둔 것

☞ LEXICOGRAPHY, LEXICOLOGY, LEXEME

lexicon[2] ⟨***n***⟩ 사전

라틴어, 그리스어와 같은 고전어 사전을 지칭한다.

lexicon[3] ⟨***n***⟩ 심성어휘집

생성문법GENERATIVE GRAMMAR의 기저부BASE COMPONENT에 목록화되어 있는 단어와 구, 그리고 그것들에 대한 정보

lexicon[4] ⟨***n***⟩ 심성어휘집

단어에 대해서 사람들이 알고 있는 모든 정보를 담고 있는 심적 체계. 심리언어학자에 따르면, 단어와 관련한 인간 지식에는 다음과 같은 것들이 포함된다.

a. 단어가 발음되는 방식에 대한 지식

b. 단어가 사용되는 문법적 패턴에 관한 지식

c. 단어의 의미에 관한 지식

한 사람의 화자가 알고 있는 단어의 전체 집합이 그 사람의 심적 어휘집이다. 심적 어휘집의 내용, 심적 어휘집의 발달 과정에 대해서는 심리언어학과 언어습득 분야에서 연구되고 있다.

☞ LEXICAL ACCESS

lexis ⟨***n***⟩ 어휘형식 lexical ⟨***adj***⟩

한 언어의 어휘. 문법(통사론)과 구별된다.

☞ LEXEMEN

LF ⟨***n***⟩ 논리형식

＝논리형식LOGICAL FORM

LF component ⟨***n***⟩ 논리형식 부문

☞ D-STRUCTURE

liaison ⟨***n***⟩ 연결

＝연결LINKING

Likert scale 〈**n**〉 리커트 척도

 ☞ ATTITUDE SCALE

limited English proficiency 〈**n**〉 한정적 영어숙달도

 ☞ LIMITED ENGLISH SPEAKER

limited English proficient (LEP) 〈**n**〉 한정적 영어숙달도

영어권 국가에서, 영어 숙달도가 모어화자 레벨에 있지 않은 소수자 학생을 가리키는 데 종종 사용된다. 그 때문에 이 학생들은 정규 학교과정에 들어가기 위한 별도의 준비가 필요하다. 이 용어가 일부에게 불쾌감을 준다는 이유로 제2언어 학생 (Second Language Student)과 같은 보다 중립적인 용어가 선호된다.

 ☞ MAINSTREAMING, SHELTERED ENGLISH, SUBMERSION EDUCATION

limited English speaker (LES) 〈**n**〉 한정적 영어화자

(이중언어 교육BILINGUAL EDUCATION이나 제2언어로서의 영어 프로그램ENGLISH AS A SECOND LANGUAGE PROGRAMME에서) 어느 정도는 영어를 습득하고 있으나, 영어가 유일한 수업 매개 언어MEDIUM OF INSTRUCTION인 교실에서 충분히, 성공적으로 참여하기에는 부족한 언어 능력을 가진 사람. 한정적인 영어 숙달도를 가졌다고 말하기도 한다. 그러나 이 학생들은 실제로는 두 가지 언어를 말할 수 있기 때문에, '한정적인 영어화자'라는 용어는 그들의 언어적 장점을 무시하고 언어적 약점에만 초점을 두고 있다는 점에서 최근 비판을 받고 있다. 그러한 이유로, 이 용어 대신 'ESL 학습자'나 '이중언어 학생'과 같은 용어를 선호하는 곳이 늘고 있다.

linear programme 〈**n**〉 선형식 프로그램

 ☞ PROGRAMMED LEARNING

linear syllabus 〈**n**〉 선형식 교수요목

 ☞ SPIRAL APPROACH

lingua franca 〈**n**〉 공통어/링구아프랑카

각기 다른 언어를 사용하는 집단들 간에 의사소통을 위해 사용하는 언어. 공통어는 의사소통을 위해 국제적으로 사용되는 언어(예를 들어, 영어)인 경우도 있고, 한쪽 집단의 모어NATIVE LANGUAGE이거나, 한쪽 집단의 모어는 아니지만 문장 구조나 어휘가 간단해서 둘 이상의 언어가 혼합된 경우도 있다(☞ PIDGIN). 링구아프랑카('프랑크족의 언어'를 뜻하는 이탈리아어)라는 용어는 중세 지중해 지역에서 언어적 배경이 다른 십자군과 상인들 사이에 사용된 것에서 기원한다. 동의어로 **보조 언어** (auxiliary language)라는 용어를 사용할 때도 있다.

linguicism 〈**n**〉 언어차별

'인종차별(racism)', '성차별(sexism)'에서 유추한 용어. 언어를 기반으로 집단 간의 권력, 위신, 자원 등의 불평등한 구분을 촉진하고 유지할 목적으로 설계된 관행, 신념, 정책 등을 설명하기 위해 Phillipson이 제안하였다.

    ☞ LINGUISTIC IMPERIALISM

linguist 〈*n*〉 언어학자

1. 언어 연구를 전문으로 하는 사람. 전문 영역은 연구 분야에 의해 구분된다. 예) 응용언어학자, 심리언어학자, 사회언어학자

2. 일반적으로, 여러 언어를 유창하게 말하고 언어 학습에 뛰어난 사람을 가리킬 때 사용된다.

linguistically disadvantaged 〈*adj*〉 언어적으로 불리한

어떤 국가나 지역의 지배적인 언어를 충분히 구사할 수 없는 사람을 가리킬 때 사용하는 용어. 이 용어는 이들의 모어가 유용하지 않거나 중요하지 않다는 것을 시사한다는 이유로 언어학자들 사이에서는 선호하지 않는다.

    ☞ DEFICIT HYPOTHESIS

linguistic analysis 〈*n*〉 언어 분석

특정 언어나 언어 변종(☞ LANGUAGE^2), 또는 언어 일반의 구조와 기능을 인간의 의사소통 체계(☞ LANGUAGE^1)로서 연구하는 것

linguistic capital 〈*n*〉 언어 자본

    ☞ CULTURAL CAPITAL

linguistic ecology 〈*n*〉 언어생태학

=ecology of language

언어학의 한 분야로, 생태계라는 은유를 사용하여 세계의 언어와 그 언어들을 사용하는 집단들 간의 관계와 상호작용을 설명하려고 한다.

linguistic environment 〈*n*〉 언어적 환경

학습자가 교육적·사회적 장면에서 접하게 되는 음성 언어로, 언어 학습 과정에 잠재적인 듣기 입력을 제공하는 역할을 한다.

linguistic imperialism 〈*n*〉 언어 제국주의

어떤 사회에서 언어가 지배적인, 혹은 지배되는 역할을 담당한다고 보는 이론. 영어는 국제적으로 지배적인 역할을 하며, 영어를 사용하지 않는 다른 사회에 대해 경제적, 정치적인 우위를 유지하는 역할을 한다고 주장한다. 영어가 국제어로서 지배적인 역할을 담당함으로 인해, 다른 많은 언어들은 발달과 확장 과정을 경험하지 못하였다. 이 이론에서는 영어의 확산이 앵글로색슨계의 유대교-기독교 문화의

L

여러 측면을 강요하며, 비영어권 국가의 문화와 언어에 위협을 준다고 본다.

☞ CULTURAL IMPERIALISM

linguistic insecurity ⟨*n*⟩ 언어 불안정

화자나 필자가 자신의 모어 사용이나 언어변종에 대해 경험하는 불안한 감정. 언어 불안정은 수정된 발화, 예를 들어, 화자가 위신이 있는 변종의 화자처럼 들리도록 자신의 말투를 바꿔 말하기도 한다.

☞ SOCIOLECT

linguisticism ⟨*n*⟩ 언어차별주의

언어 집단 사이의 권력과 자원의 불평등한 구분을 합법화하고 재생산하기 위해 이데올로기와 구조, 관습을 사용하는 것을 가리킬 때 사용하는 용어

linguistic method ⟨*n*⟩ 언어학적 방법

언어학 원리에 기초한 제1언어 읽기 교수 방법을 가리킬 때 사용하는 용어. 특히 1940년대와 1950년대 저명한 미국인 언어학자인 Leonard Bloomfield와 Charles Fries의 견해를 반영한 교수법을 말한다. 이들은 문어는 구어를 기반으로 하기 때문에, 읽기 교수 시에도 구어와 문어 간의 관계가 강조되어야 한다고 주장하였다. 그 결과, 소리-철자가 규칙적으로 대응하는 단어들을 이용하였고, 규칙적이고 비규칙적인 철자 패턴을 체계적으로 도입한 읽기 교재가 만들어졌다. 최근 응용언어학자들이 읽기 교수와 언어 일반에 관한 다양한 접근법들을 제안하고 지지하고 있지만, '언어학적 방법'으로 폭넓게 인정되고 있는 것은 없다.

linguistic prescriptivism ⟨*n*⟩ 언어적 규범

언어와 그 사용에 대한 규칙을 정하는 것

☞ PRESCRIPTIVE GRAMMAR, DESCRIPTIVE GRAMMAR

linguistic relativity ⟨*n*⟩ 언어 상대성

인간이 세상을 보는 방식은 모어NATIVE LANGUAGE의 구조에 의해 전체적, 혹은 부분적으로 결정된다는 신념. 미국의 인류언어학자 Sapir와 Whorf에 의해 제안되었기 때문에, **사피어-워프 가설**(Sapir-Whorf hypothesis)로 불리어 왔다. 최근 인지와 언어 표현 간의 관련성에 관해 인지언어학 분야에서 보다 정교한 형태로 연구되고 있다.

☞ ANTHROPOLOGICAL LINGUISTICS

linguistic rights ⟨*n*⟩ 언어적 권리

모든 사람이 가진 보편적인 권리, 즉 인권의 한 범주로서 언어적 권리는 인간 존엄과 가치뿐만 아니라, 문화적 관용이라는 생각에 기초한다. 언어적 권리의 예로, 소수 언어공동체가 자신들의 언어로 교육 받을 권리, 사회적으로 우세한 언어 이외의 언어로 공적 서비스를 받을 권리 등이 있다. 이러한 언어학적 권리를 정의내리

기 위해 여러 안들이 제시되었으나, 유엔에서 명문화하고 있는 인권 원리에 상당하는 의견의 일치는 아직까지 이루어지지 않았다.

linguistics 〈*n*〉 언어학, linguist 〈*n*〉 언어학자, linguistic 〈*adj*〉 언어학의

인간의 의사소통 체계로서의 언어에 관한 연구. 언어학에는 언어 연구에 관한 다양한 접근법들과 연구 분야, 예를 들어 음 체계(음성학PHONETICS, 음운론PHONOLOGY), 문장 구조(통사론SYNTAX), 언어와 인지의 관계(인지언어학COGNITIVE LINGUISTICS), 의미 체계(의미론SEMANTICS), 화용론PRAGMATICS, 언어 기능FUNCTIONS OF LANGUAGE, 언어와 사회적 요인(사회언어학SOCIOLINGUISTICS) 등이 포함된다. 또한 다른 학문 분야와 결합하여, 응용언어학APPLIED LINGUISTICS, 인류언어학ANTHROPOLOGICAL, 심리언어학PSYCHOLINGUISTICS, 법언어학FORENSIC LINGUISTICS 등의 전문 분야도 발달하였다.

linguistic units 〈*n*〉 언어 단위

한 언어 체계의 부분. 언어 단위는 한 언어의 변별적인 소리(음소PHONEMES)일 수도 있고, 단어나 구, 문장, 발화와 같은 더 큰 단위일 수도 있다.

☞ CHUNKING, DISCOURSE, DISCOURSE ANALYSIS

linking 〈*n*〉 연결

=liaison 연음

연속되는 발화에서 나타나는, 한 단어의 말음이나 음절을 후속 단어의 첫 음과 연결하는 연속적인 발화 프로세스. 영어에서 긴장 모음으로 끝나는 단어와 모음으로 시작하는 후속 단어, 혹은 후속 음절은 보통 경과음GLIDE으로 연결된다. 따라서 *be able*과 같은 구는 *be*와 *able* 사이에 마치 /y/가 있는 것처럼 들리고, *blue ink*는 *blue*와 *ink* 사이에 마치 /w/가 있는 것처럼 들린다. 일부 영어 변종에서는 *Ann*이나 *media event*을 발음할 때처럼, 단어 끝과 모음으로 시작하는 단어 사이에 연음 /r/을 삽입한다. 단어나 음절이 자음 연쇄로 끝나고 다음 음절의 첫 음이 모음일 때, 이 자음 연쇄의 끝 자음이 후속 음절의 일부인 것처럼 발음되기도 한다. 이 과정을 재음절화(resyllabification)라 부른다. 예를 들어, *left arm*이 *lef tarm*처럼 발음된다.

linking adjunct 〈*n*〉 연결사

두 개의 절이나 문장, 단락 간의 관계를 나타내는 단어나 구. 예) 부가(*also*), 결과(*so*), 대조(*however*), 추론(*in that case*), 시간(*eventually*), 양보(*anyway*), 요약(*overall*)

linking verb 〈*n*〉 연결동사

=지정사COPULA

lipreading 〈*n*〉 독순술 lipread 〈*v*〉 독순술로 해독하다

=speech reading

듣기 장애가 있는 사람 등이 사용하는 방법으로, 입술과 얼굴 근육의 움직임을 보고 화자가 말하고 있는 내용을 파악한다.

liquid ⟨*n*⟩ 유음

측음LATERALS과 무마찰음 *r*을 커버하는 용어. 경과음과 마찬가지로, 유음 또한 계속음 CONTINUANTS의 하위 범주이다.

listening comprehension ⟨*n*⟩ 듣기 이해/청해

제1언어나 제2언어에서 발화 이해 프로세스. 제2언이 습득의 듣기 이해 프로세스 연구에서는 개별 언어 단위(즉, 음소PHONEMES, 단어WORDS, 문법 구조 등)의 역할뿐만 아니라, 청자의 예측, 상황과 문맥, 배경적 지식과 화제의 역할 등에도 초점을 둔다. 따라서 듣기 이해에는 하향식 처리TOP-DOWN PROCESSING와 **상향식 처리**(bottom-up processing)가 함께 관여한다. 전통적인 언어 접근법에서는 듣기 이해 교수의 중요성을 덜 강조하는 경향이 있었으나, 보다 최근의 접근법에서는 언어 능력 개발에 있어서 듣기의 역할을 강조하여, 제2언어/외국어 습득의 초기 단계에서는 듣기 교수에 주목해야 한다고 제안한다. 듣기 이해 활동에는 전형적으로 상당한 수의 듣기 기능, **식별**(recognition: 전체 메시지 내용이 아닌 코드의 일부 측면에만 초점을 둔다), **오리엔테이션**(orientation: 텍스트에 대한 주요한 사실, 예를 들어 참여자나 상황, 문맥, 화제, 감정상의 톤, 장르 등을 확인하기), 중심 생각 이해하기, 세부 사항 이해하기, 상기하기 등이 포함된다.

☞ COMPREHENSION APPROACH, NATURAL APPROACH, PERCEPTION, PSYCHOLINGUISTICS, SPEECH RECOGNITION

listening for details ⟨*v*⟩ 세부 내용 듣기

텍스트에 포함된 구체적인 정보를 이해하기 위한 듣기

listening for gist ⟨*n*⟩ 개요 파악을 위한 듣기

=listening for global understanding 전체 내용 이해를 위한 듣기

구체적인 세부내용에 주목하지 않고, 일반적인 의미 이해를 위한 듣기

listening strategy ⟨*n*⟩ 듣기 전략

듣기 이해에서, 특히 청자가 불완전한 이해로 인한 문제들을 경험할 때 명료화 전략 등을 이용하여 전송 중인 발화를 처리하려고 하는 의식적인 계획

list intonation ⟨*n*⟩ 음조 목록

☞ INTONATION CONTOUR

literacy ⟨*n*⟩ 문식력/식자 literate ⟨*adj*⟩ 문식성의

어떤 언어를 읽고 쓸 수 있는 능력. 읽거나 쓰는 능력이 부족한 것을 **문맹**(illiteracy)이라 한다. **기능적 문식력**(functional literacy)은 성인 생활에서 문식력을 필요로 하는

활동과 목적을 위해 읽기와 쓰기 스킬을 충분히 이용할 수 있는 능력을 가리킨다. 읽기와 쓰기 스킬의 최저 기준을 만족시키지 못하는 능력은 **기능적 문맹**(functional illiteracy)이라 한다. 두 언어로 읽기와 쓰기가 가능한 사람은 **이중언어문식력자** (biliterate)라고 부르기도 한다. 최근에는 교육학이나 응용언어학 분야에서 문식력 연구를 위해 다양한 접근법이 개발되었다: 구어-문어의 관련성과 언어 변이, 장르 에 초점을 둔 언어학적 접근법, 지각PERCEPTION과 읽기, 쓰기와 이해 과정에 초점을 둔 인지적 접근법, 문식력을 사회적 관습으로 간주하여 문식력의 사회화, 문식력의 사회문화적 문맥, 구어 담화의 권위와 같은 이슈를 다루는 사회문화적 접근법이 그것이다.

literacy practices ⟨**n**⟩ 식자정책

사람들의 사회적 역할 및 정체성과 관련된 일상생활에서 문식력을 활용하는 문화 특유적 방법

literal comprehension ⟨**n**⟩ 축자적 이해

☞ READING

literal translation ⟨**n**⟩ 축자역

☞ TRANSLATION

literary culture ⟨**n**⟩ 문학 문화

☞ ORAL CULTURE

LMS ⟨**n**⟩

＝학습관리시스템LEARNING MANAGEMENT SYSTEM

loan blend ⟨**n**⟩ 차용 혼성어

단어의 한 부분은 L2에서 차용하고, 나머지 부분은 모어를 이용하는 차용BORROWING 유형. 예를 들어, 일부 호주 사람들이 사용하는 독일어 *gumbaum*(＝gumtree)은 영어 *gum*과 독일어 *baum*(tree)의 차용 혼성어이다.

loan translation ⟨**n**⟩ 차용 번역어

＝calque 어의차용어

차용BORROWING의 일종. 개별 형태소나 단어가 다른 언어에 있는 등가의 형태소나 단어로 번역된다. 예를 들어, 영어 단어 *almighty*는 라틴어 *omnipotens*의 차용 번역 어이다.

　omni＋*potens*

　all mighty＝*almighty*

차용 번역어는 단어나 구가 될 수도 있고, 심지어 단문인 경우도 있다. 예를 들어,

영어 *beer garden*과 *academic freedom*은 독일어 *Biergarten*과 *akademische Freheit*의 차용 번역어이다.

loan word ⟨*n*⟩ 차용어

☞ BORROWING

local error ⟨*n*⟩ 부분적 오류/국부적 오류

☞ GLOBAL ERROR

locative case ⟨*n*⟩ 처소격

동사가 나타내는 행위의 위치를 가리키는 명사나 명사구는 처소격이 된다. 예를 들어, *Irene put the magazines on the table*이라는 문장에서 *table*이 처소격이다.

lock-step ⟨*n*⟩ 획일학습

(교수에서) 한 학급의 모든 학생이 동시에 똑같은 속도로 활동과 과업을 수행하는 상황

lock-step teaching/syllabus ⟨*n*⟩ 획일적 교수/교수요목

교육 자료의 구조가 연속적으로 편성되며, 항목의 교수 순서가 배운 내용에 따라 엄격하게 결정되는 교수요목. 각 항목은 다음 단계에서 배울 내용에 필요한 단계를 형성하며, 그 순서에 따라 항목들을 가르쳐야 한다. 언어교수에서 문법 교수요목이 보통 이런 식으로 조직되어 있다.

☞ LINEAR SYLLABUS, SPIRAL SYLLABUS

locus of control ⟨*n*⟩ 통제의 소재

☞ ATTRIBUTION THEORY

locutionary act ⟨*n*⟩ 발화 행위

Austin이 제안한 발화 행위SPEECH ACT 이론으로, 문장의 발화에 의해 발생하거나 수반되는 세 개의 언어 행위 유형 중의 하나를 말한다. 발화 행위는 유의미한, 이해 가능한 무언가를 말하는 것이다. 예를 들어, *Shoot the snake*라고 말하는 것은 청자가 *shoot*, *the*, *snake*라는 단어들을 이해해서 언급된 특정 뱀을 인식할 수 있을 경우, 발화 행위가 된다. **발화수반 행위**(illocutionary act)는 문장을 이용하여 특정 기능을 수행하는 것이다. 예를 들어, *Shoot the snake*는 명령이나 충고라는 의도가 있을 것이다. **발화효과 행위**(perlocutionary act)는 발화의 결과로 생산되는 결과나 효과이다. 앞의 예에서 '뱀을 쏘는 것'이 발화효과 행위이다.

Austin의 삼항 구분은 문장의 명제적 내용(문장이 나타내거나 함의하고 있는 명제 PROPOSITION), **언표 내적 힘**(illocutionary force), 혹은 발화 행위의 의도된 효과(요청, 지도, 명령 등의 기능) 간의 이항 구분에 비해 덜 일반적으로 사용된다.

locutionary meaning 〈*n*〉 발화 행위의 의미

    ☞ SPEECH ACT

log 〈*n*〉 기록/로그

    ☞ LEARNING LOG

logic 〈*n*〉 논리학

일반적으로 추론 연구, 특히 주어진 전제와 공리(axiom)로부터 진술이 참임을 증명하는 연역적 규칙을 형성하는 것을 말한다.

연역을 위한 규칙을 형식화하기 위해 논리 언어가 개발되어 왔으며, 그중에서 가장 잘 알려진 것이 **명제 논리**(propositional logic)와 **술어 논리**(predicate logic)이다. 보다 최근에 개발된 논리 언어 유형에는 유형 논리(type logic), 2차 논리(second-order logic), 다가치 논리(many-valued logic)가 있다.

logical form (LF) 〈*n*〉 논리 형식

    ☞ D-STRUCTURE

logical positivism 〈*n*〉 논리적 실증주의

    ☞ POSITIVISM

logical problem of language acquisition 〈*n*〉 언어 습득의 논리적 문제

    ☞ PLATO'S PROBLEM

logical subject 〈*n*〉 논리(적) 주어

전형적으로 행위의 수행자를 기술하는 명사구NOUN PHRASE. 일부 언어학자는 문법적 주어와 논리적 주어를 구분하기도 한다. 예를 들어,

    The cake was eaten by Vera.

위의 수동문에서 *the cake*는 문법적 주어이나, *Vera*는 그 행위자이기 때문에 논리적 주어이다. *Vera ate the cake*에서는 *Vera*는 문법적 주어이기도 하고, 논리적 주어이기도 하다.

    ☞ VOICE[1]

long consonants 〈*n*〉 장자음

    ☞ GEMINATE

longitudinal method 〈*n*〉 종단법

=longitudinal study 종단적 연구

    ☞ CROSS-SECTION(AL) METHOD

long term memory 〈*n*〉 장기기억

    ☞ MEMORY

long vowel ⟨*n*⟩ 장모음

　　☞ VOWEL

look-and-say method ⟨*n*⟩ 보고 말하는 교수법

　　특히 제1언어FIRST LANGUAGE에서, 아이들에게 읽기를 가르치기 위한 교수법이다. 보통 단어를 그림이나 실재물과 연결하여 가르치고 단어의 발음이 언제나 요구된다는 점만 빼면, 전체단어인지법(whole-word method)과 유사하다.

loop input ⟨*n*⟩ 루프 입력

　　학습의 내용과 과정을 연계하고자 Tessa Woodwood가 제안한 경험적 교원 연수 과정의 한 유형이다. 이 유형에서 연수생들은 학습의 초점이 되는 내용을 체험한다. 예를 들어, 만약 연수생이 듣기 스킬의 특징에 대해 배운다면, 동일한 스킬(예를 들어 예측, 개요 듣기 등)을 이용하는 활동에 참가한 후, 자신의 듣기 경험에 대해 반성한다.

low-inference category ⟨*n*⟩ 저-추론 범주

　　☞ HIGH-INFERENCE CATEGORY

low variety ⟨*n*⟩ 위신이 낮은 변종

　　☞ DIGLOSSIA

low vowel ⟨*n*⟩ 저모음

　=open vowel 개모음

　　☞ VOWEL

Lozanov method ⟨*n*⟩ 로자노프 교수법

　=암시적 교수법SUGGESTOPAEDIA

LSP ⟨*n*⟩

　=특수 목적을 위한 언어LANGUAGES FOR SPECIAL PURPOSES

LTRC ⟨*n*⟩

　=언어평가연구학회LANGUAGE TESTING RESEARCH COLLOQUIUM

L-variety ⟨*n*⟩ 위신이 낮은 변종

　　☞ DIGLOSSIA

M

machine translation ⟨***n***⟩ 기계 번역

번역 과정에 인간에 의한 입력 없이 번역 프로그램을 이용하여 텍스트를 번역하는 것. 이 분야의 연구가 최근 20~30년간 상당한 발전을 이루었으나, 원 텍스트SOURCE TEXT의 복잡성에 따라 기계 번역된 텍스트의 질이 여전히 큰 불균형을 보여, 사람이 직접 문법과 의미, 문체 오류들을 수정하지 않고 바로 출판하기에는 적합한 수준이 아니다.

macroskills ⟨***n***⟩ 거시적 기술

☞ MICROSKILLS

macrosociolinguistics ⟨***n***⟩ 거시사회언어학

사회학적, 또는 사회심리학적인 현상을 다루며, 언어 유지나 언어 소실을 포함한 사회 전체로서의 언어 사용을 연구하는 사회언어학적 연구 분야

☞ MICROSOCIOLINGUISTICS

macro-structure ⟨***n***⟩ 거시 구조

(쓰기에서) 텍스트의 화제와 전체적인 구성

단락의 세부내용이나 미시구조MICROSTRUCTURE와 구별된다.

main clause ⟨***n***⟩ 주절

☞ DEPENDENT CLAUSE

main idea ⟨***n***⟩ 중심 내용

(작문에서) 중심이 되는 생각이나 화제

작문의 주제문TOPIC SENTENCE과 동일한 경우가 많다.

mainstreaming ⟨***n***⟩ 정규/주류교육 **mainstream** ⟨***v***⟩ 정규교육을 받다

제2언어로 수업이 진행되는 학교 정규 프로그램(즉, 특별 프로그램)에 입학하는 것. 영어를 제2언어로 하는 이민자 학생이 많은 나라에서는 학교 ESL 프로그램을 통해 학생들이 교과 분야CONTENT AREA를 영어로 가르치는 정규 수업에 들어갈 수 있도록 준비시킨다.

maintenance bilingual education ⟨***n***⟩ 유지형 이중언어 교육

☞ BILINGUAL EDUCATION

maintenance rehearsal ⟨***n***⟩ 유지 리허설

M

☞ REHEARSAL

majority language ⟨*n*⟩ 다수자 언어

미국에서 영어의 지위와 같이, 한 국가의 대다수 국민이 사용하는 언어. 한 국가 내 소수를 이루는 집단의 사람들이 사용하는 언어는 **소수자 언어**(minority language) 라 부른다. 미국의 이탈리아어나 스페인어가 여기에 해당한다.

☞ COMMUNITY LANGUAGE, NATIONAL LANGUAGE

Mancova ⟨*n*⟩

=다변량 공분산분석MULTIVARIATE ANALYSIS OF COVARIANCE

manner of articulation ⟨*n*⟩ 조음 방식

발성 기관에 의해 언어음이 산출되는 방식. 언어음을 산출하는 데는 세 가지 방법이 있다. 자음CONSONANTS의 경우, 숨(airstream)이

a. 갑자기 차단되고 방출된다(폐쇄음). 예) /t/

b. 마찰을 동반할 수 있다(마찰음). 예) /f/

c. 차단된 후 마찰을 동반하며 천천히 개방된다(마찰음). 예) *gem*/ʤem/의 /ʤ/

성대는 진동할 수도 있고(유성음), 진동하지 않을 수도 있다(무성음)(☞ VOICE²).

모음의 경우, 구강에서의 혀의 위치와 더불어, 입술이

a. 원순일 때, 예) *shoe*/ʃuː/의 /uː/)

b. 평순일 때, 예) *mean*/miːn)의 /iː/가 있다.

☞ FRICTIONLESS CONTINUANT, LATERAL, NASAL,
   PLACE OF ARTICULATION

Manova ⟨*n*⟩

=다변량 분산분석MULTIVARIATE ANALYSIS OF VARIANCE

manualist ⟨*n*⟩ 수화주의자

☞ SIGN LANGUAGE

manual method ⟨*n*⟩ 수화 교수법

수화의 사용에 기초한 청각 장애자 교수법. 많은 다양한 수화 의사소통 체계가 있다. 예를 들어, 미국 수화(A.S.L)는 영어 문법과는 다른 자신만의 고유한 언어 규칙을 가지고 있다. 그렇기 때문에 오롯이 미국 수화에만 의존하거나 유사한 수화 코드를 사용하는 사람에게는 영어 읽기나 쓰기, 독순(lip-reading)에 어려움이 있을 수 있다. 수화 영어(Signed English)나 Pagett-Gorman 체계와 같은 일부 수화 코드는 이 수화를 배운 사람은 영어의 읽기, 쓰기 학습이 더 쉽다. 수화 의사소통법을 배우는 사람은 보통 말을 할 수 없기 때문에 자신이 배운 수화를 사용할 수 없는

M

사람과는 의사소통에 어려움이 있다. 세 번째 수화 코드 그룹, 예를 들어 Amerind는 보편적인 몸짓언어에 기초하고 있다.

mapping ⟨*n*⟩ 연결(하기)

☞ BRAINSTORMING

marginalized voices ⟨*n*⟩ 주변화된 목소리

지배 담화DOMINANT DISCOURSE에서 소외된 사람들의 목소리. 여성과 이민자, 소수민족어 사용자 등이 여기에 포함될 수 있다.

markedness theory ⟨*n*⟩ 유표성 이론

세계의 여러 언어들 중에는 **무표적**(unmarked), 다시 말해 단순하거나 핵심적이거나 전형적이라고 여겨지는 어떤 언어적 요소가 있는 반면, **유표적**(marked), 즉 복잡하거나 주변적이거나 예외적이라 여겨지는 것도 있다는 이론. 이항적인 유표 관계도 있다. 예를 들어, 모음은 유성이거나 무성이다. 유성 모음이 무표적인 반면, (세계의 언어 중에서 일부 언어에서만 나타나는) 무성 모음은 유표이다. 위계적인 유표 관계도 있다. 예를 들어, 명사구 접근 가능성 가설NOUN PHRASE ACCESSIBILITY HIERARCHY은 가장 무표적인 것에서 가장 유표적인 순으로 서열화할 수 있는 관계절 구조의 범위를 가리킨다. 유표성은 제2언어/외국어 학습에 있어서 습득 순서나 습득 난이의 방향을 예측하는 데 이용되기도 하였다.

이 가설에 따르면, 목표언어에 유표적인 구조가 있다면, 이 구조들을 학습하기가 어려우며, 반면 목표언어의 구조가 무표적이라면, 설령 그 구조가 학습자의 모어에 존재하지 않더라도, 거의, 혹은 전혀 어려움을 일으키지 않는다. 이를 **유표성 차이 가설**(markedness differential hypothesis)이라 부른다.

marker ⟨*n*⟩ 표지

☞ SPEECH MARKER

masculine ⟨*adj*⟩ 남성의

☞ GENDER[2]

mash-up ⟨*n*⟩ 매시업

오디오나 비디오의 한 장면, 연습문제, 보조 텍스트의 조합과 같이, 복수의 웹서비스 데이터를 서로 조합하는 것

mass noun ⟨*n*⟩ 질량명사

☞ COUNTABLE NOUN

mastery learning ⟨*n*⟩ 완전 학습

학생들이 미리 정해진 레벨 목표에 도달하기 위해 자기 자신의 속도로 공부하고

M

시험을 치면서 앞으로 나아가는 개별적, 진단적 교수 접근법. 완전 학습은 충분한 시간만 주어진다면, 모든 학생이 해당 과목을 마스터할 수 있다는 생각에 기초한다. 예를 들어, ESL 읽기 프로그램에서, 학생들은 자신의 속도에 맞춰서 등급별 읽기물을 읽도록 요구되는 경우가 있다. 읽기물 뒤에 붙어 있는 확인 질문을 통해 학습자는 자신이 어느 정도의 이해 레벨에 도달했는지 알 수 있으며, 필요에 따라서는 다시 읽을 수도 있다. 학생들은 일정한 이해 레벨에 도달했을 때만 다음 읽기물로 나아갈 수 있다.

matched guise technique ⟨**n**⟩ 대응된 위장 기법

(언어 태도LANGUAGE ATTITUDES 연구에서) 먼저 한 방언이나 언어로 녹음된 음성을 듣고, 그런 다음 다른 방언이나 언어로 녹음된, 다시 말해 두 개의 '위장된' 음성을 사용하는 기법. 예를 들어, 프랑스계 캐나다인 이중언어 화자에게 처음에는 프랑스어, 다음에는 영어로 녹음하도록 한다. 그런 다음, 이 녹음된 두 발화 샘플이 동일 인물의 것이라는 것을 모른 채, 두 샘플의 화자가 다른 민족이나 국가 집단에 속할 것이라고 판단하는 청자에게 들려준다. 그런 다음, 두 표본에 대한 청자의 반응을 서로 비교하여, 다른 언어 집단이나 방언 집단에 대해 가지는 태도-어떤 집단의 구성원이 보다/덜 지적이며, 친근하며, 협력적이며, 신뢰할 수 있다고 생각하는지-를 밝힌다.

matched-subjects design ⟨**n**⟩ 대응피험자 설계

실험 설계 방법의 하나로, 먼저 유사한 특성을 가진 참가자를 모아 여러 개의 블록으로 나눈 다음, 각 블록 내의 참가자들을 무작위로 실험 조건에 할당하는 설계 기법이다. 예를 들어, 두 개의 L2 어휘 교수법을 비교할 때, 연구자는 피험자들의 균질성을 확보해야 한다. 그래야 다른 방법으로 가르친 두 집단의 어휘 테스트 결과의 차이가 교수 방법의 차이에서 기인한 것이라 말할 수 있기 때문이다. 만약 우연히 한 집단에 L1와 유사한 단어를 공유하는 L2 학습자가 상당수 포함되었다고 한다면, 테스트 결과의 차이가 처치(즉, 다른 교수 방법의 사용)에 의한 것인지가 분명치 않게 된다. 이러한 문제점은 피험자를 먼저 L1에 따라 나눈 다음, 각 L1 집단 내의 피험자들을 무작위로 선택하여 다른 교수법을 사용하는 두 집단으로 할당하는 방식으로 해결할 수 있다.

matching item ⟨**n**⟩ 짝짓기 문항

테스트 문항이나 테스트 과업의 일종. 수험자에게 한쪽 목록에 있는 항목들(예를 들어, 단어나 구)과 다른 쪽 목록에 있는 항목들을 적절하게 연결하도록 하는 문항이다.

☞ SELECTED-RESPONSE ITEM

materials 〈*n*〉 교재/자료

　　(언어교수에서) 교사나 학습자가 언어 학습을 촉진하기 위해 사용할 수 있는 모든 것. 교재에는 언어적인 것, 시각적인 것, 청각적인 것, 운동감각적인 것이 있으며, 인쇄나 오디오·비디오 형식, CD-ROM, 인터넷, 실제 퍼포먼스나 전시 등의 형태로 제시될 수 있다.

materials adaptation 〈*n*〉 교재/자료의 개작

　　　　☞ ADAPTATION

materials evaluation 〈*n*〉 교재/자료 평가

　　(언어교수에서) 학습 자료의 가치와 유효성을 평가하는 과정

mathematical linguistics 〈*n*〉 수리언어학

　　문어나 구어 텍스트의 언어 구조를 분석할 때 통계학적이고 수학적인 방법을 활용하는 언어학의 한 분야. 언어 항목의 출현 빈도 연구와 문체에 관한 연구 등이 여기에 속한다.

　　　　☞ COMPUTATIONAL LINGUISTICS

matrix(matrices) 〈*n*〉 행렬/매트릭스

　　데이터나 분석 결과를 보이기 위해 사용하는 가로와 세로 줄로 된 표. 이 사전의 IMPLICATIONAL SCALING 항 아래에 있는 표를 참고하기 바란다.

maturation 〈*n*〉 성숙

　　　　☞ INTERNAL VALIDITY

maximal projection 〈*n*〉 최대 투사

　　　　☞ PROJECTION (PRINCIPLE)

mean 〈*n*〉 평균(값)

　　득점들의 산술적 평균. 즉, 전체 득점의 합계를 총 항목수로 나눈 것을 말한다. 평균은 분포의 중심 경향CENTRAL TENDENCE을 측정하는 가장 일반적인 측도이다.

　　　　☞ MEDIUM, MODE

meaning 〈*n*〉 의미

　　(언어학에서) 언어가 현실 세계, 가능한 세계, 혹은 상상의 세계에 대하여 표현하는 것. 의미의 연구를 의미론SEMANTICS이라 부른다. 의미론은 보통 단어, 구, 문장의 의미 분석과 관련이 있으며(☞ CONNOTATION, DENOTATION, LEXICAL FIELD, SEMANTIC FEATURE), 담화(☞ DISCOURSE) 내 발화의 의미나 텍스트 전체의 의미를 다루는 경우도 있다.

　　　　☞ FUNCTIONS OF LANGUAGE[1,2] PRAGMATICS

M

meaningful drill ⟨**n**⟩ 유의미한 드릴

　언어 교수, 특히 청화식 교수법ᴀᴜᴅɪᴏʟɪɴɢᴜᴀʟɪsᴍ에서 드릴ᴅʀɪʟʟs은 학습자가 산출하는 반응을 통제하는 정도에 따라 다양한 여러 유형으로 구분할 수 있다.

　기계적 드릴(mechanic drills)은 학생의 응답이 완전히 통제되는 것이며, 정확한 반응을 산출하기 위해 이해가 필요하지는 않다.

교사	학생
book	*Give me the book.*
ladle	*Give me the ladle.*

유의미한 드릴(meaningful drills)은 학생의 응답에 대해 약간의 통제는 있으나, 학생이 정확하게 답하기 위해서는 이해가 필요하다.

교사가 문장을 읽는다.	학생은 대답을 선택한다.
I'm hot.	*I'll get you something to eat.*
I'm cold.	*I'll turn on the air conditioning.*
I'm thirsty.	*I'll get you something to drink.*
I'm hungry.	*I'll turn on the heater.*

의사소통적 드릴(communicative drill)은 응답의 유형은 통제되지만, 학생들이 자신이 전달하고 싶은 내용이나 정보를 제공할 수 있는 드릴이다. 예를 들어, 과거시제를 연습할 때 교사는 다음과 같이 질문할 수 있다.

교사	학생
What time did you get up on Sunday?	I got up ......
What did you have for breakfast?	I had ......
What did you do after breakfast?	I ......

오늘날의 언어교수에서는 드릴을 거의 사용하지 않는 대신, 보다 의사소통 중심적인 교수법으로 바뀌어 가고 있다.

meaningful learning ⟨**n**⟩ 유의미 학습

　(인지심리학ᴄᴏɢɴɪᴛɪᴠᴇ ᴘsʏᴄʜᴏʟᴏɢʏ에서) 학습된 항목이 심적 개념 체계나 사고 과정의 일부가 되는 학습. 심리학자 Ausubel은 유의미 학습을 암기 학습ʀᴏᴛᴇ ʟᴇᴀʀɴɪɴɢ과 같이 학습된 항목이 심적 구조 속으로 통합되지 않는 유형의 학습과 구별하였다.

meaning units ⟨**n**⟩ 의미 단위/의미 덩이

　청자에게 구조의 경계라는 신호를 주는 구어 담화의 분절단위나 청크(덩이)로, 가장 중요한 음절의 억양을 변화시켜 나타낸다. **의미 단위**(sense groups), **어조 단위**(tone units), **억양 단위**(intonation groups)라고도 부른다.

mean length of utterance (MLU) ⟨**n**⟩ 평균 발화 길이

(언어 습득LANGUAGE ACQUISITION 연구에서) 특히 제1언어FIRST LANGUAGE 학습의 초기 단계에서 아동의 발화가 언어학적으로 복잡한 정도를 나타내는 척도. 아동이 산출하는 발화의 평균 길이를 재어 측정한다. 측정 단위는 단어가 아닌 형태소MORPHEME를 사용한다. 언어 발달을 측정할 때 아이들의 연령보다 MLU가 보다 신뢰할 수 있는 기준이 된다는 것이 밝혀졌다. MLU가 제2언어SECOND LANGUAGE 학습의 지표로서는 적당하지 않다고 일반적으로 알려져 있다.

meanscore ⟨*n*⟩ 평균값

=평균MEAN

means-ends model ⟨*n*⟩ 수단-목적 모델

목적(예를 들어, 목표와 내용)과 수단(즉, 교수 과정) 간을 구별하는 교육과정 개발 접근법. 일반적으로 다음과 같은 설계 활동이 포함된다.

a. 학습자 요구를 확인

b. 목적의 구체화

c. 목표의 체계화

d. 내용의 선택

e. 내용의 조직

f. 학습 경험의 선정

g. 학습의 평가

mean utterance length ⟨*n*⟩

=평균 발화 길이MEAN LENGTH OF UTTERANCE

measurement error ⟨*n*⟩

=측정오차ERROR OF MEASUREMENT

mechanical drill ⟨*n*⟩ 기계적 드릴

☞ MEANINGFUL DRILL

mechanical translation ⟨*n*⟩

=기계 번역MACHINE TRANSLATION

mechanics ⟨*n*⟩ 메카닉스

(작문에서) 철자, 아포스트로피('), 하이픈, 대문자, 약어, 숫자의 사용 측면. 수정이나 편집 단계에서 보통 다루어진다(☞ COMPOSING PROCESSES). 메카닉스는 쓰기의 구성, 응집성COHERENCE, 수사학적 구조와 같이 좀 더 전체적이거나 고차원적인 레벨과는 구별된다.

☞ SCHEME

media 〈*n*〉 미디어

텔레비전, 라디오, 신문 등, 사람들에게 오락, 뉴스, 정보를 제공하는 수단을 가리키는 일반적인 용어. 언어교수에서 시각미디어, 인쇄미디어와 같은 다양한 미디어를 사용한 교재를 **멀티미디어**(multi media) 교재, 또는 **복합미디어**(mixed media) 교재라고 부르기도 한다.

medial 〈*adj*〉 중간에 있는

어떤 언어적 단위의 중간에 나타나는 것. 예를 들어, 영어 *pit*/pɪt/의 /ɪ/는 이 단어의 중간에 있다.

　　☞ INITIAL, FINAL

median 〈*n*〉 중앙값

표본값을 가장 낮은 값에서 높은 값 순으로 배열했을 때 중앙에 위치하는 항목이나 득점 값. 즉, 중앙값은 이 표본을 두 개로 똑같이 나눈 값이다. 이는 '순서 척도'나 '순위 척도'(☞ SCALE)로 배열된 데이터의 중심 경향CENTRAL TENDENCY을 나타내는 데 가장 적합한 측도이다.

　　☞ MEAN, MODE

media resources 〈*n*〉 미디어 리소스

(교수에서) 공학 기술, 오디오와 비디오 설비, 컴퓨터, 멀티미디어 언어랩, 프로젝터, 영화, 비디오 등 교육과 학습에 관계하는 모든 자원

medium 〈*n*〉 매체/매개

한 사람에게서 다른 사람으로 메시지를 전달하는 수단. 예를 들어, 파티 초대는 쓰기나 구두를 매개로 행해질 수 있다. *medium*의 복수형은 *media*, *mediums*이다.

　　☞ MESSAGE, DECODING, ENCODING

medium of instruction 〈*n*〉 교수 매개어

교육에 사용되는 언어.

많은 나라에서 교수 매개어는 프랑스에서는 프랑스어와 같이, 그 나라의 주요 표준변종STANDARD VARIETY이나 국어NATIONAL LANGUAGE이다. 일부 국가에서는 교수 매개어가 지역에 따라 다른 곳도 있다. 예를 들어, 벨기에에서는 프랑스어와 네덜란드어가 교수 매개어로 사용된다. 다언어MULTILINGUAL 국가나 지역에서는 교수 매개어를 선택 가능하며, 교과목에 따라 사용 언어를 달리하는 학교도 있다. *medium of instruction*의 복수형은 *media of instruction*, 혹은 *mediums of instruction*이다.

　　☞ BILINGUAL EDUCATION

melting pot 〈*n*〉 도가니

주로 미국에서, 다양한 이민자 집단이 함께 섞여 서서히 미국 주류 문화에 동화되

어 가는 방식을 설명하기 위해 사용된다. 이민자 도가니라는 개념은 이중언어 교육 BILINGUAL EDUCATION을 반대하고 영어-only 운동에 사용되는 경우도 있다.

membershipping 〈*n*〉 멤버십 **membership** 〈*v*〉 신분을 부여하다

어떤 사람을 한 집단이나 카테고리의 멤버, 예를 들어 점원, 학생, 특정 지역의 주민으로 분류하는 것. 일단 어떤 사람에게 하나의 카테고리가 할당되면, 그 사람과의 대화가 영향을 받는다. 예를 들어, 어떤 도시를 방문한 사람은 실제로 마을 주민인지 아닌지와 관계없이 지역 주민이라는 신분을 부여한 통행인에게 *Could you please tell me how to get the station?*이라고 질문할 지도 모른다. 신분을 잘못 부여하면 오해를 일으키거나 짜증을 유발시키기도 한다. 예를 들어, 백화점의 손님이 점원이라는 신분을 부여받는 경우이다. 대화에서, 신분 부여는 특정 집단이나 언어공동체에서 전형적으로 사용되는 담화 관습-예를 들어, 언어학자나 언어 교사가 사용하는 전문용어와 개념을 사용하는 능력-에 친숙성을 보임으로써 신뢰성과 능숙함을 드러내 보이는 능력이 관련한다.

memorizing 〈*n*〉 기명 **memorize** 〈*v*〉 기억하다 **memorization** 〈*n*〉 기명/부호화

정보 등을 기억에 정착시키는 과정. '기명'이라는 용어는 보통 의식적인 과정을 가리킨다. 기명에는 암기 학습ROTE LEARNING, 연습, 연상 학습ASSOCIATIVE LEARNING 등이 관련한다.

memory 〈*n*〉 기억

단기간, 혹은 장기간 동안 정보를 저장할 수 있는 심적 수용능력. 기억은 보통 두 가지 형태로 구분된다.

a. **단기기억**(short-term memory): 입력된 정보가 분석·해석되는 짧은 시간 동안 저장되는 기억 체계 일부. 최근에는 단기기억 대신 **작업 기억**(working memory) 이라는 용어를 사용하는 경우가 많다. 기억을 일시적으로 저장하는 수동적 시스템이 아니라, (학습, 추론, 이해 등의) 복잡한 인지적 과업의 실행에 필요한 정보를 일시적으로 저장하고 조작하는 능동적인 시스템이라 생각하게 되었기 때문이다. Baddeley 모델에 따르면, 작업 기억은 두 가지 저장 시스템으로 구성된다.

① **조음 회로**(articulatory loop): 언어 정보를 저장

② **시공간 스케치패드**(visuospatial sketchpad): 시각 정보를 저장

그 외, 단기기억은 (부호화하고, 저장하고, 인출하는 등의) 지극히 일상적인 처리를 선택, 개시, 종료하는 역할을 하는, 매우 능동적인 시스템인 **중앙 실행계** (central executive)로 구성된다.

b. **장기기억**(long-term memory): 정보가 보다 영구적으로 저장되는 기억 체계의 일부. 장기기억에 기명되는 정보는 입력될 때와 동일한 형태로 저장되지는 않는

다. 예를 들어, 청자가 다음의 문장 (a)를 들은 직후에는 이 문장을 정확히 반복할 수 있다. 이때는 청자가 단기기억을 이용한다. 그러나 며칠 후 같은 문장을 기억해 내려하면, (b)와 같은 문장을 산출할지도 모른다. 원래의 메시지와는 다른 형태의 장기기억 정보를 이용하기 때문이다.

(a) *The car the doctor parked by the side of the road was struck by a passing bus.*

(b) *The doctor's car was hit by one.*

☞ EPISODIC MEMORY, IMPLICIT MEMORY, RELEARNING

mentalism ⟨*n*⟩ 심리주의 mentalist ⟨*adj*⟩ 심리주의자

인간은 의식, 관념 등을 갖춘 정신을 보유하고 있고, 그 정신이 육체의 행동에 영향을 미친다는 이론

☞ BEHAVIOURISM, EPIPHENOMENALISM, INNATIST HYPOTHESIS

mental lexicon ⟨*n*⟩ 심성 어휘집

사람의 머릿속에 저장된 어휘, 그것의 의미, 그리고 연상

☞ LEXICON

mentoring ⟨*v*⟩ 멘토링

(교사 계발에서) 신임교사 연수 동안 지도교사MENTOR TEACHER가 신임교사를 일대일로 지원하는 프로세스. 지도교사의 역할에는 우수한 교육 실천 모델 보여주기, 신임교사가 특정 교수 장면이나 공동체에 통합되고 받아들여질 수 있도록 지원하기, 어려움에 처했을 때 그 교사를 지지하기, 교수 프로세스의 이해나 학습을 촉진시켜주기 등이 포함된다.

mentor teacher ⟨*n*⟩ 지도교사

학교에서 교육실습 기간 동안 교육 실습생과 함께 행동하고, 실습생에 대하여 지침을 내리거나, 피드백을 제공해 주는 경험 있는 교사

☞ CO-OPERATING TEACHER

mesolect ⟨*n*⟩ 중층 방언

☞ POST CREOLE CONTINUUM, SPEECH CONTINUUM

message ⟨*n*⟩ 전달 내용, 메시지

한 사람에게서 다른 사람(들)으로 말이나 글로 전달되는 것. 메시지는 언어 형식으로만 표현되는 것이 아니라 다른 수단, 예를 들어 윙크나 몸짓에 의해서 전달되기도 한다. 메시지의 형식과 메시지의 내용을 구분할 수도 있다. 예를 들어, 구어를 사용한 요청에서 메시지 형식은 요청을 하는 방식(문장 구조의 유형, 공손한 말투의 사용/비사용, 음조의 유형 등)이며, 메시지 내용은 실제로 요청되는 사항(돈을

꾸는 것 등)이다.

☞ DECODING, ENCODING, KEY[1]

meta-analysis ⟨*n*⟩ 메타분석

=quantitative research synthesis 양적 연구의 통합

어떤 연구 분야에서, 동일한 연구 문제를 조사한 관련 연구들로부터 얻은 통계 분석 결과를 양적으로 리뷰하고 요약하기 위한 통계적 절차. 전체적인 패턴을 발견하고, 일반적인 결론을 이끌어내기 위해서 행해진다. 일반적으로, 메타분석 연구자들은 어떤 연구 영역에서 조사할 연구 문제들(예를 들어, 스페인어를 모어로 하는 아동을 대상으로 한 스페인어–영어의 이중언어 프로그램이 이들의 L2 영어 학업 성적에 끼치는 영향)을 발견하게 되면, (a) 관련 연구를 검색하고, (b) 선택 기준을 이용하여 메타분석에 포함할 연구들을 결정하며, (c) 연구 특성에 따라 개별 연구들을 코드화하고, (d) 계산한 후, 효과량(effect sizes)을 평균하며, (e) 연구 특성과 효과량 사이의 관계를 통계적으로 검토한다. 전통적인 문헌 연구는 다른 연구에서 얻은 결과들을 질적으로 결합한다는 점에서 메타분석과 구별된다.

☞ EFFECT SIZE

metacognitive instruction ⟨*n*⟩ 메타인지 교수

학습자의 학습을 촉진시키기 위해 과업 수행 시에 이용하는 인지 프로세스에 주의를 기울이게 하고, 그 프로세스들을 보다 능동적으로 모니터하고 조정하게 함으로써, 자신의 학습에 보다 적극적으로 참여하도록 돕고자 하는 교수. 메타인지 교수는 학습자를 직접 지도하여 메타인지적 지식을 늘리고, 학습 과업 수행에 관련된 적절한 전략을 사용할 수 있도록 돕는다.

metacognitive knowledge ⟨*n*⟩ 메타인지적 지식

=metacognition ⟨*n*⟩ 메타인지

(인지와 학습에서) 다양한 유형의 학습에 관련하는 심적 프로세스에 관한 지식. 학습자는 자신의 심적 프로세스를 알고 있어야 한다. 여기에는 어떤 유형의 학습 과업이 어려움을 유발하는가, 정보를 더 잘 기억하기 위해서 다른 접근법과 비교하여 어떤 접근법이 좋은가, 다양한 유형의 문제점들을 어떻게 해결할 수 있는가 등이 포함된다. 메타인지적 지식은 학습자가 선택하는 학습 전략 유형에 영향을 미친다고 여겨진다.

☞ LEARNING STRATEGY, METACOGNITIVE STRATEGY

metacognitive strategy ⟨*n*⟩ 메타인지 전략

학습 전략LEARNING STRATEGY 카테고리 중 하나로, 학습 과정에 사용되는 심적 프로세스를 생각하기, 학습이 일어나는 동안 그것을 모니터하기, 학습이 끝난 후 그것을

M

평가하기 등이 관련한다. 예를 들어, 새로운 언어를 학습하기 시작할 때 학습자가
사용하는 메타인지 전략에는 다음과 같은 것들이 있다.

1. 모어화자와의 대화에서 만난 새로운 단어를 기억하는 방법을 계획한다.
2. 문법 규칙을 이해하는 데 어떤 접근법이 더 효과적인가를 판단한다.
3. 자신의 진도를 평가하고 다음에 무엇에 집중해야 하는지를 결정한다.

meta-language 〈*n*〉 메타언어

어떤 언어를 분석하거나 기술하는 데 사용하는 언어. 예를 들어, 메타언어는 '영어
에서 음소 /b/는 유성 양순 폐쇄음이다'와 같은 문장이다. 이 문장은 영어의 *b*음이
성대의 진동과 폐에서 공기를 폐쇄하는 양순에 의해 만들어진다는 것을 설명해
주고 있다.

metalinguistic knowledge 〈*n*〉 메타언어적 지식

(언어 학습에서) 한 언어의 형태, 구조, 기타 측면들에 대한 지식으로, 학습자는
그 언어에 대해 깊이 사고하고 분석함으로써 이 지식에 도달한다. 언어학적 분석에
서 연구자는 대상 언어에 관한 정보원으로써 모어화자의 메타언어적 지식을 이용
하기도 한다.

metaphor 〈*n*〉 은유

전통적인 문예 비평에서 은유는 **직유**(simile)와 구별된다.

직유가 두 사람/사물이 유사함을 나타내는 데 반해(*The man is as strong as a lion*),
은유는 두 사람/사물이 동일함을 함의한다(*The man is a lion*). 은유는 단어의 문법
적 의미와 문화적 의미 둘 다를 전달하는 중요한 수단이다. 언어마다 시간의 경과
에 따라 축적되어 온 개별 언어 특유의 은유가 있기 때문에, 제2언어/외국어 학습자
가 반드시 학습해야만 하는 요소이다.

인지언어학COGNITIVE LINGUISTICS에서 은유는 단순히 시적, 수사적인 장식물이 아니라,
일상 언어의 중요한 부분으로 간주된다. **개념적 은유**(conceptual metaphor)라는 개
념은 일련의 개념(목표 영역target domain)을 다른 개념(기점영역source domain)을
통해 이해하는 것을 말한다. 예를 들어, 시간을 공간으로 이해하는 은유(*in the
days ahead of us, the coming month, as we approach the end of the year*), 〈인생은
여행이다〉 은유(목적지, 경로, 극복해야 할 장애), 또는 〈논쟁은 전쟁이다〉 은유(논
쟁은 공격하거나 수비하거나 이기거나 지거나 한다) 등이 그것이다. 이러한 은유가
우리가 지각하고 사고하고 행동하는 방식에 실제로 영향을 미치는지에 대한 문제
(언어 상대성 가설LINGUISTIC RELATIVITY HYPOTHESIS의 한 버전)는 중요한 쟁점 중 하나이다.
체계-기능 언어학SYSTEM-FUNCTIONAL LINGUISTICS에서는 **문법적 은유**(grammatical metaphor)
는 문법적으로 부적절한 방식으로 의미가 부호화된 것을 가리킨다. 예를 들어,

사건과 과정은 동사(예: *develop*, *decide*), 속성은 형용사(예를 들어, *effective*)에 의해 표현되는 한편, 이 둘은 모두 명사로 재구성될 수 있다(예를 들어, *development*, *decision*, *effectiveness*). 이러한 문법적 은유는 보통 파생DERIVATION 과정을 통해 만들어진다. 문법적 은유는 영어(및 타 언어)의 모든 변종에서 일어나지만, 과학 문서나 전문 문서에서 특히 일반적이기 때문에, 학술적 담화의 구별적인 표지로 간주된다.

☞ FIGURE OF SPEECH

metaphor analysis ⟨*n*⟩ 은유 분석

의식적으로 갖고 있는 의견들의 기저에 있는 무의식적인 신념과 태도를 판별하는 한 가지 방법으로, 교사나 학습자가 사용하는 은유를 연구하는 것. 예를 들어, 교과서, 교사, 학습자를 기술하는 데 사용되는 은유는 개인과 타인의 경험을 이해하는 방식을 제공한다.

A textbook is like oil in cooking —a useful basic ingredient. (교과서 은유)
A teacher is like the conductor of an orchestra —he or she has to make sure that all the players in the class are in harmony. (교사 은유)

metathesis ⟨*n*⟩ 음위 전환 metathesize ⟨*v*⟩

한 단어의 내부에서 인접하는 두 음의 위치가 전환되는 것. 예를 들어, *film*/fɪlm/을 /flɪm/이라고 한다. 음위 전환은 언어 학습자의 발화에서 종종 발생하지만, 모어화자에게서 일어나는 경우도 있다. 음위 전환된 형식이 대다수의 모어화자에 의해 규칙적으로 사용되게 되면, 단어에 변화가 생긴다. 예를 들어, 근대 영어 *bird*는 고대 영어 *brid*(병아리)에서 음위 전환되어 발달한 것이다.

method ⟨*n*⟩ 교수법

(언어교수에서) 체계적 원리와 절차에 기초한 언어 교수 방법. 즉, 언어를 가르치고 배우는 최적의 방법에 관한 관점 및 언어와 언어 학습에 대한 특정 이론을 적용한 것이다. 다음의 a~f를 바라보는 관점에 따라 직접 교수법DIRECT METHOD, 청각구두식 교수법AUDIOLINGUAL METHOD, 전신반응교수법TOTAL PHYSICAL RESPONSE 등의 언어 교수 접근법들이 생겨났다.

a. 언어의 본질
b. 제2언어 학습의 본질
c. 교수의 목적과 목표OBJECTIVES
d. 사용하는 교수요목SYLLABUS 유형
e. 교사, 학습자, 교수 자료의 역할
f. 사용하는 활동, 기법, 절차

☞ APPROACH

M

methodology ⟨**n**⟩ 방법론

1. (언어교수에서) 교수에 사용되는 실천, 절차, 그리고 그것들에 저재하는 원리와 신념을 연구하는 것. 방법론 연구에는 다음의 것들이 포함된다.

    a. 언어 기능LANGUAGE SKILLS(즉, 읽기, 쓰기, 말하기, 늗기 등)의 본질과 그것을 가르치기 위한 절차의 연구

    b. 언어 기능을 가르치기 위한 수업 계획LESSON PLANS, 자료, 교재 준비에 관한 연구

    c. 언어교수법METHOD(예를 들어, 청각구두 교수법AUDIO-LINGUAL METHOD) 간의 비교와 평가 연구

2. 실천, 절차, 원리, 신념 그 자체. 예를 들어, 특정 언어 코스에 사용된 방법론은 칭찬이나 비판의 대상이 될 수 있다.

    ☞ CURRICULUM, SYLLABUS

3. (연구에서) 데이터의 수집과 분석에 사용되는 방법들을 포함하여, 조사 연구를 수행하는 데 이용되는 절차

    ☞ EXPERIMENTAL METHOD, SCIENTIFIC METHOD

methods of development ⟨**n**⟩ 전개 방식

(작문에서) 단락 등이 전개되는 방식. 영어 작문에는 다양한 전개 방법이 개별적으로, 혹은 다른 전개 방식 내부에서 함께 사용된다. 다음과 같은 방법들이 있다.

1. **과정법**(process method): 글을 작성할 때 복잡한 전체를 다양한 부분으로 해체한 다음, 순서대로 그것들을 기술한다.

2. **정의법**(definition method): 일반적인 부류 안에서 용어나 대상을 특정한 후, 그것을 부류 내 다른 멤버와 구별하는 방식으로 정의한다.

3. **분류법**(classification method): 사람이나 사물, 아이디어들을 특정 원칙에 따라 그룹지은 후, 그것들을 분류하고 설명한다.

4. **비교법과 대조법**(comparison and contrast method): 두 항목군 간의 유사점과 차이점을 기술한다.

5. **인과법**(cause-effect method): 원인과 결과 기술을 통해 사물이나 사건이 왜 그렇게 되었는지, 왜 발생했는지를 설명한다. 원인-결과 단락은 보통 귀납적 추론(inductive reasoning)으로 전개된다.

metonymy ⟨**n**⟩ 환유

    ☞ FIGURE OF SPEECH

metrical phonology ⟨**n**⟩ 운율음운론

강세STRESS에 관한 몇 개의 비선형적 이론을 포괄하는 용어. 운율음운론에서는 강세

를 개별적인 분절음(모음)의 특성으로 보는 것이 아니라, 수형도로 표현되는 구성 요소들 간의 관계적 특성으로 본다.

micro-skills 〈*n*〉 미시적 스킬

=enabling skills, part skills

(언어교수에서) 복잡한 활동을 수행하기 위해 사용하는 개별적인 프로세스나 능력을 가리키는 데 사용되는 용어. 예를 들어, 강의 듣기에 사용되는 미시적 스킬에는 강의의 목적과 범위를 포착할 수 있는 스킬, 강의와 강의 간의 관계를 보여주는 접속사 등의 역할을 식별할 수 있는 스킬, 음높이PITCH와 음조INTONATION 기능을 인식할 수 있는 스킬 등이 있다. 교수요목 설계SYLLABUS DESIGN를 위해서 읽기, 쓰기, 말하기, 듣기의 네 가지 **거시적 스킬**(macroskills)을 미시적 스킬로 다시 세분하기도 한다.

☞ LANGUAGE SKILLS

micro-sociolinguistics 〈*n*〉 미시-사회언어학

☞ SOCIOLINGUISTICS

microteaching 〈*n*〉 마이크로티칭

교사 연수에서 사용되는 기법의 하나로, 주의 깊게 통제된 조건 하에서 다양한 교수 스킬들을 연습한다. 지도가 다양한 스킬들로 분리될 수 있는 복잡한 활동들의 집합이라는 생각을 토대로 한다. 이 스킬들은 하나씩 연습된 후 나중에 다른 스킬들과 결합된다. 마이크로티칭에서는 보통 교육실습생 한 명이 소인수로 구성된 동료 집단에게 수업의 일부를 가르친다. 그 수업을 테이프나 비디오에 녹음/녹화해서 나중에 개별 지도나 그룹 지도 시간에 토론한다. 각 수업은 하나의 특정 교수 과업에 초점을 두는 것이 일반적이다. 따라서 마이크로티칭에서는 학급 규모, 수업 시간, 교수 내용의 복잡성을 모두 줄이기 때문에 수업이 축소된 형태로 진행된다.

mid vowel 〈*n*〉 중모음

☞ VOWEL

M

migrant education 〈*n*〉 이민자 교육

맥락에 따라 '이민자'라는 용어가 정의되는 방식은 다르지만, 새롭게 입국한 이민자, 농업노동자와 그 가족, 그 외 이주자 등을 위한 교육 프로그램을 말한다.

mim-mem method 〈*n*〉 모방기억반복 교수법

청각구두식 교수법AUDIOLINGUAL METHOD을 가리키는 용어. 모델로 제시된 자료의 문형(☞ DRILL)과 대화 등을 연습할 때 모방(*mim*icry)과 기억(*mem*orization)을 이용하기 때문에 이 명칭을 쓰게 되었다.

mind map 〈*n*〉 마인드맵

=word maps 단어지도, spidergrams 스파이더그램

신출 어휘나 다른 학습 내용을 정리하는 기법으로, 단어를 그룹핑한다거나, 단어 간의 관계를 제시하는 방식으로 학습 항목이 조직된다. 키워드를 이용하여 관련 단어와 개념들을 연결하고 도식화한다. 작문 수업에서, 계획 단계의 일부로 마인드 맵을 이용하는 경우도 있다.

mingle ⟨*n/v*⟩ 밍글

학습자가 과업을 완수하기 위해 교실 내를 돌아다니며 다른 학습자들과 대화를 나누는 활동

minimal-distance principle ⟨*n*⟩ 최단거리 원리

영어에서 보어COMPLIMENT나 비정형동사NON-FINITE VERB는 그것과 가장 가까운 (즉, 최단 거리에 있는) 명사구를 가리킨다는 원리.

John wants Mary to study.

Penny made the children party.

위 문장에서 비정형동사 *to study*는 (*John*이 아니라) *Mary*를 가리키며, 보어인 *happy*는 (*Penny*가 아니라) *the children*을 가리킨다.

반면, 이 원리를 따르지 않는 예도 있다.

John promised Mary to wash the clothes.

위의 문장에서 비정형동사구 *to wash the clothes*는 (*Mary*가 아니라) *John*에 대해 서술하고 있다. 이러한 문장들은 영어를 학습하는 아이들에게 이해 상의 문제를 일으킨다고 여겨지고 있다.

minimalism ⟨*n*⟩ 최소주의

=minimalist approach 최소주의 접근법, minimalist programme 최소주의 프로그램

1995년 Chomsky가 제안한 문법 이론의 하나. 지배-결속 이론을 발전시킨 이론이나, 보편문법의, 원리와 매개변수(principle and parameters) 모델의 일반적인 패러다임 내에 머물러 있다. 이 이론은 문법은 기술적 타당성DESCRIPTIVE ADEQUACY 기준을 만족하는 언어 현상의 특징을 규명하는 데 필요한 최소한의 이론적 장치를 사용해야 한다는 생각에 기초한다. 최소주의 이론의 목표는 아이들이 직면하는 습득 부담을 최소화시켜 노출된 어떤 언어도 습득한다는 사실을 설명하는 데 있다.

minimalist approach ⟨*n*⟩ 최소주의 접근법

☞ MINIMALISM

minimalist programme ⟨*n*⟩ 최소주의 프로그램

☞ MINIMALISM

minimal pair ⟨*n*⟩ 최소대립쌍

어떤 언어의 두 단어가 하나의 변별음(하나의 음소PHONEME)에 의해 구별되고, 의미도 서로 다른 것을 말한다. 예를 들어, 영어 *bear*와 *pear*는 의미도 다르고 어두의 음소도 /b/와 /p/로 서로 다르다. '최소대립쌍'이라는 용어가 하나의 특정 자질이나 일단의 관련 자질들을 제외한 나머지 부분은 모두 동일한 두 개의 언어 조각을 가리킬 때 사용되기도 한다.

> *The boy is here.*
> *The boys are here.*

위의 문장도 최소대립쌍으로 부를 수 있다. 두 문장에서, 명사와 동사에 의해 표현되는 단수와 복수 간의 대조를 제외한 나머지는 모두 동일하기 때문이다.

minimal pair drill ⟨*n*⟩ 최소대립쌍 드릴

특히 소리 간의 차이를 학습자가 구분할 수 있도록 최소대립쌍MINIMAL PAIRS을 함께 연습하는 드릴DRILL. 예를 들어, 교사가 학생에게 /b/와 /p/의 차이를 연습시키고 싶다면, 교사는 (a) 두 음이 어떻게 다른지를 설명하고, (b) 듣기 연습을 위해 *bore-pour*, *big-pig*, *buy-pie* 등 차이가 있는 단어쌍을 제시하고, (c) 대립쌍 중에서 어느 쪽을 들었는지 질문하고, (d) 학생들 스스로 대립쌍들을 발음해 보게 한다.

Minimal Terminable Unit ⟨*n*⟩ 최소종말단위

☞ T-UNIT

minority language ⟨*n*⟩ 소수언어

☞ MAJORITY LANGUAGE

minority language group ⟨*n*⟩ 소수언어 집단

=LANGUAGE MINORITY GROUP

minority students ⟨*n*⟩ 소수자 학생

영어가 제1언어인 나라에서, 제1언어가 영어 이외의 언어이고, 영어 특별 지도가 필요한 학생을 가리키는 데 사용되는 용어

miscue ⟨*n*⟩ 오류

☞ MISCUE ANALYSIS

miscue analysis ⟨*n*⟩ 실패 분석

독자가 읽기 과정에서 범하는 오류나 기대치 않은 응답을 분석하는 것으로, 아동의 L1 읽기 과정의 본질을 연구하는 분야의 하나. 발생 가능한 오류 유형에는 다음과 같은 것들이 있다.

a. 삽입 실패(insert miscue): 텍스트에 제시되지 않은 단어들을 더해서 발생한 오류

(예컨대 아이들은 *Mr Barnaby was a busy man*을 *Mr Barnaby was a busy old man*이라고 읽을 수도 있다.)

  b. 역행 실패(reversal miscue): 독자가 어순을 바꿔 읽어서 생기는 오류(예컨대 아이가 *Mrs Barnaby was a kind rich old lady*를 *Mrs Barnaby was a rich kind old lady*로 읽는다.)

mistake ⟨*n*⟩ 실수

  ☞ ERROR

mitigating devices ⟨*n*⟩ 완화 장치/완화 표현

*Please close the door*의 *please, Would you close the door*의 *would you*와 같이, 요청 등 부담을 강요하는 행위를 완화시키거나, 보다 간접적으로 하기 위해 사용하는 표현을 가리키는 용어

mixed-ability class ⟨*n*⟩ 능력혼성 교실

언어 적성LANGUAGE ATTITUDE, 동기, 학습 스타일 등의 차이에서 보듯, 다양한 능력 레벨의 학습자로 구성된 교실. 대부분의 교실이 능력 레벨이 다른 학습자들로 구성되지만, 능력의 차이가 크면 교실 역학이나 교실 운영에도 영향을 미칠 수 있다. 능력혼성 교실은 **혼합레벨 교실**(mixed-level class)과는 다르다. 후자는 언어 능력 레벨이 다른 학습자로 구성된 교실을 말한다.

mixed level class ⟨*n*⟩ 혼합레벨 교실

  ☞ MIXED-ABILITY CLASS

MLA ⟨*n*⟩

(미국의) 외국어 교사를 위한 조직인 현대언어학회MODERN LANGUAGE ASSOCIATION의 약자

MLAT ⟨*n*⟩

언어 적성LANGUAGE ATTITUDE 테스트의 하나인 현대언어적성테스트Modern Language Aptitude Test의 약자

M-learning ⟨*n*⟩ 모바일학습

  =mobile learning

장소와 관계없이 휴대기기로 가능해진 학습 기회를 활용하는 학습. 언어 학습을 위한 전자사전과 다른 휴대용 장치, 휴대용 컴퓨터, 교실 내에서 학생 간의 그룹 활동을 촉진하기 위한 모바일 장치의 사용 등이 포함된다.

MLU[1] ⟨*n*⟩

  =발화평균길이MEAN LENGTH OF UTTERANCE

MLU[2] ⟨*n*⟩

=다어적 어휘 단위Multi-Word Lexical Unit

두 단어 이상으로 구성된 어휘소. 예) 복합명사, 구동사

mobile language learning ⟨***n***⟩ 모바일 언어 학습

휴대전화와 무선 커뮤니케이션 수단을 통한 언어 학습

modal ⟨***n***⟩ 법조동사

=modal verb, modal auxiliary

다른 동사가 표현하는 상태나 사건에 대한 화자/작자의 태도를 나타내는, 다시 말해 다양한 유형의 **법성**(modality)을 표현하는 조동사AUXILIARY VERBS. 영어 법조동사에는 *may, might, can, could, must, have (got) to, will, would, shall, should*이 있다. 법조동사가 나타내는 의미에는 다음과 같은 것들이 있다. 모두 단순한 단언과는 구별된다.

> *I may be wrong.* (*may*=가능성)
> *That will be Tom at the door.* (*will*=추측)
> *You can smoke here.* (*can*=허가)
> *I can play the piano.* (*can*=능력)

법성은 다른 방식으로 표현될 수도 있다.

> *I may be wrong.*=*Perhaps I'm wrong.*

modality ⟨***n***⟩ 법성

☞ MODAL

mode ⟨***n***⟩ 최빈값/모드

표본(샘플)에서 가장 높은 빈도로 나타나는 득점. 분포의 중심경향을 나타내는 지표이다. 예를 들어, 다음 테스트 점수에서 최빈값은 20이다.

점수	학생수
10	2
20	10
30	3
40	4
50	3

최빈값이 두 개인 분포를 **이봉 분포**(bimodal distribution)라고 한다. 예를 들어, 가장 빈도가 높은 득점이 60과 40인 경우이다. 분산의 최빈값을 분포 상의 '봉우리(peak)'로 도식화할 수 있다. 정규분포는 하나의 봉우리만을 가진다. 다음 그래프는 이봉 분포를 보인 것이다.

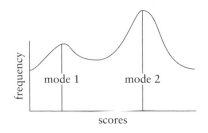

☞ MEAN, MEDIAN

model 〈*n*〉 모델

(언어교수에서) 학습자에게 있어 표준이나 목표로 이용되는 사람이나 사항.
예) 교양 있는 모어화자의 발음

☞ MODELLING

modelling[1] 〈*n*〉 모델 제시하기

언어 학습자를 위한 예로 모델(문장, 질문 등)을 제공하는 것.

제2언어SECOND LANGUAGE와 외국어FOREIGN LANGUAGE 학습의 일부 교수법에서는 교사는 학습자에게 모방을 위한 정확한 모델을 제공해야 한다고 주장한다. 청각구두식 교수법AUDIO-LINGUAL METHOD이 그 예이다. 제1언어FIRST LANGUAGE 학습에서 부모는 아이가 반복할 수 있도록 정확한 문장을 제공하는 경우가 있다. 이것도 모델링이라고 할 수 있다. 아동 언어 발달에서 모델링 효과는 **확장**(expansion) 및 **자극**(prompting) 모델과 비교되어 왔다. 확장 모델에서, 부모는 아이가 말한 내용 일부를 반복하면서 이를 확장한다. 확장에는 아이들이 일반적으로 사용하지 않은 문법어도 포함된다. 이는 아이가 모어 규칙에 대한 지식을 발달시켜가는 한 가지 방법으로 간주된다.

아이: *Doggy sleeping.*

부모: *Yes, the doggy is sleeping.*

자극은 문장을 다른 방식으로 진술하는 것을 말한다. 예를 들어,

부모: *What do you want?*

아이: (응답 없음)

부모: *You want what?*

다른 두 가지 형식으로 질문함으로써 부모는 아이가 질문의 구조나 다른 언어 항목들을 이해할 수 있도록 돕는다.

modelling[2] 〈*n*〉 모델링

학습자가 다른 사람의 행동을 관찰한 다음, 의식적으로나 무의식적으로 그 행동을 모방하려고 하는 학습 프로세스.

예를 들어, 신임교사가 사용하는 많은 교수 기법들은 그들이 관찰한 선배/동료

교사의 교수 기법들을 흉내낸 것이다. 학생도 교사의 행동을 모델로 삼는 경우가 있다. 예를 들어, 학생이 자신의 선생이 시간을 잘 지키지 않고 시간 조절을 잘하지 못한다는 것을 알게 되면, 시간 준수나 시간 조절이 중요하지 않다고 생각하여, 이러한 자질을 개발하려고 노력하지 않게 된다.

mode of discourse ⟨*n*⟩ 담화 양식

특정 상황에서 둘 이상의 사람 간에 사용되는 언어의 유형. 예) 구어, 문어, 면대면 담화, 전화 담화, 인터넷 담화 등.

modernism ⟨*n*⟩ 모더니즘

이성, 과학, 객관성을 존중하고, 전통과 권위를 거부하는 것. '서양적' 사고, 과학적 방법과 밀접히 관련되어 있다. 포스트모더니즘의 관점에서 보면, 모더니즘은 '현대적'이 아닌 '시대착오적'이다.

☞ POSITIVISM

modern language ⟨*n*⟩ 현대어

(외국어 교육에서) 이 용어는 라틴어나 고대 그리스어 등의 고전어와 비교하여, 현재의 프랑스어나 이탈리아어 등과 같은 주요 외국어를 지칭할 때 사용되는 경우가 있다.

Modern Language Aptitude Test (MLAT) ⟨*n*⟩ 현대언어적성테스트

☞ LANGUAGE APTITUDE TEST

modes of writing ⟨*n*⟩ 글쓰기 양식

비창작적 글쓰기, 특히 에세이는 전통적으로 네 종류로 분류된다.

1. **서술적 글쓰기**(descriptive writing): 구어체적 서술이나 인물, 장소, 사물에 대한 설명
2. **서사적 글쓰기**(narrative writing): 사건에 대해 보고하거나 일어난 일을 이야기한다.
3. **설명적 글쓰기**(expository writing): 특정 주제에 대하여 정보를 제공하거나 설명한다. 설명적 글쓰기의 전개 패턴에는 a) 예(examples)를 제시한다, b) 무언가를 하거나 만드는 과정(process)을 서술한다, c) 원인(cause)과 결과(effect)를 분석한다, d) 비교(comparing)/대조한다(contrasting), e) 용어나 개념을 정의한다(defining), f) 어떤 것을 부분으로 나누거나(dividing), g) 범주로 분류한다(classifying)가 있다.
4. **논쟁적 글쓰기**(argumentative writing): 쟁점을 지지하거나 의견의 차이가 있는 입장을 옹호한다. ESL 쓰기 프로그램은 초보자는 가장 단순한 양식, 즉 서술적 글쓰기부터 시작해서 서서히 어려운 양식, 즉 논쟁적 글쓰기의 학습으로 나아가야 한다는 추정을 기반으로 해 왔다.

modification ⟨*n*⟩ 수정

의사소통 전략COMMUNICATION STRATEGY의 일종. 청자가 메시지를 더 잘 이해할 수 있도록 화자가 담화 패턴을 단순화하거나 정교화하거나 하는 전략.

modified input ⟨*n*⟩ 수정된 입력

L2 학습자나 어린 아이에게 말할 때 사용하는 담화. 담화를 수정하거나 '단순화시켜' 이해를 보다 용이하게 해주는 입력으로, 이해 확인, 설명 요구, 자기 반복 등을 이용한다.

modified speech ⟨*n*⟩ 수정된 발화

보다 교양 있거나 세련되게 들리게끔 의도적으로 수정된 발화를 가리키는 데 사용하는 용어. 수정된 발화 형식은 일시적인 경우가 많으며 곧 정상적인 발화 패턴으로 되돌아간다.

modifier ⟨*n*⟩ 수식어 modification ⟨*n*⟩ 수식 modify ⟨*v*⟩ 수식하다

다른 단어나 단어군(주요부HEAD)에 대한 추가적인 정보를 제공하는 ('수식하는') 단어나 단어군. 수식은 명사구NOUN PHRASE, 동사구VERB PHRASE, 형용사구ADJECTIVAL PHRASE 등에서 일어난다.

a. 주요부의 앞에 오는 수식어는 전치수식어(premodifiers)라 한다.

　예) *this expensive camera*의 *expensive*

b. 주요부의 뒤에 오는 수식어는 후치수식어(postmodifiers)라 한다.

　예) *The cat with a stumpy tail*에서 *with a stumpy*.

Halliday는 수식어(modifier)라는 용어를 전치수식어에 한정하여 사용하였고, 후치수식어는 한정사QUALIFIERS라고 불렀다. 초기 문법에서 '수식어'라는 용어는 동사, 형용사, 다른 부사 상당어구를 수식하는 단어, 구, 절만을 가리키는 것이었고, 명사를 수식하는 어구들은 포함되지 않았다.

modularity hypothesis ⟨*n*⟩ 모듈 가설

　☞ MODULE[2]

modularity principle ⟨*n*⟩ 모듈성 원리

　☞ MODULE[2]

module[1] ⟨*n*⟩ 모듈

어떤 코스 내의 교수 단위(unit) 하나하나를 가리키며, 각 단위는 자립적이며, 단위마다 고유의 목표를 가진 독립적인 학습 절차로 계획된다. 예를 들어, 120시간짜리 언어 코스는 30시간짜리 모듈 네 개로 나눌 수 있다. 각 모듈의 마지막에는 평가를 실시한다. 모듈을 사용함으로써 코스 구성을 보다 유연하게 설계할 수 있으며, 목표가 보다 즉각적이고 구체적이어서 학생들이 성취감을 느낄 수 있다고 알려져 있다.

☞ UNIT

module² ⟨*n*⟩ 모듈

보다 큰 체계의 일부를 이루는 자율적 구성요소. 예를 들어, 언어에는 음운 모듈이 있다. 언어 자체도 하나의 모듈로 볼 수 있다. **모듈성 원리**(modularity principle)나 **모듈성 가설**(modularity hypothesis)이라고 부르는 이러한 관점에서는, 언어 기능은 지각 체계, 일반 인지 등의 다른 인간 시스템과는 독립적인 시스템으로 간주된다. 이 관점에서는 언어의 형식과 언어가 습득되는 과정은 모두 지각 시스템 등에 영향을 받지 않는다.

monitor hypothesis ⟨*n*⟩ 모니터 가설

=monitor model of second language development 제2언어 발달의 모니터 모델 Krashen이 제안한 이론으로, 제2언어/외국어의 발달과 사용에서 두 가지 프로세스를 구별하는 모델. '습득(acquisition)'은 '언어 능력'의 발달로 이끄는 무의식적인 프로세스를 가리키며, 문법 규칙 교수와는 무관하다. '학습(learning)'이라 부르는 두 번째 프로세스는 문법 규칙의 의식적인 학습과 지식을 가리킨다. 발화를 산출할 때 학습자는 먼저 이 획득된 규칙 체계를 이용한다. 학습 중이거나 학습된 규칙은 단 하나의 기능만을 한다: 획득된 체계에 의해 유발되는 발화를 모니터하거나, 편집하는 역할을 한다. 학습된 지식이 습득으로 나아가지는 않는다.

☞ INPUT HYPOTHESIS

monitoring¹ ⟨*n*⟩ 모니터링 monitor ⟨*v*⟩ 모니터하다

의도한 것과 말한 것을 비교하고, 필요한 경우 수정하기 위해 자신의 발화 UTTERANCE를 듣는 것. 사람들은 보통 유창하고(☞ FLUENCY) 적절하게(☞ APPROPRIATENESS) 말하고 이해하려고 노력한다. 이야기하는 동안 간투사와 자기 수정을 사용한다는 것은 모니터링이 행해지고 있음을 의미하며, 보통은 의미를 보다 분명히 하기 위한 목적에서 행해진다.

He is, <u>well</u>, rather difficult.

Can I have, <u>say</u>, a glass of beer.

They own, <u>I mean rent</u>, a lovely house.

☞ AUDITORY FEEDBACK, PAUSING

monitoring² ⟨*n*⟩ 모니터링

(교수에서) 학습 활동 중에 교실에서 일어나는 것을 관찰하고 평가하는 것

monolingual ⟨*n/adj*⟩ 단일언어 사용자 monolingualism ⟨*n*⟩ 단일언어 사용주의

1. 단 하나의 언어만을 알고 사용할 수 있는 사람

2. 여러 언어에 대한 수동적 지식은 보유하고 있지만, 능동적인 지식은 단 하나의

언어에 대해서만 가지고 있는 사람

☞ ACTIVE/PASSIVE LANGUAGE KNOWLEDGE, BILINGUAL,
MULTILINGUAL

monolingual dictionary ⟨***n***⟩ 단일어 사전

표제어와 정의, 용례가 목표언어로 제공되는 사전

☞ BILINGUAL DICTIONARY

monophthong ⟨***n***⟩ 단(單)모음

영어 *father*의 /a/와 같이, 음절 내 주목할 만한 소리의 변화가 없는 모음. 프랑스어 등의 일부 언어에서 나타나는 '긴(long)' 긴장 모음(예: 프랑스어 *beau*/bo:/ '아름답다')은 단모음이다. 이는 조음 시 현저한 이중모음화를 보이는 영어 모음(예: *boat*/bowt/)과는 대조적이다. 프랑스어에 **순모음**(pure vowels)이 있다는 말이 바로 이러한 이유 때문이다.

☞ DIPHTHONG

monosyllabic ⟨***adj***⟩ 단음절의 **monosyllable** ⟨***n***⟩ 단음절

영어 단어 *cow*와 같이, 하나의 음절SYLLABLE로 구성된 것

☞ DISYLLABIC

Montague grammar ⟨***n***⟩ 몬태규 문법

자연언어와 (논리학LOGIC과 같은) 형식언어의 의미 이론은 동일한 원리, 특히 합성성의 원리COMPOSITIONALITY PRINCIPLE에 기초해야 한다고 주장한 철학자 Richard Mongague와 관련된 통사론 및 의미론 분야의 연구를 포괄하는 용어. 예를 들어, 영어 문장은 직접 해석되는 것이 아니라, 논리언어 표현과 통사적 대응관계에 있는 **범주 문법**(categorial grammar)으로 해석된다.

MOO ⟨***n***⟩

(컴퓨터 지원 언어 학습COMPUTER ASSISTED LANGUAGE LEARNING에서) 다중사용자 도메인(multi-user domain), 목적 지향적(object-oriented), 그래픽 혹은 텍스트 기반 다중사용자 환경(graphic-or text-based multi-user environment)의 머리글자로, 인터넷을 통해 언어 학습자가 실시간으로 채팅할 수 있고 여러 가지 시뮬레이션을 수행할 수 있다.

mood ⟨***n***⟩ (서)법

동사의 형식에 의해 표시되며, 말이나 글에 대한 화자나 작자의 태도를 표현하는 언어적 차이. 보통 세 개의 서법으로 구분된다.

1. **직설법**(indicative mood): 평서문DECLARATIVE SENTENCE이나 의문문QUESTIONS에서 사용되는 동사 형식

She sat down.

Are you coming?

2. **명령법**(imperative mood): 명령문에서 사용되는 동사 형식

Be quiet!

Put it on the table.

영어 명령문은 시제나 완료상을 가지지 않으나(☞ ASPECT), 진행상에서는 사용되는 경우가 있다.

Be waiting for me at five.

3. **가정법**(subjunctive mood): 불확실성, 희망, 욕망 등을 표현하는 데 사용하는 동사 형식. 직설법과는 달리, 가정법은 비실재적이거나 가설적인 상황을 나타낸다. 영어에서는 가정법 형식이 몇 개 남아 있지 않다. 남아 있는 형식으로는

a. *be*(가정법 현재)와 *be*의 과거형 *were*(가정법 과거)

b. 어간의 형식. 즉, *have, come, sing*(가정법 현재만)

다음의 가정법 형식은 지금도 가끔 사용된다.

a. 동사 뒤의 *that* 절

It is required that she be present.

I demand that he come at once.

b. *if* 절에서 *be*의 가정법 과거

If I were you, I'd go there.

c. 몇 가지 고정 표현

So be it.

Moodle ⟨***n***⟩ 무들

☞ LANGUAGE MANAGEMENT SYSTEM

morpheme ⟨***n***⟩ 형태소 morphemic ⟨***adj***⟩

한 언어에서 최소의 유의미적 단위. 형태소를 더 작게 나누면, 그 의미가 변하거나 소실된다. 예를 들어, 영어 단어 *kind*는 형태소이다. 그러나 *d*를 삭제하면 다른 의미를 가진 *kin*이 된다. 단어 중에는 하나의 형태소로 구성된 것도 있고(*kind*), 두 개 이상의 형태소로 구성된 것도 있다. 예를 들어, 영어 단어 *unkindness*는 세 개의 형태소로 구성되어 있다: 어간STEM[1] *kind*, 부정접두사 *un-*, 명사형성접미사 *-ness*. 형태소는 문법적 기능을 담당할 수 있다. 예를 들어, 영어에서 *she talks*의 *-s*는 동사가 3인칭 단수 현재시제 형식임을 나타내 주는 **문법 형태소**(grammatical morpheme)이다.

☞ AFFIX, ALLOMORPH, BOUND FORM, COMBINING FORM

morpheme boundary ⟨**n**⟩ 형태소의 경계

두 형태소MORPHEMES 사이의 경계. 예를 들어, *kindness*는 어간STEM[1] *kind*와 접미사 *-ness* 사이에 명확한 경계가 있다. 반대로, 부사 *doubly*(*double*+*ly*)는 경계를 정하기가 어렵다. *l*은 *double*에 속한 것일까, *-ly*의 *l*일까, 아니면 둘 다일까?

☞ AFFIX, COMBINING FORM

morphology ⟨**n**⟩ 형태론 **morphological** ⟨**adj**⟩

1. 형태소와 그 이형(이형태allomorph)과 단어형성에서 형태소들의 결합 방법에 관한 연구. 예를 들어, 영어 단어 *unfriendly*는 *friend*와 형용사 형성접미사 *-ly*와 부정 접두사 *un-*이 결합해서 만들어졌다.

2. 형태소 체계. 이 의미에서는 '영어 형태론과 독일어 형태론의 비교'가 가능하다.

☞ AFFIX, COMBINING FORM

morphophonemic orthography ⟨**n**⟩ 형태음소적 표기법

정확히 읽기 위해서는 한 단어의 다양한 형태들이 어떻게 발음되는가에 대한 알파벳 표기체계ALPHABETIC WRITING SYSTEM 지식이 필요하다. 예를 들어, 현재시제 형태 *read* 의 '*ea*'는 (*reed*의 발음처럼) 전설긴장 고모음으로 발음되고, 과거형 *read*는 (*red*와 같이) 전설 이완 중모음으로 발음된다는 사실을 알기 위해서는 영어 표기체계를 알아야 한다.

morphophonemic rules ⟨**n**⟩ 형태음소 규칙

형태소의 발음을 특정하는 규칙. 하나의 형태소가 형태음소 규칙으로 결정되는 둘 이상의 발음을 가지는 경우가 있다. 예를 들어, 영어의 복수 형태소와 소유격 형태소는 그것이 결합하는 어간 말음이 치찰음SIBILANT인가, 무성폐쇄음VOICELESS STOP 인가, 다른 음인가에 따라 규칙적으로 /ɪz/나 /s/, /z/로 발음된다. 마찬가지로, 규칙 동사 과거시제 어미 '*-ed*'는 그것이 결합하는 어간 말음이 치경폐쇄음ALVEOLAR STOP인 가, 무성자음인가, 다른 음인가에 따라 /ɪd/나 /t/, /d/로 발음된다.

morphophonemics ⟨**n**⟩ 형태음소론

음성적PHONETIC 요인으로 발생하는 형태소MORPHEME 형식의 변이나 변이에 대한 연구

morphosyntax ⟨**n**⟩ 형태통어론 **morphosyntactic** ⟨**adj**⟩

형태소가 결합하여 단어를 형성하는 형태론과, 문장 내 단어들의 구조와 기능을 다루는 통사론(☞ SYNTAX[1]) 분야의 두 기준을 이용하는 언어 분석. 예를 들어, 영어에서는 둘 이상의 항목이 논의되고 있다는 것을 보이기 위해 명사에 복수 형태소 *-s*를 붙인다.

Those pears are pretty expensive, aren't they?

*lives, lived, living*의 *-s*, *-ed*, *-ing*는 모두 형태소이며, 동시에 그것이 결합하고

있는 단어 이상의 의미를 가진다. 형태소의 의미는 문장에서 사용되기 전까지는 분명하지 않다고 할 수 있다.

Peter lives in Paris.

Anita lived in Paris a couple of years ago.

Is she still living in Paris?

이 형태소들은 모두 굴절형태소(☞ INFLECTION)라고 할 수 있으며, 그것들을 논하기 위해서는 형태론과 통사론 양쪽 기준(**형태통사적 기준**[morphosntactic criteria])을 함께 이용해야 한다. 그 외, 굴절형태소로는 일부 언어에서 명사구가 문장 내 기능, 즉 주어로 사용되는가, 목적어의 역할을 하는가를 보여주는 격(☞ CASE[1]) 표지, 형용사의 비교급을 나타내는 형태소 어미 등이 있다.

These vegetables are fresh__er__ than those at the other stall.

motherese 〈*n*〉 엄마말

=양육자 발화CARETAKER SPEECH

mother talk 〈*n*〉 엄마말

=양육자 발화CARETAKER SPEECH

mother tongue 〈*n*〉 모어

(보통) 가정에서 습득되는 제1언어FIRST LANGUAGE

motivation 〈*n*〉 동기

어떤 상황에서 행동을 이끌어가는 추진력. 언어 학습 분야에서는 언어를 학습하는 이유를 나타내는 **지향**(orientation)과, 학습자의 태도, 욕구, 언어 학습을 위해 기꺼이 노력하겠다는 의지 등이 통합된, **그 자체로서의 동기**(motivation itself)를 구별하기도 한다. 지향은 해당 언어공동체의 구성원처럼 되고 싶다는 이유로 언어를 배우는 **통합적 지향**(integrative orientation)과, 직업을 얻는다든지 시험에 합격한다 등과 같이 보다 실제적인 부분에 관심이 있는 **도구적 지향**(instrumental orientation)으로 나뉜다. 따라서 (R. C. Gardner와 가장 관계가 깊은) **통합적 동기**(integrative motivation) 의 구성개념에는 통합 지향, 목표언어 공동체와 언어 교실에 대한 긍정적 태도, 언어 학습에의 관여가 포함된다(☞ EDUCATIONAL MODEL). 또 한 가지 널리 언급되는 구분은 언어 학습 자체를 즐기는 **내적 동기**(intrinsic motivation)와, 부모의 압력, 사회의 요구, 학업 성적, 그 외 상벌 요인 등의 외부적 요인에 의해 구동되는 **외적 동기**(extrinsic motivation)이다. 그 외, 동기 이론들은 어떤 활동에 부여된 가치와 성공 기대 간의 균형(☞ EXPECTANCY-VALUE THEORY), 목표 설정GOAL SETTING, 성공과 실패에 있어서 학습자의 귀인(☞ ATTRIBUTION THEORY), 자기 결정과 학습자 자율성의 역할, 효과적인 동기적 사고의 특성 등을 강조하고 있다. 동기는

M

제2언어 학습에 있어 성공과 실패를 가늠하는 중요한 원인의 하나로 여겨지고 있다.

motor theory ⟨**n**⟩ 모터/운동 이론

어떤 음의 음향 신호를 해독하기 위해 청자는 음을 산출할 때 스스로가 행한 조음 동작의 지식에 의존한다고 가정하는 음성 지각SPEECH PERCEPTION 이론

move ⟨**n**⟩ 전개

대화와 그 외 상호작용적 발화의 기본 단위로, 대화 내 발화의 기능을 가리킨다.

진술: *I'm hungry.*

응답: *Me too.*

제안: *Shall I order pizza?*

동의: *Good idea.*

전개 유형이 다르면 대화 구조의 패턴과 이야기에서 참여자가 의미 교환을 협상하는 방식도 달라진다. 대화에서 두 부분의 전개는 **인접쌍**(adjacency pairs)으로 설명된다.

☞ SPEECH ACT

move alpha ⟨**n**⟩ α-이동

통사론SYNTAX에서, 어떤 규칙이 허용하는 가능한 이동MOVEMENT을 가장 일반적으로 형식화한 것. 보다 특수한 규칙에는 **NP-이동**(move NP)과 **wh-이동**(move *wh*)이 있으며, 이 규칙들은 수동화에 관여하는 여러 특수한 변형보다는 더 일반적이다.

movement rule ⟨**n**⟩ 이동 규칙

통사론SYNTAX에서, 구성요소의 순서를 바꿔 표층 구조를 유도하는 역할을 하는 규칙. 예를 들어, 의문문 *What did you see?*에서 *what*은 최초에는 직접목적어 위치에서 생성되었고, 그 다음 문두로 이동되었다고 추정한다.

☞ D-STRUCTURE, LF, S-STRUCTURE

M

MTMM method ⟨**n**⟩

=다특성 다측정 방법MULTI-TRAIT MULTI-METHOD METHOD

MUD ⟨**n**⟩

(컴퓨터 지원 언어 학습COMPUTER ASSISTED LANGUAGE LEARNING에서) **다중 사용자 도메인**(multi-user domain)의 머리글자. 텍스트를 기반으로 한 컴퓨터 환경의 하나로, 언어 학습자는 인터넷을 통해 실시간으로 의사소통과 다양한 시뮬레이션을 수행할 수 있다. 최근 MOO로 많이 대체되었다.

multicultural education ⟨**n**⟩ 다문화교육

☞ CULTURAL PLURALISM

multidimensional model ⟨*n*⟩ 다차원 모델

일반적으로, 발달이 하나의 차원이 아닌 둘 이상의 차원으로 진행된다고 보는 발달, 혹은 학습 모델. Manfred Pienemann은 제2언어 습득SECOND LANGUAGE ACQUISITION의 다차원적 모델을 제안하였다. 이 모델에서는 심리언어학적 처리 제약으로 인해 정해진 자연적 순서에 따라 습득되는 언어 자질이 있는가 하면, 학습자가 정확성과 규범적 기준을 지향하는가, 유창성을 목표로 하는가에 의존하는 언어적 자질들이 있다고 간주한다.

multilingual ⟨*n/adj*⟩ 다언어 사용자(의)

셋 이상의 언어를 알고 사용하는 사람. 다언어 사용자라고 해서 모든 언어를 동일한 수준으로 알고 있는 것은 아니다. 예를 들어, 다음과 같은 케이스가 있다.

a. 하나의 언어를 가장 잘 말하고 이해한다.

b. 한 언어만 쓸 수 있다.

c. 상황(영역DOMAINS) 유형마다 다른 언어를 사용한다. 예를 들어, 가정에서는 A언어, 직장에서는 B언어, 시장에서는 C언어를 각각 사용한다.

d. 의사소통 목적에 따라 각기 다른 언어를 사용한다. 예를 들어, 과학을 화제로 할 때는 A언어를, 종교적 목적을 위해서는 B언어를, 개인적 감정에 대해 말할 때는 C언어를 각각 사용한다.

☞ BILINGUAL, MULTILINGUALISM

multilingualism ⟨*n*⟩ 다언어주의/다언어 사용

개인이나 특정 지역, 특정 국가의 화자 집단이 셋 이상의 언어를 사용하는 것(☞ MULTILINGUAL). 다언어주의는 예를 들어, 서아프리카의 여러 나라(나이지리아, 가나 등), 말레이시아, 싱가포르, 이스라엘 등에서는 일반적인 현상이다.

☞ BILINGUALISM, NATIONAL LANGUAGE

M

multimedia ⟨*n*⟩ 멀티미디어

1. 단일 목적을 위해 여러 종류의 미디어가 사용되는 것. 예) 필름, 오디오, 음향 효과, 그래픽 이미지를 이용하는 비디오

2. 사람들이 다양한 형태의 데이터에 접속해서 활용할 수 있는 컴퓨터를 기반으로 한 테크놀로지 전체. 예) 텍스트, 음성, 정지화면, 동영상

multi-media laboratory ⟨*n*⟩ 멀티미디어 교실

교사의 유무와 관계없이 학습자가 외국어 학습을 할 수 있도록 설계된, 컴퓨터, 비디오 플레이어 등의 기기를 갖추고 있는 교실. 최근에는 많은 기관에서 전통적인 어학실습실LANGUAGE LABORATORY을 대신하여 설치하고 있다.

multiple-choice item 〈*n*〉 다지선다형 문항

주어진 4~5개의 선택항 중에서 테스트 수험자가 반드시 하나를 선택해야 하는 테스트 문항TEST ITEM. 보통 선다형 문항의 첫 부분은 질문이거나 미완성된 진술이다. 이 첫 부분을 흔히 문제문(stem)이라 하고, 선택 가능한 답들을 **선택지**(alternatives) 라 부른다. 선택지는 (보통) 하나의 정답과 여러 개의 오답, 혹은 **교란항**(distractors) 으로 구성된다.

Yesterday I _____ several interesting magazines.

(a) *have bought*   (b) *buying*   (c) *was buying*   (d) *bought*

위 문항에서는 (d)가 정답이고, (a), (b), (c)는 교란항이다.

☞ SELECTED-RESPONSE ITEM

multiple correlation 〈*n*〉 다중 상관

셋 이상의 변수들VARIABLES[2] 간의 상관CORRELATION[1] 계수. 예를 들어, 만약 하나의 종속 변수DEPENDENT VARIABLE(예를 들어, 학생들의 언어 숙달도 레벨)와 몇 개의 다른 변수 (즉, 독립 변수; 예를 들어, 학생의 주간 숙제량과 문법 지식, 동기) 간의 상관을 조사하고자 한다면, 다중상관은 종속 변수와 모든 예측변수들(독립 변수들) 간의 상관을 보는 것이다.

multiple intelligences (MI) 〈*n*〉 다중지능

인간 지능은 다면적이기 때문에 교육에서 그것을 인정하고 발달시켜야 한다고 주장하는 이론. 20세기 초반의 지배적인 지능 개념은 특히 Stanford-Binet IQ 테스트의 영향을 받아, 지능은 단일하며, 불변하며, 선천적인 능력이라는 생각에 기반하였다. 그러나 다중지능 지지자들은 지능은 하나가 아니라 다른 중요한 동등한 지능들이 있으며, 사람들에 따라 다른 강점과 조합의 형태로 나타난다고 주장한다. 따라서 MI는 학습자들 간의 차이와, 교수에 있어서 학습자들 간의 차이를 인정해야 한다는 점을 강조하는 교육 철학을 견지하였다. 다중지능 이론은 여덟 가지 지능을 상정한 심리학자 Gardner의 연구에 기초한다.

1. **언어적 지능**(linguistic): 특별하고 창조적인 방법으로 언어를 사용하는 능력으로, 변호사, 작가, 편집자, 통역사 등이 뛰어나다.
2. **논리적~수학적 지능**(logical/mathematical): 합리적 사고가 관련하며, 의사, 기술자, 프로그래머, 과학자 등이 뛰어나다.
3. **공간적 지능**(spatial): 세상에 대한 정신적인 모델을 구성하는 능력으로, 건축가, 장식가, 조각가, 화가 등이 뛰어나다.
4. **음악적 지능**(musical): 가수나 작곡가와 같이 음악을 위한 좋은 귀를 가지고 있는 것.

5. **신체/운동적 지능**(bodily/kinestheitc): 운동선수나 장인과 같이 균형 잡힌 신체적 기능을 가지는 것.

6. **대인적 지능**(interpersonal): 다른 사람과 잘 지낼 수 있는 능력으로, 판매원, 정치가, 교사 등이 뛰어나다.

7. **자기성찰 지능**(intrapersonal): 자신을 이해하고 자신의 재능을 성공적으로 적용할 수 있는 능력으로, 삶의 모든 분야에서 행복하고 잘 적응할 수 있는 사람이 가진 지능

8. **자연주의자적 지능**(naturalist): 자연의 패턴을 이해하고 조직할 수 있는 사람을 가리키는 기능

다중지능 이론은 일반 교육뿐만 아니라 언어교육에도 응용되어, 학습자의 내재된 지능에 기반을 둔 학습 활동을 개발하려는 시도가 이어져 왔다.

multiple question ⟨*n*⟩ 복수 질문

*Who hit who(m) first?*나 *Where and when did you meet?*과 같이, *wh*-구를 둘 이상 사용하는 질문

multiple regression ⟨*n*⟩ 다중회귀

☞ REGRESSION ANALYSIS

multiplier effect ⟨*n*⟩ 확대 효과

교수와 교사 훈련에서, 특정 스킬이나 기능 훈련을 받은 한 집단이 이번에는 다른 학습자를 가르치는 것과 같은 절차. 예를 들어, 새로운 지도용 소프트웨어의 사용법을 훈련 받은 교사 집단이 학교로 돌아가 다른 교사들에게 그 사용법을 가르치고, 그렇게 해서 원래의 훈련 효과를 확대한다.

☞ CASCADE MODEL

multi-skilled syllabus ⟨*n*⟩ 다기능 교수요목

☞ INTEGRATED SYLLABUS

multi-trait multi-method(MTMM) method ⟨*n*⟩ 다특성 다측정 방법

어떤 테스트의 구성개념 타당도CONSTRUCT VALIDITY를 측정하기 위한 통계적 절차. 둘 이상의 특성TRAITS(예를 들어, L2 듣기 능력과 L2 읽기 능력)의 상관을 둘 이상의 방법(예를 들어, 다지선다형 문항MULTIPLE-CHOICE ITEM과 자기 평가SELF-ASSESSMENT)을 이용하여 조사한다. 예를 들어, 같은 특성을 측정한다고 간주되는 두 개의 다른 테스트 간에 높은 정(positive)의 상관을 얻는다면, 이는 수렴적 타당성CONVERGENT VALIDITY의 증거이다. 반면, 동일한 방법을 사용하여 다른 특성을 측정한다고 여겨지는 두 테스트 사이에서 낮은 상관을 얻었다고 한다면, 이는 판별 타당성DISCRIMINANT VALIDITY의 증거이다.

multivariate analysis 〈*n*〉 다변량 분석

다변량 데이터MULTIVARIATE DATA를 해석하는 데 사용하는 여러 가지 통계적 기법, 예를 들어, 인자 분석FACTOR ANALYSIS이나 회귀분석REGRESSION ANALYSIS 등을 가리키는 일반적 용어이다.

multivariate analysis of covariance(MANCOVA) 〈*n*〉 다변량 공분산분석

일변량 공분산분석univariate ANCOVA을 복수의 종속 변수가 있는 실험 상황에 다변량화하여 확장한 것

☞ ANCOVA

multivariate analysis of variance(MANOVA) 〈*n*〉 다변량 분산분석

일변량 분산분석은 복수의 종속 변수가 있는 실험 상황에 다변량화하여 확장한 것

☞ ANOVA

multivariate data 〈*n*〉 다변량 데이터

(통계학에서) 둘 이상의 변수VARIABLES[2]에 기초한 측정값을 포함하는 데이터. 예를 들어, 학생의 언어 숙달도를 측정하고 있고, 테스트가 읽기, 쓰기, 문법 영역으로 구성되어 있다면, 그 결과로 얻은 정보는 다른 세 영역의 득점(변수 세 개)에 기반하기 때문에 다변량 데이터라고 할 수 있다.

multi-word lexical unit 〈*n*〉 다단어 어휘 단위

단일한 문법 단위로 기능하는 연속적으로 이루어진 단어 형식들. 예를 들어, *investigate*(조사하다)와 같은 식으로 사용되는 *look into*(조사하다)가 그 예이다. 다단어 단위는 부분의 합으로는 예측할 수 없는 의미를 가지기도 하는데, 이러한 경우는 보통 **숙어**(idioms)라고 부른다.

mutation 〈*n*〉 변이

영어에서 단어 내에 있는 모음을 변화시켜 불규칙 복수형을 만들 때와 같이, 음의 변화를 말한다. 예) *foot −feet, man −men, mouse −mice*

'변이'라는 용어는 음 변화가 변화하는 음의 음성적 환경에 의해 유발되는 경우에 사용된다. 위의 예에서도 해당 단어의 초기 형태에서는 존재했지만 그 후 소실된 다른 모음으로 인해 변이가 일어났다.

mutual intelligibility 〈*n*〉 상호 의사소통

스페인어–포르투갈어와 같이, 매우 가깝거나 유사한 두 언어 변이의 화자들이 서로를 이해할 수 있는 상황. 상호 의사소통의 정도성은 공유되는 어휘, 발음이나 문법 등의 유사성뿐만 아니라, 언어들의 상대적 지위, 언어에 대한 태도, 화자가 서로의 언어에 노출된 양 등과 같은 비언어적인 요인에 의존한다.

N

N ⟨***n***⟩

(평가와 통계에서) 연구와 관련된 학생, 피험자, 득점, 관찰의 수를 나타내는 기호 (예: $N = 15$).

Nc(N-bar) ⟨***n***⟩ N-바

☞ BAR NOTATION

Ncc(N-double bar) ⟨***n***⟩ N-더블바

☞ BAR NOTATION

narrative ⟨***n***⟩ 내러티브/서사

1. 실화나 픽션을 구어나 문어로 설명한 것.
2. 스토리 기저의 장르 구조

☞ STORY GRAMMAR

narrative inquiry ⟨***n***⟩ 내러티브 조사

＝**narrative research** 내러티브 연구

교사 인지, 교사교육, 그 외의 연구 분야에서 사용되는 절차.

교사가 자신의 지식이나 실천을 정교화하는 방법으로, 자신의 실천적 지식(실천자 지식PRACTITIONER KNOWLEDGE)을 형성하는 방법으로, 교사의 스토리와 개인적 내러티브를 활용한다. 교사로서 자신의 성장, 교수에 있어서 중요한 사건, 그 외 다른 분야에서의 전문적 경험에 대한 교사 스토리는 교사의 반성과 성장의 과정으로써, 교수에 관한 데이터 수집 기법으로써, 자신의 지식을 정당화하는 방편으로써 사용된다.

narrative text ⟨***n***⟩ 내러티브 텍스트/서사적 텍스트

☞ TEXT TYPE

narrative writing ⟨***n***⟩ 서사적 글쓰기/내러티브 글쓰기

☞ MODES OF WRITING

narrow transcription ⟨***n***⟩ 정밀 표기(법)

☞ TRANSCRIPTION

nasal ⟨***n***⟩ 비음

연구개를 내려 연구개 폐쇄를 없앤 후, 코를 통해 공기가 흘러나가게 하여 산출하는 음(자음CONSONANT이나 모음VOWEL). 예를 들어, *rum, run, rung*의 말음은 양순 비음,

치경 비음, 연구개 비음이다. 구강 내의 어떤 지점을 차단시킨 후 코를 통해 공기가 계속 흘러가도록 해서 조음한다. 일부 언어는 비자음뿐만 아니라 비모음도 가진다. 예를 들어, 프랑스어 모음 *bon*/bo/(좋다)는 비모음이며, *beau*(아름답다)의 비모음 /o/와 구별된다.

nasal cavity ⟨*n*⟩ 비강

☞ VOCAL TRACT, PLACE OF ARTICULATION

nasalization ⟨*n*⟩ 비음화

입에서 공기가 빠져나가는 동안 연구개를 낮춤으로써 생기는 이차 조음SECONDARY ARTICULATION. 예를 들어, *beam*, *bean*, *king*과 같은 단어의 모음은 후속하는 비음의 영향으로 비음화된다.

☞ ASSIMILATION

nasal plosion ⟨*n*⟩ 비강 파열

＝비강 개방NASAL RELEASE

nasal release ⟨*n*⟩ 비강 개방

연구개를 내려서 코를 통해 공기가 빠져나가도록 하는 파열음의 개방. 예를 들어, *hidden*, *kitten*, *Clinton* 등의 어말음.

national curriculum in English ⟨*n*⟩ 영어의 국가 교육과정

잉글랜드와 웨일즈의 영어 교육을 위한 교육과정으로, 의무 교육 기간(5세~16세) 중의 중요한 네 단계(대략 7세, 11세, 14세, 16세)의 종료 시점까지 학생들이 습득해야 할 지식과 기술, 이해를 명시해 놓은 것이다. 이 교육과정은 세 분야의 '프로파일 구성요소(profile components)'로 나뉜다: 말하기와 듣기, 읽기, 쓰기. 각 프로파일별 구성요소는 하나, 또는 복수의 '성취 목표(attainment targets)'와, 교육과정의 내용이 '성취 내용(statements of attainment)'으로 제시된 10개의 발달 단계로 구성되어 있다.

national language ⟨*n*⟩ 국어

특정 국가나 주, 영토와 관계있는 언어. 전형적으로는 해당 지역을 통틀어 가장 널리 사용되고, 사용 화자가 가장 많으며, 국가 정체성과 밀접하게 관련하는 언어를 이르는 말이다. 예를 들어, 영어는 미국의 국어, 독일어는 독일의 국어, 인도네시아어는 인도네시아의 국어이다.

국어는 한 국가의 **공용어**(official language), 즉 헌법이나 특별법에 의해 특별한 법적 지위를 부여 받았거나, 정부나 법률, 공적 업무 장면에서 사용되는 언어이기도 하다. 예를 들어, 프랑스에서는 프랑스어가 국어인 동시에 공용어이다. 그러나 국어와 공용어가 항상 일치하는 것은 아니며, 특히 다언어 사용국가에서는 이 용어들의 사용법이 상당히 다양하다. 예를 들어, 동남아시아의 동티모르에서는 공용어로 포르투갈어(이전의 식민지언어), 국어로 테툼어(지역적 링구아프랑카)를 인정하고 있다. 필리핀의 헌법은 필리피노Filipino(타갈로그어의 표준 변종)를 국어, 필리피노와 영어를 공용어, 그리고 수많은 지역 언어를 해당 지역의 보조적인 공용어로 규정하고 있다. 싱가포르의 공용어는 중국어(북경어), 영어, 말레이어, 타밀어인 반면, 주요 행정 언어는 영어이다.

☞ COMMUNITY LANGUAGE, INDIGENOUS LANGUAGE, MAJORITY LANGUAGE, MINORITY LANGUAGE, REGIONAL LANGUAGE

native language ⟨*n*⟩ 모어

가정 내 언어이거나 거주 국가의 언어인 관계로 (보통) 유년기에 습득한 언어. 모어는 아이들이 습득하는 첫 번째 언어이지만, 예외도 있다. 예를 들어, 아이가 먼저 유모나 조부모의 언어 지식을 약간 습득한 후, 자신들이 모어로 간주하는 두 번째 언어를 습득하는 경우이다. 제1언어FIRST LANGUAGE의 동의어로 사용되기도 한다.

native speaker ⟨*n*⟩ 모어화자

어릴 때 한 언어를 습득한 후, 그 언어를 지배 언어로써 유창하게 계속 사용하는 사람. 모어화자는 그 언어를 문법에 맞게, 유창하게, 적절하게 사용하며, 그 언어가 사용되는 공동체와 동일시되며, 그 언어에서 문법과 비문법을 명확히 구별할 수 있는 직관을 가지고 있다. 언어학의 목표 중 하나는 모어화자가 자신의 언어에 대해 가지고 있는 직관을 설명하는 것이다. 사전, 규범문법, 문법 기술은 보통 지배적이거나 표준적인 변종의 모어화자의 언어 사용에 기초하여 기술된다. 어떤 문맥(어떤 나라에서 어떤 언어를 가르치는 상황)에서는 제2언어/외국어의 학습 목표는 모어화자의 표준적인 언어 사용에 가능한 한 가까운 것이라는 것이 기본 전제로 받아들여진다. 반면, 다른 교수·학습 문맥에서는 이 전제가 차츰 의문시되고 있어 모어화자가 예전에 누렸던 특권적인 지위를 잃어가고 있다.

native-speakerism ⟨*n*⟩ 모어화자주의

영어 모어화자 교사는 서구의 영어권 문화, 신념, 가치관, 실천을 가장 잘 대변하고 반영할 수 있고, 그러한 문화는 영어와 영어 교수법의 이상을 가장 잘 드러내 보인다, 그래서 영어를 모어로 하지 않는 교사보다 더 우수하다는, 정당화되지 않는 신념을 설명하기 위해 Adrian Holliday가 만든 용어이다.

nativism ⟨*n*⟩ 생득설/생득론

인간이 언어를 학습하는 능력은 생득적인 언어 능력(☞ INNATENESS HYPOTHESIS)에 기반한다는 견해. 두 가지 유형의 생득설이 있다. a) **특수 생득설**(special nativism;

specific nativism): (문장, 명사구, 동사 등과 같은) 언어학적 개념이 생득적인 지식의 일부이다. b) **일반 생득설**(general nativism): 언어의 언어학적 범주나 원리는 그 성격상 특별히 언어학적인 것이 아니라 생물학적으로 결정된 구조와 원리로부터 만들어진다.

nativist position ⟨**n**⟩ 생득론적 입장

=생득론자 가설 IINATIST HYPOTHESIS

nativization ⟨**n**⟩ 모어화 nativize ⟨**v**⟩ 모어화하다

=indigenization 토착어화

1. 한 언어가 다른 문화적, 사회적 환경에서 사용될 때 겪게 되는 적응. 예를 들어, 인도 영어는 음운, 어휘, 문법 등의 측면에서 변화가 일어났고, 그 결과 현재에는 영어의 독립 변종(인도 영어)로 인정받게 되었기 때문에 모어화를 겪었다고 할 수 있다.
2. '차용된 언어'가 기준어(source language)의 발음 자질을 잃어버리고 '차용하는 언어'의 발음 패턴으로 동화되는 프로세스

natural approach ⟨**n**⟩ 자연적 접근법

=natural method 자연 교수법

1. 19세기 문법번역식 교수법 GRAMMAR-TRANSLATION METHOD의 반동으로 발달한 몇 가지 언어교수법 METHOD을 가리키는 용어. 이 교수법들은 다음을 강조한다.
   a. 구어의 사용
   b. 단어 의미와 구조를 가르칠 때 실물과 동작을 사용한다.
   c. 제1언어 학습의 본질적 원리를 따라 외국어 교수가 이루어지도록 해야 한다.
   이 방법들은 직접 교수법 DIRECT METHOD으로 이어진다.
2. Terrell이 제안한 접근법 APPROACH을 가리키는 용어로, 다음의 교수 원리에 기반한다.
   a. 형식적인 문법 학습보다 자연스러운 의사소통을 강조한다.
   b. 학습자 오류에 대해 관대하다.
   c. 언어 규칙의 자연적 습득 ACQUISITION을 강조한다.

naturalistic data ⟨**n**⟩ 자연적 데이터

=naturally occurring data 자연스럽게 발생한 데이터
연구 목적을 위해 인위적으로 유도한 것이 아닌 데이터

naturalistic second language learning 자연적 제2언어 학습

☞ INSTRUCTED SECOND LANGUAGE

natural language ⟨**n**⟩ 자연언어

모어화자 NATIVE SPEAKERS가 있는 언어. 인공언어 ARTIFICIAL LANGUAGE와 구별된다.

natural language processing ⟨**n**⟩ 자연언어 처리

컴퓨터에 의한 인간 언어 분석. 예를 들어, 사용되는 문법 구조의 종류를 특정하기 위해 텍스트를 자동 분석하거나, 음향분석을 위해 구어 입력을 처리한다.

natural method ⟨**n**⟩ 자연적 교수법

＝자연적 접근법NATURAL APPROACH

natural morphology ⟨**n**⟩ 자연형태론

'자연스러운', 혹은 '무표적' 체계와, 그것으로부터의 일탈을 지배하는 법칙을 기술하는 형태론 이론.

형태론의 가장 자연스러운 유형은 모든 형태소가 단 하나의 의미와만 대응하고, 모든 의미는 단 하나의 형식만을 가지는 **이방향유일성**(bi-uniqueness)이라 부르는 관계에 있는 것일 것이다. *John goes to work ealry*라는 문장에서, 동사 *goes*의 형태소 –*s*는 이 조건을 만족시키지 않는다. 그 이유는 시제(현재), 인칭(3인칭), 수(단수)와 관련한 정보를 부호화하고 있기 때문이다.

☞ MARKEDNESS

naturalness ⟨**n**⟩ 자연성 **natural** ⟨**adj**⟩

(생성음운론GENERATIVE PHONOLOGY에서) 어떤 언어에서 특정의 소리, 소리 범주, 음운 규칙이 발생하는 개연성. 예를 들어, 모음VOWELS [i]와 [u]는 모음 [y](원순으로 발음되는 [i])와 [ɯ](평순으로 발음되는 [u])보다 빈도가 높기 때문에 보다 '자연적인(natural)' 것으로 간주된다. 일반적으로 어떤 언어에 [i]가 있다면, 그 언어에는 반드시 [y]가 있다. 예로, 독일어 *Riemen*/'ry : mən/(가죽끈)에서처럼, [i]가 있기 때문에 당연히 *rühmen*/ry : mən/(칭찬하다)에서 보듯 [y]도 있다.

natural order hypothesis ⟨**n**⟩ 자연적 순서 가설

아이들은 모어의 언어 형식, 규칙, 항목들을 매우 유사한 순서로 습득해 간다는 가설. 예를 들어, 영어를 모어로 하는 아이들은 진행형 –*ing*, 복수형 –*s*, 능동문을 동사의 3인칭 단수 –*s*나 수동문보다 먼저 습득한다. 이는 발달의 자연적 순서를 보여준다고 한다. 제2언어SECOND LANGUAGE/외국어FOREIGN LANGUAGE 학습에 있어서도 제1언어FIRST LANGUAGE 학습에서의 습득 순서ORDER OF ACQUISITION와 완전히 일치하지는 않지만, 문법 형식의 습득이 자연적 순서를 따른다.

natural phonology ⟨**n**⟩ 자연음운론

발음 기관의 생리적 기능과 언어음의 음향적 특성으로 동기화되는 보편적 음운 과정을 강조하는 음운론 이론. 자연적 처리 과정의 예로는 (영어에서 발생하는) 무강세 모음의 중화와, (독일어에서 나타나는) 어말 유성폐쇄음의 무성화를 들 수 있다. 이들은 특정 언어의 '학습된' 전통적인 음운 규칙, 음성적 동기가 없는,

N

예를 들어 영어 단어 *electric*과 *electricity*의 /k/와 /s/ 간의 교체와는 구별된다. 이 이론에서는 새로운 언어를 습득할 때 자연적 과정의 억압을 배우는 것(예를 들어, 독일인 영어 학습자가 어말의 유성폐쇄음이 무성화되지 않는 것을 배워야 하는 경우)은 어렵겠지만, 새 언어의 음운 규칙이 자연스러운 것이라면 그것들을 학습하는 데는 어려움을 거의 겪지 않을 것이다.

needs analysis 〈*n*〉 요구분석

=needs assessment 요구 평가

(언어 교수와 언어 프로그램 설계에서) 학습자 및 학습자 집단의 언어 요구를 결정하고, 그 요구들을 우선순위별로 배열하는 프로세스. 요구 평가는 주관적 정보와 객관적 정보 둘 다(예를 들어, 설문조사, 테스트, 면접, 관찰을 통해 얻은 데이터)를 이용하며, 다음과 같은 정보를 얻고자 한다.

a. 언어가 사용될 상황(누구와 사용할 것인가를 포함)

b. 언어가 사용되는 목표OBJECTIVES와 목적

c. 사용될 의사소통의 종류(예: 문어, 구어, 형식적, 비형식적 등)

d. 요구되는 숙달도 레벨

요구 평가는 교육과정 개발CURRICULUM DEVELOPMENT의 한 부분으로, 보통은 언어 교수를 위한 교수요목SYLLABUS 설계 이전에 필요하다.

☞ SITUATION ANALYSIS

needs hierarchy 〈*n*〉 욕구 위계설

개인은 어떤 욕구를 충족하기 위해 행동을 시작하거나, 방향을 제시하거나 유지한다고 주장하는 이론.

이 욕구는 기본적으로 위계적으로 조직되어 있으며, 생물학적 욕구에서 시작하여 상위 단계의 심리학적 욕구로 진행된다. 심리학자 Maslow는 다섯 단계로 구성된 욕구 계층을 제안하였다.

1. 생리적 욕구

2. 안전 욕구

3. 소속과 애정의 욕구

4. 존중의 욕구

5. 자아실현 욕구

욕구 단계는 동기 연구와 언어 학습 연구에서 자주 언급된다. 학습자는 자신의 다양한 욕구와 관련하여 언어를 학습하는 다양한 동기들을 가지고 있기 때문이다.

negation 〈*n*〉 부정

어떤 문장의 전체, 혹은 부분의 의미를 부정하는 것

영어의 주 부정어NEGATOR는 *not*, 그 축약형 *n't*이며, 조동사와 결합하여 사용된다.

> *She isn't going/hasn't gone/didn't go/doesn't want to go.*

never 등의 다른 부정어도 있다.

> *Although he lived quite close, he never visited us.*

부정은 부정대명사NEGATIVE PRONOUN나 부정접사에 의해 표현되기도 한다.

> *There was nobody there.*
>
> *That was really unkind!*

이중 부정DOUBLE NEGATIVE을 사용하는 영어 변종도 있다.

> *I haven't done nothing.*

이중 부정 사용이 두 부정어가 서로를 상쇄시켜 문장을 긍정으로 다시 바꿔준다는 것을 뜻하지는 않는다. 이중 부정은 단지 강조를 위해 사용되었을 뿐이다. 이중 부정은 가끔 비표준적이라며 비난을 받기도 한다. 그러나 여러 영어 방언DIALECTS에서도 일반적으로 사용되며, *any-* 대신에 *no*를 사용하는 것처럼, 명확한 패턴을 따른다.

> *We didn't hurt nobody!*

최근의 문법 이론에서는 부정어의 범위, 다시 말해 문장이 실제로 어느 정도 부정되는가, 부정어의 위치에 따라 문장의 의미가 어떻게 바뀌는가와 같은 문제에 관심을 둔다. 예를 들어, 다음 두 문장은 정말로 같은 의미인가?

> *She didn't think he could do it.*
>
> *She thought he could't do it.*

negative evidence ⟨*n*⟩ 부정적 증거

> ☞ EVIDENCE

negative face ⟨*n*⟩ 네거티브 페이스

자신의 욕구와 행동의 자유가 방해 받기를 원치 않는 사람들의 소망

> ☞ POLITENESS

negative feedback ⟨*n*⟩ 부정적 피드백

> ☞ FEEDBACK, RECAST

negatively skewed distribution ⟨*n*⟩ 왼쪽으로 왜곡된 분포

> ☞ SKEWNESS

negative politeness strategies ⟨*n*⟩ 소극적 공손 전략

> ☞ POLITENESS

negative pronoun ⟨*n*⟩ 부정 대명사

부정의 명사구NOUN PHRASE를 대표하는 대명사PRONOUN. 다음은 영어의 부정 대명사이다.

nobody, *no on*, *none*, *neither*, *nothing*

Nobody has passed the test.

That's *none* of your business.

부정 대명사는 부정어NEGATORS로도 기능할 수 있다.

negative question ⟨*n*⟩ 부정의문(문)

부정적 단어나 관사PARTICLE를 포함하는 의문문.

Can't you drive?

Isn't it awful?

영어에서 부정의문문은 긍정의문문과 같은 방법으로 대답할 수 있다.

	운전할 수 있는 경우	운전할 수 없는 경우
Can you drive?	Yes, I can.	No, I can't.
Can't you drive?		

negative reinforcement ⟨*n*⟩ 부정적 강화

☞ OPERANT CONDITIONING, STIMULUS-RESPONSE THEORY

negative transfer ⟨*n*⟩ 부정적 전이

☞ LANGUAGE TRANSFER

negator ⟨*n*⟩ 부정어

한 문장을 부정문으로 만드는 단어. 예를 들어, 영어 부정어에는 *not*, *hardly ever*, *never*, *seldom*, *neither*, *nothing* 등이 있다.

☞ NEGATIVE PRONOUN

negotiated syllabus ⟨*n*⟩ 교섭 교수요목

언어 코스를 설계하는 한 가지 접근법으로, 학생들의 요구(needs)와 학습 선호를 코스에 반영한다. 이 요구는 코스 중에 학생과 교사가 함께 논의하고, 코스의 내용에 대한 아이디어를 끌어내는 역할을 한다. 교섭 교수요목은 **학습자 중심**(learner-centered) 교수 접근법을 반영하고 있다.

negotiation ⟨*n*⟩ 교섭/협상

(대화에서) 화자가 성공적으로 의사소통하기 위해 하는 것.

대화를 자연스럽게 진행하고 화자들이 서로를 잘 이해하기 위해서는 다음이 필요할 것이다.

a. 상대방의 말을 이해할 수 있다, 혹은 이해할 수 없다, 대화를 지속하기를 원한다 등의 의사를 표시해야 한다(☞ FEEDBACK).

b. 생각을 표현할 수 있도록 서로 협력해야 한다(☞ FOREIGNER TALK).

c. 필요하다면 발화 내용이나 발언 방법을 수정해야 한다(☞ REPAIR).

N

화자가 성공적인 대화를 위해 하는 이러한 일련의 작업들을 대화분석<small>CONVERSATIONAL</small> <small>ANALYSIS</small>에서는 교섭/협상이라 부른다.

> ☞ ACCOMMODATION, CONVERSATIONAL MAXIM, ETHNOMETHODOLOGY

negotiation of meaning ⟨*n*⟩ 의미 교섭/의미 협상

> ☞ INTERACTION HYPOTHESIS

neologism ⟨*n*⟩ 신조어/신어

한 언어에 새로 유입된 단어나 표현. 한 언어에 신어가 출현한 연도를 정확히 지적하기 어려운 경우가 많지만, 예를 들어 영어에서 *non-standard*라는 단어는 1923년 즈음부터, *null-hypothesis*는 1935년부터 사용되기 시작했다고 알려져 있다. 신어는 예술, 과학, 기술의 새로운 시대가 열린 결과인 경우가 많다. 예를 들어, 컴퓨터 과학 분야에서는 *user-friendly*, *software*, *floppy disk*와 같은 다양한 신어들을 만들어 냈다.

NESB ⟨*n*⟩ 영어를 모어로 하지 않는 것

Non-English Speaking Background의 약어. 영어 비모어화자, 특히 대학에서 공부하는 외국 출신 학생을 가리킬 때 사용한다. 미국에서는 이러한 학생들을 ELS 학생, ELL 학생, LES 학생 등으로 부르기도 한다.

network ⟨*n*⟩ 네트워크

비교적 서로 고정된 관계에 있고, 어느 정도 예측 가능한 방법으로 서로 의사소통하는 사람들의 집단. 예) 가족, 대학의 세미나 그룹, 사무실 직원 등. 네트워크의 인식과 구조는 언어 변이, 언어 사용, 언어 학습 연구에서 매우 중요하다. 네트워크와 동료 집단<small>PEER GROUP</small> 간에는 두 가지 차이가 있다.

a. 동료 집단에서는 구성원 전원이 동일한 지위<small>STATUS</small>를 가지지만, 네트워크에서는 구성원의 지위가 다를 수 있다(예를 들어, 가족에서 부모와 자식).

b. 네트워크에서는 구성원 전원이 서로에 대해 알고 있지만, 동료 집단은 그럴 필요가 없다. 예를 들어, 사전 편집자는 개인적으로는 그들을 몰라도 모든 사전 편집자가 자신의 동료라고 생각할 것이다. 그럼에도 대부분의 동료 집단은 네트워크이며, 많은 네트워크는 동료집단이다.

neural networks ⟨*n*⟩ 신경 회로

> ☞ CONNECTIONISM

Neuro-linguistic Programming(NLP) ⟨*n*⟩ 신경언어 프로그래밍

1970년대 중반 John Grindler와 Richard Bandler가 대안적 요법으로 처음 개발한, 트레이닝 기법과 트레이닝 철학. Grindler(심리학자)와 Bandler(언어학 연구자)는 사람들이 어떻게 서로 영향을 미치며, 매우 유능한 사람들의 행동을 어떻게 재현할 수 있을까에 관심이 있었다. Grindler와 Bandler는 치료사들이 환자들과 신뢰 관계를 구축하고, 환자의 내외적 세계관에 대한 정보를 모으며, 환자를 도와 목표를 달성하고 성격을 바꾸는 데 이용할 수 있는 기법 체계로써 NLP를 개발하였다. NLP의 원리는 관리 트레이닝, 스포츠 트레이닝, 판매와 마케팅, 언어 교수 등의 여러 분야에서 응용되고 있으며, 언어 교수 가운데서도 인본수의적 접근법에 관심이 있는 사람들, 즉 자아실현과 자기인식감을 발달시키고자 하는 사람들, 그리고 뉴에이지 인본주의(New Age Humanism)에 관심을 가진 사람에게 매력적이었다.

neurolinguistics 〈**n**〉 신경언어학 neurolinguistic 〈**adj**〉

언어 학습이나 언어 사용에서 뇌가 수행하는 기능들에 관한 연구. 신경언어학 연구에는 뇌의 구조가 어떻게 언어 학습에 영향을 주는가, 언어는 어떻게 그리고 뇌의 어느 부분에 기억되는가(☞ MEMORY), 뇌 손상이 언어 사용 능력에 어떤 영향을 주는가(☞ APHASIA)와 같은 문제가 포함된다.

neuter 〈**adj**〉 중성의

☞ GENDER²

neutralization 〈**n**〉 중화

어떤 언어에서 일반적으로 만들어진 대립이 더 이상 유표적이지 않게 되는 것을 중화라고 한다. 예를 들어, 음운론PHONOLOGY에서 *bean*(/bi : n/)의 긴장 고모음과 *bin*(/bɪn/)의 이완 모음은 보통 대립적이지만(음소PHONEMES이다), 접미사 −*ing*에서와 같이, 연구개 비음 앞에서는 이 두 모음 간의 대립이 없다. 형태론MORPHOLOGY에서, 예를 들어 영어에서는 보통명사의 단수형과 복수형이 대립적이지만(*cat*과 *cast* 등), 이 대립이 중화되는 케이스도 있다(*fish*, *sheep*).

New Rhetoric 〈**n**〉 신수사학

작문 교육, 특히 미국의 장르 이론 및 연구자 그룹에 의해 지지되는 접근법. 텍스트의 형식적 특징에 저재하는 사회적, 문화적, 정치적, 이데올로기적 추정에 초점을 두기 위해 수사학의 전통적인 개념을 재정의해야 한다고 주장한다. 텍스트 분석에서 신수사학적인 접근법은 텍스트의 규칙성에 저재하는 사회적, 이념적 현실에 초점을 두며, 민족지학적 방법을 이용하여 텍스트와 맥락 간의 관계를 밝히려고 한다.

node 〈**n**〉 절점/노드

(생성문법GENERATIVE GRAMMAR에서) **수형도**(tree diagram)에서 선('가지')이 만나는 각각의 위치. 각 절점에는 문법 범주GRAMMATICAL CATEGORY²를 나타내는 기호가 부여된다. 예를 들어, 명사구 *the child*를 나타내는 수형도를 예로 보이면 다음과 같다.

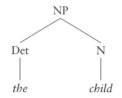

범주 기호인 NP(명사구NOUN PHRASE), Det(결정사DETERMINER), N(명사NOUN)은 모두 수형도의 절점에 있다. NP 절점은 Det 절점 및 N 절점을 **지배한다**(dominate).

　　☞ BASE COMPONENT

no-interface position ⟨***n***⟩ 비인터페이스의 입장

　　☞ INTERFACE

noise[1] ⟨***n***⟩ 소음

언어음이 산출될 때, 폐에서 나온 공기 입자의 진동은 규칙적인 패턴(☞ SOUND)을 이루기도 하고 불규칙적인 패턴을 이루기도 한다. 불규칙적 패턴을 소음이라 하고, /s/와 같은 자음의 산출에서 발생한다.

noise[2] ⟨***n***⟩ 잡음

(정보이론INFORMATION THEORY에서) 사람 간의 메시지 전달을 방해하는 어떤 소란이나 결함. 구어에서, 이러한 방해는 예컨대, 착암기나 라디오 등의 소리에 의해 유발된다. 잡음의 존재 때문에 모든 의사소통에는 어느 정도의 반복REDUNDANCY이 필요하다.

nominal ⟨***n***⟩ 명사류

1. 명사NOUN 대신에 사용되는 용어
2. 명사의 부분적인 특성을 가진 언어 단위를 나타내는 용어

　　The wounded were taken by helicopter to the hospital.

*wounded*는 명사구 *the wounded*의 주요부HEAD이고 관사가 선행하고 있지만, 형용사의 수식을 받지 않고 부사에 의한 수식을 받는다. 예) *the seriously wounded*.

nominal clause ⟨***n***⟩ 명사절

　　=noun clause

명사나 명사구처럼 기능하는 절. 다시 말해, 주어, 목적어 보어COMPLEMENT, 동격APPOSITION에서 전치사 보어COMPLEMENT로 나타나는 절

• 주어로서의 명사절: *What she said is awful.*
• 목적어로서의 명사절: *I don't know what she said.*

nominalization ⟨***n***⟩ 명사화 nominalize ⟨***v***⟩

주로 동사나 형용사 등의 다른 품사로부터 명사를 형성하는 문법 프로세스. 예를 들어, *His writing is illegible. Her mother is a writer.*이라는 문장에서, 동사에서

명사화된 형식은 *write*: *writing*, *writer*이다.

nominal scale ⟨*n*⟩ 명목 척도

☞ SCALE

nominative case ⟨*n*⟩ 주격

문장의 주어로 기능할 수 있음을 보여주는 명사NOUN나 명사구NOUN PHRASE 형식.
Der Tisch ist sehr groß. (그 테이블은 아주 크다.)
위의 독일어 문장에서, 명사구가 이 문장의 주어임을 나타나기 위해 관사가 *-er*을
취하고 있다.

☞ CASE[1]

non-count noun ⟨*n*⟩ 불가산명사

☞ COUNTABLE NOUN

non-defining relative clause ⟨*n*⟩ 비한정적 관계절

=non-restrictive relative clause 비제한적 관계절

☞ DEFINING RELATIVE CLAUSE

non-directional hypothesis ⟨*n*⟩ 비방향성 가설

☞ TWO-TAILED TEST

nondirective interview ⟨*n*⟩ 비지시적 인터뷰

지시적이거나 구조화되지 않은 인터뷰로, 면접관은 자신이 선택한 화제에 대해
피면접자에게 자유롭게 이야기를 할 수 있다. 비지시적 인터뷰와 비구조화된 인터뷰
UNSTRUCTURED INTERVIEW 간의 차이는 전자의 경우, 면접관에 의해 최소한의 질문만이
행해지는 반면, 후자는 면접관이 보통 화제를 통제한다.

☞ DEPTH INTERVIEW, FOCUSED INTERVIEW, GUIDED INTERVIEW,
INTERVIEW GUIDE

non-English proficient ⟨*n*⟩ 비능숙한 영어사용자

(이중언어 교육BILINGUAL EDUCATION이나 제2언어로서의 영어 프로그램ENGLISH AS A SECOND
LANGUAGE PROGRAMME에서) 영어 학습 경험이 없고, 취학 시 자신의 모어만을 말하는
학습자

non-finite verb ⟨*n*⟩ 비정형동사

☞ FINITE VERB

non-linear morphology ⟨*n*⟩ 비선형적 형태론

형태론MORPHOLOGY에서, 파생어를 구성하는 형태소는 층(tier)이라 불리는 자율적인
표상 레벨을 각각 대표한다고 주장하는 이론. 이 이론은 아라비아어의 복잡하고

비선형적인 형태론을 설명하는 데 특히 유용하다.

☞ AUTOSEGMENTAL PHONOLOGY, METRICAL PHONOLOGY

non-literate ⟨*n*⟩ 문자가 없음

문자 언어가 없는, 즉 구전 문화ORAL CULTURE를 가진 문화나 집단

non-native speaker (NNS) ⟨*n*⟩ 비모어화자

어떤 언어가 자신의 제1언어가 아닌 언어 사용자. 비모어화자의 언어 사용은 비모어 억양이 이해에 미치는 효과, NNS 억양에 대한 태도, 화자의 정체성 표지로서 NNS의 역할 등을 결정하는 데 관심의 초점이 있다.

non-parametric tests ⟨*n*⟩ 비모수 검정

모수 검정PARAMETRIC TESTS과 같은 강한 분포적 추정(예를 들어, 데이터가 정규분포하고 있다는 추정)을 하지 않는 통계 절차. 명명 척도NOMINAL SCALE나 순서 척도ORDINAL SCALE로 측정된 데이터를 분석하는 데 이용된다. 비모수 검정에는 카이스퀘어 CHI-SQUARE와 스피어만 순위 상관계수SPEARMAN RANK-ORDER CORRELATION가 있다.

non-past ⟨*n/adj*⟩ 비과거(의)

영어와 같은 언어에서, 동사의 현재시제PRESENT TENSE 형식을 대신해서 사용하는 용어로, 이 동사 형식은 일반적으로 과거 이외의 시간 영역을 기술하기 위해 사용되며, 반드시 현실에 국한된 것은 아니다.

I leave tomorrow. (미래 지시)

The sun rises in the east. (일반적 진리)

non-pro-drop language ⟨*n*⟩ 비pro-탈락 언어

☞ PRO-DROP PARAMETER

non-punctual ⟨*adj*⟩ 비정시성의

☞ PUNCTUAL-NON-PUNCTUAL DISTINCTION

non-restrictive relative clause ⟨*n*⟩ 비제한적 관계절

=non-defining relative clause 비한정적 관계절

☞ DEFINING RELATIVE CLAUSE

nonrhotic ⟨*adj*⟩ 비*r*-화음의

☞ RHOTIC

non-specific nativism ⟨*n*⟩ 비특유적 생득설

언어 습득 능력은 생득적인(생물학적 특유의) 메커니즘에 의존하지만, 이러한 메커니즘은 모든 인지에서 공통하며, 언어 특유적인 것은 아니라고 주장하는 가설

☞ INNATIST HYPOTHESIS

nonstandard ⟨*adj*⟩ 비표준적인

발음, 문법GRAMMAR, 어휘 등의 측면이 언어의 표준 변종STANDARD VARIETY과 다른 구어나 문어를 사용하는 것. '표준 이하SUBSTANDARD'라는 표현이 사용되기도 하지만, 언어학자들은 보다 중립인 용어인 '비표준적인'이라는 용어를 더 선호한다.

☞ NORM, STANDARD VARIETY

non-verbal communication ⟨*n*⟩ 비언어적 의사소통

단어를 사용하지 않는 의사소통. 예를 들어, 제스처(☞ PARALINGUISTIC)나 수화 (☞ SIGN LANGUAGE)를 통해 행해지는 의사소통

non-verbal teacher behaviour ⟨*n*⟩ 교사의 비언어적 행동

교수 시, 교사가 사용하는 침묵, 준언어적(☞ PARALINGUISTIC) 행동, 제스처, 몸의 움직임 등의 비언어적 행동 측면. 교사의 비언어적 행동에 관한 연구는 그러한 행동이 교실에서의 정의적 측면 등에 어떤 효과가 있는가를 밝히기 위해 행해진다. 언어교수에서, 다른 문화적 배경을 가진 교사는 학습자의 모어 문화와는 다른 비언어적 행동을 하는 경우가 있어, 가끔 오해를 불러일으키기도 한다.

nonword ⟨*n*⟩ 비단어

☞ PSEUDOWORD

norm[1] ⟨*n*⟩ 규준 **normative** ⟨*adj*⟩

특정 집단이나 공동체에서 특정 상황, 혹은 특정 목적에 적절하다고 생각되는 구어나 문어. 비격식적인 장면에서의 규준과 격식적인 장면에서의 규준은 크게 다르다. 예를 들어, 영어에서 사람을 부를 때 비격식적인 장면에서는 이름(*Joe*)이 규준이 되지만, 격식적인 장면에서는 직함과 성(*Mr Smith*)이 규준이 된다.

☞ STANDARD VARIETY, STYLE

norm[2] ⟨*n*⟩ 규준

(평가 및 통계학에서) 특정 방식으로 측정된 특정 집단('규준' 집단)의 득점이나 전형적인 수행결과.

규준은 개인이나 집단의 수행결과를 규준 집단의 그것과 비교하는 데 사용된다. 규준은 연령, 이전의 학습 기간, 테스트에서의 백분위수PERCENTILE 순위와 같은 요인들을 참조하여 표현된다.

normal distribution ⟨*n*⟩ 정규분포

(통계학에서) 득점이 하나의 봉우리로부터 서서히 오르내리는 점수 분포DISTRIBUTION에서 자주 나타난다. 정규분포는 대칭적인 종 모양의 곡선을 형성한다. 정규분포에서는 평균MEAN, 중앙값MEDIAN, 최빈값MODE이 모두 일치하며, 분포를 기술하는 데 필요한 정보는 평균과 표준편차STANDARD DEVIATION(SD)로 제공된다.

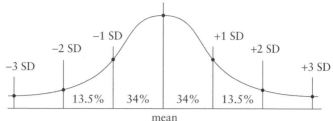

The normal curve

위 그래프는 정규분포상의 다양한 부분에 오는 사람들의 백분율을 나타낸 것이다. 예를 들어, 약 68%의 사람들이 평균의 상하 1SD 범위에 있다. 따라서 만약 어떤 테스트의 평균값이 100, SD가 10이고, 그 득점이 정규분포하고 있다면, 이 시험을 치른 수험자의 약 68%는 테스트 점수 90(즉, 100-10: 평균의 1SD 아래)과 110(= 100+10: 평균의 1SD 위) 사이에 있을 것이다.

normalized standard score ⟨***n***⟩ 정규화된 표준 득점

(통계학에서) 통계적 절차를 통해 정규분포NORMAL DISTRIBUTION로 변환된 표준 득점 STANDARD SCORE. 예를 들어, 백분위수PERCENTILE의 순위는 정규화된 표준 득점이다.

normative grammar ⟨***n***⟩ 규범문법

바르거나 적절한 어법으로 간주되는 규칙들을 담고 있는 문법.

이 규칙들은 고전적인 문학 작품이나 일반 대중이 모범적이라고 생각하는 사람들이 사용하는 언어를 토대로 한다. 다양한 방언DIALECTS이 사용되는 나라에서는 하나의 국어NATIONAL LANGUAGE가 선택되고, 이를 토대로 규범문법과 사전이 만들어진다.

☞ PRESCRIPTIVE GRAMMAR, STANDARD VARIETY

norm-referenced test(ing) ⟨***n***⟩ 규준참조 평가

규준으로 제공된 다른 수험자나 수험자 집단의 성적과 비교했을 때, 특정 수험자나 수험자 집단의 수행결과가 어느 위치에 있는가를 측정할 때 사용하는 테스트. 이 테스트는 합의된 준거 점수에 의해 수험자의 득점이 평가되는 준거참조 테스트 CRITERION-REFERENCED TEST와 달리, 다른 수험자나 수험자 집단의 득점과 관련하여 해석된다.

N

notation ⟨***n***⟩ 표기(법) notate ⟨***v***⟩

=transcription 전사

기호(☞ PHONETIC SYMBOLS)를 사용하여 소리나 소리 연쇄를 문어 형식으로 표현하는 것. 음성 기호체계는 여러 종류가 있지만, 국제음성학협회(International Phontic Association)에서 제공하는 체계를 가장 일반적으로 사용한다. 구별되는 두 유형의 표기법이 있다.

1. 음소 표기(phonemic notation): 어떤 언어의 변별음(음소PHONEMES)만을 사용하며, 발음의 미세한 부분은 표시하지 않는다. 음소 표기는 사선 안에 표시한다. 예를 들어, 영어 단어 *foot*은 /fʊt/로 표기한다. /f/, /ʊ/, /t/가 영어의 음소이다. 음소 표기는 다음과 같이 사용된다.

   a. 독자적인 문자 체계가 없는 언어를 표기하기 위해

   b. 교수 목적으로, 발음상의 차이(예를 들어, *head*/hed/와 *hat*/hæt/)의 차이를 보이기 위해

2. 음성 표기(phonetic notation, phonetic script): 음성 기호를 사용하여 다양한 소리를 표기한다. 특정 음이 소리 나는 방식을 자세하게 표시하는 기호를 사용한다. 음성 표기는 각괄호로 표시한다. 예를 들어, 영어 단어 *pin*은 [pʰɪn]로 표기되며, 위에 붙은 *h*는 [p]의 기음ASPIRATION을 나타낸다. 음소 표기라면 *pin*는 /pɪn/으로 표시될 것이다. 음성 표기는 다음과 같이 사용된다.

   a. 밀접하게 관련된 방언들 간의 발음 차이를 보이기 위해

   b. 개별 화자나 집단의 발음을 보이기 위해. 예를 들어, 영어 학습자는 [t̪] 소리를 내기 위해 영어에서 일반적으로 사용되는 치경음ALVEOLAR [t] 대신, 치음DENTAL [t̪]를 사용한다.

   ☞ INTERNATIONAL PHONETIC ALPHABET

notetaking ⟨*n*⟩ 노트필기

=notemaking

읽기나 듣기 시, 요점, 반응, 질문, 기타 응답 등을 적어서 남기는 것.

메모는 토론에서 사용하거나 정보를 조직하고 저장할 때 도움이 된다.

noticing hypothesis ⟨*n*⟩ 알아차리기 가설

언어 학습에서 입력INPUT이 알아차려지지 않으면, 다시 말해 의식적으로 인식되지 않으면 흡입INTAKE되지 않는다는 가설

notion ⟨*n*⟩ 개념

   ☞ NOTIONAL SYLLABUS

notional-functional syllabus ⟨*n*⟩ 개념-기능 교수요목

=functional-notional syllabus 기능-개념 교수요목

=개념 교수요목NOTIONAL SYLLABUS

notional grammar[1] ⟨*n*⟩ 개념 문법

전부는 아니지만 거의 모든 언어에서 이용 가능한 시제TENSE, 법MOOD, 성GENDER, 수NUMBER, 격CASE과 같은 범주들이 존재한다는 생각에 근거한 문법.

예를 들어, 격 체계(☞ CASE[1])는 독일어, 라틴어, 러시아어에는 있지만, 현대 영어

에서는 발견되지 않는다.

전통 문법TRADITIONAL GRAMMAR은 그 연구 방법에 있어서 개념적인 경우가 많으며, 먼저 일부 범주가 그 언어를 기술하는 데 유용하고 적절한가에 대한 검토 없이 분석에 적용하려고 하였다.

notional grammar[2] 〈*n*〉 개념 문법

사람들이 언어를 통해 표현할 필요가 있는 의미나 개념(예를 들어, 시간, 양, 기간, 위치), 그리고 그것들을 표현하는 데 필요한 언어 항목과 구조에 기반을 둔 문법

notional syllabus 〈*n*〉 개념 교수요목

=notional-functional syllabus 개념-기능 교수요목

(언어교수에서) 1970년대 널리 논의된 의사소통 중심의 교수요목을 개발하기 위한 접근법.

이 교수요목SYLLABUS에서는 학습자가 언어를 통해 표현할 필요가 있는 의미와, 학습자가 언어를 사용하게 될 기능에 따라 언어 내용이 배열되어야 한다고 제안한다. 개념NOTIONAL이라는 용어는 개념문법NOTIONAL GRAMMAR[2]에서 가져온 것이다. 개념 교수요목은 문법적 교수요목이나 구조 교수요목STRUCTURAL SYLLABUS(언어 항목을 등급화된 순서로 배열하는 교수요목), 상황 교수요목(상황 및 그것과 관련된 언어 항목으로 구성되는 교수요목)(☞ SITUATIONAL SYLLABUS)과 구별된다. 개념 교수요목에는 다음이 포함된다.

a. 학습자가 의사소통하는 데 필요한 의미와 개념들(예를 들어, 시간, 양, 기간, 위치), 그리고 그것을 표현하는 데 필요한 언어. 이러한 개념(concept)이나 의미를 개념(notion)이라 부른다.

b. 다양한 기능이나 발화 행위SPEECH ACTS(요청하기, 제안하기, 약속하기, 묘사하기 등)을 표현하는 데 필요한 언어

이 개념과 기능들은 언어 코스에서 학습과 교수 단원을 편성하는 데 사용된다.

☞ COMMUNICATIVE APPROACH

noun 〈*n*〉 명사

(a) 동사의 주어, 목적어, 또는 전치사의 목적어(보어COMPLEMENT)로 기능하고, (b) 형용사의 수식을 받으며, (c) 결정사DETERMINERS와 같이 사용 가능한 단어.

전형적으로 명사는 사람, 동물, 장소, 물건, 혹은 추상적 개념을 가리킨다.

☞ ADJECTIVAL NOUN, ANIMATE NOUN, COLLECTIVE NOUN, CONCRETE NOUN, COUNTABLE NOUN, PROPER NOUN, PART OF SPEECH

noun clause 〈*n*〉

＝명사절NOMINAL CLAUSE

noun phrase[1] (NP) 〈*n*〉 명사구

(구조언어학STRUCTURAL LINGUISTICS, 생성문법GENERATIVE LINGUISTICS, 그리고 관련 문법 이론에서) 명사나 대명사를 주요 부분(주요부HEAD)으로 하는 일단의 단어들. 명사구는한 단어만으로 구성되는 경우도 있고(예를 들어, *Gina arrived yesterday*에서 *Gina*), 길고 복잡한 경우도 있다(예를 들어, *The students who enrolled late and who have not yet filled in their cards must do so by Friday*에서 *must* 앞에 오는 모든 단어들).

noun phrase[2] 〈*n*〉 명사구

(일부 전통 문법TRADITIONAL GRAMMAR에서) 명사나 대명사로 치환될 수 있는 분사 구문(☞ PARTICIPLES)이나 부정사구INFINITIVE phrase. 예를 들어, 문장 (a)의 분사 구문*mowing the lawn*은 (b)의 *it*으로 치환할 수 있다.

   (a) *George just hates <u>mowing the lawn</u>.*

   (b) *George just hates <u>it</u>.*

noun phrase accessibility hierarchy(NAPH) 〈*n*〉 명사구 접근 가능성 위계

세계 언어에서 나타나는 관계절 유형 간의 관계를 기술하는 한 방법.
위계성을 제안하는 사람들의 주장은 다음과 같다.

1. 모든 언어에는 일부 유형의 관계절이 있다.

2. 관계절의 범위에는 다음과 같은 것이 있다.

- **주어 관계절**(subject relative clause: SU). *He thanked the mechanic who fixed his car*(who가 관계절의 주어를 가리킨다).
- **목적어 관계절**(object relative clause: DO). *The took his car to the mechanic (who) he liked best*(who가 관계절의 목적어를 가리킨다)
- **간접목적어 관계절**(indirect object relative clause: IO). *I know who you told the story*(who가 관계절의 간접목적어를 가리킨다).
- **전치사의 목적어 관계절**(object of preposition relative clause: OPREP). *I moved the rock (that) ou hid the money under*(that이 under의 보어를 가리킨다).
- **소유격의 관계절**(genitive relative clause: GEN). *I know the man whose car the mechanic fixed*(whose는 자동차의 주인을 가리킨다).
- **비교급의 관계절**(comparative relative clause: OCOMP). *I know someone (who) you are smarter than*(who는 smarter의 비교 대상을 가리킨다).

3. 모든 언어가 모든 관계절을 허용하지는 않는다. 관계절은 SU〉DO〉IO〉OPREP〉GEN〉OCOMP와 같은 계층을 이룬다. 좌측에 있는 관계절 유형이 위계 상 높은위치에 속한다. 어떤 언어에 이 관계절 중의 하나가 있다면, 그 언어에는 위계상

에서 그것보다 높은 관계절 유형도 모두 존재한다. 예를 들어, 어떤 언어에 IO가 있다면, 그 언어에는 DO와 SU도 있으며, 만약 OCOMP가 있다면, 그 언어에는 다른 모든 유형의 관계절도 있다.

4. 제2언어 학습자들은 이 계층의 위쪽 관계절 유형(SU나 DO)은 쉽게 학습하는 반면, 계층의 아래로 갈수록 학습을 어려워한다는 주장도 있다.

☞ MARKEDNESS

novice teacher ⟨*n*⟩ 신임 교사

교직 과정을 수료하였으나 실제적인 교수 경험을 거의 가지지 않은, 막 시작한 교사

☞ EXPERTISE

NP ⟨*n*⟩

=명사구NOUN PHRASE[1]

NPAH ⟨*n*⟩

=명사구 접근 가능성 위계NOUN PHRASE ACCESSIBILITY HIERARCHY

NRT ⟨*n*⟩

=규준참조 평가NORM-REFERENCED TEST(ING)

n^{th} word deletion ⟨*n*⟩ n번째 단어 삭제

☞ CLOZE TEST

nucleus ⟨*n*⟩ 핵음

☞ SYLLABLE

null hypothesis ⟨*n*⟩ 귀무 가설

☞ HYPOTHESIS

null morpheme ⟨*n*⟩ 제로 형태소

=zero morpheme

형태론MORPHOLOGY에서, 제로 접사와 관련한 형태소. 예를 들어, *fish*의 복수형 *fish*. 여기에서 복수형 *fish*는 단수 명사 *fish*에 복수 형태소인 제로 이형태를 더한 것이라 분석할 수 있다.

null subject parameter ⟨*n*⟩ 공 주어 매개변인

=pro-drop 매개변인PRO-DROP PARAMETER

number[1] ⟨*n*⟩ 수

어떤 언어의 명사, 동사, 형용사 등이 단수인지 복수인지를 결정하는 문법적 구분. 영어에서는 특히 명사NOUNS와 지시사DEMONSTRATIVES에서 나타난다.

N

	단수	복수
가산명사	*book*	*books*
지시사	*this*	*these*

number² ⟨*n*⟩ 수

수는 **기수**(cardinal numbers; cardinals)나 **서수**(ordinal numbers; ordinals)로 사용된다. 기수는 수를 셀 때 사용되며(즉, *6 boys*, *200 dollars*, *a million years*.), 명사로도 사용된다(*count up ten*). 서수는 사물을 번호 순으로 나열할 때 사용된다. 즉, *first*, *second*, *third*, *fourth*, *fifth* 등. 기수와 서수는 숫자(6, *6th*)나 문자(*six*, *sixth*)를 사용하여 표기할 수 있다.

number concord ⟨*n*⟩ 수의 일치

☞ CONCORD

O

object¹ 〈**n**〉 목적어

문장에서 타동사TRANSITIVE VERBS와 함께 사용되는 명사나 명사구, 명사절, 대명사로, 전통적으로 동사의 행위에 영향을 받는 것으로 기술되어 왔다. 동사의 목적어는 직·간접적으로 동사의 영향을 받는다. 직접적으로 영향을 받는 것을 직접목적어라 부른다. 영어에서 동사의 직접목적어는

a. 동사가 나타내는 행위에 의해 만들어진다.

Terry baked <u>a cake</u>.

b. 동사가 나타내는 동작에 의해 어떤 방식으로 변한다.

Terry baked <u>a potato</u>.

c. 동사의 주어에 의해 인식된다.

Terry saw <u>the cake</u>.

d. 동사의 주어에 의해 평가된다.

Terry liked <u>the cake</u>.

e. 동사의 주어에 의해 획득되거나 소유된다.

Terry bought <u>the cake</u>.

동사의 목적어가 간접적으로 동사의 영향을 받는 경우, **간접목적어**(indirect object) 라 한다. 영어에서 간접목적어는

a. 직접목적어의 수혜자

They gave <u>me</u> the cake.(=Terry gave the cake *to* me)

b. 동사 행위의 수혜자

Terry baked <u>me</u> the cake.(=Terry baked the cake *for* me)

영어에서 직접목적어와 간접목적어는 능동태 문장이 수동태 문장(☞ VOICE¹)으로 바뀔 때 수동문의 주어가 될 수 있는 것들이 많다.

<u>The cake</u> was given (to) me.

<u>I</u> was given the cake.

☞ GOAL¹, OBJECT OF RESULT

object² (of a preposition) 〈**n**〉 (전치사의) 목적어

＝전치사의 보어PREPOSITIONAL COMPLEMENT

☞ COMPLEMENT

object case ⟨*n*⟩ 목적격

=목적격OBJECTIVE CASE

object complement ⟨*n*⟩ 목적어 보어

☞ COMPLEMENT

objective ⟨*n*⟩ 목표

교수 과정의 목표. 두 가지 목표가 있다. 일반 목표, 또는 **목적**(aims)은 어떤 교수 과정의 근거나 목적에 저재하는 목표이다. 예를 들어, 어떤 국가의 외국어 교수의 목표는 학생에게 읽기와 쓰기를 가르치는 것, 외국 문화에 대한 학생들의 지식을 향상시키는 것, 외국어 말하기를 가르치는 것 등이다. 목표는 장기간에 걸친 도달 목표로, 매우 일반적인 용어로 기술된다.

특수 목표(또는 단순히 목표)는 어떤 코스에서 달성해야 하는 것들을 기술해 놓은 것이다. 특수 목표는 학습자가 교수 기간이 끝난 후 정확하게 무엇을 할 수 있어야 하는가에 관해 보다 자세하게 기술한다. 이 목표는 수업 한 번, 책의 한 챕터, 한 학기 등을 통해 기대되는 사항들을 보다 상세히 기술한 것이다. 교수 기간은 한 시간의 수업, 책의 한 챕터, 한 학기 등이 될 수 있다. 일례로 어떤 수업의 특정 목표가 연결어(*and, but, however, although*) 사용이 될 수도 있다. 이러한 특정 목표 들은 단락 구성이라는 일반 목표로 연결된다. 특정 목표를 관찰 가능하거나 측정 가능한 용어로 기술한 것을 행동 목표BEHAVIOURAL OBJECTIVE라고 한다.

objective case ⟨*n*⟩ 목적격

=object case

동사가 나타내는 행위에 대해 가장 중립적인 관계에 있는 사람이나 사물을 가리키 는 명사나 명사구는 목적격으로 표시된다. 목적격의 명사나 명사구는 행위를 수행 하지 않으며, 행위의 도구도 아니다.

> They sliced <u>the sausage</u> with a knife.
> <u>The sausage</u> sliced easily.
> <u>The sausage</u> was thick.

위 문장에서 *the sausage*는 (*they*와 같이) 동작주도 아니고, (*knife*와 같은) 도구도 아니다. 이를 목적격이라 한다. 목적격이라는 개념은 목적어OBJECT[1]라는 전통적인 개념과 관계가 있다. 그러나 목적격 모두가 목적어인 것은 아니며, 또 모든 목적어 가 목적격으로 간주되지도 않는다.

☞ CASE GRAMMAR

objective marking ⟨*n*⟩ 객관적 채점

☞ OBJECTIVE SCORING

objective test ⟨*n*⟩ 객관식 테스트

객관적으로 채점되는(즉, 채점자의 개인적인 판단에 기반을 두지 않고 채점되는)
테스트로, 주관식 테스트SUBJECTIVE TEST와 대조된다. 객관식 테스트의 예로는 T/F 문항
TRUE-FALSE과 선다형 문항MULTIPLE-CHOICE ITEMS 등이 있다.

objective test item ⟨*n*⟩ 객관적 테스트 문항

선다형 문항MULTIPLE-CHOICE ITEMS이나 T/F 문항TRUE-FALSE과 같이, 하나의 정답만을 요구
하는 테스트 문항

object of comparative relative clause ⟨*n*⟩ 비교급 관계절의 목적어

=비교급 관계절COMPARATIVE RELATIVE CLAUSE

object of preposition relative clause(OPREP) ⟨*n*⟩ 전치사의 목적어 관계절

☞ NOUN PHRASE ACCESSIBILITY HIERARCHY

object of result ⟨*n*⟩ 결과의 목적어

=affected object 피동목적어

동사가 지시하는 행위를 통해 만들어지는 어떤 것을 가리키는 동사의 목적어.

Terry baked a cake.

위 문장에서 *a cake*가 그것이다. *cake*는 구운 결과 생긴 것이기 때문이다.

Terry baked a potato.

그러나 위 문장의 *a potato*는 구운 결과로 만들어진 것이 아니기 때문에, 결과의
목적어가 아니다. 다만 굽는다는 행위의 영향을 받기 때문에 **피동목적어**(affected
object)라고 부른다.

☞ FACTITIVE CASE

object relative clause(DO) ⟨*n*⟩ 목적어 관계절

=목적어 관계절DIRECT OBJECT RELATIVE CLAUSE

☞ NOUN PHRASE ACCESSIBILITY HIERARCHY

observation ⟨*n*⟩ 관찰

언어 교실에서, 체계적인 데이터 수집·분석을 통해 교수나 학습을 의도적으로 조
사하는 것. 수업 관찰은 교사 연수 프로그램에서 널리 활용되고 있는 활동이다.

observational methods ⟨*n*⟩ 관찰법

(조사연구에서) 사건의 체계적인 관찰에 기반을 둔 기법과 절차. 오디오·비디오
레코더나 체크리스트 등을 사용한다. 관찰법은 언어 사용 연구와 교실 연구에서
활용된다.

☞ ETHNOGRAPHY OF COMMUNICATION

observation schedules ⟨*n*⟩ 관찰 스케줄

교실 관찰에서 발생하고 있는 사건('즉시적 코드화')이나 전자적으로 기록된 데이터를 가지고 교실에서 관찰 가능한 행동들을 기록하는 데 사용하는 분석용 도구(문서)

observed score ⟨*n*⟩ 관찰 득점

☞ CLASSICAL TEST THEORY

observer's paradox ⟨*n*⟩ 관찰자의 역설

언어 행동 조사를 위한 관찰을 할 때 발생하는 문제로, 우리가 인간의 행동을 관찰할 때 관찰하는 행위 그 자체가 피관찰자의 행위 패턴에 영향을 미친다는 것을 가리킨다. 그런 이유로, 관찰자가 교실의 교사와 학생 양쪽의 행위에 영향을 끼치기 때문에 관찰을 통해 얻은 데이터가 실제 교실 행동을 대표하지 않게 되는 경우가 발생하기도 한다. 관찰자의 역설은 양적 연구QUANTITATIVE RESEARCH에서도 똑같이 적용된다(☞ HALO EFFECT, HAWTHORN EFFECT).

obstruent ⟨*n*⟩ 장해음

폐에서 나온 공기가 어떤 식으로 방해를 받아서 생기는 언어음(자음CONSONANT). 장해음에는 마찰음FRICATIVES, 구강폐쇄음STOPS, 파찰음AFFRICATES이 있다. /n/과 /m/ 등의 비음NASALS은 보통 장해음이 아니라고 간주된다. 공기가 구강 내에서는 차단되지만 비강을 통해 자유롭게 유출 가능하기 때문이다. 생성음운론에서 장해음은 '[−]공명성'으로 표기되며, 모음VOWELS과 비음NASALS, 전이음GLIDES, 유음LIQUIDS 등과 구별된다.

☞ SONORANT

OCOMP ⟨*n*⟩

=비교급의° 목적어 관계절OBJECT OF COMPARATIVE RELATIVE CLAUSE

official language ⟨*n*⟩ 공용어

☞ NATIONAL LANGUAGE

off-task behaviour ⟨*n*⟩ 과업에 집중하지 않는 행동

☞ ON-TASK BEHAVIOUR

one parameter model ⟨*n*⟩ 1-패러미터 모델

☞ ITEM RESPONSE THEORY

one-tailed test ⟨*n*⟩ 단측 검정

=directional hypothesis 방향성 가설

통계적 가설 검정의 한 유형으로, 차이나 상관과 같이 효과의 방향성이 미리 정해져 있는 경우(예를 들어, 어휘 인식 테스트에서 실험집단이 통제집단보다 현저히

높은 점수를 얻을 경우)에 사용한다.

one-to-one ⟨**n**⟩ 일대일

교사 한 명과 학생 한 명이 관련하는 교수 상황

one-way task ⟨**n**⟩ 일방향 과업

참여자 한 명이 모든 정보를 가지고 있고 그 정보가 과제 수행 중 한쪽 방향으로만 전달되는 정보차|INFORMATION GAP 과업

onomatopoeia ⟨**n**⟩ 의성어

=sound symbolism, echoism

언급하는 대상과 음향적으로 닮은 소리(예: 개 짖는 소리 *bow-wow*, 시계의 *tick-tock*)나 언급하는 대상이 내는 소리(예: *buzz saw*)와 같이, 자연의 소리를 모방하고 있다고 관례적으로 생각되는 단어를 가리킨다. 영어의 *splash*(첨벙하는 소리), *growl*(으르렁거리는 소리)와 같은 반의성어(semionomatopoeia)도 있다. 의성어의 범위와 선택, 음성적 구현화는 언어에 따라 다르다. 영어에서 개는 *bow-wow*나 *ruff-ruff*, *woof-woof*처럼 짖지만, 일본어에서는 *wan-wan*하며 짖는다.

☞ IDEOPHONE

onset ⟨**n**⟩ 초성/초두음

☞ SYLLABLE, TONE UNIT

on-task behaviour ⟨**n**⟩ 과업에 집중하는 행동

(수업이나 학습 활동에서) 학습이나 활동에 임하는 학습자의 행동. 예를 들어, 수업 중에 학생이 단락을 읽고 그것에 대한 질문에 답하도록 요구될 때, 학생이 그 과업에 충분히 집중하지 않을 수 있다. 과업과 관련하지 않는 행동(즉, **과업에 집중하지 않는 행동**[off-task behavior])에는 일어나서 친구와 얘기하거나 멍하게 있기 등이 있다. 효율적인 교사의 목표는 학습을 위한 최대한의 기회를 제공하기 위해 학생들이 과업에 집중하는 시간의 양을 늘리는 데 있다.

☞ TIME ON TASK, EFFECTIVE TEACHING

ontogeny ⟨**n**⟩ 개체발생 **ontogenetic** ⟨**adj**⟩ 개체발생적인

=ontogenesis 개체발생

아동의 언어 습득LANGUAGE ACQUISITION 연구에서, 한 개인의 언어 발달을 개체발생이라 하며, 어떤 언어공동체 내에서의 언어의 역사적 발달은 계통발생(phylogeny)이라 한다. 언어학자는 아동 언어의 개체발생이 언어의 역사적 발달에서 거쳐 온 단계들과 유사한 발달 단계를 보이는가에 관심이 있다. 환언하자면, 언어학자는 개체발생은 계통발생을 반복하는가라는 유명한 물음에 관심이 있다.

O

open class ⟨***n***⟩ 개방 범주

=open set

단어 집단(단어 범주**word class**)으로, 무제한적인 수의 항목들이 포함된다. 명사, 동사, 형용사, 부사는 개방 범주이다. 신어들도 이 범주에 추가될 수 있다. 예) *laser*, *e-commerce*, *chatroom*.

이에 반해, 접속사, 전치사, 대명사는 비교적 소수의 단어들로 이루어져 있으며, 신어가 추가되는 경우는 없다. 이 단어들은 닫힌 범주(closed classes, closed set)라 한다.

open-ended question ⟨***n***⟩ 개방형 질문/열린 질문

테스트 수험자가 자신의 방식으로 답할 수 있는 테스트 문항**test item**. 복수 선택 가능성이 제한되는 문항과 대조된다.

open-ended response ⟨***n***⟩ 개방형 질문

☞ TEST ITEM

openings ⟨***n***⟩ 첫머리/오프닝

인사나 한담처럼, 화자가 대화를 시작하기 위해 사용하는 전략

☞ CLOSINGS, CONVERSATIONAL OPENINGS

open learning ⟨***n***⟩ 공개 학습

=open education 공개 교육

보통 입학 시 제약이 없으며, 학습자의 이전 경험들을 인정받을 수 있는 성인 교육을 위한 제도. 코스는 학생들의 요구에 따라 유연하게 편성된다. 공개 학습을 구별하는 몇 가지 특징이 있다.

a. 학력, 연령, 기간, 시간 제약, 위치, 시간 제약 등의 접근 가능성을 포함하여, 전통적인 코스와 비교하여 교육의 접근성이 매우 높다.

b. 학습 진도, 내용, 구조, 평가 방법 등에 있어서 학습자에게 상당한 정도의 결정권이 주어지며, 코스 편성이나 수업 방법도 유연하다.

c. 다양한 학습 지원 수단을 가지고 있다.

공개 학습에서 학습자들은 학습의 방향성과 내용, 과정에 스스로 책임을 져야 한다.

open pairs ⟨***n***⟩ 개방 쌍

☞ CLOSED PAIRS

open set ⟨***n***⟩ 열린 범주

=OPEN CLASS

open syllable ⟨***n***⟩ 개음절

☞ SYLLABLE

open vowel ⟨*n*⟩ 개모음

=저모음LOW VOWEL

☞ VOWEL

operant ⟨*n*⟩ 조작

☞ OPERANT CONDITIONING

operant conditioning ⟨*n*⟩ 조작적 조건화

행동주의 심리학(☞ BEHAVIOURISM)의 틀 내에서 Skinner가 제안한 학습 이론. 제1언어를 학습하는 아동이 어떤 결과(예: 음식을 얻는다)를 얻기 위한 행동(예: 발화UTTERANCE)을 야기하는 일종의 조건화(☞ CONDITIONED RESPONSE)이다. 이 행위를 **조작**(operant)이라 부른다.

이 조작 뒤에 만약 무언가 기분 좋은 것이 온다면, 이 결과는 긍정적으로 강화되며 (**긍정적 강화**[positive reinforcement]), 반면 그 뒤에 좋지 않은 무언가가 뒤따른다면, 부정적으로 강화된다(**부정적 강화**[negative reinforcement]라 한다). 이 개념은 청각구두식 교수법AUDIOLINGUAL METHOD의 융성기 동안 큰 영향력을 발휘하였다.

operating principle ⟨*n*⟩ 조작 원리

☞ HEURISTIC

operational definition ⟨*n*⟩ 조작적 정의 operationalize ⟨*v*⟩ 조작화하다

관찰될 수 있고 측정될 수 있다는 관점에서 어떤 개념을 정의하는 것. 언어 교수 및 언어 테스트에서 많은 언어학적 개념들은 조작화될 필요가 있다. 예를 들어, '언어능력(competence)', '숙달도(proficiency)'와 같은 용어는 프로그램 목표와 목적 OBJECTIVES, 테스트 문항 등을 준비할 때 조작화되어야 한다.

operator ⟨*n*⟩ 작동사

(영어에서) 동사구에 나타나는 첫 번째 조동사AUXILIARY. 이 조동사가 의문문에서 문두로 이동하여 의문문을 형성하는 단어로 '작동하기' 때문에 이처럼 불리게 되었다. 예를 들어,

a. *He will be coming.*

　　aux1 aux2

　　(작동사)

b. *She couldn't have been there.*

　　aux1　　aux2 aux3

　　(작동사)

a는 *Will he be coming?*이 된다.

b는 *Couldn't she have been there?*이 된다.

OPI ⟨*n*⟩

=구어 숙달도 인터뷰ORAL PROFICIENCY INTERVIEW

opposition ⟨*n*⟩ 대립

변별음(음소PHONEMES)과 같이, 어떤 언어에서 쌍을 이루는 요소 간의 관계. 예를 들어, 영어에서 /k/와 /g/ 간의 대립은 최소쌍MINIMAL PAIR *cut*/kʌt/과 *gut*/gʌt/을 구별한다. 일반적으로 '대립'이라는 용어는 두 요소가 하나의 자질에서만 다를 때 사용된다. 따라서 영어의 /k/와 /g/는 /g/가 유성음(voiced)이고 /k/가 무성음(voiceless)이라는 점만 다르기 때문에(☞ VOICE[2]), 대립 관계에 있다고 말한다. 한편 /k/와 /b/(예를 들어, *cut*/kʌt/과 *but*/bʌt/)은 두 음의 조음 위치PLACE OF ARTICULATION와 유성음화가 관련하는 방식들이 다르기 때문에 대립 관계에 있다고 말하기 어렵다.

☞ MARKEDNESS

OPREP ⟨*n*⟩

=전치사의 목적어 관계절OBJECT OF PREPOSITION RELATIVE CLAUSE

optimality theory ⟨*n*⟩ 최적성 이론

문법의 중심은 규칙이 아니라 **제약**(constraints)이라 여기는 언어 이론. (보편적인) 제약의 예로, 비음은 뒤에 오는 자음과 같은 조음점을 가진다(는 것이 최적) 등이 있다. 최적성 이론에 따르면, 언어의 표층 형식은 경쟁하는 제약들 간의 갈등 해결을 반영한다. 주로 음운론에 응용되어 온 이론이다.

optimum age hypothesis ⟨*n*⟩ 최적 연령 가설

☞ CRITICAL PERIOD HYPOTHESIS

oral[1] ⟨*adj*⟩ 구두의

언어의 문어 형식에 대조하여 구어 형식이 사용되는 것을 강조하기 위해 사용하는 용어. *an oral test, an oral examination*이 그 예이다.

oral2 ⟨*adj/n*⟩ 구강음(의)

구강의 뒷부분에 있는 **연구개**(velum)가 올라가 폐에서 나온 공기가 코를 통해 유출되지 못하는 상태에서 산출되는 언어음. 영어에서 모든 모음과, *sing*/sɪŋ/의 /m/, /n/, /ŋ/ 이외의 자음은 모두 구강음이다. 생성음운론GENERATIVE PHONOLOGY에서는 비음과 구별하기 위해 구강음을 [-비음성]이라 표기한다.

☞ MANNER OF ARTICULATION, PLACE OF ARTICULATION

oral approach ⟨*n*⟩ 구어 접근법

=상황 언어 교수SITUATIONAL LANGUAGE TEACHING

oral cavity ⟨**n**⟩ 구강

 ☞ VOCAL TRACT, PLACE OF ARTICULATION

oral culture ⟨**n**⟩ 구전 문화

문화와 문화적 가치들이 문어를 통해서가 아니라 구어를 통해 전달되는 한 사회의 문화. 문화와 문화적 가치들에 문어가 중요한 역할을 하는 사회는 **문식 문화**(literary culture)를 가진다고 말한다.

 ☞ NON-LITERATE

oralist ⟨**n**⟩ 구화자

 ☞ SIGN LANGUAGE

oral language ⟨**n**⟩ 구어

 ☞ AURAL LANGUAGE

oral method ⟨**n**⟩ 구두 교수법

독순술, 주의 깊게 조음된 발화를 바탕으로 하는 청각장애인을 위한 교수법. 현재는 청각/구두교수법AUDITORY/ORAL METHOD에 비해 덜 일반적으로 사용되고 있다.

oral mimicry ability ⟨**n**⟩ 구두 모방 능력

 ☞ LANGUAGE APTITUDE

oral proficiency interview (OPI) ⟨**n**⟩ 구어 숙달도 인터뷰

구어 테스트의 일종으로, 면접관과 수험자가 구두 의사소통 과업에 함께 참여하는 구조화된 인터뷰 형식을 이용하여 수험자의 구어 숙달도 테스트의 샘플을 수집하여 평가한다. 수험자의 구어 산출을 테이프에 녹음한 후, 나중에 미리 정해진 평가 기준을 토대로 한 명 또는 복수의 평가자가 평가한다. 가장 잘 알려진 영향력 있는 OPI로는 ACTFL OPI가 있으며, 이 테스트는 준거-참조식의, 직접적이며, 면대면 방식(또는 전화에 의한)의 종합적인 인터뷰이며, ACTFL이 인정한 시험관이 네 단계 절차(워밍업, 반복적인 상한-하한 레벨 체크, 검사, 마무리)를 통하여 수험자의 상한 능력을 특정할 수 있을 때까지 면접이 진행된다.

oral reading ⟨**n**⟩ 음독

 ☞ READING

order of acquisition ⟨**n**⟩ 습득 순서

 =acquisition order

제1언어나 제2언어 학습에서 언어 형식과 규칙, 항목이 습득되는 순서

 ☞ LANGUAGE ACQUISITION, NATURAL ORDER HYPOTHESIS

ordinal scale ⟨**n**⟩ 순서 척도

☞ SCALE

orientation[1] 〈**n**〉 경향

☞ ATTENTION

orientation[2] 〈**n**〉 지향

☞ MOTIVATION

orientation[3] 〈**n**〉 오리엔테이션

☞ LISTENING COMPREHENSION

orthography 〈**n**〉 정서법 orthographic 〈**adj**〉

'정서법'은 다음과 같이 사용된다.

1. 일반적으로 철자를 지칭하기 위해

2. 올바르거나 표준적인 철자를 지칭하기 위해

일부 언어에서 정서법은 일반적으로 허용되는 사용법에 기초하며, 공적 기관에 의해 규정되어 있지 않다. 반면, 일부 언어, 예컨대 스웨덴어에서는 정서법이 공적 기관이나 준공적 기관에 의해 정해져 있다. '철자'라는 용어에서 보듯이, '정서법'이라는 용어는 음절 쓰기보다는 알파벳 쓰기에 대해 사용되는 경우가 많으며, 표의문자 쓰기에 대해서는 거의 사용되지 않는다(☞ WRITING SYSTEM).

othering 〈**n**〉 타자화(하기)

개인과 사회가 종종 타자와 대립시켜 스스로를 규정한다는 생각. 다른 집단의 타자화는 전형적으로 사회적 거리를 유지하고 다른 집단에 대하여 부정적인 가치 판단을 하는 것이 관련한다. 페미니스트 연구에 따르면, 남성지배적인 문화에서는 여성을 남성의 기준에 반하는 타자로서 취급한다는 것을 지적해 왔다. Edward Said는 이 개념을 식민지화된 민족을 제외된 타자로서 보는 견해에 응용하였다. 비모어화자NON-NATIVE SPEAKER라는 용어는 TESOL에서 보이는 타자화의 한 예라는 지적도 있다.

other repair 〈**n**〉 타자 수정

☞ REPAIR

outcomes-based teaching/education 〈**n**〉 결과중심의 교수/교육

=standards-based education 표준 중시 교육

교육 및 교육과정 개발을 위한 한 접근법으로, 다음과 같은 사항들이 관련한다.

(a) 교수 과정의 종료 시, 학생이 알고 있어야 하는 학습 결과들을 기술할 것.

(b) 그 결과를 달성하는 데 도움이 되는 교육과정을 설계할 것.

(c) 유효성을 측정하는 수단으로 달성된 결과를 활용할 것.

세계의 일부 지역, 특히 미국에서 학생이 실세계에서 필요한 지식과 기술들을 갖추

고 고등학교를 졸업할 수 있도록 하기 위해서는 이 접근법이 필요하다고 생각하고 있다.

☞ COMPETENCY-BASED EDUCATION STANDARDS

outcome variable 〈**n**〉 결과 변수

=종속 변수DEPENDENT VARIABLE

outlier 〈**n**〉 이상치

극단적인 점수. 전형적으로는 평균에서 표준편차STANDARD DEVIATIONS ±3을 넘는 점수는 이상치로 간주된다.

outline 〈**n**〉 개요/아웃라인 outlining 〈**v**〉 개요를 짜다

(작문에서) 에세이나 소논문이 커버할 중심 생각과 그것을 서술할 순서를 나타내는 계획. 개요는 숫자와 문자 기호를 사용하여 중심 생각과 부연 설명을 구별하기도 한다. 자주 사용되는 개요 유형에는 다음과 같은 것들이 있다.

1. **화제식 개요**(Topic Outline): 단어나 어구만으로 이루어진 개요

2. **문장식 개요**(Sentence Outline): 단어가 문장으로 대체된 것만 제외하면, 화제식 개요와 유사하다.

3. **단락식 개요**(Paragraph Outline): 각 단락별 주제문TOPIC SENTENCES 목록만으로 구성된다.

output 〈**n**〉 출력

☞ INPUT

output hypothesis 〈**n**〉 출력 가설

=comprehensible output hypothesis 이해 가능한 출력 가설

성공적인 제2언어 습득에는 이해 가능한 입력COMPREHENSIBLE INPUT뿐만 아니라 이해 가능한 출력, 즉 학습자가 목표언어의 다른 화자들도 이해할 수 있는 언어를 산출해야 할 필요가 있다는 가설이다. 학습자가 자신의 메시지가 확실히 전달될 수 있도록 노력할 때(강요된 출력[pushed output]), 자신의 언어와 능숙한 학습자 언어 간의 차이를 더 잘 알아차릴 수 있으며, 이것이 습득을 촉진한다고 주장한다.

over-extension 〈**n**〉 과잉 확대

=과잉일반화OVERGENERALIZATION

overgeneralization 〈**n**〉 과잉일반화 overgeneralize 〈**v**〉 과잉일반화하다

=over-extension 과잉확대, over-regularization 과잉규칙화, analogy 유추

제1언어/제2언어 습득에서 일반적인 프로세스로, 학습자가 어떤 언어 항목의 문법 규칙 사용을 확장하여 지나치게 일괄적으로 패턴에 적용함으로써 그 단어나 구조

가 용인되는 용법 수준을 넘어버리는 것을 말한다. 아이들이 *ball*을 모든 동그란 물체를 가리키는 데 사용하거나, *man*의 복수형으로 *men*이 아니라 *mans*을 사용하는 것이 과잉일반화의 예이다.

overhead projector (OHP) ⟨*n*⟩ 오버헤드 프로젝터
오버헤드용 투명지로부터 이미지를 벽이나 스크린에 투사하는 교실 장치. 교실에서 화이트보드나 칠판을 대신해서 많이 사용한다.

overhead transparency (OHT) ⟨*n*⟩ 오버헤드용 투명지
글자 등을 기입할 수도 있고 오버헤드 프로젝터와 함께 사용할 수도 있는 플라스틱 시트

overt language policy ⟨*n*⟩ 명시적 언어정책
☞ LANGUAGE POLICY

P

paced reading 〈**v**〉 간격을 둔 읽기

    1. 학습자의 읽기 속도를 빠르게 하기 위해 고안된 읽기 활동. 학습자는 교사가
       정한 속도로 읽으며(예를 들어, 1분간 100어), 차츰 읽기 속도를 빠르게 한다.

    2. 읽기 속도 향상을 위해 소프트웨어를 사용하는 것. 이 소프트웨어는 독자가
       미리 설정해 둔 속도로 컴퓨터가 화면상에 텍스트를 스크롤해 준다.

pacing 〈**n**〉 학습진도

    (교수에서) 수업 리듬과 수업 시간이 적절히 활용되는 정도를 포함하여, 수업에서
    교재가 학습되는 속도. 교사는 학습진도를 적절히 유지하기 위해 다양한 전략들을
    사용한다. 특정 활동에 요구되는 학습속도를 학습자가 정하는 경우도 있다: 이를
    학습자 속도에 의한 지도(learner-paced instruction)라 부른다. 교사가 학습진도를
    결정하는 경우는 **교사 속도에 의한 지도**(teacher-paced instruction)라 한다. 예를 들
    어, 교사가 학습진도의 개요를 제공하거나 활동을 위한 제한시간을 알리는 경우가
    있다.

paired-associate learning 〈**n**〉 쌍연합 학습

    단어의 쌍이나 다른 항목들을 제시한 후, 학습자에게 그것들을 관련시키도록 하는
    학습 과업.

        horse – brown

        bird – blue

        table – white

    학습자에게 쌍의 한쪽 항목만을 제시한 다음, 두 번째 항목을 기억해 낼 수 있는지
    테스트한다.

       ☞ ASSOCIATIVE LEARNING

pair work 〈**n**〉 짝 활동

    =pair practice 짝 연습

    (언어교수에서) 학습자가 쌍으로 함께하는 학습 활동

       ☞ GROUP WORK

palatal 〈**n**〉 (경)구개음

    혀의 앞부분(전설)과 경구개가 관련하는 조음. 예를 들어 영어 *you*의 어두음이

구개음이다.

☞ PLACE OF ARTICULATION

palatalization ⟨*n*⟩ 구개음화

☞ ASSIMILATION

palate ⟨*n*⟩ 구개

☞ PLACE OF ARTICULATION

paradigm[1] ⟨*n*⟩ 어형변화표 paradigmatic ⟨*adj*⟩

문법 체계 내에서 단어가 취할 수 있는 형식들을 보여주는 목록이나 패턴

(*the boy*의) 단수형	(*the boys*의) 복수형
boy	*boys*
boy's	*boys'*

어형변화표는 동사의 여러 가지 형식을 보이기 위해 사용되기도 한다. 예를 들어, 프랑스어에서

단수	복수
je parle (I speak)	*nous parlons* (we speak)
tu parles (you speak)	*vous parlez* (you speak)
il parle (he speaks)	*ils parlent* (they speak)
elle parle (she speaks)	*elles parlent* (they speak)

어형변화표는 단어의 파생형보다는 굴절형INFLECTIONS을 나타내는 데 사용되는 경우가 많다.

paradigm[2] ⟨*n*⟩ 패러다임

신념의 개념적 프레임, 이론적 추정들, 용인되는 연구 방법, 특정 과학이나 학문의 타당한 연구를 정의하는 표준 등을 가리키는 용어. 과학자 Kuhn은 과학에 있어서 변화의 과정을 패러다임 전환으로 기술하였다. 그는 과학 분야에서의 변화는 하나씩 하나씩 축적되는 과정으로써 일어나는 것이 아니라고 주장했다. 대신, 특정 전문가 공동체에서 일어난 사고 혁명의 결과로써 새로운 패러다임이 출현한다고 보았다. 물리학에서 패러다임 전환의 예로는 뉴턴 물리학에서 양자 역학으로의 전환이었다. 패러다임 전환은 사회과학에서도 일어난다. 언어 교수에 있어 문법에 기반을 둔 교수법에서 의사소통적 교수법으로의 전환이 그 예이다. 이론THEORIES은 특정 패러다임을 대표한다.

paradigmatic relations ⟨*n*⟩

=계열적 관계PARADIGMATIC RELATIONSHIPS

☞ SYNTAGMATIC RELATIONS

paragraph 〈*n*〉 단락

많은 언어의 문어의 구성단위로, 문어 텍스트에서 중심 생각이 어떻게 나누어졌는지를 가리키는 역할을 가진다. 텍스트언어학TEXT LINGUISTICS에서, 단락은 텍스트 거시 구조의 지표로 다루어진다(☞ SCHEME). 단락은 일반적으로 동일한 화제를 다루는 문장들을 함께 묶는다. 따라서 새로운 단락은 화제나 부제가 달라졌음을 나타낸다.

　　☞ DISCOURSE ANALYSIS

paragraph outline 〈*n*〉 단락 개요

　　☞ OUTLINE

paralinguistic features 〈*n*〉 준언어학적 자질

　　☞ PARALINGUISTICS

paralinguistics 〈*n*〉 준언어학/주변언어학 paralinguistic 〈*adj*〉

언어 행동에 대한 지지나 강조, 뉘앙스를 더해주는 얼굴 표정이나 머리와 눈동자의 움직임, 몸짓 등의 비언어적 현상을 연구하는 분야. 이 현상들은 **준언어학적 자질**(paralinguistic features)로 알려져 있다. 예를 들어, 영어에서 머리를 좌우로 흔드는 것은 (*no*에 상당하는) 동의하지 않는다는 것을 보이는 데 사용되지만, 레바논 아라비아어에서는 같은 의미로 턱을 올리고 빨아들이는 치파찰음을 낸다. 이러한 의미에서, 준언어학적 자질의 사용을 연구하는 분야를 **동작학**(kinesics)이라 부르기도 한다. 일부 언어학자들은 발화에 대한 화자의 태도를 나타내는 음조TONE OF VOICE와 같은 음성적 특징들을 준언어학적 자질에 포함시키기도 한다.

　　☞ PROXEMICS

parallel construction 〈*n*〉 평행 구조/병렬 구조

단어나 구, 절, 구조가 반복되는 문장. 예) Michael *smiled* at the baby, *touched* her arm, then *winked* at her.

parallel distributed processing (PDP) 〈*n*〉 병렬분산처리

　　☞ CONNECTIONISM

parallel-form reliability 〈*n*〉 동형검사 신뢰도

　　☞ ALTERNATE FORM RELIABILITY

parallel forms 〈*n*〉 평행 형식

　　☞ ALTERNATE FORMS

parallel processing 〈*n*〉 병렬 처리

우리가 어떤 단어를 기억하고, 그 의미와 철자, 발음을 동시에 검색할 때처럼, 둘 이상의 처리 작업이 동시에, 또는 평행하게 행해지는 정보 처리. 병렬 처리는 두 개의 정보가 순서대로 처리되는 **순차 처리**(sequential processing)와 비교된다. 순차 처리란, 예를 들어 우리가 동시에 진행되는 두 대화를 들으려고 양쪽에 다 주의를 기울이지만 결국은 한 쪽에서 다른 한 쪽으로 빠르게 왔다갔다하게 되는 경우이다.

parameter[1] ⟨*n*⟩ 매개변수/파라미터

(생성이론GENERATIVE THEORY에서) 표면적으로 서로 관련이 없는 두세 개의 표층의 통사적 득성을 동제하는 추상적 문법 범주. 예를 들어, **주요부 매개변수**(head parameter)는 어떤 언어가 구의 주요부HEAD를 보문COMPLEMENT[2]의 앞에 둘 것인지 뒤에 둘 것인지를 결정한다. **주요부 선행 언어**(head-first language)(영어)에서는 주요부가 보통 보문의 앞에 온다. **주요부 후행 언어**(head-last language)(일본어)에서는 주요부가 보통 보문의 뒤에 온다.

☞ PRO-DROP PARAMETER

parameter[2] ⟨*n*⟩ 모수

모집단POPULATION을 요약하는 수치로, 예컨대 모집단 평균(μ), 모집단 분산(σ), 모집단 표준편차(σ^2) 등. 모수를 나타내는 데는 그리스 알파벳이 사용된다.

☞ STATISTIC

parameter-resetting ⟨*n*⟩ 매개변인 재설정

☞ PARAMETER-SETTING

parameter-setting ⟨*n*⟩ 매개변인 설정

아이들이 학습 중인 언어에서 매개변인PARAMETER을 어떻게 설정하는 것이 적절한가를 결정하는 프로세스. 제2언어 습득SECOND LANGUAGE ACQUISITION에서는 (학습자가 이미 제1언어를 위해 설정한 매개변인이 있기 때문에) 매개변인 설정을 매개변인 재설정이라 생각하는 것이 더 적절하다.

parametric tests ⟨*n*⟩ 모수검정

데이터가 정규분포하고 있고, 등간 척도INTERVAL나 비율 척도RATIO SCALE에 의해 측정된다는 추정에 기반을 둔 통계적 절차들. 모수검정의 예로는, t검정T-TEST, 분산분석ANALYSIS OF VARIANCE, 피어슨의 적률상관PEARSON PRODUCT-MOMENT CORRELATION이 있다.

paraphrase ⟨*n/v*⟩ 바꿔말하기/패러프레이즈

어떤 단어나 구의 의미를 보다 쉽게 이해할 수 있도록 다른 단어나 구를 사용하여 표현하는 것. 예를 들어, *to make* (*someone* 혹은 *something*) *appear*, 또는 *feel younger*는 동사 *rejuvenate*를 바꿔 말한 것이다. 사전적 정의는 종종 정의하고자 하는 단어의 바꿔말하기 형식을 취한다.

paraprofessional ⟨*n*⟩ 준교사

=teacher's aid 보조교사

교실에서 교사를 보조하는 미자격 성인을 말한다. 일부 ESL 교실에서는 학생이 속한 모어 공동체의 성인이 이 역할을 담당하기도 한다.

parser ⟨***n***⟩ 구문분석기/파서

구문분석을 하는 장치. 예를 들어, 코퍼스언어학CORPUS LINGUISTICS에서, 파서는 코퍼스CORPUS에 통사적 분석을 추가해서 주어, 동사, 목적어나, 보다 복잡한 통사 정보를 부착하는 컴퓨터 프로그램이다. 심리언어학PSYCHOLINGUISTICS에서, 파서는 입력에 작동하여 이해 프로세스의 일부로서 구조적 기술을 산출하는 심리적 과정이라고 본다.

parsing ⟨***n***⟩ (문장의) 해석, 통사 정보 부여

문장이나 구에 언어적 구조를 부여하는 조작. 파싱은 전통 문법TRADITIONAL GRAMMAR에서 잘 확립된 기법이다. 예를 들어, *The noisy frogs disturbed us*라는 문장은 다음과 같이 해석할 수 있다.

	주어		동사	목적어
The	*noisy*	*frogs*	*disturbed*	*us*
정관사	형용사	명사(복수)	동사(과거시제) (복수)	대명사(1인칭)

partial replication ⟨***n***⟩ 부분 복제

☞ REPLICATION

participant ⟨***n***⟩ (대화) 참여자

발화 사건SPEECH EVENT에 참여하고, 그 존재가 발화의 내용과 방법에 영향을 미치는 사람. 참여자가 실제로 발화의 교환에 참여하는 경우도 있고, 단지 무언의 참여자인 경우도 있다. 예를 들어, 정치연설을 할 때 청중의 역할이 그것이다.

☞ INTERLOCUTORS

participant observation ⟨***n***⟩ 참여자 관찰

(질적 연구QUALITATIVE RESEARCH에서) 연구자나 관찰자가 데이터를 수집하는 한 방법으로, 그 자신이 조사하고 있는 장면에 참여하는 절차. (이 때문에 **참여자 관찰자**[participant observer]라는 용어를 쓰기도 한다.)

참여자이기도 한 관찰자는 거기에 전혀 참여하지 않고 직접 입수한 정보를 가지지 않은 연구자에 비해 상황을 보다 충실히 파악할 수 있다. 그러나 참여자 관찰은 관찰되는 측의 입장에서는 공개적·비공개적인 관찰과 사전 동의INFORMED CONSENT 등의 윤리 상의 문제가 제기되는 경우가 있다.

P

participant observer 〈**n**〉 참여자 관찰자

    ☞ PARTICIPANT OBSERVATION

participation structure 〈**n**〉 관여 구조

의사소통 목적을 위한 언어 사용에서, 누가, 무엇을, 언제, 누구에게 말할 수 있는가와 관련한 참여자의 권리와 의무이며, 교실 의사소통과 교실 담화 연구의 중요한 초점이다.

participle 〈**n**〉 분사 participial 〈**adj**〉

형용사로 기능하는 비정형동사 형식(☞ FINITE VERB)이며, 수동문(☞ PASSIVE SENTENCE)에서 사용되고, 완료상PERFECT과 진행상PROGRESSIVE ASPECT을 만드는 데 사용된다. 영어에는 **현재분사**(present participle)와 **과거분사**(past participle)가 있다. 현재분사는 동사 어간에 *-ing*를 붙여서 만들며, 다음과 같은 기능을 한다.

(a) 형용사로 기능한다. 예) *a smiling girl, a self-winding watch*

(b) be동사와 함께 진행형을 만드는 데 사용된다. 예) *It is raining*.

(c) *Let's go shopping*과 같은 구조에서 사용된다.

한편, 과거분사는 보통 동사 어근에 *-ed*를 붙여 만든다. 예외로는 접미어 *-en-*(*break-broken*; *fall-fallen*)과 일부 불규칙동사(*build-built*)가 있다. 과거분사는 다음과 같은 기능을 한다.

(a) 형용사로 사용된다. 예) *a broken window*.

(b) be동사와 함께 수동태를 만든다. 예) *It was amused by her*.

(c) 완료상을 만드는 데 사용된다. 예) *She has finished*.

particle 〈**n**〉 불변화사

주요 품사PARTS OF SPEECH(명사, 동사, 부사 등) 중에서 어느 것인지 쉽게 확인할 수 없는 단어를 가리킬 때 가끔 사용되는 용어. 이러한 이유로 *not*, 부정사INFINITIVES와 함께 사용되는 *to, up, down*, 부사적 불변화사ADVERB PARTICLES로 기능하는 일부 부사들을 불변화사라고 부른다.

partitive 〈**n**〉 부분사

=partitive construction 부분 구문

양을 나타내고 불가산명사(☞ COUNTABLE NOUN)와 함께 사용되는 구. 영어에는 세 종류의 부분사가 있다.

a. 도량 부분사: *a yard of cloth, an acre of land, two pints of milk*

b. 전형적 부분사(특정의 부분사가 특정의 명사와 함께 사용된다): *a slice of cake, a stick of chalk, a lump of coal*

c. 일반적 부분사(특정 명사에만 한정되지 않는 부분사): *a piece of paper/cake, a*

bit of cheese/cloth

    ☞ COLLOCATION

part learning ⟨***n***⟩ 부분 학습

    ☞ GLOBAL LEARNING

part skills ⟨***n***⟩ 부분 스킬

    =미시적 스킬MICRO-SKILLS

parts of speech ⟨***n***⟩ 품사

명사, 대명사, 동사, 형용사, 부사, 전치사, 접속사, 간투사와 같이, 문장을 형성하기 위해 사용되는 다양한 유형의 단어를 설명하는 전통적인 용어. 결정사DETERMINER 등이 품사에 포함되기도 한다. 품사는 다음 기준에 의해 결정된다.

a. 그것의 의미(예: 동사는 상태나 사건의 명칭이다; *go*).

b. 그것의 형식(예: 동사는 −*ing*형, 과거형, 과거분사형을 가진다; *going, went, gone*).

c. 그것의 기능(예: 동사는 문장의 술어PREDICATE나 그 일부를 형성한다; *They went away*).

이 기준들을 통해 각 품사의 가장 전형적인 대표형을 확인할 수 있다. 그러나 여전히 많은 문제가 남아 있다. 예를 들어, *Their going away surprised me*에서 *going*은 동사인가, 명사인가 하는 문제 등이다.

    ☞ GERUND, PARTICIPLE, PARTICLE

passive language knowledge ⟨***n***⟩ 수동적 언어 지식

    ☞ ACTIVE/PASSIVE LANGUAGE KNOWLEDGE

passive vocabulary ⟨***n***⟩ 수동적 어휘/이해 어휘

    ☞ ACTIVE/PASSIVE LANGUAGE KNOWLEDGE

passive voice ⟨***n***⟩ 수동태

    ☞ VOICE[1]

past continuous ⟨***n***⟩ 과거 지속

    ☞ PROGRESSIVE

past participle ⟨***n***⟩ 과거분사

    ☞ PARTICIPLE

past perfect ⟨***n***⟩ 과거완료

    ☞ PERFECT

past tense ⟨***n***⟩ 과거시제

P

동사가 나타내는 행위나 상태가 현재보다 앞선 시점에서 일어난 것을 나타내기 위해 사용되는 동사의 형식. 예를 들어, 영어에서는 다음과 같다.

현재	과거
is	*was*
walk	*walked*
try	*tried*

조동사AUXILIARY VERB없이 사용되는 과거 형식(I *left*, he *wept*)은 **단순과거**(simple past), 또는 **과거**(preterite)라고 부른다.

path analysis ⟨**n**⟩ 경로 분석

관찰된(혹은 드러난) 변수들 간의 인과 관계에 대한 연구자의 가설을 검증하기 위한 통계적 절차. 가정된 변수들 간의 인과 효과를 분석한다.

patient θ-**role** ⟨**n**⟩ 피동자 θ역

☞ Q-THEORY/THETA THEORY

pattern practice ⟨**n**⟩ 문형 연습

☞ DRILL

pausing ⟨**n**⟩ 휴지

=hesitation phenomena 주저 현상

발화 도중에 끊김이나 주저함이 나타나는 현상으로, 자연 발화에서 일반적으로 일어나는 특징 중 하나이다. 휴지의 가장 일반적인 유형으로는 다음의 두 가지가 있다.

a. **묵음 휴지**(silent pauses): 단어와 단어 사이의 묵음 휴지

b. **채워진 휴지**(filled pauses): *um*, *er*, *mm*와 같은 표현에 의해 채워진 휴지

천천히 말하는 사람은 빨리 말하는 사람보다 휴지를 더 많이 사용한다. 사람들이 말할 때 말하는 시간의 50%까지 휴지가 차지하기도 한다.

☞ FLUENCY

PDP ⟨**n**⟩

=병렬분산처리PARALLEL DISTRIBUTED PROCESSING

peak (of a syllable) ⟨**n**⟩ (음절의) 정점

☞ SYLLABLE

Pearson product-moment correlation (*r*) ⟨**n**⟩ 피어슨 적률상관

☞ CORRELATION

pedagogical content knowledge ⟨**n**⟩ 교육학적 내용 지식

교수에서, 교사의 교과에 대한 지식, 그리고 그 지식을 교수와 학습을 촉진하는 데 이용할 수 있는 능력. **내용 지식**(content knowledge)은 교과에 대한 지식을 뜻하는 반면, **교육학적 내용 지식**(pedagogical content knowledge)은 교과에 대한 지식을 수업과 학습 계획으로 전환하는 방식에 대한 지식을 가리킨다.

pedagogic grammar ⟨**n**⟩ 교육 문법

=pedagogical grammar

언어 교수나 교수요목 설계, 교재 준비와 같은 교육학적 목적을 고려하여 문법을 기술한 것. 교육 문법은 다음을 토대로 한다.

a. 언어의 문법적 분석과 기술

b. 생성문법GENERATIVE GRAMMAR과 같은 특정 문법 이론

c. 학습자의 문법상의 문제를 다루는 연구(☞ ERROR ANALYSIS)

pedagogy ⟨**n**⟩ 교육학

일반적인 의미에서, 교육학은 교수와 교육과정, 지도에 관한 이론뿐만 아니라, 학교 등의 교육 환경에서 형식적 교육과 학습이 설계되고 실천되는 방법을 가리킨다. 교육학 이론에서, 교육학은 일반적으로 **교육과정**(curriculum), **지도**(instruction), **평가**(evaluation)로 나누어진다. 언어는 교육의 필수적인 매개체이기 때문에 교육학에 있어 언어의 역할은 언어학자와 응용언어학자, 교육학자, 비판적 교육학자 등의 이론 구축이나 연구의 초점이 된다. 비판적 교육학CRITICAL PEDAGOGY은 교육 상황에서의 권력과 지식의 분배 및 행사와 관련된 문제들을 다룬다.

peer assessment ⟨**n**⟩ 상호 평가

학습자가 서로의 수행결과를 평가하는 활동

peer correction ⟨**n**⟩ 동료 수정

=동료 평사PEER REVIEW

peer editing ⟨**n**⟩ 동료 편집

=동료 수정PEER REVIEW

peer feedback ⟨**n**⟩ 동료 피드백

=동료 수정PEER REVIEW

peer group ⟨**n**⟩ 동료 집단

같은 연령대의 아동, 같은 반 학생, 같은 팀 동료와 같이, 개인으로서 귀속 의식을 가지는 사람들의 집단

☞ NETWORK

peer monitoring ⟨**n**⟩ 상호 모니터링

P

(교수에서) 교실에서 학습 활동 중에 일어나는 것들을 다른 학생이 관찰하고 평가하는 것

peer review ⟨*n*⟩ 상호 리뷰

=peer feedback, peer editing

(작문 교수, 특히 과정 접근법PROCESS APPROACH에 따라) 쓰기의 수정 단계(☞ COMPOSING PROCESSES)에서 학생이 자신의 작문에 대해 다른 학생, 즉 동료로부터 피드백 FEEDBACK을 받는 활동. 보통 짝이나 소집단을 이루어 서로의 작문을 읽고 질문을 하거나 코멘트나 조언을 한다.

peer teaching ⟨*n*⟩ 상호 교수

=peer mediated instruction

특히 학습자 중심 교수 접근법에서 한 학생이 다른 학생을 가르치는 교수 기법. 예를 들어, 학생들이 무언가를 학습했을 때 그것을 다른 학생들에게 가르치거나, 그것에 대해 다른 학생에게 시험을 보거나 한다.

peer tutoring ⟨*n*⟩ 상호 지도

☞ CO-OPERATIVE LEARNING

pejorative ⟨*adj*⟩ 경멸하는

못마땅하거나 좋지 않거나 중요하지 않은 것들을 시사하는 단어나 표현들. 예를 들어, 누군가를 '*twit*(멍청이)'나 '*diskhead*(병신새끼)'라고 부르는 것.

percentile ⟨*n*⟩ 백분위수

순위 100으로 균등하게 나눠진 분포 내에서의 수험자의 위치를 기술하는 용어. 수험자의 백분위수에는 대응하는 원점수RAW SCORE가 있고 그 원점수보다 낮은 곳에 특정의 비율 득점이 들어간다(이 해석에 대해서는 PERCENTILE SCORE를 참조). 예를 들어, 어떤 테스트에서 수험자의 95번째 백분위수는 어떤 원점수를 가지지만, 이는 이 수험자의 원점수를 비교하는 규준 집단NORM GROUP에 따라 달라진다.

☞ DISTRIBUTION, PERCENTILE SCORE

percentile rank ⟨*n*⟩ 백분위수 순위

=백분위수 득점PERCENTILE SCORE

percentile score ⟨*n*⟩ 백분위수 득점

=percentile rank 백분위수 순위

규준 집단에서 한 명의 수험자가 받은 원점수RAW SCORE보다 낮은 득점을 받은 전체 수험자의 비율을 나타내는 용어.

이 득점은 분포에 있어서, 다른 전체 수험자과 비교하여 한 수험자의 상대적인

위치를 기술하는 데 사용된다. 예를 들어, 어떤 수험자가 시험에서 95번째 백분위수 점수를 받았다면, 이는 이 수험자가 95% 이상 점수를 얻었거나, 규준 집단에서 상위 5% 안에 든다는 것을 의미한다.

대부분의 시험에서 백분위수 득점이 높을수록 더 좋다. 백분위수 득점은 규준참조평가NORM-REFERENCED TESTING 문맥에서 사용되는 반면, **비율 득점**(percentage score: 즉, 정답의 비율)은 준거참조 테스트CRITERION-REFERENCED TESTING 문맥에서 사용된다.

☞ PERCENTILE

perception 〈*n*〉 지각

오감(시각, 청각, 촉각 등)을 이용하여 사건, 사물, 자극을 인식하고 이해하는 것. 지각은 몇 가지 유형으로 구별된다.

a. **시각적 지각**(visual perception): 시각적 정보와 자극의 지각

b. **청각적 지각**(auditory perception): 두 귀를 통해 받아들인 정보와 자극의 지각. 청각적 지각을 위해 청자는 다양한 종류의 음향 신호를 감지하고 그것들을 진동수, 진폭, 지속시간, 발생 순서, 제시 속도와 같은 음향적 특징의 차이에 따라 판단해야만 한다.

c. **발화 지각**(speech perception): 발화의 이해.

(☞ CHUNKING, HEURISTIC (2)).

perceptual salience 〈*n*〉 지각적 현저성

＝현저성SALIENCE

perfect 〈*n*〉 완료(상)

＝perfective

(문법에서) 하나의 상태나 사건과 그 후의 상태나 사건, 시간 사이의 관계를 보여주는 상ASPECT.

영어에서 완료상은 조동사AUXILIARY *have*와 과거분사past PARTICLE로 만들어진다.

I have finished. She has always loved animals.

조동사가 현재시제인 경우, 동사 그룹을 **현재완료**(present perfect)라고 하며(*They have eaten*), 조동사가 과거시제인 경우라면 **과거완료**(past perfect)라고 부른다(*They had finished*). 영어에는 상당히 드물긴 하지만 **미래완료**(future perfect)도 있다(*They will have finished before noon tomorrow*).

영어에서 완료형은 일반적으로 다음의 상태나 사건을 언급한다.

a. 어떤 일정시까지 미치는 상태나 사건(*I have lived here for six years*-현재까지).

b. 어떤 일정 기간 내에 발생한 사건(*Have you ever been to Paris?*-현재까지의 인생에 있어서).

P

413

c. 어떤 일정시까지 지속되는 결과를 보유하는 사건(*I have broken my watch*-지금도 여전히 부서져 있다).

performance 〈***n***〉 언어수행

(생성문법GENERATIVE GRAMMAR에서) 사람들이 언어를 실제로 사용하는 것.

언어에 관한 지식(언어능력COMPETENCE)과 이 지식을 문장의 이해나 산출에 실제로 사용하는 방법(언어수행)은 구별된다. 예를 들어, 인간은 무한히 긴 문장을 산출할 수 있는 언어능력을 가지고 있지만, 실제로 이 지식을 사용할 때(언어수행)는 문장에서 사용하는 형용사, 부사, 절의 수가 제약된다.

여기에는 여러 이유가 있다. 문장이 너무 길면 숨이 막힐 수도 있고, 청자가 질려할 수도 있으며, 잊어버릴 가능성도 있기 때문이다. 제2언어/외국어 학습에서는 문법성 판단GRAMMATICALITY JUDGEMENTS과 같은 지표들이 언어능력의 보다 직접적인 척도가되며, 학습자의 언어수행은 언어능력을 간접적으로 나타낸다고 간주된다(☞ PERFORMANCE ANALYSIS).

'언어수행'이라는 용어를 약간 다르게 사용하는 방법도 있다. 언어를 사용할 때 사람들은 많은 오류를 양산한다(☞ SPEECH ERRORS). 이는 피로나 주의력 결여, 흥분, 신경질과 같은 **언어수행 요인**(performance factors) 때문이다. 경우에 따라서는 실제적 언어 사용이 언어능력을 반영하지 않을 수도 있다. 사람들이 양산하는 오류들이 언어수행의 예로 기술된다.

☞ USAGE[1]

performance-based assessment 〈***n***〉 수행 평가

에세이를 쓰거나 짧은 대화를 할 수 있는 능력과 같이, 실세계 과업을 학습자가 얼마나 잘 수행할 수 있는가에 초점을 두고 측정하는 평가법.

이 접근법은 선다형 테스트와 같은 전통적인 테스트에서의 성적보다 학습을 더 잘 평가한다고 여겨진다.

performance factors 〈***n***〉 언어수행 요인

☞ PERFORMANCE

performance grammar 〈***n***〉 언어수행 문법

사람들이 문장을 산출하고 이해할 때 사용하는 규칙이나 전략을 기술한 것.

언어수행 문법은 언어능력 문법(☞ COMPETENCE)과 대조된다. 언어능력 문법은 화자와 청자의 언어 지식을 기술한 것이지만, 그 지식을 말하기와 듣기에 어떻게 이용하는가에 대해서는 설명해 주지 않는다.

performance indicator 〈***n***〉 수행 지표

(교육 평가에서) 목적과 목표를 수행한 정도를 측정하는 데 사용하는 척도.

예를 들어, 학교에 따라 졸업생 비율이나 표준화 테스트 득점, 다른 성과들에 초점을 둘 수 있다. 수행 지표는 기관의 목표를 반영해야 하며, 성공의 열쇠이어야 하며, 수량화할 수(측정 가능한) 있어야 한다.

performance objective ⟨*n*⟩ 수행 목표

＝행위 목표BEHAVIOURAL OBJECTIVE

performance standard ⟨*n*⟩ 수행 기준

목표OBJECTIVE 달성을 위해 설정된 레벨, 다시 말해 규준CRITERION

☞ BEHAVIOURAL OBJECTIVE

performance standards ⟨*n*⟩ 수행 기준

(평가와 프로그램 개발에서) 기준을 충족하였다고 간주되기 위해 학생이 수행해야 할 레벨, 그리고 언어에 대한 자신의 지식과 기술을 입증할 방법을 명시해 놓은 것.

performance test ⟨*n*⟩ 수행 평가

작문 스킬을 테스트하기 위해 실제로 학생들에게 작문을 하도록 하는 것처럼, 실제적인 스킬이나 행동, 활동에 기반을 둔 테스트

☞ PERFORMANCE-BASED ASSESSMENT

performative ⟨*n*⟩ 수행문

(화행SPEECH ACTS 이론에서) *Watch out*(경고)이나 *I promise not to be late*(약속)과 같이, 어떤 행위를 수행하는 발화.

철학자 Austin은 수행문과 **진술문**(constatives)을 구별하였다. 진술문은 예를 들어, *Chicago is in the United States*와 같이, 참이거나 거짓이라고 단언하는 발화이다. Austin은 **명시적 수행문**(explicit performatives: 화행이나 **언표 내적 힘**[illocutionary force]을 성립시키는 *promise, warn, deny*와 같은 '수행동사'를 포함하는 문장)과, **암시적 수행문**(implicit performatives: *There is a vicious dog behind you*[＝함의적 경고]와 같이 수행동사를 포함하지 않는 문장)을 구별하였다. 진술문과 암시적 수행문 간에 실제적인 차이가 존재하지 않는다는 주장도 있다. 왜냐하면 *Chicago is in the United States*라는 문장은 암시적인 동사 *state*와 함께 쓰여, *(I state that) Chicago is in the United States*를 의미한다고 해석할 수도 있기 때문이다.

performative hypothesis ⟨*n*⟩ 수행 가설

모든 문장은 이론상으로는 특정의 화행SPEECH ACT과 관련되는 명시적 수행문EXPLICIT INFORMATIVES을 포함하는 심층 구조에서 파생될 수 있다는 이론.

예를 들어, 이 이론에 따르면 *I'll be there early*와 같은 문장은 *I promise to you that I will be there*나(다른 해석을 하면) *I predict that I will be there early*와 같은 심층 구조에서 파생되었다고 할 수 있을 것이다.

P

periphery 〈***n***〉 주변부

    =peripheral grammar 주변 문법

       ☞ CORE GRAMMAR

perlocutionary act 〈***n***〉 발화매개 행위

       ☞ LOCUTIONARY ACT

perseveration error 〈***n***〉 고집 오류

       ☞ SPEECH ERRORS

perseverative assimilation 〈***n***〉 지속 동화

       ☞ ASSIMILATION

person 〈***n***〉 인칭

    문장에서 대명사의 선택을 결정하는 문법 범주로, 다음과 같은 원리를 따른다.

    a. 대명사가 실제로 말하고 있는 사람을 대신하고 있는가, 아니면 포함하고 있는가
       에 따라(1인칭; *I, we*)

    b. 대명사가 말을 하고 있는 상대를 나타내고 있는가에 따라(2인칭; *you*)

    c. 대명사가 화자/필자나 청자/독자 이외의 사람이나 사물을 대신하고 있는가에
       따라(3인칭; *he, she, it, they*)

personal function 〈***n***〉 개인적 기능

       ☞ DEVELOPMENTAL FUNCTIONS OF LANGUAGE

personality 〈***n***〉 성격

    행위, 태도, 신념, 사고, 행동, 감정과 같이 한 개인이 보유하고 있는 속성들.
    성격은 한 개인에 있어 전형적이고 구별적이며, 본인이나 타인에 의해서도 그렇게
    인식된다. 자존심, 억제, 불안, 위험감수RISK-TAKING, 외향성(☞ EXTROVERT)과 같은
    성격 요인들은 제2언어 학습에도 영향을 미친다고 여겨진다.

    이 요소들이 동기MOTIVATION와 학습자 전략의 선택에 기여할 수 있기 때문이다.

personalization 〈***n***〉 개인화

    (언어교수에서) 학습자가 배운 것들을 자기 자신의 삶에 적용하도록 하여, 자신의
    생각, 감정, 선호하는 것, 의견 등을 표현하게 하는 활동.

    예를 들어, 복싱에 관한 단락을 읽은 후, 학생들은 짝을 이루어 스포츠로서의 복싱
    에 대한 자신의 생각과 느낌에 대해 이야기를 나눈다.

personal pronouns 〈***n***〉 인칭대명사

    인칭PERSON의 문법 범주를 나타내는 대명사 집합.

    영어는 *I, you, he, she, it, we, they*, 그리고 그 파생 형태인 *me, mine, yours, him,*

P

his, *hers* 등으로 이루어져 있다.

personal recount 개인적 경험담

☞ TEXT TYPES

PF component ⟨*n*⟩ 음운형태 부문

=phonetic component 음성 부문

☞ D-STRUCTURE

pharyngeal ⟨*n*⟩ 인두음

설근과 인후의 안쪽(인두PHARYNX)이 관여하는 언어음(자음CONSONANT). 아라비아어에서 이 언어음 중 몇 개가 나타난다.

pharyngealization ⟨*n*⟩ 인두음화

설근이 뒤로 빠지면서 인두가 좁아지는 이차적 조음.

예를 들어, 아라비아어에서 이른바 '강조된' 자음에서 일부 나타난다.

pharynx ⟨*n*⟩ 인두

인후의 일부로, 성대VOCAL CORDS의 윗부분에서 구강 내 후부의 **연구개**(velum)에 걸쳐 있는 부분.

인두는 큰 방과 같으며, 언어음을 산출할 때 그 형태와 용적을 다양한 방식으로 바꿀 수 있다.

a. 인두를 둘러싸고 있는 근육을 긴장시킴으로써

b. 후설부의 움직임에 의해

c. 연구개를 상하로 움직임으로써

인두 형태의 변화는 산출하는 소리의 질에 영향을 미친다.

☞ PLACE OF ARTICULATION

phatic communion ⟨*n*⟩ 교감적 언어 사용

폴란드계 영국 인류학자 Malinowki가 사용한 용어로, 정보를 구하거나 전달하기 위해 언어를 사용하는 것이 아니라, 사회적 유대를 확립하거나 유지하려는 사회적 기능을 가진 사람들 간의 의사소통을 가리킨다. 영어의 교감적 언어 사용에는 *How are you?*와 *Nice day, isn't it?*과 같은 표현들이 있다.

phi correlation(Φ) ⟨*n*⟩ Φ상관

☞ CORRELATION

P

philology ⟨*n*⟩ 문헌학/언어학; philological ⟨*adj*⟩

=비교역사언어학COMPARATIVE HISTORICAL LINGUISTICS

phone ⟨*n*⟩ 단음 phonic ⟨*adj*⟩

발화에서 나타나는 개별 소리들.

음소 분석PHONEMIC ANALYSIS에서 단음은 한 언어의 변별적 소리 단위(음소PHONEMES)로
분류된다. 예를 들어, 영어에서 단어 *can*의 모음을 발음하는 다양한 방식들, 예컨대
길게 [æ :], 짧게 [æ], 비음화한 [æ̃]는 모두 음소PHONEME [æ]의 단음들이다.

  ☞ ALLOPHONE, PHONEMICS, PHONOLOGY

phoneme ⟨*n*⟩ 음소 phonemic ⟨*adj*⟩

한 언어에서 두 개의 단어를 구별할 수 있는 최소 음 단위.

 a. 영어에서, 단어 *pan*과 *ban*은 어두음만 다르다: *pan*은 /p/로 시작하고 *ban*은 /b/로
  시작한다.

 b. *ban*과 *bin*에서는 모음만 다르다: /æ/과 /ɪ/

따라서 /p/, /b/, /æ/는 영어의 음소이다. 음소의 수는 언어에 따라 다르다. 영어는
자음CONSONANT 24개, 모음VOWEL 20개, 총 44개의 음소를 가진다.

  ☞ ALLOPHONE, MINIMAL PAIR, PHONEMICS, PHONOLOGY

phoneme synthesis ⟨*n*⟩ 음소 합성

음성 합성기(☞ SPEECH SYNTHESIS)에 의해 음소의 디지털 표시를 소리로 변환하
는 것

phonemic analysis ⟨*n*⟩ 음소 분석

특정 언어에서 어떤 음이 그 언어의 변별적 소리 단위(음소PHONEME)이고, 어떤 음이
단지 음소의 이형인지를 결정하기 위해 소리들(단음PHONE)을 분류하는 것. 예를
들어, 영어에서 *nip*과 *nib*은 *nip*이 /p/로 끝나고 *nib*은 /b/로 끝나는 점만 다르다.
그래서 영어에서 /p/와 /b/는 두 개의 서로 다른 음소이다. 한편, *nip*을 기음을
수반하는 /p/, [ph]로 발음해도 다른 단어가 되는 것은 아니다. 따라서 /ph/는 /p/의
이형(이음ALLOPHONE)일 뿐이지, 다른 음소인 것은 아니다. 음소 분석에는 몇 가지
접근법이 있다(☞ DISTINCTIVE FEATURES, MINIMAL PAIRS).

  ☞ ALLOPHONE, ASPIRATION, PHONEMICS, PHONOLOGY

phonemic coding ability ⟨*n*⟩ 음소 부호화 능력

  ☞ LANGUAGE APTITUDE

phonemic notation ⟨*n*⟩ 음소 표기

  ☞ NOTATION

phonemics ⟨*n*⟩ 음소론; phonemic ⟨*adj*⟩

 1. 한 언어의 변별적 음 단위(음소PHONEME)와 음 단위 간의 관계를 연구하고 기술하
  는 분야

 2. 한 언어의 음소를 판별하는 절차(☞ PHONEMIC ANALYSIS). 'phonemics'라는

용어는 미국의 언어학, 특히 구조언어학_{STRUCTURAL LINGUISTICS}에서 사용되어 왔다. 최근에는 음운론_{PHONOLOGY}이라는 용어가 선호된다.

3. '영어 음소론'과 같이, 어떤 언어의 음소체계를 가리킨다.

☞ MORPHOPHONEMICS

phonetic component ⟨**n**⟩

=음성 부문_{PF COMPONENT}

☞ D-STRUCTURE

phonetic method ⟨**n**⟩ 음성적 교수법

=발음중심교수법_{PHONICS}

phonetic notation ⟨**n**⟩ 음성 표기

=phonetic script

☞ NOTATION, PHONETIC SYMBOLS

phonetics ⟨**n**⟩ 음성학 phonetic ⟨**adj**⟩

언어음을 연구하는 분야. 음성학에는 세 가지 주요 분야가 있다.

1. **조음음성학**(articulatory phonetics): 언어음이 산출되는 방식을 다룬다. 음은 보통 입술과 혀의 위치, 입의 열린 정도, 성대_{VOCAL CORDS}의 진동 여부에 따라 분류된다.

2. **음향음성학**(acoustic phonetics): 언어음이 공기를 통해 전달되는 방식을 다룬다. 언어음이 산출될 때 가벼운 공기의 흐트러짐(음파_{SOUND WAVE})이 생긴다. 다양한 도구들을 이용하여 이러한 음파들의 특징을 측정한다.

3. **청각 음성학**(auditory phonetics): 언어음이 청자에 의해 지각되는 방식을 다룬다. 예를 들어, 청자는 다음과 같은 차이들을 지각할 것이다.

   a. 기음_{ASPIRATION}과 무기음 간의 차이: *pit*[pʰɪt]의 기음 /p/와 *tip*[tɪp]의 무기음 /p/

   b. 음질의 차이: *light*[laɪt]의 '밝은' /l/와 *hill*[hɪl]의 '어두운' /l/

   ☞ PHONEMICS, PHONOLOGY

phonetic script ⟨**n**⟩

=음성 표기_{PHONETIC NOTATION}

☞ NOTATION, PHONETIC SYMBOLS

phonetic symbols ⟨**n**⟩ 음성 기호

쓰기에서 실제 구어 발화를 표현할 때 사용하는 특수한 알파벳 기호나 활자. 이러한 발화를 음성 기호로 전사한 것을 **음성 표기**(phonetic notation; phonetic script)라 한다. 예를 들어, 영어에서 *sh*, 독일어에서 *sch*, 프랑스어에서 *ch*라 쓰는 음은 기호 [ʃ]나 [š]로 표기할 수 있다. 예) 영어의 *ship*(배)[ʃɪp], 독일어 *schiff*(배)[ʃɪf], 프랑스

P

어 *chic*[ʃik](스마트한, 세련된).

☞ INTERNATIONAL PHONETIC ALPHABET, NOTATION, PHONETICS

phonics ⟨*n*⟩ 발음중심교수법

=phonetic method

아이들에게 읽기를 가르치는 한 방법. 보통 모어의 읽기 방법을 가르칠 때 사용한다. 이이들은 칠자와 발음 간의 관계를 인식하도록 배운다. 알파벳 문자가 나타내는 음들을 배운 다음, 한 번에 한 음씩 말하는 방식으로 신출어나 익숙하지 않은 단어의 소리를 익힌다.

☞ ALPHABETIC METHOD

phonological component ⟨*n*⟩ 음운 부문

☞ GENERATIVE THEORY

phonological rule ⟨*n*⟩ 음운 규칙

☞ GENERATIVE PHONOLOGY

phonology ⟨*n*⟩ 음운론 phonological ⟨*adj*⟩

1. 음소론PHONEMICS의 별칭
2. (일부 언어학자들의 경우) 음성학PHONETICS과 음소론PHONEMICS을 모두 커버하는 용어
3. 한 언어의 변별적 음성 단위(음소PHONEME)를 변별적 자질DISTINCTIVE FEATURES을 이용하여 확립하고 기술하는 분야. 각각의 음소는 이러한 자질들의 집합으로 이루어져 있으며, 다른 음소와 하나 이상의 자질이 다르다고 간주된다. 예를 들어, 다음과 같다.

/i：/	/u：/
+high	++high
−low	−low
−back	+back
−round	+round

여기에서 +high/−high 자질, +low/−low 자질, +back/−back 자질은 구강 내 혀의 위치를 가리키고, +round/−round는 입술 모양의 원순성을 나타낸다.

음운론은 다음과 같은 사항에도 관심이 있다.

a. 문장에서 단어와 단어 간의 관계 연구. 즉 단어의 결합으로 인해 음성 패턴이 어떻게 영향을 받는가를 연구한다. 예를 들어, *give*/gɪv/와 *him*/hɪm/이 결합해서 *give him*/gɪvɪm/이 된다.

b. 억양 패턴INTONATION PATTERNS의 연구

☞ BOUNDARIES, GENERATIVE PHONOLOGY, SUPRASEGMENTAL

phonotactics 〈**n**〉 음소배열론 phonotactic 〈**adj**〉

(음운론PHONOLOGY에서) 어떤 언어에서 변별적 음성 단위(음소PHONEME)의 배열. 예를 들어, 영어에서 자음 연쇄CONSONANT CLUSTERS /spr/과 /str/은 *sprout*, *strain*에서 보듯이, 어두에서는 나타나지만 어말에서는 나타나지 않는다. 영어 자음군의 음소 배열 기술에는 이러한 정보들이 포함된다.

phrasal-prepositional verb 〈**n**〉 구전치사 동사

☞ PHRASAL VERB

phrasal verb 〈**n**〉 구동사

'동사+부사 불변화사ADVERB PARTICLE'로 구성된 동사 구조.

이 구조가 나타나는 다양한 문법 패턴에 따라 구동사, **전치사 동사**(prepositional verbs), **구전치사 동사**(phrasal-prepositional verbs) 간을 구별한다.

구동사		전치사 동사	
불변화사에 강세가 놓인다.	*Turn OFF the light.*	동사에 강세가 놓인다.	*I'll APPLY for the job.*
불변화사가 목적어 뒤에 온다.	*Turn the light off.*	불변화사가 목적어 뒤에 올 수 없다.	(*I'll *apply the job for*)
짧은 대명사는 동사와 분사 사이에 올 수 있다.	*Turn it off* (*Turn off it*)	대명사는 동사+불변화사 뒤에 온다.	*I'll apply for it.* (*I'll *apply it for*)

구전치사 동사는 동사, 부사 불변화사, 전치사PREPOSITION로 이루어진다.

We must cut down on expense.

They put their failure down to bad advice.

이러한 동사 구문들 중 일부 구문은 각 부분의 의미에서 전체 의미를 유추해 낼 수 있지만(예를 들어, *cut down on*), 의미가 관용적인 구문도 있다(예를 들어, *put down to*). 최근에는 '구동사'라는 용어를 구동사, 전치사 동사, 구전치사 동사를 포괄하는 의미로 사용한다.

☞ IDIOM

phrase 〈**n**〉 구

☞ CLAUSE

phrase-marker (P-marker) 〈**n**〉 구 구조 표지

구나 문장의 구조를 표시한 것

☞ TREE DIAGRAM

phrase structure 〈**n**〉 구 구조

P

=constituent structure 구성요소 구조, syntactic structure 통사 구조

어떤 표현이 포함하고 있는 일단의 구성소들을 표시한 것. 예를 들어, 영어 명사구 *this big house*의 구성소는 지시사 *this*+형용사 *big*+명사 *house*로 구성된다. 보통 괄호나 수형도로 표시된다.

phrase-structure grammar ⟨*n*⟩ 구 구조 문법

어떤 언어에서 다른 문장 유형의 구조를 분석하는 문법.

통사적 범주의 구획을 특정하는 **구 구조 규칙**(phrase-structure grammar)으로 구성된다. 예를 들어, 하나의 구 구조 규칙은 '수의적 관사+수의적 형용사+명사+수의적 전치사구'로 확장될 수 있거나, 명사구(NP)가 (Art)(Adj)N(PP)로 '바꿔 써질' 수 있다는 것을 명시해 준다. 이러한 규칙에 의해 생성된 문장 구조는 수형도TREE DIAGRAM로 제시되는 경우가 많다.

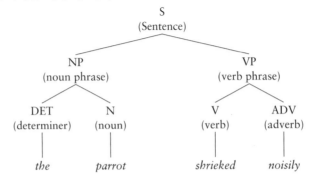

phrase-structure rule ⟨*n*⟩ 구 구조 규칙

☞ PHRASE-STRUCTURE GRAMMAR

phylogeny ⟨*n*⟩

=계통발생PHYLOGENESIS

☞ ONTOGENY

picture dictionary ⟨*n*⟩ 그림 사전

그림이나 사진 등의 삽화를 통해 의미가 전적으로 제시되는 사전.

그림 사전에 실리는 단어들은 보통 기본 어휘BASIC VOCABULARY이며, 이 단어들은 보통 화제나 장면별로 제시된다.

pidgin ⟨*n*⟩ 피진

서로 다른 언어를 구사하는 사람들이 일정 기간 동안 의사소통하고자 할 때 **접촉 언어**(contact language)로서 발달한 언어.

피진은 과거 외국인 무역상이 다른 언어적 배경을 가진 지역 주민이나 농장, 공장

노동자들과 의사소통을 해야 했을 때 많이 발생하였다. 피진은 보통 오랜 기간 동안 다양한 목적으로 사용되면서 제한적인 어휘와 단순화된 문법 구조로 이루어진 언어가 확대된 것이다. Tok Pigin(파푸아뉴기니 피진)의 예를 들면,

ye ken kisim long olgeta bik pela stua

you can get(it) at all big(명사 표지) stories

피진은 모어화자가 없는 것이 일반적이지만, 파푸아뉴기니의 톡 피진 영어나 서아프리카의 나이지리아 피진 영어와 같은 **확대 피진**(expanded pidgins)은 공동체 내에서 제1언어나 1차언어PRIMARY LANGUAGE로 사용되기도 한다. 확대 피진이 크리올CREOLE로 발달하는 경우도 있다. 연구에서는 피진과 크리올어, 그리고 제2언어 학습자의 중간언어INTERLANGUAGE 간에는 구조상의 유사점이 있다고 보고하고 있다.

☞ PIDGINIZATION[1], SUBSTRATUM INTERFERENCE/INFLUENCE, SUPERSTRATUM/SUBSTRATE LANGUAGE

pidginization[1] ⟨***n***⟩ 피진화

피진PIDGIN이 발달하는 과정.

pidginization[2] ⟨***n***⟩ 피진화

(제2언어/외국어 학습에서) 목표언어TARGET LANGUAGE[1]가 문법적으로 단순화된 형태로 발달하는 것.

보통 언어 습득에서 일시적으로 나타나는 단계이다. 학습자의 중간언어INTERLANGUAGE는 조동사 체계가 제한적이거나, 의문형과 부정형이 단순하거나, 시제TENSE와 수NUMBER, 그 외 문법 범주의 규칙들이 단순화되어 있다. 학습자가 이 단계를 넘지 못하면, 학습자의 언어는 목표언어의 피진화된 형식PIDGINIZED FORM에 그치게 된다.

☞ PIDGINIZATION HYPOTHESIS

pidginization hypothesis ⟨***n***⟩ 피진화 가설

(제2언어 습득SECOND LANGUAGE ACQUISITION 이론에서) 어떤 언어의 피진화된 형식PIDGINIZED FORM이 (a) 학습자가 스스로를 목표언어TARGET LANGUAGE[1] 화자와 사회적으로 분리된 존재라 간주할 때, (b) 언어가 기능적으로 매우 제한되어 사용될 때 발달된다는 가설

☞ PIDGINIZATION[2]

pidginized form (of a language) ⟨***n***⟩ (언어의) 피진화된 형식

원어의 문장 구조와 어휘가 상당히 단순화된 언어 변종.

일반적으로, 다른 언어에서 비롯된 요소가 어휘 항목이나 문장 구축 방법에 흡수된다(☞ PIDGIN). 말레이어가 피진화된 형식인 Bahasa Pasar(시장 말레이어)가 일례로, 이 언어는 말레이시아와 싱가포르의 중국인이나, 그 외 비말레이시아인에 의해

공용어로 널리 사용되고 있다.

pied piping ⟨**n**⟩ 파이드파이핑

☞ PREPOSITION STRANDING

pilot testing ⟨**n**⟩ 파일럿 테스트/시험적 실시

☞ PRETESTING

pitch ⟨**n**⟩ 음의 높이/피치

사람들의 말을 주의 깊게 듣다보면, 말의 일부 음이 다른 음보다 높거나 낮다는 것을 알 수 있다. 청자에 의해 지각되는 언어음의 이러한 상대적 높이를 '피치'라 한다. 예를 들어, '준비 되었습니까?'는 의미의 스페인어 의문 *listo?*에서 두 번째 음절 *-to*가 첫 번째 음절보다 높은 피치로 들릴 것이다. 우리가 피치로서 듣게 되는 것은 성대VOCAL CORDS의 진동에 의해 산출된 것이다. 성대의 진동이 빨라질수록 음의 높이도 그만큼 높아진다.

☞ SOUND WAVES, FUNDAMENTAL FREQUENCY

pitch contour ⟨**n**⟩ 피치 곡선

＝음조 곡선INTONATION CONTOUR

pitch level ⟨**n**⟩ 피치 레벨

청자에 의해 지각되는 화자의 목소리 피치PITCH의 상대적인 높이.

예를 들어, 영어에서는 보통 세 가지 피치 레벨이 인정된다: 보통 레벨, 보통보다 높은 레벨, 보통보다 낮은 레벨. 이 세 레벨이 절대적인 것은 아니다. 어떤 사람의 높은 피치 레벨과 다른 사람의 높은 피치 레벨이 동일하지는 않을 것이다. 즉, 피치 레벨의 차이는 상대적이다(☞ KEE[2]).

☞ TONE UNIT

pitch movement ⟨**n**⟩ 피치의 변동

＝톤TONE[2]

pitch pattern ⟨**n**⟩ 피치 패턴

＝음조 곡선INTONATION CONTOUR

pitch range[1] ⟨**n**⟩ 성역

개별 화자가 낼 수 있는 피치PITCH 높이의 변동 범위

개인에 따라 높이의 차이가 나는 것은 성대VOCAL CORDS 크기의 차이와 성도VOCAL TRACT 구조 차이와 관계있다.

pitch range[2] ⟨**n**⟩ 피치 변동역

의사소통 시, 화자(들)이 사용하는 음 높이의 변동 범위.

어떤 언어공동체 내의 개인들이 사용하는 피치의 변동역이 넓은지 좁은지는 사회적, 문화적 관습에 기반하는 경우가 많으며, 전체 언어공동체의 관습인 경우도 있다. 예를 들어, 영어로 이야기할 때 평균적인 오스트레일리아 사람들의 피치 변동역은 영국 영어 화자의 변동역보다 좁다. 화자가 어떤 감정적인 상태에 있을 때, 예를 들어 화를 내거나 흥분을 표현할 때는 변동역이 평상시보다 넓어지며, 지루함과 비참함을 표현할 때는 평상시보다 좁아진다.

pivot grammar ⟨*n*⟩ 축 문법

제1언어 습득에서 문법 발달 이론의 하나로, 현재는 사용되지 않는다. 이 이론에 따르면, 아이들은 두 개의 중요한 문법적 단어 범주를 발달시킨다. 하나는 '축 범주'(다른 단어에 붙는 소수의 단어; 예를 들어, *on*, *allgone*, *more*)이고, 다른 하나는 축 범주어들이 붙는 '개방 범주'(예를 들어, *shoe*, *milk*)이다. 아이들의 초기 문법은 이 두 범주에 속한 단어들이 *allgone milk*, *shoe on*과 같은 발화를 산출하기 위해 결합하는 방식을 결정하는 규칙 집합이라 여겨졌다.

PLAB ⟨*n*⟩

언어 적성LANGUAGE APTITUDE 테스트의 하나인 Pimsleur Aptitude Battery의 약자

placement test ⟨*n*⟩ 배치 테스트

수험자를 어떤 프로그램이나 코스의 적절한 레벨에 배치하기 위해 설계된 테스트. '배치 테스트'라는 용어는 테스트가 다루어야 할 내용이나 작성 방법을 가리키는 것이 아니라, 테스트가 사용되는 목적을 지칭한다. 배치 테스트로는 다양한 유형의 테스트나 테스트 절차(받아쓰기, 인터뷰, 문법 테스트 등)를 사용할 수 있다.

place of articulation ⟨*n*⟩ 조음 위치

언어음 산출에는 **구강**(oral cavity) 내의 많은 부분들이 이용된다. 영어 자음CONSONANT의 조음에 이용되는 것으로는 다음과 같은 것들이 있다.

a. 양 입술(양순음BILABIAL). 예) /p/

b. 아랫입술이 윗니에 닿는다(순치음LABIODENTAL). 예) /f/

c. 혀가 윗니에 닿는다(치간음INTERDENTAL). 예) *thick*의 th/θ/

d. 혀가 **치경**(alveolar ridge; alveolum)에 닿는다(치경음ALVEOLAR). 예) /k/

e. 후설부가 **연구개**(velum)에 닿는다(연구개음VELAR). 예) /t/

모음VOWELS의 산출은 구강 내 혀의 위치로 조절된다. 예) 전설모음, 후설모음, 고모음, 저모음.

☞ CARDINAL VOWELS, MANNER OF ARTICULATION

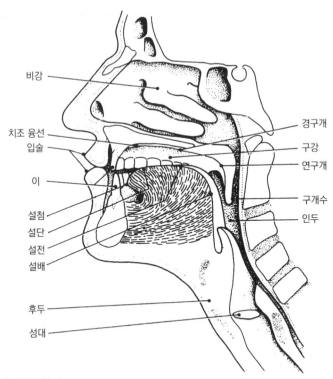

비강

치조 융선
입술

이

설첨
설단
설전
설배

후두
성대

경구개
구강
연구개

구개수
인두

planning 〈*n*〉 구상하기

    ☞ COMPOSING PROCESSES

platform 〈*n*〉 플랫폼

    이러닝(e-learning)에서, 학생의 코스를 관리하고 학습 내용을 제공하기 위해 사용되는 학습 관리 시스템

platykurtic distribution 〈*n*〉 평첨적 분포

    ☞ KURTOSIS

plosive 〈*n*〉 파열음

    =파열음/폐쇄음STOP

plural 〈*n*〉 복수

    (영어의 가산명사COUNTABLE NOUNS 및 대명사PRONOUN에서) 둘 이상을 가리키는 형식. 예를 들어, *books, geese, they*는 *book, goose, he/she/it*의 복수이다.

plurilingualism 〈*n*〉 다언어주의

    한 개인이 가진 다언어에 대한 지식을 의미하는 용어. **다언어주의**(multilingualism)는 따라서 여러 개의 언어를 사용하는 사회를 가리킨다.

P-marker ⟨***n***⟩ 구 구조 표지

=구 표지PHRASE MARKER

podcast ⟨***n***⟩ 포드캐스트

이용자가 음성(동영상)을 만들어 서버나 웹사이트에 업로드하여 컴퓨터나 휴대용 오디오 장치에서 다운로드할 수 있도록 하는 오디오 블로그BLOG

point-biserial correlation (rpbi) ⟨***n***⟩ 양류 상관계수

☞ CORRELATION

point of view ⟨***n***⟩ 시점

(작문에서) 필자가 생각이나 화제를 제시할 때의 입장. 영어 작문에서 좋은 글은 일관된 시점, 즉 불필요한 시점의 전환없이 써진 것이다. 다음은 일관되지 않은 시점이 사용되는 예이다. 필자가 교사를 (*teachers*와 *they*를 사용하여) 비인칭적으로 언급하다가 (*you*를 사용하여) 인칭적으로 언급하는 식으로 시점을 전환하고 있다.

Teachers should always prepare carefully for lessons. They should never walk into class without knowing what they are going to teach, and you should never arrive late for class.

politeness ⟨***n***⟩ 공손성

(언어 연구에서) (a) 언어들이 어떻게 화자 사이의 사회적 거리SOCIAL DISTANCE와 그 역할 관계ROLE RELATIONSHIPS를 표현하는가, (b) 체면 유지(☞ FACE), 즉 언어공동체에서 대화가 행해지는 동안 체면을 세우고, 유지하고, 체면을 살리는 시도들이 어떻게 수행되는가와 같은 것을 가리킨다. 언어에 따라 공손성을 표현하는 방법이 다르다. 영어에서는 요구가 보다 정중해지도록 *I wonder if I could...*와 같은 구를 사용한다. 다른 언어(예를 들어, 일본어와 자바어 등)에서는 화자가 공손성의 정도를 부호화하기 위해 훨씬 많은 언어적 자원을 사용하며, 훨씬 더 복잡하다. 공손성 표지에는 형식적 발화와 구어체 발화 사이의 차이, 그리고 호칭 사용의 차이 등이 포함된다. 공손성을 표현하는 데 있어 인류학자 Brown과 Levinson은 **긍정적 공손성 전략**(positive politeness strategies; 화자−청자 간의 친밀성, 호의 정도, 유대감을 표시하는 전략)과 **소극적 공손성 전략**(negative politeness strategies; 화자와 청자 간의 사회적 거리를 나타내고, 체면 훼손 행위가 필연적으로 야기하는 부담을 최소화시키는 전략)과를 구별하고 있다.

politeness formula ⟨***n***⟩ 공손성 공식

☞ ROUTINE

polysemy ⟨***n***⟩ 다의(성) **polysemous** ⟨***adj***⟩ 다의적인

(한 단어가) 둘 이상의 밀접하게 관련된 의미를 가지는 것.

P

예를 들어, 다음에서 *foot*이 그 예이다.

> *He hurt his foot.*
>
> *She stood at the foot of the stairs.*

*foot*은 신체의 가장 낮은 부분을 가리키는 것처럼, 계단의 최하단부를 가리키고 있다. 의미론SEMANTICS에서는 (*foot*을) 하나의 다의어로 다루어야 하는지, 둘 이상의 동음이의어HOMONYMS[3]로 다루어야 하는지를 어떻게 결정할 것인지가 중요한 문제 중 하나이다.

polysyllabic ⟨*adj*⟩ 다음절의/다음절로 이루어진

한 개 이상의 음절SYLLABLE로 이루어진 단어. 예를 들어, 영어의 *telephone*, 하와이어의 *humuhumunukunukuapua'a*(하와이주의 고기 명칭)은 다음절어이다.

population ⟨*n*⟩ 모집단

(통계학에서) 관찰 가능한 특성을 공유하는 항목이나 개인의 집합으로, 여기에서 표본SAMPLE을 추출한다. 예를 들어, 학생 모집단에서 표본을 추출하여 테스트 득점을 비교할 수 있다.

portfolio ⟨*n*⟩ 포트폴리오

주어진 분야에서, 어떤 사람의 노력, 진도, 성취도 등의 정보를 제공해 주는 작품들을 의도적으로 모아놓은 것. 평가 도구인 동시에 학습의 한 방법이다. 언어 학습자에 적용하면, 그 특징은 다음과 같다.

a. 학습자는 포트폴리오에 무엇을 포함시킬 것인지 결정한다.

b. 학습자는 교사나 다른 사람들로부터 피드백을 받은 후 포트폴리오의 내용을 수정하기도 한다.

c. 학습자는 포트폴리오의 작품들을 평가하거나 반성해 봄으로써 자신의 발달을 자각할 수 있게 된다.

d. 지식 습득의 증거가 된다.

e. 문서로 된 작품, 음성 녹음, 비디오 녹화 등 다양한 형태가 포함된다.

교사 연수에서 사용될 때는 지도용 포트폴리오TEACHING PORTFOLIO라고 부른다.

portfolio assessment ⟨*n*⟩ 포트폴리오 평가

평가 기준으로 포트폴리오를 이용하는 접근법

portmanteau word ⟨*n*⟩ 혼성어

☞ BLENDING

positional variant ⟨*n*⟩ 위치적 이형

특정 음소PHONEME의 특정 위치에 나타나는 이음ALLOPHONE.

예를 들어, 영어의 *pot, top, cop* 등의 어두에 나타나는 기음 폐쇄음은 각각 음소

/p/, /t/, /k/의 위치적 이형이다.

positive evidence ⟨***n***⟩ 긍정적 증거

☞ EVIDENCE

positive face ⟨***n***⟩ 긍정적 체면

타인이나 자신이 가지길 바라고, 다른 사람도 자신에 대해 가지기를 바라는 좋은 이미지

☞ FACE, POLITENESS

positively skewed distribution ⟨***n***⟩ 정적 편포된 분포

☞ SKEWNESS

positive politeness strategies ⟨***n***⟩ 긍정적 공손성 전략

☞ POLITENESS

positive reinforcement ⟨***n***⟩ 긍정적 강화

☞ OPERANT CONDITIONING, STIMULUS-RESPONSE THEORY

positive transfer ⟨***n***⟩ 긍정적 전이

☞ LANGUAGE TRANSFER

positivism ⟨***n***⟩ 실증론/실증주의

19세기 초반에 대두된 철학 운동으로, 지식의 유일한 자원으로 과학적 방법을 강조하고, '실증적인' 지식에 기반하여 사회를 재구축하기를 원했다. 경험주의EMPIRICISM의 한 이설로, 실증주의에서는 세계는 질서정연하며, 모든 자연 현상에는 원인이 있으며, 자명한 것은 하나도 없으며, 자연 법칙들은 실험을 통해 밝혀진다는 기본 이념을 가진다. 오늘날 이런 생각에 전적으로 동의하는 사람은 거의 없다. 그러나 언어 습득을 포함하여 모든 현상들을 이해하는 대부분의 '과학적' 접근법은 어느 정도 실증주의를 기반하고 있다. **논리 실증주의**(logical positivism)는 경험적으로 증명할 수 없는 모든 진술은 무의미하다고 간주하여 배제하는 특수한 유형의 실증론이다.

☞ MODERNISM, POSTMODERNISM

possessive ⟨***n***⟩ 소유격/소유표현

소지나 소유를 나타내기 위해 사용하는 단어나 단어의 부분.

영어에는 다음과 같은 소유표현이 있다.

a. 소유대명사. 예) *my*, *her*, *your*, *mine*, *hers*, *yours* 등.

b. *Helen's shoes*의 *'s*, *the three boys' books*에서 *'s*

c. *the home of the doctor*에서 *of* 구조

P

명사 앞에 사용되는 소유대명사(*my, her, your* 등)를 동사 뒤에 사용되는 소유대명사(*mine, hers, yours* 등)와 구별하기 위해 '소유형용사'라 부르기도 한다. 이 구분은 두 문장에서 확인할 수 있다.

> *My book is here. This book is mine.*
> ☞ DETERMINER

postcolonial theory 〈*n*〉 탈식민주의 이론

식민지 지배의 문화적 유산, 예를 들어 국가적 정체성, 성별, 인종, 민족성, 통치 언어로 써진 문학 작품 등을 다루는 이론

post-creole continuum 〈*n*〉 탈크리올 연속체

크리올CREOLE을 사용하는 공동체 사람들이 크리올과 관련된 표준 언어를 배우게 되면 탈크리올 연속체를 형성하게 된다. 예를 들어, 자메이카나 가나에서는 영어에 기반을 둔 크리올을 사용하고, 학교에서는 표준 영어를 가르친다. 고등교육을 받은 사람들은 표준 영어에 가까운 **상층 방언**(acrolect)을 사용한다. 교육을 받지 않은 사람들은 크리올에 가까운 **하층 방언**(basilect)을 사용하며, 그 나머지는 그 둘 사이의 다양한 변종인 **중층 방언**(mesolects)을 사용한다.

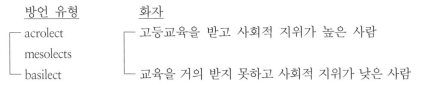

방언 유형 　　　　　　　화자
- acrolect 　　　　　고등교육을 받고 사회적 지위가 높은 사람
- mesolects
- basilect 　　　　　교육을 거의 받지 못하고 사회적 지위가 낮은 사람

☞ DECREOLIZATION, SPEECH CONTINUUM

postmodernism 〈*n*〉 포스트모더니즘

=postpositivism 포스트실증주의

건축, 문학 평론, 인류학, 그 외의 학문에서 상당히 다른 의미로 사용되는 용어. 교육학에서 이 용어는 모든 형태의 지식들이 가지는 문화적 상대성을 인식하지 못했다는 점, 자율적 개인의 중요성을 강조한 점, 억압을 반대하는 도덕적 입장을 견지하지 못했다는 점 등의 이유로 비판을 받는 실증주의와 모더니즘MODERNISM을 거부한다는 의미로 사용된다. 이러한 관점에서 보면, '과학'은 보통 (공평하지 않은) 이해관계를 가지며 결코 객관적이지 않다. 연구 접근법 및 이론과 관련해서, 포스트모더니즘 추종자들은 일반적 이론과 연구 결과를 일반화하려는 시도에 회의적인 입장을 보인다.

postmodifier 〈*n*〉 후치 수식어

☞ MODIFIER

post-observation conference 관찰 후 회의

교원 연수에서, 한 교사의 수업을 관찰한 후 지도교수와 교사, 또는 실습 담당 교원 간에 행하는 비공식적인 회의.

회의 동안 수업의 장단점에 대해 논의하고, 지도교수는 다양한 전략들을 사용하여 교사가 자신의 수업을 성찰할 수 있는 힘을 키울 수 있도록 돕는다.

postponed subject ⟨***n***⟩ 후치 주어

☞ EXTRAPOSITION

postposition ⟨***n***⟩ 후치사

명사나 명사구NOUN PHRASE 뒤에 오는 단어나 형태소MORPHEME로, 위치, 방향, 소유 등을 가리킨다. 다음은 일본어에서 사용된 후치사의 예이다.

Tokyo-kara

"Tokyo" "from"

"from Tokyo"

영어는 후치사보다 전치사를 선호하지만, *notwithstanding*과 같은 단어는 양쪽으로 사용할 수 있다.

The plan went ahead, <u>*notwithstanding*</u> *my protests.* (전치사로 사용)

The plan went ahead, my protests <u>*notwithstanding*</u>. (후치사로 사용)

postpositivism ⟨***n***⟩ 포스트실증주의

☞ POSTMODERNISM

post-test ⟨***n***⟩ 사후-테스트

학습 후나 학습되었다고 여겨질 때 실시하는 테스트. 학습이 일어나기 전에 실시하는 테스트는 **사전테스트**(pre-test)라 부른다. 교수에서는 사전테스트와 사후테스트 결과를 비교하여 학습자의 학습량을 측정한다.

postverbal negation ⟨***n***⟩ 동사 후 부정

독일어 *Ingrid kommt nicht*(Ingrid comes not=Ingrid isn't coming)에서 쓰인 부정어 *nicht*와 같이, 동사 뒤에 부정어를 사용하는 것.

스페인어 *Juan no va*(Juan not goes=Juan isn't going)에서 *no*와 같이, 동사 앞에 부정어를 사용하는 **동사 전 부정**(preverbal negation)과 비교된다.

postwriting ⟨***n***⟩ 쓰기 후 단계

☞ COMPOSING PROCESSES

poverty of the stimulus ⟨***n***⟩ 자극의 빈곤

학습자에게 제공되는 입력이 지나치게 부족해서 학습을 설명하기에 충분하지 못

하기 때문에, 언어 학습을 설명하기 위해서는 보편문법UNIVERSAL GRAMMAR이 필요하다는 개념을 가리키는 용어. 특히 입력에는 부정확한 가설을 피하거나 수정하는 데 필요한 부정적 증거NEGATIVE EVIDENCE가 포함되어 있지 않다.

power ⟨*n*⟩ 검정력

귀무 가설NULL HYPOTHESIS이 옳지 않을 때 그것을 정확하게 기각할 수 있는 확률. $1-\beta$로 증명되며, 여기서 β는 제Ⅱ종 오류TYPE Ⅱ ERROR의 확률이다. 검정력은 연구에서 차이나 상관과 같은 실질적인 효과를 검정하는 확률이기도 하다. 검정력 연구에서는 어떤 효과가 검출되었을 때, 실제로 필요한 통계 검정의 검정력을 조사하기 위해 예비적인 시도가 이뤄진다. 응용언어학에서는 일반적으로 잘 행해지지 않으나 매우 유용하게 사용될 수 있다.

☞ TYPE I ERROR, TYPE II ERROR

power test ⟨*n*⟩ 역량 검사/파워테스트

테스트를 끝낼 때까지 수험자에게 충분한 시간을 주는 테스트. 만점이 나오지 않도록 테스트 문항 중에는 수험자의 수준을 넘어서는 난이도가 높은 문항들이 일부 포함된다.

☞ SPEEDED TEST

PPP ⟨*n*⟩

제시-연습-산출(Presentation Practice Production)의 약자. 영국의 전통적 언어교수법에서 사용하는 절차이다. 특히 문법 중심의 외국어 수업에서 사용하는 3단계를 가리킨다.

1. **제시 단계**(presentation stage): 새로운 항목이 도입되며, 의미 설명과 예시 등이 이뤄지고, 다른 필요한 정보가 제공된다.
2. **연습 단계**(practice stage)(=**반복 단계**[repetition stage]): 개인이나 그룹으로 신출 항목을 연습한다. 연습 활동은 보통 통제된 연습에서 덜 통제된 연습 순으로 진행된다.
3. **산출 단계**(production stage)(=**전이 단계**[transfer stage], **자유 연습**[free practice]): 교사의 통제없이, 학생들이 신출 항목을 보다 자유롭게 사용한다.

☞ STRUCTURING

practice ⟨*n*⟩ 연습

일반적으로, 반복이나 반복된 노출을 통해 스킬을 습득하는 것. 언어 학습에서, 각 스킬들은 심리언어학적 프로세스의 부드러운 조작이라는 관점에서 유창성 FLUENCY을 높이기 위해 연습을 필요로 한다.

practice activities ⟨*n*⟩ 연습 활동

언어교수에서, 연습 활동은 다음 세 가지 카테고리로 분류된다.

1. **통제된 연습**(controlled practice): 교사나 교재가 학습자 오류의 가능성을 피하기 위해 학습자의 출력을 통제하고 관리한다.

2. **유도된 연습**(guided practice): 약간의 유도와 지원이 제공되는 활동이지만, 학생의 계획되지 않은 산출도 장려된다.

3. **자유 연습**(free practice): 통제나 유도는 제공되지 않은 활동으로, 활동을 완수하기 위해 학생들은 자신의 언어 자원을 자유롭게 사용할 수 있다.

practice effect ⟨*n*⟩ 연습 효과

이전 연습이 이후의 수행결과에 영향을 미치는 효과. 예를 들어, 문법 수업을 들은 후 학생의 문법 실력이 얼마나 향상되었는가를 측정할 때, 만약 같은 문항이 사전테스트와 사후테스트(☞ POST-TEST)에 제시된다면, 학생이 사후테스트에서 더 좋은 점수를 받은 것이 이 학생이 수업으로부터 배웠다기보다는 단순히 사전테스트 때 이미 그 항목을 연습했기 때문일 수도 있다.

practice stage ⟨*n*⟩ 연습 단계

=repetition stage 반복 단계

　　☞ PPP

practice teaching ⟨*n*⟩ 교육 실습

　　☞ TEACHING PRACTICE

practitioner knowledge ⟨*n*⟩ 실천자의 지식

=practical knowledge 실천적 지식, personal practical knowledge 개인의 실천적 지식

어떤 분야의 실천자(예를 들어, 외국어 교사)가 교수 활동에 대해 알고 있는 지식. 이 지식은 교수 경험이나 가르치고 있는 교과(예를 들어, 영어)에 대한 지식, 교수와 학습에 대한 개인적인 신념 등을 통해 개발된 것이다.

　　☞ TEACHER COGNITION, PEDAGOGICAL CONTENT KNOWLEDGE

pragmalinguistics ⟨*n*⟩ 화용언어학

언어학LINGUISTICS과 화용론PRAGMATICS의 중간 영역으로, 화용론적 목적을 달성하기 위해 언어학적 수단을 사용하는 것에 초점을 둔다. 예를 들어, 어떤 학습자가 '이 언어로 칭찬(혹은 요청, 경고)은 어떻게 하면 돼요?'라고 묻는다면, 이것은 화용언어학적인 지식에 대한 질문이다. 화용언어학은 사회적 요인과 화용론 간의 관계를 다루는 **사회화용론**(sociopragmatics)/사회화용론적 지식과 구별된다. 예를 들어, 학습자는 목표언어로 칭찬을 하는 데는 어떤 장면이 적절한가, 화자와 청자 간의 사회적 관계를 고려했을 때 어떤 형식이 가장 적절한가 등을 알아야 할 필요가

P

있을 것이다.

pragmatic competence 〈*n*〉 화용론적 능력

의사소통적 목적을 달성하기 위해 상황에 따라 (사회적인 거리와 간접성 등의 복잡한 사항을 고려하여) 적절하게 언어를 사용할 수 있는 능력

☞ COMMUNICATIVE COMPETENCE, PRAGMALINGUISTICS, SOCIOPRAGMATICS

pragmatic error 〈*n*〉 화용론적 오류

☞ ERROR

pragmatic failure 〈*n*〉 화용적 실패

어떤 메시지의 화용 효과가 예를 들어, 의도된 사죄가 변명이라 해석되는 경우와 같이, 오해가 생겼을 때 발생하는 의사소통상의 실패

pragmatics 〈*n*〉 화용론 pragmatic 〈*adj*〉

의사소통에 있어서 언어의 사용, 특히 문장과 사용된 문맥, 상황 간의 관계를 연구하는 분야. 화용론에서는 다음과 같은 것을 다룬다.

a. 발화UTTERANCE의 해석과 사용이 어떻게 실세계 지식에 의존하는가

b. 화자들은 발화 행위SPEECH ACTS를 어떻게 사용하고 이해하는가

c. 화자와 청자 간의 관계에 따라 문장의 구조가 어떻게 영향을 받는가

화용론은 종종 의미론SEMANTICS과 구별된다. 후자는 문장의 사용자와 의사소통적 기능을 고려하지 않고 의미만을 다룬다는 특징이 있다.

☞ USAGE

pragmatic transfer 〈*n*〉 화용적 전이

발화 행위SPEECH ACTS를 수행할 때 L1의 기준과 형식을 전이하는 것. 화용적 전이는 L1으로부터 형식이나 표현들뿐만 아니라, 공손성이나 간접성의 정도나 범위까지 L2에 부적절하게 전이할 때 발생한다.

praxis 〈*n*〉 프락시스/실천적 응용

이론이나 신념, 기술이 생성되어 실천되어가는 프로세스. **비판적 응용언어학**(critical applied linguistics)에서는 개인들이 억압적인 사회적 관습에 저항하는 수단을 찾기 위한 시도로, 자신의 태도와 행동의 기저에 있는 신념과 가치관을 깨닫도록 하는 프로세스를 가리키기도 한다.

predeterminer 〈*n*〉 전결정사/전치한정사

명사구NOUN PHRASE에서 결정사DETERMINER 앞에 오는 단어. 예를 들어, 영어에서는 *all*, *both*, *half*, *double*, *twice* 등의 수량사QUANTIFIER가 전결정사가 될 수 있다.

```
all  the  bread
 │    │
 │   결정사
전결정사
```

predicate ⟨*n*⟩ 술부/술어 predicate ⟨*v*⟩ 서술하다

주어SUBJECT에 대해 무언가를 서술하거나 단언하거나 하는 문장의 일부분으로, 보통 목적어OBJECT¹를 동반한/동반하지 않은 동사나 보어COMPLEMENT, 부사ADVERB로 구성된다.

> *John is tired.*
>
> *The children saw the play.*
>
> *The sun rose.*

형용사, 명사 등도 술부에 나타나는데 이들은 '서술적으로' 사용된다.

> *Her behaviour was friendly.* (서술형용사PREDICATIVE ADJECTIVE)
>
> *These books are dictionaries.* (서술명사)

☞ ATTRIBUTIVE ADJECTIVE

predicate frames ⟨*n*⟩ 술부 틀

☞ FUNCTIONAL GRAMMAR

predicate logic ⟨*n*⟩ 술어 논리

☞ LOGIC

predication ⟨*n*⟩ 서술

☞ PROPOSITION

predicative adjective ⟨*n*⟩ 서술형용사

동사 뒤에서 사용되는 형용사

☞ ATTRIBUTIVE ADJECTIVE

predictive validity ⟨*n*⟩ 예측 타당성

어떤 테스트가 이후의 수행결과를 정확하게 예측하는 정도에 기반하는 타당도VALIDITY 유형.

예를 들어, 언어 적성 테스트LANGUAGE APTITUDE TEST는 예측타당성을 갖추고 있어야 한다. 테스트 결과가 제2언어/외국어의 학습 능력을 예측해야 하기 때문이다.

predictor ⟨*n*⟩ 예측변수

☞ CRITERION MEASURE, DEPENDENT VARIABLE

prefabricated language ⟨*n*⟩ 기성 표현

=prefabricated routine, prefabricated speech

P

☞ FORMULAIC LANGUAGE

preferred language 〈**n**〉 선호 언어

☞ PRIMARY LANGUAGE

preferred strategies 〈**n**〉 선호되는 전략

특정 언어의 발화 처리에 가장 효율적인 전략으로, 해당 언어의 음운적/음율적 규칙을 활용한다.

prefix 〈**n**〉 접두사

어떤 단어의 앞에 붙는 철자나 음, 혹은 철자 연쇄나 소리 연쇄를 가리키며, 그 단어의 의미나 기능을 바꾸는 역할을 한다. 일부 연결 형식COMBINING FORMS은 접두사처럼 사용될 수 있다. 예를 들어, 단어 *pro-French*는 접두사 *–pro*(in favor of)를 사용하고, *Anglo-French*는 *Anglo*(English)의 연결 형식을 사용하고 있다.

☞ AFFIX

preliminary intake 〈**n**〉 예비적 흡입

☞ INTAKE

pre-listening 〈**v**〉 듣기 전 활동

학습자가 텍스트를 듣기 전에 수행하는 활동. 듣기 전 활동으로는 어휘 미리 가르치기, 배경 지식 활성화하기, 내용 예측하기, 화제로의 관심 환기하기, 화제에 대한 중심 생각과 이해 확인하기 등이 있다.

premodifier 〈**n**〉 전치수식어(구)

☞ MODIFIER

preoperational stage 〈**n**〉 전조작기

☞ COGNITIVE DEVELOPMENT

preposition 〈**n**〉 전치사

명사NOUN, 대명사PRONOUN, 동명사GERUND와 함께 사용되는 단어로, 문법적으로 다른 단어들과 연결하는 역할을 한다. 전치사와 그 보어COMPLEMENT로 이루어진 구는 **전치사구**(prepositional phrase)이다. 영어에서 전치사구는 '비연속적'이다.

who(m) did you speak to?

전치사는 소유(*the leg of the table*), 방향(*to the bank*), 장소(*at the corner*), 때(*before now*) 등의 의미를 나타낸다. 격 문법CASE GRAMMAR에서 논의되는 격들을 표시할 수도 있다. 예를 들어, 다음 문장에서 전치사 *with*는 *revolver*가 도구격INSTRUMENTAL CASE임을 나타낸다.

Smith killed the policeman with a revolver.

영어에는 단일어 전치사처럼 기능할 수 있는 단어군도 있다(*in front of, owing to*).

☞ POSTPOSITION

prepositional adverb 〈*n*〉

=전치사적 부사ADVERB PARTICLE

prepositional complement 〈*n*〉 전치사 보어

=prepositional object, object (of a preposition) 전치사의 목적어

☞ COMPLEMENT

prepositional dative construction 〈*n*〉 전치사 여격 구문

☞ DATIVE ALTERNATION

prepositional phrase 〈*n*〉 전치사구

☞ PREPOSITION

prepositional verb 〈*n*〉 전치사적 동사

☞ PHRASAL VERB

preposition stranding 〈*n*〉 전치사의 후치

전치사는 그 보어와 함께 이동하지 않으면, 후치된다. 예를 들어, 다음의 *wh*-의문문 WH-QUESTIONS에서는 *with, no, from, about*이 후치되어 있다.

Who did you speak <u>to</u>?

Who did you go <u>with</u>?

Who is that present <u>from</u>?

Who was the story <u>about</u>?

Where are you <u>from</u>?

프랑스어나 이탈리아어처럼 전치사 후치가 불가능한 언어도 있다. 영어에서는 규범문법PRESCRIPTIVE GRAMMAR의 버전에 따라 전치사 후치가 인정되지 않은 경우도 있으나, 구어에서는 *wh*-어와 전치사가 함께 이동하는 프로세스인 다음의 **파이드파이핑**(pied-piping)보다 일반적이다.

To who(m) did you speak?

With who(m) did you go?

현재에는 파이드파이핑을 보이는 문장이 지극히 부자연스럽다고 느끼는 영어 화자들이 많으며, 허용되지 않는 경우도 있다(**From where are you?*).

pre-reading 〈*v*〉 읽기 전 활동

학생들이 텍스트를 읽기 전에 행하는 활동.

읽기 전 활동에는 어휘 미리 가르치기, 배경 지식 활성화하기, 읽기 전략 활성화하

기, 내용 예측하기, 화제로의 관심 환기하기, 화제에 대한 생각이나 이해 확인하기 등이 있다.

prescriptive grammar ⟨*n*⟩ 규범문법

가장 좋거나 가장 올바른 용법으로 간주되는 규칙들을 진술한 문법.

규범문법은 실제적인 용법의 기술이라기보다 문법가가 가장 좋다고 생각하는 견해에 기반을 두는 경우가 많다. 많은 전통 문법TRADITIONAL GRAMMAR이 이 유형에 속한다.

☞ DESCRIPTIVE GRAMMAR, NORMATIVE GRAMMAR

presentation stage ⟨*n*⟩ 제시 단계

☞ PPP

present continuous ⟨*n*⟩ 현재계속(상)

☞ PROGRESSIVE

present participle ⟨*n*⟩ 현재분사

☞ PARTICIPLE

present perfect ⟨*n*⟩ 현재완료

☞ PERFECT

present perfect continuous ⟨*n*⟩ 현재완료계속(상)

☞ PROGRESSIVE

present tense ⟨*n*⟩ 현재시제

전형적으로는, 어떤 동작이나 상태를 시간상 현재의 순간에 관련시키는 시제. 영어에서 현재시제는 미래시를 가리키는 데 사용되거나(*We leave tomorrow*), 시간에 따라 변치 않는 표현(예: *Cats have tails*)에 사용될 수도 있다. 그런 이유로, 현재시제를 비과거NON-PAST 시제라 부르기도 한다.

☞ ASPECT

preservice education ⟨*n*⟩ 직전 교육

=preservice training 직전 연수

(교사교육에서) 교육 실습생이 교단에 서기 전에 완수하는 연수과정이나 프로그램. 이미 가르치고 있는 교사를 위해 제공되고, 계속적인 전문성 계발의 일부를 형성하는 경험들을 가리키는 현직 교육INSERVICE EDUCATION과 구별된다. 직전 교육은 교직 희망자에게 기본적인 교육 기법들을 전수하고, 교수와 교과목에 대한 폭넓은 일반적 배경 지식을 제공하는 것을 목표로 한다. 현직 교육이나 연수는 보통 특정 목적을 위해 실시하며, 다음과 같은 순환적 활동들이 관련하는 경우가 많다.

1. 참가자의 요구분석을 평가한다.

2. 현직 연수프로그램의 목적을 결정한다.

3. 내용을 설계한다.

4. 프레젠테이션의 방법과 학습 경험을 선택한다.

5. 적용한다.

6. 효과를 평가한다.

7. 후속 지원을 한다.

언어 교사를 위한 현직 연수 프로그램은 '언어 교사를 위한 평생교육(CELT: Continuing Education for Language Teachers)'이라 부르기도 한다.

presupposition ⟨*n*⟩ 전제 presuppose ⟨*v*⟩ 전제하다

화자나 필자가 메시지의 수신자가 이미 알고 있다고 가정하는 것.

　　화자 A: *What about inviting Simon tonight?*

　　화자 B: *What a good idea; then he can give Monica a lift.*

여기에서 전제는 화자A와 화자B가 *Simon*과 *Monica*를 알고 있다는 것, *Simon*이 탈 것(아마도 자동차)을 가지고 있다는 것, *Monica*는 현재 탈 것을 가지고 있지 않다는 것이 된다. 아이들의 경우 전제를 지나치게 많이 하는 경우가 있다.

　　...and he said "let's go" and we went there.

청자는 *he*가 누구이고 *there*가 어딘지 모르는 데도 불구하고 아이들은 이처럼 말하기도 한다.

　　☞ COHERENCE, COHESION

pre-teaching ⟨*n*⟩ 사전 수업

앞으로의 교실 활동에서 만나게 될 신출 항목이나 어려운 항목을 선택하여 학생들에게 그것을 활동 시작 전에 미리 가르치는 것. 예를 들어, 듣기 이해 연습에 나오는 어려운 단어를 연습하기 전에 학생들에게 가르친다.

preterite ⟨*n*⟩ 과거

　　☞ PAST TENSE

pre-test ⟨*n*⟩ 사전-테스트

　　☞ POST-TEST

pretesting ⟨*n*⟩ 시범적 사용

　=pilot testing, trialling

새로 작성되었지만 아직 완전히 개발되지 않은 테스트를 시험적으로 사용하는 단계. 개발 중인 테스트는 시험적 사용의 결과에서 얻은 항목 분석ITEM ANALYSIS에 기초하여 수정된다.

pre-test sensitization ⟨*n*⟩ 사전-테스트 민감성

P

☞ EXTERNAL VALIDITY

pretonic 〈*n/adj*〉 강세가 놓인 음절 바로 앞 음절의

☞ TONE UNIT

preverbal negation 〈*n*〉 동사 전 부정

☞ POSTVERBAL NEGATION

pre-writing 〈*n*〉 쓰기 전

☞ COMPOSING PROCESSES

primary cardinal vowel 〈*n*〉 1차 기본모음

☞ CARDINAL VOWEL

primary data 〈*n*〉 1차 자료

언어 습득LANGUAGE ACQUISITION에서 어린이들이 듣는 언어를 가리킨다.

☞ EVIDENCE

primary language 〈*n*〉 1차 언어

=preferred language 선호 언어

둘 이상의 언어를 말할 수 있는 사람(☞ BILINGUAL, MULTILINGUAL)은 그들이 어렸을 때 습득한 제1언어(모어)가 반드시 가장 유창하다고 말하기는 어렵다. 1차 언어/선호 언어라는 용어는 이중언어나 다언어화자가 가장 유창하거나 일상생활의 대부분의 의사소통에서 사용하기를 원하는 언어를 가리킬 때 사용된다. 아이들이 제1차 언어가 발달하는 동안 둘 이상의 언어를 습득하면, 둘 이상의 1차 언어를 가지게 된다.

primary language acquisition 〈*n*〉 1차 언어 습득

유년기부터의 언어 습득을 가리키는 용어로, 제1언어 습득FIRST LANGUAGE ACQUISITION이라는 용어보다 선호된다. 어린 시절의 이중언어 사용BILINGUALISM과 같이, 경우에 따라서는 어떤 언어가 '첫번째' 언어인가를 구분하기 어렵기 때문이다.

primary language instruction 〈*n*〉 1차 언어 교수

제2언어 학습자를 가르치는 접근법의 하나. 가장 인지적 부담이 놓은 주제를 가르칠 때 학습자의 제1차 언어(즉, 학습자의 모어)를 이용하여 지도가 행해진다.

P

primary stress 〈*n*〉 제1 강세

☞ STRESS

priming 〈*n*〉 프라이밍

최근에 접해서 활성화된 단어의 처리는 그렇지 않은 단어를 처리할 때보다 빠르고 쉽다. 이 현상을 프라이밍이라 한다. 예를 들어, 자극이 영어 단어인지 아닌지를

결정해야 하는 어휘 판단 과제|LEXICAL DECISION TASK에서, 활성화된 적이 없는 단어보다 최근에 제시된 단어를 더 빨리 판단한다. 어떤 방식으로 서로 관련된 개념들은 심적 네트워크상에서 서로 연결되어 있으며, 그 네트워크 내의 한 요소가 활성화되면, 다른 요소들 또한 활성화된다고 추정된다. 이 현상을 **활성화 확산**(spreading activation)이라 부른다. 이러한 이유로, *doctor*라는 단어가 제시될 때, *hospital*, *nurse*, *medication*과 같은 관련 단어들도 프라이밍된다.

  ☞ IMPLICIT MEMORY

principal clause 〈*n*〉 주절

  ☞ DEPENDENT CLAUSE

principle of subjacency 〈*n*〉 하위 인접 원리

  ☞ BOUNDING THEORY

principles[1] 〈*n*〉 원리

(교수에서) 교사가 교수와 학습의 효과적인 접근법과 관련하여 가진 신념과 이론들.

Make the lesson learner-centered. (수업을 학습자 중심으로 만들어라.)

Every learner is a genius. (모든 학습자는 천재이다.)

Provide opportunities for active learner participation. (학습자가 적극적으로 참가할 기회를 제공하라.)

교사의 원리는 신념체계|BELIEF SYSTEM의 중요한 한 측면이며, 교사의 교육 경험, 훈련, 학습자로서의 자신의 경험의 결과에서 비롯된다.

principles[2] 〈*n*〉 원리

  ☞ UNIVERSAL GRAMMAR

Principles and Parameters framework 〈*n*〉 원리와 매개변인의 틀

1981년, Chomsky가 도입한 문법 개념으로, 인간의 언어가 복잡한 원리 집합과 하나 이상의 변이인 매개변인으로 구성되어 있다고 보았다. 개별 언어의 문법은 이러한 매개변인 값을 고정함으로써 결정된다.

  ☞ UNIVERSAL GRAMMAR

prior knowledge 〈*n*〉 사전 지식

어휘, 통사, 제1언어에 대한 지식, 혹은 화제나 사건에 대한 배경 지식과 같이, 학습 과업을 수행하기 이전에 학습자가 이미 알고 있고 활용할 수 있는 것. 사전 지식은 학습에 영향을 미치는 가장 중요한 한 가지 요인이며, 다양한 문화적 배경을 가진 학생에게 특히 중요하다고 여겨지고 있다. 그들의 경험이 주류 학생들과는 다르기 때문이다. 많은 언어 교수 기법들은 예컨대 브레인스토밍이나 읽기 전 토론 문제 등을 활용하여 학생들의 사전 지식을 활성화하도록 설계된다.

P

☞ MAINSTREAMING

private speech 〈*n*〉 사적 발화

자신을 향한 발화. 러시아 심리학자 Vygotsky는 언어 습득에서 아이들은 게임을 하거나 퍼즐을 완성할 때 겪게 되는 인지적 어려움을 극복하기 위해 사적 발화를 사용한다고 믿었다. 사적 발화는 생각을 소리 내어 표현히고 사고를 녕확히 하는 네 도움을 준다. 제2언어 학습자들 또한 제2언어로 의사소통하거나 교실 과업을 완수하기 위해 제2언어를 사용할 때 겪게 되는 어려움들을 극복하는 것을 돕기 위해 사적 발화를 사용한다(즉 자신에게 하는 혼잣말). 따라서 사적 발화는 학습자 자신의 활동을 조정하거나 방향을 바꿀 때 도움이 되는 중요한 전략적 기능을 한다.

PRO 〈*n*〉 빅프로/대명사적인 공범주

=BIG PRO

이 용어는 지배/결속 이론GOVERNMENT/BINDING THEORY에서 부정사를 수반하는 안긴문장을 논의할 때 사용된다.

a. *I wanted to leave*

b. *I wanted Anita to leave*

c. *It is time to leave*

이 문장들의 D-구조D-STRUCTURE는 다음과 같다.

d. *I wanted* [PRO *to leave*]

e. *I wanted Anita* [PRO *to leave*]

f. *It is time* [PRO *to leave*]

d와 e에서 요소 PRO는 조응어ANAPHOR처럼 행동한다. d에서는 PRO가 *I*를, e에서는 *Anita*를 지칭한다. f에서 PRO는 조응어처럼 행동하기보다는 문장 밖에 있는 단수 혹은 복수의 사람을 가리키는 대명사처럼 행동한다(☞ BINDING PRINCIPLE).

pro 〈*n*〉 스몰프로

=little pro

이 용어는 지배/결속 이론GOVERNMENT/BINDING THEORY에서 명시적인 주어SUBJECT가 없는 평서문을 다룰 때 사용된다(☞ PRO-DROP PARAMETER).

proactive inhibition 〈*n*〉 순향 억제

=proactive interference 순향 간섭

이전 학습이 이후 학습에 미치는 간섭 효과.

예를 들어, 어떤 학습자가 조동사AUXILIARY VERB 도치를 요구하는 의문문(예를 들어, *I can go. Can I go?*)을 산출하는 방법을 먼저 배운다면, 이것은 조동사 도치가 필요하지 않는 패턴 학습에 방해가 될 수 있다. 이 학습자는 아마 *I don't know where I can find it* 대신 **Don't I know where can I find it*이라고 쓸지도 모른다. 대조적으로, **역행 억제/간섭**(retroactive inhibition/interference)은 이후 학습이 이전 학습에 미치는 영향이다. 예를 들어, 영어를 배우고 있는 아이들이 *went*나 *saw*와 같은 불규칙 과거형을 배운 다음, 규칙적인 과거시제 굴절 *-ed*를 배우기 시작하면, 아이들은 *went*와 *saw*를 사용하는 것을 그만두고 **goed*와 **seed*를 산출하게 될 것이다.

problematize 〈*v*〉 문제시하다

☞ DECONSTRUCT

problem-based learning 〈*n*〉 문제중심 학습

언어 교수(예를 들어, 비즈니스 영어)에서 가끔씩 사용되는 교수 접근법으로, 학생들은 그들이 만나게 될 가능성이 있는 실세계의 문제들과 유사한 문제해결 과업(problem-solving task)을 다룬다. 협동적인 그룹 활동이 수반되며, 형태는 다양할 수 있으나 항상 교수-학습 프로세스로 이끄는 특정 문제에 초점을 둔다. 문제 해결에는 전형적으로 조사, 읽기, 쓰기, 그룹 토의, 구두 발표 등, 언어 발달의 토대로 이용되는 활동들이 포함된다.

problem-posing 〈*n*〉 문제 제시

브라질의 교육자 Paolo Friere에 의해 개발된 교수 전략으로, 제2언어교육에서 가끔 이용되며, 다음과 같은 특징을 가진다.

1. 학생에게 관심이나 흥미가 있는 화제를 확인한다. 복수의 해결책이 있는 문제를 제시해야 한다.
2. 학생들은 그 문제(들)에 대해 토의하고 자기 자신의 경험과 관련짓는다.
3. 학생들은 문제의 원인을 분석하고 해결책을 찾는다.
4. 질문과 대답의 교환을 통해 학생들은 어휘나 다른 언어들을 생성하며, 교사는 나중에 그것을 이용하여 연습 문제, 연습 기회, 응용 활동을 개발하여 남은 수업이나 단원을 구성한다.

problem-solution pattern 〈*n*〉 문제해결 패턴

필자가 문제점으로 어떤 이슈를 제시하고 해결책으로 논문의 요점을 제시하는 기술 보고서 등의 학술적 글쓰기에서 자주 나타나는 수사적 패턴. 문제해결 패턴은 네 가지 기본 요소—**장면**(situation), **문제**(problem), **해결**(solution), **평가**(evaluation)—로 구성된다.

problem-solving strategy 〈*n*〉 문제해결 전략

기대한 목표에 도달하기 위해 여러 개의 대안 중에서 하나를 선택하는 학습 전략. 제2언어/외국어 학습에서 예를 들어, 어떤 명사 앞에 *a*와 *the* 중 어느 쪽을 써야 하는지를 선택하는 것과 같은 문제해결 전략들이 자주 사용된다.

problem-solving tasks 〈**n**〉 문제해결 과업

제2언어 학습자들 간의 짝 활동이나 구두 토론을 활성화는 데 사용하는 단어 퍼즐이나 간단한 그림그리기 등의 단순 과업. 이러한 과업의 사용은 의사소통 접근법적 수업의 특징 중 하나이다.

proceduralization 〈**n**〉 절차화

☞ ADAPTIVE CONTROL OF THOUGHT

procedural knowledge 〈**n**〉 절차적 지식

어떤 행위를 어떻게 해야 하는지를 아는 지식.

즉, '어떻게'의 지식 레벨에는 컴퓨터를 사용하거나 비디오카메라를 조작하는 것과 같은 기술을 이용하는 것이 관련된다.

☞ DECLARATIVE KNOWLEDGE

procedural syllabus 〈**n**〉 절차적 교수요목

과업 중심 교수요목의 한 유형을 가리키는 용어.

이 교수요목에서는 지도를 사용하여 목적지까지의 최단 루트 찾기, 설명서에 따라 무언가를 준비하거나 만들기와 같은 과업과, 그 과업을 달성하는 데 필요한 절차들을 중심으로 교실 활동이 조직된다. 이 유형의 절차들을 사용하는 것은 전통적인 문법중심 교수요목을 의미중심 교수요목으로 대체해 가는 하나의 시도이다. 따라서 이 교수요목 하에서는 문법 형식의 명시적인 교수와 연습이 아닌 의미 협상이나 의사소통을 통한 과업 해결을 통해 제2언어 습득 프로세스로 나아간다.

process approach 〈**n**〉 과정 접근법

=**process writing** 과정 중심 글쓰기

(작문 교수에서) 작문 시에 이용하는 문장 작성 프로세스(계획하기, 초안쓰기, 다시쓰기)를 강조하며, 그 과정을 효과적으로 활용하도록 하여 학생들의 글쓰기 스킬을 향상시키고자 하는 접근법.

이 접근법은 **결과 접근법**(product approach)이나 **산문 모델 접근법**(prose model approach)과 비교되기도 한다. 즉, 후자는 다양한 유형의 쓰기물의 산출에 초점을 두며, 다양한 유형의 모델 단락이나 에세이의 모방을 강조한다.

processibility 〈**n**〉 처리 가능성

☞ MULTIDIMENSIONAL MODEL

process method 〈**n**〉 과정법

☞ METHODS OF DEVELOPMENT

process objective ⟨**n**⟩ 과정 목표

'어떻게 달성할 것인가'는 관점에서 기술된 목표.

예를 들어, '그룹 토의와 교실 내 논쟁에 참가하여 토의 스킬을 향상시킨다' 등.

process-product research ⟨**n**⟩ 과정-결과 연구

교육 연구 접근법의 하나(특히, 교실 수업이나 교수법의 효과에 대한 연구)로, 교사 행동이나 교수 과정(즉, 문법 요점의 제시하기, 연습하기, 문제해결 과업 설정하기, 질문하기 등과 같은 교사가 교실에서 행하는 것)과 학생들의 학습이나 결과물(즉, 시험 성적 등) 간의 관계를 측정하고자 한다. 과정-결과 연구에서는 교수 과정은 교사 행동의 반복되는 패턴이라고 특징지을 수 있으며, 그것이 특정의 학습 결과로 이어진다고 전제한다.

process syllabus ⟨**n**⟩ 과정 교수요목

1. (교수에서) 학습 결과보다는 코스 동안 학생들이 만나게 될 학습 경험이나 과정들을 명시한 교수요목. 이러한 코스를 위해 개발된 목표를 과정 목표PROCESS OBJECTIVES라고 한다.

   a. 학습자가 상대방을 말을 듣거나 자신의 견해를 표명하는 방법을 배우도록 교실 토의를 한다.

   b. 학습자가 자신의 학습 전략에 대해 반성할 수 있는 기회를 제공한다.

2. 교육과정의 모든 측면에 적용되는 교사와 학생들 간의 협상에 기초한 교실 의사 결정을 위한 틀

process writing ⟨**n**⟩ 과정 중심 글쓰기

☞ PROCESS APPROACH

proclaiming tone ⟨**n**⟩ 선언 어조

☞ REFERRING TONE

pro-drop language ⟨**n**⟩ 주어탈락 언어

☞ PRO-DROP PARAMETER

pro-drop parameter ⟨**n**⟩ pro-탈락 매개변인

=null subject parameter 공 주어 매개변인

(보편문법UNIVERSAL GRAMMAR에서) 평서문의 주어가 삭제될 수 있는지를 결정하는 매개변인. 매개변인은 언어에 따라 다르다. 이탈리아어나 아라비아어와 같은 언어에서는 주어가 없는 평서문을 가질 수 있기 때문에(예를 들어, 이탈리아어 *parla 'he/she speaks/talks'*), **pro-탈락 언어**(pro-drop languages)라고 부른다. 반면, 영어와 프랑스어, 독일어 등의 언어에서는 일반적으로 평서문의 주어를 생략하지 않는다. 이 언어들을 **비pro-탈락 언어**(non-pro-drop language)라고 한다.

P

	주어	동사	
이탈리아어	*(lui)*	*parla*	pro-탈락
아라비아어	*(huwa)*	*yatakalamu*	pro-탈락
영어	*he*	*speaks*	비pro-탈락 언어
프랑스어	*il*	*parle*	비pro-탈락 언어
독일어	*er*	*spricht*	비pro-탈락 언어

pro-탈락(pro-drop)이라는 용어가 사용되는 것은 문법의 D-구조D-STRUCTURE에서 공주어 위치가 *pro*라는 요소로 메워지기 때문이다.

> *pro parla*

보편문법UNIVERSAL GRAMMAR의 pro-탈락 매개변인이나 기타 매개변인은 유아 언어 습득이나 언어교육 분야에서 활동하는 연구자의 관심의 대상이다. 예를 들어, 다음과 같은 의문을 제기할 수 있다: 아이들은 어떻게 UG의 매개변인을 자신의 특정 언어에 맞게 '설정(set)'하는가? 제2언어 습득 연구자들은 모어의 매개변인이 목표 언어의 그것과 달라서 매개변인을 '재설정(reset)'해야 할 때 무엇이 일어나는지를 연구해 왔다. 이는 예를 들어, 영어, 프랑스어와 같은 비pro-탈락 언어 화자들의 스페인어(pro-탈락 언어) 습득 시에 일어날 것이다.

☞ PARAMETER

product approach ⟨***n***⟩ 산출 접근법

☞ PROCESS APPROACH

production stage ⟨***n***⟩ 산출 단계

=transfer stage 이행 단계, free practice 자유 연습

☞ PPP

production system ⟨***n***⟩ 산출 체계

'X라면 Y(if X then Y)'라는 형식의 조건 진술들로 구성된 프로그램. 예를 들어, 어떤 언어(영어)의 산출 체계의 일부에는 "If '*go*'+past, then '*went*.'"와 같은 진술이 있을 것이다. 산출 체계는 인지를 모델화하려는 초기 시도에서 두드러지며, 사고의 적응 억제ADAPTIVE CONTROL OF THOUGHT(ACT*)와 같은 모델의 토대가 되었다.

productive/receptive language knowledge ⟨***n***⟩ 산출적/수용적 언어 지식

=active/passive language knowledge 능동적/수동적 언어 지식

자신의 발화와 쓰기를 능동적으로 산출할 수 있는 능력을 **산출적 언어 지식**(productive language knowledge)이라 부른다. 다른 사람의 발화나 쓰기를 이해할 수 있는 능력인 **수용적 언어 지식**(receptive language knowledge)과 구별된다.

productive/receptive vocabulary ⟨***n***⟩ 산출/수용 어휘

=active/passive vocabulary 능동/수동 어휘

인식하고 이해할 수는 있으나 능동적으로 사용할 수 없는 단어의 수와 비교하여, 능동적으로 사용할 수 있는 단어의 수.

모어화자는 능동적으로 사용할 수 있는 단어보다 더 많은 단어를 이해할 수 있다. 일부 사람들은 **수용 어휘**(receptive vocabulary)(즉, 이해할 수 있는 어휘)를 최대 100,000어까지 가지고 있는 반면, **산출 어휘**(productive vocabulary)(즉, 사용할 수 있는 단어)는 10,000어에서 20,000개 정도를 가진다. 언어 학습에서는 능동 어휘는 약 3,000~5,000개, 수동 어휘는 5,000~10,000개 정도가 중급에서 중급상 정도의 숙달도 레벨이라 간주된다.

productive skills ⟨*n*⟩ 산출 스킬

    ☞ LANGUAGE SKILLS

productivity ⟨*n*⟩ 생산성

(형태론MORPHOLOGY에서), 어떤 프로세스가 신어의 생산에 규칙적이고 능동적으로 이용된다면, 이 프로세스는 생산적이라고 간주된다. 예를 들어, 영어 접미사 *−ness* 는 아무 형용사에나 붙어 명사를 만든다(*happiness, niceness, gloriousness*). 이 프로세스는 *−th*와 같은 일부 단어(*health, wealth, stealth*)에만 적용되는 비생산적 접미사 와 구별된다.

    ☞ ACCIDENTAL GAP, BLOCKING

product-process distinction ⟨*n*⟩ 결과−과정의 구별

(언어 교수와 제2언어 습득SECOND LANGUAGE ACQUISITION 연구에서) 완결된 의사소통 행위 나 언어 출력(결과), 그리고 그것들을 산출하기 위해 이용하는 기저 능력과 스킬(과 정)을 구별하는 경우가 있다. 예를 들어, 쓰기에서 편지, 작문, 긴 에세이는 쓰기 산출물의 예이다. 그러나 긴 에세이를 쓰기 위해서는 정보 수집, 노트필기, 개요 짜기, 초고 작성, 다시 쓰기와 같은 많은 프로세스가 관련한다. 이 프로세스는 에세 이 쓰기(결과)의 일부이다. 언어 교수와 언어 학습 연구는 결과와 그 기저에 있는 과정 양쪽에 관심이 있다.

professionalism ⟨*n*⟩ 전문성

(교수에서) 교수의 기능, 지위, 교사 업무의 질, 기술과 관련하여 보여지는 교수의 위치. 전문직으로서의 특징은 여러 가지가 있으나, 공통된 것으로는 다음과 같은 것이 있다.

1. 전문성은 중요한 사회적 기능을 수행하는 직업을 가리킨다.

2. 고도한 기술을 기반으로 한다.

3. 관련된 업무와 실천은 기계적인 행동에 의존하지 않는다.

4. 체계적 이론과 지식에 기초한다.

5. 교육과 훈련을 통해 학습된다.

6. 조직적인 지원을 받고 독자적인 원리나 가치관을 보유한다.

언어교육 전문 기관은 교사 및 언어 교사들이 전문가로서 인식될 수 있도록, 그리고 지위 향상과 그에 따른 보수의 개선을 위해 애써왔다.

proficiency 〈*n*〉 숙달도/숙달도

☞ LANGUAGE PROFICIENCY

proficiency level 〈*n*〉 숙달도 레벨/숙달도 레벨

언어 학습자의 목표언어 능력을 기술한 것으로, 보통 초급 레벨(beginner level), 중급 레벨(intermediate level), 상급 레벨(advanced level)로 기술된다. 숙달도 레벨은 언어 코스나 교재 난이도를 설명하기 위해 사용될 때도 있다.

☞ COMMON EUROPEAN FRAMEWORK

proficiency scale 〈*n*〉 숙달도 척도

척도 상 레벨을 대역(band) 형식으로 기술한 것으로, 학습자가 어떤 언어 프로그램의 다양한 단계, 다양한 기능 레벨에서 할 수 있는 것을 설명한다. 숙달도 척도는 언어 프로그램이나 코스를 편성하는 틀로써, 그리고 제2언어/외국어의 언어 능력 평가를 위한 기초로써 폭넓게 사용되어 왔다.

☞ COMMON EUROPEAN FRAMEWORK, FOREIGN SERVICE INSTITUTE, FOREIGN SERVICE INSTITUTE ORAL INTERVIEW

proficiency test 〈*n*〉 숙달도 테스트/능숙도 테스트

어떤 언어를 어느 정도 습득하고 있는가를 측정하는 테스트.

숙달도 테스트와 성취도 테스트ACHIEVEMENT TEST 간의 차이는 후자가 학생들이 특정의 코스나 교수요목SYLLABUS에서 어느 정도 배웠는가를 측정할 목적으로 보통 설계되는 반면, 숙달도 테스트는 특정 교육 프로그램과는 관련되지 않고 학습자의 일반적인 언어 숙달도 레벨을 측정한다. 이것은 이전의 교수와 학습의 결과일 수는 있지만 그렇다고 이 요인들이 관심의 초점은 아니다. 일부 숙달도 테스트는 전세계적으로 사용할 수 있도록 표준화되어 있다. 미국의 토플TOEFL이 그 예로, 미국에서 공부하고자 하는 외국인 학생들의 영어 숙달도를 측정하는 데 사용되고 있다.

☞ ACHIEVEMENT TEST

profile[1] 〈*n*〉 프로필

=profiling

(평가에서) 여러 가지 시험이나 그 외 개인의 능력을 전반적으로 판단하는 데 사용할 수 있는 정보들을 토대로 어떤 인물(즉, 학습자나 교원 연수 프로그램의 실습생)

의 점수나 진도를 문서나 도표로 작성해 놓은 것.

예를 들어, 교육 실습생의 프로필에는 다음과 같은 사항들이 포함될 것이다.

a. 이력서

b. 교육 철학에 대한 개인적 소견

c. 동료와 지도교사의 소견

d. 과제 포트폴리오

e. 학생 자기 평가

profile[2] ⟨*n*⟩ 개요

(평가나 통계학에서) 비교를 목적으로 여러 테스트나 측정 결과에 대해 개인이나 집단의 득점이나 변수VARIABLES[2] 등을 도표로 제시한 것. 예를 들어, 다음 프로필은 한 학생이 영어, 프랑스어, 수학에서 얻은 백분위수PERCENTILE 점수에 기초하여 작성한 것이다.

profiling ⟨*n*⟩ 프로파일

☞ PROFILE

pro-forms ⟨*n*⟩ 대용형

문장 내 다른 요소들의 치환 기능을 하는 형식. 예를 들어,

a. A: *I hope you can come.*

B: *I hope so.* (*so*가 *that I can come*을 대용하고 있다)

b. A: *Mary is in London.*

B: *John is there too.* (*there*가 *in London*을 대용하고 있다)

c. *We invited Mary and John to eat with us because we liked them.* (*them*이 *Mary and John*을 대용하고 있다)

d. A: *I like coffee.*

B: *We do too.* (*do*는 *like coffee*를 대용하고 있다)

☞ PRONOUN, PRO-VERB

program ⟨*n*⟩ 프로그램

컴퓨터가 주어진 작업을 할 수 있도록 설계된 일련의 명령과 루틴. 컴퓨터 프로그램 작성 과제에는 다음과 같은 것들이 관여한다.

1. 문제나 과제를 가능한 자세히 정의할 것.

2. 과제 수행을 위한 절차를 고안할 것.

3. 프로그램이 모든 환경 하에서 작동하는지를 체크할 것.

4. 실제 프로그램을 형성하는 명령어를 작성할 것. 이 명령어는 특정 의미와 기능을 가진 문자와 규칙 집합으로 구성된 **프로그래밍 언어**(programming language)로 작성된다.

programme design 〈**n**〉 프로그램 설계

=코스 설계COURSE DESIGN

programmed learning 〈**n**〉 프로그램화된 학습

=programmed instruction 프로그램화된 지도

교수/학습 설계 접근법의 하나로, 학습된 교과 내용은 항목들이 순서화된 단계에 따라 제시되며, 학습자들은 각 항목에 답해야 한다. 그런 다음, 학습자는 자신의 답과 정답을 비교한다.

선형 프로그램(linear programme)에서는 학생은 등급화된 단위로 제시되는 학습 자료를 자신의 속도로 학습한다.

분지형 프로그램(branching programme)에서는 특정 항목에 어려움을 겪는 학생은 프로그램의 분리된 부분('가지')으로 가서 보충 자료나 복습 자료를 학습한다. 그런 다음, 본 프로그램으로 되돌아간다. 선형 프로그램과 분기형 프로그램을 결합하여 사용하기도 한다.

programme evaluation 〈**n**〉 프로그램 평가

교육 프로그램이나 교육과정이 그 목표를 달성하는 데 어느 정도 효과적이었나를 결정하는 것

☞ EVALUATION, FORMATIVE EVALUATION, SUMMATIVE EVALUATION

programming language 〈**n**〉 프로그래밍 언어

☞ PROGRAM

progressive 〈**n/adj**〉 진행(상)(의)

=continuous 계속상

일부 언어에서 어떤 행위가 미완료되었고, 진행 중이거나 발전 중임을 나타내는 문법적 상ASPECT. 영어에서 진행형은 조동사AUXILIARY VERBS *be*와 동사의 *−ing*꼴로 만들어진다(*She is wearing contact lenses. They were crossing the road when the accident occurred*).

progressive assimilation 〈**n**〉 진행 동화

☞ ASSIMILATION

progressivism 〈**n**〉 진보주의

    ☞ RECONSTRUCTIONISM

progress questionnaire 〈**n**〉 진도 설문

(교수에서) 학생들이 일정 학습 기간 동안의 자신의 진도에 대해 반성해 보는 학습자 설문

progress test 〈**n**〉 진도 평가

특정 교육 자료, 특정 지도 과정과 연결된 일종의 성취도 테스트ACHIEVEMENT TEST. 교사가 준비하여 챕터, 과정, 학기가 끝날 무렵에 실시하는 테스트가 진도 평가이다. 진도 평가는 성취도 테스트와 유사하다고 간주되지만, 범위가 더 좁고 훨씬 더 구체적이다. 이 테스트는 교사가 자신이 행한 지도의 성공도를 판단하고 학습자의 약점을 확인할 수 있도록 돕는다.

projection (principle) 〈**n**〉 투사 (원리)

생성문법GENERATIVE GRAMMAR의 일부 모델, 예를 들어 Chomsky의 보편문법UNIVERSAL GRAMMAR에서는 어떤 문법의 어휘부문(☞ LEXICON)에 있는 어휘 항목, 예컨대 동사는 통사적 범주들(보문)에 대한 특정한 정보를 가지며, 이것을 문장 구조에 '투사한다(project)'. 예를 들어, 영어 동사 *give*는 두 개의 명사구 보문을 가지며,

    give [−NP$_1$, NP$_2$]

다음과 같이 투사할 수 있다.

    She gave the accountant the file.

어휘 항목의 특성이 가진 영향력은 문장 내의 어떤 구조로까지밖에 미치지 않는다. 예를 들어, 동사는 동사구(VP) 전체에 영향을 미칠 수 있지만 그것을 넘어서지는 않는다. 이것을 최대 투사라고 부르기도 한다. 최대 투사의 점들은 보통 "(두 개의 바)로 표시된다(☞ BAR NOTATION). 예) V"(VP), N"(NP), P"(PP = 전치사구)

문장 내 어떤 요소의 영역DOMAIN은 그것이 포함된 특정의 최대 투사 내의 범위라고 간주된다. 예를 들어, *Bill took her to an expensive restaurant*라는 문장에서 동사 *took*의 도메인은 *her to an expensive restaurant*를 포함하는 동사구 전체(VP")일 것이며, 전치사 *to*의 도메인은 *an expensive restaurant*를 포함하는 전치사구 전체(P")일 것이다. 최대 투사와 영역 개념은 지배GOVERNMENT를 다룰 때 특히 중요하다.

project work 〈**n**〉 프로젝트 작업

(교수에서) 하나의 과업을 완수하는 것을 중심에 두는 활동. 보통은 학습자 개인이나 그룹에 의한 상당량의 독립적인 작업이 요구된다. 이러한 작업의 대부분은 교실 밖에서 이루어진다. 프로젝트 작업에는 다음의 세 가지 단계가 관련한다.

1. 교실에서 계획하기. 학생과 교사가 프로젝트의 내용과 범위, 그리고 필요성에

대해 토의한다.

2. 프로젝트 실행하기. 학생이 교실 밖으로 나가서 계획한 과업을 완수한다(예를 들어, 인터뷰하기, 정보 수집하기).

3. 반성하기와 모니터하기. 프로젝트 도중, 프로젝트 실시 후에 교사와 참가자가 서로 토론하고 피드백을 주고받는다.

언어교수에서 프로젝트 과업은 협동 학습CO-OPERATIVE LEARNING을 촉진시키고, 학생 중심의 교수STUDENT-CENTRED TEACHING 원리를 반영하며, 실제적인 의사소통 목적을 위한 언어 사용을 통해 언어 학습을 촉진시킨다고 여겨지고 있다.

prominence 〈*n*〉 현저성/탁립 prominent 〈*adj*〉 현저한

(담화DISCOURSE에서) 화자가 강조하고 싶어 하는 단어나 음절에 놓이는 상대적으로 강한 강세STRESS. 현저성은 상대 화자가 이전에 무슨 말을 했느냐에 따라 다른 단어를 사용하기도 한다. 예를 들어,

He may come to MORRow.

(*When is Mr Jones coming?*에 대한 답변으로)

He MAY come tomorrow.

(*Is Mr John likely to come tomorrow?*에 대한 답변으로)

현저성은 **현저한 음절**(prominent syllable)에 피치 변동(☞ TONE^2)을 수반하기도 한다.

prominent syllable 〈*n*〉 현저한 음절

☞ PROMINENCE

prompt 〈*n*〉 문항

☞ ITEM SPECIFICATIONS

prompting 〈*n*〉 유발

☞ MODELLING

pronoun 〈*n*〉 대명사

명사나 명사구로 치환할 수 있는 단어(예를 들어, 영어의 *it, them, she*)

☞ PERSONAL PRONOUNS, POSSESSIVE, DEMONSTRATIVE, INTERROGATIVE PRONOUN, REFLEXIVE PRONOUN, INDEFINITE PRONOUN, RELATIVE CLAUSE

pronouncing dictionary 〈*n*〉 발음 사전

주로 제2언어 학습자를 위한 사전으로, 단어의 의미보다는 발음에 대한 정보를 제공한다.

pronunciation ⟨**n**⟩ 발음 pronounce ⟨**v**⟩ 발음하다

특정 언어음이 산출되는 방식으로 구강 내에서의 실제적 산출을 가리키는 조음 ARTICULATION과는 달리, 발음은 소리가 청자에 의해 지각되는 방식을 더 강조한다.

You haven't <u>pronounced</u> this word correctly.

발음은 종종 구어 형식을 문어 형식과 연결시키기도 한다.

In the word <u>knife</u>, the <u>k</u> is not pronounced.

proper noun ⟨**n**⟩ 고유명사

특정 인물이나 장소, 물건의 이름을 나타내는 명사. 영어의 고유명사는 대문자로 시작한다(*London, Richard*). 특정 인물이나 장소, 물건의 이름이 아닌 명사는 **보통명사**(common noun)라고 한다. 예를 들어, *book, woman, sugar*. 영어에서 보통명사는 소문자로 적는다.

　☞ NOUN, ABSTRACT NOUN, ADJECTIVAL NOUN, ANIMATE NOUN, COLLECTIVE NOUN, CONCRETE NOUN, COUNTABLE NOUN

proposition ⟨**n**⟩ 명제 propositional ⟨**adj**⟩

(철학, 언어학LINGUISTICS, 의미론SEMANTICS에서) 문장이 표현하는 기본적인 의미. 명제는 (a) 명명되거나 말하고 있는 무엇(논항[argument], 또는 **실체**[entity]로 알려져 있다)과, (b) 논항에 대해 만들어지는 주장이나 **서술**(prediction)로 구성된다. 하나의 문장이 복수의 명제를 표현하거나 함의하기도 한다.

　문장

Maria's friend, Tony, who is dentist, likes apples.

　저재하는 명제

Maria has a friend.

The friend's name is Tony.

Tony is a dentist.

Tony likes apples.

발화 행위SPEECH ACT 이론에서는 문장의 명제적 의미와 그것의 발화의 **언표 내적 힘**(illocutionary force)(즉, 요청, 경고하기, 약속으로 사용)을 구별한다.

propositional logic ⟨**n**⟩ 명제 논리

　　☞ LOGIC

propositional network ⟨**n**⟩ 명제 네트워크

어떤 주요 명제PROPOSITION가 참이기 위해 의존하는 보다 단순한 명제. 예를 들어,

The woman gave the man an expensive ring, which contained a large ruby.

명제는 다음 명제 네트워크를 포함한다.

P

There was a woman.

There was a man.

There was a ring.

The ring was expensive.

The ring contained a ruby.

The ruby was large.

The woman gave the ring to the man.

문장이나 텍스트의 기저에 있는 명제 네트워크를 식별하는 과정이 언어 이해 LANGUAGE COMPREHENSION의 기초적인 부분이라 여겨진다.

proprioceptive feedback ⟨*n*⟩ 고유수용성 피드백

발화 산출에 사용하며, 발화 모니터링MONITORING에도 사용할 수 있는 근육의 움직임이 관련하는 피드백FEEDBACK.

청각장애자는 청각 피드백AUDITORY FEEDBACK보다 이 형태의 피드백을 사용한다.

prose-model approach ⟨*n*⟩ 산문모델 접근법

☞ PROCESS APPROACH

prosodic features ⟨*n*⟩ 운율적 자질

전체 음절 연속체에 영향을 끼치는 음성적 특징들. 여기에는 예를 들어, 음절의 상대적 크기, 지속시간, 화자 목소리의 피치 변동(☞ TONE^2), 피치 수준(☞ KEY^2)의 선택 등이 관련한다.

☞ INTONATION PATTERNS, PROMINENCE, SUPRASEGMENTALS

prosody ⟨*n*⟩ 운율 prosodic ⟨*adj*⟩

(음성학PHONETICS에서) 음의 크기, 음의 높이PITCH, 발화 리듬SPEECH RHYTHM 등의 변이를 총칭하는 용어

prospective sample ⟨*n*⟩ 예측 표본

☞ SAMPLES

protocol ⟨*n*⟩ 관찰 기록/프로토콜

기술하거나, 관찰하거나, 측정하고 있는 어떤 현상에 대한 관찰 결과를 담은 표본. 예를 들어, 연구자가 어떤 문법 자질의 사용에 대해 연구하고 있고, 분석을 위해 어떤 사람의 발화를 녹음하였다면, 녹음을 전사한 것을 프로토콜이라 부를 수 있다. 완성된 시험 문항과 실험에 대한 피험자의 반응도 프로토콜이라고 부르기도 하며, 과업을 수행하는 동안 자신의 생각이나 아이디어를 설명하는 것을 '프로토콜'이라 하기도 한다. 이러한 프로토콜은 심리언어학PSYCHOLINGUISTICS과 인지 과정 COGNITIVE PROCESSES 연구에 귀중한 정보를 제공해 준다.

protocol materials 〈**n**〉 프로토콜 자료

(교사 연수에서) 수업이나 교실 사건을 녹음하거나 녹화한 일부분. 교사교육 프로그램에서 일상적인 교실 활동을 수행 중인 교사의 비디오 프로토콜은 교수의 다양한 측면들을 예시하는 데 사용되기도 한다. 프로토콜 자료를 사용하는 것이 실제 수업을 관찰하는 것보다 더 편리한 경우가 많다.

protocol research 〈**n**〉 프로토콜 연구

(작문 연구에서) 작문을 하는 동안 필자의 생각을 언어화한 **프로토콜**(protocols)을 사용하는 연구

prototype 〈**n**〉 원형/프로토타입

(많은 사람들이) 어떤 범주나 집단의 전형이라고 간주되는 사람이나 사물.

원형 이론(prototype theory)은 우리가 가진 많은 심적 개념들이 실제로는 원형임을 제안하고 있다. 우리들은 어떤 개념을 전형적인 예를 참조하여 정의하는 경우가 많다. 예를 들어, 새의 원형은 에뮤(emu)나 뉴질랜드 키위(New Zealand kiwi)와 같이, 크고 날지 못하는 새보다는 날 수 있는 보다 작은 새일 것이다. 원형 이론은 개념이 형성되는 방법 연구에 도움이 되어왔다. 다시 말해, 어떤 가구(furniture)가 전형적인 가구로 간주되는가? 전형적인 야채, 전형적인 집이란 어떤 것인가? 어떤 개념이 어떤 문화나 언어에 어느 정도 보편적, 혹은 고유한 것이라 간주될 수 있는가? 등. 원형 이론은 또한 사회적 상황에서 적절하게 의사소통할 수 있는 우리의 능력을 설명할 수 있다고 제안되어 왔다. 이것은 예를 들어, 우리가 특정 단어나 구, 일반적인 의사소통적 행위를 그것들을 전형적으로 사용하는 사람들이나 전형적으로 사용되는 상황과 연결시키는 것을 배운다는 것을 의미한다.

P

prototype theory 〈**n**〉 원형 이론/프로토타입 이론

    ☞ PROTOTYPE

pro-verb 〈**n**〉 대동사

완전 동사구(full verb phrase) 대신에 사용되는 동사 형식. 예를 들어, 영어에서는 *do*의 여러 형식들이 대동사가 된다.

A: *I like coffee.*   A: *She broke the window.*

B: *I do too.*   B: *So she did.*

   So do I.

   Alan does too.

    ☞ PRO-FORMS

provider 〈**n**〉 제공자

(언어교수에서) 교육과정을 개발하고 가르칠 책임이 있는 기관이나 조직, 학교. 교육과정을 설계하여 실행할 책임이 두 개의 다른 조직(예를 들어, 교육과정의 설치를 요구하는 기금 단체나 기업과 그 과정을 개발하고 실행하는 언어 학교, 즉 해당 교육과정의 제공자)으로 나눠지는 경우도 있다.

proxemics 〈**n**〉 근접학 proxemic 〈**adj**〉

대화를 나눌 때 당사자들 간의 물리적 거리와 태도, 대화 중 신체 접촉의 여부 등을 연구하는 분야. 이 요인들은 관련자들의 성별, 연령, 사회·문화적 배경, 서로에 대한 태도, 마음 상태 등과 관련하여 관찰될 수 있다.

    ☞ PARALINGUISTICS, SOCIAL DISTANCE

pseudo-cleft sentence 〈**n**〉 유사분열문

    ☞ CLEFT SENTENCE

pseudoword 〈**n**〉 유사어

어떤 언어의 실제 단어는 아니지만 해당 언어의 음소배열론PHONOTACTICS을 따르기 때문에 실제 단어처럼 보일 수 있는 단어. 예를 들어, *vonk*와 *foz*는 그럴 듯해 보이는 영어의 유사어이다. 합당한 것처럼 보이기 때문이다. 그러나 *shvopls*는 **비단어**(nonword)이다. 실재하지도 않고 영어 단어처럼 보일 가능성도 없기 때문이다.

psycholinguistics 〈**n**〉 심리언어학 psycholinguistic 〈**adj**〉

(a) 인간이 언어의 이해와 산출 시에 사용하는 심적 프로세스와, (b) 언어를 습득하는 방법에 대해 연구하는 분야. 심리언어학은 발화 지각PERCEPTION, 언어 사용에서 기억MEMORY과 개념CONCEPTS, 그리고 다른 프로세스들의 역할, 언어 사용에 영향을 미치는 사회적·심리적 요인들과 같은 연구들도 수행하고 있다.

psychometrics 〈*n*〉 심리측정(학)

1. 측정과 관련한 심리학의 한 분야.

2. 데이터 분석에 수학과 통계학의 원리를 적용한다.

psychomotor domain 〈*n*〉 심리운동 영역

☞ DOMAIN[3]

pull-out programme 〈*n*〉 풀아웃 프로그램

영어권에서, 제한적 영어 숙달도LIMITED ENGLISH PROFICIENCY를 가진 학생들을 위한 프로그램. 이 학생들은 정규 학급에 편성은 되지만 하루의 일정 시간 동안 영어 수업을 받기 위해 '꺼내진다.' 모어에 의한 지도는 제공되지 않은 경우가 보통이며, 이 학생들의 목표는 ESL 수업과 준-이멀전(☞ SUBMERSION)을 통해 영어를 배우는 것이다.

punctual－non-punctual distinction 〈*n*〉 순간-비순간의 구별

(a) 짧게, 그리고 딱 한 번 일어나는 행위를 가리키는 동사(순간적인)와, (b) 반복되는 행위나 일정 기간 동안 발생하거나 존재하는 행위/상태를 가리키는 동사(비순간적인)를 구별하는 경우가 있다.

(a) *She kicked the burglar down the stairs.*

(b) *She sold flowers at the market.*

상태를 나타내는 *seem, like, know*와 같은 동사(☞ STATIC-DYNAMIC)는 본래 비순간적이지만, 다른 많은 동사들은 순간적으로도 비순간적으로도 사용할 수 있다.

Look! He waved to me just now. (순간적 사용)

The branches of the trees were waving in the breeze. (비순간적 사용)

크리올CREOLE이 표준 언어로 변해가는 상황(☞ POST-CREOLE CONTINUUM)에서 순간적으로 사용된 동사는 비순간적으로 사용된 동사보다 과거시제가 더 자주 표시된다고 보고되어 있다(☞ BIOPROGRAM HYPOTHESIS). 제2언어 습득 연구, 이를테면 싱가포르에서 실시한 대규모의 영어 습득에 관한 연구에서도 유사한 패턴이 발견되었다. 싱가포르 영어 화자의 발화를 상세히 분석한 결과, 사용된 모든 과거시제 동사 중에서 동사가 순간적으로 사용되었을 때는 평균 23%만이 과거시제가 표시되었고, 비순간적으로 사용되었을 때는 56%가 표시되었다.

	순간적으로 사용될 때	비순간적으로 사용될 때
가이아나 크리올	38%	12%
하와이 크리올 영어	53%	7%
싱가포르	56%	23%

punctuation ⟨**n**⟩ 문장부호

문어 문장의 의미를 명확히 하거나, 작문에서 구어로 된 문장을 표시하기 위해 쉼표, 세미콜론, 대시, 마침표 등의 표지를 사용하는 것

pure vowel ⟨**n**⟩ 순모음

＝단모음MONOPHTHONG

pushed output ⟨**n**⟩ 강요된 출력

☞ OUTPUT HYPOTHESIS

p-value ⟨**n**⟩ p-값

☞ STATISTICAL SIGNIFICANCE

pyramid discussion ⟨**n**⟩ 피라미드식 토론

(언어교수에서) 학습자가 말하기 과업을 수행하면서 조금씩 더 큰 그룹을 만들어 가는 말하기 활동. 보통 각 그룹이 다른 그룹에 참여하기 전에 합의에 이르러야 한다.

P

Q

qualifier[1] 〈***n***〉 한정사 qualify 〈***v***〉

(전통 문법TRADITION GRAMMAR에서) 명사구NOUN PHRASE[1]의 일부로, 그 명사에 대해 추가적인 정보를 제공하는 모든 언어적 단위들(예를 들어, 형용사, 구, 절 등). 예를 들어, 명사구 *her expensive blouse from Paris*에서는 *her, expensive, from Paris*가 한정사이다.

☞ MODIFIER[1]

qualifier[2] 〈***n***〉 후치한정사 qualify v

(Halliday의 기능 문법FUNCTIONAL GRAMMAR에서) 어떤 그룹의 일부이며, 그 그룹의 주요부HEAD에 대하여 추가적인 정보를 제공하며, 주요부 뒤에 오는 모든 언어 단위. 예를 들어, 명사 그룹 *her expensive blouse from Paris*에서 *from Paris*가 후치한정사이다.

☞ MODIFIER[2]

qualitative data 〈***n***〉 질적 데이터

예를 들어, 수업이나 인터뷰 중에 일어난 일들을 글로 설명해 놓은 데이터로, 숫자 형태를 취하지 않는 것. 질적 형식으로 수집한 데이터는 양적 형식으로 변환할 수 있다.

☞ QUANTITATIVE DATA

qualitative research 〈***n***〉 질적 연구

협의로, 인터뷰INTERVIEW, 사례 연구CASE STUDY, 참여자 관찰PARTICIPANT OBSERVATION 등의 비수치적 데이터를 사용하는 절차를 이용하는 모든 연구.

그러나 '질적 연구'라는 용어는 더 넓은 의미로 사용되는 경우가 많아서 사회 조사에 대한 전체론적인 접근법까지 함의한다. 이 접근법에서는 조사 현장에서 실험적으로 개입하려는 시도, 실험에서 흥미 있는 현상만을 따로 분리해 내고자 하는 시도, 분리된 변수들 간의 인과관계를 밝히려는 시도 등을 삼가는 대신, 복잡한 상황을 사실적으로 관찰하는 것을 선호한다. 질적 연구자들은 연구 현장에 참가하는 피험자, 취사선택GATE-KEEPING, 연구 설계의 유연성, 삼요인 분석법 등과 같은 윤리적 문제에도 관심이 있다.

☞ ANALYTIC INDUCTION, CONSTANT COMPARISON METHOD,
DOCUMENTARY ANALYSIS, ETHNOGRAPHY, GROUNDED THEORY

quality assurance 〈***n***〉 질 보증

Q

어떤 조직이 실천의 질을 담보하기 위해 도입하는 제도. 언어를 교수하는 조직과 기관에서는 다음을 이용하여 질을 보증한다.

1. 질 보증 방침을 책정하고,
2. 교사, 고용 조건, 광고 자료, 교재, 교육과정 자료, 평가 등과 같은 질의 측면에 대한 표준을 기술하고,
3. 정기적으로 질을 측정하기 위한 절차를 구축하고,
4. 질이 확보되었을 때 그것을 인증하고,
5. 필요한 경우, 질 향상을 가능하게 하는 지원 체계와 자원을 준비한다.

quantifier ⟨*n*⟩ 수량사
영어에서 명사와 함께 사용되고 수량을 나타내는 단어나 구.
영어 수량사에는 다음과 같은 것들이 있다. *many, few, little, several, much, a lot of, plenty of, a piece of, a loaf of, three kilograms of* 등.
☞ NUMERAL, DETERMINER

quantitative research ⟨*n*⟩ 양적 연구
협의로, 수치 데이터를 수집하는 절차를 취하는 모든 연구. 보다 광의로는 실험 연구의 기초가 되는 변수들VARIABLES의 식별을 통해 현상들의 인과적 설명을 목표로 하는 연구 접근법을 함의한다.
☞ EXPERIMENTAL METHOD

quantitative research synthesis ⟨*n*⟩ 양적 연구의 통합
=META-ANALYSIS

quasi-ethnographic ⟨*adj*⟩ 유사민족지학적인
☞ ETHNOGRAPHY

quasi-experimental design ⟨*n*⟩ 유사실험 설계
외적 타당성EXTERNAL VALIDITY이나 내적 타당성INTERNAL VALIDITY의 엄격한 기준을 만족시키지 않는 실험 설계. 예를 들어, 한정적 일반화만이 가능하거나 모든 변수가 아닌 하나의 변수만을 통제하는 실험 설계. 교실 교수나 학습의 복잡성으로 말미암아 양적 교육 연구의 대부분은 유사실험 설계에 기초하여 행해진다.

question ⟨*n*⟩ 의문(문)
청자/독자를 향한 발화로, 사실, 의견, 신념 등을 표현하도록 요구한다. 영어에서 의문문은 다음과 같은 방법으로 만들어진다.

a. *who, what, where, when, why, how, which*와 같은 **의문사**(question word)를 사용하여,
b. _Can she come?_, _Do you want to leave?_에서처럼 조작사OPERATOR를 사용하여,

c. (상승조의) *Ready?*와 같이 인토네이션을 사용하여,

d. *isn't it, is it, can be, won't she, do you*와 같은 **의문 부가**(question tag)를 사용하여, *Patricia is a student isn't she?*

의문문은 그 유형에 따라 특징적인 음조 곡선INTONATION CONTOURS을 가지며, 청자로부터 다양한 유형의 답변을 요구한다.

1. **yes-no 의문**(yes-no question): 법MOOD 동사나 조동사AUXILIARY VERB를 사용하여 만들어지며 상승 인토네이션을 취하고, 상대방이 *yes*나 *no*로 답하도록 요구한다. 예) *Did you go to the movies last night?*

2. **wh-의문**(wh-question): 의문사로 시작하며, 주어-동사가 도치되며, (평서문과 유사한) 상승-하강 음조 곡선을 취하고, 대답으로 특정한 정보를 요구한다. 예) *When did you go to the movies last?*

3. **제한적 선택 의문**(closed-choice question): 열거 인토네이션을 가지며, 상대방에게 제한된 선택지 중에서 하나를 선택하여 답할 것을 요구한다. 예) *Would you rather see Star Wars again or new film?*

4. **부가 의문**(tag question): 평서문과 부가 의문으로 구성된다. 부가 의문이 상승조가 될 때 이 질문 유형은 확인을 요구하는 것이 되지만(*He's happy, isn't he?*), 부가 의문이 상승-하강 인토네이션을 가지게 되면, 화자가 명제가 참이라는 것을 믿고 있고 단순히 동의를 구한다는 것을 나타낸다(*He's happy, isn't he?*).

5. **메아리 의문**(echo question): 평서문과 동일한 구조를 가지며, 상승 인토네이션을 취한다. 상대방에게 확인이나 반복을 요구하거나, 단순히 앞 화자가 말한 것에 대한 불신을 표현한다.

   a. *They went out together last week*

   b. *They went out together?* (메아리 의문)

   c. *Yes, they did.*

   ☞ INTONATION, DISPLAY QUESTION, REFERENTIAL QUESTION, RHETORICAL QUESTION

questioning techniques 〈*n*〉 발문 기술

(교수에서) 교사가 질문할 때 사용하는 다양한 절차와 다양한 유형의 질문. 질문하기는 가장 자주 사용되는 교수 기법 중 하나이기 때문에, 교사의 질문과 질문 행동에 대한 연구는 제1언어와 제2언어 교실 연구에서 중요한 이슈가 되어 왔다. 지금까지 다음과 같은 요인들이 연구되어 왔다.

a. 저레벨 대 고레벨 질문의 빈도

b. 학생에게 질문을 하도록 요구하는 정도

c. 질문 후 교사가 허용하는 대기 시간_{WAIT-TIME}의 양

d. 수렴적 질문_{CONVERGENT}과 확산적 질문_{DIVERGENT QUESTIONS}의 선택

e. 교사가 자신의 질문에 답하는 빈도

☞ DISPLAY QUESTION, EVALUATIVE QUESTION, REFERENTIAL QUESTION

questionnaire ⟨*n*⟩ 설문

응답자들로부터 답변을 얻기 위해 설계된 하나 이상의 주제에 관한 질문들. 설문의 다른 형식으로 체크리스트와 평정 척도가 있다. 타당하고, 신뢰성이 있으며, 모호함이 없는 설문을 작성하는 것이 가장 중요한 문제이다. 설문은 언어 조사_{LANGUAGE SURVEY}, 태도와 동기 연구, 요구분석_{NEEDS ANALYSIS} 등 응용언어학의 다양한 분야에서 이용된다.

question tag ⟨*n*⟩ 부가 의문

☞ QUESTION

question word ⟨*n*⟩ 의문사

☞ QUESTION

R

r²

= 결정계수COEFFICIENT OF DETERMINATION

racialization ⟨***n***⟩ 인종차별화

사람이 피부색이나 다른 속성의 차이에 따라 정의되고 다수집단으로부터 다른 위치를 부여 받는 과정을 말한다.

raising ⟨***n***⟩ 올림(변형)

일부 단어나 구가 어떤 구조 내부에서 낮은 위치에서 보다 높은 위치로 이동하는 통사 조작.

예를 들어, *It seems that David and Gloria are happily married*에서 *David and Gloria*는 안긴절의 주어이다. 그러나 이러한 주어들을 보다 높은 위치로 이동시켜 *David and Gloria seem happily married*라는 문장을 산출할 수 있다.

random access ⟨***n***⟩ 무작위 액세스

☞ ACCESS

random error ⟨***n***⟩ 무작위 오차

☞ ERROR OF MEASUREMENT

random sample ⟨***n***⟩ 무작위 표본

☞ SAMPLE

range ⟨***n***⟩ 범위

1. (통계에서) 분포DISTRIBUTION의 분산DISPERSION. 샘플의 범위는 측정값이나 관측값에서의 최댓값과 최솟값 간의 차이다. 예를 들어, 어떤 테스트의 최고점이 80, 최저점이 32라면, 범위는 48이 된다. 범위는 득점의 분포를 고려하지 않기 때문에 통계 보고에서는 보통 표준편차STANDARD DEVIATION를 함께 제시해 준다.

2. (빈도수에서) 샘플 전체를 통틀어 언어 항목이 분포하고 있는 정도를 측정한 값으로, 일반적으로 어떤 언어 항목이 출현하는 텍스트 수나 샘플 수로 표시된다.

rank ⟨***n***⟩ 위계/순위

언어 분석에 사용되는 용어로, 언어 단위들(문장, 절, 단어 등)을 특정 순서(**순위 척도**[rank scale])로 배열하여 상위 단위가 하위 단위를 포함함을 보여준다. 예를 들어, 다음의 순위 척도에서 각 단위는 하위 단계의 단위들로 구성된다.

R

```
상위
       │      절
       │      그룹(동사군, 명사군 등)
       │      단어(동사, 명사 등)
       │      형태소
하위
```

Halliday가 처음 사용하였다.

(☞ SYSTEMIC GRAMMAR, SYSTEMIC LINGUISTICS)

rank correlation ⟨*n*⟩ 순위 상관

상관CORRELATION 계수의 한 유형으로, 두 변수VARIABLES[1]가 순위나 순서 척도(☞ SCALE)로 측정된다. 예를 들어, 순위 상관은 두 개의 서로 다른 텍스트에서 단어들의 출현 빈도 순위에 기초하여 결정된다.

텍스트 A		텍스트 B		
순위	단어	순위 빈도	단어	
1st	*a*	1st	*the*	
2nd	*the*	2nd	*and*	
3rd	*and*	3rd	*a*	

위 데이터에서는 텍스트 A와 텍스트 B에 있는 단어들의 '순위' 간에 부정적 상관이 있다.

rank scale ⟨*n*⟩ 순위 척도

☞ RANK

rapid reading ⟨*n*⟩ 속독

＝속독SPEED READING

rate of articulation ⟨*n*⟩ 조음 속도

☞ RATE OF SPEECH

rate of reading ⟨*n*⟩ 읽기 속도

＝읽기 속도READING SPEED

rate of speech ⟨*n*⟩ 발화 속도

＝rate of utterance, speech rate

말하는 속도. 발화 속도는 화자의 개성, 화제 유형, 대화자 수, 상대에 대한 화자의 반응과 같은 요인들에 따라 달라진다. 상대가 사용하는 언어나 방언에 화자가 어느 정도 익숙한가도 한 가지 요인이 된다. 발화 속도를 **조음 속도**(articulation rate)와 구별하기도 한다. 전자는 분당 발화된 음절수로 측정되고, 후자는 분당 발화 음절수에 휴지PAUSING에 걸린 시간을 뺀 값이다. 발화 속도는 보통 휴지가 더 길고 빈번할수록 속도가 더 느려진다.

rate of utterance 〈*n*〉 발화 속도

＝발화 속도RATE OF SPEECH

rater 〈*n*〉 평정자

평가 기준을 바탕으로 수험자의 구두 시험이나 필기 시험의 결과에 점수를 주거나 평정하는 사람

☞ INTER-RATER RELIABILITY, INTRA-RATER RELIABILITY

rater agreement 〈*n*〉 평가자 간 일치

☞ RATER RELIABILITY

rating 〈*n*〉 평정

미리 정해둔 척도를 이용하여 학습자의 수행 결과, 특히 구어 수행 능력을 평가하는 것

rating criteria 〈*n*〉 평정 기준

(언어 평가에서) 교사가 자신의 학생들을 평가할 때 참고하는 학습자의 제2언어 수행능력 측면

rating scale 〈*n*〉 평정 척도

(평가에서) 학습자의 언어 숙달도를 측정하는 기법. 화자의 언어 사용 측면들은 최저 레벨에서 최고 레벨까지 단계적으로 제시된 척도를 이용하여 판단된다. 예를 들어, 외국어 유창성FLUENCY 구성요소들이 다음과 같은 척도 상에 등급 매겨질 수 있다.

언어의 자연스러움	부자연스러움	1 2 3 4 5	자연스러움
표현 형식	외국인스러움	1 2 3 4 5	모어화자스러움
표현의 명확성	불명료함	1 2 3 4 5	명료함

각 스킬에 대해 청자는 1에서 5까지의 척도로 화자를 평가한다. 그런 다음, 세 부분의 득점을 고려하여 화자의 종합적 유창성을 측정한다.

☞ SCALE

rational cloze 〈*n*〉 합리적 규칙빈칸채우기

☞ CLOZE TEST

rational deletion 〈*n*〉 의도적 삭제

☞ CLOZE TEST

R

rationalism ⟨*n*⟩ 합리주의/이성주의

☞ EMPIRICISM

rationalist position ⟨*n*⟩ 합리주의자 입장

=생득주의자 가설INNATIST HYPOTHESIS

ratio scale ⟨*n*⟩ 비율 척도

☞ SCALE

raw score ⟨*n*⟩ 원점수

(평가와 통계학에서) 다른 값으로 환산되기 전의 본래의 수치 그대로 제시된 득점. 예를 들어, 원점수는 테스트의 정답수이거나 오답수일 수 있다. 일반적으로 그러한 점수를 해석의 편이를 위해 백분율, 백분위수PERCENTILE, 순위, 혹은 다른 형식(표준득점STANDARD SCORES)으로 환산할 필요가 있다.

r-colouring ⟨*n*⟩ r-음 색채

영어 단어 *hurt*의 자음 /r/에 선행하는 모음이 중설 /r/ 위치 쪽으로 미끄러질 때, 그리고 /r/의 반전음적 음색을 일부 띨 때 일어나는 현상

☞ RHOTICIZATION, ASSIMILATION

reaction time ⟨*n*⟩ 반응 시간

자극(예를 들어, 단어나 유사어) 제시에서 피험자의 반응(예를 들어, 어휘 판단 과제 LEXICAL DECISION TASK에서, 그 자극이 실제 단어인지 여부의)까지 걸리는 시간

readability ⟨*n*⟩ 가독성

문어 자료가 어느 정도 쉽게 읽히고 이해되는 정도를 말한다. 가독성은 여러 요인들에 따라 달라진다. (a) 단락 내 문장의 평균 길이, (b) 단락에 포함된 신출 단어의 수, (c) 사용된 언어의 문법적 복잡성 등.

가독성 측정에 사용되는 철차를 '가독성 공식'이라 한다.

☞ LEXICAL DENSITY

reader-based prose ⟨*n*⟩ 독자-본위 문장

독자가 필자 자신이 아닌 다른 사람인 글쓰기.

경험이 없는 필자는 다른 독자가 필요로 하는 배경 지식, 정보, 조직을 제공하기보다는 자신을 독자로 선택하여 **필자본위 문장**(writer-based prose)이나 **자기중심적 글쓰기**(egocentric writing)를 하는 경향이 있다. 작문 과정에서 필자는 보통 처음에는 필자본위의 문장을 쓴 다음, 다른 독자가 읽기 쉽도록 즉, 독자본위 문장으로 고쳐나간다. 표준적, 혹은 문학적 문장이 필자본위나 독자본위가 될 수 있는 정도에 대해서는 문화에 따라 다르다.

reading 〈*n*〉 읽기

1. 읽기 텍스트의 의미가 이해되는 프로세스. 이 행위가 조용하게 행해졌을 때를 **묵독**(silent reading)이라 하며, 그 결과로서의 이해를 **독해**(reading comprehension) 라 한다. 읽기에는 철자와 단어 인지, 통사 지식, **텍스트 유형**(text type)과 텍스트 구조에 관한 지식 등을 포함하는 많은 다양한 인지적 스킬이 관여한다. 텍스트 내부의 증거들에 기초하는 이해를 **상향식 처리**(bottom-up processing)라고 하고, 텍스트 밖의 정보를 이용하는 이해를 **하향식 처리**(top-down processing)라고 한다.

2. **음독**(oral reading): 텍스트를 소리 내어 읽는 것(혹은 **소리내어 읽기**[reading aloud]). 읽기 교수에서 음독은 텍스트의 철자-소리 대응을 익히기 위해서, 그리고 의미를 구별하기 위해서 실시되는 경우가 많다.

독자의 읽기 목적과 사용되는 읽기 유형에 따라 읽기 이해도 여러 유형으로 구별된다. 일반적으로는 다음의 유형들이 있다.

a. **문자적 의미이해**(literal comprehension): 단락 내에 담긴 정보를 명시적으로 이해하거나 기억하거나 기억해 내기 위해서 행하는 읽기

b. **추론적 이해**(inferential comprehension): 독자의 경험과 직관, 추론하기_{INFERENCING}를 통해 단락 내에 명시적으로 진술되어 있지 않은 정보를 찾아내기 위한 읽기

c. **비판적·평가적 이해**(critical or evaluative comprehension): 단락의 정보를 독자 자신의 지식, 가치관과 비교하기 위한 읽기

d. **감상적 이해**(appreciative comprehension): 단락으로부터 감정적이거나 다른 유형의 가치 반응을 얻기 위한 읽기

☞ SCANNING, SKIMMING, READING SPEED, EXTENSIVE READING

reading across the curriculum 〈*n*〉 교육과정 횡단형 읽기

☞ LANGUAGE ACROSS THE CURRICULUM

reading age 〈*n*〉 읽기 연령

어린이가 읽기를 시작하기에 적절한 연령이나, 읽기 지도가 유효한 일반적인 나이

reading for details 〈*n*〉 상세 읽기

독자가 단락 내 정보 흐름을 포함하는 특별한 정보를 기록하기 위해 읽는 읽기 이해 레벨로, 읽기 이해 교수의 공통적인 목표이다. 훌륭한 독자는 중심 생각과 관련된 세부사항들을 골라낼 수 있으며, 상세한 정보에서 함축된 중심 생각을 생성해 낼 수도 있다.

reading for gist 〈*n*〉 개요 읽기

=reading for global understanding 전체 이해를 위한 읽기

특정한 세부사항에 주의를 기울이지 않고, 텍스트의 개략적인 의미를 이해하기

위한 읽기

reading log 〈*n*〉 독서 기록

    ☞ LEARNING LOG

reading method 〈*n*〉 독해 교수법

    =reading approach 독해 접근법

(외국어 교수에서) 읽기 이해를 주 목표로 하는 프로그램이나 교수법.

독해 접근법에서는 (a) 외국어는 일반적으로 단순한 어휘와 구조로 된 짧은 문장으로 도입되고, (b) 이해는 번역과 문법 분석을 통해 가르치며, (c) 구어를 가르치는 경우라면, 읽기를 강화하기 위해 행해지며, 텍스트의 음독에 한정된다.

reading skills 〈*n*〉 읽기 스킬

    =reading microskills

읽기에 필요한 텍스트 처리 능력으로 그 사용에 있어 상대적으로 자동화되어 있다.

1. 단어들을 인식한다.

2. 문법적 기능어들을 인식한다.

3. 특별한 세부사항들을 알아차린다.

4. 추론한다.

5. 비교한다.

6. 예측한다.

제2언어/외국어 지도에서는 이 스킬들을 가르치고 개별적으로 연습하는 경우가 많다.

reading span 〈*n*〉 읽기 시간

    =eye span, visual span

한 번의 고정 휴지FIXATION PAUSE 내에 한 사람이 지각할 수 있는 텍스트의 양. 보통 7~10 문자로 알려져 있다.

reading speed 〈*n*〉 읽기 속도

    =rate of reading

읽기 속도는 다음과 같은 요건에 의해 결정된다.

a. 읽기물의 유형(예를 들어, 픽션인가, 논픽션인가?)

b. 독자의 목적(예를 들어, 정보를 얻기 위해, 단락의 중심 생각을 발견하기 위해)

c. 요구되는 이해 레벨(예를 들어, 중심 생각을 추출하기 위해서인가? 완전한 이해를 위해서인가?)

d. 독자의 개인적 읽기 능력

다음은 전형적인 읽기 속도이다.

속도	목적	우수한 독자
느림	자세히 읽기. 자료가 어렵거나 고도의 이해가 요구될 때 사용된다.	200~300 단어/1분(wpm) 80~90% 이해
평균	잡지나 신문 등의 일상적인 읽기에 사용된다.	250~500 wpm 70% 이해
빠름	훑어읽기. 빠른 속도가 요구되는 반면 이해도는 의도적으로 낮은 경우 사용된다.	800＋wpm 50% 이해

reading strategies 〈*n*〉 독해 전략

텍스트의 의미에 접근하는 방법. 읽기 수업에서 유연하고 선택적으로 사용하며, 종종 독자의 의식적인 통제 하에 이루어진다. 전략은 읽기 과정을 보다 효과적으로 만드는 역할을 한다. 이러한 전략에는 다음과 같은 것들이 있다.

1. 읽기의 목적을 분명히 한다.

2. 어떤 단계를 밟을 것인지 계획한다.

3. 텍스트를 죽 훑어본다.

4. 텍스트나 텍스트 일부 내용을 예측한다.

그러나 읽기 전문가는 읽기의 본질로 인해, 스킬과 전략을 명확히 구분하기는 어렵다고 제안한다. 읽기 전략을 가르치고 전략 사용법을 학습자에게 이해시키고 실제로 사용하도록 돕는 것이 제2언어/외국어 읽기 스킬 교수의 중요한 측면이라고 여겨진다.

☞ READING SKILLS

reading vocabulary 〈*n*〉 독해 어휘

☞ ACTIVE/PASSIVE LANGUAGE KNOWLEDGE

realia 〈*n*〉 실물교재

(언어교수에서) 교수에서 사용하는 무언가를 설명하는 데 도움이 되는 교구나 예로써, 교실에 가지고 들어가는 실제 대상이나 물건. 사진, 의류, 부엌용품 등이 포함된다.

reality principle 〈*n*〉 실현 원칙

(발화 행위SPEECH ACT 이론에서) 대화에서 사람들은 반대되는 증거가 없다면, 실재적이고 가능한 것들을 말하기를 기대한다는 원칙

A: *How are you going to New York?*

B: *I'm flying.*

위 대화에서 A는 B가 비행기로 여행한다는 것이지, 문자 그대로 하늘 속을 날아간

다고 말하고 있는 것이 아님을 이해한다.

☞ CONVERSATIONAL MAXIM

realization 〈*n*〉 구현화 realize 〈*v*〉

추상적인 언어 단위가 구어나 문어로 실제로 발생하는 것.

예를 들어, *big*/bɪg/에 포함된 음소PHONEME /ɪ/는 [ɪ], [ɪ :], [ɪ : :] 등 여러 가시 실이로 구현될 수 있다. 여기서 [:]는 '약간 길게'를 의미하고, [: :]는 '특히 길게'를 의미한다. 마지막 예는 예를 들어, 화자가 단어 *big*을 특히 강조하고 싶을 때, 또는 모음의 지속 시간을 이용해 사이즈가 '큰(big)' 것을 제안하고 싶을 때 사용한다.

real time 〈*n*〉 실시간

(교실 관찰과 교실 연구에서) 어떤 사건의 발생, 인지, 기록이 거의 동시에 일어나는 것.

교실에서는 복수의 사건이 동시에, 그리고 빠르게 발생하기 때문에 실시간으로 교실 프로세스를 연구하기 어려울 때가 많다. 그런 이유로 비디오나 다른 관찰 수단을 이용한다.

real-time coding 〈*n*〉 실시간 코딩

(교실 관찰과 교실 연구에서) 사건이 실제로 일어나고 있을 때 그것을 분석 카테고리로 분류하는 것. 오디오나 비디오로 녹화된 데이터를 이용하는 분석과 구별된다.

recall 〈*n*〉 재생/회상

기억 속에 저장되어 있는 사건, 생각, 단어 등을 의식적으로 생각해 내는 능력. 어떤 기억 테스트에서는 피험자로 하여금 이전의 훈련 단계에서 만난 항목을 재생해 내도록 (기억해 내도록) 한다. **단서 재생**(cued recall)은 피험자에게 *Can you remember words on the list that were related to language?*와 같은 힌트가 주어지는 경우이다. **자극 재생**(stimulated recall)은 학습자들이 기억을 유발하기 위해 제공된 언어 수업 비디오 등의 자극을 보거나 듣는 동안 자신들의 사고 과정을 재생하도록 하는 기법이다.

☞ RECOGNITION

recast 〈*n*〉 고쳐말하기

=corrective recast 수정적 말하기, implicit negative feedback 암시적 부정적 피드백

(제2언어 습득에서) 보다 능숙한 화자(부모, 교사, 모어화자)가 부정확하거나 불완전한 학습자의 발화를 그 중심 의미는 여전히 유지하면서 하나 혹은 그 이상의 구성요소(주어나 동사, 목적어)를 바꿔서 말해주는 부정적 피드백 유형. 고쳐말하기는 다음과 같은 특징이 있다.

a. 형식적으로 잘못된 발화를 새롭게 구축한 것이다.

b. 어떤 방식으로 발화를 확대한 것이다.

c. 발화의 중심적인 의미는 유지된다.

d. 잘못된 발화 뒤에 고쳐말하기가 온다.

예를 들어, 두 학생이 두 개의 그림을 비교하는 장면에서,

    학습자 1: *What are they... what do they do in your picture?*

    학습자 2: *What are they doing in my picture?*

고쳐말하기는 학습자가 새로운 언어 구조를 습득하거나, 사용하고 있는 구조가 바르지 않다는 것을 알아차리게 하는 한 가지 방법이라고 여겨지고 있다.

    ☞ EVIDENCE, FEEDBACK

received pronunciation (RP) ⟨*n*⟩ 용인 발음

전통적으로 위신있는 변종으로 여겨지며, 지역 변이REGIONAL VARIATION를 거의, 혹은 전혀 보이지 않는 영국 표준 영어STANDARD VARIATION 발음 유형을 말한다.

최근까지 영국방송협회 아나운서들의 대다수가 사용한 발음이었기 때문에, 이를 'BBC 영어'라고 부르기도 한다. 다른 언어 변종과 마찬가지로, BBC 영어도 시간의 경과에 따라 변화하였다. RP는 표준 미국 영어와 여러 가지 점에서 다르다. 예를 들어, RP에서는 음소PHONEME /ɒ/를 사용하는 데 반해, 대부분의 미국인들은 *hot*/hɒt‖hɒ : t/과 같이 다른 음소를 사용한다. RP 화자들은 자음CONSONANT 앞에 *r*을 발음하지 않지만, 대부분의 미국인들은 *farm*/fa : m‖fa : rm/에서처럼 *r*을 발음한다.

receiver ⟨*n*⟩ 수신자

    ☞ COMMUNICATION

receptive language knowledge ⟨*n*⟩ 수용적 언어 지식

    ☞ ACTIVE/PASSIVE LANGUAGE KNOWLEDGE

receptive skills ⟨*n*⟩ 수용적 스킬

    ☞ LANGUAGE SKILLS

receptive vocabulary ⟨*n*⟩ 수용 어휘

=recognition vocabulary 인식 어휘/이해 어휘, passive vocabulary 수동 어휘 한 사람이 읽기나 듣기에서 이해하는 단어들의 총 수

    ☞ ACTIVE/PASSIVE LANGUAGE KNOWLEDGE

reciprocal pronoun ⟨*n*⟩ 상호 대명사

사람들이나 집단 간의 교환이나 상호작용을 가리키는 대명사PRONOUN.

영어는 *each other*과 *one another*이라는 구를 상호 대명사처럼 사용한다. 예를 들어,

*X smiled at Y and that Y smiled at X*라는 문장은 X가 Y에게 미소 지었고 그 Y가 X에게 미소 지었다는 것을 함의한다.

reciprocal verb ⟨*n*⟩ 상호 동사

문장의 주어SUBJECT에 의해 표시되는 사람이나 사물이 상호간에 무언가를 행하고 있음을 나타낼 때, 이 동사를 상호적인 동사라고 한다. 예를 들어, *Jeremy and Basil were fighting*이라는 문장은 *Jeremy*와 *Basil*이 서로 싸우고 있었음을 의미한다. 이 경우, 이 문장은 *fight*를 상호동사로써 사용한다.

recitation ⟨*n*⟩ 열거

☞ DISCUSSION METHOD

recognition ⟨*n*⟩ 재인

어떤 단어(혹은 다른 언어적 단위)를 이전에 만난 적이 있는지, 특별한 연상 의미를 가지는지를 판단하는 능력. 재인이 재생RECALL(스스로 단어를 기억해 낼 수 있는 능력)보다는 약간 용이하다. 교사들은 이해와 학생들과의 의사소통을 촉진하기 위해 이 원리를 이용하기도 한다.

심리학에서 재인은 전형적으로 피험자에게 학습할 단어 목록(예를 들어, 스페인어 동사 목록)을 제시한 후, 나중에 어떤 항목이 원래의 목록에 있었는지 질문하는 방식으로 조작된다. 이에 대한 답은 다음 네 가지 카테고리로 구분된다.

1. 적중: 처음에 제시된 항목들을 정확하게 식별한 반응
2. 정확한 부정: 이전에 제시되지 않은 항목을 정확하게 식별한 반응
3. 틀림: 처음에 제시된 항목을 식별하는 데 실패한 반응
4. 틀린 긍정: 항목이 이전에 제시된 것이라고 잘못 식별한 반응

☞ LISTENING COMPREHENSION

reconstruction activity ⟨*n*⟩ 재구성 활동

학생이 텍스트를 읽거나 듣고 난 후, 그것을 재구성하는 활동. 재구성 활동의 예로는 받아쓰기DICTATION와 딕토그로스DICTOGLOSS가 있다.

reconstructionism ⟨*n*⟩ 재구성주의

교육과정 개발 접근법을 설명하기 위해 사용되는 용어. 이 접근법은 계획성, 효율성, 합리성의 중요성을 강조하고, 교육의 실천적인 측면을 강조한다. 외국어 교수에서 이 접근법은 실천적인 스킬의 촉진을 강조하고, 도달 목표와 완전 학습을 이용하며, 요구분석, 프로그램 개발, 교수요목 설계를 지지한다. 재구성주의는 교육은 사람들에게 학습 경험을 제공하는 수단이며, 그 교육으로 인해 자신들 스스로의 노력으로부터 배우는 것이 가능하다는 점을 강조하는 **진보주의**(progressivism)와 구별된다. 재구성주의는 교육에 있어 학습자 중심 접근법을 옹호하고, 학습자를

'전인'으로 간주하며, 학습자의 개인적 발달을 촉진하고, 개별 학습 항목의 습득이 아니라 학습의 과정에 초점을 두도록 한다.

☞ CURRICULUM IDEOLOGIES

record keeping ⟨***n***⟩ 성적의 보관

(언어 프로그램에서) 학생의 수행결과에 관한 데이터 파일을 보존하는 것

recount ⟨***n***⟩ 경험담 말하기

☞ TEXT TYPES

recursiveness ⟨***n***⟩ 반복적 성질

일부 언어학 이론에 따르면, 한 언어의 문법이 무한의 문장을 산출할 수 있도록 하는 능력. Chomsky의 초기 문법 이론에서 강조된 문법관이다. 오늘날 많은 언어 학자들은 언어 사용은 실제로는 고정 표현과 연어가 반복적으로 사용되는 것이라고 주장한다.

recursive rule ⟨***n***⟩ 반복 규칙

명확한 제한 없이 몇 번이고 반복 적용될 수 있는 규칙. 예를 들어, 관계절을 부가해 가는 반복 규칙을 통해 다음과 같은 문장을 산출할 수 있다.

The man saw the dog which bit the girl who was stroking the cat which had caught the mouse which had eaten the cheese which ...

recycling ⟨***n***⟩ 반복 사용

☞ SPIRAL APPROACH

reduced speech form ⟨***n***⟩ 준꼴

＝약형WEAK FORM

reduced vowel ⟨***n***⟩ 모음 약화

비대립적이고, 중설화된, 이완 모음의 음색으로 발음되는 강세 없는 모음. 영어의 많은 변종에서 모든 비강세 비어말 모음은 *appetite, avarice, telegraph*의 제2모음과 같이, 약화된 애매모음 [ə]가 된다. 게다가 인용형CITATION FROM에서는 명확한 음색을 가진 모음이지만, 연속 발화되었을 때 약화모음으로 변하는 경우도 있다. 예를 들어, *we could go*와 같은 구에서, *could*의 모음 /ʊ/는 종종 약화되어 애매모음이 된다.

redundancy ⟨***n***⟩ 잉여 **redundant** ⟨***adj***⟩

어떤 메시지를 이해하는 데 필요한 이상의 정보를 포함하고 있는 정도.

언어에는 내장된 잉여성을 가지는 데, 이는 발화가 이해에 필요한 그 이상의 정보를 담고 있음을 의미한다. 예를 들어, 영어에서 복수PLURAL는 지시사, 명사, 동사로

R

473

표시된다.

These books are expensive.

그러나 만약 *books*에서 *s*가 생략되더라도 그 메시지는 여전히 이해 가능하다. 따라서 이 *s*는 이 문맥에서 잉여적이다. 정상적인 언어의 약 50%는 잉여적이라고 알려져 있다.

reduplication ⟨*n*⟩ 중복

음절이나 형태소MORPHEME, 단어가 반복되는 것.

a. 타갈로그어(필리핀의 한 언어)에서 *tatlo*는 3, *tatatlo*는 '오직 3(only 3)'

b. 말레이어에서 *anak*(어린이), *anak anak*(어린이들)

reference ⟨*n*⟩ 지시(기능) referent ⟨*n*⟩ 지시대상 refer ⟨*v*⟩ referential ⟨*adj*⟩

(의미론SEMANTIC에서) 단어와 그것이 나타내는 사물, 행위, 사건, 질 사이의 관계. 넓은 의미에서, 지시는 단어/구와 외계의 실재 간의 관계(☞ DENOTATION)가 될 것이다. 예를 들어, *tree*라는 단어는 '나무'라는 대상(지시대상)을 가리킨다. 좁은 의미에서, 지시는 단어/구와 특정 대상(예를 들어, 특정 나무나 동물) 간의 관계이다. 예를 들어, *Peter's horse*는 피터가 소유하고 있거나, 피터가 올라타거나 등, 어떤 형태로든 *Peter*와 관계가 있는 말을 가리킨다.

referential question ⟨*n*⟩ 지시 질문

What do you think about animal rights?(동물의 권리에 대해 어떻게 생각하십니까?)와 같이, 교사도 모르고 있는 정보를 학생에게 요구하는 질문

☞ DISPLAY QUESTION, QUESTIONING TECHNIQUES

referring expression ⟨*n*⟩ 지시 표현

☞ BINDING PRINCIPLE

referring tone ⟨*n*⟩ 언급 어조

언급하고 있는 것이 화자와 청자 간에 공유하고 있는 지식의 일부임을 나타내는 음조 패턴.

영국 표준 영어에서 언급 어조(r)는 피치PITCH가 하강하고 나서 상승하거나(↘↗), 피치가 상승한다(↗). 반면, **선언 어조**(proclaiming tone)(p)는 하강 피치로 나타나며(↘), 화자가 청자에게 있어서는 새로운 정보를 도입하고 있음을 시사한다.

a (r) He'll be twenty (p) in August.

b (p) He'll be twenty (r) in August.

(a)에서는 *August*가 신정보이고 (b)에서는 화제가 되고 있는 인물의 연령이 신정보이다.

☞ KEY², TONE², TONE UNIT

reflection ⟨**n**⟩ 성찰/반성

경험의 중요성을 보다 잘 이해하기 위해 경험을 되돌아보고 반추하는 프로세스. 성찰은 교사 개발의 중요한 학습 요소라 간주되어, 교사 연수프로그램의 초점이 되는 경우가 많다.

    ☞ REFLECTIVE TEACHING

reflective discussion ⟨**n**⟩ 성찰적 논의

    ☞ DISCUSSION METHOD

reflective teaching ⟨**n**⟩ 성찰적 교수

교사는 자신의 교육 경험을 비판적으로 반성함으로써 교육을 이해하고 자신의 교수 질을 향상시킬 수 있다는 추정에 기초하는 교수와 교사교육 접근법.

교사교육 프로그램에서, 교육에 대한 성찰적 접근법을 개발하고자 하는 활동들은 수업 실천을 개선하는 한 방법으로써 교육과정을 철저하게, 분석적, 객관적으로 생각하는 스킬을 개발하는 것을 목표로 한다. 이를 위해 다음을 활용한다.

1. 교육실습생이나 연수 중인 교원이 자신의 교실 경험을 기술하거나 묘사한 다음, 나중에 리뷰하고 반성하기 위한 재료가 되는 저널

2. 나중에 리뷰하고 반성하기 위한 목적으로 교사가 자신의 수업을 녹음/녹화한 오디오나 비디오테이프

3. 교실 경험에서 도출된 문제들을 탐구하기 위해 동료나 지도교사와 함께하는 그룹 토의

reflexive pronoun ⟨**n**⟩ 재귀대명사

한 문장의 직접 또는 간접목적어OBJECT가 그 문장의 주어와 같은 사람이나 물건을 가리킬 때 사용하는 대명사PRONOUN 형식. 영어에서 재귀대명사는 강조대명사EMPHATIC PRONOUN와 마찬가지로, 대명사에 −*self*를 붙여서 만든다.

    I hurt <u>myself</u>.

reflexive verb ⟨**n**⟩ 재귀동사

주어가 자신에게 무언가 하고 있음을 함의하기 위해 사용하는 동사.

영어에서는 전형적으로 재귀대명사를 사용한다. 예) *They hurt themselves.*

같은 의미를 동사 자체만으로 표현하는 경우도 있다. 예) *I was shaving.*

reformulation ⟨**n**⟩ 재구성

오류 수정 기법의 하나로, 교사는 내용은 그대로 유지하면서 가능한 한 목표어의 기준에 더 가깝게 재부호화하는 방식으로 학습자의 발화를 재구성한다. 상호작용 중에 일어나는 발화 재구성은 고쳐말하기RECAST라 부르기도 한다.

regional dialect ⟨**n**⟩ 지역 방언

R

=geographic dialect 지리적 방언

특정 지역에 거주하는 화자들과 연관된 방언.

여기에는 언어의 국가 변종(예를 들어, 미국 영어 vs. 영국 영어)뿐만 아니라, 한 국가 내의 방언(예를 들어, 미국 내 뉴잉글랜드, 중부, 남부의 방언이나, 영국 내의 북부 잉글랜드 방언, 남부 잉글랜드 방언) 등이 포함된다.

regional language ⟨*n*⟩ 지역 언어

어떤 국가의 특정 지역에서 사용되는 언어.

예를 들어, 광둥어는 중국의 광둥과 그 인접 지역의 지역 언어이고, 카탈로니아어 는 스페인과 프랑스 지역의 지역 언어이다.

> ☞ COMMUNITY LANGUAGE, MINORITY LANGUAGE, MAJORITY LANGUAGE, NATIONAL LANGUAGE, OFFICIAL LANGUAGE

regional variation ⟨*n*⟩ 지역 변이

화자의 출신 지역에 따른 언어 변이(☞ DIALECT).

변이는 발음, 어휘, 문법과 관련하여 나타난다. 예를 들어, 영국 남서부나 미국 중서부에서는 많은 화자가 *her*, *four*, *part*와 같은 단어에서 /r/을 사용하는 반면, 런던 지역, 뉴잉글랜드 지역 출신 화자는 /r/을 발음하지 않는다.

register ⟨*n*⟩ 언어 사용역/레지스터

1. (☞ STYLE)
2. 발화 변이. 보통 동일한 직업을 공유하거나(예를 들어, 의사, 변호사), 같은 관심사를 가지는 사람(예를 들어, 우표 수집가, 야구 팬) 등의 특정 집단에 의해 사용된다. 어떤 특정 언어 사용역은 구별되는 단어들을 많이 사용함으로써, 특정한 방식으로 단어나 구를 사용함으로써(예를 들어, 테니스에서 *deuce*, *love*, *tramlines*), 특수한 문법 구조를 사용함으로써(예를 들어, 법률 용어), 다른 언어 사용역과 구별한다.

register tone ⟨*n*⟩ 평판 성조

=평판 성조LEVEL TONE

regression ⟨*n*⟩ 역행/회귀

읽을 때 프린트물의 행간에 따른 눈의 움직임이 역행하는 것. 미숙한 독자는 숙달 된 독자에 비해 역행이 많이 일어난다. 낭독 시에는 이미 읽은 음절이나 단어, 구를 반복하여 읽는 것을 의미한다.

regression analysis ⟨*n*⟩ 회귀분석

독립 변수들INDEPENDENT VARIABLES로부터 하나의 종속 변수DEPENDENT VARIABLE 값을 추정하 거나 예측하는 통계 기법. 예를 들어, 어떤 학생이 읽기 이해 테스트에서 60점(독립 변수), 문법 테스트에서 70점(독립 변수)을 받았다면, 회귀분석을 사용하여 그 학생의 언어 숙달도 테스트 득점(종속 변수)을 예측할 수 있다. 이 예에서와 같이, 두 개 이상의 독립 변수가 존재하는 경우에 사용하는 통계 기법은 **다중회귀**(multiple regression)라 부른다.

regression hypothesis 〈*n*〉 퇴행 가설

언어 상실LANGUAGE LOSS에서 언어 요소가 소실되는 순서는 학습된 순서의 역이라는 가설

☞ LANGUAGE ATTRITION

regressive assimilation 〈*n*〉 역행동화

☞ ASSIMILATION

regular verb 〈*n*〉 규칙동사

시제TENSE나 인칭PERSON과 같은 문법 범주에 대해 그 언어에서 가장 전형적인 형식을 가지는 동사.

문어 영어에서 규칙동사는 (a) 동사 어간에 *–ed*를 붙여서; *walk-walked*, (b) 어간에 *–d*를 붙여서; *smile-smiled*, (c) *–y*를 *–ied*로 바꿔서 과거시제형을 만든다. 시제나 인칭 등에 대하여 규칙적인 형식을 가지지 않는 동사는 **불규칙동사**(irregular verb)라고 부른다.

영어의 불규칙동사는 (a) 현재시제와 같은 형식을 사용하여 *upset-upset*; *put-put*, (b) 과거분사로도 사용되는 불규칙한 과거시제형을 사용하여 *drive-drove-driven*, 과거시제형을 만든다.

regulatory function 〈*n*〉 규칙 기능

☞ DEVELOPMENTAL FUNCTIONS OF LANGUAGE

rehearsal 〈*n*〉 리허설

새로운 단어나 문장을 기억하기 위해 (보통은 소리를 내지 않고) 혼자서 말해보는 학습 전략LEARNING STRATEGY. 기억의 **처리 수준**(levels for processing) 모델에서는 단순 암기를 위한 반복 **유지 리허설**(maintenance rehearsal)과 보다 정교한 연상과 보다 지속성이 높은 기억으로 이어지는 깊은 의미적 처리(deep semantic processing)가 관여하는 **정교화 리허설**(elaborative rehearsal)을 구별한다. 예를 들어, 나중을 위해 숫자 연쇄를 기억해야 하는 경우, 그 연쇄를 유의미한 무언가로 치환하는 것이 효과적이다.

rehearsing 〈*n*〉 리허설하기

☞ COMPOSING PROCESSES

reinforcement ⟨*n*⟩ 강화

(행동주의BEHAVIOURISM에서) 긍정적인 보상으로 인해 반복된 결과로 반응이 강화되는 것. 강화는 일부 학습 이론(☞ STIMULUS-RESPONSE THEORY)에서 중요한 역할을 하고 있으며, 정교한 방식은 아니지만 행동주의 학습 이론에 동의하지 않는 사람들에 의해서도 막연히 사용되고 있다.

relatedness ⟨*n*⟩ 관련성

　　　　☞ SELF DETERMINATION THEORY

relative clause ⟨*n*⟩ 관계절

명사나 명사구를 수식하는 절CLAUSE

　　People who smoke annoy me.

　　The book which I am reading is interesting.

관계절을 유도하는 대명사는 **관계대명사**(relative pronoun)라 한다. 예) *who, which, that*

　　　　☞ DEFINING RELATIVE CLAUSE

relative pronoun ⟨*n*⟩ 관계대명사

　　　　☞ RELATIVE CLAUSE

relativity ⟨*n*⟩ 상대성

　　　　☞ LINGUISTIC RELATIVITY

relativization ⟨*n*⟩ 관계절화

통사론SYNTAX에서, 기저의 비관계절에서 관계절이 파생되는 프로세스

relearning ⟨*n*⟩ 재학습

한때는 알았으나 잊혀졌다고 생각한 언어를 다시 만났을 때 그 언어를 다시 회복하는 것. 심리학자들 사이에서는 일단 학습된 정보는 결코 소실되지 않으며, 오히려 사용하지 않아서 서서히 접근할 수 없게 된다는 데 일반적으로 의견을 같이 하고 있다. **저장 패러다임**(savings paradigm)에서는 완전히 새로운 정보와 이전에 알고 있던 정보 간 학습 시의 속도 차이를 연구한다.

　　　　☞ LANGUAGE ATTRITION

reliability ⟨*n*⟩ 신뢰성

(평가에서) 한 테스트가 지속적인 결과를 제공하는 정도를 나타내는 척도. 어떤 테스트가 다른 케이스나 다른 사람들을 대상으로 해서도 동일한 결과가 나온다면, 이 테스트는 신뢰성이 높다고 말한다.

　　　　☞ ALTERNATE-FORM RELIABILITY, SPLIT-HALF RELIABILITY,

reliability coefficient 〈*n*〉 신뢰성 계수

테스트 신뢰성의 수량적 지표로, 평행 테스트나 테스트의 반복 실시, 반분 테스트 점수 간을 상관시켜 얻을 수 있다. 이론적으로 신뢰성 계수값은 0.0에서 +1.0 사이의 범위에 있다.

reliability index 〈*n*〉 신뢰성 지수

실제의 관측 점수OBSERVED SCORE와 이론적인 참점수TRUE SCORE 간의 상관의 추정치. 테스트 신뢰성 계수에 평방근을 해서 얻는다.

remedial work 〈*n*〉 보충 학습

=remedial teaching 보충 교육

(교수에서) 지금까지 가르친 자료를 이용하여 학생이 가진 문제에 특별히 초점을 두도록 고안된 교수

repair 〈*n/v*〉 수정

(대화분석CONVERSATIONAL ANALYSIS에서) 오류, 의도치 않은 형식, 오해가 대화 중에 화자나 다른 이들에 의해서 수정되는 방식을 나타내는 용어.

화자 본인이 하는 (즉 자발적인) 수정을 **자기 수정**(self repair)이라 부른다.

I bought a, uhm ... what do you call it ... a floor polisher.

상대자가 하는 (즉 타자가 촉발한) 수정은 **타자 수정**(other repair)이라 한다.

A: *How long you spend?*

B: *Hmm?*

A: *How long did you spend there?*

B의 응답은 A의 발화에 수정이 필요함을 지적하는 역할을 하고 있다.

repeated measures design 〈*n*〉 반복 측정 디자인

=피실험자 내 설계WITHIN-SUBJECTS DESIGN

repertoire 〈*n*〉 레퍼토리

☞ SPEECH REPERTOIRE

repetition drill 〈*n*〉 반복 연습

☞ DRILL

repetition stage 〈*n*〉 반복 단계

=연습 단계PRACTICE STAGE

☞ PPP

R

replicability 〈*n*〉 재현 가능성

☞ DEPENDABILITY

replication 〈*n*〉 재현

최초 결론을 검증하거나 확대하기 위해 실험 연구를 두 번 실시하는 것. **엄밀 재현**(exact replication)은 원래의 연구 설계를 그대로 따르는 것이고, **부분 재현** (partial replication)은 연구 설계의 일부를 수정하는 예를 들어, 다른 유형의 피험자로 연구를 반복하는 것이다.

reported speech 〈*n*〉 간접 화법

☞ DIRECT SPEECH

reporting 〈*n*〉 보고

평가 결과를 문서 보고 형식으로 학생, 부모, 기관에 전달하는 프로세스

reporting verb 〈*n*〉 전달 동사

간접 화법에서 사용되는 *advise, suggest, tell*과 같이, 누군가가 말한 것을 전달할 때 사용하는 동사

I told her to be here at 7 pm.

representation 〈*n*〉 표상

통사 구조를 표시하기 위해 사용하는 (수형도TREE DIAGRAM와 같은) 표기 장치. 뇌 속에 존재한다고 여겨진다.

representative 〈*n*〉 묘사

☞ SPEECH ACT CLASSIFICATION

representative sample 〈*n*〉 대표 표본

☞ SAMPLE

research 〈*n*〉 연구/리서치

사건, 문제점, 현상을 보다 잘 이해하고, 그것에 대한 원리나 이론을 구축하기 위해 체계적인 방법론을 사용하여 조사하는 것

☞ ACTION RESEARCH, DATA, EXPERIMENTAL METHOD, HYPOTHESIS, THEORY

residual hearing 〈*n*〉 잔류 청각/잔청

☞ HEARING IMPAIRED, AUDITORY/ORAL METHOD

resource management strategies 〈*n*〉 자원 관리 전략

☞ LEARNING STRATEGY

response 〈*n*〉 반응

1. (☞ STIMULUS-RESPONSE THEORY, BEHAVIOURISM)

2. (☞ CUE)

restricted code ⟨*n*⟩ 한정 코드

　　☞ CODE²

restrictive relative clause ⟨*n*⟩ 제한적 관계절

　＝제한적 관계절DEFINING RELATIVE CLAUSE

restructuring ⟨*n*⟩ 재구축

1. (언어 습득에서) 학습자의 언어 체계가 재조직되도록 촉발하는 방식으로 새로운 형식을 학습자의 언어 체계로 통합하는 것. 선언적 지식DECLARATIVE KNOWLEDGE, 절차적 지식PROCEDURAL KNOWLEDGE 모두 재편성될 수 있다. 정보처리 관점에서 보면, 복잡한 스킬을 습득할 때 학습자는 그들이 습득하는 새로운 지식을 수용하기 위해 새로운 심적 구조를 만들어낸다. 학습이 진행됨에 따라 기습득한 지식을 보다 효율적으로 사용할 수 있도록 지식의 재편성이 필요해진다. 언어 학습에 관여하는 복잡한 스킬들은 지식과 절차의 자동화뿐만 아니라, 언어 학습의 중심적 프로세스로서 정보의 재구조화도 필요하다.

2. (제2언어/외국어 쓰기에서) 필자가 원래 계획이 뜻대로 되지 않을 것이라는 것을 알았거나 예상하게 되었을 때, 대안적인 구문 계획을 세우는 작문 과정 중에 일어나는 프로세스. 작문 과정 중에 필자는 언어적인 자원뿐만 아니라 재구조화를 필요로 하는 일련의 의미적, 텍스트적, 화용적인 문제에 의해서도 제약을 받기도 한다.

result(ative) case ⟨*n*⟩ 결과격

　　☞ FACTITIVE CASE

resultative construction ⟨*n*⟩ 결과 구문

　　☞ CONSTRUCTION GRAMMAR

resumptive pronoun ⟨*n*⟩ 회생대명사

　wh-구를 형성할 때 뒤에 남겨진 흔적TRACE의 위치에 나타나는 대명사. 예를 들어, *I wonder where the book is that I was reading it*에서 *it*. 회생대명사는 표준 영어 STANDARD ENGLISH에서는 비문법적이지만, 다른 여러 언어들(아랍어 등)에서는 허용되거나 의무적이다. 영어 제1언어 습득에서도 관찰되며, 중간언어INTERLANGUAGE에서도 일반적인 현상이다.

resyllabification ⟨*n*⟩ 재분절

　　☞ LINKING

retention ⟨**n**⟩ 보유

일정 기간이 지난 후, 사물을 재생하거나 생각해 낼 수 있는 능력. 언어교수에서 배운 것(예를 들어, 문법 규칙이나 어휘)의 보유는 교육의 질, 학습자의 관심, 자료의 유의미성에 달려 있다.

retroflex ⟨**adj**⟩ 반전음의

혀끝을 뒤집어서 ㅓ강의 천장에 닿게 하거나 접근시켜 산출하는 발화음(자음 CONSONANT). 많은 인도 제어에서는 반전음 /t/, /d/, [ʈ], [ɖ]을 사용한다. 이 언어의 화자들 중에는 영어로 말할 때도 이 발음들을 사용하기도 한다. 영국 남서부 방언 및 미국 영어의 많은 변종의 화자들이 사용하는 /r/도 반전음이다.

☞ PLACE OF ARTICULATION, MANNER OF ARTICULATION

retrospection ⟨**n**⟩ 회상

☞ VERBAL REPORTING

retrospective syllabus ⟨**n**⟩ 회고적 교수요목

☞ A PRIORI SYLLABUS

reversal error ⟨**n**⟩ 역전 오류

☞ SPEECH ERRORS

reversed subtitles ⟨**n**⟩ 반전 자막

☞ SUBTITLES

reverse stress ⟨**n**⟩ 전환 강세

☞ STRESS SHIFT

revising ⟨**n**⟩ 수정하기

☞ COMPOSING PROCESSES

revision ⟨**n**⟩ 수정

L2 작문 수업에서 학생들이 작문의 구성이나 초점이 되는 영역을 개선하기 위해 자신이 작문한 것을 전면적으로 '다시 살펴보는' 것

☞ CONSOLIDATION

rewrite rule ⟨**n**⟩ 개작 규칙

☞ BASE COMPONENT

rheme ⟨**n**⟩ 제술(문장에서 독자나 청자에게 새로운 정보를 담고 있는 부분)

☞ FUNCTIONAL SENTENCE PERSPECTIVE

rhetoric ⟨**n**⟩ 수사학

효율적인 쓰기가 어떻게 그 목적을 달성하는가를 연구하는 분야.

이러한 의미에서 '수사학'이라는 용어는 북미 대학의 수사학이나 '수사학적 커뮤니
케이션' 과정에서 자주 사용된다. 이 코스에서는 쓰기나 말하기의 화제, 청중, 의사
소통 목적과 관련하여 자기 자신을 어떻게 정확하고 효과적으로 표현해야 하는가
에 초점을 둔다. 전통 문법에서 수사학은 문법적이고 논리적인 분석을 통한 문체
연구였다. 고대 로마의 웅변가이자 작가인 Cicero는 수사학을 '담화를 그 목적에
맞게 조정하는 기술이나 재능'이라고 하였다.

rhetorical question ⟨*n*⟩ 수사 의문

의문문의 형식을 취하지만, 답을 기대하지는 않는 단호한 진술문.

예를 들어, *What difference does it make?*라는 의문문은 *It makes no difference*라는
진술문과 같은 기능을 한다.

rhetorical structure ⟨*n*⟩ 수사 구조

＝스키마SCHEME

rhetorical structure analysis ⟨*n*⟩ 수사 구조 분석

담화분석이나 텍스트 분석에서, 문장 레벨을 넘는 의미 단위가 서로 계층적으로
어떻게 관련되는가, 예시, 요약, 확대와 같은 기능적 행위가 어떻게 핵심 명제에
더해져 최종적인 텍스트를 구성하는가 등에 대해 연구한다.

rhotacization ⟨*n*⟩ *r*음화

*r*음울림R-COLOURING으로 알려진 청각적 특성으로 제3 포먼트(formant)가 낮아진 결과
발생한다.

rhotic ⟨*adj*⟩ *r*음화음적인/(음절말의) *r*을 발음하다

영어 형식의 하나로, *car, bird, early*와 같은 단어의 음절 내에서 모음 뒤에 /r/이
나타날 수 있다. 미국 영어 형식은 대부분 *r*음화음적인 반면, 대부분의 영국 남부
구어는 **비r음화음적**(nonrhotic)이다.

rhyme ⟨*adj*⟩ 운/라임

어떤 음절의 '핵＋종결음'. 예를 들어, *rain*의 /eyn/.

rhythm ⟨*n*⟩ 리듬

☞ SPEECH RHYTHM

right brain ⟨*n*⟩ 우뇌

＝우반구RIGHT HEMISPHERE

right branching direction ⟨*n*⟩ 우분지 방향

☞ BRANCHING DIRECTION

right dislocation ⟨*n*⟩ 우방 전위

☞ LEFT DISLOCATION

right ear advantage 〈**n**〉 우이 우선(성)

양이 청취DICHOTIC LISTENING 과업에서, 대부분의 피험자는 오른쪽 귀로 전달된 자극을 왼쪽 귀로 전달된 자극보다 더 정확하게 식별한다. 이는 언어 처리가 좌반구에서 이루어진다는 증거로 간주된다.

right hemisphere 〈**n**〉 우반구

☞ CEREBRAL DOMINANCE

risk-taking 〈**n**〉 위험감수성

상당한 정도의 위험이 수반되는 행위를 어느 정도 기꺼이 받아들이는가와 관계하는 성격PERSONALITY 요인. 위험감수성은 성공적인 제2언어 학습의 중요한 특징 중 하나라고 알려져 있다. 학습자는 틀릴 위험을 무릅쓰고 새로운 언어의 사용을 기꺼이 시도해야 하기 때문이다.

☞ COGNITIVE VARIABLE

ritual 〈**n**〉 의례

약간의 엄격하게 규정된 패턴을 따르는 발화사건SPEECH EVENT.

종교 의식의 일부, 가입 의례 등이 여기에 해당한다. 발화UTTERANCES가 특정 순서를 따라야 하며 특별해야 하는 경우가 많다.

role 〈**n**〉 역할

1. 발화 행위에서 참여자가 취하는 입장. 예를 들어, 교사나 학생의 역할 등과 같이, 다소 영구적인 역할이 있는 반면, 충고하는 역할처럼, 지극히 일시적인 역할도 있다. 일상 활동에서 한 사람이 다른 여러 가지 역할을 할 수 있다. 예를 들어, 남자라면 가정생활에서는 아버지, 형제, 자식, 남편의 역할을 하고, 직장 생활에서는 동료, 교사, 고용인, 회계담당자, 고문 등의 역할을 한다. 역할은 사람들의 의사소통 방법에 영향을 미친다(☞ ROLE RELATIONSHIPS).

2. 발화사건SPEECH EVENT에서 **화자**(speaker)나 **청자**(listener)의 '역할'을 말하기도 한다.

role-play 〈**n/v**〉 롤플레이 role playing 〈**n**〉

(언어교수에서) 드라마와 같은 교실 활동.

어떤 상황에서 학생은 다양한 참여자 역할ROLE을 하여, 그 상황에서 전형적으로 일어날 것이라고 여겨지는 것을 연출한다. 예를 들어, 외국어로 불평과 사과하는 법을 연습하기 위해 학생들은 가게 손님이 점원에게 결함 상품을 반품하는 상황의 역할극을 해야 한다.

☞ SIMULATION

role relationship ⟨**n**⟩ 역할 관계

의사소통 행위에서 사람들이 서로에게 가지는 관계로, 서로에게 말하는 방식에 영향을 미친다. 예를 들어, 화자 중 한 명이 다른 화자보다 높은 지위STATUS를 가진 역할을 하는 경우가 있다. 이를테면, 교장↔교원, 교사↔학생, 대위↔병장 등의 역할 관계이다. 상황(예: 은행 지점장↔대부 희망자)이나 개성의 차이(예: 학생 A↔학생 B)로 인해 일시적으로 상위 역할을 맡는 경우도 있다.

roll ⟨**n**⟩ 권설음

=굴림소리TRILL

Roman alphabet ⟨**n**⟩ 로마자

=Latin alphabet

영어를 비롯한 여러 언어에서 사용하는 자모로 된 쓰기 체계.

언어에 따라 발음과 음 결합이 서로 다른 문자로 구성된다. 예를 들어, *w*라는 철자는 영어에서는 *water*/'wɔ : təʳ/의 /w/이지만, 독일어에서는 *Wasser*(water)/'vasər/의 /v/로 표현한다.

☞ ALPHABET

romance languages ⟨**n**⟩ 로망스어

라틴어에서 파생된 언어군.

프랑스어, 이탈리아어, 스페인어, 포르투갈어, 루마니아어는 모두 로망스어이다. 공통의 계통어라는 증거가 단어와 구 속에 일부 남아 있다.

프랑스어	이탈리아어	스페인어	영어
père	*padre*	*padre*	*father*
poisson	*pesce*	*pescado*	*fish*
champ	*campo*	*campo*	*field*

로망스어는 보다 큰 인도-유럽어군INDO-EUROPEAN LANGUAGE GROUP의 일부를 이룬다.

root ⟨**n**⟩ 어근

=base form 기본형

단어의 기본적인 부분이며, 많은 언어에서 스스로 자립할 수 있는 있는 형태소 MORPHEME(영어의 *man*, *hold*, *cold*, *rhythm*).

어근은 다른 어근과 결합할 수 있으며(영어의 *house*+*hold*=*household*), 접사AFFIXES (*mainly*, *coldness*)나 연결형COMBINING FORMS(*biorhythm*)을 취할 수도 있다.

☞ STEM[1]

rote learning ⟨**n**⟩ 암기 학습

의미에는 주의를 기울이지 않고 자료를 반복해서 외우는 학습

R

rounded vowel 〈*n*〉 원순모음

    ☞ VOWEL

routine 〈*n*〉 상투어/일상표현

    =formula 상투어, formulaic speech/expressions/language 상투적 표현,

     conventionalized speech 관습화된 표현,

     prefabricated language/speech 기성 표현, fixed expression 고정 표현

(일반적으로) 여러 개의 형태소나 단어로 구성되어 있고, 함께 학습하며, 마치 한 항목인 것처럼 사용되는 언어 분절 단위.

예를 들어, *How are you?*, *With best wishes*, *To whom it May Concern*, *You must be kidding*. 연구자에 따라 상투어 명칭이 서로 다르다. 대화에서 사용되는 상투어나 일상어(예를 들어, *that's all for now*, *How awful!*, *you don't say*, *the thing is… Would you believe it!*)는 **대화적 상투어**(conversational routine), 공손함을 보이기 위해 사용하는 표현(예를 들어, *Thank you very much*)은 **공손성 상투어**(politeness formula)라고 부르기도 한다.

    ☞ GAMBIT, IDIOM, UTTERANCE

routines 〈*n*〉 루틴/기계적 절차

(교육에서) 특정 교실 과업을 완수하기 위해 학습자가 이용하는 절차.

예를 들어, 루틴은 학생의 그룹을 정하고, 질문을 하기 위해 물리적인 관계, 공간, 교재, 절차들을 정한다. 루틴의 효율적인 사용은 교실의 성공적인 기능에 필수적이며, 기본적인 교수 스킬로 간주된다.

routinization 〈*n*〉 관례화

명시적인 의도성 없이 행해지고, 주의를 기울일 필요도 없으며, 그로 인해 가장 필요할 때 주의 집중할 수 있게 된다는 의미에서, 통제된 프로세스CONTROLLED PROCESS가 관례화되는 과정이다.

언어 학습의 정보처리INFORMATION PROCESSING 모델에서는 발화의 산출이나 이해의 하위 레벨 처리의 대다수는 관례화되어, 화자나 청자의 주의가 의미나 학습자의 중간언어 내에 아직 충분히 확립되지 않은 언어 측면들에 놓이도록 하는 것이 필수적이라고 주장한다.

RP 〈*n*〉

    =표준발음RECEIVED PRONUNCIATION

RSA

영국의 다학제 기관인 Royal Society of Arts의 약자로 RSA시험위원회(RSA Examination Board)(현재는 Oxford, Cambridge, RSA시험위원회의 일부)를 조직하는 것으로 널

리 알려져 있다.

Cambridge RSA CELTA(성인영어교수자격증CERTIFICATE IN ENGLISH LANGUAGE TEACHERS TO ADULTS)는 영어 교사 자격증으로 널리 알려져 있다. 이전 CTEFLA와 RAS 자격증으로 알려진 것이다.

rubric 〈*n*〉 루브릭

테스트와 교수 자료에서, 어떤 과업이나 활동을 완수하기 위해 학생이 무엇을 해야 하는지를 가리키는 지시문

rule¹ 〈*n*〉 규칙

(전통 문법TRADITIONAL GRAMMAR에서)

1. 예를 들어, 동사VERB의 과거시제PAST TENSE를 만드는 방법과 같이, 언어 단위의 형성에 대해 진술해 놓은 것.

2. 동사는 부사의 수식은 받지만(*Come here quickly*), 형용사의 수식은 받지 않는다 (**Come here quick*)와 같이, 언어 단위의 정확한 용법에 대해 진술한 것.

rule² 〈*n*〉 규칙

(생성문법GENERATIVE GRAMMAR에서) 언어 단위의 형성이나 언어 단위 간의 관계에 대해 서술한 것. 규칙은 특정 언어의 구조를 기술하고, 분석하고(생성하고[generate]), 그 구조를 문장으로 바꾼다.

☞ BASE COMPONENT, GENERATIVE GRAMMAR

rule-governed behaviour 〈*n*〉 규칙지배 행위

=rule-governed system 규칙지배체계

인간의 언어능력COMPETENCE은 언어 단위(형태소MORPHOLOGY, 단어)를 나타내는 기호와, 그러한 기호를 다뤄 문장을 생성하는 규칙으로 구성된 체계이다. 그래서 언어를 종종 '규칙의 지배를 받는 체계'라 말하기도 한다. 그러한 규칙들이 언어처리에 관한 심적 프로세스를 반영하는가(☞ PERFORMANCE), 언어 사용을 '규칙의 지배를 받는 행위'라고 설명해야 하는가는 여전히 계속되는 논쟁거리이다. 규칙을 구성하고 있는 것에 대한 정확한 개념은 생성이론GENERATIVE THEORY이 수정될 때마다 크게 변화해 왔지만, 생성이론의 패러다임 속에서 연구하는 언어학자와 심리언어학자들은 일반적으로 언어 규칙의 심리적 실재성을 주장해 왔다. (언어 습득과 사용을 규칙을 포함하지 않는 네트워크로 다루는 모델인) 연결주의CONNECTIONISM가 주장하는 언어관을 받아들이는 연구자들은 '규칙같은(rule-like)' 행위들이 논리적으로 '규칙의 지배를 받는' 행위의 심리적 실재를 의미하는 것은 아니라고 강조한다.

rule-governed system 〈*n*〉 규칙지배체계

☞ RULE-GOVERNED BEHAVIOUR

R

rule narrowing 〈**n**〉 규칙 협화

☞ ADAPTIVE CONTROL OF THOUGHT

rules of speaking 〈**n**〉 대화 규칙

☞ CONVERSATION RULES

rule strengthening 〈**n**〉 규칙 강화

☞ ADAPTIVE CONTROL OF THOUGHT

running words 〈**n**〉 총어수

텍스트에 출현하는 단어의 총수

☞ LEXICAL DENSITY

run-on-sentence 〈**n**〉 무종지문

=fused sentence 융합문

(작문에서) 문장이나 독립절(☞ INDEPENDENT CLAUSE) 사이에 하나 이상의 마침표가 생략된 구두점 오류

Mrs Lee is a great teacher she always explains things very clearly.

위 문장은 쉼표와 그 뒤에 이어지는 등위접속사coordinate conjunction *and*로 분리된 두 개의 독립절로 고쳐 써야 할 것이다.

Mrs Lee is a great teacher, and she always explains things very clearly.

R

S

saccade 〈**n**〉 단속성 운동

　　☞ FIXATION PAUSE

salience 〈**n**〉 현저(성) salient 〈**adj**〉

　　=perceptual salience 지각적 현저

　　(언어 학습, 발화 지각PERCEPTION, 정보 처리INFORMATION PROCESSING에서) 언어 항목이 지각
　　되기 용이하다. 언어 학습에서 언어 항목들의 현저성이 그 항목의 학습 순서에
　　영향을 미치는가를 확인하기 위한 연구가 진행되어 왔다. 예를 들어, 구어의 현저
　　성은 다음 사항에 의존한다.

　　a. 단어에서 음소의 위치

　　b. 발화에서 그 단어에 제공되는 강조, 즉 강조가 되고 있는지 여부

　　c. 문장에서 그 단어의 위치

　　　　☞ NATURAL ORDER HYPOTHESIS

sample 〈**n**〉 표본/샘플

　　(통계학과 테스트에서) 모집단POPULATION을 대표하기 위해 선택된 개체들의 집합.
　　모집단을 구성하는 모든 구성요소가 동일하고 독립적인 확률로 선택될 때, 이 표본
　　을 **무작위 표본**(random sample)이라 한다. 모집단을 몇 개의 층위(고득점, 중득점,
　　저득점 등)로 나눈 후, 나눈 각 레벨에서 선택되는 표본을 **층별 표본**(stratified
　　sample)이라 한다. 모집단을 가장 잘 대표한다고 생각되는 구성요소를 추출했을
　　때, 이 표본을 **대표 표본**(representative sample)이라 한다. 무작위 기법을 사용하지
　　않고 의도적으로 선택된 표본을 **예기 표본**(prospective sample)이라 한다. 우연히
　　그 자리에 있는 피험자만으로 선택된 표본은 **임의 표본**(convenience sample)이라
　　말한다.

sampling 〈**n**〉 표본 추출/샘플링

　　표본SAMPLE 선택 절차. 다양한 방식을 이용할 수 있다. 예를 들어, 무작위 표본RANDOM
　　SAMPLE이나 층별 표본STRATIFIED SAMPLE 등.

sampling error 〈**n**〉 표본오차/추출 오차

　　(테스트와 조사연구에서) 어떤 테스트나 실험 연구를 위해 선택된 특정 표본에
　　대해 얻은 결과와, 모집단 전체를 테스트하거나 조사했을 시에 얻을 것이라 예상되

는 데이터 간의 차이

Sapir-Whorf hypothesis ⟨***n***⟩ 사피어-워프 가설

☞ LINGUISTIC RELATIVITY

sarcasm ⟨***n***⟩ 비꼼

☞ FIGURE OF SPEECH

savings paradigm ⟨***n***⟩ 저축 패러다임

☞ RELEARNING

scaffolding ⟨***n***⟩ 스캐폴딩/비계

1. 학습자가 자신의 능력 이상의 과업을 수행할 수 있도록 제공되는 지원. 언어 학습의 초기 단계에 학습자는 하나의 발화 내에서 특정 구조들을 산출할 수 없지만, 다른 화자와의 상호작용을 통해 그것들을 구축할 수 있을지도 모른다. 예를 들어, 다음과 같은 상호작용 상황에서 다섯 번의 교대 끝에 *Oh, this an ant*라는 구조를 산출한다.

> 아이: *Oh!*
> 엄마: *What?*
> 아이: *This.* (개미를 가리킨다)
> 엄마: *It's an ant.*
> 아이: *Ant.*

나중에 이 아이는 한 번의 교대만으로도 *Oh, this an ant*라는 구조를 만들어낼 수 있다. 스캐폴딩은 학습자가 새로운 언어 구조를 습득하는 한 가지 방법으로 여겨지고 있다.

2. 교수/학습 전략의 하나로, 교사와 학습자가 협력하여 문제해결 활동에 참여하고, 교사가 실연, 지원, 안내, 입력을 제공하다가 학습자가 점차 자립해 감에 따라 그러한 지원들을 줄여간다.

스캐폴딩 이론은 언어 학습에서 협력적인 담화의 역할을 강조한다.

심리학자 Bruner는 언어 학습은 학습자를 위해 적절한 사회적 상호작용의 틀을 제공하는 것에 달려 있다고 생각했다. 스캐폴딩을 몇 가지 유형으로 구별할 수 있다.

1. **수직적 스캐폴딩**(vertical scaffolding): 어른이 추가 질문을 하여 아이의 언어를 확대시킨다.

2. **연속적 스캐폴딩**(sequential scaffolding): 식사 때 아이와 함께 놀아주는 것과 같은 게임에서 보여지는 스캐폴딩

3. **지도적 스캐폴딩**(instructional scaffolding): 형식적 지도의 중요한 측면이 되는

스캐폴딩. 학습은 학습이 일어나는 사회적· 문화적인 문맥으로부터 학습자가 이용할 수 있는 루틴과 절차들을 서서히 내재화해 가는 프로세스라고 간주된다. 언어 학습자는 새로운 과업에서 그 학습 과업의 모델이 되는 보다 숙련된 언어 사용자의 도움을 받는다.

scale ⟨**n**⟩ 척도

(통계와 테스트에서) 측정에 의해 산출되는 양의 수준이나 유형. 네 개의 척도가 자주 사용된다.

a. **명목 척도**(nominal scale), 혹은 **범주형 척도**(categorical scale): 이 척도는 다른 집단 이나 범주에 속한 항목, 혹은 개인에게 값을 할당하기 위해 사용된다. 예를 들어, '1'이라는 숫자를 어떤 학교의 모든 남학생에게 할당하고, '2'를 모든 여학생에게 할당할 수 있다. 그러나 이 숫자들은 자의적이며, 상호교환 가능하다. 즉, '1'을 남학생, '2'를 여학생에게 할당하는 대신, '1'을 여학생, '2'를 남학생에게 할당할 수도 있다.

b. **서열 척도**(ordinal scale): 서수ORDINAL NUMBER(즉, 첫째, 둘째, 셋째)를 사용한다. 이 척도는 항목이나 개인을 어떤 기준에 기초하여 서열화한다. 예를 들어, 테스트 득점에 기초하여 수험자들을 동일한 테스트를 치른 다른 사람들과 비교하여, 1위, 2위, 3위와 같이 순위를 매길 수 있다. 그러나 이 척도에서 값 사이의 차이가 반드시 동일하지는 않다. 따라서 테스트에서 1위와 2위 간의 점수 차이는 21위 와 22위 간의 차이와 동일하지 않을 수 있다.

c. **등간 척도**(interval scale): 척도 상 득점 간의 간격이 동일하다는 추가적인 특성을 제외하면, 서열 척도와 같다. 예를 들어, 온도 8도와 6도 간의 차이는 4도와 2도 간의 차이와 같다. 그러나 등간 척도에는 절대 영이 없기 때문에 8도가 4도보 다 2배 더 덥다고 말할 수는 없다.

d. **비율 척도**(ratio scale): 절대 영이 있다는 점을 제외하면, 간격척도와 유사하다. 절대 영으로 인해, 우리는 비율 척도 상의 두 득점을 비교하여 '이 득점이 저 득점보다 3배 높다'와 같이 말할 수 있게 된다. 키를 측정하기 위한 척도가 비율 척도이다. 즉, 신장 220cm인 사람이 신장 110cm인 사람보다 2배 더 크다고 말할 수 있다.

한 척도는 다른 척도로 전환할 수 있다. 그러나 척도 전환의 방향은 한 방향으로만 가능하며(즉, 비율 척도→간격척도→서열 척도→명목 척도), 그 역은 성립되지 않 는다.

scalogram ⟨**n**⟩ 스케일로그램

☞ IMPLICATIONAL SCALING

scanning ⟨*n*⟩ 훑어읽기/스캐닝

(읽기|READING에서) 독자가 테스트나 단락의 나머지 부분에 대한 이해 없이 특정 정보
의 위치를 찾아내고자 할 때 사용하는 읽기 전략READING STRATEGY. 예를 들어, 독자는
어떤 사람의 출생일과 같은 특정한 날짜에 대한 정보를 알아내기 위해 가능한
한 빨리 책의 챕터를 훑어본다. 훑어읽기는 독자가 단락의 중심 내용이나 중심
생각을 파악하고자 할 때 사용하는 **뜬어읽기**(skimming; skim-reading)와 구별된다.
예를 들어, 독자는 작자가 어떤 것을 찬성하는지 아닌지를 알아내기 위해 챕터를
빠르게 읽는다.

☞ READING SPEED

scatter diagram ⟨*n*⟩ 산포도

=scattergram 분산도, scatterplot 산점도
다음과 같이, 두 개의 분리된 변수 간의 관계를 보이기 위한 방법으로 두 개의
변수를 그래프로 표시한 것.

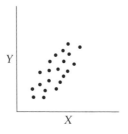

Y 축: 테스트 Y에서의 득점
X 축: 테스트 X에서의 득점

☞ CORRELATION

scattergram ⟨*n*⟩ 분산도

☞ SCATTER DIAGRAM

scatterplot ⟨*n*⟩ 산점도

☞ SCATTER DIAGRAM

schema ⟨*n*⟩ 스키마

=scheme, macro-structure 대구조, genre-scheme 장르 스키마, discourse
structure 담화 구조, frame 틀, rhetorical structure 수사 구조
1. 심적 표상, 도식, 혹은 구조
2. 현실 세계에서 사물이나 사건, 관계의 추상적 표상인 조직적이고 상호관련된
   생각, 개념, 사전 지식 구조의 집합
3. (텍스트언어학TEXT LINGUISTICS과 담화분석DISCOURSE ANALYSIS에서) 텍스트TEXT나 담화

DISCOURSE 조직을 설명하는 기저 구조. 화제|TOPIC와 명제|PROPOSITIONS, 그 외 정보들이 서로 연결되어 하나의 단위를 형성하는 방식에 의해 다양한 종류의 텍스트와 담화(예를 들어, 이야기, 기술문, 편지, 보고서, 시)가 구별된다. 이 기저 구조는 '스키마' 혹은 '대구조'로 알려져 있다. 예를 들어, 이야기에 기저하는 스키마에는 다음과 같은 것들이다.

이야기＝배경(＝상황＋상황＋…)＋에피소드들(＝사건들＋반응)

즉, 이야기는 때, 장소, 등장인물이 규정하는 배경으로 구성되며, 그 뒤에 반응을 이끄는 에피소드로 구성된다. 적절한 기저 스키마나 대구조가 사용된 텍스트나 담화는 '일관성이 있다'(☞ COHERENCE)고 한다. *scheme*의 복수형은 *schemes*이지만, *schema*의 복수형은 *schemes* 또는 *schemata*이다.

☞ SCRIPT

schema theory 〈*n*〉 스키마 이론

사람들은 언어를 이해할 때 새로운 경험을 빠르고 효율적으로 처리하고 해석할 수 있게 해주는 관련 스키마를 활성화한다는 이론.

스키마는 관련된 기존 지식을 검색하고 새로운 정보를 저장하는 참조 창고로 작용한다. 읽기나 듣기에서 어떤 화제를 만났을 때, 독자는 이 화제에 대한 스키마를 활성화하고 활용하여, 화제에 대해 예상하고, 추론하며, 다른 종류의 판단과 결정을 내린다. 스키마 이론은 제2언어 읽기와 듣기 이해 이론에서 중요한 역할을 한다. 스키마 이론은 **내용 스키마**(content schemata)와 **형식 스키마**(formal schemata)로 구분되기도 한다. 내용 스키마는 화제와 관련된 일반적인 배경적 지식, 예를 들어 '지진'이라는 토픽에 연상되는 지식을 다룬다. 형식 스키마는 언어의 수사 구조와 뉴스 보도나 잡지 기사와 같은 특정 장르의 구조에 관한 지식을 다룬다.

scheme of work 〈*n*〉 수업 개요

교수 문맥에서, 한 학기나 1년 동안 가르칠 내용과 가르칠 순서를 나타낸 계획. 수업 개요는 교육과정 내의 일반 목표나 코스 내용(교수요목)에 관련한 정보를 한 학기나 1년간의 수업 계획으로 구체적으로 옮긴 것이다. 언어교수에서, 수업 개요는 보통 교사 개인이나 교사 집단이 준비하며, 다음을 고려한다.

a. 한 차시, 1주, 혹은 한 학기 동안 사용할 수 있는 시간
b. 어떤 항목을 가르칠 것인가? 학습자에게 있어 각 항목이 어느 정도 중요한가? 학습자가 특정 학습 레벨에 도달하기까지 어느 정도의 시간이 필요한가?
c. 항목들을 어떻게 등급화하고, 위계화하고, 조합할 것인가?
d. 복습과 보강을 수업 개요에 어떻게 포함시킬 것인가?
e. 교수요목 내의 다른 요소나 다른 기능들을 어떻게 균형있게 통합할 것인가?

school-based curriculum development 〈*n*〉 학교 중심의 교육과정 개발

1960년대 일부 국가에서 대두된 교육 운동으로, 학습 프로그램의 입안, 설계, 시행은 주정부의 교육청이나 국립 교육과정센터와 같은 외부 기관이 아닌, 학생이 소속된 기관(즉, 학교)이 수행해야 한다고 주장하였다. 학교 중심의 교육과정 개발 운동은 보다 일반적인 **학습자 중심**(learner-centredness) 철학을 반영하고, 학교, 학습자, 교사를 설계와 의사결정에 관련시킴으로써 학생들의 관심과 필요성에 보다 합치하는 학습 프로그램을 개발하고자 하는 시도였다.

    ☞ LEARNER-CENTRED APPROACH

school-based management 〈*n*〉 학교 중심의 경영

세계의 일부 지역에서 주장하는 학교 경영 접근법의 하나로, 학교의 교육과정 설계, 예산, 고용, 평가 등의 책임이 교육부나 교육위원회와 같은 중앙행정부서에서 일선 학교의 교장, 교사, 부모와 지역 공동체 구성원에게로 전환된다. 미국의 차터스쿨CHARTER SCHOOL이 일례이다. 이 학교는 공적 자금으로 일부 운영되지만, 주정부나 지역 법규로부터 상당히 자유롭다. 성취 계획을 명문화한 차터(강령)에 기초하여 부모와 교사에 의해 운영되는 경우가 많다.

school culture 〈*n*〉 학교문화

학교나 교육기관 내부에 존재하는 의사소통, 의사결정, 상호작용, 역할 관계, 운영과 관리의 패턴. 다른 조직과 마찬가지로, 학교는 고유의 학풍이나 환경을 조성하고, 변화나 혁신을 조장할 때 유리하거나 혹은 불리하게 작용할 수 있는 고유의 행동 강령을 가진다. 교육과정 개발이나 교체 프로세스가 학교문화에 변화를 가져오기도 한다.

schwa 〈*n*〉 슈와/중성모음

=shwa

중설/비원순 단모음. 슈와의 음성 기호는 [ə]이다. 영어에서는 *famous*/'feɪməs/의 *-mous*나 *movement*/'muːvmənt/의 *-ment*와 같은 약음절과, *to take*/təˈteɪk/의 *to*와 같이 빠른 발화의 무강세어에서 높은 빈도로 발생한다.

    ☞ MANNER OF ARTICULATION, PLACE OF ARTICULATION

scientific English 〈*n*〉 과학 영어

과학적 글에서 사용되는 영어 유형으로, 이 장르GENRE의 특징인 구성, 전개, 통사 패턴, 담화 자질 등의 관점에서 기술할 수 있다.

scientific method 〈*n*〉 과학적 방법

신념이 아닌 증거에 기초하여 지식의 습득을 조사하는 연구 접근법.

과학적 방법은 직접 관찰에 기초하고 연구 질문의 설정, 데이터 수집, 이론적 틀

내에서 데이터의 분석과 해석 순으로 진행된다. 과학적 방법의 일부 버전에서는 예측과 실험을 통해 검증할 연구 가설HYPOTHESIS이라는 형태의 예측을 세우기도 한다.

☞ EXPERIMENTAL METHOD, QUALITATIVE RESEARCH, QUANTITATIVE RESEARCH

scope ⟨*n*⟩ 범위

☞ NEGATION

scope and sequence ⟨*n*⟩ 범위와 순서

코스, 교육과정, 교수요목 설계에서, 코스의 내용(예를 들어, 화제, 스킬, 기능, 문법 등)은 그 코스에서 제공되는 연속적인 단원이나 레벨에 따라 편성된다. 보통 교과 서나 교재의 앞부분에 도표나 표로 제시되어 있다.

☞ SEQUENCE

scoring ⟨*n*⟩ 채점/배점

테스트 응답에 수치나 점수를 부여하는 절차

scoring rubric ⟨*n*⟩ 채점 루브릭

평가자의 주관적 판단을 보다 신뢰할 수 있도록 수험자의 작품, 수행결과, 구성반응 문항CONSTRUCTED-RESPONSE ITEM 유형의 평가 과업(예를 들어, L2로 에세이 쓰기)에 대한 응답을 채점하거나 판정할 때 사용하는 채점 가이드라인이나 기준

☞ BENCHMARK

screening test ⟨*n*⟩ 선발시험

☞ ADMISSIONS TEST

script ⟨*n*⟩ 스크립트

=frame 틀

(인지심리학COGNITIVE PSYCHOLOGY에서) 특정 장면과 관련된 일련의 사건과 행위로 구성 되는 의미 단위.

예를 들어, '레스토랑 스크립트'는 레스토랑에 대해 우리가 가진 지식, 즉 웨이트리 스, 웨이터, 요리사가 일하는 장소, 음식이 손님에게 제공되고, 손님은 테이블에 앉아서 음식을 주문하고, 먹고, 비용을 지불하고, 떠나는 장소이다. 이러한 '스크립 트' 지식은 다음과 같은 문장을 이해하는 데 도움이 된다.

Tom was hungry. He went into a restaurant. At 8 p.m. he paid the bill and left.

*Tom*이 아마 테이블로 안내되어, 앉아서, 음식을 주문하고, 그것을 먹었다고 보여지 지만, 이러한 사실들은 단락 안에 명시되어 있지 않다. 그러나 독자의 레스토랑 스크립트 지식, 즉 레스토랑 상황에서의 일상적인 사건 연쇄가 이러한 정보를 제공

한다. 스크립트 이론은 문제해결, 읽기, 기억, 이해 연구에 이용되어 왔다.
☞ SCHEME

SD¹ ⟨**n**⟩
＝표준편차STANDARD DEVIATION

SD² ⟨**n**⟩
＝구조적 기술STRUCTURAL DESCRIPTION

SD³ ⟨**n**⟩
＝장애 학생STUDENTS WITH DISABILITIES

SE ⟨**n**⟩
＝표준 오류STANDARD ERROR

secondary articulation ⟨**n**⟩ 이차 조음
일차 조음에 관여하지 않은 두 조음기관에 의한 조음.

예를 들어, 영어 *eel*의 음절 말의 치경측음 /l/은 후설부를 올려 발음하기 때문에 연구개화VELARIZATION의 이차 조음을 동반한다.
☞ ASSIMILATION

secondary cardinal vowel ⟨**n**⟩ 이차 기본모음
☞ CARDINAL VOWEL

secondary stress ⟨**n**⟩ 제2강세
☞ STRESS

second conditional ⟨**n**⟩ 제2조건형
☞ CONDITIONAL FORMS

second language ⟨**n**⟩ 제2언어
광의로, 모어를 배운 후에 학습하는 모든 언어.

그러나 이 용어가 외국어FOREIGN LANGUAGE와 비교될 때는 보다 좁게, 그 언어를 사용하는 많은 사람들의 제1언어는 아니지만 특정 국가나 지역에서 중요한 역할을 하는 언어를 가리킨다. 예를 들어, 미국 이민자의 영어 학습이나 카탈로니아(스페인의 자치구) 스페인어 화자의 카탈로니아어 학습은 (외국어가 아닌) 제2언어 학습 사례이다. 왜냐하면 이 언어들이 그 사회에서 생존하는 데 필요한 언어이기 때문이다. 영어도 나이지리아, 인도, 싱가포르, 필리핀 등에 사는 사람들에게 있어서는 제2언어이다. 왜냐하면 영어가 (교육 산업과 정치를 포함하여) 이들 국가에서 중요한 기능을 수행하고 있고, 이 공동체에서 성공하기 위해서는 영어 학습이 필요하기 때문이다. (그러나 이 국가들의 일부 사람들에게는 영어가 가정에서 사용되는 주

언어라면, 이 사람들은 영어를 제1언어로서 습득할 것이다).

second language acquisition (SLA) ⟨**n**⟩ 제2언어 습득

제2언어/외국어 습득 프로세스

☞ SECOND LANGUAGE, LANGUAGE ACQUISITION

second language attrition ⟨**n**⟩ 제2언어 상실

☞ LANGUAGE ATTRITION

segment ⟨**n**⟩ 분절단위/분절음 **segment** ⟨**v**⟩

연속체의 나머지 부분으로부터 고립될 수 있는 연속체 내의 언어 단위. 발화
UTTERANCE에서 하나의 음이나, 문어 텍스트에서 철자 하나.

segmental error ⟨**n**⟩ 분절음 오류

(제2언어 습득SECOND LANGUAGE ACQUISITION에서) 개별 모음이나 자음이 관여하는 발음
오류. 분절음 오류는 학습자의 제2언어/외국어 악센트(☞ ACCENT³)에 관여하기
도 한다.

segmental phonemes ⟨**n**⟩ 분절 음소

분절 음소(한 언어의 모음과 자음)와 초분절적 단위, 즉 둘 이상의 분절음까지
뻗어나가는 악센트ACCENT나 인토네이션INTONATION과 같은 음성 현상(☞ ACCENT¹)을
구별하는 경우가 있다.

selected-response item ⟨**n**⟩ 선택적 응답 문항

수험자에게 답을 생각해 내도록 하는 것이 아니라, 미리 준비된 리스트에서 답을
고르도록 요구하는 테스트 문항이나 테스트 과업 유형.

가장 일반적인 선택식 응답 문항 형식은 다지선다형 문항MULTIPLE-CHOICE ITEM, 정오
문항TRUE/FALSE ITEM, 연결하기 문항MATCHING ITEM이다.

☞ CONSTRUCTED-RESPONSE ITEM

selection ⟨**n**⟩ 선택

(언어교수에서) 언어 코스나 교과서 등을 위한 언어 내용(어휘, 문법 등)의 선택.
언어 코스에 포함할 언어 항목 선택을 위한 절차에는 빈도수FREQUENCE COUNTS, 요구분
석NEEDS ANALYSIS, 교육문법PEDAGOGICAL GRAMMAR의 사용 등이 포함된다.

☞ SYLLABUS

selectional restrictions ⟨**n**⟩ 선택 제약

한 단어가 그것이 발생할 수 있는 환경에 부가하는 의미적 제약.

예를 들어, *hope*와 같은 동사는 그것의 주어가 생물명사일 것을 요구한다.

selection bias ⟨**n**⟩ 선택 편향

☞ EXTERNAL VALIDITY

selective branching ⟨***n***⟩ 선택적 분지

☞ BRANCHING

selective listening ⟨***n***⟩ 선택적 듣기

듣기 이해 교수에서, 듣기에 앞서 학생들에게 제공하는 특정 정보에 주의하도록 하는 전략

self ⟨***n***⟩ 자존

어떤 사람의 정체성과 특성을 바라보는 견해로 구성된 성격PERSONALITY의 한 측면. 자기 자신에 대한 자존감은 다른 사람과의 접촉과 경험, 그리고 그 사람들이 개인 으로서의 자신을 어떻게 보고 대우하는가의 결과로써 형성된다. 자존은 제2언어 학습에서 성격 변수의 하나로 논의되어 왔다.

☞ COGNITIVE VARIABLE

self-access ⟨***adj***⟩ 자학자습용

(교수 자료에서) 교사의 지도나 지시 없이 학생이 독립적으로 사용할 수 있는 교재

☞ SELF-ACCESS LEARNING CENTRE

self-access learning centre ⟨***n***⟩ 자율학습센터

=self access centre

감독 하에 학생들이 이용할 수 있는 여러 종류의 학습 교재를 수용하고 있는 교육 기관 내의 방이나 구역.

개인용 컴퓨터, 비디오, TV 모니터, 오디오 장치뿐만 아니라, 인쇄된 학습 자료 등이 구비되어 있다. 학생들이 언어 프로그램의 정규 학습 활동을 보충하고 지원하 기 위해 설계된 학습 자료(예를 들어, 문법 복습)를 학습해야 하는 경우도 있다. 많은 다양한 시스템들이 자율학습센터 운영에 이용된다.

1. 메뉴형 시스템: 모든 교재가 분류되어 있고, 정보가 전자적으로(또는 다른 방법으로) 기록되어 있는 전용 자율학습 시스템. 학생은 메뉴를 참고하여 그 시스템에 접속한다.

2. 슈퍼마켓형 시스템: 학생들이 여기저기를 둘러보고, 이용하고 싶은 자료를 선택 한다. 자료들은 카테고리별로 진열되어 있다.

3. 통제된 접근형 시스템: 교실 수업의 보충으로 개인지도교사가 지정하는 특정의 자료를 학습한다.

4. 자유접근형 시스템: 도서관의 일부로, 영어 학습자뿐만 아니라, 다른 학생들도 자유롭게 이용할 수 있다.

self-assessment ⟨***n***⟩ 자기 평가

☞ SELF-EVALUATION

self-concept ⟨*n*⟩ 자기 개념

한 사람이 자기 자신에 대해 가지는 이미지.

자기 개념의 측정은 언어 학습의 정의적 변인(☞ COGNITIVE VARIABLE) 연구에 포함되기도 한다.

self-correction ⟨*n*⟩ 자기 수정

교사나 다른 학습자의 도움을 빌리지 않고 학습자가 자신의 언어 사용 오류를 수정하는 것

self determination theory (SDT) ⟨*n*⟩ 자기결정이론

강제나 외적인 보상에 의한 것이 아니라, 자신의 자유 의지에 기반하여 행하는 선택을 강조하는 인간 동기 이론.

SDT는 내재적 동기와 외재적 동기 간의 구별을 확장하여, 2항 구분이 아닌 하나의 연속체라고 보며, 자기 결정을 기본적인 인간의 세 가지 욕구와 연결 짓는다. (a) **자율**(autonomy)(자기 자신의 행동을 결정하는 데 능동적으로 관여하고자 하는 욕구), (b) 능력(환경과 결과를 통제할 수 있다고 느끼는 욕구), (c) 관련성(다른 것에 관련되고자 하는 욕구)

☞ MOTIVATION

self-efficacy ⟨*n*⟩ 자기 효능감

특정 목표를 달성할 수 있을 것이라는 자신의 역량과 능력에 대한 신념. 학습자의 자기 효능감은 학습 동기, 목표 설정, 목표 달성을 위한 노력, 어려움을 극복해 내는 의지 등에 영향을 미친다. 자기 효능감이 언어 학습에서 학습자 성취도에 영향을 미친다는 것이 밝혀졌다.

self-esteem ⟨*n*⟩ 자존감

자기 자신의 가치에 대한 판단으로, '효능감(the feeling of efficacy)', 즉 자신이 처한 환경에 효율적으로 대응할 수 있다는 마음에 기초한다. 효능은 자기 내부에 어느 정도의 통제가 있음을 함의한다. 자존감은 언어 학습에서 하나의 정의적 변인이며, 낮은 자존감 레벨은 제2언어 학습에 부정적인 영향을 미칠 수 있다.

self-evaluation ⟨*n*⟩ 자기 평가

=self-assessment

언어 학습이 완료된 후, 자신의 수행결과를 체크하거나 언어 사용에서의 성공 여부를 확인하는 것. 자기 평가는 언어 학습에서 메타인지 전략METACOGNITIVE STRATEGY의 일례이다.

☞ SELF-RATING

self-instruction ⟨***n***⟩ 자율학습 self-instructional ⟨***adj***⟩

(교육에서) 학습자가 교사의 통제 없이 혼자서, 또는 다른 학습자와 같이 학습하는 접근법. 언어교수에서 자율학습 활동은 학습자가 자기 자신의 학습을 보다 잘 통제하는 데 도움을 준다. 이 접근법은 학습자가 배우고 싶은 사항, 사용하는 전략, 학습 과업에 들이는 시간의 양을 선택할 수 있을 때, 학습이 더 효과적이라는 신념에 기초한다.

self-monitoring ⟨***n***⟩ 자기 모니터링

=self-observation 자기 관찰

1. 자신의 행동을 보다 잘 이해하고 통제하기 위해 자신의 행동에 대한 정보를 관찰하고 기록하는 것. 교사교육TEACHER EDUCATION에서, 교사들은 자신의 전문적 역량을 개발하기 위한 한 방편으로 자기 모니터링을 위한 절차를 배운다. 사용되는 기법으로는 자신의 교수 경험을 일지로 작성하기, 정기적이고 체계적으로 자기 보고서(☞ SELF REPORTING) 활용하기, 자신의 수업을 녹음하거나 비디오로 기록하기 등이 있다.

2. 언어 학습 시, 메타인지 전략METACOGNITIVE STRATEGY의 하나로 과업을 학습하는 동안 자신의 언어수행을 체크하는 것.

self-rating ⟨***n***⟩ 자기 평정

=self report 자기 보고

(테스트에서) 일반적으로 특정 언어 기능(예를 들어, 읽기나 듣기)을 얼마나 능숙하게 사용하는가, 그 언어를 서로 다른 영역DOMAINS[1]이나 장면(예를 들어, 회사나 학교)에서 얼마나 잘 사용할 수 있는가, 그 언어의 다양한 스타일들(예를 들어, 격식을 갖춘 스타일이나 허물없는 스타일)을 얼마나 잘 사용할 수 있는가 등에 기초하여 자신의 언어 능력을 스스로 평가하는 것. 자기 평정은 학습자의 언어 숙달도에 대해 간접적으로 정보를 입수하는 방법이다.

self-regulation ⟨***n***⟩ 자기 조정

=self-regulated learning 자기 조정 학습

메타인지, 전략적 행위, 학습 동기에 의해 유도되는 학습. 교육심리학 연구자들은 이러한 특징들을 학교에서, 그리고 사회에서의 성공과 연결시킨다.

☞ LEARNING STRATEGY

self repair ⟨***n***⟩ 자기 수정

☞ REPAIR

self report ⟨***n***⟩ 자기 보고

☞ SELF-RATING

self-reporting 〈*n*〉 자기 보고

(교수에서) 수업 중에 이용하는 교수 행위를 목록화하거나 체크리스트에 표시하는 것으로, 수업 종료 후에 완성된다. 자기 보고서는 수업 중에 어떤 교육 실천을 활용하였는지, 그것이 어느 정도의 빈도로 사용되었는지를 보여주며, 교사 개인이나 그룹 토의에서 복수의 교사에 의해 완성된다. 자기 보고는 교사가 자신의 교실 실천을 평가하는 데 도움을 준다.

self-serving bias 〈*n*〉 이기적 편향

     ☞ ATTRIBUTION THEORY

SEM[1] 〈*n*〉

=측정의 표준오차STANDARD ERROR OF MEASUREMENT

SEM[2] 〈*n*〉

=구조방정식 모델링STRUCTURAL EQUATION MODELLING

semantic component 〈*n*〉 의미 부문

     ☞ GENERATIVE THEORY

semantic components 〈*n*〉 의미 성분

=의미 자질SEMANTIC FEATURES

semantic differential 〈*n*〉 의미 미분

단어에 대한 사람들의 태도나 느낌을 측정하는 기법.

의미 미분은 의미에 대한 다른 인상들을 평가하는 데 사용하며, 반대 의미를 가진 형용사 쌍(양극 형용사[bi-polar adjectives])을 포함하는 평정 척도RATING SCALES를 이용한다. 예를 들어, 단어의 주관적 의미를 측정하기 위해 다음의 척도를 사용할 수 있다.

    democracy

    좋다-------------------------- 나쁘다

    약하다----------------------- 강하다

    거칠다--------------------- 부드럽다

    능동적이다-------------- 수동적이다

피험자는 각각의 차원에서 이 단어들을 평정한다. 단어들의 평정을 비교할 수도 있다.

의미 미분은 의미론SEMANTICS, 심리언어학PSYCHOLINGUISTICS, 언어 태도LANGUAGE ATTITUDE 연구 등에서 이용되고 있다.

semantic feature 〈*n*〉 의미 자질

=semantic component 의미 성분, semantic properties 의미 특성

단어 의미의 기본 단위. 단어의 의미는 의미 자질의 조합으로 기술된다. 예를 들어, (+남성)이라는 자질은 *father*의 의미 일부이며, (+성인)이라는 자질도 마찬가지이지만, *father*의 전체 개념이나 의의를 구성하기 위해서는 다른 자질들도 필요하다. 동일한 자질이 단어들의 의미의 일부가 되기도 한다. 예를 들어, (+움직임)은 *run*, *jump*, *walk*, *gallop*와 같은 동사 전체 그룹이나 명사 의미의 일부를 구성한다. 종종 의미 자질들이 대조에 의해 확립되어 (+)와 (-)로 나타낼 수도 있다.

child	(+human)	(– adult)	
man	(+human)	(+adult)	(+male)
boy	(+human)	(– adult)	(+male)

☞ BINARY FEATURE, COMPONENTIAL ANALYSIS

semantic field ⟨*n*⟩ 의미장

=어휘장LEXICAL FIELD

semantic mapping ⟨*n*⟩ 의미 지도

텍스트에 제시된 아이디어나 텍스트 내의 개념적 관계를 시각적으로 표현하여 텍스트 읽기를 돕는 데 사용하는 교실 기법. 의미 지도는 교사나 학생에 의해 작성되기고 한다.

semantic memory ⟨*n*⟩ 의미 기억

☞ EPISODIC MEMORY

semantic networks ⟨*n*⟩ 의미망

어떤 특정 단어를 생각할 때 머리 속에 떠오르는 관련된 단어의 연상. 이중언어 화자들은 자신의 머릿속사전에 다른 의미망을 가진다.

예를 들어, 영어–스페인어 이중언어 화자는 *house*를 *window*, *boy*를 *girl*과 연결하지만, 스페인어에서는 *casa*(집)는 *madre*(어머니), *muchacho*(소년)은 *hombre*(남자)와 연결하고 있을지도 모른다.

semantic property ⟨*n*⟩ 의미 특성

=의미 자질SEMANTIC FEATURE

semantics ⟨*n*⟩ 의미론 semantic ⟨*adj*⟩

의미MEANING의 연구.

언어의 의미를 연구하는 방법에는 다양한 접근법들이 있다. 예를 들어, 철학자는 어떤 언어의 단어와 같은 언어 표현과 그 단어가 지시하는(☞ REFERENCE, SIGNS) 실세계의 사람, 사물, 사건 간의 관계를 연구해 왔다. 언어학자들은 예를 들어, 어떤 언어의 의미가 구조화되는 방식을 연구하며(☞ COMPONENTIAL ANALYSIS,

LEXICAL FIELD, SEMANTIC FEATURES), 다양한 의미 유형 간을 구별해 왔다. 또 문장의 의미 구조 연구들도 행해 왔다(☞ PROPOSITIONS). 최근 들어 언어학자들은 의미가 문법 분석에서 중요한 역할을 한다는 것에 동의하고 있지만, 의미가 어떻게 문법에 통합되는지에 대해서는 논쟁 중에 있다(☞ BASE COMPONENT, GENERATIVE SEMANTICS, INTERPRETIVE SEMANTICS).

　　☞ PRAGMATICS

semantic valence tendencies ⟨*n*⟩ 의미 결합가 경향

한 언어에서 단어는 분명한 의미적 선호를 나타내는 통계적 패턴으로 발생한다. 예를 들어, 영어에서 동사 *provide*는 전형적으로 긍정적 단어 앞에 오는 반면(예를 들어, *provide work*, *reasons*), *cause*는 부정적인 단어 앞에 온다(예를 들어, *cause trouble*). 온라인 읽기 과업에서 모어화자는 이러한 경향에 민감하여 예를 들어, *cause optimism*을 포함하는 문장보다 *cause pessimism*를 포함하는 문장을 더 빨리 읽는다. 비모어화자가 이러한 의미의 통계적인 차이에 민감해지는지, 그리고 통계적 학습STATISTICAL LEARNING이라는 단순한 방법을 통해 그것들을 학습할 수 있는지는 아직 해결되지 않고 있다.

semi-consonant ⟨*n*⟩ 반자음

　　☞ CONSONANT

semi-direct test ⟨*n*⟩ 준직접 테스트

수험자의 구어 능력을 도출하는 테스트로, 테스트 시간에 면접관이 실시간으로 제시하는 문제들에 답하는 것이 아니라, 수험자가 테이프 녹음이나 텍스트 기반 단서, 자극에 대해 구두로 답하는 방식의 테스트이다. 수험자의 구두 시험 샘플을 테이프에 녹음하여 나중에 평가한다. 준직접 테스트의 예로는 녹음테이프를 매개로 한 모의 구어 숙달도 인터뷰SIMULATED ORAL PROFICIENCY INTERVIEW가 있다.

　　☞ DIRECT TEST, INDIRECT TEST

semilingual ⟨*adj*⟩ 불완전한 이중언어 사용의 semilingualism ⟨*n*⟩

인생의 다른 시기에 몇 가지 언어를 학습하였지만 그 언어 중 어떤 언어도 모어화자 수준의 숙달도에 도달하지 못한 사람을 가리킬 때 사용된다. 언어학자들은 이 이슈가 논란의 여지가 크다고 간주한다.

semiotics ⟨*n*⟩ 기호론 semiotic ⟨*adj*⟩

1. 기호SIGNS에 관한 이론
2. 의사소통을 목적으로 한 기호나 신호를 사용하는 체계(기호체계[semiotic systems])의 분석. 가장 중요한 기호체계는 인간 언어이지만, 모스 부호, 수화SIGN LANGUAGE, 교통 신호와 같은 것도 있다.

semiotic systems 〈***n***〉 기호체계

☞ SEMIOTICS

semi-vowel 〈***n***〉 반모음

폐에서 나온 공기가 미세한 마찰을 동반하여 구강이나/과 비강을 통해 유출될 때 산출되는 발화음(자음CONSONANT).

예를 들어, 영어 yes/jes/의 /j/가 반모음이다. 조음 측면에서 보면, 반모음은 모음과 매우 유사하지만, 언어의 음 체계에서는 자음으로 기능한다.

☞ CONSONANT

sender 〈***n***〉 송신자

☞ COMMUNICATION

sense 〈***n***〉 의미

한 언어의 어휘체계에서 단어나 구(어휘소LEXEME)가 다른 단어와의 관계체계에서 차지하는 위치.

예를 들어, 영어 단어 *bachelor*와 *married*는 *bachelor*=*never married*라는 의미 관계를 가진다. 의미와 지시REFERENCE는 구별되는 경우가 많다.

☞ CONNOTATION, DENOTATION

sensitive period 〈***n***〉 민감기

☞ CRITICAL PERIOD

sensorimotor stage 〈***n***〉 감각운동기

☞ COGNITIVE DEVELOPMENT

sentence 〈***n***〉 문장

(문법GRAMMAR[1,2]에서) 문법 구성 단위 중에서 가장 큰 단위로, 그 내부에서 품사(명사, 동사, 부사 등)와 문법 범주(단어, 구, 절 등)가 기능한다. 영어에서 문장은 정형동사FINITE VERB를 동반하는 하나의 독립절(☞ DEPENDENT CLAUSE)로 보통 구성된다. 문장보다 큰 단위(예를 들어, 단락)는 담화DISCOURSE의 예로 간주된다.

sentence combining 〈***n***〉 문장 연결하기

문법과 작문 교수에서 사용되는 기법으로, 학생들은 기본 문장을 연결하여 보다 길고 복잡한 문장과 단락을 산출한다.

The teacher has doubts.

The doubts are grave.

The doubts are about Jackie.

The teacher has grave doubts about Jackie.

sentence completion ⟨**n**⟩ 문장 완성

주어진 문장 일부(예를 들어, 문장에서 첫 몇 단어)를 완성해야 하는 연습문제.
이러한 활동은 특정한 언어 항목을 대상으로 하고, 다양한 응답이 허용될 수 있다.

sentence comprehension ⟨**n**⟩ 문장 이해

  ☞ TOP-DOWN PROCESSING

sentence fragment ⟨**n**⟩ 문장 조각

(작문에서) 그 자체로는 성립할 수 없는 불완전한 문장.

예를 들어, *Whenever I try to hold a conversation with my parents about my career*는
종속접속사SUBORDINATING CONJUNCTION(☞ CONJUNCTION)를 보유하는 종속절DEPENDENT
CLAUSE이기 때문에 문장 조각이다. 그렇기 때문에 독립절INDEPENDENT CLAUSE에 연결되
어야 한다. 예) *Whenever I try to hold a conversation with my parents about my career,
they get angry with me.*

sentence meaning ⟨**n**⟩ 문장 의미

  ☞ UTTERANCE MEANING

sentence outline ⟨**n**⟩ 문장 개요

  ☞ OUTLINE

sentence pattern ⟨**n**⟩ 문형

(언어교수에서) 학습 중인 언어의 문장에서 기본적인 문법 패턴이라 간주되며,
그 언어의 다른 문장들을 산출하기 위한 모델로 사용할 수 있는 구조를 말한다.

  문형

  한정사＋명사＋동사＋관사＋형용사＋명사

  Our house has a large garden.
  My   dog has a big tail.

문형의 사용은 언어 교수의 문법 중심 접근법과 관련되어 왔다.

  ☞ SITUATIONAL LANGUAGE TEACHING

sentence stress ⟨**n**⟩ 문장 강세

  ☞ STRESS

sentential adverb ⟨**n**⟩ 문장 부사

＝이접사DISJUNCT

  ☞ ADJUNCT

sequence, sequencing ⟨**n**⟩ 배열/서열화

＝grading, gradation 등급화/단계

S

교육과정 설계나 교수요목에서, 시간의 경과에 따른 내용의 배열, 즉 새로운 항목을 가르칠 순서.

언어 교수 프로그램에서 내용 배열 원리로는 다음과 같은 것이 있다.

1. 단순한 것에서 복잡한 것 순으로(쉬운 항목이 어려운 항목보다 먼저 출현한다.)
2. 연대기 순으로(말하기 앞에 듣기가 오는 것처럼, 사건들이 자연적으로 발생하는 순서에 따라 항목들이 출현한다.)
3. 필요성(학습자가 교실 밖에서 가장 필요할 것 같은 항목부터 출현한다.)
4. 선행 학습(학습 프로세스에서 다음 단계를 위한 기초를 제공하는 항목부터 가르친다.)
5. 전체에서 부분으로, 또는 부분에서 전체로(단락과 같이, 항목의 전체적인 구조는 그것을 구성하는 부분보다 먼저 학습되거나, 혹은 그 역의 순으로 학습된다.)
6. 나선형적 배열(항목이 반복되지만, 그 항목의 새로운 측면들이 그 후에도 이어서 나타난다.)

☞ SCOPE AND SEQUENCE

sequencing¹ 〈*n*〉 연쇄

(대화분석CONVERSATIONAL ANALYSIS에서) 발화들UTTERANCE 간의 관계, 즉 어떤 종류의 발화가 다른 발화의 뒤에 오는 것.

연쇄는 연쇄 규칙(sequencing rules)에 지배되며, 이 규칙들은 언어에 따라서, 혹은 동일한 언어라도 변종에 따라 다를 수 있다. 어떤 경우에는 발화 연쇄가 인사하기나 작별하기처럼 상당히 엄격히 규정되기도 하지만(☞ ADJACENCY PAIRS), 상황, 화제, 화자, 그리고 그 순간의 화자의 의도에 의존할 가능성도 있다. 예를 들어, 질문 뒤에 보통은 대답이 오지만 어떤 상황에서는 다른 질문이 이어지는 경우도 있다.

A: *What are you doing tonight?*
B: *Why do you want to know?*
☞ TURN-TAKING

sequencing² 〈*n*〉 배열

＝단계GRADATION

sequencing rules 〈*n*〉 연쇄 규칙

☞ SEQUENCING¹

sequential access 〈*n*〉 순차적 접근

☞ ACCESS

sequential processing 〈*n*〉 순차적 처리

☞ PARALLEL PROCESSING

serial learning ⟨*n*⟩ 계열 학습

　　=serial-order learning

　　단어 목록을 암기할 때와 같이, 연쇄적이나 순차적으로 단어를 학습하는 것.

　　심리언어학PSYCHOLINGUISTICS에서, 계열 학습 이론('선형'이나 '좌우' 이론이라고도 부른다)은 문장 산출 방식을 다루는 하향식 이론(top-to-bottom theory)이나 계층 이론(hierarchical theory)과 비교된다. 예를 들어, *The dog chased the cat*이라는 문장을 산출할 때, 계열 모델에서는 화자가 산출하는 각 단어가 그 뒤에 오는 단어를 결정한다.

　　　　The+dog+chased+the+cat.

　　하향식 모델에서는 명제PROPOSITION를 구성하는 항목이 다른 항목보다 먼저 산출된다.

　　a. *dog, cat, chase* (비순서)

　　b. *dog+chase+cat* (순서)

　　c. *the+dog+chased+the+cat* (수식)

setting ⟨*n*⟩ 배경

　　발화 사건SPEECH EVENT의 때와 장소.

　　예를 들어, 대화는 교실, 정원, 교회 등에서 하루 중 아무 때나 발생할 수 있다. 발화 사건의 배경은 이야기하는 내용과 방식에 영향을 끼치기도 한다.

　　☞ COMMUNICATIVE COMPETENCE

shadowing ⟨*n*⟩ 쉐도잉/그림자처럼 따라읽기

　　언어 교수와 동시통역 훈련에서 종종 사용되는 기법으로, 학습자가 화자의 발화를 따라한다. 몇 가지 유형의 쉐도잉이 사용된다.

　　1. 강의형 쉐도잉: 청자가 조용히 화자의 발화를 따라한다.

　　2. 읽기형 쉐도잉: 학생 한 명이 낭독하고 다른 한 명이 그것을 따라한다.

　　3. 대화형 쉐도잉: 청자가 화자 발화의 전체 또는 일부를 재생하여 반복한다. 쉐도잉은 듣기 기능을 기르고 유창성을 개발한다고 알려져 있다.

shared knowledge ⟨*n*⟩ 공유된 지식

　　화자와 청자가 공유하고 있으며 둘 사이의 의사소통의 유형과 형식에 영향을 미치는 지식.

　　이러한 지식은 공통의 문화적 지식에 기반하거나, 화자와 청자가 공유하는 특정 경험에 기반한다. 공유된 지식은 한정적 지시, 초점과 화제의 구조, 분열문, 대조적 강세, 대명사의 선택을 포함하는 언어 사용의 많은 측면에 영향을 미친다.

shared reading ⟨*n*⟩ 함께 읽기/나누어 읽기

초기 문식 프로그램의 읽기 교수에서, 교사가 읽기물(많은 경우, 그림책)을 통해 아이들을 유도하면서 아이 혼자서는 읽기 어려운 텍스트를 이해할 수 있게 도움을 주는 활동.

함께 읽기는 독자 공동체의 일원이 되었다는 기분과 유창한 읽기의 즐거움을 감상하는 기회를 학습자에게 제공한다고 알려져 있다.

sheltered English 〈*n*〉 보호막 영어

=sheltered instruction 보호막 지도

캐나다의 이멀전 교육(☞ IMMERSION PROGRAMME)을 모델로 한 제2언어 학습자를 위한 교수법으로, 학습 내용은 영어로 가르치고, 특별한 지도 기법을 통해 학생 이해할 수 있게 한다. 이 접근법의 목표는 학생들이 고도의 구어 영어 숙달도를 습득하고, 동시에 내용 영역CONTENT AREAS에서도 성과를 올리게 하는 것, 즉 학생이 정규교육MAINSTREAMING을 받을 준비가 될 때까지 교과 내용과 언어를 동시에 가르치는 것이다.

short circuit hypothesis 〈*n*〉 단락 가설

(읽기 연구에서) 제2언어의 숙달도가 사용 단계에 도달해 있지 않으면 유창성 부족으로 인해 제1언어의 읽기 전략이 제2언어 학습에 유효하지 않게 된다(단락된다)는 생각

short-term memory 〈*n*〉 단기기억

☞ MEMORY

shwa 〈*n*〉 슈와

=슈와SCHWA

sibilant 〈*n*〉 치찰음

높은 피치의 소음을 수반하는 마찰음FRICATE. 영어 *sip*의 /s/는 치찰음이다.

side sequence 〈*n*〉 곁들임 연쇄

대화에서, 화자 중 한 명이 대화의 흐름을 깨고 특정 사항을 확인하는 경우가 있다. 보통 다른 한 사람이 답을 제공한다. 이 교대 후, 즉 곁들임 연쇄 후, 대화의 흐름이 재개된다. 예를 들어, 다음의 A와 B는 약속을 잡고 있다.

A: I'll be there at six.

B: *Aren't you working late?*

A: *Not on Thursdays*.

B: Fine, see you at six then.

대화 중의 A와 B의 교대가 곁들임 연쇄이다.

☞ INSERTION SEQUENCE, REPAIR, SEQUENCING

sight method 〈*n*〉 시각 교수법

＝전체단어 인지법WHOLE-WORD METHOD

sight vocabulary 〈*n*〉 시인(視認) 어휘

(모어로 읽기를 가르칠 때) 읽기 단락이나 텍스트에서 아이가 한 번에 바로 인식할 수 있어 음성이나 다른 읽기 스킬을 사용하여 해독할 필요가 없는 단어들(☞ PHONIC)

signal 〈*n*〉 신호

☞ INFORMATION THEORY

significance level 〈*n*〉 유의수준

☞ STATISTICAL SIGNIFICANCE

significant difference 〈*n*〉 유의차

☞ STATISTICAL SIGNIFICANCE

signification 〈*n*〉 의미/기호작용

☞ SIGNS, USAGE[2]

signify 〈*v*〉 의미하다

☞ SIGNS

sign language 〈*n*〉 수화 sign 〈*v*〉

청각장애인 및 그들과 의사소통하는 사람들이 사용하는 언어로, 의미를 전달하기 위해 손, 팔, 몸, 머리, 얼굴, 눈, 입 등의 움직임을 이용한다. 세계 각처에서 다양한 수화가 발달하였다. 예를 들어, **미국 수화**(Ameslan), 영국 수화, 덴마크 수화, 프랑스 수화 등이 있다. 이 수화들은 고유의 문법을 가진 진정한 언어이며, 그것이 사용되는 국가에서 말하는 언어를 단순히 '몸짓으로 표현하고자 하는' 시도는 아니다. 수화에서 사용되는 의사소통의 시각적-몸짓 단위를 '수화단어(signs)'라고 부른다. 청각장애인 공동체와 그들의 교육에 관계된 사람들 사이에서 수화를 중시하는 사람(이 입장을 취하는 사람을 **수화옹호파**[manualists]라 한다)과 그에 반대하는 사람(**구두옹호파**[oralists]라 부른다) 간의 논쟁이 있다. 구두옹호파는 청각장애인에게 수화를 가르치는 것이 외부 세계와의 의사소통을 방해하고 타인과의 상호작용을 수화를 아는 사람에 한정시키게 된다고 주장한다.

signs 〈*n*〉 기호

언어학에서, 다른 것을 **의미하는**(signify), 즉 다른 것을 '나타내는' 단어나 표현들. 예를 들어, *table*이라는 단어는 실세계의 특정 가구를 의미한다. 일부 언어학자와 철학자들은 **의미작용**(signification) 프로세스에 제3의 항목, 즉 기호가 나타내는 추상적인 개념CONCEPT을 포함하기도 한다.

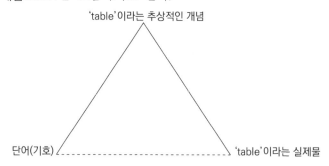

'table'이라는 추상적인 개념

단어(기호)   'table'이라는 실제물

silent pause 〈*n*〉 침묵 휴지

☞ PAUSING

silent period 〈*n*〉 침묵기

모어를 습득하고 있는 어린이가 언어를 듣고는 있지만 그것을 산출할 수는 없는 시기를 경험하는 것처럼, 많은 언어 학습자들도 말할 수 없거나 말하고 싶지 않은 시기를 경험한다.

silent reading 〈*n*〉 묵독

☞ READING

silent way 〈*n*〉 침묵식 교수법

Gattegno가 개발한 외국어 교수법METHOD로, 몸짓, 마임, 시각적 교구, 벽걸이 차트와 특히 교사가 학생의 발화를 돕기 위해 사용하는 퀴즈네르 막대(다른 색깔과 길이로 된 나무 스틱)를 활용한다. 교수법에 이 명칭을 붙인 것은 이 기법을 사용하는 교사가 상대적으로 침묵하는 경우가 많기 때문이다.

simile 〈*n*〉 직유

☞ FIGURE OF SPEECH

simple form 〈*n*〉 단일 형식

☞ INFINITIVE

simple past 〈*n*〉 단순 과거

☞ PAST TENSE

simple sentence 〈*n*〉 단문

☞ COMPLEX SENTENCE

simplification[1] 〈*n*〉 단순화

(제2언어 습득SECOND LANGUAGE ACQUISITION과 오류분석ERROR ANALYSIS에서) 학습자가 문법적 (또는 형태론적, 음운론적)으로 목표언어TARGET LANGUAGE보다 덜 복잡한 규칙을 사용

할 때(과잉일반화overgeneralization의 결과인 경우가 많다), 발생한 것들을 기술하기 위해 사용하는 용어. 예를 들어, 학습자가 예외를 무시하고 과거시제 형성에 하나의 규칙만 사용해서(동사 원형에 −ed를 붙여) *breaked, standed*와 같은 부정확한 형태를 산출하기도 한다. 제2언어/외국어 학습자의 중간언어interlanguage 연구에서, 단순화는 언어 전이language transfer와 같은 다른 프로세스의 결과로써 발생하는 오류와 구별되기도 한다.

simplification[2] ⟨***n***⟩ 평이화/단순화

(언어교수에서) 일반적으로 단어 목록word list, 구문 목록, 또는 문법 교수요목 syllabus을 이용하여, 제2언어/외국어 학습자에게 적합한 단순화된 읽기물 등의 자료를 만들기 위해 원문이나 원자료를 고쳐쓰거나 개작하는 것.

    ☞ GRADED READER

simplified reader ⟨***n***⟩ 단순화된 읽기 교재

＝등급별 읽기 교재graded reader

simplified vocabulary ⟨***n***⟩ 단순화된 어휘

어려운 단어나 단어 목록에 포함되어 있지 않은 단어를 보다 단순한 단어나 단어 목록에 있는 단어로 치환하여 작성한 읽기 등을 위한 교수 자료

simulated oral proficiency interview (SOPI) ⟨***n***⟩ 모의 구어 숙달도 인터뷰

미국 워싱턴에 있는 응용언어학센터가 개발한 수행기반 말하기 테스트 유형으로, 테이프를 매개로 하여 가능한 한 면대면 OPI에 가깝게 하였다. 테이프에 녹음된 모어화자의 자극에 대해 현장의 시험관 없이 수험자가 구두로 산출한 것을 녹음한 평가용 샘플을 나중에 전문 채점자가 ACTFL 평가기준에 따라 채점을 한다.

simulation[1] ⟨***n***⟩ 시뮬레이션

(컴퓨터 지원 언어 학습computer assisted language learning에서) 대규모 데이터베이스를 사용하는 소프트웨어를 예를 들어, 생태계에서 변수를 통제하듯, 학습자의 입력을 출력으로 바꾸는 유사 환경에서 정보를 제시하기 위해 사용하는 것.

simulation[2] ⟨***n***⟩ 시뮬레이션

실제 상황을 재현하거나 모방하거나 하며, 드라마화하거나 그룹 토론을 수반하기도 하는 교실 활동(☞ ROLE-PLAY, 롤플레이에는 그룹 토론이 포함되지 않는다). 시뮬레이션 활동에서, 어떤 상황에서 역할과 과업tasks, 또는 해결해야 할 문제, 그리고 지시사항이 학습자에게 제공된다(예를 들어, 공장에서 고용자와 종업원의 임금 인상을 둘러싼 논의). 그런 다음 참가자들은 결정을 내리고 제안을 한다. 결과는 참가자가 내린 결정을 토대로 '연출된다'. 참가자는 그 후 자신의 행동과 느낌, 일어난 일에 대해 논의한다.

simulation-based theories of understanding ⟨***n***⟩ 시뮬레이션 기반 이해 이론

발화의 이해에는 지각과 운동 표상의 활성화가 수반된다고 제안하는 이론. 예를 들어, *Give Bill the pizza*와 같은 문장의 이해에는 누군가의 팔을 앞으로 움직이는 내적 표상의 활성화가 동반된다.

     ☞ EMBODIMENT

simultaneous bilingualism ⟨***n***⟩ 동시적 이중언어

예를 들어, 아이가 세 살이 되기 전에는 두 개의 언어를 동시에 제1언어로 습득하는 것.

simultaneous interpretation ⟨***n***⟩ 동시통역

     ☞ INTERPRETATION

singular ⟨***adj***⟩ 단수(의)

수가 단 하나임을 가리키기 위해 사용되는 명사, 동사, 대명사 형식

단수	복수
machine	*machines*
it	*they/them*

sister dependency ⟨***n***⟩ 자매 의존관계

일부 통사 분석에서, 어떤 문장의 구성소 두 개가 동일한 구조 레벨에 있을 때, 그 구성소들은 자매관계로 간주된다. 예를 들어, *All the children were laughing*이라는 문장에서, 명사구 *all the children*은 동사구 *were laughing*의 '자매(sister)'이다. 두 구성소는 상호의존한다(자매-의존관계). 다음 다이어그램에서 두 구성소는 동일한 절점NODE 아래에 있다.

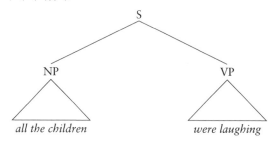

위의 두 구는 모두 '자신들을 직접 지배하는' S의 딸DAUGHTERS이다. 이는 S가 수형도에서 두 구성소 바로 위에 있는 절점NODE임을 의미한다. 두 구는 S의 딸-의존관계에 있다.

situated learning ⟨***n***⟩ 상황 학습

사회문화 이론SOCIOCULTURAL THEORY에서 사용되는 용어로, 학습을 단순한 인지적 프로

세스가 아닌 상황과 학습이 포함된 사회적 문맥에 의해 형성되는 사회적 프로세스로 간주한다. 예를 들어, 교실 언어 학습은 환경, 참가자, 역할, 수행되는 활동, 사용되는 자료 등에 의해 형성된다.

Situational Language Teaching ⟨*n*⟩ 상황 언어교수법

=oral approach 구두 접근법

1949년부터 1960년 사이, 영국의 언어교육 전문가들에 의해 개발된 언어교수법 METHOD. 상황 언어교수법은 문법 중심 교수법으로, 문법이나 어휘의 등급화 원리가 활용되고, 신출 교수 항목들이 상황을 통해 제시되고 연습된다. 더 이상 사용되지 않게 되었지만, 상황 언어교수에서 비롯된 기법들은 많은 언어 교재가 채택하고 있다.

situational method ⟨*n*⟩ 상황 교수법

(언어교수에서) 언어 항목의 선택, 조직, 제시가 상황(예를 들어, 은행, 슈퍼, 가정에서)에 기반을 두는 프로그램이나 교수법을 가리키는 데 사용하는 용어. 이러한 언어 코스나 교재를 위한 교수요목SYLLABUS을 **상황 교수요목**(situational syllabus)이라 부른다. 많은 교수법들이 언어 항목의 연습 방법으로 모의 상황을 이용하고 있지만, 코스 내용을 선택하거나 조직하는 데는 다른 기준을 사용하고 있다(☞ 예를 들어, 개념 교수요목NOTIONAL SYLLABUS, 기능 교수요목FUNCTIONAL SYLLABUS*. 상황이 언어의 선택, 조직, 연습에만 사용된다면, 엄밀히 '상황 교수법'이라는 용어를 적용하기 어렵다.

situational syllabus ⟨*n*⟩ 상황 교수요목

☞ SITUATIONAL METHOD

situation analysis ⟨*n*⟩ 상황 분석

=SWOT analysis, target situation analysis 목표 상황 분석

교육과정 개발에서, 교육과정 계획의 실시에 긍정적이거나 부정적인 영향을 미치는 주요 요인들을 확인하고, 제안된 교육과정이 학생, 다른 프로그램, 그리고 기관 외부의 사람들에게 직간접적으로 미치는 영향을 연구하는 것.

이러한 요인들은 정치적, 사회적, 경제적, 기관적, 행정적인 것일 수 있다. 상황 분석은 요구분석NEEDS ANALYSIS의 한 측면으로 간주되기도 한다. 특정 언어 프로그램의 내적인 **강점**(strength)과 **약점**(weakness), 그리고 그 언어 프로그램의 존속이나 성공적인 운영을 위한 외적인 **기회**(opportunities)와 **위협**(threats)을 조사하는 것이 관련되기 때문에, 이것을 SWOT 분석이라 부르기도 한다.

skewness ⟨*n*⟩ 왜도/비대칭도

분포DISTRIBUTION의 대칭성이 어느 정도 결여되어 있는지를 나타내는 척도. 고득점보

다도 저득점이 더 많을 때는 분포가 **양의 왜곡**(positively skewed)을 가지는 반면, 저득점보다 고득점이 많을 때는 분포가 **음의 왜곡을 가진다**(negatively skewed).

skill 〈*n*〉 기술/스킬

활동을 보다 잘 수행할 수 있도록 습득되는 능력으로, 보통은 많은 관련 프로세스와 행위들로 구성된다. 언어 학습의 많은 측면들은 전통직으로 스킬 학습(예를 들어, 말하기 학습, 유창하게 읽기 위한 학습)으로 간주되었다.

☞ AUTOMATIC PROCESSING

skills 〈*n*〉 기능/스킬

=(언어교수에서) 언어 기능LANGUAGE SKILLS

skimming 〈*n*〉 스키밍/훑어읽기

독자가 텍스트의 대략적인 의미를 이해하기 위해 그 일부를 표본 조사하는 **읽기 전략**(reading strategy) 유형.

스키밍에는 중요한 정보가 텍스트의 어디에 있을지를 추측하는 전략과, 텍스트의 대략적인 의미에 도달할 때까지 텍스트의 해당 부분에 기본적인 읽기 이해 스킬을 사용하는 전략이 관련한다.

☞ SCANNING

SLA 〈*n*〉

=제2언어 습득SECOND LANGUAGE ACQUISITION

slang 〈*n*〉 속어

표현력은 있으나, 비격식적인 단어나 표현을 사용한 지극히 일상적이고 비격식적인 발화.

속어가 구어체 발화COLLOQUIAL SPEECH에 상당한다고 하는 사람이 있는 반면, '바람직하지 않은 발화'를 의미한다고 하는 이도 있다. 보통 '구어체 발화'는 동료나 친구, 친척 등을 상대로 하는 비격식적인 상황에서 사용하는 발화 변이를 가리키며, '속어'는 십대, 군대 신병, 대중가요 그룹과 같은 특정 집단에서 '또래 내' 언어의 기능을 하는 지극히 비형식적인 발화 변이를 가리킨다. 대부분의 속어는 그 단어와 표현들이 상당히 빠른 속도로 변할 수 있기 때문에 대체로 불안정하다.

Beat it! Scram! Rack off! (꺼져!)

☞ JARGON

slang words 〈*n*〉 속어

=slang expressions 속어 표현

☞ SLANG

SLI ⟨**n**⟩

　＝특수언어장애SPECIFIC LANGUAGE IMPAIRMENT

SLO ⟨**n**⟩ 학생의 학습 성과

　　☞ LEARNING OUTCOME

small-group discussion ⟨**n**⟩ 소집단 토의

　　☞ DISCUSSION METHOD

small-group interaction ⟨**n**⟩ 소집단 상호작용

　(교수에서) 소집단 내에서 일어나는 상호작용을 설명하는 요소들.

　여기에는 집단 내 상호작용이 언어에 의한 것인지 비언어에 의한 것인지, 관련된 과업의 종류, 그룹 멤버의 역할, 리더십, 집단의 결속력 등이 포함된다.

　　☞ GROUPING

social capital ⟨**n**⟩ 사회 자본

　사람들이 가진 속성의 금전적이고 사회-심리적인 가치를 가리키는 용어로, 축적될 수도 있고, 소모될 수도 있다. 교육이 사회 자본의 한 형태인 것과 마찬가지로, 위신 있는 언어와 언어 변종도 사회적 자본이다. 이러한 관점에서 언어 학습은 (동기MOTIVATION를 대치하는 개념으로써) 투자(investment)를 필요로 한다고 볼 수 있다.

social constructionism ⟨**n**⟩ 사회 구성주의

　＝social construction of knowledge 지식의 사회적 구축

　지식은 타인과의 사회적 상호작용을 통해 구축되며, 학습자의 문화, 관습, 신념, 그리고 학습 문맥의 역사적, 정치적, 사회적 등의 측면들을 반영한다는 이론. 이 이론은 작문이나 수사학을 가르치는 기초로 종종 사용되며, 비판적 교육학CRITICAL PEDAGOGY의 중요한 한 차원이다.

social construction of knowledge ⟨**n**⟩ 지식의 사회적 구축

　　☞ SOCIAL CONSTRUCTIONISM

social context ⟨**n**⟩ 사회적 맥락/문맥

　의미가 교환되는 환경.

　(언어학자 Halliday에 의하면) 언어의 사회적 맥락은 세 가지 요인과 관련 지어 분석할 수 있다.

　a. **담화의 장**(field of discourse): 말하고 있는 내용을 비롯하여 일어나고 있는 것을 가리킨다.

　b. **담화의 참여자**(tenor of discourse): 의미 교환에 참여하는 사람을 가리키며, 그 사람들이 누구이며, 서로가 어떤 관계에 있는가를 나타낸다(☞ ROLE

S

515

RELATIONSHIP).

   c. **담화의 매체**(mode of discourse): 특정 상황에서 언어가 어떤 부분에서 역할을 하는가, 예를 들어 의미를 전달하기 위해 언어가 어떤 방식으로 조직되는가, 어떤 채널CHANNEL이 사용되는가, 즉 구어인가 문어인가, 혹은 양쪽의 조합인가를 가리킨다.

〈예〉 중학교 외국어 수업
- 장(field): 언어 학습, 외국어에 대한 정의된 영역의 정보, 예를 들어 시제의 사용. 시제와 그 사용에 대한 지식을 전달하는 교사와 그 지식을 습득하는 학생
- 참여자(tenor): 교사−학생. 교육 기관에 의해 정의된 고정된 역할 관계. 높은 역할의 교사. 개성에 따른 학생들 간의 일시적인 역할 관계
- 매체(mode): 지도와 토론을 위해 사용되는 언어
- 채널(channel): 구어(예를 들어, 정보를 끌어내는 질문, 정보를 제공하는 답변, 학생에 의해 연출된 대화)와 문어(예를 들어, 칠판에 시각적인 제시, 교재, 읽기 보충 교재)

    ☞ FUNCTIONS OF LANGUAGE², SYSTEMIC LINGUISTICS

social dialect 〈***n***〉 사회방언

  =sociolect

특정 인구통계학적 집단과 연결된 방언(예를 들어, 여성 대 남성, 연장자 대 젊은 화자, 다양한 사회 계층의 구성원 등)

social dialectal variation 〈***n***〉 사회방언적 변이

  =사회방언적 변이SOCIOLECTAL VARIATION

    ☞ SOCIOLECT

social distance 〈***n***〉 사회적 거리

자신의 사회적 위치가 다른 누군가의 사회적 위치와 상대적으로 유사하거나 다르다고 느끼는 감정.

다른 두 집단이나 공동체들 간의 사회적 거리는 의사소통에 영향을 미치며, 한 집단이 다른 집단의 언어를 학습하는 방식(예를 들어, 한 국가의 지배적 집단의 언어를 학습하는 이민자 집단)에 영향을 미칠 수 있다. 사회적 거리는 두 집단의 크기, 민족의 기원, 정치적 지위STATUS, 사회적 지위 등의 차이에 의해 결정될 수 있으며, 제2언어 습득SECOND LANGUAGE ACQUISITION 분야의 연구 대상이 되어 왔다.

    ☞ PIDGINIZATION HYPOTHESIS, ASSIMILATION², ACCULTURATION

social function 〈***n***〉 사회적 기능

    ☞ FUNCTIONS OF LANGUAGE¹

social identity 〈***n***〉 사회적 정체성

사람들이 국가, 젠더, 민족, 계급, 직업 등과 같은 확인 가능한 사회적 집단과 관련시켜 자신을 유형화하는 방식. 사회적 정체성은 복합적이며, 변화하며, 서로 갈등하기도 한다. 사회적 정체성은 사람들이 담화에서 언어를 사용하는 방식을 통해 대부분 구축된다.

socialization 〈***n***〉 사회화

인간이 특정 문화의 구성원으로써 그 문화의 언어를 말하는 방식, 행동 방식, 생각 방식, 감정을 학습해 가는 내재화 프로세스.

언어 사회화LANGUAGE SOCIALIZATION라는 용어는 유년기 동안 가정 내에서 일어나는 제1차 사회화를 가리키는 데 사용되지만, 학교와 공동체, 직장에서 언어의 특유 형식과 사용 등, 일생을 통해 진행되는 2차 사회화를 가리키기도 한다. 언어 사회화는 그것이 언어 학습과는 별도로 문화적 학습, 화용적 학습, 그리고 다른 학습 형태까지를 포함하기 때문에 언어 습득보다 넓은 의미로 사용된다.

socialized speech 〈***n***〉 사회화된 발화

☞ EGOCENTRIC SPEECH

social psychology of language 〈***n***〉 언어의 사회심리학

사회와 그 구조가 개인의 언어 행위에 영향을 미치는 방식을 연구하는 학문 분야. 이 분야의 연구에서는 다른 언어나 언어 변이, 그리고 화자들에 대한 태도 등을 다룬다.

social strategies 〈***n***〉 사회적 전략

☞ LEARNING STRATEGY

societal bilingualism 〈***n***〉 사회적 이중언어주의

=multilingualism 다언어주의

한 사회의 개인이나 집단이 사용하는 언어가 둘 이상 존재하는 것.

사회적 이중언어주의는 사회의 모든 구성원이 이중언어 사용자임을 함의하지는 않는다. 실제, 다언어 사회 내 언어 집단의 대다수 구성원들이 단일언어 사용자인 경우도 있다(예를 들어, 캐나다의 영어 화자). 다른 집단들이 지리적이나 사회적으로 서로 떨어져 있기 때문이다.

☞ BILINGUALISM

socio-cognitive approach 〈***n***〉 사회인지적 접근법

제2언어 작문 교수 시, 학생들이 독자의 필요성과 기대, 글의 장면에 초점을 두는 접근법

S

socio-constructivist theory ⟨**n**⟩ 사회구성주의 이론

☞ CONSTRUCTIVISM

sociocultural competence ⟨**n**⟩ 사회문화적 능력

☞ COMMUNICATIVE COMPETENCE

sociocultural theory ⟨**n**⟩ 사회문화 이론

러시아 심리학자 Vygotsky의 연구에서 비롯된 학습 이론으로, 학습에서 사회적 문맥의 역할을 다룬다. 사회문화 이론은 문화적으로 체계화된 관습에서 사회적 관계와 참여가 학습에 담당하는 중심적 역할을 강조한다. 제2언어 학습 연구에서, 사회문화 이론은 학습에서 사회적 상호작용이 담당하는 역할과, 형식적인 언어 체계가 아닌 언어의 본질인 의사소통적 활동을 강조한다. 제2언어 학습은 학습자가 참여하는 사회문화적인 활동의 결과라고 간주된다.

☞ COMMUNITY OF PRACTICE, IDENTITY, SITUATED LEARNING,
   ZONE OF PROXIMAL DEVELOPMENT

socio-educational model ⟨**n**⟩ 사회교육 모델

Gardner가 개발한 학교 상황에서의 제2언어/외국어 학습 모델. 이 이론은 통합적 동기INTEGRATIVE MOTIVATION의 역할을 강조한다.

sociolect ⟨**adj**⟩ 사회방언

=social dialect

특정 사회 계층에 속한 사람들이 사용하는 언어 변종(방언DIALECT).

사회방언의 화자들은 보통 유사한 사회경제적·교육적 배경을 공유한다. 사회방언은 (지위STATUS가) 높다, 낮다로 분류된다.

   He and I were going there. (높은 사회방언)

   'Im'n me was goin' there. (낮은 사회방언)

한 국가에서 지위가 가장 높은 사회방언은 표준 변종STANDARD VARIATION인 경우가 많다. 사회방언 간의 차이는 다양한 사회적 배경을 가진 화자의 발화 샘플을 대량으로 분석하여 조사할 수 있다.

사회방언 간의 차이를 **사회방언 변이**(socio-lectal variation/social dialectal variations)라고 부른다.

☞ ACCENT[3], DIALECT, SPEECH VARIETY

sociolectal variation ⟨**n**⟩ 사회방언 변이

=social dialectal variation

☞ SOCIOLECT

sociolinguistic marker ⟨**n**⟩ 사회언어학적 표지

화사가 한 사회적 집단의 일원임을 표시하고, 여기에 사회적 태도를 부가하는 언어적 자질.

예를 들어, 일부 뉴요커의 발화에서 모음 직후에 오는 'r'이 없거나(낙인된), 일부 영국인의 발화에 모음 직후에 오는 'r'이 없는 (표준 발음RP) 경우가 그것이다.

sociolinguistics ⟨**n**⟩ 사회언어학 sociolinguistic ⟨**adj**⟩

사회 계층, 교육 수준, 교육 유형, 연령, 성별, 인종 등의 사회적 요인들과 관련한 언어를 연구하는 분야. 사회언어학의 하위 분야에 무엇을 포함시킬 것인지는 언어학자에 따라 다르다.

많은 언어학자들은 가끔 **미시적 사회언어학**(micro-sociolinguistics)이라 부르는, 대인관계적 의사소통 연구(예를 들어, 발화 행위SPEECH ACTS, 대화분석CONVERSATIONAL ANALYSIS, 발화 사건SPEECH EVENT, 발화 연쇄SEQUENCING[1] OF UTTERANCES 등)와 집단 구성원이 사용하는 그 언어의 변이와 사회적 요인 간의 관계(☞ SOCIOLECT)를 밝히는 연구를 포함하고 있다.

이중언어BILINGUAL나 다언어 사용MULTILINGUAL 공동체에서의 언어 선택, 언어 계획LANGUAGE PLANNING, 언어 태도LANGUAGE ATTITUDES 등과 같은 연구 분야가 사회언어학의 하위 분야에 포함될 수 있으며, 이것을 **거시적 사회언어학**(macro-sociolinguistics)이라 부르기도 한다.

이 분야는 언어사회학SOCIOLOGY OF LANGUAGE 또는 언어 사회심리학SOCIAL PSYCHOLOGY OF LANGUAGE의 일부로 간주된다.

　　☞ ETHNOGRAPHY OF COMMUNICATION

sociolinguistic transfer ⟨**n**⟩ 사회언어학적 전이

제2언어를 사용하거나 다른 공동체에 속한 사람과 상호작용할 때, 자기 자신의 언어와 언어공동체와 결부된 말하기 규칙을 사용하는 것.

sociology of language ⟨**n**⟩ 언어사회학

사회적 틀 내에서 언어 변종과 그 사용자에 대한 연구.

이중언어BILINGUAL나 다언어MULTILINGUAL 사용 국가에서의 언어 선택, 언어 계획LANGUAGE PLANNING, 언어 유지LANGUAGE MAINTENANCE, 언어 이행LANGUAGE SHIFT 등을 연구 대상으로 한다. 언어사회학은 사회언어학SOCIOLINGUISTICS이라 부르는 언어학 분야를 포함한다고 간주되거나, 사회언어학이 확대된 것이라 간주되고 있다.

sociopragmatic failure ⟨**n**⟩ 사회화용론적 실패

한 언어에서 다른 언어로 사회문화적인 자질을 부적절하게 전이시킴으로써 야기되는 의사소통 상의 오해나 단절. 여기에는 한 문화에서는 적절하지만 다른 문화에서는 그렇지 않은 대화 개시 방법, 종료 방법, 호칭 형식의 사용법, 사과나 칭찬,

불평 표현 등이 포함될 수 있다.

sociopragmatics 〈*n*〉 사회화용론

☞ PRAGMALINGUISTICS

soft palate 〈*n*〉 연구개

＝연구개VELUM

☞ PLACE OF ARTICULATION, VELAR

sonorant 〈*n*〉 공명음

폐에서 나온 공기가 입이나 코를 비교적 자유롭게 통과함으로써 산출되는 언어음. *lid*의 /l/과 모든 모음이 공명음이다.

☞ OBSTRUENT

sonority 〈*n*〉 울림도/공명도

☞ SYLLABLE

SOPI 〈*n*〉

＝모의 구어 숙달도 인터뷰SIMULATED ORAL PROFICIENCY INTERVIEW

sound change 〈*n*〉 음 변화

장기간에 걸쳐 일어나는 단어의 발음 변화.

예를 들어, 중세 영어의 /a : /는 현대 영어의 /eɪ/로 음변화하였다. *name*은 중세 영어에서 /na : mə/, 현대 영어에서 /neɪm/이다.

이러한 음 변화는 지금도 진행 중에 있으며, 음 차이가 노년층과 청년층의 발음 사이에 관찰되기도 한다.

sound symbolism 〈*n*〉 음 표상

어떤 단어의 소리와 의미 사이가 비자의적인 관계에 있는 일련의 현상들을 가리키며, 간투사INTERJECTIONS, 의성어ONOMATOPOEIA, 표의음IDEOPHONES 등이 포함된다.

sound wave 〈*n*〉 음파

소리를 전달하는 공기의 파동을 닮은 움직임.

언어에서 음파는 성대VOCAL CORDS의 진동에 의해 유발된다. 음파를 형성하는 공기 입자가 일정 시간 내에 반복하는 전후 운동의 비율을 **진동수**(frequency)라 부른다. 운동이 빠를수록 진동수는 높아진다. 발화음은 다양한 진동수로 진동하는 단순 음파와 복합 음파를 형성하는 음파가 결합된 것이다.

단순 음파

복합 음파

복합 음파에서 가장 낮은 진동수를 **기본 진동수**(fundamental frequency)라고 한다. 기본 진동수는 성대 진동수와 동일하다.

source[1] 〈***n***〉 정보원

☞ INFORMATION THEORY

source[2] 〈***n***〉 근원

(격 문법CASE GRAMMAR에서) 사람이나 사물이 움직이거나 움직여지는 장소. 예를 들어, *He came from the station*에서 *the station*이 근원이다.

source language[1] 〈***n***〉 기점 언어

(언어 차용BORROWING에서) 단어가 다른 언어에 도입될 때 원래의 언어. 프랑스어는 노르만인의 정복(1066) 이후 영어로 유입된 단어들인 *prince, just, saint, noble*과, 그 후에 유입된 단어 *garage, restaurant* 등의 기점 언어이다. 일본어는 역사의 오랜 기간 동안 중국어가 기점 언어였다. 20세기에는 영어가 주요 기점 언어가 되었다.

source language[2] 〈***n***〉 원어

번역 시 기준이 되는 언어(예를 들어, 이중언어 사전)

☞ TARGET LANGUAGE[2]

source text 〈***n***〉 원본

다른 언어로 번역되는 텍스트

☞ TRANSLATION, MACHINE TRANSLATION

SOV language 〈***n***〉 SOV 언어

☞ TYPOLOGY

Speaking Proficiency English Assessment Kit (SPEAK) 〈***n***〉 영어 구어 능력 평가 키트

☞ TEST OF SPOKEN ENGLISH

Spearman-Brown Prophecy Formula 〈***n***〉 스피어만–브라운 예언 공식

두 개의 반분 동형 테스트의 신뢰성RELIABILITY을 추정하기 위해 (예를 들어, 반분 신뢰도SPLIT-HALF RELIABILITY를 수정하거나 보정하는 경우) 자주 사용하는 공식.

이 경우, 두 반분 테스트는 평균과 분산이 동일하다고 가정된다. 이 공식은 원 테스트보다 짧아진 새 테스트의 신뢰성을 평가할 때에도 사용된다(예를 들어, 테스트 실시에 엄격한 시간 제한이 있고, 평가자가 축소판 테스트의 신뢰성이 어느 정도인가를 평가하고 싶어서 원 테스트의 길이를 100문항에서 50문항으로 축소해야 하는 경우).

Spearman rank-order correlation ⟨**n**⟩ 스피어만 순위상관 Spearman's rho (ρ) 스피어만의 rho (ρ)

☞ CORRELATION

Spearman's rho (ρ) ⟨**n**⟩ 스피어만의 rho (ρ)

＝스피어만 순위상관SPEARMAN RANK-ORDER CORRELATION

special education ⟨**n**⟩ 특수 교육

＝special ed

미국에서 정규 교육과정에서는 요구가 쉽게 충족되지 못하는 사람들, 예를 들어, 특별한 정서적, 지적, 신체적, 혹은 사회적 요구를 가진 학생들을 특별히 지원하는 것.

special languages ⟨**n**⟩ 전문어

식물학, 법학, 핵물리학, 언어학 등에서 사용되는 언어와 같이, 전문가가 자신의 학문 분야에 대해 글을 쓸 때 사용하는 언어들을 가리킬 때 사용하는 용어.
전문어 연구에는 전문용어TERMINOLOGY(특정 학문 분야에서 사용되는 특수한 어휘소 LEXEME)와 전문어에서 발생하는 구별적인 언어 자질인 언어 사용역REGISTER[2] 연구가 포함된다.

☞ ENGLISH FOR SPECIAL PURPOSES

special nativism ⟨**n**⟩ 특수 생득설

☞ NATIVISM

special needs students ⟨**n**⟩ 특별한 취급을 요하는 학생

미국에서 사용되는 용어로, 일상적인 수업에서는 대응할 수 없는 요구를 지닌 학생 유형.
예를 들어, 장애 학생(SD), 예외적이거나 재능 있는 학생, 영어 학습자(ELL), 제한된 영어 능력(LEP)을 가진 학생 등을 가리킬 때 사용한다.

specific language impairment (SLI) ⟨**n**⟩ 단순 언어 장애

청각 상실이나 대뇌 손상과 같은 질병 등에 의해 야기된 장애로, 표현 언어나 수용 언어에 영향을 미치는 발달성 언어 장애증.

증상으로는 단문 사용, 기능어 사용의 지체, 신어 학습의 어려움, 복잡한 문장의
산출이나 이해의 어려움 등이 포함된다.

specific question 〈*n*〉 개별 질문

    ☞ GLOBAL QUESTION

spectrogram 〈*n*〉 (음향) 스펙트로그램

    ☞ SPECTROGRAPH

spectrograph 〈*n*〉 (음향) 스펙트로그래프

    음향음성학(☞ PHONETICS)에서 사용되는 기기. 소리의 구성 주파수를 보여주고
소리를 시각적으로 표시해 준다. 특수한 종이 위에 스펙트로그램SPECTROGRAM을 인쇄
해 준다. 시간 척도는 수평축, 주파수는 수직축을 따라 제시된다. 강도가 강할수록
(즉 소리가 클수록) 잉크 농도가 진해진다.

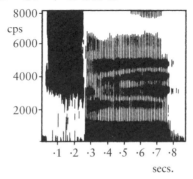

speech act 〈*n*〉 발화 행위/화행

    의사소통의 기능적 단위로서의 발화UTTERANCE. 발화 행위 이론에서 발화는 두 가지
의미를 가진다.

    a. 명제적 의미(발화 행위 의미[locutionary meaning]라고도 한다). 이것은 발화가
       포함하고 있는 특정 단어나 구조에 의해 전달되는 발화의 기본적인 축자적 의미
       이다(☞ PREPOSITION, LOCUTIONARY ACT).

    b. 언표 내적 의미(언표 내적 힘[illocutionary force]이라고도 부른다). 이것은 발화나
       문어 텍스트가 독자나 청자에 대해 가지는 효과이다.

    예를 들어, *I am thirsty*라는 문장에서, 명제적 의미는 발화가 화자의 신체적인
상태에 대해 말하고 있는 것이다. 언표 내적 힘은 그 발화가 청자에게 미쳤으면
하고 화자가 바라는 효과이다. 위의 발화는 마실 무언가의 요청을 의도했을 것이
다. 발화 행위는 명제적 의미와 언표 내적 힘 모두를 가진 문장이나 발화이다.
발화 행위에는 요청, 지시, 명령, 불평, 약속 등과 같이 다양한 유형들이 있다(☞
SPEECH ACT CLASSIFICATION). 간접적으로 수행되는 발화 행위는 간접적 발화

행위(indirect speech act)라고 부르기도 한다. 예를 들어, 위에서 든 요청의 발화 행위가 그것이다. 간접적 발화 행위는 요청, 거절과 같은 발화 행위를 보다 공손하게 수행하는 방식으로 느껴지게 한다. 언어교육과 교수요목SYLLABUS 설계에서 발화 행위는 '기능'이나 '언어 기능'을 가리키기도 한다(☞ NOTIONAL SYLLABUS, FUNCTIONAL SYLLABUS).

☞ PERFORMATIVE, PRAGMATICS, UPTAKE

speech act classification ⟨*n*⟩ 발화 행위의 분류

철학자 Searle은 발화 행위SPEECH ACT를 다섯 부분으로 분류하고 있다.

a. **언약**(commissive): 약속이나 협박과 같이, 화자가 미래에 무언가를 하도록 하는 발화 행위

If you don't stop fighting I'll call the police. (위협)

I'll take you to the movies tomorrow. (약속)

b. **선언**(declarative): 세상사의 상태를 변화시키는 발화 행위. 예를 들어, 결혼식에서 결혼이라는 행위는 *I now pronounce you man and wife*라는 표현이 발해졌을 때 수행된다.

c. **지시**(directive): 제안, 요청, 명령과 같이, 청자에게 무언가 하도록 하는 기능을 가진 발화 행위

Please sit down.

Why don't you close the window.

d. **태도표명**(expressive): 화자가 사죄, 불평, 축하 등과 같이, 무언가에 대한 감정과 태도를 표현하는 발화 행위

The meal was delicious.

e. **진술**(representative): 단언, 주장, 보고와 같이, 세상의 상태나 사건에 대해 서술하는 발화 행위. 단언의 예) *This is a German car.*

speech act set ⟨*n*⟩ 발화 행위의 집합

특정 발화 행위의 화용언어학적 구현체(☞ PRAGMA-LINGUISTICS). 예를 들어, 사죄의 발화 행위는 명시적으로(*I apologize*), 책임을 표명함으로써(*It was my fault*), 청자에게 우려를 표현함으로써(*I hope I don't keep you waiting too long*), 그리고 그 외 다양한 방식으로 구현될 수 있다.

speech community ⟨*n*⟩ 언어공동체

마을, 지역, 국가 등의 공동체를 구성하고, 적어도 하나의 언어 변종SPEECH VARIETY을 가지는 사람들의 집단. 이중언어BILINGUAL나 다언어 사용MULTILINGUAL 공동체에서는 보통 두 개 이상의 언어 변종을 가진다(☞ SPEECH REPERTOIRE).

speech continuum ⟨***n***⟩ 언어변종 연속체

다양한 언어 변종(☞ SPEECH VARIETY). 하나의 언어가 독립된 지역 방언DIALECTS이나 사회방언(☞ SOCIOLECT)으로 구분된다고 생각하는 것이 일반적이지만, 방언들 간에 명확한 경계선 없이 서로 연속되어 있는 경우도 많다. '언어 연속체'는 특히 제2언어(☞ FOREIGN LANGUAGE)의 다양한 숙달도 레벨에 있는 사람들이 사용하는 변종을 가리킬 때 사용된다(싱가포르의 영어). 고도의, 영어를 매개한 교육을 받은 사람들이 사용하는 하위 변종을 **상층 방언**(acrolect)이라고 한다. **하층 방언**(basilect)은 다소 교육 레벨이 낮은 사람들이 사용하는 하위 변종이며, **중층 방언**(mesolects)은 둘 사이에 속하는 하위 변종이다. 자연히 이 '방언들(lects)' 사이에는 명확한 경계가 없다. ESL 변종의 교양 있는 화자들은 격식적인 상황에서는 고층 방언이나 상위 중층 방언을 사용하고, 비형식적인 상황에서는 하층 방언에 가까운 언어를 사용하기도 한다.

    ☞ POST CREOLE CONTINUUM

speech defect ⟨***n***⟩ 언어 장애

＝speech disorder

실어증APHASIA, 말더듬SHUTTERING과 같이, 의사소통을 방해하는 언어 산출 이상

speech errors ⟨***n***⟩ 발화 오류

소리, 단어, 문장을 산출하는 동안 화자가 범하는 오류. 모어화자NATIVE SPEAKER와 비모어화자 모두 말할 때 의도치 않은 실수를 한다. 흔한 발화 오류로는 다음과 같은 것이 있다.

a. **선행 오류**(anticipation error): 어떤 소리나 단어가 문장의 앞쪽으로 옮겨져 그것이 필요하기 전에 사용되는 경우. 예) *I'll put your* h*at in the cupboard*을 *I'll put your* c*at in the cupboard*처럼 쓰는 경우

b. **고집 오류**(perseveration error): 이미 발화된 소리나 단어가 다시 사용될 때. 예) *the president of* F*rance*을 *the president of* P*rance*와 같이 쓰는 경우

c. **역전 오류**(reversal error), **두음전환**(spoonerism): 소리나 음절, 단어의 위치가 역전될 때. 예) *let's have* f*ish and* c*hips* 대신 *let's have* c*hish and* f*ips*처럼 쓰는 경우

심리언어학자들은 우리가 언어 항목을 장기기억 속에 저장하는 방식과, 말할 때 기억에서 항목들을 선택하는 방식을 밝히기 위해 발화 오류에 관심을 가져왔다.

    ☞ MEMORY

speech event ⟨***n***⟩ 발화 사건

사람들이 말을 주고받을 때, 즉 인사, 문의, 대화 등을 교환할 때의 특정 사례

아이: *Mum, where's my red sweater?*

엄마: *Bottom drawer in your bedroom.*

아이: *Right, I'll have a look.*

발화 사건은 발화 사용 규칙과 기준에 의해 지배되며, 공동체에 따라 서로 다르다. 발화 사건의 구조는 그것이 속한 장르GENRE에 따라 서로 상당히 다르다. 발화 사건의 구성 요소는 배경SETTING, 참여자PARTICIPANTS, 역할 관계ROLE RELATIONSHIPS, 메시지MESSAGE, 음조(☞ KEY[1]), 채널CHANNEL이다. **발화 상황**(speech situation)이라는 용어가 발화 사건 대신에 사용되기도 하지만, 이 용어는 보통 발화와 결부된 모든 상황, 즉 교실 수업, 파티 등을 가리킨다. 발화 상황은 단 하나의 발화 사건, 예를 들어 두 사람이 길에서 만나서 짧은 대화를 하는 상황으로 구성될 수도 있고, 큰 디너파티처럼 다수의 발화 사건을 포함하기도 하며, 그 중 일부는 동시에 진행되기도 한다.

speech marker 〈*n*〉 발화 표지

화자의 연령, 성별, 민족, 사회 집단을 표시하는 언어적 자질. 발화 표지는 예를 들어, 뉴욕에서 /r/ 발음이나, 오스트레일리아에서 *today*의 /ei/ 발음처럼, 특정한 소리인 경우도 있고, *between my husband and I/me*와 같이, 통사 구조인 경우도 있고, 하나의 단어나 표현인 경우도 있다.

　　☞ VARIABLE[1]

speech pathology 〈*n*〉 언어음성 병리학

아이와 어른의 언어 발달과 사용에 있어서 (말더듬SHUTTERING과 실어증APHASIA과 같은) 비정상성을 연구하는 분야. 언어음성 병리학은 이러한 질병의 진단과 (임상적 기술을 포함하는) 치료 기술 개발에 관여한다. 언어 치료사(☞ SPEECH THERAPY)는 미국에서 **언어음성병리학사**(speech pathologists/speech-language pathologists)로 불리기도 한다.

speech perception 〈*n*〉 발화 지각

　　☞ PERCEPTION

speech rate 〈*n*〉 발화 속도

＝발화 속도RATE OF SPEECH

speech reading 〈*n*〉 시화법

＝독순술LIPREADING

speech recognition 〈*n*〉 음성 인식

키보드와 마우스를 이용한 컴퓨터 입력이 아니라 음성을 통한 입력을 가능하게 하는 소프트웨어. 비용과 기술적 어려움 때문에 오랫동안 그 응용이 제한적이었으나, 지금은 이 유형의 소프트웨어가 제2언어교육에서 특히 전망이 있다.

　　☞ LISTENING COMPREHENSION

speech repertoire ⟨**n**⟩ 언어 레퍼토리

일상적 의사소통에서, 자신의 언어공동체SPEECH COMMUNITY 내에서 알고 있거나 사용하는 언어, 또는 언어 변종. 특정 집단의 화자들은 의사소통을 할 때 단 하나의 언어나 언어 변종만을 사용하는 것이 아니라, 일상 활동의 특정 상황에서 적절한 복수의 언어를 사용하기도 한다(☞ DOMAIN). 몬트리올의 프랑스계 캐나다인의 언어 레퍼토리에는 표준 캐나다 프랑스어, 구어 캐나다 프랑스어, (아마도 하나 이상의 변종) 영어가 포함될 가능성이 있다.

    ☞ DIGLOSSIA, VERBAL REPERTOIRE

speech rhythm ⟨**n**⟩ 발화 리듬

발화 리듬은 흉근의 수축과 이완(맥박[pulse])에 의해 만들어진다. 흉근 운동이 공기압을 변화시킨다. 맥박에는 두 가지 패턴이 있다.

a. 공기압이 규칙적으로 상승하는 보다 규칙적인 유형의 수축(**흉박**[chest pulses])

b. 공기압의 급격한 상승을 수반하는 빈도는 낮지만 보다 강력한 수축(**강세박**(stress pulses)).

한 언어 내에서 이 두 시스템이 함께 작동하는 방식을 통해 다양한 발화 리듬이 만들어진다.

    ☞ STRESS-TIMED RHYTHM, SYLLABLE-TIMED RHYTHM

speech segmentation ⟨**n**⟩ 발화 분절

구어에서, 단어, 음절, 음소의 경계를 특정하는 프로세스

speech situation ⟨**n**⟩ 발화 상황/발화 장면

    ☞ SPEECH EVENT

speech styles ⟨**n**⟩ 발화 양식

한 공동체 내에서 보다 구어적인 양식에서 보다 격식 있는 스타일에 이르는 선택적인 화법. 보통 한 개인이 이용할 수 있는 양식의 범위는 그 사람의 배경과 언어공동체SPEECH COMMUNITY 유형에 따라 다르다. 특정 양식의 선택은 사회적인 함의를 가진다. 예를 들어, 비격식적 장면에서 격식적인 양식을 선택하면, 우스꽝스럽게 들리고, 격식적 장면, 예를 들어 장례식 추도사에서 구어적 양식을 사용하면, 불쾌감을 줄 수 있다. 일반적으로, 모어화자는 특정 발화 양식이 언제 적절하고 언제 부적절한지를 알고 있다(☞ APPROPRIATENESS). 발화 양식과 관련되는 두 유형의 규칙은 **공기 규칙**(co-occurrence rule)과 **대체 규칙**(alternation rule)이다. 공기 규칙은 어떤 언어 단위가 다른 단위의 앞, 혹은 뒤에 오는가, 즉 '공기하는가'를 결정한다.

    형식적 양식: *I should most certainly like to attend your ball, Sir Reginald.*

    구어적 양식: *I'd love to come to your do, Reg.*

S

교환 규칙은 화자가 자유롭게 이용할 수 있는 여러 개의 발화 양식이나 양식적 자질의 '선택지'에서 적절한 것을 선택할 수 있다.

형식적 양식: *Good morning, Mrs Smith...*

준–형식적 양식: *Hullo...*

구어적 양식: *Hi, Penny...*

speech synthesis ⟨*n*⟩ 음성 합성

컴퓨터가 인쇄된 텍스트를 입력으로 받아들여 그것을 음성 출력하는 것과 같이, **음성합성장치**(speech synthesizer, voice synthesizer)를 이용하여 언어음을 닮은 소리를 자동적으로 합성하는 것. 전화에서 들리는 녹음 메시지의 대부분은 자연언어가 아니라 음성 합성에 의해 만들어진 것이다.

☞ DIGITIZED SPEECH, COMPUTATIONAL LINGUISTICS

speech synthesizer ⟨*n*⟩ 음성합성장치

☞ VOICE SYNTHESIZER

speech therapy ⟨*n*⟩ 언어장애 치료(법)

언어나 언어음성 장애(예를 들어, 말더듬)의 완화나 치료를 돕는, 또는 언어 소실을 겪은 후(예를 들어, 뇌졸중 후) 언어 사용의 회복을 돕기 위해 설계된 활동과 훈련. 언어장애 치료 분야에서 일하는 사람은 **언어치료사**(speech therapist)라고 한다.

☞ SPEECH PATHOLOGY

speech variety ⟨*n*⟩ 언어 변종

보다 중립적인 용어로 간주되어 언어LANGUAGE[2], 방언DIALECTS, 사회방언SOCIOLECT, 피진 PIDGIN, 크리올CREOLE 등을 대신하여 사용되는 용어. 이 용어는 한 언어의 다양한 변종, 예를 들어 미국 영어, 오스트레일리아 영어, 인도 영어 등을 가리키는 경우에도 사용된다.

speech vocabulary ⟨*n*⟩ 발화 어휘

구어의 레퍼토리의 일부로서 사용하는 전체 어휘 수

☞ ACTIVE/PASSIVE LANGUAGE KNOWLEDGE

speeded test ⟨*n*⟩ 속도 테스트/속도검사법

=speed test

제한 시간이 있기 때문에 수험자 전원이 끝낼 수 있을 것이라 기대하지 않는 테스트 유형. 주어진 시간이 충분하다면, 누구라도 모든 문항에 정답을 낼 수 있도록, 테스트 문항 난이도는 낮게 설정된다.

☞ POWER TEST

speed reading 〈**n**〉 속독

=rapid reading

사람들이 보다 빠르게, 그리고 읽은 내용을 보다 충분히 이해할 수 있도록 가르치는 데 사용하는 기법. 독자들이 읽기 시보다 효과적인 눈 움직임을 사용할 수 있도록(☞ REGRESSIONS) 훈련시키고, 구어 텍스트의 단어와 의미를 이해하는 보다 효과적인 방법을 사용하도록 훈련한다.

☞ READING, TACHISTOSCOPE

speed test 〈**n**〉 속도 테스트/속도검사법

☞ SPEEDED TEST

spelling pronunciation 〈**n**〉 철자 발음

단어의 철자에 기초하여 발음하는 방식으로, 그 단어의 일반적인 발음과는 다를 수도 있다. 예를 들어, 비모어 영어 화자가 *yacht*를 /jɒt/가 아니라 /jɒkt/로 발음하는 경우이다. 영어 모어화자도 철자 발음을 사용하며, 일부 철자 발음은 허용 발음으로 받아들여지기도 한다. *often*을 /ˈɒfən/이 아니라, /ˈɒftən/으로 발음하는 경우가 그 예이다.

spiral approach 〈**n**〉 나선형 접근법

=cyclical approach 순환적 접근법

항목이 교수요목SYLLABUS을 통틀어 여러 번 반복되지만, 반복될 때마다 더 깊게, 혹은 보다 상세히 다루어지는 교수요목.

이 교수요목은 항목들이 단 한 번만 다루어지는 **선형적 교수요목**(liner syllabus)과 대조된다.

spirant 〈**n**〉 마찰음

=마찰음FRICATIVE

split construction 〈**n**〉 분리 구문

(작문에서) 주어와 동사가 떨어져 있어서 읽기를 어렵게 하는 문장.

Teresa, after gathering together her clothes, books, and papers, left.

다음과 같이 하면 읽기가 다소 쉬워질 것이다.

After gathering together her clothes, books and papers, Teresa left.

split-half reliability 〈**n**〉 반분 신뢰도

동등하게 반분된 테스트 간(예를 들어, 테스트의 홀수 문항과 짝수 문항 간, 혹은 전반부 문항과 후반부 항목 간)의 상관계수CORRELATION COEFFICIENT에 기초한 내적 일관성 신뢰도 측도. 그 결과 얻은 신뢰도 추정치는 원 테스트를 반분한 테스트의 동형 신뢰도PARALLEL-FORM RELIABILITY 계수이다. 전체 테스트의 신뢰도를 추정하기 위해서는

스피어만 브라운 공식SPEARMAN-BROWN FORMULA을 분리된 반쪽 테스트가 아니라 반분 신뢰도 추정치의 결과에 적용한다. 다른 모든 조건들이 동일하다면, 테스트가 길수록 신뢰성이 높아지기 때문이다.

☞ INTERNAL CONSISTENCY RELIABILITY

split infinitive 〈*n*〉 분리 부정사

(작문에서) 부정사 *to*가 동사 원형에서 분리되어 있어 읽기 어려운 문장

She asked me to as quickly as possible drop over to her house.

분리 부정사를 없애면, 다음과 같은 문장이 된다.

She asked me to drop over to her house as quickly as possible.

문장에 따라서는 분리 부정사를 사용하는 것이 더 적절한 경우도 있다.

We expect to more than double profits this year.

spoken grammar 〈*n*〉 구어 문법

문어 문법과 비교하여, 구어에 저재하는 문법 체계. 구어와 문어는 기본 구조와 문법을 공유하지만, 일부 항목들은 한쪽 언어에 더 높은 빈도로 출현하며, 문어보다 구어에서 더 다양한 특징을 가진다. 예를 들어, 등위절은 문어보다 구어에서 빈도가 높은 반면, 종속절은 문어에서 빈도가 더 높다. 구어와 문어의 차이는 구어가 실시간으로 처리된다는 사실을 반영한다.

spoonerism 〈*n*〉 두음전환

☞ SPEECH ERROR

spot the difference task 〈*n*〉 다른 그림 찾기 과업

정보차INFORMATION GAP 과업의 하나로, 두 명 이상의 학습자가 비슷하지만 동일하지는 않은 그림을 가지고, 그 차이를 확인하기 위해 그림에 대해 함께 토의한다.

spreading activation 〈*n*〉 활성화 확산

☞ PRIMING

SQ3R technique 〈*n*〉 SQ3R 기법

Survey(조사)-Question(질문)-Read(읽기)-Recite(암송)-Review(복습)의 머리글자로 만든 용어이다. 학업 목적으로 읽기를 하는 학생에게 권장되는 읽기 전략의 하나로, 다음 절차를 이용한다.

1. **조사**(survey): 학생은 해당 챕터나 텍스트를 훑어보고 표제, 사진, 요약 등을 보고 그 챕터의 내용을 대략적으로 파악한다.

2. **질문**(question): 학생은 표제나 부표제를 질문형으로 바꾼다.

3. **읽기**(read): 학생은 질문에 대한 답을 찾기 위해 읽으며, 명확하지 않은 곳에는 표시를 한다.

4. **암송**(recite): 학생은 해당 챕터를 덮고 중심 생각을 기억하려고 노력하고, 혼잣말로 해본다.

5. **복습**(review): 학생은 해당 챕터를 복습하고 이해 여부를 확인하기 위해 표시된 부분을 본다.

S-R theory 〈**n**〉 SR 이론

=자극–반응 이론STIMULUS-RESPONSE THEORY

S-structure 〈**n**〉 S 구조

☞ D–STRUCTURE

stability 〈**n**〉 안정성

☞ ATTRIBUTION THEORY

stabilization 〈**n**〉 안정화

☞ FOSSILIZATION

stage 〈**n**〉 단계

수업의 다양한 부분들

☞ PPP, STRUCTURING

stage theory of development 〈**n**〉 발달 단계 이론

☞ COGNITIVE DEVELOPMENT

stakeholder 〈**n**〉 이해관계자

언어 프로그램의 교육과정, 특정 시험의 사용, 언어정책LANGUAGE POLICY 수립 등에 대해 의견을 말하거나 영향을 미치는 승인된 권리를 가진 사람이나 집단. 교육과정과 관련해서는 이해관계자에 따라 다른 것을 추구하기도 하며, 프로그램의 목표, 교수법, 내용 등에 관해서도 다른 인식을 가지기도 한다. 또 어떤 경우에는 언어학자, 교원양성자, 교원지망자와 현직 교원, 고용주, 정부 대표자들이 모두 다른 견해를 가지기도 하기 때문에, 그것들도 함께 고려할 필요가 있다.

☞ ACCOUNTABILITY

stance 〈**n**〉 입장

아이디어, 정보 전달에 더해, 화자와 작자는 개인적인 감정, 태도, 가치 판단, 평가 등을 표명할 수 있다. 이를 입장 표명이라고 한다. 입장을 표명하는 두 가지 수단은 부사류와 보문절이다. 예를 들어,

Obviously, your parents don't understand you. (부사)

I *really doubt* that I will get the job. (보문절)

stance words 〈**n**〉 입장표명어

담화에서, 의사소통의 내용에 대한 화자나 필자의 태도와 **입장**(stance)을 나타내는 단어. 예) *actually*, *basically*, *just*, *really*, *quite*, *whatever*.

standard 〈*n*〉 표준 standard 〈*adj*〉

＝표준 변종STANDARD VARIETY

Standard American English 〈*n*〉 표준 미국 영어

☞ STANDARD VARIETY

Standard British English 〈*n*〉 표준 영국 영어

☞ STANDARD VARIETY

standard deviation (SD) 〈*n*〉 표준편차

(통계학과 테스트에서) 득점 분포DISTRIBUTION의 변동성이나 분포, 다시 말해 득점이 평균MEAN에서 흩어져 있는 정도를 나타내는 가장 일반적인 척도. 득점이 평균값에서 더 많이 흩어져 있을수록 표준편차가 더 커지며, 그 역도 그러하다. 표준편차는 분산VARIANCE의 평방근으로 정의된다.

$$SD = \sqrt{\frac{\sum (x-\bar{x})^2}{n}}$$

x＝원 점수

$\bar{x}$＝평균

n＝연구 참여자 수(혹은 문항수)

Σ＝~의 합계

standard dialect 〈*n*〉 표준 방언

＝표준 변종STANDARD VARIETY

Standard English 〈*n*〉 표준 영어

☞ STANDARD VARIETY

standard error (SE) 〈*n*〉 표준오차

(테스트와 통계학에서) 모집단 패러미터/모수POPULATION PARAMETER의 추정값이 계산된 표본 통계치와 어느 정도 다른가를 결정하기 위해 사용하는 통계값. 통계치의 표준오차는 모수에 대한 추정값이 얼마나 정확한가를 보여주는 척도이다. 일반적으로 사용되는 표준오차는 **평균값의 표준오차**(standard error of mean)로, 관찰된 표본의 평균이 전체 모집단 평균에 얼마나 가까운가를 나타낸다.

standard error of measurement (SEM) 〈*n*〉 측정 표준오차

수험자의 참점수TRUE SCORE가 들어가는 득점 범위의 추정치. 측정 표준오차는 테스트의 신뢰도가 높아지면 감소한다. 다음 공식을 이용하여 구한다.

$$SEM = SD \sqrt{1-r}$$

SD = 테스트 득점의 표준편차

r = 테스트의 신뢰도 추정치

예를 들어, 어떤 수험자가 ESL 읽기 테스트에서 85점을 받았고, 그 테스트의 표준편차가 12, 신뢰성 계수가 .91이었다고 한다면, 이 테스트의 SEM은 다음과 같이 추정된다.

$$SEM = 12 \sqrt{1-0.19} = 12 \sqrt{0.09} = (12)(0.3) = 3.6$$

만약 이 수험자가 동일한 테스트를 여러 번 치렀다면, 이 사람의 참점수는 정규분포한다고 기대되기 때문에, 참점수의 68%는 이 사람의 관측 점수의 SEM 범위 내(즉, 88.6~81.4)에 있을 것으로 기대되며, 96%는 관측 점수의 SEM 범위 내(즉, 92.2~77.8)에 있을 것으로 기대된다.

standard error of the mean ⟨*n*⟩ 평균값의 평균오차

☞ STANDARD ERROR

standardization[1] ⟨*n*⟩ 표준화 standardize ⟨*v*⟩

언어용법USAGE의 일부 측면을 표준 변종STANDARD VARIETY과 일치시키는 프로세스. 이 프로세스는 어떤 특정 언어의 쓰기 체계WRITING SYSTEM나 철자 체계와 연관되어 발생하며, 보통은 정부 당국에 의해 시행된다. 예를 들어, 말레이시아, 인도네시아에서는 표준화된 체계가 도입되어 동일 언어의 변종인 말레이어와 인도네시아어의 철자에 공통의 표준을 제공하고 있다.

standardization[2] ⟨*n*⟩ 표준화

테스트에서, 평가에 사용되는 기준의 의미와 해석에 대한 평정자들 간의 합의

standardized test ⟨*n*⟩ 표준화 테스트

a. 신뢰성과 타당성(☞ RELIABILITY, VALIDITY)을 확보하기 위해 예비테스트와 실험을 거쳐 개발된 테스트

b. 규준NORMS[2]이 확립된 테스트

c. 실시 절차(제한 시간, 응답 형식, 문항수)와 채점 절차가 통일된 테스트

standard language ⟨*n*⟩ 표준 언어

= 표준 변이STANDARD VARIETY

standard nine ⟨*n*⟩ 9단계 표준

= 스테이나인STANINE

standards ⟨*n*⟩ 기준/표준

= benchmarks 벤치마크, bandscales 대역척도,

curriculum frameworks 교육과정의 틀

교육 목표의 한 유형. 표준은 학습을 위한 높은 목표를 설정한다. 표준의 명시는 교육과정의 다양한 영역에서 성공 기대를 설정함으로써 학습 레벨을 높이는 것을 목적으로 한다. 표준은 교육 목적을 위해, 즉 전문성 개발을 지원하고, 교수 상의 지침을 제공하기 위해, 그리고 교육과정 개발, 설명책임과 관련 이유, 즉 운영상의 목적을 위해 개발되어 왔다.

☞ OUTCOMES-BASED TEACHING, STANDARDS MOVEMENT

standard score ⟨*n*⟩ 표준 득점

(테스트와 통계학에서) 다양한 척도로부터 얻은 점수나 값을 공통 척도를 이용하여 보고하거나 비교하는 유도 점수DERIVED SCORE의 한 유형. 예를 들어, 길이가 다른 두 테스트에 대한 학생의 득점을 비교하기 위해 표준 득점을 이용할 수 있다. 표준 득점은 원점수RAW SCORE를 득점의 분포DISTRIBUTION[1]에서 원점수의 상대적 위치의 함수로써 표현된다. 그래서 보통 원점수보다도 해석하기가 더 쉽다. 통상적으로 사용되는 표준 득점은 T점수T-SCORE와 Z점수Z-SCORE이다.

standards movement ⟨*n*⟩ 표준화 운동

미국 등지에서, 교육과정의 다양한 영역에 대한 국가적 성취도 기준을 개발하여 교육적 설명책임을 분명히 하려는 운동. 이 진술들은 학교 교육과정 전반에 걸쳐 무엇을 가르치고, 어떤 유형의 수행결과가 기대되는지를 명확히 정의해 주기 때문에 교육적 성취의 향상을 가져온다고 여겨진다. 외국어 교육과 TESOL 분야에서도 언어 표준이 개발되어 있다. 언어 표준은 목표언어의 다양한 숙달도 레벨과 다양한 등급 레벨에서, 혹은 양쪽에 있어서, 학습자가 알아야 할 것들에 대한 포괄적인 설명을 제공한다. 미국 TESOL 협회에서는 미국 내 초등학교와 중등학교에서 제2 언어나 부가적 언어로서의 영어 교육을 위한 표준을 개발하였다. 이 표준은 세 가지 목표-(a) 사회적 장면에서 의사소통을 위한 영어의 사용, (b) 학교 교육과정 전분야에서 학문적 성취를 위한 영어의 사용, (c) 사회적·문화적으로 적절한 영어의 사용-아래에 아홉 가지의 표준 그룹으로 구성되어 있다.

standard subtitles ⟨*n*⟩ 표준 자막

☞ SUBTITLES

standard theory ⟨*n*⟩ 표준 이론

☞ GENERATIVE THEORY

standard variety ⟨*n*⟩ 표준 변종

=standard dialect, standard language, standard

어떤 공동체나 국가에서 가장 지위STATUS가 높으며, 보통 그 언어의 교양 있는 모어

화자의 구어와 문어에 기초한 언어 변종. 표준 변종은 일반적으로,

a. 뉴스 미디어와 문학 작품에 사용된다.

b. 사전과 문법서에 기술된다(☞ NORMATIVE GRAMMAR).

c. 학교에서, 그리고 그 언어를 외국어로서 학습하는 비모어화자에게 교수된다.

표준 변종이 한 국가의 정치적이나 문화적인 중심지에서 사용되는 교양 있는 변종인 경우도 있다. 예를 들어, 프랑스어의 표준 변종은 교양 있는 파리 사람들의 프랑스어에 기반을 둔다. 미국 영어의 표준 변종은 **표준 미국 영어**(Standard American English), 영국 영어의 표준 변종은 **표준 영국 영어**(Standard British English)라 부른다. 표준 변종은 한 국가의 어느 지역에서 사용되는가에 따라, 예를 들어 표준 영국 영어가 스코틀랜드나 웨일즈, 잉글랜드 남부에서 사용되는 경우와 같이, 발음상에 약간의 변이를 보이기도 한다. **표준 영어**(Standard English)는 영어의 모든 국가적인 변종을 포괄하는 용어로 사용되기도 한다. 이 국가적 표준 변종들은 철자, 어휘, 문법, 특히 발음에서 차이가 있지만, 영어의 공통적인 핵심은 동일하다. 이 때문에 영어의 다양한 국가 표준 변종을 모어로 하는 교양 있는 모어화자들끼리는 서로 의사소통이 가능하다.

　　☞ RECEIVED PRONUNCIATION, NATIONAL LANGUAGE

stanine 〈*n*〉 스테이나인

=standard nine 9단계 표준

테스트에서 종종 사용하는 정규화된 표준 득점NORMALIZED STANDARD SCORE으로, 표준화된 점수가 9단계 척도로 환산된다. 1-스테나인이 분산의 표준 점수 범위의 9분의 1과 같다.

statement 〈*n*〉 진술/진술문

사태, 행위, 감정, 신념 등을 서술하는 발화.

It's very cold here in winter; *I don't think she looks very well.*

진술문은 평서문DECLARATIVE SENTENCE의 형식으로 나타나지만, 모든 평서문이 진술문이 되는 것은 아니다. 예를 들어, *I suppose you'll be there*라는 문장은 진술이라기보다는 의문이라고 말할 수 있다.

states 〈*n*〉 상태

　　☞ STATIVE VERB

static-dynamic distinction 〈*n*〉 상태/동태의 구별

동사는 **상태동사**(stative verbs)와 **동태동사**(dynamic verbs)로 이분되기도 한다. 상태동사는 상태(변하지 않는 상황)를 가리킨다. 감정, 지식, 신념을 표현하고(*love, hate, know* 등), 관계를 나타낸다(*belong to, equal, own* 등). 상태동사는 사태를 기술하기

때문에 진행형 형태로는 나타나지 않는다. 예를 들어, *Monica is owning a house*가 아니라, *Monica owns a house*이다.

동태동사는 활동과 과정을 표현한다(*run*, *come*, *buy*, *read* 등). 실제 진행 중인 것을 표현할 때는 동사의 진행형을 사용할 수 있다 예) *She is reading the paper.*

have, *think*와 같은 일부 동사들은 상태를 기술하여 상태적으로 사용될 수도 있고, 행동이나 활동을 기술하여 동태적으로 사용될 수도 있다.

상태적: *I have a really bad headache.* (상태)

동태적: *We are having a party tonight.* (활동)

상태적: *I think it's going to rain.* (의견, 정신 상태)

동태적: *I'm thinking hard about how to solve this problem.* (정신 활동)

☞ PUNCTUAL-NON-PUNCTUAL DISTINCTION

statistic ⟨*n*⟩ 통계값

표본 평균($\bar{x}$)과 표본 분산(s^2), 표본 표준편차(s) 등과 같이, 표본SAMPLE을 요약하는 수치. 각 통계값은 그 표본을 뽑아낸 모집단POPULATION을 요약하는 동등한 수치가 있다. 통계값을 표시하는 데는 로마자 알파벳을 사용한다.

☞ PARAMETER

statistical hypothesis ⟨*n*⟩ 통계적 가설

☞ HYPOTHESIS

statistical learning ⟨*n*⟩ 통계적 학습

전형적으로는 학습한 것을 직접적으로 의식하지 않고 그 환경에서 통계적 규칙과 패턴들을 발견하는 학습. 이 유형의 암시적 학습IMPLICIT LEARNING은 발화 분절SPEECH SEGMENTATION, 단어의 철자와 음소배열PHONOTACTIC 규칙의 발견, 형태소 체계의 습득, 단어들 간의 원거리 관계의 발견 등, 언어 학습과 유사한 학습 상황에서 다양하게 실증되어 왔다.

statistical significance ⟨*n*⟩ 통계적 유의(성)

통계적 가설STATISTICAL HYPOTHESIS을 검정할 때 사용하는 용어로, 관측된 차이나 상관 등의 효과 (표본오차SAMPLING ERROR를 통해)가 단지 우연적으로 일어났을 가능성을 가리킨다. 관측된 **유의수준**(significance level), 혹은 (확률을 나타내는) p로 표시되는 **p값**(p-value)은 귀무 가설NULL HYPOTHESIS이 참인 경우, 관측된 효과만큼, 혹은 그 이상을 얻을 가능성을 가리킨다. p값은 연구 실시 전에 미리 정한 **유의수준**(significance level), 혹은 **알파**(α)와 비교된다. 만약 p값이 α와 같거나 작다면, 관측된 효과가 극히 드물게 일어났거나, 귀무 가설이 틀렸기 때문에 귀무 가설을 기각하고, 결과가 통계적으로 유의하다(statistically significant)라고 말한다. 만약 p값이 α보다 큰 경우에는 귀무 가설을 기각할 수 없으며, 그 결과가 통계적으로 유의하지 않다(not statistically significant)고 말한다. 가장 일반적인 유의수준은 $p < 0.05$와 $p < 0.01$이며, 여기에서 기호 <는 '…보다 작다'는 것을 의미한다. 예를 들어, 두 평균값 간의 차이가 $p < 0.05$나 0.05 수준에서 유의하다면, 이것은 그러한 차이가 귀무 가설이 참일 때, 모집단에서 표본을 무작위로 100회 추출할 때마다 5번이 우연에 의해 일어날 것으로 기대된다는 것을 가리킨다. 유의수준 0.01은 그 차이가 100회 중 단 1번만 우연에 의해 일어날 것으로 예상된다는 것을 뜻한다. 따라서 우연에 의해 일어날 확률(p)이 낮을수록(lower) 유의수준은 더 높아지며(higher), 관측된 효과는 참이며, 우연에 의한 것이 아닐 가능성이 더 커진다(greater).

stative verb ⟨**n**⟩ 상태동사

상태(즉, 변하지 않는 상황)를 나타내는 동사. *believe, have, belong, contain, cost, differ, own* 등이 그 예이다.

> *This contains calcium.*
>
> *She believes in God.*

상태동사는 진행상PROGRESSIVE ASPECT으로는 보통 사용되지 않는다. 진행상으로 사용 가능한 동사는 **동태동사**(dynamic verbs)라 부른다. 다음 예에서 *read, wear*가 동태동사이다.

> *I am reading a good book.*
>
> *She is wearing dark glasses.*

status ⟨**n**⟩ 지위

특히 위신, 권력, 사회 계급과 관련하여 더 높거나, 더 낮거나, 동등한 위치. 언어공동체SPEECH COMMUNITY에서 언어 변종(☞ SPEECH VARIETY)의 지위가 다른 경우가 있다. 예를 들어, 시장이나 극히 비격식적인 장면에서만 한정되어 사용되는 변종은 낮은 지위를 가지는 반면, 정부, 교육, 행정 등에 사용되는 변종은 높은 지위를 가진다(☞ DIGLOSSIA). 구어나 문어로 의사소통할 때는 당사자들 간의 지위도 중요하다. 그들이 서로에게 사용하는 발화 스타일SPEECH STYLE, 예를 들어 호칭 형식 ADDRESS FORMS, 공손성 공식 등에 영향을 미칠 수 있기 때문이다.

> ☞ ROLE RELATIONSHIP

stem[1] ⟨**n**⟩ 어간/어근

=base form 기본형

굴절 접사AFFIX가 붙거나, 붙을 수 있는 단어의 부분. 예를 들어, 영어에서 굴절 접사 –*s*는 어근 *work*와 결합하여 *the works of Shakespeare*에서와 같이 복수형 *works*를 형성한다. 단어의 어근/어간에는 다음과 같은 것들이 있다.

a. 하나의 형태소(어근ROOT)만으로 구성되는 단순 어간: *work*

b. 어근+파생 접사: *work* + *-er* = *worker*

c. 두 개 이상의 어근: *work* + *shop* = *workshop*

따라서 다음과 같은 형식을 얻을 수 있다: *work* + *-s* = *works*, (*work* + *-er*) + *-s* = *workers*, (*work* + *shop*) + *-s* = *workshops*

☞ DERIVATION, INFLECTION

stem² 〈*n*〉 지문/발문

☞ MULTIPLE-CHOICE ITEM

stereotype 〈*n*〉 상투적 문구

아일랜드인, 뉴욕 시민 등과 같은 특정 집단의 구어 중에서 인기 있는 콘셉트. 예를 들어,

뉴욕 사람들: *bird*를 /boid/, *thirtythird*를 /toititoid/

호주 사람들: *wine*을 /woin/, *day*를 /dai/

스테레오타입은 고도로 과장되는 경우가 많으며, 특정 집단의 발화 패턴 중의 일부 자질에만 초점을 둔다.

stimulated recall 〈*n*〉 자극 재생

☞ RECALL

stimulus 〈*n*〉 자극

☞ STIMULUS-RESPONSE THEORY, BEHAVIOURISM

stimulus-response theory (S-R theory) 〈*n*〉 자극-반응 이론

미국의 심리학자 B. K. Skinner(1904~90)와 관련된 학습 이론(☞ BEHAVIOURISM)으로, 학습을 반응 간의 연합에 의해 형성된 것으로 본다. **자극**(stimulus)은 개인이나 유기체에 변화나 반응을 유발하는 것이다. **반응**(response)은 자극에 대한 반향으로 발생하는 행위이다. **강화**(reinforcement)는 반응이 일어난 후의 자극으로 인해 그 반응이 일어나거나 재생될 가능성에 영향을 미친다. 반응이 나타날 가능성을 증가시키는 강화를 **긍정적 강화**(positive reinforcement)라고 하고, 반응이 나타날 가능성을 감소시키는 강화를 **부정적 강화**(negative reinforcement)라고 한다. 반응에 대해 강화가 일어나지 않으면 그 반응은 점차 약해지다가 결국 사라진다. 이를 **소거**(extinction)라고 한다. 본래 관련된 자극은 아니지만, 유사한 자극에 반응이 일어나는 것을 '자극 일반화(stimulus generalization)'라고 한다. 다양한 종류의 자극을 구별하는 학습을 **식별**(discrimination)이라 한다. 이러한 일반적인 원리나 그 변이를 포함하는 S-R 이론이 여러 개 존재하며, 언어 학습VERBAL LEARNING과 언어 습득 연구에 이용되어 왔다.

☞ OPERANT CONDITIONING

stop ⟨***n***⟩ 폐쇄음

=plosive 파열음

폐에서 나온 공기가 차단되었다가 갑자기 개방되면서 산출되는 발화음(자음 CONSONANT).

예를 들어, /p/는 공기를 양 입술로 차단하였다가 다시 개방하여 생성하는 양순 폐쇄음BILABIAL STOP이다.

☞ CONSONANT, MANNER OF ARTICULATION, PLACE OF ARTICULATION

story completion task ⟨***n***⟩ 이야기 완성 과제

학습자에게 이야기의 일부를 제공한 후, 그것을 완성하도록 하는 과업

story grammar ⟨***n***⟩ 이야기 문법

단순한 이야기, 민화, 동화, 설화를 포함하는 서사적 텍스트의 인지적 표상과 관련된 이론. 이야기 구조의 일부, 혹은 모든 특징들은 이야기의 스키마SCHEMA로써 우리의 지식 체계와 결합된다고 알려져 있다. 이는 대부분의 이야기에 공통된 요소, 즉 이야기에서 발생하는 다양한 상황, 사건, 행위자, 행위, 목표와 이 요소들이 상호관련되어 있음을 설명해 준다. 사람들이 다양한 유형의 이야기를 만났을 때 의식적, 혹은 무의식적으로 이야기 문법을 참조한다. 이야기 문법은 스토리나 서사를 이해하고 파악할 시에 예측, 추론, 비교, 평가의 기능을 한다.

story preview ⟨***n***⟩ 스토리 미리보기

학습자에게 서사나 서술문RECOUNTS 읽기를 준비시킬 때, 텍스트 이해에 필요한 주요 어휘와 아이디어들을 초점화하기 위해 텍스트를 읽기 전에 배경 정보(예를 들어, 배경, 등장인물, 장면, 주요 에피소드 등)를 제공하는 기법

strategic competence ⟨***n***⟩ 전략적 능력

의사소통 능력COMMUNICATIVE COMPETENCE의 한 측면으로, 화자가 의사소통 실패를 보충하거나, 의사소통의 효율성을 높이기 위해 언어적, 비언어적 의사소통 전략(☞ COMMUNICATION)을 사용할 수 있는 능력을 가리킨다. 예를 들어, 학습자가 특정 단어나 구조에 대한 지식이 부족할 때 그것을 보충하기 위해 바꿔말하기 PARAPHRASE나 에둘러말하기를 사용하는 경우, 혹은 학습자가 천천히 그리고 부드러운 화법을 의도적으로 사용하여 청자에게 특별한 효과를 주고자 할 때 사용하는 경우이다.

☞ DISCOURSE COMPETENCE

strategic plan ⟨***n***⟩ 전략적 계획

조직에서, 조직의 장기 비전과 목표, 그리고 그것을 달성하기 위해 사용할 수단을

기술해 놓은 것. 언어교수에서, 전략적 계획은 특히 사적 기관에서 기관의 발전에 있어 중요한 측면이라고 간주된다.

strategy ⟨*n*⟩ 전략

목표에 도달하기 위한 방법과 역할을 하는 학습, 사고 등에서 사용이 되는 절차로, 언어 학습에서 학습 전략(☞LEARNING STRATEGY)과 의사소통 전략(☞ COMMUNICATION STRATEGY)은 언어 학습자가 언어 학습과 언어 사용 시에 이용하는 의식적, 무의식적인 프로세스이다.

☞ HEURISTIC, HYPOTHESIS TESTING, OVERGENERALIZATION, SIMPLIFICATION[1]

strategy training ⟨*n*⟩ 전략 훈련

=learner training 학습자 훈련

학습자의 효율성을 높이기 위해 학습 전략LEARNING STRATEGY 사용법을 훈련하는 것. 다음과 같은 다양한 전략 훈련 접근법들이 사용된다.

1. **명시적/직접적 훈련**(explicit/direct training): 학습자에게 특정 전략의 가치나 목적에 대한 정보를 제공하고, 그 사용법과 자신의 사용을 모니터하는 방법을 가르친다.

2. **삽입형 전략 훈련**(embedded strategy training): 전략을 명시적으로 가르치지 않은 대신, 읽기나 수학, 과학과 같은 교과목의 정규 내용 속에 끼워 가르친다.

3. **조합형 전략 훈련**(combination strategy training): 명시적인 전략 훈련 뒤에 삽입된 전략 훈련을 실시한다.

stratified sample ⟨*n*⟩ 층화 표본

☞ SAMPLE

streaming ⟨*n*⟩ 능력별 학급 편성

=banding 등급 구분, tracking 능력별 학급 편성, ability grouping 능력별 편성

교수에서, 동질집단을 사용하는 것

stress ⟨*n*⟩ 강세

동일 발화 내의 특정 음절이나 단어를 다른 음절이나 단어보다 호흡과 근력을 이용하여 더 강하게 발음하는 것. 청자는 강세 단어나 음절이 주변의 단어나 음절보다 더 크고, 피치 상 더 높고, 더 길다고 느끼게 된다. 강세는 다양한 유형으로 구분할 수 있다.

1. **단어 강세**(word stress): 단어 내의 강세 음절과 비강세 음절의 패턴을 가리킨다. 긴 단어의 경우, 강세 음절 간에 정도성을 구별한 적도 있었다. 즉, 가장 현저한 음절이 **제1강세**(primary stress)를 가지고, 그 다음 현저한 음절이 **제2강세**(second stress)를 가진다는 것이다. 현재는 그러한 구별이 인용형CITATION FORMS에서만 인정

되며, 발화UTTERANCE 내 전체 인토네이션은 개별 단어 내부의 강세 정도를 중화하는 경향이 있다고 여겨지고 있다. 단어 강세가 다른 부분은 모두 동일한 두 단어(동사와 명사) 사이에서 구별되는 경우도 있다. 예를 들어, *IMport*는 명사로 제1음절에 강세가 오고, *imPORT*는 동사로 제2음절에 강세가 온다(☞ ACCENT).

2. **문장 강세**(sentence stress): 문장이나 발화에서 강세 단어와 비강세 단어의 패턴을 가리킨다. 영어의 문장 강세는 보통 신정보NEW INFORMATION를 담고 있는 내용어 CONTENT WORDS에 놓인다. 예를 들어, *He was going to LONdon*에서 제1강세는 *London*의 첫 번째 음절에 온다.

3. **강조 강세**(emphatic stress): 화자가 강조하고자 하는 음절이나 단어를 모두 강조할 수 있다. 강조 강세는 강조되는 단어가 명시적이나 암시적으로 다른 단어와 대조될 때 **대조 강세**(contrastive stress)로 간주된다. 예를 들면, 다음과 같다. *SHE was getting ON the plane while HE was getting OFF.*

stress pattern ⟨*n*⟩ 강세 패턴

☞ STRESS

stress shift ⟨*n*⟩ 강세 이동

=reverse stress 전환 강세

영어에서, 연속된 발화에서 특정 단어나 구가 사용될 때 나타나는 강세 패턴의 변화.

강세 이동은 강한 강세를 가진 명사가 해당 단어나 구 뒤에 나타나는 경우에 발생한다. 보통 이 단어나 구는 낮은 **제2**(secondary) 강세(여기서는 /ˌ/로 나타낸다)가 놓이고 이어서 높은 **제1**(primary) 강세(여기서는 /ˈ/)가 놓인다.

ˌindeˈndent

ˌplateˈglass

연속된 발화에서 단어나 구 자체가 그 문장의 가장 중요한 강세인 제1강세TONIC STRESS(여기서는 ↘로 나타낸다)를 가질 때, 해당 단어나 구는 자신의 강세 패턴을 그대로 유지한다.

She was ˈvery ˌindependent
This window is ˌplate glass

그 뒤에 낮은 강세를 가진 명사가 오는 경우도 있다.

They are ˌplate glass manuˌfacturers

그러나 높은 강세나 제1강세를 가진 명사 앞에서는 *independent*의 제3음절에 놓인 제1강세, *plate glass*의 *glass*에 놓인 제1강세가 소실되어 *independent*의 제1음절, *plate glass*의 *plate*가 이제 제1강세가 된다.

He has 'independent means
It's a ,plate glass win~~d~~ow
The ,plate glass 'window is broken

일부 다른 사전에서는 강세 이동을 하는 단어나 구는 기호 / ◂/를 사용하고 있다.

stress-timed language ⟨*n*⟩ 강세(박) 언어

강세 음절이 일정 간격으로 반복되는 경향이 있는 리듬을 가지며, 발화 길이가 음절 수보다 강세의 수로 결정되는 (영어와 같은) 언어. 예를 들어, 영어에서 *BILL WORKS HARD*와 *BILL's been WORKing HARD*를 말하는 데 걸리는 시간은 거의 같다.

☞ SYLLABLE-TIMED LANGUAGE

strong form ⟨*n*⟩ 강세형

단어가 강세를 받았거나 단독으로 사용될 때 발음되는 형식. 이 용어는 무강세이고 약한 형식으로 나타나는 *to*, *a*, *the*와 같은 단어에만 적용되는 것이 보통이다.

☞ CITATION FORM

strong interface position ⟨*n*⟩ 강한 인터페이스 입장

☞ INTERFACE

strong verb ⟨*n*⟩ 강변화동사

(영어 문법에서) 모음 변화에 의해서 과거시제와 과거분사가 만들어지는 동사(*begin-began-begun*, *sing-sang-sung*)를 가리킬 때 사용되는 용어. *−ed*를 붙여서 과거시제와 과거분사를 만드는 규칙동사는 **약변화동사**(weak verb)(*open-opened*)라고 부른다.

structural ambiguity ⟨*n*⟩ 구조적 모호성

＝문법적 모호성GRAMMATICAL AMBIGUITY

structural description (SD) ⟨*n*⟩ 구조 기술

(변형생성문법TRANSFORMATIONAL GENERATIVE GRAMMAR에서) 전형적으로는 **수형도**(tree diagram)나 표지가 있는 구성소의 기호열 형식에 의해 문장의 문법을 분석하는 것. 구조 기술은 문장의 가장 추상적인 통사 형식(심층 구조DEEP STRUCTURE)과 각종 규칙('변형 규칙')에 의해 생긴 변화를 보여준다.

☞ BASE COMPONENT, TRANSFORMATIONAL COMPONENT

structural equation modelling ⟨*n*⟩ 구조 방정식 모델링

통계적 절차로, 경로 분석PATH ANALYSIS과 확인적 인자 분석CONFIRMATORY FACTOR ANALYSIS을 결합하여 관측 변수 및 비관측(또는 잠재) 변수와 관련한 연구자의 이론적 모델을 검증한다.

structural global method ⟨***n***⟩ 전체 구조 교수법

=청각구두식 교수법AUDIO-VISUAL METHOD

structural(ist) linguistics ⟨***n***⟩ 구조(주의) 언어학

체계로서의 언어의 중요성을 강조하는 언어학 접근법으로, 소리, 단어, 문장과 같은 언어 단위가 그 체계 내에서 가지는 위치를 연구한다. 구조언어학자들은 어떤 언어의 단어 내 소리의 분포를 연구한다. 즉, 어떤 소리는 어두에서만 나타난다거나, 어중, 어미에서만 나타난다 등을 연구한다. 또 그들은 어떤 언어에서 어떤 소리는 변별적이고, 어떤 소리는 변이라고 정의하여, 그것을 단어 식별에 이용하기도 하였다. 분포와 분류에 관한 유사 연구가 형태론MORPHOLOGY과 통사론SYNTAX 분야에서도 이루어졌다. 넓은 의미에서, 이 용어는 프라그 학파를 포함한 다양한 언어학자 집단을 총칭하는 의미로 사용되기도 하지만, 주로 1930년대에서 1950년대에 걸쳐 활동한 Bloomfield나 Fries 등의 미국 언어학자를 가리키는 데 사용되는 것이 보통이다. 이 연구자들의 연구는 행동주의BEHAVIOURISM 이론에 기반한 것으로, 일부 언어교수법(☞ AUDIOLINGUAL METHOD)에 상당한 영향을 끼치기도 하였다.

structural syllabus ⟨***n***⟩ 구조 교수요목

언어 교수를 위한 교수요목SYLLABUS의 하나로, 한 언어에 있는 문법 항목과 구조들(시제, 문법 규칙, 문형 등)을 선택하여, 그것들을 교수에 적합한 순서로 배열하는 데 중점을 둔다. 구조 교수요목에서 문법 항목과 구조의 도입 순서는 빈도나 난이도, 유용성, 또는 그 조합과 같은 요인에 기초한다. 1970년대까지의 대부분의 언어 교수법은 구조 교수요목에 기반을 두었고, 그 이후 많은 대안적 교수요목들이 채택되었다.

☞ SYLLABUS

structural word ⟨***n***⟩ 기능어

☞ CONTENT WORD

structure ⟨***n***⟩ 구조

(언어학에서) 서로 어떤 관계에 있는 언어적 단위의 연속체를 가리키는 용어. 예를 들어, 명사구NOUN PHRASE[1] 구조 중 하나는 *the friendly ape*와 같이, '관사+형용사+명사'일 수 있다. 영어에서 가능한 음절SYLLABLE 구조 중 하나는 *concert*에서와 같이, CVC(자음+모음+자음)이다.

☞ SYNTAGMATIC RELATIONS

structure dependency ⟨***n***⟩ 구조 의존성

☞ UNIVERSAL GRAMMAR

structured interview ⟨***n***⟩ 구조화된 인터뷰

인터뷰의 구성이나 절차뿐만 아니라 화제, 질문, 제시 순서 등이 모두 사전에 정해져 있는 인터뷰. 형식이 정해져 있지 않고 그 본질상 탐구를 목적으로 하는 **비구조화된 인터뷰**(unstructured interview)와 대비된다.

structured response item ⟨**n**⟩ 구조화된 응답 문항

☞ TEST ITEM

structure word ⟨**n**⟩ 구조어

☞ CONTENT WORD

structuring ⟨**n**⟩ 구조화

=structure 구조, lesson structure 수업 구조

(수업 스킬에서) 한 수업이 식별 가능한 목적, 구성, 전개를 취하고 있는 정도. 잘 구성된 구조를 가진 수업은 다음과 같다.

1. 교사와 학생 모두가 수업의 목표가 무엇인지 이해하고 있다.

2. 수업에서 채택하고 있는 과업과 활동이 논리적인 연속체로 일어난다.

3. 학생이 따라야 할 지시가 명확하다.

4. 학생들이 수업 중에 무엇을 달성해야 하는가에 대해 잘 이해하고 있다.

수업이 잘 구조화되어 있으면, 학생들이 더 많은 관심을 가지고, 효과적으로 배운다. 언어교수에서 수업 구조는 수업 중에 발생하는 단계와 수업을 구성하는 다양한 구성요소로 확인된다. 일반적인 수업 구조는 다음과 같다.

Presentation(제시), Production(산출), Practice(연습); Warm-up(워밍업), Opening(들어가기), Activities(활동), Closing(나가기)

student-centred learning ⟨**n**⟩ 학습자 중심 학습

다음과 같은 교수 접근법을 말한다.

a. 학생들이 목표OBJECTIVES와 목적 설정에 참여한다.

b. 학생의 감정과 가치관에 대한 배려가 있다(☞ HUMANISTIC APPROACH).

c. 교사는 조력자, 조언자, 상담자로 간주한다.

현재의 많은 언어 교수 접근법은 학습에 있어 학습자에게 능동적인 역할을 부여한다. 그래서 많은 전통적 교수법에 비해 덜 교사 중심적이고 더 학습자 중심적이라 간주된다.

student-centred teaching ⟨**n**⟩ 학습자 중심 교수법

(a) 학습에서 학생의 능동적인 역할을 강조하고, (b) 학습 내용과 방법에 대해 학습자에게 더 많은 결정권을 주며, (c) 학습자에게 자신의 학습에 대해 더 많은 책임을 지도록 하는 교수 방법. 이 교수 방법은 교사에게 결정권이 있는 보다 전통적인 교사 중심 교수법과 대비된다.

student learning outcome (SLO) 〈*n*〉 학생의 학습 성과

   ☞ LEARNING OUTCOME

student talking time (STT) 〈*n*〉 학생 발화 시간

수업 중에 학생들이 말하는 데 사용하는 시간의 총량이며, 교사가 말하는 시간은 **교사 발화 시간**(Teacher-Talking Time)이라고 한다. 많은 교실 활동에서 수업 당 STT의 양(예를 들어, 집단 활동 등을 이용하여)을 늘리려고 노력하고 있다. 학생 발화 시간은 교실 관찰이나 자기성찰 연구의 중심이 된다.

study skills[1] 〈*n*〉 학업 기능/학습 스킬

학업 목적을 위한 읽기나 쓰기, 듣기 시에 사용하는 능력, 기법, 전략(☞ MICRO-SKILLS).

예를 들어, 영어 교과서를 학습하는 대학생에게 필요한 학습 스킬에는 다음과 같은 기능이 포함된다.

읽고 있는 교재의 유형에 따라 읽기 속도를 조정하기(☞ READING SPEED), 사전 사용하기, 문맥에서 단어 의미 추측하기, 그래프와 도표, 기호 해석하기, 노트 필기 하기, 요약하기 등.

study skills[2] 〈*n*〉 학업 스킬

(읽기에서) 학생이 읽기 과업을 이해하는 데 도움을 주는 특정 능력. 예를 들어, 자료 조사하기, 중심 생각 찾기 위한 훑어읽기, 표제에 주목하기, 그래프와 삽화 해석하기, 중심 어휘 식별하기 등.

   ☞ SQ3R TECHNIQUE

stuttering 〈*n*〉 말더듬 stutter 〈*v*〉

발화가 유창하지 않은 언어 장애로, 다음과 같은 특징을 하나 이상 가진다.

1. 발화의 분절(음, 음절, 어)을 비정상적으로 반복한다.

   예) *d-d-d-don't*; *I've gota-gota-gota-cold.*

2. 단어 간에 휴지를 과도하게 사용한다.

3. 음을 비정상적으로 길게 말한다. 예) *I fffffffeel cold.*

4. 말이 막히는 부분에 *oh*나 *gosh*와 같은 단어나 음을 추가적으로 삽입한다.

말더듬은 말더듬의 특성과 그것을 유발하게 하는 상황에 따라 다양하다. 말더듬을 설명하는 몇 가지 이론이 제안되어 있으나, 그 원인은 아직 해명되지 않았다.

style 〈*n*〉 문체/스타일 stylistic 〈*adj*〉

1. 한 사람의 구어나 문어 변이. 스타일은 상황 유형, 말 상대, 위치, 화제 등에 따라, 일상적인 문체에서 격식 있는 문체에 이르기까지 그 종류가 다양하다. 특정 문체, 예를 들어 격식 있는 문체나 구어적 문체는 **문체 변이**(stylistic variety)

라 부르기도 한다. 문체 변이에 대해 '언어 사용역'이라는 용어를 사용하는 언어학자도 있지만, 이 둘을 구별하는 학자도 있다(☞ REGISTER).

2. 이 용어는 특정 개인의 일상적 구어나 문어, 또는 특정 시대의 구어나 문어, 예를 들어 Dickens의 문체, Shakespeare의 문체, 18세기 문체를 가리키기도 한다.
　　　☞ STYLISTIC VARIATION

style shift ⟨*n*⟩ 스타일/문체 전환

구어나 문어 의사소통 중에 스타일STYLE을 바꾸는 것. 스타일 전환은 필자가 특정 상황을 재평가하거나 재규정할 때 보통 일어난다. 예를 들어, 필자가 격식 있는 초대장의 말미에 비격식적인 문구를 적는 경우가 있는데, 이는 필자와 상대의 관계가 친하기 때문이다. 취업 면접에서 면접관이 매우 비격식적인 방식을 취하면, 피면접자가 격식 있는 스타일에서 덜 격식적인 스타일로 전환하기도 한다.
　　　☞ STYLISTIC VARIATION

stylistics ⟨*n*⟩ 문체론

언어의 문체STYLE 변이 연구로, 언어가 사용되는 상황과 필자나 화자가 독자나 청자에게 만들어 내고 싶은 효과에 따라 결정된다. 문체론은 구어 연구를 포함할 때도 있지만, 일반적으로는 문학적 텍스트를 포함한 문어 연구를 가리킨다. 문체론에서는 필자에게 이용 가능한 선택들과 여러 형식/표현들 중에서 특정의 형식과 표현들이 사용되는 이유를 연구한다.
　　　☞ DISCOURSE ANALYSIS

stylistic variation ⟨*n*⟩ 문체 변이

상황, 화제, 상대, 위치에 따라 사용되는 한 개인이나 집단의 구어나 문어의 차이. 문체 변이는 다른 발화음, 다른 단어, 다른 표현, 다른 문장 구조의 사용에서 관찰된다.

a. 발음: 사람들은 비격식적인 문체에서는 *sitting*/'sɪtɪn/, *making*/'meɪkɪn/ 대신에 *sitt'n*/'sɪtn/, *mak'n*/'meɪkɪn/이라고 발음하는 경향이 있다.

b. 단어와 문장 구조
　　• 격식적: *We were somewhat dismayed by her lack of response to our invitation.*
　　• 비격식적: *We were rather fed up that she didn't answer when we invited her.*
한 개인이나 집단의 문체 변이는 녹음된 발화를 분석 · 비교하여 측정할 수 있다.
　　　☞ STYLE

stylistic variety ⟨*n*⟩ 문체 변이

　　　☞ STYLE

SU ⟨*n*⟩

＝주어 관계절SUBJECT RELATIVE CLAUSE

☞ NOUN PHRASE AND ACCESSIBILITY HIERARCHY

subcategorization ⟨***n***⟩ 하위 범주화

그것과 함께 나타날 수 있거나 나타나야 하는 통사 범주를 나타내는 동사 제약. 예를 들어, 타동사 뒤에는 직접목적어 명사구가 와야 한다. 이를 통해 타동사는 동사 범주의 하위 범주라는 것이 성립된다.

subcategory ⟨***n***⟩ 하위 범주

어떤 범주의 부분집합. 예를 들어, 가산명사COUNTABLE NOUN는 명사NOUN 범주의 하위 범주이다.

subjacency ⟨***n***⟩ 하접

☞ BOUNDING THEORY

subject ⟨***n***⟩ 주어

(영문법에서) 일반적으로 다음 특성을 가지는 명사나 대명사, 명사구NOUN PHRASE를 말한다.

a. 보통 문장의 본동사에 선행하며 본동사와 가장 밀접히 관련된다.

b. 일치CONCORD를 결정한다.

c. 문장의 나머지 부분에서 무언가에 대해 진술하거나 단언하는 것을 가리킨다. 동사나 동사군VERB GROUP (그리고 목적어OBJECTS나 보어COMPLEMENTS, 부사ADVERBIALS를 포함하는)의 문장 부분을 서술어PREDICATE라 부른다. 서술어는 문장 내에서 그 주어에 대해 무언가를 서술하는 부분이다.

주어	술어
The woman	*smiled.*
Fish	*is good for you.*

☞ OBJECT[1]

subject complement ⟨***n***⟩ 주격 보어

☞ COMPLEMENT

subjective marking ⟨***n***⟩ 주관식 채점

=주관적 채점SUBJECTIVE SCORING

subjective scoring ⟨***n***⟩ 주관적 채점

(테스트에서) 채점자의 의견이나 판단에 기초하여 수험자의 채점이나 등급, 점수를 부여하는 것. 말하기 테스트는 보통 주관적 채점에 기초한다.

☞ OBJECTIVE SCORING

subjective test ⟨***n***⟩ 주관식 테스트

S

에세이 시험처럼, 주관적으로 채점되는 테스트(채점자의 개인적 판단에 따라 채점된다)로, 객관적 테스트OBJECTIVE TEST와 구별된다.

Subject-Prominent language ⟨*n*⟩ 주어 우세 언어

주어SUBJECT와 술부PREDICATE라는 문법적 단위가 문장의 기본 구조이며, 문장이 보통 주술 구조를 가지는 언어. 영어는 나음과 같은 문장이 통상적인 문장 유형이기 때문에 주어우세 언어로 간주된다.

    I   have already seen Peter.

    (주어)   (술어)

화제와 평언(☞ TOPIC^2)이라는 문법 단위가 문장 구조의 기본인 언어는 **화제우세 언어**(Topic-Prominent language)라 부른다. 중국어는 화제-평언 구조를 가지는 문장이 일반적인 문장 유형이기 때문에 화제우세 언어에 속한다.

    Zhangsāan wǒ yǐ jǐng   jiàn guo   le

    Zhangsan I   already see 상 조사 표지.

즉, *Zhangsan I already seen (him)*.

subject relative clause (SU) ⟨*n*⟩ 주어 관계절

    ☞ NOUN PHRASE ACCESSIBILITY HIERARCHY

subject-verb agreement ⟨*n*⟩ 주어-동사 일치

문장의 주어와 동사의 굴절이 일치하는 것. 예를 들어, 영어의 동사 3인칭 단수 현재시제는 *She arrives tonight*에서와 같이, −*s*를 붙여 표시한다.

subject-verb inversion ⟨*n*⟩ 주어-동사 도치

    ☞ INVERSION

subjunctive ⟨*n*⟩ 가정법

    ☞ MOOD

submersion education ⟨*n*⟩ 완전몰입교육

제2언어로서의 영어 학습자가 정규 교실에 배치되어 모어화자와 경쟁하고, 영어에 대한 특별한 지원을 받지 않는 상황, 즉 일종의 '되든 안 되든 알아서 해야 하는 접근법'을 가리킬 때 사용되는 용어. 학생의 특별한 요구를 충족시킨다거나 하는 조정은 거의 없고, 학생이 가능한 한 빨리 영어를 배우도록 하는 데 목표를 둔다.

submersion programme ⟨*n*⟩ 완전몰입 프로그램

지도 언어가 일부 아이들에게는 제1언어FIRST LANGUAGE이지만, 나머지 아이들에게는 아닌 이중언어 교육BILINGUAL EDUCATION 형식. 이 형식은 이민자 아이가 학교에 입학해서 현지어로 배우는 많은 나라에서 나타난다.

☞ IMMERSION PROGRAMME

subordinate clause ⟨*n*⟩ 종속절

=종속절DEPENDENT CLAUSE

subordinating conjunction ⟨*n*⟩ 종속접속사

☞ CONJUNCTION

subordination ⟨*n*⟩ 종속관계

☞ CONJUNCTION

subordinator ⟨*n*⟩ 종속접속사

☞ CONJUNCTION

subset principle ⟨*n*⟩ 부분집합 원리

☞ LEARNABILITY THEORY

subskills ⟨*n*⟩ 하위 스킬

=미시적 스킬MICROSKILLS

substandard ⟨*adj*⟩ 표준 이하의

개인이나 집단의 구어나 문어의 어떤 부분에 대해 부정적인 가치 판단을 표현하는
용어로, 한 언어의 표준 변종STANDARD VARIETY과 일치하지 않아 바람직하지 않다고
여겨질 때 사용한다. 예를 들어, 영어의 일부 방언에서 사용되는 이중 부정을 표준
이하라고 생각하는 사람들도 있다.

I *don't* know *nothing*.

한 언어의 표준 변종에 속하지 않는 형식을 가리켜 언어학자가 사용하는 보다
중립적인 용어는 비표준적NONSTANDARD이다.

substantive ⟨*n*⟩ 실사

명사NOUN나 명사로 기능할 수 있는 모든 단어, 예를 들어 대명사, 형용사(*in the*
old), 동명사GERUND 등을 가리키는 데 사용하는 용어

substantive universal ⟨*n*⟩ 실질적 보편성

☞ LANGUAGE UNIVERSAL

substitution ⟨*n*⟩ 대치

학습자가 목표언어TARGET LANGUAGE[1]의 어떤 형식을 다른 언어(보통은 학습자의 제1언
어) 형식으로 대체해서 생기는 오류ERROR. 예를 들어, 프랑스어 화자는 *I'll be leaving*
tomorrow 대신 *I'll be leaving demain*이라 말할지도 모른다.

substitution drill ⟨*n*⟩ 대치 연습

☞ DRILL

substitution table ⟨***n***⟩ 대치표

(언어교수에서) 한 문장의 다양한 위치에서 대치될 수 있는 항목들을 보인 표. 대치표는 항목들을 다양하게 조합하여 많은 다른 문장을 산출하는 데 사용될 수 있다.

The post office	is	behind	the park.
The bank		near	the hotel.
The supermarket		across from	the situation.

대치표는 상황 언어교수법과 같은 오래된 교수법에서 널리 사용되어 왔다.

substrate language ⟨***n***⟩ 기층 언어

☞ SUBSTRATUM LANGUAGE

substratum influence ⟨***n***⟩ 기층어 영향

화자가 형식적으로 학습하였거나 비형식적으로 습득한(피진PIDGIN 영어의 경우와 같이) 최초의 언어가 다른 언어의 습득에 미치는 영향. 발음이나 문장 구조, 어휘, 의사소통 능력COMMUNICATIVE COMPETENCE의 다양한 측면들에 영향을 미칠 수 있다. 예를 들어, 라디오나 전등을 켜거나 끌 때 ESL 변종에서는 동사 *open*과 *close*를 사용하는 것이 일반적이다. 이는 기층어의 영향이라고 볼 수 있다.

필리핀 영어	타갈로그어			
open the radio	buksan	mo	ang	radyo
	open	you	the	radio
close the light	isara	mo	ang	ilaw
	close	you	the	light

substratum interference ⟨***n***⟩ 기층어 간섭

☞ SUBSTRATUM INFLUENCE

substratum language ⟨***n***⟩ 기층어

다른 언어를 습득한 사람들의 원래 언어. 처음에는 피진PIDGIN이나 크리올CREOLE 언어 화자를 가리키는 데 사용되었다. 예를 들어, 서아프리카 피진의 기층언어는 Akan, Ewe, Ga, Hausa, Igbo, Yoruba 등 서아프리카의 다양한 지역 언어이었다. 최근에는 기층언어라는 용어의 적용 범위가 확대되어 제2언어/외국어를 습득하고 있는 화자의 제1언어까지 포함하게 되었다.

☞ SUBSTRATUM INFLUENCE/INTERFERENCE,
   SUPERSTRATUM LANGUAGE

subtest ⟨***n***⟩ 하위 테스트

긴 테스트의 일부로 제공되는 테스트, 예를 들어, 언어 숙달도 테스트는 문법, 쓰기, 말하기라는 하위 테스트로 구성된다.

subtitles ⟨*n*⟩ 자막

＝captioning 캡션달기

영화나 비디오에 문어 텍스트를 겹쳐 넣는 것. 언어 학습자의 관점에서, 자막 있는 영화나 비디오에는 목표언어가 음성, 모어는 텍스트(**표준 자막**[standard subtitles])를 담당하는 방식, 모어는 음성, 외국어는 텍스트를 담당하는 방식(**반전 자막**[reversed subtitles]), 목표언어가 음성과 비디오를 모두 담당하는 방식(**폐쇄 자막**[closed subtitles])이 있다. 폐쇄 자막은 **2-모드입력**(bi-modal input)이라고도 하며, 원래는 청각장애자를 위해 개발되어 특별한 장치가 필요하였으나, 현재는 대부분의 TV와 비디오(VCR)에서 표준 기능으로 탑재되어 있다. 디지털비디오디스크(DVD)는 세 가지 기능을 모두 제공하는 경우가 많다. 일부 연구 결과에 따르면, 세 자막 유형이 모두 언어 학습에 도움을 주는 유효한 수단이 될 수 있다.

subtractive bilingual education ⟨*n*⟩ 감산적 이중언어 교육

＝subtractive bilingualism 감산적 이중언어

☞ ADDITIVE BILINGUAL EDUCATION

subvocalization ⟨*n*⟩ 입속 발성

☞ SUBVOCAL READING

subvocal reading ⟨*n*⟩ 입속 읽기

＝subvocalization 입속 음성화

읽기 중에 조용하게 단어를 발음하거나 가끔씩 혀와 입술, 성대를 조금 움직이면서 읽는 방법. 모든 독자가 가진 공통된 특징이라고 하는 연구자도 있고, 미숙한 독자의 특징이라고 말하는 연구자도 있다.

successive bilingualism ⟨*n*⟩ 연속적 이중언어

제1언어 능력이 어느 정도 확립된 세 살 무렵에 제2언어를 습득하는 것

suffix ⟨*n*⟩ 접미사

어미에 붙어 그 단어의 의미나 기능을 바꾸는 문자(군)이나 소리(군)

☞ AFFIX

suggestopaedia ⟨*n*⟩ 암시식 교수법

＝desuggestopedia 암시적 교수법, suggestopedy 암시적 교수법,
Lozanov method 로자노프 교수법

불가리아의 교육자 Lozanov에 의해 개발된 외국어 교수법METHOD. 이 교수법은 언어

의 제시와 연습에 대화, 상황, 번역을 이용하며, 특히 학습을 보다 편안하고 효과적으로 만들기 위해 음악, 시각적 이미지, 긴장 완화 연습 등을 활용한다. 암시식 교수법은 암시가 인간 행동에 미치는 영향에 관한 연구, 즉 '암시학'을 교육적으로 응용한 것이라고 일컬어진다.

summary ⟨*n*⟩ 요약

텍스트나 단락의 중심 생각을 짧게 진술한 것으로, 무언가를 읽은 후나 읽는 도중에 산출된다. 요약하는 능력을 요약 스킬SUMMARY SKILLS이라 말하기도 하며, 읽기 교수 지도의 초점이 된다.

summative evaluation ⟨*n*⟩ 총괄적 평가

프로그램 종료 후, 의사결정자에게 그 프로그램이 효과적이고 성공적이었는가에 대한 정보를 제공하는 프로세스

☞ FORMATIVE EVALUATION

summative test ⟨*n*⟩ 총괄 테스트

코스가 끝날 무렵에 학생이 그 코스로부터 얼마나 배웠는지를 측정하거나 '총괄하기' 위해 실시되는 테스트. 총괄 테스트는 보통 등급화된 테스트이다. 즉, 이 테스트는 척도나 등급표에 따라 채점된다.

☞ FORMATIVE TEST

superlative ⟨*n/adj*⟩ 최상급(의)

=superlative degree

☞ COMPARATIVE

superordinate ⟨*n/adj*⟩ 상위어(의)

☞ HYPONYMY

superstratum language ⟨*n*⟩ 상층 언어

피진PIDGIN이나 크리올CREOLE의 어휘 항목들이 파생된 언어. 상층 언어는 보통 피진이나 크리올 사용 지역을 식민 지배한 나라의 언어이다. 예를 들어, 영어는 자메이카 크리올과 파푸아뉴기니에서 사용되는 톡피신의 상층 언어이다.

☞ SUBSTRATUM/SUBSTRATE LANGUAGE(S)

supervision ⟨*n*⟩ 실습지도

(교사교육에서) 지도교사가 교육실습생의 실습 내용을 모니터하고 평가하는 것. 현재의 실습지도 접근법은 지도교사의 주 역할이 실습 평가자인지, 협력자인지, 조력자인지에 따라 다르다. 전자인 경우, 지도교사는 실제의 수업 방법과 이상적인 수업 행위 간의 차이를 지적하고, 실습생의 성장을 유도하고 개선을 위해 제안을

한다. 지도교사가 조력자나 협력자의 역할을 하는 경우, 협상을 통해 결정한 교수 측면들을 탐구하고 성찰이나 자기 관찰을 통해 실습생이 스스로 개선하도록 격려 하는 것이 목표가 된다.

☞ REFLECTIVE TEACHING, CLINICAL SUPERVISION

supplementary materials ⟨*n*⟩ 보조 자료

(언어교수에서) 교과서 외에 사용되는 학습 자료. 교과서에서 자세히 다루지 않는 스킬들을 집중적으로 다루는 경우가 많다.

suppletion ⟨*n*⟩ 보충법

(형태론MORPHOLOGY에서) 다양한 굴절 형태에 있어서 어형 전체가 바뀌는 단어의 불 규칙형(☞ INFLECTION). 예를 들어, 영어 *good-better-best*는 *tall-taller-tallest*에서 보는 것처럼, 일반적 패턴을 따르지 않고, 형용사 *good*의 비교급과 최상급(☞ COMPARATIVE)에 다른 형태를 사용하고 있다.

supporting sentences ⟨*n*⟩ 뒷받침 문장

(작문에서) 단락 내에서 주제문TOPIC SENTENCE을 지지하거나, 예시하거나, 설명하는 문장

suprasegmental ⟨*n*⟩ 초분절적 단위

(음성학PHONICS과 음운론PHONOLOGY에서) 한 발화 내 둘 이상의 음으로 확장되는 강세 STRESS나 음성 등의 단위(☞ TONE[1], TONE[2]). 초분절적이라는 용어는 특히 미국 언어학자들이 많이 사용한다.

☞ INTONATION, PROMINENCE, SEGMENTAL PHONEMES

surface structure ⟨*n*⟩ 표층 구조

☞ GENERATIVE THEORY, PHRASE STRUCTURE

surrender value ⟨*n*⟩ 해약 가치

(언어교수에서) 생명보험에서 차용한 용어로, 학습자가 언어 코스의 특정 단계에 습득하여 그 단계 이상으로 학습을 지속하지 않더라도 사용할 수 있는 기능적 스킬을 말한다. 필요성이 높은 항목을 먼저 가르치도록 조직된 코스는 해약 가치가 높다.

sustained attention ⟨*n*⟩ 지속적 집중

☞ ATTENTION

sustained silent reading (SSR) ⟨*n*⟩ 지속적 묵독

(읽기 교수에서) 수업 시간을 묵독에 할애하며 학생들이 자신이 선택한 교재를 읽는 활동. 이 활동은 보통 정규적으로 행해진다. 읽기 시간 동안 교사는 학생을

방해하지 않는다.

SVO language ⟨*n*⟩ SVO 언어

☞ TYPOLOGY

SWOT analysis ⟨*n*⟩ SWOT 분석

☞ SITUATIONAL ANALYSIS

syllabic consonant ⟨*n*⟩ 음절성 자음

약음절에서 모음의 도움 없이 기능하는 자음. 영어에서 /n/과 /l/은 *kitten*(음절 /n/)과 *little*(음절 /l/)과 같은 단어에서 음절이 될 가능성을 가지고 있다.

syllabic writing ⟨*n*⟩ 음절 문자

일본어의 음절체계인 가타카나, 히라가나와 같이, 각각의 기호가 하나의 음절 SYLLABLE을 나타내는 표기체계.

イギリス

Igirisu (영국)

トランプ

toranpu (트럼프)

☞ ALPHABETIC WRITING, IDEOGRAPHIC WRITING

syllabification ⟨*n*⟩ 분절/분철법 syllabify ⟨*v*⟩

단어를 음절SYLLABLES로 나누는 것.

예를 들어, *locomotive*는 *lo-co-mo-tive*의 4음절로 나눌 수 있다. 단어의 철자를 분할하는 방법(분철법)은 발음상의 분절 방법과 다를 수 있다. 예를 들어, *styl-is-tics*/staɪˈlɪstɪks/에서 철자의 첫 번째 음절은 /styl/이지만, 발음상의 제1음절은 /staɪ/이다.

syllable ⟨*n*⟩ 음절

최소 모음 한 개, 최대로는 자음이나 자음 연쇄에 선후행하는 모음 하나로 구성된 언어 단위. 예를 들어, 영어의 *introductions*는 *in-tro-duc-tions*의 4음절로 이루어져 있다. 음성학PHONICS에서, 음절은 흉박, 공기압의 상승으로 인한 흉근의 수축, 동일한 음 길이와 강세, 피치를 가진 다른 음에 대한 상대적인 크기인 **공명도**(sonority), 길이, 강세, 피치, 울림도가 조합된 **현저성**(prominence)과 관련한다. 음운론PHONOLOGY 에서, 음절은 모음VOWELS과 자음CONSONANTS이 결합하여 다양한 연쇄를 형성하는 방식으로 정의된다. 모음은 그 자체로 하나의 음절을 형성할 수 있고(*oh!*), *bay*, *ate*, *bait*와 같이, 하나 이상의 자음이 선행하거나 후행하는 음절의 '중심'이 되기도 한다. 모음으로 끝나는 음절을 **개음절**(open syllable)이라 하고, 하나 이상의 자음으로 끝나는 음절은 **폐음절**(closed syllable)이라고 한다. 예를 들어, 영어의 *open*, *highway*, *even*은 제1음절이 개음절이고, *magpie*, *pantry*, *completion*의 제1음절은 폐음절이다.

음절은 세 부분으로 나눌 수 있다.

a. **초두음**(onset)이라 부르는 시작 부분

b. **핵음**(nucleus) 혹은 **정점**(peak)이라 부르는 중심 부분

c. **말음**(coda/coda)이라 부르는 끝 부분

영어 단어 *bite*/bayt/에서는, /b/가 초두음, /ay/가 핵음, /t/가 말음이다.

☞ SYLLABIC CONSONANT

syllable-timed language ⟨*n*⟩ 음절(박)언어

(스페인어와 같이) 음절이 거의 일정한 간격으로 반복되는 경향이 있는 리듬을 가지며, 발화의 길이가 강세의 수가 아니라 음절의 수에 의해 결정되는 언어

☞ STRESS-TIMED LANGUAGE

syllabus ⟨*n*⟩ 교수요목

=curriculum 교육과정

코스에서 가르칠 내용과 그 순서를 기술한 것. 언어 교수의 교수요목은 (a) 문법 항목과 어휘(☞ STRUCTURAL SYLLABUS), (b) 다양한 상황 유형에 필요한 언어 (☞ SITUATIONAL SYLLABUS), (c) 학습자가 목표언어TARGET LANGUAGE[1]로 표현할 필요가 있는 의미와 의사소통 기능들(☞ NOTIONAL SYLLABUS), (d) 다양한 언어 행동에 저재하는 스킬들, (e) 학습자가 습득해야 할 텍스트 유형 등과 같은 다양한 기준에 기초한다.

☞ CURRICULUM[2], GRADATION, LANGUAGES FOR SPECIAL PURPOSES, SPIRAL APPROACH, SYNTHETIC APPROACH

syllabus design ⟨*n*⟩ 교수요목 설계

교육과정 개발의 한 측면으로, 교수요목 개발의 절차를 다룬다.

☞ COURSE DESIGN, CURRICULUM DEVELOPMENT

syllogism ⟨*n*⟩ 삼단논법

두 개의 전제와 그것으로부터 도출되는 결과의 형태로 된 논쟁(☞ PROPOSITION).

• **주 전제**(major premise): *All boys like sports.* (남자아이들은 모두 스포츠를 좋아한다)

• **부 전제**(minor premise): *John is a boy.* (*John*은 남자아이이다)

• **결론**(conclusion): *John likes sports.* (따라서 *John*은 스포츠를 좋아한다)

symbolic functions of language ⟨*n*⟩ 언어의 상징적 기능

이미지, 비유와 같이 신체 지각에 기초하지 않은 생각이나 관념을 표현하는 언어의 능력

symbolic processing ⟨*n*⟩ 기호 처리

=symbolic architecture 기호 구조

심적 프로세스는 기호들은 규칙 집합에 의해 조작되는 표상으로 구성된다는 심리학이나 언어학에서 주장하는 견해를 가리키는 기호 처리 프로세스.

인지를 이해하기 위한 이 접근법은 최근 완전히 다른 유형의 구조에 기반하는 연결주의CONNECTIONISM에 도전을 받고 있다.

synchronic ⟨*adj*⟩ 공시적

 ☞ DIACHRONIC LINGUISTICS

synchronic linguistics ⟨*n*⟩ 공시 언어학

 ☞ DIACHRONIC LINGUISTICS

synchronous communication ⟨*n*⟩ 동기적 커뮤니케이션

(컴퓨터 지원 언어 학습COMPUTER ASSISTED LANGUAGE LEARNING에서) 모든 참여자가 컴퓨터에 로그인하여 실시간으로 메시지를 송신하는 즉시적인 의사소통을 말한다. 언어 교실에서는 인터넷 채팅이나 다이달로스 교신DAEDALUS INTERCHANGE과 같은 특수 프로그램을 사용하여 이러한 유형의 커뮤니케이션을 이용하기도 한다.

 ☞ ASYNCHRONOUS COMMUNICATION

synchronous computer-mediated communication ⟨*n*⟩ 컴퓨터 매개 동기적 커뮤니케이션

온라인 채팅과 같이, 실시간으로 일어나는 컴퓨터 네트워크를 통한 커뮤니케이션

synecdoche ⟨*n*⟩ 제유

 ☞ FIGURE OF SPEECH

synonym ⟨*n*⟩ 동의어 **synonymous** ⟨*adj*⟩ **synonymy** ⟨*n*⟩

다른 단어와 같거나, 거의 같은 의미를 가지는 단어. 예를 들어, 다음에서 *hide*와 *conceal*은 유의어이다.

 He hid the money under the bed.

 He concealed the money under the bed.

특정 상황에서는 한 단어가 다른 단어보다 더 적절한 경우도 있다. 예를 들어, *conceal*은 *hide*보다 더 격식적인 단어이다. 두 단어가 특정 문장에서만 동의어적인 경우도 있다.

 I must buy some more stamps at the post office.

 I must get some more stamps at the post office.

예를 들어, 위 문장에서 *buy*와 *get*은 동의어이다. 두 번째 문장의 *get*이 *buy*를 뜻하지, *steal*을 의미한다고는 생각하지 않기 때문이다.

 ☞ ANTONYM, HYPONYMY

syntactic ⟨**adj**⟩ 통사적인

☞ SYNTAX

syntactic structure ⟨**n**⟩ 통사 구조

☞ CONSTITUENT STRUCTURE, PHRASE STRUCTURE, SYNTAX

syntagm ⟨**n**⟩ 신태그마/통사연속체

=syntagma, syntagmatic

한 언어에서, 구조적으로 유의미한 두 개 이상의 단위의 조합. 예를 들어, 통사연속체는 다음과 같은 조합으로 구성될 수 있다.

a. 단어를 형성하는 둘 이상의 형태소. 예) *re-*+*write*=*rewrite*

b. 구PHRASE, 절CLAUSE, 문장SENTENCE을 형성하는 단어들의 조합.

예) *the*+*train*+*is*+*leaving*+*now*

☞ SYNTAGMATIC RELATIONS, SYNTAX

syntagmatic relations ⟨**n**⟩ 통합 관계

언어 단위(단어나 절)가 다른 단위들과 연속체 상에 나타남으로써 발생하는 관계. 예를 들어, 어떤 단어는 그 단어가 나타나는 문장의 다른 단어와 통합적인 관계를 가진다고 하며, 그 문장 내에서 다른 단어로 치환될 수 있는 단어는 **계열적 관계**(paradigmatic relations)에 있다고 한다.

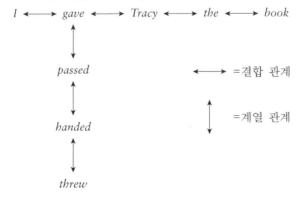

☞ STRUCTURE

syntax[1] ⟨**n**⟩ 통사론 syntactic ⟨**adj**⟩ 통사적인

(어휘부LEXICON, 음운론PHONOLOGY, 의미론SEMANTICS과 함께) 한 언어의 문법GRAMMAR의 주요 구성요소인 통사론은 단어가 결합하여 문장을 형성하는 방법, 문장 형성을 지배하는 규칙, 특정 언어 내에서 어떤 문장은 가능하고 다른 문장은 가능하지 않게 하는 규칙들을 다룬다.

통사론과 형태론 사이의 인터페이스(예를 들어, 문장 내 문법적 역할을 반영하기

위해 단어들을 수정하는 규칙들)는 형태통사론MORPHOSYNTAX이라 한다.

언어학의 중요한 목표 중 하나는 한 언어의 통사 규칙을 규명하고, 한 문장 내에서 형식적, 의미적으로 밀접히 관련된 단어들을 함께 그룹 짓는 방식을 기술하는 데 있다. 이 그룹들을 구성소 구조CONSTITUENT STRUCTURE라고 부른다(☞ CONSTITUENT STRUCTURE, PHRASE STRUCTURE).

통사 연구는 과거 반세기 동안 가장 활발한 언어학 연구 분야이었으며, 통사론과 그것이 표상되는 방식을 둘러싼 논란들은 많은 이론적 제안과 논쟁의 기반이 되어 왔다. 지배/결속 이론GOVERNMENT/BINDING THEORY에서는 많은 다양한 모듈, 예를 들어 격 이론CASE THEORY, X-바 이론X-BAR THEORY, 결속 이론BINDING THEORY 등은 통사론의 다양한 측면에 있어서의 제약들을 규정한다. 생성문법GENERATIVE GRAMMAR의 변종과 다른 문법 이론에서는 통사론을 다른 방식으로 다룬다.

☞ CATEGORIAL GRAMMAR, LEXICAL FUNCTIONAL GRAMMAR,
LOGICAL FORM, MINIMALISM, TRANSFORMATIONAL RULE

syntax[2] ⟨*n*⟩ 문법

컴퓨터 언어COMPUTER LANGUAGE의 명령어가 어떻게 사용되는지, 그리고 어떻게 서로 조화되는지를 결정하는 규칙

synthetic approach ⟨*n*⟩ 종합적 접근법

(언어교수에서) 교수요목SYLLABUS과 언어 코스 개발을 위한 절차를 가리키는 용어로, 가르칠 언어를 먼저 기본 부분으로 분석한 후(예를 들어, 문법은 품사와 문법 구조로 분석된다), 그것들을 따로 가르친다. 학습자의 과제는 개별적 부분들을 다시 결합하는 (즉, 통합하는) 것이다. 난이도 순에 따라 배열된 문법 항목 목록으로 구성된 교수요목은 언어 교수의 종합적 접근법의 일부이다. 이러한 의미에서 많은 전통적인 교수요목들은 '종합적'이라고 부를 수 있다. 이 접근법은 언어 행동의 단위(예를 들어, 기술, 요청, 사죄, 문의, 그 외 다른 발화 행위SPEECH ACTS)가 교수요목과 코스 설계의 출발점이 되는 **분석적 접근법**(analytic approach)과 대비된다. 이 접근법에서는 다음 단계에서 필요한 경우, 각 기능에 사용되는 어휘와 문법을 분석할 수 있다. 이러한 의미에서 개념 교수요목NOTIONAL SYLLABUS은 '분석적'이라 부를 수 있다.

synthetic language ⟨*n*⟩ 종합적 언어

교착 언어AGGLUTINATING LANGUAGE나 굴절 언어INFLECTING LANGUAGE를 포괄하는 용어

synthetic speech ⟨*n*⟩ 합성 음성

☞ DIGITIZED SPEECH, SPEECH SYNTHESIS

systematic error ⟨*n*⟩ 체계적 오류

☞ ERROR OF MEASUREMENT

systematic phonemics 〈***n***〉 체계적 음소론

모어화자의 언어 지식에는 단어의 다른 형식들 간의 음운 관계에 대한 지식도 포함된다고 하는 이론. 이 이론에서는 단어 형식들(예를 들어, 영어 단어 *serene*과 *serenity*)이 실제 발화에서 나타날 때, '체계적인 음소 레벨'이라고 부르는 기저의 추상적 레벨로부터 산출된다고 주장한다. *serene*와 *serenity*의 **기저 형식**(underlying form)이라 불리는 추상적 형식은 //serēn//이다. 여기서 //ē//는 긴 //e// 분절SEGMENT 을 나타낸다. 이 기저 형식은 실제 발화에서는 존재하지 않는다.

☞ GENERATIVE PHONOLOGY

systematic phonetic transcription 〈***n***〉 체계적 음성 표기

☞ TRANSCRIPTION

systemic-functional grammar 〈***n***〉 체계-기능 문법

＝체계-기능 언어학SYSTEMIC-FUNCTIONAL LINGUISTICS

systemic-functional linguistics 〈***n***〉 체계-기능 언어학

M.A.K. Halliday가 개발한 언어학 접근법으로, 이 접근법에서는 언어를 추상적인 형식 시스템이 아니라 사회적 문맥에서 의사소통을 위해 사용하는 자원으로 본다. '체계(systemic)'라는 단어는 언어를 상호관련된 시스템 네트워크(의미론SEMANTICS, 어휘문법, 음운론PHONOLOGY)로 본다는 것을 가리키며, '기능(functional)'이라는 용어는 이 접근법이 사람들이 언어를 통해 의미를 교환하기 위해 행하는 선택과 관련된 것임을 나타낸다. 의미론SEMANTICS은 **관념적 의미론**(ideational semantics)(메시지의 명제적 내용), **대인적 의미론**(interpersonal semantics)(요청, 태도 표명 등의 발화 기능을 포함), 텍스트 의미론(textual semantics)(구정보, 신정보 등과 같이, 텍스트가 메시지로 어떻게 구조화되는가)을 포함한다. **어휘문법**(lexico-grammar)은 통사론 SYNTAX[1], 어휘부LEXICON, 형태론MORPHOLOGY을 한 시스템으로 조합하여, 발화를 동작주 AGENT, 주제THEME, 법MOOD과 같은 기능적 역할의 관점에서 분석한다. 체계-기능 언어학은 특히 오스트레일리아의 교육 언어학에 큰 영향을 미쳤다.

☞ SOCIAL CONTEXT, TRANSITIVITY[2]

systemic-functional theory 〈***n***〉 체계-기능 이론

＝체계-기능 언어학SYSTEMIC-FUNCTIONAL LINGUISTICS

systems approach 〈***n***〉 체계 접근법

(교육, 언어 교수, 코스 설계COURSE DESIGN에서) 분석, 계획, 개발 접근법.

a. 관련된 모든 요소들을 확인한다(예를 들어, 사회, 부모, 교사, 학습자, 시간, 교재 등).

b. 그것들의 상호작용을 분석하고 연구한다.

c. 목표OBJECTIVES에 도달 가능하게 하는 계획이나 체계를 개발한다.

교육과정, 계획, 코스 등은 요소 하나가 바뀌면 그 체계의 다른 측면에 영향을 미치는 것과 같이, 하나의 통합된 체계로 기능하는 요소로 구성된다고 간주된다.

S

T

taboo language 〈**n**〉 금기어

굴욕적이거나 듣기 거북하게 만든다고 생각되어, 공공의 사용은 자제해야 하는, 보통 부정적인 뉘앙스를 가지는 단어나 표현.

예를 들어, 매도하는 말.

tacit knowledge 〈**n**〉 암묵적 지식

=implicit knowledge 암시적 지식

가지고 있지만, 인지하지 못하거나, 설명하거나 말로 표현하지 못하는 지식. 예를 들어, 문법적인 문장과 비문법적인 문장을 인식할 수 있는 능력이나 사람의 얼굴을 구별할 수 있는 능력 등이다. 암묵적 지식은 경험으로부터 배울 수도 있다. 암묵적 지식을 명시적 지식으로 전환하는 것을 **코드화**(codification), 혹은 **명료화**(articulation)라 한다. 암묵적 지식은 학풍에 관한 지식과 같이, 실천 공동체COMMUNITY OF PRACTICE 내에 포함되어 있다.

tag 〈**n**〉 부가어구

강조하거나 의문문을 만들기 위해 문장에 더하는 단어, 구, 절.

> *They're lovely and juicy, these oranges.*
>
> *Jill's coming tomorrow, isn't she?*

후자는 **부가 의문**(tag question)이라 부른다.

tagging 〈**n**〉 태깅/주석달기

언어 코퍼스CORPUS에서, 단어에 품사나 통사 정보, 의미 정보, 혹은 음성 코퍼스에 운율 정보 등을 부가하여 주석을 다는 프로세스.

주석 부착에 이용할 수 있는 전문적 프로그램이 몇 가지 있다.

tagmeme 〈**n/adj**〉 문법소/태그밈

(문법소론TAGMEMICS에서) 문법 분석의 기본 단위. 문법소는 주어SUBJECT, 목적어OBJECT[1], 술어PREDICATE 등의 문법적 기능GRAMMATICAL FUNCTION과 **필러**(fillers) 범주 간의 관계를 나타내는 단위이다. 예를 들어, *The baby bit Anthea*라는 문장에서, 주어 문법소는 명사구NOUN PHRASE[1] *the baby*에 의해 충족되고, 술어 문법소는 타동사TRANSITIVE VERB *bite*의 과거형 *bit*에 의해, 목적어 문법소는 고유명사 *Anthea*에 의해 충족된다.

tagmemics 〈**n**〉 문법소론/태그미믹스

미국의 언어학자 Pike가 제안한 언어 이론.

문법소론에서 분석은 문법, 음운, 어휘의 세 가지 층위, 또는 체계로 구성되며, 각 체계에는 다양한 레벨이 존재한다. 예를 들어, 문법 체계에는 형태소 레벨, 단어 레벨, 구 레벨, 절 레벨, 문장 레벨, 단락 레벨이 존재하고, 문법 체계의 각 레벨에는 문법적 기능과 이 기능들을 채워줄 수 있는 언어 **항목들**(fillers)의 범주 간의 관계를 보여주는 문법소TAGMEMES가 있다.

tag question ⟨*n*⟩ 부가 의문

☞ QUESTION, TAG

talk-in-interaction ⟨*n*⟩ 상호작용 내 발화

☞ CONVERSATION ANALYSIS

tandem learning ⟨*n*⟩ 탄뎀 학습

자국어와 자국 문화에 지식이 있는 두 사람이 정기적으로 만나 교류하거나, 정보를 교환하거나, 서로의 언어와 문화를 배우는 상황.

각 파트너는 자신의 학습에 책임을 지고 무엇을, 어떻게, 언제 배워야 할지를 결정한다. 언어 코스에서 정규 수업의 보충으로 사용한다. 이러한 학습이 인터넷을 통해 이루어질 때는 E-탄뎀 학습E-TANDEM LEARNING이라 한다.

tap ⟨*n*⟩ 탄음

☞ FLAP

tape script ⟨*n*⟩

☞ AUDIO SCRIPT

target language[1] (L2) ⟨*n*⟩ 목표언어

(언어교수에서) 제1언어FIRST LANGUAGE나 모어와 대조적으로, 현재 학습하고 있는 언어를 말한다.

target language[2] ⟨*n*⟩ 목표어

번역 후의 언어(예를 들어, 이중언어 사전에서)

☞ SOURCE LANGUAGE[2]

target situation ⟨*n*⟩ 목표 상황

언어교육과정 개발과 특수 목적을 위한 언어LSP에서, 학생들이 목표언어를 사용해야만 하는 상황이나 장면.

이는 학습자가 그 언어를 사용할 필요가 있는 연구 상황이나 작업 상황, 혹은 다른 상황을 말한다. 목표 상황에 관한 의사소통적 요구와 언어적 요구 분석은 요구분석NEEDS ANALYSIS의 기본적인 측면이다.

☞ SITUATION ANALYSIS

task ⟨*n*⟩ 과업/과제

(교수에서) 특정 학습 목표를 달성하는 것을 돕기 위해 설계된 활동.

과업에 관한 여러 차원들이 언어 교수의 과업 사용 방식에 영향을 미친다.

- **목표**(goals): 교사와 학습자가 과업에 대해 설정하는 목표
- **절차**(procedures): 학습자가 과업을 완료하기 위해 사용하는 조작이나 절차
- **순서**(order): 다른 과업들의 연쇄 내에서 과업의 위치
- **속도**(pacing): 특정 과업에 들일 시간의 양
- **결과**(product): 학생들이 산출한 결과물. 예를 들어, 질문과 응답 쌍, 소논문, 읽기 과업의 결과인 요약문 등
- **학습 전략**(learning strategy): 과업을 완수할 때 학생들이 사용하는 전략
- **평가**(assessment): 과업의 성공을 결정하는 방법
- **참여**(participation): 과업이 개별적으로 완수되는가, 짝과 함께, 혹은 다른 학습자 그룹과 함께 완수되는가
- **자원**(resources): 과업에 사용되는 교재와 다른 자원들
- **언어**(language): 학습자가 과업을 완수하는 데 사용하는 언어. 예를 들어, 모어나 영어, 혹은 학습자가 그 과업에서 사용해야 하는 특정 어휘나 구조, 기능 등.

과업은 교실 교수와 학습에 관한 많은 이론들의 중심 개념이며, 학교 교육과정은 과업의 집합체라고 기술되기도 한다. 이 관점에서 보면, 학교 수업은 교육과정 내 다양한 교과목에 걸쳐 반복되는 기본 과업의 핵심이라 정의할 수 있다. 교사는 과업 선택을 통해 학습 목표, 학습 방법, 학습 결과를 평가하는 방법을 결정한다. 제2언어교육에서는 다양한 유형의 과업을 사용함으로써 수업을 보다 의사소통적으로 만든다(☞ COMMUNICATIVE APPROACH). 과업이 단순한 언어 연습을 위한 연습을 넘어 교실 활동의 목적을 제공해 주기 때문이다.

☞ TASK-BASED LANGUAGE TEACHING

task analysis ⟨*n*⟩ 과업 분석

학습의 초점이나 순서를 결정하기 위해 특정 스킬이나 활동의 개별적인 구성요소를 체계적으로 연구하는 것.

과업 분석은 특히 특수 목적을 위한 영어ESP, 일반 목적을 위한 영어EOP, 학문 목적을 위한 영어EAP 등에서 코스 설계와 과업 중심 교수TASK-BASED TEACHING에서 요구분석을 할 때의 한 측면이 된다.

task-based language teaching (TBLT) ⟨*n*⟩ 과업 중심 언어 교수

=task-based instruction 과업 중심 교수, task-based learning 과업 중심 학습

의사소통적이고 상호작용적인 사용을 지도의 계획과 실시의 중심적인 단위로 사용하는 교수 접근법.

과업은 언어 학습에 효과적인 기초를 제공한다고 알려져 있다. 그 이유는 다음과 같다.

a. 유의미한 의사소통과 상호작용이 관련한다.

b. 교섭이 있다.

c. 실제적인 언어 사용에 참여한 결과로써 학습자가 문법을 습득할 수 있다.

이 접근법에서는 학습자가 상호작용적 과업에 참여하는 도중에 필요에 따라 문법이 다루어지기 때문에 사전에 정해진 문법 교수요목은 필요가 없다. 교실에서 과업을 이용할 때 교사는 (a) 과업의 준비, (b) 과업의 실천, (c) 언어 형식에 초점을 둔 사후 활동을 관련시키는 활동을 순환적으로 이용하는 경우가 많다. 과업 중심 언어 교수는 의사소통적 언어교수법의 원리들을 확대한 것이며, 제2언어 학습 원리를 교수에 응용하고자 한 시도이다.

task syllabus ⟨*n*⟩ 과업 교수요목

=task-based syllabus 과업 중심 교수요목, procedural syllabus 절차적 교수요목 (언어교수에서) 문법이나 어휘, 기능의 관점에서가 아니라, 과업TASK을 중심으로 조직되는 교수요목SYLLABUS.

예를 들어, 이 교수요목에서는 학습자가 그 언어로 수행할 것으로 기대되는 다양한 종류의 과업들을 제안한다. 예를 들어, 정보를 얻기 위해 전화 사용하기, 구두 지시에 따라 지도 그리기, 목표언어로 주어진 명령에 따라 동작 취하기, 다른 사람들에게 명령이나 지시하기 등이다. 이 교수요목은 언어 사용과 학습에 있어서 단지 언어 항목 자체를 배우는 것 이상의 목적을 제공하기 때문에, 언어를 배우는 보다 효과적인 방법이라 제안되고 있다.

taxonomic ⟨*adj*⟩ 분류학적 taxonomy ⟨*n*⟩ 분류법

(언어학에서) 항목들을 범주 및 하위 범주로 분류하는 것.

분류학적 접근법은 음운론PHONOLOGY, 통사론SYNTAX, 의미론SEMANTICS에서 이용되어 왔다. 예를 들어, 분류학적 음소론PHONEMICS에서는 언어의 변별적인 언어음을 모음VOWELS과 자음CONSONANTS으로 분류하고, 자음은 다시 폐쇄음STOPS, 마찰음FRICATIVES, 비음NASALS 등으로 분류하며, 폐쇄음은 다시 유성음이나 무성음(☞ VOICE^2)으로 분류한다.

☞ CLASS

TBLT ⟨*n*⟩

=과제 중심 언어교수법TASK-BASED LANGUAGE TEACHING

teachability hypothesis ⟨*n*⟩ 교수 가능성 가설

언어의 교수 가능성은 학습자가 그것을 습득할 준비가 되어 있는가에 의해 제약된다는 생각.

지도는 학습자의 중간언어가 교수 대상 구조가 자연적 환경에서 지도 없이도 학습 가능한 시점에 근접했을 때에만 습득을 촉진시킬 수 있다.

    ☞ LEARNABILITY HYPOTHESIS

teacher aids ⟨*n*⟩ 교사용 교구

쿠세네어 막대CUISENAIRE RODS, 화이트보드, 컴퓨터, 수업에서 사용할 목적으로 디자인된 교육용 소프트웨어와 같이, 수업 내용을 제시할 때 교사가 사용하는 자원. 비디오, 파워포인트, 포스터, 영상자료 등과 같이, 시각적으로 지원하는 교구를 시청각 교구라 한다.

teacher belief systems ⟨*n*⟩ 교사의 신념체계

(언어교수에서) 교사가 자기 자신과 교수법, 언어, 학습, 학생 등에 대해 가지는 생각이나 이론.

교사의 신념은 경험, 관찰, 훈련 등에서 비롯된 안정된 구성개념으로 간주되며, 교사가 새로운 개념과 조우했을 때, 그 새로운 개념이나 실천을 받아들이기 힘들 때, 참조할 자원의 기능을 한다. 신념은 또한 교사의 수업 실천 자원의 기능을 한다. 그리고 변경이 어려운 제도나 네트워크를 형성한다. 교사교육에서는 교사의 신념체계에 초점을 두는 것이 매우 중요하다. 교사 개발에는 기술과 지식 발달뿐만 아니라, 신념체계의 개선이나 수정도 포함되기 때문이다.

    ☞ LEARNER BELIEFS

teacher burnout ⟨*n*⟩ 교사의 번아웃/소진

교육 조건이나 직업 조건에 의해 유발되며, 교사가 육체적, 정신적으로 피폐한 상태가 되는 상황.

번아웃은 피로, 슬럼프, 동기 저하, 불안, 스트레스 등으로 이어질 수 있다. 교사가 교육직을 떠나는 한 가지 원인이 되기도 한다.

teacher-centred instruction ⟨*n*⟩ 교사 중심 지도

  =teacher-directed instruction 교사주도형 지도,

   teacher-fronted instruction 교사전면형 지도

교사가 지도를 면밀히 운영하고 통제하는 수업 스타일로, 학생들은 교사의 질문에 일제히 응답하는 경우가 많으며, 일제 수업이 다른 방식들보다 선호된다. 최근의 많은 접근법에서는 개별화된 활동이나 그룹 활동의 활용을 통해 교사주도의 상호작용을 덜 권장하고 있다.

    ☞ CO-OPERATIVE LEARNING, COMMUNICATIVE APPROACH,

GROUP WORK

teacher cognition 〈**n**〉 교사 인지

=teacher thinking 교사 사고

교육 연구와 이론의 한 분야로, 교수 계획, 전달, 평가 등의 다양한 단계에서 교사가 이용하는 사고 프로세스, 신념, 의사결정에 초점을 둔다. 교사 행동을 교사의 사고, 판단, 신념, 의사결정에서 기인하는 결과라 간주하며, 이러한 프로세스는 교사 연구 접근법 개발 시에 이해해 둘 필요가 있다. 교사 인지는 교사 개발에 중요한 역할을 하며, 그 때문에 교사 개발 프로그램과 활동을 설계하는 사람들에게 흥미로운 분야이다.

teacher development 〈**n**〉 교사 개발

교사가 경험과 지식을 쌓고, 자신의 교수를 체계적으로 검토한 결과로 얻게 되는 전문성 개발. 교사 개발은 여러 단계로 구별되기도 한다.

1. 생존 스킬을 개발한다.
2. 기본 교수 스킬에 능숙해진다.
3. 지도의 유연성을 확장한다.
4. 숙련된 지도 스킬을 습득한다.
5. 동료의 전문적인 성장에 기여한다.
6. 리더십을 닦고 의사결정에 참여한다.

teacher-directed instruction 〈**n**〉 교사주도형 지도

☞ TEACHER-CENTRED INSTRUCTION

teacher education 〈**n**〉 교사교육

=teacher training 교사 훈련

교사의 준비와 전문성 개발을 다루는 연구 분야. 교사교육 분야 내에서는 **교사 훈련**(teacher training)과 **교사 개발**(teacher development)을 구별하기도 한다. **교사 훈련**은 특히 직전 교육PRESERVICE EDUCATION 프로그램에서 초급 교사를 위한 기본적인 교수 스킬과 기법을 다룬다. 이 스킬에는 교안 준비, 교실 운영, 4기능(읽기, 쓰기, 듣기, 말하기) 교수, 신출 항목의 제시와 연습 기법, 오류 수정과 같은 교수 차원이 포함된다. **교사 개발**은 특히 현직 교육IN SERVICE EDUCATION 프로그램에서 초기 단계의 훈련 수준을 넘어 현직 교사로서의 전문적인 성장을 다룬다. 여기에는 교사의 자기 평가, 교사에 의한 다양한 교수 차원에 대한 탐구(☞ ACTION RESEARCH), 교사의 교수 접근법 연구 등이 포함된다.

teacher evaluation 〈**n**〉 교사 평가

교사가 어떻게, 얼마나 잘 가르치고 있는가에 대한 정보를 모으는 데 사용되는

절차.

교사 평가는 관찰, 학습자 평가, 학생들의 성적, 인터뷰, 포트폴리오 등을 토대로
하며, 장단점 확인, 계약 갱신과 승진을 포함하는 다양한 목적을 제공한다.

☞ APPRAISAL SYSTEM

teacher-centred instruction ⟨*n*⟩ 교사 중심 지도

＝교사주도형 지도TEACHER-DIRECTED INSTRUCTION

teacher research ⟨*n*⟩ 교사 연구

실행연구를 포함하여, 교사가 자신의 수업에 대해 자기주도적으로 행하는 연구를
가리키는 용어.

교사 연구라는 개념은 교사의 역할을 교실 내에서 학습과 상호작용에 대한 능동적
인 관찰자로 재정의하려는 것이다. 이러한 견해는 교사에게 활력을 불어넣는다고
알려져 있다.

teacher's edition ⟨*n*⟩ 교사용 지도서

교과서나 교재에 딸린 종합적인 안내서나 매뉴얼로, 목표와 교수 방법, 교재 사용
법, 정답을 상세히 제공하고, 보충 자료와 테스트를 담고 있는 경우도 있다.

teacher self-evaluation ⟨*n*⟩ 교사의 자기 평가

교사가 자신의 수업에 대해 실시하는 평가.

자기 평가에 사용되는 절차에는 사후 분석이나 평가를 위해 자신의 수업을 비디오
나 테이프로 녹음/녹화하기, 수업 종료 후 수업에 대한 정보를 기록하는 자기 보고
서 사용하기, 수업에 대한 정보를 기록하는 저널이나 일지를 작성한 후 그것을
나중에 반성과 개선을 위해 이용하기 절차 등이 포함된다.

teacher talk ⟨*n*⟩ 교사말

교사가 교수 프로세스에서 사용하는 다양한 언어 유형.

학습자와 의사소통을 하려고 할 때 교사는 자신의 말을 단순화하기도 한다. 이
교사말은 외국인 말투FOREIGNER TALK와 언어 학습자를 대상으로 한 단순화된 발화
양식의 특징을 가진다.

☞ CARETAKER SPEECH

Teacher Talking Time ⟨*n*⟩ 교사 발화 시간

☞ STUDENT TALKING TIME

teacher training ⟨*n*⟩ 교사 훈련

＝교사교육TEACHER EDUCATION

teaching portfolio ⟨*n*⟩ 교수용 포트폴리오

T

☞ PORTFOLIOS

teaching practice ⟨***n***⟩ 교육 실습

　=practicum, practice teaching

(교사교육에서) 교생들이 교육 경험을 쌓을 수 있도록 제공하는 기회로, 보통 일정 기간 동안 경험 있는 교사(지도교사CO-OPERATING TEACHER)와 함께 그 교사의 학급을 가르친다. 교육 경험 실습에는 마이크로티칭MICROTEACHING, 개별 수업을 가끔 가르치는 경우, 한 학기 동안 교육실습생이 한 학급을 직접적이고 개별적으로 담당하는 경우가 있다. 교육 실습은 실습생들에게 교실 수업 경험과 교사교육 프로그램에서 배운 정보와 기술을 응용해 볼 수 있는 기회, 그리고 기본적인 교수 스킬을 습득할 수 있는 기회를 제공하는 것을 의도한다.

teaching style ⟨***n***⟩ 교수 스타일

지도 시 교사가 사용하는 개인적인 교수 기법과 접근법, 특유 방식.

교사에 따라 교실에서 교사의 역할을 인식하는 방식, 선호하는 교사–학생 간의 상호작용 유형, 선호하는 교수 전략이 서로 다르며, 이러한 차이는 교사 간의 교수 스타일 차이로 이어진다.

team teaching ⟨***n***⟩ 팀 티칭

두 명의 교사가 한 학급을 담당하고 지도를 분담하는 상황을 가리킬 때 사용하는 용어. 팀 티칭은 교사에게 많은 이점을 제공한다.

(a) 보다 창조적인 수업을 가능케 하고, (b) 교사가 상호 관찰을 통해 학습할 수 있고, (c) 보다 작은 학습자 집단과 활동할 수 있는 기회를 제공한다.

technical word ⟨***n***⟩ 전문어

　=technical term 전문 용어

1. 특정 분야나 영역에 제한하여 출현하고, 전문적인 의미를 가지는 단어. 예를 들어, 언어학 분야에서 자주 출현하는 전문어로는 *morpheme*(형태소), *phoneme*(음소) 등이 있다.

2. 특정 분야에서 전문적인 의미를 가지는 일반 단어.

예를 들어, 통계학의 *significance*(유의) 등

　☞ TERMINOLOGY

technical writing ⟨***n***⟩ 기술 글쓰기

컴퓨터 과학, 공학 기술, 기계 공학과 같은, 기술 분야에서 행해지는 전문적인 작문 장르

　☞ GENRE

technique ⟨***n***⟩ 기법

(교수에서) 교사가 학생들의 오류 수정이나 그룹 활동의 준비 방법과 같이, 교육 활동을 수행하는 구체적인 절차

☞ APPROACH

TEFL 〈*n*〉 외국어로서의 영어교육

Teaching English as a Foreign Language의 머리글자로, 외국어FOREIGN LANGUAGE 상황에서의 영어 교육을 가리킬 때 사용된다. 이 용어는 TESL이나 TESOL에 비해 덜 사용되게 되었다.

telegraphic speech 〈*n*〉 전보문식 발화

제1언어를 습득하는 아이의 초기 발화를 설명하기 위해 사용되는 용어로, 아이의 초기 발화에는 어른이 전보에서 생략하는 것과 같은 종류의 단어(예를 들어, 전치사, 조동사AUXILIARY VERBS, 관사 등)가 결여되어 있기 때문에 그렇게 부른다.

예를 들어, *Baby no eat apple*.

tenor of discourse 〈*n*〉 담화 참여자

☞ SOCIAL CONTEXT

tense[1] 〈*n*〉 시제

동사의 형식과 그것이 나타내는 행위나 상태의 때 간의 관계. 영어에서 동사의 과거PAST나 현재시제PRESENT TENSE 등이다. 그러나 동사의 현재시제형은 다음과 같이 사용되기도 한다.

a. 무시간적 표현: *The sun rises in the east*.

b. 미래의 사건: *I have/am leaving next Monday*.

c. 과거 사건에 대한 극적 효과를 노린다: *Suddenly she collapses on the floor*.

동사의 과거시제는 조건절(☞ CONDITIONAL)로 사용되기도 한다: *If you worked harder, you would pass the exam*.

☞ MOOD

tense[2]/lax 〈*adj*〉 긴장의/이완의

음운론적 입장에서 모음을 두 개의 범주로 나누는 변별적 자질. 긴장 모음은 대응하는 이완 모음보다 상대적으로 근육의 긴장도가 높고, 움직임이 크며, 지속시간이 길고, 혀의 위치와 피치가 높게 산출된다. 영어에서 **긴장 모음**은 *bee*, *bay*, *bah*, *saw*, *low*, *boo*, *buy*, *bough*, *boy*, *cue*에서와 같이, 강세가 놓인 개음절에서 발생할 수 있는 것들이다. **이완 모음**은 *sing*, *length*, *sang*, *long*, *hung* 등에서와 같이, /ŋ/에 의해 닫힌 단음절에서 발생할 수 있는 것들이다.

terminology 〈*n*〉 술어/전문용어

1. 특정 학문이나 교과목에서 나타나는 특수한 어휘 항목.

T

예를 들어, 절CLAUSE, 접속사CONJUNCTION, 상ASPECT 등은 문법 술어의 일부이다.

2. 한 언어에서 개념을 나타내기 위해 어휘 항목을 개발하거나 선택하는 것. 전문용어는 언어 계획LANGUAGE PLANNING의 일부인 경우가 많다. 다양한 목적을 위해 언어를 조정하거나 개발할 때(예를 들어, 국어NATIONAL LANGUAGE가 개발될 때), 과학적 개념이나 전문적 개념을 나타내는 새로운 용어가 필요한 경우가 많기 때문이다.
☞ SPECIAL LANGUAGES, STANDARDIZATION

term of address ⟨*n*⟩ 호칭 표현
＝호칭 형식ADDRESS FORM

TESL ⟨*n*⟩ 제2언어로서의 영어 교육
Teaching English as a Second Language의 머리글자로, 영어가 제2언어SECOND LANGUAGE인 상황에서 교수되는 상황이나, 영어가 타언어의 모어화자를 대상으로 가르쳐지는 상황을 가리킬 때 사용된다.

TESOL ⟨*n*⟩ 타언어 화자를 위한 영어 교사
Teachers of English to Speakers of Other Languages의 머리글자로, 특히 미국에서 제2언어SECOND LANGUAGE나 외국어FOREIGN LANGUAGE인 상황에서의 영어 교육을 가리킨다. 영국에서는 같은 의미로 ELT, 즉 영어 교수(English Language Teaching)라는 용어를 더 일반적으로 사용한다.

test ⟨*n*⟩ 테스트
능력이나 지식, 수행을 측정하기 위한 모든 절차들
☞ ACHIEVEMENT TEST, CLOZE TEST, DISCRETE-POINT TEST,
LANGUAGE APTITUDE TEST, PLACEMENT TEST, PROFICIENCY TEST,
PROGRESS TEST, TOEFL TEST

test battery ⟨*n*⟩ 종합적 테스트
＝종합적 테스트BATTERY OF TESTS

test bias ⟨*n*⟩ 테스트 편향
☞ BIAS

testee ⟨*n*⟩ 수험자
＝수험자TEST TAKER

test equating ⟨*n*⟩ 테스트 등화
☞ EQUATING

test format ⟨*n*⟩ 테스트 형식
테스트 중에 학생으로부터 특정 언어 표본을 추출하는 데 사용하는 과업 형식의

기술

testing ⟨**n**⟩ 테스트

테스트TEST의 사용이나 그 사용과 개발, 평가에 관한 이론 및 실천

test item ⟨**n**⟩ 테스트 문항/문항

응답이나 반응을 요구하는 테스트 내의 질문이나 요소.

언어 테스트에서는 다음과 같은 테스트 문항 유형들이 자주 사용된다.

a. **이답형 문항**(alternate response item): 두 개의 선택항 중에서 하나의 정답을 선택해야 하는 문항. 예를 들어, 정오 문항, Yes/No나 A/B 문항

b. **고정 응답 문항**(fixed response item)/**폐쇄형 문항**(closed-ended response): 여러 개의 선택항 중에서 하나의 정답을 선택해야 하는 문항. 다지선다형MULTIPLE- CHOICE ITEM 이 한 예이다.

(a), (b), (c), (d) 중에서 고르십시오.

Yesterday we _____ a movie. (a) *has seen* (b) *saw* (c) *have seen* (d) *seen*

이 문항에서는 (b)가 정답이고, (a) (c) (d)는 **교란항**(distractors)이라고 부른다.

c. **자유 응답 문항**(free response item)/**개방형 문항**(open-ended response): 수험자가 주어진 선택항 중에서 선택하지 않고 답하고 싶은 대로 자유롭게 답할 수 있는 문항

d. **구조화된 응답 문항**(structured response item): 응답에 대해 약간의 통제나 지침이 제공되지만, 수험자가 스스로 답해야 하는 문항. 예를 들어, 단락을 읽은 후 다음과 같은 이해 질문에 답한다.

What is astrology?

Astrology is the ancient of telling what will in the future by studying the of the stars and the planets.

Test of English as a Foreign Language (TOEFL) ⟨**n**⟩ 외국어로서의 영어 테스트

미국교육평가원EDUCATIONAL TESTING SERVICE이 운영하는 영어 숙달도를 측정하는 표준화 테스트STANDARDIZED TEST로, 미국 대학에 입학하고자 하는 국제 학생의 영어 숙달도를 측정하는 데 널리 사용된다.

Test of English for International Communication (TOEIC) ⟨**n**⟩ 국제 의사소통을 위한 영어 테스트

학문적 영어에 초점을 두는 TOEFL과 달리, 일상생활과 비즈니스 장면에서의 종합적인 영어 숙달도를 측정하는 테스트.

본래 미국교육평가원EDUCATIONAL TESTING SERVICE에 의해 개발되었으나, 현재는 ETS의

자회사인 Chauncey Group International이 운영하고 있다. TOEIC 테스트는 두 개 하위부문(듣기와 읽기), 각 100 문항씩의 선다형 문항으로 구성되며, 시험 시간은 두 시간이다.

Test of Spoken English (TSE) 〈*n*〉 구어 영어 테스트

미국교육평가원EDUCATIONAL TESTING SERVICE이 개발한 구이 영어 의사소통 능력을 측정하는 준직접SEMI-DIRECT 테스트로, 수험자가 약 20분 이내에 테이프에 녹음된 자극과 텍스트에 기초한 자극에 대해 구두로 답해야 하는 테스트이다. 영어를 모어로 하지 않는 국제 학생으로 TA 신청을 위해서는 TSE 테스트나, 지역별로 실시되는 **영어 구어 숙달도 평가 키트**(Speaking Proficiency English Assessment Kit)가 필요하다.

Test of Written English (TWE) 〈*n*〉 문어 영어 테스트

미국교육평가원EDUCATIONAL TESTING SERVICE이 개발한 학문적 글쓰기의 직접 테스트DIRECT TEST. 수험자는 주어진 화제에 대해 30분간 에세이를 작성하며, 적어도 두 명의 채점자가 6점 척도에 기초하여 채점한다. TWE는 종이 기반 TOEFL로, 정해진 수험일에 실시되며, TOEFL과는 별도로 채점된다. 컴퓨터 기반 TOEFL 테스트의 네 개 영역 중 한 영역으로 실시되기도 하는데, 이 경우에는 TWE가 모든 수험자에게 필수적이다.

test-retest reliability 〈*n*〉 재검사 신뢰성

어떤 테스트를 시기를 달리하여 두 번 실시한 경우, 동일한 결과를 보이는 정도에 따라 결정되는 테스트의 신뢰성RELIABILITY 추정치.

이 추정치는 같은 테스트를 두 번 실시해서 얻은 상관계수CORRELATION로 추정한다.

test specifications 〈*n*〉 테스트 명세서

테스트가 무엇을 측정하려고 작성되는가, 개발 중인 테스트에서 어떤 언어 기능(예를 들어, 듣기, 말하기, 읽기, 쓰기, 혹은 이 기능들의 통합)과 언어 내용을 측정할 것인가를 결정하기 위한 테스트 작성 지침

☞ ITEM SPECIFICATIONS

test statistic 〈*n*〉 검정 통계량

☞ HYPOTHESIS TESTING

test taker 〈*n*〉 수험자

=candidate, examinee, testee

테스트나 시험을 치는 사람. 이 사전 전체에 걸쳐 '수험자'라는 용어를 사용한다.

test-teach-test (TTT) 〈*n*〉 테스트-교수-테스트

교수 접근법의 하나로, 먼저 학생들이 목표 항목 하나를 잘 알고 있는가 살피기

위해 교사의 도움 없이 하나의 활동을 한다(제1테스트[the first Test]). 그런 다음 교사가 새로운 학습 항목을 제시하며(교수[Teach]), 그런 다음 학습 성과를 평가하기 위해 학생들에게 다른 과업을 수행하도록 요구한다(제2테스트[the second Test]). 이 접근법은 교사가 학습자의 요구를 판단할 수 있게 해주기 때문에 중급 이상의 레벨에서 유용한 기법이라고 알려져 있다.

test type ⟨***n***⟩ 테스트 유형

테스트에서, 테스트의 목적과 객관성, 혹은 주관성과 관련한 테스트에 대한 전체적인 설명

test wiseness ⟨***n***⟩ 시험 기술 **test wise** ⟨***adj***⟩

어떤 유의 테스트에서 좋은 결과를 얻을 수 있도록 하는 수험 스킬로, 테스트의 특성과 형식에 익숙해지는 것이 정답을 추측하는 데 도움이 된다. 예를 들어, 다지선택문항을 토대로 한 읽기 이해 시험 시 수험자는 주어진 선택항을 분석하여 그럴 것 같지 않은 선택항을 마지막 하나가 남을 때까지 소거하여 정답을 선택하기도 한다. 테스트 작성자는 이런 식으로 답할 수 있는 테스트 문항은 피하려고 한다.

tetrachoric correlation ⟨***n***⟩ 사분 상관계수

☞ CORRELATION

text ⟨***n***⟩ 텍스트 **textual** ⟨***adj***⟩

다음의 특성을 가지는 구어나 문어 단위.

1. 편지, 보고문, 에세이와 같이, 보통 하나의 구조나 단위를 구성하는 복수의 문장으로 구성된다(그러나 경고 표지의 *DANGER*와 같이 한 단어 텍스트도 있다).
2. 구별적인 구조적, 담화적 특성을 가진다.
3. 특정 의사소통적 기능과 목적을 가진다.
4. 그것이 사용되는 문맥과 관련해서만 완전히 이해될 수 있다.

언어학적 기술은 전통적으로 문장의 구조, 기능, 그 구성요소에 초점을 두는 반면에, 텍스트는 텍스트를 적절히 이해하고 산출하는 학습이 언어 학습과 교수의 중요한 목표이기 때문에, 다양한 목적으로 사용할 수 있는 보다 적절한 분석 단위라 여겨지고 있다.

text-based syllabus design ⟨***n***⟩ 텍스트 중심 교수요목 설계

=text-based approach 텍스트 중심 접근법

언어 교수요목 설계 접근법으로, 학생들이 특정 학습 문맥에서 만나게 될 구어 텍스트와 문어 텍스트의 연구에 기초한다. 이 접근법은 언어 학습을 위한 특정 문맥(예를 들어, 직장이나 학교 문맥)이 정해져 있을 때 사용되기도 한다. 목표 장면 분석은 특정 문맥에서 가장 자주 만나는 텍스트 유형을 특정하는 데 사용되

T

며, 텍스트 유형이 예시하는 텍스트와 언어적 특징을 관련시켜 학습 단원이 개발된다. 일종의 상황 교수요목SITUATIONAL SYLLABUS으로 간주할 수도 있다.

text-based teaching ⟨*n*⟩ 텍스트 중심 교수법

=text-based approach

(언어교수에서) 구어 텍스트와 문어 텍스트가 가진 특징의 명시적인 교수에 초점을 누고, 텍스트를 텍스트 사용의 분화적 배경과 연결 짓는 교수법.

학습 단원은 다양한 텍스트 유형을 중심으로 구성되며, 학습자는 전체 텍스트의 사용과 관련한 스킬들을 개발한다. 다음과 같은 5단계 연속체가 자주 이용된다.

1. 텍스트를 위한 문맥을 만든다.
2. 텍스트의 모델을 제시하고 분석을 한다.
3. 교사와 학생이 함께 텍스트를 조립한다.
4. 학습자가 혼자 텍스트를 조립한다.
5. 텍스트를 다른 텍스트와 연결한다.

textbook ⟨*n*⟩ 교과서

특히 학교나 대학에서, 교수/학습의 안내서로 사용되는 특정 교과에 관한 책. 외국어 학습을 위한 교과서는 복수의 기능(듣기, 읽기, 쓰기, 말하기, 문법)을 커버하는 등급별 시리즈의 일부이거나, 단일 기능(예를 들어, 읽기)을 다룬다.

text linguistics ⟨*n*⟩ 텍스트 언어학

설명적 텍스트나 연극의 한 장면, 대화 등과 같은 구어나 문어 텍스트TEXTS를 연구하는 언어학 분야.

예를 들어, 텍스트의 부분들이 유의미한 전체를 형성하기 위해 조직되고 서로 관련되는 방식에 관심이 있다. 일부 언어학자들은 특히 구어 텍스트가 한 문장 이상인 경우에는 담화분석DISCOURSE ANALYSIS 속에 포함시키는 것을 선호하기도 한다.

text processing ⟨*n*⟩ 텍스트 처리

독자가 텍스를 이해하는 방법과 그렇게 하기 위해 사용하는 조작 연쇄에 대한 이론

☞ INTERACTIVE PROCESSING, TOP-DOWN PROCESSING

text structure ⟨*n*⟩ 텍스트 구조

텍스트에서 발견되는 아이디어와 정보의 구성 패턴.

정보의 배열과 조직 방식에 따라 다양한 텍스트 유형(예를 들어, 단락, 에세이, 편지, 보고문 등)이 존재하며, 이 구조가 텍스트의 일관성COHERENCE을 만든다. 예를 들어, 일반적인 단락 구조 패턴은 비교-대조, 원인-결과, 문제-해결이다.

text types ⟨*n*⟩ 텍스트 유형

텍스트를 그 목적과 특징에 따라 분류한 것.

텍스트 유형이라는 개념은 텍스트가 어떤 의사소통적이고 사회 문화적인 목적을 달성하기 위해 특유한 방식으로 구조화된다는 전제에 기초한다. 어떤 텍스트의 스키마 구조는 텍스트의 의사소통 목적을 달성하는 데 특히 공헌한다. 다양한 텍스트 유형을 인식하는 것은 읽기와 쓰기에서 중요한 역할을 한다. 텍스트 유형은 다음과 같이 다양한 형식으로 분류되어 왔다.

텍스트 타입	목적
서사문(narrative)	스토리를 말하거나 즐거움을 주기 위해
서술문(recount)	일어난 일에 대해 말하기 위해
개인적 서술문 (personal recount)	개인적인 경험을 관련시키기 위해
사실적 설명문 (factual recount)	사건에 대해 보고하기 위해
상상적 설명문 (imaginative recount)	상상적인 사건에 대해 서술하기 위해
지시문(instruction)	무언가를 만드는 방법이나 하는 방법을 설명하기 위해
설명문(explanation)	무언가가 어떻게, 왜 일어나는가 설명하기 위해
정보 보고문 (information report)	정의하고, 분류하고, 사물이나 범주의 특징을 설명하기 위해
진술문(exposition)	의견을 표현하고 독자/청자를 납득시키기 위해

☞ TEXT-BASED TEACHING

textual function ⟨***n***⟩ 텍스트 기능

☞ FUNCTIONS OF LANGUAGE

textual semantics ⟨***n***⟩ 텍스트 의미론

☞ SYSTEMIC-FUNCTIONAL LINGUISTICS

TG ⟨***n***⟩

＝변형–생성문법TRANSFORMATIONAL-GENERATIVE GRAMMAR

☞ GENERATIVE GRAMMAR

that-trace effect ⟨***n***⟩ *that*-흔적 효과

영어에서 주어가 보문자 *that*에 이어질 때 이것을 앞으로 추출하는 것은 불가능하다. 따라서 *Did you think that Jennifer would win?*과 *Who did you think would win?*는 둘 다 문법적인 문장인 반면, **Who did you think that would win?*이라는 문장은 비문법적이다. 이를 *that*-흔적 효과라고 부른다. 이 효과가 모든 언어에 적용되지는 않는다.

☞ TRACE

thematic roles ⟨*n*⟩ 주제역

☞ Q-THEORY/THETA THEORY

theme ⟨*n*⟩ 주제

☞ FUNCTIONAL SENTENCE PERSPECTIVE

theory ⟨*n*⟩ 이론

1. 논리적 논쟁에 기반을 두며, 증거에 의해 뒷받침되는 일반 원리나 명제들에 관한 진술로, 특정 사실이나 사건, 현상의 설명을 목적으로 한다. 이론과 가설 HYPOTHESIS 간의 차이에 관한 견해 중 하나는 이론이 가설보다 증거에 의해 뒷받침 되는 정도가 더 강하다는 것이다. 또 다른 견해로는 이론이 커버하는 폭이 가설 보다 더 넓다는 점이다.

2. 실천과 대립되는 것으로, 일반 원리와 방법을 다루는 과학이나 학문의 부분. 즉, 어떤 분야의 연구를 위한 규칙이나 원리 집합을 말한다.

thesaurus ⟨*n*⟩ 시소러스/유의어 사전

한 언어의 단어와 구를 철자 순이 아니라 그것들이 표현하는 개념에 따라 배열한 것. 시소러스는 사전과는 다르다. 사전이 단어와 표현의 의미를 설명하는 것을 목적으로 하는 데 비해, 시소러스는 개념과 연결된 단어와 구의 범위를 제안한다. 예를 들어, *Roget's Thesaurus of English Words and Phrases*의 '*Amusement*' 항 아래에 는 다음과 같은 표현들이 제시되어 있다.

fun, frolic, merriment, whoopee, jollity, joviality, laughter

thesis ⟨*n*⟩ 논문

☞ DISSERTATION

thesis statement ⟨*n*⟩ 논제 진술(문)

작문 교수에서, 에세이의 중심 생각을 진술한 문장. 논제 진술문은 에세이 앞부분, 보통은 도입 단락에 온다. 도입부에는 에세이의 목표나 목적을 기술하고, 에세이의 나머지 부분을 구성하는 단락의 주제문TOPIC SENTENCE에서 전개될 중심 생각이 포함 된다. 예를 들어, 다음에서 밑줄 친 부분이 논제 진술문이다.

Reading is the process of getting meaning from printed material. Reading is a complex process and depends upon learning specific skills. <u>The purpose of teaching reading in school is both to teach children to become independent active readers and to introduce them to the pleasure and knowledge which effective reading makes possible.</u>

θ-roles ⟨**n**⟩ θ역

=thematic roles 주제역

☞ Q-THEORY/THETA THEORY

θ-theory/theta theory ⟨**n**⟩ θ-이론

(보편문법UNIVERSAL GRAMMAR에서) 의미적 관계를 다루는 하위 이론.

문법의 어휘부(☞ LEXICON^3)에서 어떤 동사의 어휘 기재목록(☞ LEXICAL ENTRY)은 그 동사의 의미 역할(θ-역, 혹은 주제역)을 나타낸다.

예를 들어, 다음의 *smash*라는 동사는 다음과 같은 θ역을 가진다.

동작주AGENT(행동을 실행하는 사람이나 물건)와 피동주PATIENT(그 행동에 의해 영향을 받는 사람이나 사물)

θ-역은 문장 내에서 관련하는 명사구에 할당된다.

> *Rose*　　　*smashed*　　*the vase*
> 동작주　　　　　　　　　피동주

보편문법 이론에서는 동작주나 주제(themes)라고 불리는 피동주와 같은 이러한 주제역과, 문법적 주어, 문법적 목적어와 같은 문법 격(☞ CASE THEORY)을 구분한다. 위 예에서는 *Rose*가 문법적 주어이고 *the vase*는 문법적 목적어이다. 반면, *The vase broke*라는 문장에서는 *the vase*가 피동주역, 혹은 주제역은 여전히 가지고 있는 반면, 이 문장의 문법적 주어가 되어 있다. 이 문장에는 동작주역이 없다. 제2언어 습득 연구에서는 θ-역과 그 문법 격과의 관계가 사용되어 왔다. 예를 들어, 동작주역을 요구하는 동사 그룹(예를 들어, *hit, walk, work*)과 필요로 하지 않는 동사 그룹(예를 들어, *fall, occur, suffer*)을 구별하는 경우이다.

☞ D-STRUCTURE

thick description ⟨**n**⟩ 정밀 기술

☞ CLOSE DESCRIPTION

think aloud procedure ⟨**n**⟩ 사고기술법/생각 소리내어 말하기 절차

학습자 전략을 조사하는 한 가지 기법으로, 학습자가 과업을 수행할 때 어떤 사고 과정이나 전략들을 사용하는지 알 수 있도록 학습자에게 생각나는 것을 소리 내도록 한다. 예를 들어, 작문을 할 때 학생은 작문을 계획하고, 초고를 쓰고, 수정하는 동안 자신의 생각을 테이프에 녹음한다. 나중에 그 녹음을 이용하여 학생이 사용한 계획이나 수정 프로세스를 밝힌다.

☞ VERBAL REPORTING

third conditional ⟨**n**⟩ 제3 조건형

☞ CONDITIONAL FORMS

T

three parameter model ⟨***n***⟩ 3-패러미터 모델

    ☞ ITEM RESPONSE THEORY

threshold hypothesis ⟨***n***⟩ 문턱 가설

    Cummins가 처음 제안한 가설로, 제2언어 학습 시 학습자는 그 언어의 숙달도가 최소한의 '문턱(threshold)' 레벨에는 도달해 있어야만 학교의 교육 매개 언어의 사용으로부터 이익을 얻을 수 있다고 제안한다.

    이 가설은 Cummins의 **발달 상호의존 가설**(developmental interdependence hypothesis) 과 관련되는데, 이 가설에서는 아동 학습자가 제2언어에 광범위하게 노출되기 전에 도달한 제1언어의 도달한 숙달도 레벨에 따라 제2언어의 숙달도 발달이 달라진다고 제안한다.

threshold level ⟨***n***⟩ 문턱 단계

    유럽 평의회(The Council of Europe)에 의해 사용된 용어로, 어떤 외국어의 기능적인 능력을 성취하는 데 필요한 최소한의 언어 숙달도 레벨을 말한다. 이 단계는 외국어 교육의 목표OBJECTIVES 중 하나이다. 문턱 단계는 언어가 사용될 상황, 언어가 사용될 활동, 언급되는 화제, 언어가 사용될 기능, 요구되는 언어 형식(예를 들어, 어휘나 문법)에 따라 정의된다.

    ☞ NOTIONAL SYLLABUS

timbre ⟨***n***⟩ 음색

    =음질VOICE QUALITY

timed freewriting ⟨***n***⟩ 시간제한이 있는 자유작문

    =자유작문FREEWRITING

time expressions ⟨***n***⟩ 시간 표현

    after, *last weekend*, *in an hour* 등과 같이 때를 나타내는 단어나 구

time lines ⟨***n***⟩ 시간축

    문법 교수에서, 시간의 흐름을 시각적으로 나타낸 것.

    왼쪽 방향(먼저 일어난)에서 오른쪽(나중에 일어난) 방향으로 된 수평선과, 해당 시점이나 기간이 위나 평행하게 표시된 수평선 위에 표시한다. 시간축표는 동사 시제의 의미를 가르치는 데 사용된다.

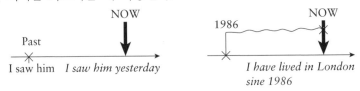

time on task ⟨***n***⟩ 과업 시간

=**on-task time**

(교수에서) 학생들이 수업 중에 수업 내용에 대해 적극적으로 생각하거나 활동하는 데 사용하는 시간의 양.

학생들이 수업 중에 '과업'에 보내는 시간의 양은 학습의 가장 기본적인 지표 중 하나이다. 수업 중의 시간 사용법을 몇 가지로 구분된다.

1. **배당 시간**(allocated time): 수업에서 교사가 학생의 학습에 할당하는 시간 양. 중등학교의 50분 수업에서 교사는 보통 지도에 30~35분 사이를 할당한다.

2. **과업 시간/참여율**(time on task/engagement rate): 학생들이 학습 과업에 참여하는 시간

3. **교과 학습 시간**(academic learning time): '질 높은' 시간 사용법을 구성하는, 즉 학생들이 유의미한 과업에 집중하고 성공하는 데 걸리는 시간

과업 간 비율은 수업에 따라 상당히 달라서 어떤 수업에서는 30%인 경우가 있는가 하면, 수업에 따라서는 90%의 높은 비율을 보이는 경우도 있다. 효율적인 교사는 수업에서 과업과 교재 학습 시간에 높은 비율의 시간을 확보한다.

tip-of-the-tongue phenomenon ⟨***n***⟩ 설단 현상

산출하고자 하는 말이 기억날 듯하다가 기억나지 않는 느낌.

설단 현상의 경험이 있는 사람은 그 단어의 일부 특징, 예를 들어 어두 음소나 음절수를 기억할 수 있기도 한다. 이는 단어 구조의 이러한 측면들이 다른 측면들과 독립적으로 저장되어 있음을 시사한다.

TKT ⟨***n***⟩ 교육 지식 테스트

=**Teaching Knowledge Test**

타언어 화자 대상의 영어 교사를 위한 Cambridge ESOL 테스트로, 교사가 교원 경력의 어느 단계에서나 응시할 수 있다. 성인영어교수자격증CELTA와 성인을 위한 영어 교육 학위DELTA를 포함하는 틀의 일부를 형성한다. 이 두 테스트와 마찬가지로, TKT도 교과 지식, 교육학적 지식, 교육 내용을 커버하지만, 교수 능력에 대한 지식이나 실천적인 교실 기술은 평가하지 않는다.

T-list ⟨***n***⟩ T-리스트

노트 필기법의 한 형태로, 단락의 주제는 왼쪽 페이지에 필기하고 그것과 관련된 세부 내용들은 오른쪽에 기입한다. 'T'는 학습자가 주제와 세부 내용을 구분하기 위해 세로 선을 긋고, 페이지 위 가로 줄에 '주제'와 '세부내용'이라는 단어를 쓴다는 데서 비롯되었다.

☞ OUTLINE

TOEFL test ⟨*n*⟩ 토플 테스트

　=TOEFL

미국교육평가원EDUCATIONAL TESTING SERVICE이 주관하는 영어 숙달도를 측정하는 표준 테스트STANDARDIZED TEST인 Test of English as a Foreign Language의 머리글자를 딴 것으로, 미국 대학 입학을 희망하는 외국인 학생들의 영어 숙달도를 측정하는 데 널리 사용되고 있다.

TOEIC ⟨*n*⟩ 토익

　=국제의사소통을 위한 영어 테스트TEST OF ENGLISH FOR INTERNATIONAL COMMUNICATION

token ⟨*n*⟩ 토큰/총어휘수

　　☞ TYPE

tone[1] ⟨*n*⟩ 성조

음절이나 단어의 발음과 관련하는 피치PITCH의 높이와 높이의 변화로, 단어의 의미에 영향을 준다. **성조 언어**(tone language)는 단어의 의미가 그 단어가 발음될 때 사용되는 톤에 따라 달라진다. 예를 들어, 성조 언어인 표준 중국어에서는 네 개의 다른 성조 간을 구별한다.

　　mā(높은 톤)　　　　　　mother(엄마)

　　má((높이 올리는 톤)　　　hemp(삼)

　　mǎ(내려갔다 올리는 톤)　horse(말)

　　mà(강하게 떨어지는 톤)　scold(욕)

성조 언어는 베트남, 태국, 서아프리카, 중앙아메리카에서도 사용된다.

tone[2] ⟨*n*⟩ 톤

　=pitch movement 피치 변화

담화에서 발화의 의미 및 기능에 영향을 미치는 피치PITCH 변화.

영어의 경우, 언어학자들은 4~5종류의 피치로 구분한다.

　　Tone 1: 피치가 떨어진다. ↘

　　Tone 2: 피치가 올라간다. ↗

　　Tone 3: 피치가 완만하게 올라간다. ↗

　　Tone 4: 피치가 내려갔다 올라간다. ↘↗

　　Tone 5: 피치가 올라갔다 내려간다. ↗↘

음조 단위(☞ TONE UNIT)에서, 피치 변화가 시작되는 음절을 **토닉**(tonic), 또는 **성조 음절**(tonic syllable)이라 부르기도 한다. 성조 음절은 해당 음절 단위 내에서 마지막 현저 음절인 경우가 많다.

They flew to Frankfurt.

위 예에서 화자의 목소리 피치는 음절 *Frank*에서 하강하기 시작한다.

    ☞ KEY^2, REFERRING TONE

tone group ⟨***n***⟩ 성조 그룹

=성조 단위TONE UNIT

tone language ⟨***n***⟩ 성조 언어

    ☞ TONE^1

tone unit ⟨***n***⟩ 성조 단위

=tone group

음조INTONATION의 기본 단위. 음조 단위는 보통 여러 부분으로 분할된다. 가장 중요한 부분은 피치 변화가 시작되는 음절, 즉 **성조 음절**(tonic syllable)을 포함하는 부분이다. 음조 단위를 분할하는 방식과 이 부분들의 명칭은 언어학자에 따라 다를 때도 있다. 다음의 단순화된 도표는 음조 단위의 주요 부분과, 지금까지 사용되어 온 다양한 분할법 및 명칭을 보인 것이다.

	무강세 음절	어두자음 첫 번째 강세 음절	주요 피치 변동이 시작하는 성조 음절	피치 변동의 연속과 완료
Crystal	(머리앞)	머리	핵음	꼬리음
Hallday	전조자		주조자	
Brazil	(후접 분절)	주조자 분절		(전접 분절)
예)	*That's a*	VERY TALL	STO	*ry*

위 예에서 *very*의 제1음절은 음조 단위 내에서 첫 현저 음절인 초두음(onset)이며, *story*의 첫 음절은 화자의 피치가 하강하기 시작하는 주조자 음절이다. 음조 단위를 **음조 곡선**(intonation contour)이라고 부르는 언어학자도 있다.

    ☞ PROMINENCE, TONE^2

tonic ⟨***n/adj***⟩ 초성/초두음

    ☞ TONE^2

tonicity ⟨***n***⟩ 성조 배치

발화나 발화의 일부에서 피치 변동이 시작되는 위치(☞ TONE UNIT 하단의 **성조 음절**[tonic syllable])를 선택하는 것.

화자가 강조하고자 하는 것에 따라 선택이 달라진다.

예를 들어, *She came last SATurday*에서 피치 변동은 *Saturday*의 *SAT* 위에 위치하지만, 다음과 같은 대화에서는 피치 변동은 *LAST*에서 시작될 것이다.

    A: *She never comes on Saturdays.*

B: *But she came LAST Saturday.*

tonic segment ⟨***n***⟩ 성조 분절

　　☞ TONE UNIT

tonic syllable ⟨***n***⟩ 성조 음절

　　☞ TONE², TONE UNIT

top-down processing ⟨***n***⟩ 하향식 처리

심리언어학PSYCHOLINGUISTICS, 인지심리학COGNITIVE PSYCHOLINGUISTICS, 정보 처리INFORMATION PROCESSING에서는 인간이 이해와 학습의 일부로써 언어를 분석하고 처리할 때 사용하는 두 가지 방식을 구별한다. 이 중에서 하향식 처리는 '높은 레벨(high level)'의 비감각적인 정보를 사용하여 데이터에 제시되어 있는 '낮은 레벨(low level)'의 정보를 예측하거나 해석한다. **상향식 처리**(bottom-up processing)는 입력 속에 제시된 정보를 이용하여 상위 레벨의 의미에 도달한다. 이 용어들의 의미는 분석 단위에 따라 달라진다. 예를 들어, **단어 인식**(word recognition)에서 상위 레벨의 정보는 한 언어의 실제적인 단어뿐만 아니라 허용 가능한 단어까지 포함하는 단어 지식인 반면, 낮은 레벨의 정보는 실제적인 음성 입력(혹은 문어 인식의 경우에는 철자 입력)이다. **문장 이해**(sentence comprehension), 혹은 발화UTTERANCE 해석에서 낮은 레벨의 정보는 단어인 반면, 높은 레벨의 정보에는 문법GRAMMAR, 의미론SEMANTICS, 화용론PRAGMATICS 지식이 포함된다. 소설 텍스트의 이해에 응용할 경우, 높은 레벨의 정보는 독자의 세상사에 관한 이전부터 가지고 있는 지식, 즉 문화적 및 도덕적 가치, 스크립트SCRIPTS, 스키마SCHEME, 문학 장르GENRE이다.

　　☞ COMPREHENSION, INTERACTIVE PROCESSING

topic¹ ⟨***n***⟩ 화제

이야기되고 있거나 써지고 있는 어떤 것.

언어공동체(☞ SPEECH COMMUNITY)에 따라 어떤 화제가 다루어질 수 있고 다루어질 수 없는가에 대한 규칙들이 다르다. 예를 들어, 일부 공동체에서는 병, 죽음, 수입, 연령 등은 대화에 부적합한 화제라고 간주되기도 한다.

topic² ⟨***n***⟩ 화제

문장의 정보 구조INFORMATION STRUCTURES를 기술할 때 어떤 인물이나 사물, 아이디어 등에 대하여 서술하는 문장의 부분(**평언**[comment])을 일컫는 용어이다. 화제-평언 개념은 주어-술부의 개념과는 다르다. 주어-술부는 문장의 정보 구조가 아니라 문장의 문법 구조를 가리킨다(☞ SUBJECT-PROMINENT LANGUAGE). 그 차이는 다음에 예시하였다.

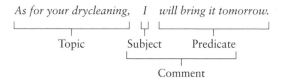

As for your drycleaning,   I   will bring it tomorrow.

Topic   Subject   Predicate

Comment

그러나 다음과 같은 영어 문장에서처럼, 화제-평언과 주어-술부가 일치하는 경우도 있다.

Hilary   *is a dancer.*
주어   술부
주제   평언

topic[3] 〈*n*〉 주제

(작문에서) 단락 전체의 일반적인 생각이나 주제를 가리키며, 보통 구나 문장의 형태로 표현된다.

☞ TOPIC SENTENCE

topic-centred approach 〈*n*〉 화제 중심 접근법

=topic-based approach 〈*n*〉 화제 기반 접근법

(언어교수에서) 내용과 교수 활동, 학습 활동, 예를 들어 '가족', '여가', '음악' 등과 같은 화제나 주제가 중심이 되는 교육과정, 코스, 교수요목. 이 코스의 다른 측면들 (기능, 문법 등)은 모두 그 코스의 핵심 주제와 연결된다.

☞ CONTENT-BASED INSTRUCTION

topic outline 〈*n*〉 화제 아웃라인

☞ OUTLINE

Topic-Prominent language 〈*n*〉 주제우세 언어

☞ SUBJECT-PROMINENT LANGUAGE

topic sentence 〈*n*〉 주제문

단락의 주제나 목적, 중심 생각을 기술하는 문장, 다시 말해 그 단락이 무엇에 대한 것인가를 서술하는 문장을 말한다. 주제문이 단락의 첫 문장이고, 그 외 문장은 예시적이거나 뒷받침하는 세부사항들을 더해가는 경우도 있다(연역적 논법을 따르는 단락. ☞ DEDUCTION). 주제문이 단락의 마지막 문장인 경우도 있다(귀납적 논법을 따르는 단락. ☞ INDUCTION). 단락의 주제문이 언급되지 않은 채 함축되는 경우도 있다. 영어의 주제문에는 종종 그 단락에서 증명되거나 뒷받침될 견해, 혹은 필자가 그 단락에서 보다 상세히 설명하고자 하는 진술이 포함된다. 예를 들어, 다음 단락의 첫 번째 문장이 주제문이다.

In order to get a summer job, there are a number of things you should do. You should first decide on the kind of job you want. You should check all relevant sources for jobs. You should also start looking early. It is also useful to prepare a short résumé. Above all, be confident and don't be discouraged by any refusals you may get.

top-to-bottom 〈*adj*〉 하향식의

☞ SERIAL LEARNING, TOP-DOWN PROCESSING

total communication 〈*n*〉 전면적 커뮤니케이션

청각 장애 아동에게 수화SIGN LANGUAGE와 구어 모두를 동시에 사용하도록 하는 교수 방법. 이를 통해 아이는 시각과 잔존 청각을 모두 사용할 수 있게 된다. 성취 결과는 사용하는 지화법MANUAL METHOD과 두 의사소통 시스템을 조합하는 교사의 스킬에 달려 있다. 구어를 습득하는 데는 제한적이라고 알려져 있다.

Total Physical Response (TPR) 〈*n*〉 전신반응 교수법

1970년대 초 Asher가 개발한 언어 교수 방법METHOD으로, 학습자의 신체적 반응을 요구하는 주문, 명령, 지시 등이 목표언어로 제시된다(예를 들어, 창문 열기, 일어서기). 전신반응 교수법은 타 교수법들보다 이해를 더 강조한다. 이러한 점과 신체적 활동을 통한 언어 교수의 강조가 보다 효과적인 학습으로 이끈다.

trace 〈*n*〉 흔적

흔적 이론(trace theory)에 따르면, 어떤 요소가 파생DERIVATION 프로세스 중에 이동을 하게 되면 본래 있던 위치에 그 흔적을 남긴다. 예를 들어, (i)에서는 *who*가 절의 주어 위치에서 이동된 후 그 위치에 흔적을 남기고 있다.

(i) who did you say [t_i left]

흔적은 공범주EMPTY CATEGORY로 다뤄질 수 있다.

☞ RESUMPTIVE PRONOUN, MOVEMENT

trace theory 〈*n*〉 흔적 이론

☞ TRACE

traditional grammar 〈*n*〉 전통 문법

통상 라틴어나 그리스어의 초기 문법에 기반하고, 일부 다른 언어에 응용되었으며 가끔 부적절하게 응용되기도 한 문법.

예를 들어, 영어의 일부 전통 문법에서는 라틴어가 여섯 개의 격CASE[1]을 가지기 때문에 영어도 여섯 개의 격을 가진다고 진술하였다.

전통 문법은 그 접근법에 있어서 개념적이고 범주적인 경우가 많았다(☞ NOTIONAL GRAMMAR, PRESCRIPTIVE GRAMMAR).

trainer development ⟨**n**⟩ 훈련자 양성

교사 양성 교원의 전문적 양성에 기여하는 형식적이거나 비형식적인 프로세스. 언어 교사 양성 교원의 전문적 개발 내용은 응용언어학의 상급 자격, 지도자 연수, 경영과 카운셀링, 교원 평가, 연수 프로그램과 교원 양성 코스의 설계, 실시, 평가 등이다.

training ⟨**n**⟩ 훈련/연수

☞ EDUCATION

trait ⟨**n**⟩ 특성

한 사람의 항구적인 심리적 속성이나 특성(예를 들어, L2 능력)으로, 그 사람의 행위에 저재하고 그것을 설명해 준다(예를 들어, 테스트 성적). 행위를 통해 추론할 수 있다.

transaction ⟨**n**⟩ 상호교섭

둘 이상의 상호작용이 관련하며, 특정 목표를 가지는 일련의 사건이나 행위. (특히 언어 프로그램 개발을 목적으로) 언어 사용을 기술할 때, '상호교섭'이라는 용어는 예를 들어, 식당 종업원의 행위와 같이, 사람들이 특정 상황에서 수행하는 활동을 가리킬 때 사용되기도 한다. '손님 서빙하기와 주문 받기'와 같은 특정 거래에 있어서 언어적 요구는 요구분석NEEDS ANALYSIS의 대상이 된다. 과업TASK이라는 용어가 유사한 의미로 사용되기도 한다. 종업원과 고객 간의 거래는 **업무 교섭**(service encounter)이라 부른다.

transactional functions of language ⟨**n**⟩ 언어의 상호교섭적 기능

☞ INTERACTIONAL FUNCTIONS

transcription ⟨**n**⟩ 전사/표기

=notation 표기/주석

기호를 이용하여 소리나 소리 연쇄를 문어 형식으로 나타내는 것. 다양한 음성 기호체계가 있다. 그 중에서 가장 일반적으로 사용되는 것은 국제 음성 기호INTERNATIONAL PHONETIC ALPHABET이다. 보통 두 가지 전사 유형으로 구분된다.

1. **정밀 전사**(narrow transcription), 또는 **음성 전사**(phonetic transcription): 다양한 기호와 많은 경우, 발음구별부호DIACRITICS를 이용하여 (유기음, 길이 등의) 음성적 세부사항들을 보이는 표기 방법. **체계적 음성 표기**(systemic phonetic transcription)는 기록 가능한 음성적 세부사항들을 모두 보인다.

2. **간략 전사**(broad transcription), 또는 **인상적 전사**(impressionistic transcription): 간단한 기호 세트를 사용하여 음성적 세부사항을 많이 보이지 않는 표기 방법. **음소 전사**(phonetic transcription)는 전사되는 언어의 변별적 음소PHONEMES인 소리

만을 간략하게 표기한 것이다.

transfer ⟨***n***⟩ 전이

　　(학습 이론에서) 한 상황에서 다른 상황으로 학습한 행동을 가져오는 것. **긍정적 전이**(positive transfer)는 한 상황에서의 학습이 이후의 다른 상황에서의 학습을 돕거나 촉진시키는 것이다. **부정적 전이**(negative transfer)는 한 상황에서의 학습이 다른 상황에서의 학습에 방해가 되는 것이다.

　　　　☞ LANGUAGE TRANSFER, PROACTIVE INHIBITION

transfer of training ⟨***n***⟩ 훈련 전이

　　제한된 환경(예를 들어, 교실 실험)에서 학습한 것을 새롭지만 유사한 상황으로 전이하는 것

　　　　☞ GENERALIZATION, INDUCED ERROR

transfer stage ⟨***n***⟩ 전이 단계

　　=산출 단계|PRODUCTION STAGE

　　　　☞ STAGE

transformational component ⟨***n***⟩ 변형부

　　　　☞ GENERATIVE THEORY

transformational-generative grammar ⟨***n***⟩ 변형생성문법

　　　　☞ GENERATIVE GRAMMAR, GENERATIVE THEORY

transformational grammar (TG) ⟨***n***⟩ 변형 문법

　　=transformational-generative grammar 변형생성문법,
　　generative-transformational grammar 생성변형 문법

　　　　☞ GENERATIVE GRAMMAR, GENERATIVE THEORY

transformational rule ⟨***n***⟩ 변형 규칙

　　통사론|SYNTAX에서, 삭제|DELETION나 이동|MOVEMENT과 같이, 통사 구조를 변형하는 규칙

　　　　☞ D-STRUCTURE

transformational rules ⟨***n***⟩ 변형 규칙

　　　　☞ GENERATIVE THEORY

transformation drill ⟨***n***⟩ 변형 연습

　　　　☞ DRILL

transforms ⟨***n***⟩ 변형체

　　　　☞ GENERATIVE THEORY

transitional bilingual education ⟨***n***⟩ 이행형 이중언어 교육

☞ BILINGUAL EDUCATION

transition words 〈*n*〉 전환 어구

=transitions, transition devices 이행 장치

(작문에서) 단락이나 작문에서 문장들 간의 관계나 전환을 나타내기 위해 사용하는 부사. 한 단어인 경우도 있고 구인 경우도 있다. 전환 어구는 작문에 일관성 COHERENCE을 가져오는 경우가 많다. 다양한 전환 어구를 사용하여 문장들 간의 관계를 표시한다. 예를 들어, 영어의 전환 어구에는 다음과 같은 것들이 있다.

- **때**(time): *after a while, afterwards, later*
- **장소**(place): *nearby, there*
- **부가**(addition): *also, besides, furthermore*
- **결과**(result): *accordingly, hence, therefore*
- **비교**(comparison): *likewise, similarly*
- **대조**(contrast): *however, nevertheless, otherwise*
- **양보**(concession): *naturally, of course*
- **요약**(summary)/**결론**(conclusion): *in brief, finally, to sum up*
- **예시**(illustration)/**예**(example): *for example, for instance, indeed*

transitive verb 〈*n*〉 타동사

목적어OBJECT를 취하는 동사.

> *They <u>saw</u> the accident.*

간접목적어와 직접목적어를 취하는 동사는 **이중 타동사**(ditransitive verb)라고 부른다.

> *I <u>gave</u> the money to my mother.=I <u>gave</u> my mother the money.*
>   DO   IO   IO   DO

직접목적어와 목적격 보어(☞ COMPLEMENT)를 취하는 동사는 **복합 타동사**
(complex transitive verb)라고 한다.

> *We <u>elected</u> Mary chairman.*
>   DO 목적격 보어

목적어를 취하지 않는 동사는 자동사이다.

> *The children <u>danced</u>.*

☞ COMPLEMENT

transitivity[1] 〈*n*〉 타동성

타동사TRANSITIVE VERB인 상태. 이러한 의미에서, 아래에서 동사 *saw*는 타동성이 있다고 할 수 있다.

> *They <u>saw</u> the accident.*

transitivity[2] 〈***n***〉 타동성

(체계 문법SYSTEMIC GRAMMAR에서) 한 문장에서 제시될 수 있는 세 가지 주요 프로세스 중에서 하나를 선택하는 것.

a. *Fred cut the lawn*에서와 같이, 물리적이거나 '물질적인' 프로세스

b. *David saw Rosemary*에서와 같이, '심적' 프로세스

c. *This view is magnificent*에서와 같이, '관계적' 프로세스

이 프로세스의 선택에 관여하는 것은

a. 참여자의 선택. 참여자는 위 예의 *Fred*와 *the lawn*, *David*와 *Rosemary*와 같은 프로세스에 관여하는 사람이나 사물이다.

b. 상황의 선택

예를 들어, David saw Rosemary *yesterday/in the garden/by accident*

타동성과 관련된 추가적인 선택은 참여자가 프로세스 안에서 어떤 역할을 하는가? 그리고 프로세스, 참여자, 상황이 서로 어떻게 결부되는가? 등이 있다.

☞ SYSTEMIC LINGUISTICS

translation 〈***n***〉 번역

구어나 문어를 한 언어(원어SOURCE LANGUAGE[2])에서 다른 언어(목표어TARGET LANGUAGE[2])로 바꾸는 프로세스, 또는 이 프로세스의 결과로 얻게 되는 목표어의 번역물. 정확한 단어 선택보다 전체적인 의미에 중점을 두는 번역을 **의역**(free translation)이라 하고, 원어의 축어적인 표현에 가까운 번역을 **직역**(literal translation)이라고 한다. 컴퓨터에 의해 생산되는 번역은 기계 번역MACHINE TRANSLATION이라 한다. **번역**(translation)과 **통역**(interpretation)이라는 용어가 상호교환적으로 사용되기도 한다. 두 활동 모두 두 개의 다른 언어 사이의 메시지 전환에 관여하는데, 번역은 문어 텍스트 간의 전환을 가리키고, 통역은 구어 담화와 구어 메시지를 리허설 없이 한 언어에서 다른 언어로 전환하는 것을 가리킨다.

☞ INTERPRETATION

translation equivalence 〈***n***〉 번역 상의 등가(표현)

언어 단위(단어, 통사 구조 등)가 의미를 상실하지 않고 다른 언어로 번역될 수 있는 정도. 두 개의 언어에서 같은 의미를 가진 두 항목을 **번역 상의 등가표현**(translation equivalents)이라고 한다.

translator 〈***n***〉 역자/번역가

일반적으로 한 언어(원어SOURCE LANGUAGE)의 문어를 다른 언어(목표어TARGET LANGUAGE)로 번역하는 사람. **공인 번역가**(accredited translator/certified translator)는 통번역협회(ITI)나 미국번역가협회(ATA)와 같은 전문적인 기관에서 훈련, 경험, 시험을 토

대로 발행하는 인정서(혹은 증명서)를 소지한 사람이다. 일부 국가(독일 등)에서는 학사 레벨의 프로그램을 졸업한 이에게 번역가라는 칭호를 부여한다. 번역가 중에는 의료 번역, 법률 번역, 문학 번역 등의 특수 유형의 번역에 필요한 특별한 스킬을 갖춘 사람도 있다.

transmission mode of teaching ⟨**n**⟩ 전달형 교수

=transmission orientated teaching 전달 지향 교수

교수를 정보, 기술, 지식 등이 교사에서 학습자로 전달되는 것과 같은, 일방통행식 프로세스로 간주하는 교수 실천을 가리키는 데 사용하는 용어.

이 교수법은 일반적으로 학습 프로세스에서 학습자가 능동적인 역할을 하는 것을 인정하지 않는 전통적인 교수 접근법으로 간주된다. 다음의 보다 학습자 중심적 LEARNER-CENTRED 교수 접근법과 구별된다.

1. 문제해결 접근법(problem-solving approach): 학생과 교사가 협동하여 문제나 화제의 탐구를 행한다.
2. 협력 학습 접근법(co-operative learning approach): 교사의 지도 아래, 학생들이 소그룹으로 작업을 행한다.

treatment ⟨**n**⟩ 처치

연구에서, 다른 일부 변수(☞ DEPENDANT VARIABLES)에 효과가 있다고 가정되는 독립 변수나 예측변수

tree diagram[1] ⟨**n**⟩ 수형도

구나 문장의 구 구조(및 구성소 구조CONSTITUENT STRUCTURE)를 시각적으로 제시한 것. 예를 들어, *The parrot shrieked noisily*라는 영어 문장은 다음과 같이 단순화된 수형도로 나타낼 수 있다.

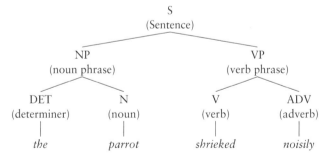

☞ LABELLED BRACKETING

tree diagram[2] ⟨**n**⟩ 수형도

☞ BASE COMPONENT, CONSTITUENT STRUCTURE, NODE, PHRASE-STRUCTURE GRAMMAR trialling 〈*n*〉 시용

    ☞ PRETESTING

triangulation 〈*n*〉 삼요인 검정

(질적 연구_{QUALITATIVE RESEARCH}에서) 어떤 현상을 보다 완전히 이해하기 위해 몇 가지 다른 정보원이나 방식으로 데이터를 수집하는 프로세스.

삼요인 검정에서는 일반적으로 두 개 이상의 소스(예를 들어, 인터뷰, 관찰, 문서)로부터 데이터를 얻는다. 삼요인 검정법은 또한 복수의 방법론(예를 들어, 인터뷰, 설문지, 관찰 스케줄, 테스트 득점 등)이나 복수의 연구자(예를 들어, 한 연구에 복수의 연구자가 참여), 데이터 해석에 복수의 이론을 이용하기도 한다. 조사연구에서 삼요인 검정법을 사용할 때 문제가 되는 것은 이 검정법이 편향_{BIAS}, 신뢰성_{RELIABILITY}, 타당성_{VALIDITY} 문제를 해결할 수 있는지 여부, 단지 어떤 현상을 보다 잘 조명할 뿐인 것인가, 그리고 사회 실태의 본질에 대한 다양한 가설들을 포함하는 이론적 패러다임에 기초한 한 조사방법을 조합하는 것이 타당한가 등이 있다.

    ☞ MULTI-TRAIT MULTI-METHOD METHOD

trigger requirement 〈*n*〉 방아쇠 요건

    ☞ LEARNABILITY THEORY

trill 〈*n*〉 떨림음/권설음

=roll

혀가 입천장 맞은편에서 진동하여 빠른 탄음 연속체를 산출하는 언어음(자음_{CONSONANT}). 스코틀랜드 영어의 일부 방언에서 나타난다. 예를 들어, *trip*의 *r*이 권설음이다.

triphthong 〈*n*〉 삼중모음

(음성학_{PHONETICS}에서) 세 개의 모음 결합에 대해 사용하는 용어.

예를 들어, 영어의 *fire*/faɪə/의 /aɪə/가 삼중모음이다.

    ☞ DIPHTHONG, MONOPHTHONG

true beginner 〈*n*〉 진정한 초급자

    ☞ FALSE BEGINNER

true/false item 〈*n*〉 정오 문항/ T/F 문항

테스트 수험자에게 정답으로 주어진 진술이 '옳은지', '틀리는지' 이분법적으로 선택하도록 하는 테스트 문항이나 테스트 과업

    ☞ SELECTED-RESPONSE ITEM

T score 〈*n*〉 *t*-점수

(통계학에서) 평균MEAN이 50, 표준편차STANDARD DEVIATION가 10인 분포DISTRIBUTION를 가지
는 표준 득점STANDARD SCORE

TSE ⟨*n*⟩ 구어 영어 테스트

=구어 영어 테스트TEST OF SPOKEN ENGLISH

T-test ⟨*n*⟩ *t*-검정

(테스트와 통계에서) 두 득점의 평균MEANS 차이의 통계적 유의수준STATISTICAL SIGNIFICANCE
을 결정하는 양적 절차

☞ CHI-SQUARE

T-Unit ⟨*n*⟩ T-단위

=Minimal Terminable Unit

문장의 언어적 복잡성 측도로, 한 문장이 축소될 수 있는 최소 단위(종말적 단위,
최소 종말 단위, 혹은 T-단위)로 정의되며, 하나의 독립절과 이에 부속하는 종속절
DEPENDENT CLAUSE로 구성된다. 예를 들어, *After she had eaten, Kim went to bed*이라는
문장은 1T-단위를 포함하고 있다고 기술된다. 복문(☞ COMPLEX SENTENCE)은
두 개 혹은 그 이상의 T-단위를 포함한다. 문어에서 T-단위는 아동의 언어 발달
연구에 사용된다.

turn ⟨*n*⟩ 발언교체

☞ TURN-TAKING

turn-taking ⟨*n*⟩ 발언교체

대화에서, 화자와 청자의 역할이 끊임없이 바뀌는 것.

처음 말한 사람은 상대 화자가 발화를 시작하여 발언의 **순서**(turn)가 바뀌는 순간
그 대화의 청자가 된다. 발언교체 규칙은 발화 사건SPEECH EVENT의 유형(예를 들어,
대화와 말하기 테스트)에 따라 다른 것처럼, 공동체에 따라서도 다르다. 발언교체
와 그 규칙은 대화분석CONVERSATIONAL ANALYSIS과 담화분석DISCOURSE ANALYSIS의 연구 대상
이다.

☞ SEQUENCING[1]

TWE ⟨*n*⟩

=문어 영어 테스트TEST OF WRITTEN ENGLISH

two parameter model ⟨*n*⟩ 2-패러미터 모델

☞ ITEM RESPONSE THEORY

two-tailed test ⟨*n*⟩ 양측 검정

=non-directional hypothesis 비방향성 가설

통계적인 가설 검증의 일종으로, 차이나 상관과 같은 효과의 방향성이 (선행 연구를 바탕으로) 사전에 명시되어 있지 않은 경우(예를 들어, 어휘 인식 득점에서 실험집단과 통제집단 간에 유의한 차이가 있을 것이다)에 선택된다.

two-way immersion education 〈*n*〉 양방향 이멀전 교육

주로 미국의 이중언어 교육의 한 유형으로, 학생들은 하나의 프로그램에서 두 개의 언어를 이용하여 언어 숙달도와 학문적 성취를 높이는 것을 목적으로 한다. 소수언어 화자와 영어 화자 모두 제2언어를 습득한다. 지도는 소수언어 학생의 L1과 영어를 통해 제공된다. 이러한 프로그램은 소수언어 화자 학생과 다수 언어 화자 학생을 통합하고, 두 언어의 발달뿐만 아니라 두 언어로 교과 내용 분야의 교육도 제공한다. 두 개의 언어를 배경으로 하는 학생들의 경우에는 각각의 클래스에 배치되며, 교과 교육에서는 하나로 통합된다.

two-way task 〈*n*〉 양방향 과업

정보차INFORMATION GAP 과업의 한 유형으로, 각 참가자는 다른 참가자가 가지지 않은 정보를 가지고 있고, 그 과업을 완수하기 위해 자신이 가진 정보를 공유해야 한다.

type 〈*n*〉 타입/유형

언어학에서는 언어 항목(예를 들어, 음소PHONEME, 단어WORD, 발화UTTERANCE)의 범주와 그러한 범주가 발화나 글에서 실제로 나타나는 예를 구별하기도 한다. 언어 단위의 범주를 **타입**(type)이라 하며, 그 범주의 개별 단어나 예를 **토큰**(tokens)이라 한다. 예를 들어, *hello, hi, good morning*은 '인사'라는 타입의 세 가지 다른 토큰이다. 수리 언어학MATHEMATICAL LINGUISTICS에서는 텍스트 총어수를 텍스트 토큰수라고 부르고, 서로 다른 단어의 수를 텍스트의 타입수라 한다. 어떤 텍스트의 다른(different) 단어의 수와 그 텍스트의 총(total) 단어수의 비율은 어휘 밀도LEXICAL DENSITY, 또는 **타입-토큰 비율**(Type-Token Ratio)이라고 부른다.

☞ LEXICAL DENSITY

Type 1 error 〈*n*〉 제1종 오류

=alpha (α) error 알파 오류
귀무 가설NULL HYPOTHESIS이 받아들여질 때 기각되는 것

Type 2 error 〈*n*〉 제2종 오류

=beta (β) error 베타 오류
귀무 가설NULL HYPOTHESIS이 기각되어야 할 때 기각할 수 없는 것

Type-Token Ratio 〈*n*〉 타입-토큰 비율

=어휘 밀집도LEXICAL DENSITY

typology 〈**n**〉 유형론

언어들을 그 유형으로 분류하는 것.

예를 들어, 언어는 성조 언어(☞ TONE[1])인가 아닌가에 따라 분류하거나, 언어의 가장 전형적인 통사 구조SYNTACTIC STRUCTURE에 따라, 즉 영어와 같은 **SVO 언어**(SVO Language: 주어–동사–목적어 어순)와 일본어와 같은 **SOV 언어**(SOV Language: 주어–목적어–동사 어순)로 분류할 수 있다.

U

UG ⟨**n**⟩

=보편문법UNIVERSAL GRAMMAR

unacceptable ⟨**adj**⟩ 용인 불가능한

☞ ACCEPTABLE

unaccusative verb ⟨**n**⟩ 비대격동사

통사적 주어가 의미적 행위주가 아닌 자동사 유형.

예를 들어, *The window broke*나 *The ball fell to the ground*와 같은 문장에서, 문법적 주어(*window, ball*)는 그 동사의 행위에 대한 책임이 없다.

☞ ERGATIVE

unanalyzed chunks ⟨**n**⟩ 미분석된 덩이

=unanalyzed language 미분석된 언어

☞ FORMULAIC LANGUAGE

unaspirated ⟨**adj**⟩ 무기음의

☞ ASPIRATION

uncountable noun ⟨**n**⟩ 불가산명사

☞ COUNTABLE NOUN

underachiever ⟨**n**⟩ 부진아

특히 학업 면에서 기대 레벨 이하의 수행결과를 얻는 학습자로, 지능, 적성, 능력에 관한 테스트로 측정된다.

underlying form ⟨**n**⟩ 기저 형식

☞ SYSTEMATIC PHONEMICS

underlying structure ⟨**n**⟩ 기저 구조

=심층 구조DEEP STRUCTURE

underspecification ⟨**n**⟩ 불완전명세

음운론PHONOLOGY에서, 기저의 표상이 불완전하게 명세되어 여분의 (예측 가능한) 정보가 기저 표상에 존재하지 않는다고 하는 이론.

예를 들어, 영어에서 무성 폐쇄음은 음절의 처음 위치에서는 기음화하지만, (*spy*,

sty, *sky*에서와 같이) /s/보다 앞에 올 때는 기음화하지 않는다. 불완전명세 이론에 따르면, 이 변이형들은 어느 한쪽이 더 기본적이라고 간주되지 않는다. 기음은 기저 표상에서 단순히 명세되지 않은 채 어휘 뒤에 정보가 더해진다.

unergative verb 〈*n*〉 비능력동사

walk, *run*, *swim*, *work*, *sleep* 등과 같이, 주어가 능동적인 참여자인 자동사

☞ UNACCUSATIVE VERB

ungrammatical 〈*adj*〉 비문법적인

☞ GRAMMATICAL[1]

unintentional unconscious memory 〈*n*〉 비의도적 무의식적 기억

☞ IMPLICIT MEMORY

uninterrupted sustained silent writing 〈*n*〉 비개입적 지속적인 침묵 글쓰기

상대적으로 짧은 정해진 시간 내에 글쓰기 유창성을 개발하기 위해 교사가 개입하는 일 없이 학생들에게 작문 연습을 시키는 것.

unit 〈*n*〉 단원/유닛

교과과정이나 교과서에서, 보통 1차시보다는 길고 1모듈MODULE보다는 짧으며, 하나의 학습 목표 하에 여러 개의 차시로 구성된 교수 연쇄. 단원은 학습의 결과를 도출하기 위한 구조화된 활동의 연속체를 제공한다.

unit-credit system 〈*n*〉 단위 획득 체계

유럽의 지역 조직체인 유럽 평의회(The Council of Europe)가 자신들이 제안한 문턱 레벨THRESHOLD LEVEL과 관련지어 도입한 언어 학습 체계.

이 시스템에서는 외국어 프로그램의 목표OBJECTIVES가 부분이나 단위로 분할된다. 각각의 단원들은 학습자의 언어 필요에 따라 선택되며, 이 프로그램의 모든 다른 단원들과 연결되어 있다. 각 단원을 무사히 마친 후, 학습자들이 공적 인증을 받게 되는 시스템을 단위 획득 체계라고 부른다.

universal 〈*n*〉 보편성

☞ LANGUAGE UNIVERSAL

universal grammar (UG) 〈*n*〉 보편문법

언어에 관계없이 모든 성인의 문법 능력을 설명한다고 주장하는 이론.

이 이론에서는 화자들이 모든 언어에 적용되는 **원리**(principles) 집합과, 일정한 제한된 범위 내에서 언어별로 다를 수 있는 매개변인PARAMETERS 집합을 알고 있다고 주장한다.

Noam Chomsky에 의해 제안된 이 이론은 이후 지배/결속 이론GOVERNMENT/BINDING

THEORY 모델에서 보다 구체화되었다. UG 이론에 따르면, 어떤 언어를 습득한다는 것은 특정 언어, 예컨대 영어나 프랑스어, 독일어에 UG 문법의 원리를 적용하는 것이며, 각각의 매개변인에 적당한 값을 학습하는 것이다. 예를 들어, UG의 원리 중에 구조 의존성(structure independency)이라는 것이 있다. 이는 언어 지식이 문장 에서의 구조적 관계를 아는 것에 의존하는 것이지, 단어들의 연쇄로 보지는 않는다 는 것을 의미한다. 예를 들어, *The/policeman/raised/his/revolver*이 아니라 다음과 같 은 구조라는 것이다.

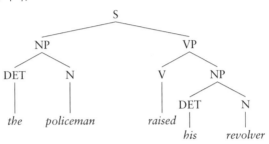

제한된 범위 내에서 언어마다 다른 매개변인의 하나로 **주요부 매개변인**(head parameter)이 있다. 주요부 매개변인은 각 구 내부에서 주요부HEADS(원리 요소)의 위치와 관련이 있다. 영어에서는 주요부가 구의 앞에 오며(예: *with the car*[전치사 구]), 일본어에서는 구의 뒷부분에 온다.

> *Nihon   ni*
>
> Japan   in

제2언어 습득에서 보편문법(UG)의 역할은 여전히 논쟁 중이다. 세 가지 가능성이 제기되어 있다.

1. UG는 L2에서도 L1과 마찬가지 방식으로 작용한다(☞ CORE GRAMMAR). 학습 자의 L1 지식과는 무관하다.

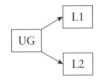

2. 학습자의 핵심 문법은 고정되어 있으며, UG는 L2 학습자, 특히 성인 학습자는 더 이상 사용할 수 없다.

3. UG를 부분적으로는 사용할 수 있지만, L2 습득에 있어 한 가지 요소에 지나지 않는다. 그 외에도 다른 요소들이 있으며, UG의 영향을 간섭하기도 한다.

unmarked ⟨*adj*⟩ 무표의

   ☞ MARKEDNESS

unreleased 〈**adj**〉 무개방음의

☞ ALLOPHONE

unrounded vowel 〈**n**〉 비원순모음

☞ VOWEL

unstructured interview 〈**n**〉 비구조화된 인터뷰

☞ STRUCTURED INTERVIEW

unsystematic error 〈**n**〉 비체계적 오류

☞ ERROR OF MEASUREMENT

uptake[1] 〈**n**〉 이해력

청자가 발화를 해석하는 언표 내적 힘(☞ SPEECH ACT). 예를 들어, 다음의 대화교체에서

아이: *I'm tired.*

엄마: *You can stop doing your homework now.*

엄마는 마치 아이가 '이제 숙제 그만해도 돼?'라고 말한 것처럼 이해하거나 해석하고 있다. 그러나 가끔은 의도된 이해(화자가 청자가 이해해 주길 바라는 것)와 실제 이해(청자가 실제로 이해하는 것) 간에 차이가 있는 경우도 있다.

☞ PRAGMATICS

uptake[2] 〈**n**〉 흡입

상호작용주의자의 제2언어 습득에서, 학습자가 교사의 수정을 반복하거나, 이어진 발화에 그것을 포함하는 등의 방식으로 피드백을 인정하고, 그것에 응하는 것

usage[1] 〈**n**〉 용법

사람들이 실제로 말하고 쓰는 방식. 이 의미에서, 용법은 언어수행PERFORMANCES과 밀접히 관련되어 있으며, 실제적AUTHENTIC 언어의 실례 분석을 통해, 그리고 다양한 종류의 실험을 통해 연구할 수 있다. 예를 들어, 용법 연구를 통해, 수동태(☞ VOICE[1])는 과학 문헌에서 보통 이상의 사용 빈도를 보인다거나, 철자 *all right*과 *alright*이 모두 사용된다는 것을 밝힐 수 있다. 용법에 대한 반응 연구도 가능하며, 또 용법이 분리되어 있을 때 그것을 토대로 제안을 할 수도 있다. **용법 사전**(usage guides)이 그 예이다. 예를 들어, 용법 사전에서는 사람들이 *all right*과 *alright* 둘 다를 사용하고 있지만, 여전히 *alright*에 대해서는 강한 반감이 있으니 *all right*과 같이 두 단어로 쓰는 것이 더 좋다는 식으로 제안한다.

usage[2] 〈**n**〉 용법

Widdowson은 어떤 언어 체계의 한 요소로서의 언어 항목의 기능(**용법**[usage])과

의사소통 체계의 한 부분으로서의 기능(사용[use]) 간을 구분하였다. 예를 들어, 진행상PROGRESSIVE ASPECT은 문법 항목이나 용법의 항목으로써 (즉, 영어의 다른 상ASPECT과 시제TENSE, 그리고 그것이 발생하는 구문을 어떻게 비교하는가를 고려하기 위해), 그리고 그 사용(즉, 그것이 설명이나 계획, 해설과 같은 의사소통적 행위들을 수행하기 위해 담화DISCOURSE에서 어떻게 사용되는가)과 관련하여 연구될 수 있다. 언어 항목이 용법의 예로써 가지는 의미를 **의미**(signification)라 부르며, 사용의 예로써 가지는 의미를 **가치**(value)라고 부른다.

☞ SPEECH ACT, UPTAKE

usage-based learning ⟨*n*⟩ 용법기반 학습

언어 지식과 언어 사용, 언어 학습은 분리될 수 없다는 개념

use ⟨*n*⟩ 사용

☞ USAGE[1]

utterance ⟨*n*⟩ 발화

구어 분석 단위로, 다양한 방식으로 정의되어 왔으나, 일반적으로는 한 사람의 발언 내에서 하나의 음조 곡선 하에 위치하는 단어 연속체를 의미한다. 발화는 하나 이상의 문장으로 구성되는 경우도 있지만, 문장보다 약간 짧은 어구로 구성되는 것이 보다 일반적이다. Bakhtin 이후의 포스트 모더니즘POSTMODERNISM에서는 발화를 개별적인 창조물이 아닌 문답으로 보았다. 각 발화가 이전 발화에 대한 응답이다.

☞ MOVE, SEQUENCING[1]

utterance meaning ⟨*n*⟩ 발화 의미

화자가 특정 문맥 상황에서 특정 발화를 사용하여 전달하는 의미.

예를 들어, *My watch has stopped again*이라는 문장은 문맥 상황에 따라 다음과 같은 의미를 전달한다.

a. 나는 시간을 가르쳐줄 수 없다.

b. 그것이 내가 지각한 이유이다.

c. 진짜로 수리를 받아야 한다.

d. 내게 다른 걸 사주는 게 어때?

☞ ILLOCUTIONARY FORCE, IMPLICATION, PRAGMATICS, SENTENCE MEANING

uvula ⟨*n*⟩ 구개수/목젖

☞ PLACE OF ARTICULATION, UVULAR

uvular ⟨*adj*⟩ 구개수음의

후설과 연구개의 끝(구개수[uvula]) 사이나 목젖 근처에서 성도VOCAL TRACK를 좁혀서

산출하는 언어 음(자음CONSONANT).

잉글랜드 북동부나 스코틀랜드 영어의 일부 화자는 /r/을 목젖 떨림음ROLL [R]을 사용한다.

☞ PLACE OF ARTICULATION, MANNER OF ARTICULATION

U

V

Vc, Vcc ⟨**n**⟩

    ☞ BAR NOTATION

vague language ⟨**n**⟩ 모호한 언어

매우 일반적이고 불명확한 의미를 가지는 단어나 구로, 구어에서 자주 사용된다. 예를 들어, *thing, stuff, anything, sort of.*

    Do you want a coffee or something?

    He's kind of cute.

valency ⟨**n**⟩ 결합가

    ☞ DEPENDENCY GRAMMAR

validation ⟨**n**⟩ 타당성 검정

(테스트에서) 테스트 득점으로부터 도출된 추론을 뒷받침하기 위해 여러 방법들을 종합하여 증거를 축적해 가는 프로세스(예를 들어, 다특성 다측정 방법MULTI-TRAIT MULTI-METHOD METHOD)

    ☞ CONSTRUCT VALIDATION

validity ⟨**n**⟩ 타당성

(테스트에서) 테스트가 측정하고자 하는 것을 측정하고 있는가, 혹은 그것이 의도된 목적에 맞게 성공적으로 사용될 수 있는가의 정도.

테스트 타당성을 측정하는 데는 다양한 통계적 절차들을 이용할 수 있다. 이러한 절차들은 일반적으로 테스트가 무엇을 측정하고 있고, 얼마나 정확하게 측정하고 있는가를 결정한다.

    ☞ CONCURRENT VALIDITY, CONSEQUENTIAL VALIDITY,
       CONSTRUCT VALIDITY, CONTENT VALIDITY, CONVERGENT
       VALIDITY, CRITERION MEASURE, CRITERION-RELATED VALIDITY,
       DISCRIMINANT VALIDITY, DIVERGENT VALIDITY,
       EMPIRICAL VALIDITY, FACE VALIDITY, PREDICTIVE VALIDITY

validity coefficient ⟨**n**⟩ 타당성 계수

예측변수의 득점과 기준변수의 득점을 상관시켜 얻을 수 있는 테스트 타당성의 양적 지표. 이론상으로 그 값은 0.0에서+1.0 범위이다.

value 〈**n**〉 가치

　　☞ USAGE²

values clarification 〈**n**〉 가치의 명료화

학생들에게 특정 화제에 대해 자신의 가치관이나 태도를 탐구하도록 하여 자신의 가치 체계의 긍정적인 면과 부정적인 면을 발견하게 하고, 더불어 다른 사람의 가치관에 대해서도 배울 수 있게 하는 지도 활동.

예를 들어, 다음과 같은 질문들이 가능하다.

'가족 중 한 명이 도둑질을 하고 있는 것을 봤다면, 어떻게 하시겠습니까?'

a. 경찰에게 알린다.

b. 훔친 물건을 가게로 되돌려주라고 한다.

c. 그것에 대해 다른 가족에게 말한다.

d. 아무 것도 안 한다.

가치 명료화 활동은 협동 학습COLLABORATIVE LEARNING과 의사소통적 언어 교수(☞ COMMUNICATIVE APPROACH)에서 의사소통 활동으로 이용되는 경우가 많다.

variable¹ 〈**n**〉 변항

다양한 형태(변이형[variants])를 가지는 언어 항목.

변항의 형태는 양식STYLE 차이나, 화자의 사회경제적 배경, 교육, 연령, 성별 등의 차이(☞ SOCIOLECT)와 관계가 있다. 한 언어의 음운론PHONOLOGY, 형태론MORPHOLOGY, 통사론SYNTAX, 언어 항목LEXICON¹에는 다양한 변항들이 존재한다. 영어의 예로는 다음과 같은 것이 있다.

a. *coming*, *working*에서 −*ng* 변항. 조심스러운 형식적 발화에서는 *coming*/kʌmɪŋ/, *working*/wɜːkɪŋ/과 같이 /ɪŋ/로 자주 나타나지만, 비형식적이거나 지역 방언에서는 *com'n*/kʌmn/, *work'n*/wɜːkn/처럼 된다.

b. 동사의 3인칭 단수 현재시제 표지(*He works here*) −(*e*)*s*. 일부 비표준NONSTANDARD 변종이나 새로운 영어 변종에서는 활용어미가 없는 변이형이 나타나기 때문(*He work here*)에 변항이다.

이러한 변항을 설명하려는 언어 규칙을 **변항 규칙**(variable rule)이라고 한다.

variable² 〈**n**〉 변수

(통계학과 테스트에서) 집단이나 집단 구성원이 다른 집단이나 구성원과 다른 특성. 교수법을 비교할 때 예를 들어, 변수는 두 교수법 간의 (a) 관심 정도, (b) 교수 시간, (c) 사용 난이 등이 될 것이다.

　　☞ DEPENDENT VARIABLE

variable rule 〈**n**〉 변항 규칙

☞ VARIABLE[1]

variance 〈***n***〉 분산

(통계학과 테스트에서) 어떤 표본sample의 분산dispersion을 나타내는 통계 척도. 예를 들어, 테스트 득점의 분산은 득점이 평균mean과 다른 정도에 기초하며, 표준편차standard variation의 제곱값이다.

variant 〈***n/adj***〉 변이형

☞ VARIABLE[1]

variation 〈***n***〉 변이

=language variation 언어 변이

한 언어 내부에서 발음이나 문법, 어휘 선택에 있어서의 차이.

언어 변이는 지역과 관련되거나(☞ DIALECT, REGIONAL VARIATION), 사회 계층과/이나 교육적 배경과 관련되거나(☞ SOCIOLECT), 언어 사용 상황의 격식성 정도와 관련된다(☞ STYLE).

☞ FREE VARIATION

variety 〈***n***〉 변종

☞ SPEECH VARIETY

velar 〈***adj***〉 연구개음의

구강 뒤에서 혀의 뒷면이 **연구개**(velum)에 닿아서 나는 발화음(자음consonant). 예를 들어, 영어 *kin*/kɪn/의 /k/와 *get*/get/의 /g/는 연구개음, 더 정확히는 연구개 폐쇄음stop이다. 혀 뒷면을 **설배**(dorsum)라고 부르기 때문에 이 음들을 **설배음**(dorsal)이라 하기도 한다.

☞ PLACE OF ARTICULATION, MANNER OF ARTICULATION

velarization 〈***n***〉 연구개음화

음운론에서, 혀의 뒷면이 연구개를 향해서 올라가는 이차 조음secondary articulation. 영어 단어 *hill*처럼, 음절 말음이 /l/로 끝나는 많은 형태들은 강하게 연구개음화한다.

velum 〈***n***〉 연구개

=soft palate

☞ PLACE OF ARTICULATION, VELAR

Venn diagram 〈***n***〉 벤다이어그램

(교수에서) 개념들이 어떻게 상호 관련되고 어떻게 다른가를 보여주기 위해 사용되는 그래픽 조직자 유형.

예를 들어, 두 편의 짧은 스토리를 비교하여 플롯, 등장인물, 스타일 등이 어떻게

비슷하거나 다른가를 보여주는 데 벤다이어그램을 사용할 수 있다.

verb ⟨*n*⟩ 동사

(영어에서) (a) 문장 술부PREDICATE의 일부이며, (b) 시제TENSE, 상ASPECT, 인칭PERSON, 수 NUMBER[1], 법MOOD과 같은 문법 범주의 표지가 나타나며, (c) 행위나 상태를 가리키는 단어

> *He opened the door.*
> *Jane loves Tom.*

☞ AUXILIARY VERB, FINITE VERB, INCHOATIVE VERB, MODAL, PHRASAL VERB, REGULAR VERB, STATIVE VERB, TRANSITIVE VERB, VERB GROUP, VERB PHRASE

verb group ⟨*n*⟩ 동사군

법 동사MODAL VERB나 조동사AUXILIARY VERB와 결합하는 동사 그룹

> *He didn't come.*
> *She can't have been there.*

verbal ⟨*n*⟩ 동사류

(생성문법GENERATIVE GRAMMAR에서) 동사VERB, 형용사ADJECTIVE를 포함하는 단어 범주WORD CLASS. 동사와 형용사가 하나의 범주에 속한다고 간주하는 이유는 양자가 공통적인 특성을 많이 가지고 있기 때문이다. 예를 들어, 영어의 일부 동사와 형용사 중에는 명령문IMPERATIVE SENTENCE에서 사용될 수 있는 것이 있는 반면(*Throw the ball! Be quiet!*), 사용될 수 없는 것도 있다(**Resemble me!, *Be tall!*).

verbal association ⟨*n*⟩ 언어 연상

☞ VERBAL LEARNING, WORD ASSOCIATION

verbal deficit hypothesis ⟨*n*⟩ 언어 결여 가설

＝결여 가설DEFICIT HYPOTHESIS

verbal learning ⟨*n*⟩ 언어 학습

언어 학습LANGUAGE LEARNING을 대신하는 용어로, 행동주의BEHAVIOURISM와 결부된다. 현재는 더 이상 사용되지 않는다.

verbal repertoire ⟨*n*⟩ 언어 레퍼토리

한 개인이 알고 있는 언어 변종(언어LANGUAGE[2], 방언DIALECTS, 사회방언SOCIOLECTS, 양식 STYLES, 사용역REGISTERS).

그 언어를 사용할 기회가 없더라도 그 사람의 언어 레퍼토리의 일부인 경우도 있다. 예를 들어, 영어와 웨일스어를 알고 있고 웨일스에서 뉴질랜드로 이주한

사람이 웨일스어를 계속하여 사용할 수 없게 될 수도 있다. 그러나 여전히 웨일스어는 그 사람의 언어 레퍼토리 중 하나이지만, 그 공동체(이 경우는 뉴질랜드)의 언어 레퍼토리SPEECH REPERTOIRE에 속하지는 않는다.

verbal reporting ⟨*n*⟩ 구술 보고

(조사연구에서) 피험자가 과업을 수행할 때 사용하는 프로세스에 관한 데이터를 수집하는 데 이용하는 절차.

구술 보고는 피험자가 과업을 수행하는 동안 사용하고 있는 프로세스를 구두로 설명한다. 구술 보고는 여러 종류의 과업 수행 시에 관련하는 인지적, 언어적 측면들에 관한 정보 수집을 목적으로 한다. 예를 들어, 텍스트 요약을 어떻게 하는가를 알아보기 위해 요약 과업을 완수해 가면서 피험자들이 내린 결정과 판단에 대해 설명한다. 제2언어 학습 연구에서는 여러 유형의 구술 보고가 사용되어 왔다. 예를 들어, 사고구술법THINK ALOUD PROCEDURE. 사고구술법은 과업을 수행하는 동안 일어나는 모든 것을 소리내어 말하는 기법을 말한다. 예를 들어, (학기말 레포트의 초안) 작문 수정을 어떻게 하는가를 연구할 때 학습자는 수정을 할 때 일어나는 모든 것을 소리내어 설명한다.

- 성찰(introspection): 피험자가 과업을 수행하는 동안 어떤 결정을 내리고, 어떤 전략을 사용하는가에 대해 반성하고 그것을 보고한다.
- 회상(retrospection): 과업과 활동이 끝난 후, 그것이 어떻게 수행되었는가에 대해 반성한다. 회상법은 피험자가 관찰 중인 특정의 심적 사건에 대한 자신의 기억에서 사용한 심적 프로세스와 전략을 추론한다.

verb-pattern ⟨*n*⟩ 동사 패턴

동사가 문장 내 다른 요소들과 공기하여 생기는 연쇄.

동사는 다른 문장 요소와 다양한 관계나 연쇄로 나타난다.

예를 들어, 동사+목적어(*open the door*), 동사+목적어+부사(*put the food on the table*), 동사+*that*-절(*believe that it is true*), 동사+원형부정사(*need to leave*). 언어 학습은 동사와 공기하는 패턴들을 학습하는 것이다.

verb phrase[1] **(VP)** ⟨*n*⟩ 동사구

(변형생성문법TRANSFORMATIONAL GENERATIVE GRAMMAR에서) 본동사와 목적어OBJECT[2], 보어COMPLEMENT, 부사류ADVERBIAL를 포함하는 문장SENTENCE의 부분.

예를 들어, *Tom gave a watch to his daughter*에서 *Tom*을 제외한 나머지 부분이 동사구이다.

☞ NOUN PHRASE

verb phrase[2] ⟨*n*⟩ 동사구

전통 문법에서, 예를 들어 *I have been studying English for 10 years*의 *have been studying English*와 같이, 한 문장에서 함께 기능하는 조동사와 본동사

vernacular ⟨*n/adj*⟩ 토착어/현지어

다음의 언어나 언어 변종을 가리킬 때 사용되는 용어

a. 라틴어 같은 고전어와 구별해서

Church services in the Roman Catholic church used to be conducted in Latin, but now they are in the vernacular. (다시 말해, 영어, 이탈리아어, 스와힐리어 등)

b. 영어와 같이, 국제적으로 사용되는 언어와 구별해서

If you want to teach English in that country, it will be useful to know the vernacular.

c. 이중언어BILINGUAL 및 다언어MULTILINGUAL 국가에서, 인구의 대다수가 사용하지만 그 국가의 공용어나 국어NATIONAL LANGUAGE는 아닌 경우

In addition to schools that teach in the national language, there are also vernacular schools.

☞ BLACK ENGLISH, DIGLOSSIA, DOMAIN

vertical construction ⟨*n*⟩ 수직 구조

대화적 상호작용에서 여러 번의 발언교체를 통해 의미를 공동으로 구축해 가는 것. 양쪽 화자들은 대화에서 많은 다양한 발언교체에 걸쳐 배분된 명제들을 창조해 간다고 한다. 수직 구조와 대조되는 구조는 **횡적 구조**(horizontal construction)로, 여기에서는 여러 개의 명제가 하나의 발언 내부에서 표현된다. 횡적 구조를 사용할 수 있는 능력은 학습자의 문법 발달에 있어 하나의 발달 단계를 가리킨다고 여겨지고 있다.

VESL ⟨*n*⟩ 직업을 위한 제2언어로서의 영어

☞ VOCATIONAL ENGLISH

videoconferencing ⟨*n*⟩ 화상회의시스템

인터넷 통신자가 스크린 상에 있는 화면을 서로 볼 수 있도록 해주는 소프트웨어

video teleconferencing ⟨*n*⟩ 화상원격회의시스템

위성과 텔레비전을 통해서 다른 장소에 있는 학생과 교사를 연결하여 모어화자와 목표언어/목표문화를 배우는 학습자 간의 상호작용을 제공한다.

Vienna-Oxford International Corpus of English ⟨*n*⟩ 비엔나-옥스퍼드 국제영어 코퍼스

비엔나 대학에서 수집한 공통어LINGUA FRANCA로서의 구어 영어 전자 코퍼스. 예를 들어, 헝가리인 교육자가 덴마크인, 핀란드인, 포르투갈인 동료들과 교육 이슈에 대한 토론과 한국 무역 대표부가 독일인 고객과의 계약 교섭 데이터 등을 축적하고 있다.

virtual learning 〈**n**〉 가상학습

=virtual education 가상교육

교사와 학생이 시간적으로나 공간적으로 떨어져 있어서 코스 내용과 교사–학생 간의 의사소통이 인터넷이나 화상원격회의시스템과 같은 기술을 통해 제공되는 학습 형태

virtual learning environment 〈**n**〉 가상학습 환경

☞ LEARNING MANAGEMENT SYSTEM

virtual world 〈**n**〉 가상세계

참가자들이 자기 고유의 아이덴티티를 만들어 채트와 메신저 프로그램을 통해 의사소통하는 인터넷 중심의 쌍방향적 환경

visual learner 〈**n**〉 시각적 학습자

단순히 귀로 들으면서 공부하는 것(**청각적 학습자**[auditory learner])보다 글로 표현 된 것을 보고 공부하는 것이 더 쉽다고 생각하는 학습자

visual organizer 〈**n**〉 시각적 조직자

(교수에서) 주어진 화제나 학습 주제와 관련된 지식이나 정보를 체계화하기 위해 다이어그램이나 지도, 차트 등의 공간적인 형식을 사용하는 시각적 시스템. 해당 분야의 교과 주제에 있어서의 핵심적 개념 틀이나 핵심 요소를 시각적인 형태—예를 들어, 스파이더맵, 네트워크 트리, 벤다이어그램, 스토리보드—로 제시 한다.

visual perception 〈**n**〉 시각적 지각

☞ PERCEPTION

visual span 〈**n**〉 시지각 범위

☞ READING SPAN

visuospatial sketchpad 〈**n**〉 시공간 스케치패드

☞ MEMORY

vocabulary 〈**n**〉 어휘

단일어, 복합어COMPOUND WORD, 숙어IDIOM를 포함하는 어휘소LEXEME 집합

☞ ACTIVE/PASSIVE LANGUAGE KNOWLEDGE, CONTENT WORD, FREQUENCY², TYPE

vocabulary control 〈**n**〉 어휘 통제

(외국어 교수와 읽기를 위한 교재 준비에서) 단어 목록WORD LIST과 다른 자료에 기초 하여 한정된 어휘만을 사용하는 것.

등급별 읽기 교재GRADED READER는 보통 어휘를 통제하여 작성된다.

vocal cords ⟨*n*⟩ 성대

후두LARYNX 내에서 앞뒤로 확장하는 거칠고 신축성 있는 근육 조직의 주름. 성대 사이의 공간은 **성문**(glottis)이라고 한다. 성대가 함께 압축되면 폐에서 나온 공기가 완전히 밀폐된다. 발화 중에는 성대가 폐에서 입으로 가는 공기 통로를 열거나 닫는다. 모음과 유성 자음(☞ VOICE[2])을 산출할 때는 성대가 진동한다.

성문 성대

호흡 중 넓게 열림 유성음의 경우, 성대가 가볍게 흔들리고 진동한다.

☞ PITCH, PLACE OF ARTICULATION

vocal tract ⟨*n*⟩ 성도

(음성학에서) 성대VOCAL CORDS 위에 있는 공기 통로를 말하며, 언어음의 산출에 관련한다. 성도는 코 내부와 코 뒤에 있는 공기 통로인 **비강**(nasal cavity)과, 입과 인후 안에 있는 공기 통로인 **구강**(oral cavity)으로 나눌 수 있다. 혀나 입술 위치를 바꿔 성도의 모양을 바꿀 수 있다. 성도의 형태 변화는 언어음의 차이를 야기한다.

vocational English ⟨*n*⟩ 직업 영어

=vocational ESL (VESL) 직업을 위한 제2언어로서의 영어

특정 직장이나 직업에서 사용하기 위해 가르치는 영어

☞ LANGUAGE FOR SPECIAL PURPOSES

vocative ⟨*n*⟩ 호격

문장의 수의적인 부분으로, 언급되고 있는 사람이나 사물의 이름을 부르거나 가리키는 명사구NOUN PHRASE[1].

Really <u>dear</u>, do you think so?

That's a pretty dress, <u>Mrs Johnson</u>.

voice[1] ⟨*n*⟩ 태

한 언어가 동사와 그것과 결합하는 명사구 간의 관계를 표현하는 방법. 두 문장이 태는 다르지만 동일한 기본 의미를 가질 수 있다. 그러나 강조점의 변화가 있고, 한 문장이 다른 문장보다 더 적절할 수 있다(☞ APPROPRIATENESS).

예를 들어, *The wind damaged the fence*에서, *the wind*는 동사 *damaged*의 주어이고,

능동태(active voice)이다. 반면, *The fence was damaged by the wind*이라는 문장에서는 *the fence*가 동사 *was damaged*의 주어이고, **수동태**(passive voice)이다.

첫 번째 문장은 다음 질문에 적합한 답일 것이며,

> *Did the wind damage anything?*

두 번째 문장은 다음 질문에 적당한 답일 것이다.

> *How did the fence get damaged?*

이른바, 무동작주(agentless) 수동문은 화자와 필자가 원인을 알지 못하거나 말하고 싶지 않을 때, 혹은 원인이 너무 명백해서 진술할 필요가 없을 때에 사용된다. 예를 들면, 다음과 같은 문장이다.

> *The fence has been damaged.*

voice² ⟨*n*⟩ 목소리/유성음

성대vocal cords의 진동을 수반하여 산출되는 언어음을 '유성(voiced)'이라 부른다. 이러한 진동은 목의 후두larynx 부위를 만져보면 느낄 수가 있다.

모음vowels은 보통 유성이며, 영어에서는

a. *den*/den/의 /d/는 유성 폐쇄음stop이고

b. *zinc*/zɪŋ/의 /z/는 유성 마찰음fricate이다.

성대의 진동을 수반하지 않고 산출되는 언어음은 '무성(voiceless)'이라고 한다. 예를 들어, 영어에서

a. *tin*/tin/의 /t/는 무성 폐쇄음이고,

b. *sad*/sæd/의 /s/는 무성 마찰음이다.

유성인 언어음이 성대의 진동을 수반하지 않거나 아주 약간 수반하여 발음될 때, 이를 **무성화된다**(devoicing)고 한다. 영어에서는 유성 자음이 어말에 나타났을 때 무성화되는 경우가 많다. 예를 들어, *lid*는 [lɪd̥]로 발음되는 데, 이때 /d/ 아래에 붙은 [̥]는 그것이 무성화됨을 의미한다.

> ☞ INTERNATIONAL PHONETIC ALPHABET, MANNER OF
> ARTICULATION, PLACE OF ARTICULATION

voice³ ⟨*n*⟩ (필자의) 목소리

글쓰기에서, 텍스트 내 작자가 취하고 있는 입장이나 자기표현.

목소리는 세상을 표현하는 작자의 방식이며, 독자와의 관계에서 필자의 상대적인 망설임이나 권위에 반영된다.

> ☞ AUDIENCE

voice onset time (VOT) ⟨*n*⟩ (성대) 진동 개시 시간

bin, *pin*의 /p/, /b/와 같은 폐쇄음stop을 발음할 때는 두 개의 조음체(예를 들어,

양순)가 닫혔다가 다시 열린다. /b/의 경우, 성대VOCAL CORDS가 진동하여 유성 폐쇄음
(☞ VOICE²)을 산출한다. 진동 개시 시간은 이 두 요인들 간의 관계이다. 예를
들어, 프랑스어, 스페인어, 태국어의 유성음 /b/의 개시 시간은 일반적으로 영어의
그것보다 빠르다.

voice-over 〈n〉 화면 바깥 소리

영화, 텔레비전 프로그램, 광고 등에서 모습을 보이지 않는 내레이터가 말하는
해설

voice quality 〈n〉 음질/음색

화자의 음성에 대해 청자가 받는 전체적인 인상.

음색이라고도 하며, 전화기 너머의 상대가 누구인지 소리만으로 판단할 수 있게
청자로 하여금 한 소리를 다른 소리와 구별할 수 있도록 하는 특별한 소리 특성을
가리킨다. 음질은 다음과 같은 요인에 영향을 받는다고 알려져 있다.

성별, 연령, 해부학적 구조(키, 몸무게, 근육질, 후두 구조의 형태, 폐활량 등), 감정
적 상태(공포, 노여움, 성적 흥분 등), 건강 상태(후두염, 폐기종, 파킨슨병, 중독
등), 개개인의 습관적인 성도 조절(결과로서 예를 들어, '거친 소리', '속삭이는 소
리', '삐걱거리는' 소리), 특정 언어, 방언, 특정 언어의 사회적 변종과 결합하는
특징적인 조음 환경ARTICULATORY SETTING.

voice synthesizer 〈n〉 음성 합성장치

☞ SPEECH SYNTHESIS

VO language 〈n〉 VO 언어

동사가 목적어에 선행하는 언어로, 동사가 목적어 뒤에 오는 OV 언어와 대조된다.
영어는 VO 언어이며, 일본어는 OV 언어이다.

vowel 〈n〉 모음

입을 지나는 공기 흐름이 현저하게 수축되지 않고 산출되는 언어음. 모음은 다양한
방식으로 분류될 수 있다.

1. 성대의 진동과 관련하여. 영어에서는 모든 모음이 (속삭일 때를 제외하고) 유성
   음이지만, 일본어와 같은 일부 언어에서는 무성 모음도 있다.

2. 혀에서 높아지는 부분에 따라 (*eat*처럼) **전설모음**(front vowel)—혀가 구강의 앞부
   분에 위치한다—과, (*cut*에서처럼) **중설 모음**(central vowel), (*coop*과 같이) **후설모
   음**(back vowel)—혀가 구강의 뒷부분에 위치한다—으로 나누어진다.

3. 혀의 높이에 따라 *beat*에서와 같은 **고모음**(high vowel), 혹은 협모음, *bait*에서와
   같은 **중모음**(mid vowel), 혹은 반협모음, *bat*에서와 같은 **저모음**(low vowel), 혹은
   개방 모음으로 나누어진다.

4. 모음이 **긴장음**(tense)인가 **이완음**(lax)인가(☞ TENSE/LAX)에 따라 나누어진다.

5. 입술이 (*shoe*에서와 같이) **원순**(rounded)인가, (*she*에서와 같이) **비양순**(unrounded) 인가에 따라 나누어진다. 영어에서는 입술의 둥근 정도가 이음적(후설모음은 원순, 전설모음은 비원순) 이지만, 프랑스어와 같은 일부 언어처럼 전설 원순모음 을 가지거나, 터키어와 같이 후설 비원순모음을 가지는 언어도 있다.

6. 길이와 관련하여, *knee*와 같은 장모음과 *knit*와 같은 단모음으로 나눈다. 영어에 서 길이는 이음적(긴장 모음은 장모음, 이완 모음은 단모음)이지만, 일부 언어는 음질이 같고 길이만 차이가 나는 모음을 서로 구별한다.

☞ CARDINAL VOWEL, VOWEL LENGTH, VOWEL QUALITY

vowel harmony 〈***n***〉 모음 조화

한 모음을 다른 모음에 일치시키거나, 즉 '조화시키거나', 단어 내 모음의 발음을 조정하는 것(동화ASSIMILATION).

예를 들어, 터키어에서 숫자 1은 *bir*, 10은 *on*이다. 여기에 접미사가 붙을 때 이 접미사의 모음은 전설모음이거나 후설모음 중 하나여야 하는데, 그것은 선행하는 모음에 의해 결정된다.

bir+*de*=birde '1에서'

/i/와 /e/는 모두 전설모음이다.

on+*da*=*onda* '10에서'

/o/와 /a/는 둘 다 후설모음이다.

vowel length 〈***n***〉 모음의 길이

모음의 지속 시간.

음성 표기(☞ NOTATION)에서 모음의 길이는 / : /로 표시된다. 길이도 다르고 모음의 질VOWEL QUALITY도 다른 유사 모음 쌍이 존재하는 언어들이 많이 있다. 예를 들어, 영어 *seat*/si : t/의 /i : /는 *sit*/sɪt/의 /ɪ/보다 길며, 혀의 위치도 높고 긴장도도 강하다. 가끔 이중모음화DIPHTHONG되기도 한다.

vowel quality 〈***n***〉 모음의 질

어떤 모음을 다른 모음과 구별하는 길이 이외의 자질.

모음의 질은 특정 모음이 산출될 때 입의 모양에 의해 결정된다. 입의 형태는 혀의 위치와 입술의 둥근 정도(☞ VOWEL)에 따라 다르다.

VP 〈***n***〉

=동사구VERB PHRASE

W

wait time ⟨**n**⟩ 대기 시간

(발문 시) 교사가 질문한 후 학생이 그것에 답할 때까지의 시간.

발문의 유효성은 부분적으로 대기 시간 사용에 달려 있다고 한다. 교사들은 기다리는 시간을 충분히 주지 않고 자기 자신이 답해 버리거나 다른 학생에게 답하도록 하는 경향이 있다. 학생에게 답하기 전의 대기 시간과 학생의 첫 번째 대답 후의 대기 시간(즉 교사가 그 대답에 코멘트하기 전에)을 길게 하면, 학생의 응답 길이도 길어지고, 학생이 질문하는 수도 늘어나며, 학습 관여도도 증가하는 경우가 많다.

washback ⟨**n**⟩ 워시백/파급효과

=backwash

(테스트에서) 교실 수업이나 학습에서 테스트가 제공하는 긍정적이거나 부정적인 영향.

예를 들어, 일부 국가에서 전국적인 언어 시험은 교수 방법에 큰 영향을 끼치는 관계로, 교사가 '테스트를 가르치는' 경우가 흔하다. 교수 방법에 변화를 가져오기 위해서는 테스트를 바꿔야 할 필요가 있을 것이다. 예를 들어, 어떤 국가의 교육부가 듣기 기능에 더 많은 시간을 사용하기를 원한다면, 그것을 달성하는 한 가지 방법은 전국 시험에 듣기 이해 테스트 부문을 도입하면 될 것이다. 그렇게 되면, 파급 효과는 듣기 기능을 가르치는 데 더 많은 수업 시간을 할애하는 것이 된다. 교수 방법이 테스트에 중요한 효과를 가져오는 경우, 이 영향을 **역파급 효과**(reverse washback)이라고 한다.

weak form ⟨**n**⟩ 약형

    ☞ STRONG FORM

weak interface position ⟨**n**⟩ 약 인터페이스 입장

    ☞ INTERFACE

weak verb ⟨**n**⟩ 약변화동사

    ☞ STRONG VERB

WebCT ⟨**n**⟩

    ☞ LEARNING MANAGEMENT SYSTEM

webquest ⟨**n**⟩ 웹퀘스트

과업을 완성하기 위해서 학습자들이 인터넷을 사용해야 하는 활동.
웹퀘스트는 코스 전체나 일부 수업에서 실시되거나, 수업 하나에 통합되어 실시될 수 있다.

weighting[1] 〈**n**〉 비중
테스트에서, 평가 프로세스에 할당된 다양한 기술과 언어의 상대적인 중요성

weighting[2] 〈**n**〉 가산점
=weighted scoring 비중 채점
(테스트에서) 테스트의 문항이 동일한 점수가 아닐 때 테스트 정답에 부여하는 점수. 이러한 채점SCORING 절차를 **비중 채점**(weighted scoring)이라고 한다.

Wernicke's area 〈**n**〉 베로니카 영역
대뇌 좌반구 후부에 위치하는 영역으로, 주로 음성 언어의 지각과 처리에 관여한다.

whole-group instruction 〈**n**〉 일제 지도
그룹별 지도가 아니라 학급 전체를 함께 가르치는 수업
☞ GROUPING

whole language approach 〈**n**〉 총체적 언어 접근법
=integrated whole language approach 통합적 총체적 언어 접근법
제1언어 읽기와 쓰기 접근법의 하나로, 중등학교 레벨과 ESL 과정에까지 응용되고 있으며, 언어를 하나의 '종합체'로 간주한다. 총체적 언어 접근법은 초점은 실제 의사소통에 두고 읽기와 쓰기를 자연스럽게 학습하는 것을 강조한다. 이 접근법은 언어의 각 구성 요소(예를 들어, 문법, 어휘, 단어 인식, 음성)를 분리하여 가르친다는 개념과는 반대된다.
총체적 언어 접근법의 원리에는 다음과 같은 것들이 포함된다.
1. 언어는 하나의 전체가 아닌 부분으로 제시된다. 따라서 이 접근법은 **원자론적**(atomistic)이라기보다는 **전체론적**(holistic)이며, 언어를 실제 문맥과 상황 안에서 가르치고 언어의 사용 목적을 강조한다.
2. 학습 활동은 부분에서 전체가 아니라 전체에서 부분으로 이행된다. 예를 들어, 학생들은 읽기물의 부분이나 개작된 것을 읽기보다는 전체를 읽는다.
3. 언어의 네 영역 모두가 이용되며, 따라서 수업에서 한 기능이 아니라 듣기, 읽기, 쓰기, 말하기의 네 가지 기능 모두를 다룬다.
4. 언어는 타인과의 사회적 상호작용을 통해서 학습되기 때문에 학생들은 개별적이 아니라 짝이나 그룹으로 활동하는 경우가 많다.

whole-word method 〈**n**〉 전체단어 인지법
=word method 단어 중심 교수법, sight method 시각적 교수법

아이들에게 읽기를 가르치는 방법으로, 모어MOTHER TONGUE로 읽기를 가르치는 데 주로 이용된다. 이 교수법에서 아이들은 (알파벳 교수법ALPHABETIC METHOD과 같이) 철자 명칭이나 (발음중심교수법PHONICS과 같이) 음SOUND이 아니라, 단어 전체를 인식할 수 있도록 배운다. 이 교수법은 문장 전체를 사용하는 문장 중심 교수법SENTENCE METHOD를 낳았다.

Whorfian hypothesis 〈*n*〉 워프 가설

    ☞ LINGUISTIC RELATIVITY

Wh-question 〈*n*〉 Wh-의문문

    ☞ QUESTION

wiki 〈*n*〉 위키

하와이어의 'quick(빠른)'을 뜻하며, 아무나 텍스트와 사진, 비디오 등을 편집할 수 있는 웹사이트의 페이지

within-subjects design 〈*n*〉 피험자 내 설계

=repeated measures design 반복 측정 설계

피험자가 각각 복수의 실험 조건에 참가하는 실험 디자인

women's speech 〈*n*〉 여성 언어

    ☞ GENDER[1]

word 〈*n*〉 단어

구어와 문어에서, 그 자체로 자립할 수 있는 최소 언어 단위LINGUISTIC UNIT.

이 기준을 항상 적용하는 것은 곤란하다. 예를 들어, *the*와 같은 기능어FUNCTION WORD 는 '그 자체로 자립할' 수 있는가? *can't(can not)*과 같은 축약형CONTRADICTION은 한 단어인가, 두 단어인가? 그럼에도 불구하고, 한 언어의 모어화자들NATIVE SPEAKER은 모어에서 무엇이 단어인가에 대해 의견이 일치하는 경향이 있다는 증거가 있다. 문어에서 단어의 경계는 단어 간의 간격으로 인식된다. 구어에서 단어의 경계는 짧은 휴지에 의해 구별된다.

    ☞ BOUNDARIES, CONTENT WORD, LEXEME

word association 〈*n*〉 단어 연상

단어들이 서로 관련되는 방식으로, 단어의 학습과 기억에 영향을 미친다. 단어 연상 테스트에서는 피험자에게 단어 하나나 단어 목록을 제공한 후, 다른 단어(들) 로 답하도록 한다. 단어 연상은 의미론SEMANTICS, 언어 학습 이론VERBAL LEARNING THEORY, 심리언어학PSYCHOLINGUISTICS에서 연구되어 왔다. 다음은 미국 대학생으로부터 얻은 일반적인 단어 연상의 예이다.

W

<u>단어</u>	<u>반응</u>
accident	*car*
airplane	*fly*
American	*flag*
baby	*child*
depression	*recession*

☞ ASSOCIATIVE MEANING

word bank ⟨***n***⟩ 단어 은행

☞ BRAINSTORMING

word blindness ⟨***n***⟩ 실독증/어맹증

=난독증DYSLEXIA

word boundary ⟨***n***⟩ 단어 경계

☞ BOUNDARIES

word-by-word reading ⟨***n***⟩ 축어적 읽기

다음과 같은 특징을 가지는 읽기 방법.

1. 묵독에서, 개별 단어에 과도하게 집중하는 관계로 텍스트의 보다 큰 단위에는 초점을 둘 수가 없는 아주 느린 속도의 읽기. 가끔 입술을 움직이면서 읽기도 한다.

2. 음독에서, 개별 단어에 과도한 휴지를 두고 가끔 이해를 수반하지 않기도 하는 천천히 그리고 머뭇거리며 읽는 방법

word class ⟨***n***⟩ 단어 범주

기능적인 면에서 매우 유사한 단어 그룹. 다른 단어와 결합하는 방식과 형식을 변화하는 방법 등에 따라 단어들을 단어 범주로 분류한다.

가장 일반적인 단어 범주는 품사PART OF SPEECH이다: 명사NOUN, 동사VERB, 형용사ADJECTIVE, 부사ADVERB, 전치사PREPOSITION, 대명사PRONOUN, 관사PARTICLE, 지시사DEMONSTRATIVE, 접속사 CONJUNCTION, 간투사INTERJECTION 등.

☞ FORM CLASS, OPEN CLASS

word formation ⟨***n***⟩ 단어형성

어떤 언어에서 사용되는 신어 형성 프로세스. 다음과 같은 방법들이 있다.

a. 파생DEVIATION에서 접사의 첨가

b. 접사의 제거: 역 형성BACK FORMATION

c. 연결형COMBINING FORM 추가

d. 복합어COMPOUND WORD 형성

e. *influenza*가 *flu*가 될 때처럼 단어의 단축

f. 단어나 단어 일부의 반복: 중복REDUPLICATION

g. 수학 용어 *googal*과 같이 완전히 새로운 단어를 만들어낸다.

추가적으로, 다음 프로세스도 단어형성으로 간주하기도 한다.

h. 굴절INFLECTION에서 접사의 첨가

i. 명사 *cap*이 동사 *to cap*로 사용되는 것처럼 단어를 다른 품사PART OF SPEECH로 사용한다.

word frequency ⟨*n*⟩ 단어 빈도

단어가 텍스트 혹은 코퍼스에서 사용되는 빈도

☞ FREQUENCY[2]

word frequency count ⟨*n*⟩ 단어 빈도수

=word frequency list 단어 빈도 목록

☞ FREQUENCY COUNT, FREQUENCY[1]

word list ⟨*n*⟩ 단어 목록

어떤 언어나 언어 사용역REGISTER에서 기본적이고 가장 중요한 단어의 목록으로, 언어 교수를 위한 기초 자료나 교재용 준비 자료로 이용된다. 어휘 목록은 보통 단어의 빈도수FREQUENCY COUNT에 기반하지만, 단어 중요성을 나타내는 다른 척도에 의해 보강되기도 한다(☞ COVERAGE).

word method ⟨*n*⟩ 단어중심 교수법

=전체 단어 인지법WHOLE-WORD METHOD

word order ⟨*n*⟩ 어순

문장에서, 단어의 배열. 언어에 따라 어순이 다른 경우가 많다. 예를 들어, 독일어 과거분사는 영어처럼 조동사 뒤에 오지 않고, 주절 뒤에 온다.

Er hat mir das Buch gegeben. (그는 나에게 그 책을 주었다)

He has to me the book given

영어에서, 문장 내 단어의 위치는 그 기능을 표시하는 경우가 많다. 따라서 *Dogs eat meat*와 같은 문장에서, *dog*의 위치는 그것이 주어SUBJECT이며, *meat*의 위치는 그것이 목적어OBJECT임을 보여준다. 영어를 포함한 일부 언어에서는 강조나 대조를 위해 통상적인 어순을 변화시키기도 한다. 예를 들어, *That cheese I really don't like*에서는 강조를 위해 문장의 목적어를 문두로 이동시키고 있다.

☞ FUNCTIONAL SENTENCE PERSPECTIVE

word recognition ⟨*n*⟩ 단어 인식

☞ TOP-DOWN PROCESSING

word stress ⟨***n***⟩ 단어 강세

    ☞ STRESS

workbook ⟨***n***⟩ 워크북

교과서에 딸린 책으로, 보충 연습이나 보충 활동을 추가적으로 제공해 준다.

working memory ⟨***n***⟩ 작업 기억

단기기억SHORT-TERM MEMORY의 보다 현대적인 용어.

작업 기억은 이해와 학습과 같은 인지 과제를 실행하는 동안 정보를 기억하고 조작하기 위한 능동적인 체계로 여겨진다. 영향력 있는 *Baddeley* 모델에서는 작업 기억은 두 개의 저장소와 하나의 중앙 실행 기능으로 구성된다. 두 개의 저장 부문은 음향적 정보나 발화에 기반한 정보를 수초 동안(정보가 리허설되는 경우는 더 길게 ☞ REHEARSAL) 보유하는 음조 루프와 언어적, 시각적 정보를 저장하기 위한 시공간 스케치패드(visiospartial sketchpad)이다. 중앙 실행계는 용량이 제한적이며, 감시적 주의 시스템으로, 계획과 문제 해결 등의 목적으로 사용된다.

    ☞ MEMORY

workplace language ⟨***n***⟩ 직장 언어

직업 장면에서 사용되는 특수한 유형의 언어.

직장 언어에는 종업원과 종업원, 종업원과 상사 간에 일어나는 의사소통, 특정 직업과 조직 내에서 사용되는 언어, 그리고 언어적 의사소통과 비언어적 의사소통이 포함된다. 직장 언어 연구는 학문적 목적을 위한 영어(EAP) 코스의 설계 시, 목표 상황 분석(Target Situation Analysis)의 한 측면이 된다.

worksheet ⟨***n***⟩ 워크시트

    ☞ HANDOUT

World Englishes ⟨***n***⟩ 세계 언어

복수의 다양한 영어 모델이 여러 문화권에 걸쳐 존재하며, 영어가 전통적으로 영어를 모어로 간주해 온 나라들에 한정되는 것이 아니라는 사실을 언급하기 위해 *Kachru*가 제안한 용어. 따라서 세계 언어에는 영국 영어, 미국 영어, 호주 영어, 기타 다른 모어 영어뿐만 아니라, 한때 영국과 미국의 식민지와 속령이었던 국가에서 생겨난 새로운 영어 변종들이 포함된다. 이 새로운 영어들은 싱가포르, 인도, 파키스탄, 필리핀, 나이지리아, 피지 등의 다원적 사회에서 특유한 기능을 수행하는 적법한 영어 변종의 자리를 차지하고 있다고 여겨진다.

writer-based prose ⟨***n***⟩ 필자 본위 문장

=egocentric writing 자기중심적 글쓰기

    ☞ READER-BASED PROSE

writing across the curriculum ⟨*n*⟩ 교육과정 횡단형 글쓰기

☞ LANGUAGE ACROSS THE CURRICULUM

writing-centre ⟨*n*⟩ 글쓰기 센터

제2언어 학생들이 자신들의 학문적 글쓰기 과제의 지원을 받을 수 있는 대학 내에 위치한 센터. 동료의 도움과 교사에 의한 피드백 등을 지원 받을 수 있다.

writing conference ⟨*n*⟩ 글쓰기 회의

(작문 교수에서) 교사와 학생이 짧은 시간 동안 만나서 학생의 작문과 작문 프로세스의 다양한 측면들(☞ COMPOSING PROCESSES)에 대해 논의하는 활동. 교실이나 다른 장소에서 작문을 하는 동안 학생들과의 정기적인 논의를 통해, 교사는 쓰기 전략에 대한 의식을 고양하고, 학생들에게 쓰기를 개인화시키고, 학습자가 쓰기에 대해 더 자신감을 가질 수 있도록 노력한다.

writing log ⟨*n*⟩ 글쓰기 로그

☞ LEARNING LOG

writing-modes approach ⟨*n*⟩ 글쓰기 형식 접근법

L2 작문에서, 학생들이 단락과 에세이를 쓰는 주된 목적을 정의, 비교, 대조, 분류, 원인, 결과 등과 같은 구성 형식을 익히는 데 두는 교수 접근법

writing portfolios ⟨*n*⟩ 글쓰기 포트폴리오

☞ PORTFOLIO

writing processes ⟨*n*⟩ 글쓰기 프로세스

글을 쓸 때, 작자가 취하는 전략, 절차, 의사결정. 글쓰기를 계획, 초고, 수정, 퇴고의 복잡한 프로세스의 결과로 간주한다. 일부 제1언어/제2언어 글쓰기 교수 접근법에서는 학생들이 이러한 프로세스를 사용할 수 있도록 가르친다.

☞ PROCESS APPROACH

writing system ⟨*n*⟩ 쓰기 체계

어떤 언어의 소리나 음절, 단어를 상징하는 기호체계. 주요 쓰기 체계로는 (a) 소리에 기반한 알파벳 표기, (b) 음절에 기반한 음절 SYLLABIC 표기, (c) 단어에 기반한 표의적IDEOGRAPHIC 표기가 있다.

WWW ⟨*n*⟩ 월드와이드웹

World Wide Web의 약자로, 사람들이 인터넷을 이용할 때 액세스하는 텍스트, 그림, 소리와 같은 정보 네트워크. WWW 소프트웨어는 인터넷 상에서 쌍방향적인 멀티미디어를 제공한다.

X-BAR syntax ⟨***n***⟩ X-바 통사론

    ☞ X-BAR THEORY

X-BAR theory ⟨***n***⟩ X-바 이론

（보편문법ᴜɴɪᴠᴇʀsᴀʟ ɢʀᴀᴍᴍᴀʀ에서） 통사론 접근법의 하나로, X-바 통사론ₓ₋ʙᴀʀ sʏɴᴛᴀx은 특정한 개별 언어의 구조들을 다루기보다는 언어의 일반 원리를 보이고자 한다. 이 통사론은 4개의 주요 어휘 범주(☞ LEXICAL CATEGORY)를 토대로 한다. 즉, 구의 주요부ʜᴇᴀᴅ가 되는 동사, 명사, 형용사, 전치사.

예를 들어, 명사 *dog*은 *The dog with black ears*라는 명사구의 주요부가 된다. 개별 구 내부의 구조와 전체 문장의 구 표지ᴘʜʀᴀsᴇ₋ᴍᴀʀᴋᴇʀ 내부의 구조를 나타내기 위해 구성소들은 N, N', N'' 등으로 표시한다(☞ BAR NOTATION).

Yes-No question ⟨**n**⟩ yes-no 의문문

    ☞ QUESTION

young learners ⟨**n**⟩ 아동 학습자

    언어교수에서, 취학 전과 초등학교 연령에 해당하는 아이들을 가리킨다. 다른 제2
    언어 학습자 연령 집단은 **청소년 학습자**(adolescent learner)와 **성인 학습자**(adult
    learner)라고 부른다.

Y

Z

zero anaphora ⟨*n*⟩ 제로 전방조응

전방조응ANAPHORA의 일종으로, 지시대상(☞ REFERENCE)을 알고 있거나 추측할 수 있기 때문에 생략될 수 있는 형식.

예를 들어, 다음 문장에서 동사 *met*는 '제로' 주어를 가진다. 즉, 주어로서 명사도 대명사도 나타나지 않지만, 지시대상 *Kim*을 추측할 수 있다.

Kim went down town and met Kenji.

zero article ⟨*n*⟩ 제로 관사

☞ article

zero morpheme ⟨*n*⟩ 제로 형태소

＝제로 형태소NULL MORPHEME

ZISA ⟨*n*⟩

Zweitspracherwerb Italienischer und Spanischer Arbeiter의 약자로, 이탈리아인과 스페인 노동자의 독일어 습득을 조사한 프로젝트를 말한다.

zone of proximal development (ZPG) ⟨*n*⟩ 근접 발달 영역

사회문화 이론SOCIO-CULTURAL THEORY에서 학습자가 스스로 할 수 있는 것과 교사나 다른 능력 있는 동료로부터 지원을 받아서 할 수 있는 것 간의 거리.

이 이론에서는 학습자는 협동 작업을 하는 동안 사용한 기법들을 이후에 유사한 문제를 해결할 때 이용한다고 상정한다.

ZPG ⟨*n*⟩

＝근접 발달 영역ZONE OF PROXIMAL DEVELOPMENT

z score ⟨*n*⟩ z-스코어

(통계학에서) 표준편차STANDARD DEVIATION 단위로 표시되는 표준 득점STANDARD SCORE. 평균값은 0, 표준편차는 1이다. 다음 z-스코어 공식에서

$$z = \frac{X - \bar{X}}{SD}$$

x＝소점

$\bar{x}$＝평균값

SD＝표준편차

원점수는 평균으로부터 일탈한 표준편차의 수와 관련하여 표현된다. 이 때문에 z-스코어 -1.0을 받은 학생은 평균에서 1 표준편차 아래에 있다.

z

지은이

Jack C. Richards
(http://www.professorjackrichards.com/)
- 뉴질랜드 Victoria University 석사(영어학)
- 캐나다 Laval University 박사(응용언어학)
- Hawaii University, The City University of Hong Kong 등을 거쳐 현재 Auckland University 명예교수
- 주요 저서로 『Error Analysis』(Longman, 1974), 『Curriculum Development in Language Teaching』(Cambridge University Press, 2001), 『Approaches and Methods in Language Teaching』(공저, Cambridge University Press, 2014), 『Language Learning Beyond the Classroom』(공저, Routledge 2014), 『Key Issues in Language Teaching』(Cambridge University Press, 2015) 등이 있다.

Richard W. Schmidt
(http://www.nflrc.hawaii.edu/aboutus/schmidt/)
- 미국 Brown University 석사 및 박사(영어학)
- 카이로 소재 American University를 거쳐 현재 University of Hawaii 명예교수
- 주요 저서로 『Implicit and explicit learning of languages』(공저, Academic Press, 1994), 『Cognition and second language instruction』(공저, Cambridge University Press, 2001) 등이 있다.

옮긴이

김창구

- 경희대 외국어로서의 한국어교육학과 석사
- 부경대 국어국문학과 박사과정 수료(국어학 박사)
- 현재 일본 마츠야마대학 외국어교육 특임강사
- 역서로 『언어의 구축: 언어습득의 용법 기반 이론』(한국문화사, 2011), 『I.S.P. Nation의 외국어 어휘의 교수와 학습』(소통, 2012), 『언어 테스트의 구성과 평가』 (글로벌콘텐츠, 2013) 등이 있다.